2017

惠山区史志编纂委员会　编

国家图书馆出版社

图书在版编目(CIP)数据

惠山年鉴. 2017 / 惠山区史志编纂委员会编. —— 北
京:国家图书馆出版社, 2017.9
ISBN 978-7-5013-6277-6

Ⅰ. ①惠… Ⅱ. ①惠… Ⅲ. ①区(城市)-无锡-
2017-年鉴 Ⅳ. ①Z525.34

中国版本图书馆 CIP 数据核字(2017)第 245042 号

国家图书馆出版社官方微信

书　　名　惠山年鉴(2017)　　　　(全一册)
著　　者　惠山区史志编纂委员会　编
责任编辑　于春媚
特邀编审　夏红兵

出　　版　国家图书馆出版社(100034　北京市西城区文津街 7 号)
　　　　　　(原书目文献出版社 北京图书馆出版社)
发　　行　010-66114536　66126153　66151313　66175620
　　　　　　66121706(传真)　66126156(门市部)
E - mail　nlcpress@nlc.cn(邮购)
Website　www.nlcpress.com→投稿中心
经　　销　新华书店
印　　装　无锡市广新印刷厂有限公司
设　　计　无锡江大文化经济发展有限公司
版　　次　2017 年 9 月第 1 版　2017 年 9 月第 1 次印刷

开　　本　889×1194(毫米)　　1/16
印　　张　36
字　　数　832 千字

书　　号　ISBN 978-7-5013-6277-6
定　　价　290.00 元

编 辑 说 明

一、《惠山年鉴》是系统记载惠山区自然、政治、经济、文化、社会发展等方面情况的年度资料性文献。在中共惠山区委、惠山区人民政府和惠山区史志编纂委员会的领导下，由惠山区史志办公室具体负责编纂。

二、《惠山年鉴(2017)》所载资料为惠山区2016年度内的基本情况，旨在为各级领导决策和管理提供参考依据，为社会各界了解惠山区情提供权威信息，也为以后续修地方志书积累史料。

三、《惠山年鉴(2017)》设专文、大事记、惠山区概况、中共惠山区委、惠山区人大常委会、惠山区人民政府、政协惠山区委员会、中共惠山区纪委、民主党派·工商联·无党派代表人士联谊会、人民团体、法治、国防、开放·开发、城镇建设及管理、环境保护与生态建设、工业、农业、交通运输、邮政·电信、商贸·服务业、财政·税务、金融、经济综合管理、人力资源与社会保障、教育、科学技术、文化、卫生与计划生育、体育、民生、街道与镇概况、人物、统计资料等33个类目。书后附索引。

四、《惠山年鉴(2017)》按分类编辑法，设类目、分目、条目三个层次，以条目为记述的基本形式。各行各业和事业情况的记载，一般先用一个综合性条目介绍年度总体情况，然后再按一事一条的原则设置专题性条目。

五、大事记中，与上一条相同日期的，用△表示日期。为了与公历区别，书中农历用汉字数字表示。

六、年鉴中的"统计资料"部分由区统计局提供。

七、书中凡省略行政区划专名的建制省及省级机构，均指江苏省，如"省委常委"指"中共江苏省委常委"；凡省略行政区划专名的建制市及其市级机构，均指无锡市，如"市委书记"指"中共无锡市委书记"；凡省略行政区划专名的建制区及其区级机构，均指惠山区，如"区财政局"指"惠山区财政局"。

八、本年鉴图片凡图释中未有时间说明的，一律为2016年摄，文中不再赘述。

九、本年鉴表格中的符号"一"表示该项统计指标数据不详或无该项数据；"#"表示其中的主要项。

九、2017年1月召开的惠山区"两会"，总结回顾了2016年惠山区主要工作，故放在本年鉴中记述。(包括会议图片)

十一、年鉴中的"人物"部分收录惠山区2016年度获市级(含)以上各种嘉奖的先进人物。

十二、本年鉴的检索方法有目录和索引两种。目录在卷首，编排至条目；英文要目编排至分目。索引在卷末，采用主题分析法编制。

十三、年鉴中的条目，由区属各部门、各镇(街道)及驻区单位专人撰写，并经各单位领导审阅。撰稿人姓名列在每个条目后面，审稿人名单列于卷首。

《惠山年鉴》编辑部

主　　编：　邓小伟

副 主 编：　章淑君

顾　　问：　顾伟伦

编　　辑：　王子龙　　何宝龙

　　　　　　安静伦　　陈正清

编　　务：　钱　敏

设　　计：　吴胜英

英文翻译：　梁　爽

《惠山年鉴》撰稿单位主审人员

（按姓氏笔画为序）

王　妍	王东圻	王震军	冯敏之	叶晓伟	左叶平
刘　琦	刘亚东	刘德胜	华坚宏	孙　霞	孙丽莉
孙群英	朱　晶	朱正威	许大伟	许锡兴	吴晓雄
张　敏	张晓阳	张梦娴	张盘荣	张瑜良	李立初
杜晓江	杨以军	杨燕敏	沈力军	沈志勤	肖旭华
花茂波	苏永强	邹立峰	邹备南	陆　丰	陆敏华
陈　佳	陈文涛	周晓东	杭新宇	罗丽红	金林元
俞志敏	姚向东	唐春晖	徐旭昕	徐胜祥	徐健农
浦洪良	袁漪韬	诸葛强	谈锡平	郭晓洪	钱浩然
顾少凌	顾妍丰	顾鹤鸣	盛　虹	葛剑南	董　旭
谢　斌	管誉峰	谭立君	薛亚栋	戴　芸	戴开宜
魏建彪					

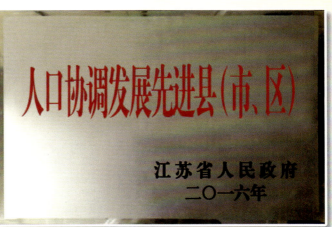

惠山区政府获2011—2015年全国法治宣传教育（六五普法）先进集体

惠山区获第二批省农村电子商务示范县

惠山区获2015年度省国土资源节约集约利用模范县（市、区）

惠山区获2016年度省中小学校责任督学挂牌督导创新县（市、区）

地区生产总值

★单位: 万元

	2015 年	2016 年
	6691596	7224032

全社会固定资产投资

★单位: 万元

	2015 年	2016 年
	5888774	6565343

社会消费品零售总额

★单位: 万元

	2015 年	2016 年
	1605761	1763227

一般公共预算收入

★单位: 万元

	2015 年	2016 年
	767903	814110

农村居民人均可支配收入

★单位: 万元

	2015 年	2016 年
	24414	26333

城镇居民人均可支配收入

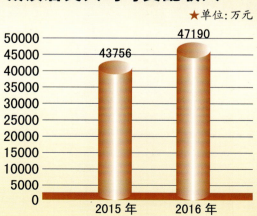

★单位: 万元

	2015 年	2016 年
	43756	47190

地区生产总值

★单位:万元

工业生产总值

★单位:万元

社会消费零售总额

★单位:万元

农业总产值

★单位:万元

财政收入

★单位:万元

全社会固定资产投资

★单位:万元

△ 12月20日，中共无锡市惠山区委四届二次全会召开。

———— △2017 年 1 月 5 日, 惠山区四届人大一次会议开幕。

△2017 年 1 月 4 日，政协无锡市惠山区第四届委员会第一次会议开幕。

●●●——— △2月22日，惠山区召开2015年度先进表彰大会。

●●●——— △4月25日，惠山区举行庆祝"五一"国际劳动节暨先进表彰大会。

惠山年鉴

△4 月 28 日，区委召开全区"两学一做"学习教育工作座谈会。

△5 月 20 日，惠山区召开领导干部"廉润惠山"教育大会。

△6月29日，惠山区举行纪念中国共产党成立95周年暨先进表彰大会。

△7月31日，中国共产党无锡市惠山区第四次代表大会在华美达广场酒店开幕。

◁4月12日，省委常委、市委书记李小敏（前中），市长汪泉（左一）会见上汽集团董事长陈虹一行，一起见证上汽大通二期整车项目涂装车间首车下线。

◁2月5日，省委常委、苏州市委书记周乃翔（前左三）率苏州市党政代表团考察惠山区产业转型升级、科技创新等的经验和做法。

▷2月14日，惠山区四套班子领导参加在省锡中举办的2016新春团拜会暨"担当·敬业"主题教育活动。

◁4月26日，省关工委主任曹洪鸣（前中）一行到惠山区调研。

▷8月3日，省委常委、市委书记李小敏（前中）带领市委全会与会人员观摩惠山区工业项目建设。

▷8月17日，区政协领导视察全区燃煤锅炉整治工作。

▷ 8月26日，区委书记吴仲林（左一）带领区发改、经信、科技部门负责人前往前洲街道、玉祁街道，了解街道企业、村级企业的运行情况。

◁ 9月1日—2日，省委常委、市委书记李小敏（左二）到惠山区，深入街道、企业，考察了解基层经济社会发展情况，召开企业家专题座谈会。

◁9月20日，锡山区委书记陆志坚（前左一）、区长顾中明（前左三）率党政代表团到惠山区，考察新常态下转型升级、创新驱动发展情况。

▷9月23日，省教育厅厅长沈健（前中）莅临江苏省锡山高级中学，视察新课程推进及高品质高中建设情况。

◁12月9日　国家质量监督检验检疫总局局长支树平（右一）一行到惠山区，调研无锡检验检疫局惠山检测基地的公共技术平台等相关情况。副省长张雷（右二）、市长汪泉（右三）、区长李秋峰（右五）等陪同。

◁1月5日，总投资30亿元的御捷新能源汽车项目签约落户惠山区。

◁1月25日，市级重大项目——深国际·无锡综合物流港开工典礼在西站物流园举行。

△10月10日，惠山科技金融中心启用。

▷10月30日，惠山区承办的2016世界物联网博览会首个高峰论坛——"物联网＋中国制造2025高峰论坛"举行。

　　△10月29日，中信戴卡轮毂股份有限公司一期项目竣工投产，中信集团副董事长、总经理王炯，省委常委、市委书记李小敏出席仪式并分别致辞。

　　△11月10日，2016无锡惠山"凤赢未来"英才对接活动暨政产学研合作项目签约。

◁12月6日，惠山区举行重大项目集中开工仪式。

▷12月18日，卡姆丹克清洁能源中国总部基地开工奠基。

●●●——— △ 江苏省老年人体育节 2016 年无锡市老年人快乐健身系列活动太极拳(剑)展示暨惠山区大型特色团队精品项目展示。

●●●——— △ 惠山区第三届运动会开幕式上的大型文体表演《惠山追梦》，获惠山区第五届政府文学艺术奖优秀成果奖。

▷8月，堰桥街道的姚江华、徐福兴等代表无锡队参加第二届中国国际健身气功交流比赛，获六字诀一等奖、五禽戏二等奖。

◁5月4日，惠山区举办纪念"五四"运动97周年主题活动。惠山区第五届"十大优秀青年"揭晓。

●●●——— ◁11月3日，惠山区第五届政府文学艺术奖颁奖典礼暨群文创作精品节目展演在前洲娱乐城举行。

●●●——— △7月15日，以"中国好人"、省优秀共产党员俞斌为原型的大型原创现代锡剧《好人俞亦斌》在前洲影剧院公演。

惠山年鉴

△5月16日，省锡中天馨合唱团在教育部主办的全国第五届中小学生艺术展演活动中获一等奖，是江苏省唯一一个获得声乐类全国一等奖的团队。

△6月28日，"纪念中国共产党建党95周年暨红军长征胜利80周年"惠山区老年书画展暨老干部文艺汇演在区文化馆举行。

▷5月7日，第5届惠山新城"生命园"杯春季徒步马拉松，在无锡（惠山）生命科技产业园广场拉开帷幕。

△7月揭晓的第三届无锡市"群芳奖"中，钱桥街道选送的广场舞《太湖飞翠》获金奖。

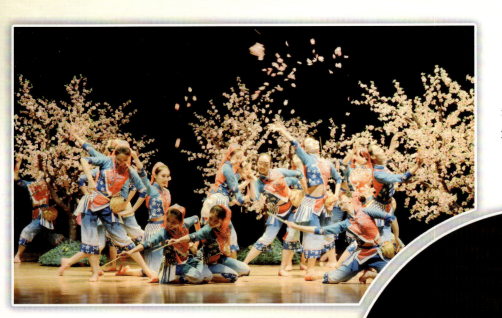

◁7月揭晓的第三届无锡市"群芳奖"中，洛社镇选送的群舞《桃花红》获舞台类作品舞蹈金奖。

▷7月揭晓的第三届无锡市"群芳奖"中，区文化馆选送的群舞《心中的那片红》获舞台类作品舞蹈金奖。

◁3月29日，"大美阳山 幸福桃源"第二十届阳山桃花节在阳山桃文化广场举行开幕式。

▷4月9日，惠山经济开发区（长安街道）"民族融合 同心筑梦"民族大舞台文艺汇演。

◁7月1日，惠山经济开发区首届"长安哥伦布广场杯"好舞蹈大赛在惠山区市民广场启幕。

◁1 月 26 日，钱桥街道十五个社区联合举办"幸福钱桥　猴吟新春"主题迎新春文体联谊会。

◁1 月 26 日，洛社镇举办"百姓歌会"迎新春文艺晚会。

▷11 月 28 日，惠山区教育局举办首届"科普之光"青少年科技活动成果展，中小学生展示机器人、无人机、3D 打印等高科技作品。

◁10月，无锡市惠山区中医医院投入使用。

▷10月8日，惠山区第二人民医院搬迁至惠山区堰裕路。

惠山年鉴

◁7 月 5 日，惠山区北惠路东延新建工程建成通车。

▷11 月 7 日，惠山区钱洛路通车。

△7月5日,跨锡澄运河的石幢桥改造工程完工通车。

▷9月10日,第17个世界急救日,区二院预防保健科工作人员在堰桥老街小广场开展急救知识宣传活动。

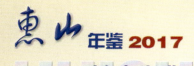

△2016年惠山区"春风行动"系列招聘月活动现场

◁ 阳山水蜜桃

目　录

中共惠山区委

政协惠山区委员会

中共惠山区纪委

民主党派·工商联·无党派代表人士联谊会

人民团体

法　治

国　防

开放·开发

城镇建设及管理

环境保护与生态建设

工　业

农　业

交 通 运 输

邮政·电信

商贸·服务业

财政·税务

人力资源与社会保障

劳资关系

教　育

科 学 技 术

文 化

卫生与计划生育

体 育

民 生

街道与镇概况

人　物

统 计 资 料

索　引

坚持中起航 坚守中创新
着力开创惠山"三优三宜"建设新局面

——在区委四届二次全会上的讲话

（2016 年 12 月 20 日）

惠山区委书记 吴仲林

惠山区委书记 吴仲林

同志们：

这次区委全会的主要任务是：深入贯彻中央十八届六中全会精神，按照省第十三次党代会和市第十三次党代会部署要求，面对当前客观形势，动员全区上下进一步解放思想，坚守理念，务实创新，坚持担当，全力推进"三优三宜"新惠山建设进程，着力开拓惠山建设发展新局面。下面，我根据区委常委会讨论的精神作会议报告。

近年来，惠山区围绕"重振雄风、再创辉煌、赢得未来"发展目标不断深化推进。特别是 2016 年，面对严峻复杂的发展形势，我们更是明确了敬业担当这一主题并贯穿全年，并在区第四次党代会上提出要围绕"三优三宜"目标，推动"五质"共建，努力实现区域综合竞争力显著增强、整体环境面貌显著优化、群众生活质量显著提高、党的执政能力水平显著提升。对惠山而言，"重振雄风、再创辉煌、赢得未来"的事业不只是短期任务，更是长远战略；"三优三宜、五质共建"的任务，非一日可以见效，需久久为功。因此，2017年我们必须坚守坚持，在坚守中创新，在坚持中起航。虽然坚守坚持这两个词写起来很简单，但是做起来却不容易。古人说："锲而舍之，朽木不折；锲而不舍，金石可镂。"发展过程中，我们会遇到许多的障碍，许多的羁绊，许许多多动摇信心的东西。但成功的秘诀并不难，就在于坚持不懈，需要持之以恒的"坚持"力量。我们要知道有一种坚持，叫义无反顾；有一种坚守，叫永不言弃。

一、坚守和坚持的前提在于客观总结，科学分析

2016年是"十三五"规划的开局之年。站在新的起点，惠山全区上下在市委市政府的坚强领导下，敢于担当，攻坚克难，科学应对严峻复杂的经济形势，全区经济社会发展呈现运行平稳、质效提升的良好态势。全年实现地区生产总值 722.4 亿元，增长 7.7%；实现公共财政预算收入 81.4 亿元，增长 6%；实现固定资产投资 656.53 亿元，增长 11.5%，其中工业投入增长 16.5%。

一年来，我们强调铁肩担当、苦干实干，全区干群务实有为。根据宏观形势和自身发展实际，倡导非常时期、特殊时期的担当精神，突出"敬业担当"工作主题，分批组织区四套班子、区镇机关干部、村（社区）"两委"负责人共 3000 多人，到省锡中进行主题教育，并在惠山新闻开辟敬业担当专栏强化宣传，在全区营造了想干事、能干事、干成事的良好氛围，有效提振了全区干群干事创业的精气神，凝聚了协力攻坚、一心发展的向心力。年内，我们成立镇级转贷平台，帮助超百家企业缓解融资困难，促成雪浪钢铁对振达钢管并购重组，及时化解百乐广场、新三洲特钢的信贷风险；累计盘活存量用地 87.9 公顷，退出低效企业 103 家。

一年来，我们积极攻坚克难，逆势奋进，经济建设稳步前行。设立现代产业发展资金，着力开展"访企情、解企难、暖企心"服务企业活动，出台《关于加快推进现代产业发展的政策意见》，不断强化稳增长的重要举措，推动产业结构的提档升级。目前，汽车制造、光伏等新兴产业贡献份额逐步攀升，上汽大通、威孚力达等骨干企业支撑有力；征集到智能制造工程建设项目 41 个，新增省级智能示范车间 4 个，高水平承办了物联网＋中国制造 2025 高峰论坛；新宏泰成功在主板上市，广通传媒、蓝天电子等 12 家企业在新三板挂牌。预计完成服务外包协议金额 14.8 亿美元，同比增长 27.6%；发展了"互联网＋农业"模式，获评省农村电子商务示范县；新增现代农业园区面积 33.33 万平方米（1 亩 =666.67 平方米），洛社六次产业园建成家庭农场 4 个。

一年来，我们强调项目为重，创新为要，转型质效持续提升。着眼于产业链高端和关键缺失环节，着力做好项目建设，全力推动产业技术创新，在专精特新道路上迈出坚实步伐。一是强化项目带动。19 个省、市重点项目完成投资超 80 亿元，126 个重点工业项目开工率超 90%，上汽二期、精科汽车、云内动力、兴澄特钢等投资超时序进度，京运通、铠龙东方新能源汽车等开工建设，戴卡轮毂一期建成投产。二是注重创新驱动。南航大无锡研究院研发大楼正式启用，基本完成"一镇一院一产业"发展布局。以产业联盟建设为重点，六大产业研究院分别牵头成立了能源与电气、机器人应用等 7 大产业联盟。新增省级工程技术研究中心 4 家，万人发明专利拥有量达 27.4 件，国家火炬石墨烯特色产业基地建设初具规模，惠山生命科技园和惠山高新技术创业服务中心同时入选国家级科技企业孵化器。三是拓展人才优势。深入推进"千家企业引育千名高端人才"计划，引进产业急需紧缺人才 8565 人，丁汉院士团队入选省"双创"团队，国家"外专千人计划"、国家"万人计划"、省"333 工程"三个项目均实现了零的突破。

一年来，我们注重城乡统筹，一体兼顾，城镇布局更趋合理。按照"做精城市，做美农村，做靓惠山"的思路，不断加快城乡一体化进程，完成洛社、玉祁、前洲、钱桥 4 个街镇总规编制论证，完成惠山新城、地铁西漳站区、工业转型集聚区控制性详规动态更新，启动惠山热力和燃气专项规划编制。持续推动老城镇改造，58 个改造整治项目进展顺利。新锡澄路、广石路、天丰路、钱洛路、北惠路东延建成通车，石新桥、新盛桥改造完工，锡澄运河"五改三"航道整治完成，县道优良路率提升至92.3%；新增公交线路6条、优化调整12条。新建排水达标区45个，基本完成25个"提档升级"村庄和6个"城中村"整治任务，全区55个村(社区)实行环卫保洁市场化运作。

一年来，我们严守环保底线，铁腕治理，生态环境不断优化。以中央环保督查开展为契机，大力推进生态文明七大工程体系建设，开展42项年度总量减排工程，整治燃煤小锅炉130台、改造工业窑炉清洁化能源59家，全面完成餐饮服务业油烟整治；实施节能与循环经济项目36个、完成清洁生产审核18家，万元GDP能耗同比下降4%以上，获评省智能用电管理示范园区创建单位。出台《惠山区河道环境综合整治工作方案》，完成河道整治64条共63.8公里，整改排污口140个，新建护岸32.7公里。新建生活污水管网25.5公里，接管11个村庄；排查污水管网384公里，整改问题管线2.6公里。完成造林绿化面积2080亩，投入4.6亿元兴修水利，加高加固圩堤43公里，经受住了历史最高水位的考验。

一年来，我们突出民本优先，抓好实事，民生福祉持续改善。以成果共享为目标，不断提升人民生活品质。全年实现新增就业2.03万人，扶持自主创业1113人。建成并启用惠山社会救助综合管理平台，深度救助166人次，发放低保金995万元，完成39户贫困户家庭破损住房修缮工作，实现镇(街道)农村产权交易服务中心全覆盖。试点启动"智障智能关爱"服务，为320名精神和智力残疾人配备智能化终端设备。全区教育现代化建设监测指标得分首次超90分，进入优秀等次，区幼儿园省、市优质率达85%，省锡中入选省首批教改实验学校。建成省内首家区域急救分中心，区第二人民医院、中医院相继搬迁投用，医联体建设成效明显，分级诊疗得到稳步实施，社区卫生服务满意度蝉联全市第一。区图书馆完成智能化改造，全民健身中心完成主体建设，镇、街道文体(中心)站公共文化服务标准化全覆盖。启动"七五"普法，推进区镇村三级综治中心规范化建设，开展第三轮星级社区创建，安全生产、食品安全监管有力，平安法治建设满意度持续提升。

一年来，我们强化党的建设，学用结合，两学一做推进有力。2016年，惠山区以"两学一做"学习教育开展为契机，印发学习教育"1+6"实施方案，落实好专题党课、专题研讨、专题学习等规定动作，创新开展纪念党员政治生日"四集中"、"立家规、正家风"、机关党员"四诺"、失联党员"归巢行动"等主题活动，以学促做、以知促行的氛围不断浓厚。在这一年中，惠山区严把程序关口，全力抓好集中换届，确保区、镇、村三级党组织换届圆满，确保区人大、政府、政协换届有序推进。在这一年中，惠山区深化服务型党组织建设，结合"挂镇包村联户"，推动机关党员干部进社区参加志愿服务，设立了洛社镇党建农场等7家党性教育示范基地，开展原创锡剧《好人俞亦斌》巡演，新增江苏好人2人，无锡好人15人、最美人物5人。2016年，惠山区全面落实从严治党主体责任，推进乡镇巡察工作，紧盯"四风"问题，加大执纪审查力度，试行"四级勤廉预警"，并结合"廉润惠山"品牌，开展廉政教育月集中宣教，深化实行一把手上党课制度，全区党风廉政建设和反腐败工作成效明显。

2016年，惠山区的人大工作、政府工作、政协工作，以及统战、人武、工、青、妇、工商联、老干部等工作，都取得了很大成绩。这些成绩，是全区各级党组织团结带领广大党员和干部群众开拓进取、真抓实干的结果，来之不易，令人鼓舞。在此，我代表区委，向全区人民，向各民主党派、工商联和无党派人士，向各人民团体、离退休老同志及社会各界人士，向公安干警、双拥共建部队官兵、民兵预备役人员，向所有关心支持惠山发展的海内外各界朋友，表示衷心的感谢并致以崇高的敬意！

回顾一年的发展，今年的成绩既是我们对一年来实践的经验总结，更是惠山区推动发展、加快转型的宝贵财富，也是惠山区持续发展、赢得未来的胆气和底气。我们深深体会到，只要我们着眼大局、勇于担当，只要我们聚焦重点、真抓实干，只要我们统筹兼顾、敢于突破，扎实干、不折腾，就一定能形成全区上下众志成城、争创一流的生动局面，一定能让惠山实现凝心聚力、和谐发展。全区上下务必倍加珍惜来之不易的发展局面,努力在新形势中增创发展优势,推动惠山经济社会持续健康发展。

二、坚守和坚持的核心在于锲而不舍,决不停顿

2017年,是喜迎党的十九大胜利召开的奋进之年,也是"十三五"发展的关键之年。当前,宏观经济仍然负重前行,不确定因素持续增多,依然是挑战和机遇并存、机遇大于挑战的一年。我们必须清醒认识和准确把握发展面临的外部环境、内在条件和阶段性要求的新变化,一方面强调"坚持中起航",另一方面强调"坚守中创新"。

"坚持中起航"——

这里再次重述总书记习近平讲的钉钉子精神。他说,钉钉子往往不是一锤子就能钉好的,而是要一锤一锤接着敲。要以"钉钉子"精神抓落实,要抓铁有痕、踏石留印,把每一颗钉子钉牢、钉直、钉实,不说空洞的口号,做些踏踏实实的工作,不做表面文章,多做基础工作,不搞政绩,多为民生谋事,坚持不懈,一项接着一项,一茬接着一茬,不断钉下去。

回顾惠山区这几年的发展,我们强调"重振雄风、再创辉煌、赢得未来",我们强调敬业担当,抓住了关键时期,赢得了战略机遇,打赢了攻坚之役,在宏观经济形势"亚健康"状态中,有效缓解了"企业面临冰天雪地,环境需要蓝天绿地,群众盼求翻天覆地"的矛盾,经济社会一直在健康、有序的轨道上平稳前行。现在,"强富美高"、"三优三宜"和"五质共建"的现实方位,被标示的十分清楚。我们比任何时期都更接近"重振雄风、再创辉煌、赢得未来"的目标,也比历史上任何时期都更有信心、更有能力实现这个目标。然而,"行百里者半九十",做事愈接近成功愈困难,愈要认真对待。我们必须树立一种对工作执着、对所做事情精益求精、精雕细琢的精神,坚定、踏实、久久为功,全力保持工作状态的稳定性和连续性。

一要坚持"重振雄风、再创辉煌、赢得未来"发展目标,让发展思路一以贯之。归根结底就是不喊新的口号,坚定不移按照既定发展规划不折不扣执行,做到一张蓝图画到底、一个声音喊到底。二要坚持"三优三宜"新惠山建设的蓝图,让工作的举措有始有

终。始终牢记实体兴则惠山兴、实体衰则惠山衰的辩证关系,牢记民生优先、造福群众的根本要求,扎扎实实落实好惠山的核心工作任务,即"促进转型、靓丽城市、改善民生",做到思路不动摇,举措不松劲。三要坚持"创新、坚韧、拼搏、高效"为内涵的惠山精神,让敬业担当成为惠山永久的风尚。紧跟时代的脚步,进一步提振精气神,以坚韧不拔的工作态度,不畏艰难;以敢拼敢闯的工作精神,不断拼搏;以争分夺秒的工作节奏,不懈努力。四要坚持"求是、永续、突破、领先"的标准,让惠山发展永远不落伍,不掉队。坚决按照高于全市平均水平的要求,按照"资源有限、发展无限"的要求抓推进、抓落实,做到标准不降、力度不减、要求不低。

"坚守中创新"——

坚守是创新的最高平台,创新是坚守的生命力所在。摒弃了坚守的创新,到头来我们不得不重新回到原点上去考量我们的创新,而离开了创新的坚守只能是不思进取,墨守成规。所以,我们要毫不动摇的坚守,是因为只有坚守发展的信念,坚守发展的道路,坚守发展的目标,才能在坚守中不离不弃,才能孕育创新的机会;我们要毫不懈怠的创新,是因为只有不断创新,持续创新才能实现目标,让坚守拥有新的更高的发展平台。省第十三次党代会对江苏今后五年的发展取向、工作导向、奋斗指向作了鲜明的阐述,那就是:聚力创新,引领发展转型升级;聚焦富民,让百姓过上更好生活。不得不说,这对惠山有着很强的现实指导意义。我们需要在坚守中不忘初心,积蓄能量,在创新中超越自我,实现质变,把坚守的意志力量和创新的突破力量融合起来。

惠山赢得未来的事业是一项崇高而伟大的发展事业,具有长期性、连续性,需要持之以恒,永不停顿。今天的惠山,仍面临着长长的"问题清单"。我们必须清醒看到惠山"三个正在变,三个没有变"的客观情况。一是惠山全区注重实体经济,推进转型的共识正在不断增强,但按部就班,不能大胆突破的格局没有改变。二是全区经济运行的整体质态和产业结构正在持续变优,但产业竞争力、科技竞争力、人才竞争力还是不能符合我区发展需求的格局没有改

变。三是全区城镇农村的形象面貌，以及区域人居环境正在逐步改善，但环境质态整体不高的格局没有改变。当前，站在转型发展的关键节点上，要解决这些问题，真正的重振雄风、再创辉煌、赢得未来，除了创新，没有其他任何路径。一方面要有创新的意志。逆水行舟不进则退。一旦躺在过去的功劳簿上，安于现状、止步不前，就会暮气丛生、积弊日深，最终积重难返。要防止这种"精神懈怠"，就必须有创新的意志，想创新，敢创新，不为任何风险所惧，不被任何干扰所惑，通过创新奋力攻克重点领域和关键环节的难关险隘。另一方面要明确创新的抓手。惠山因改革而起，以创新而名，突破创新一直都是惠山发展前进的制胜法宝。当下这个阶段，能不能在新一轮竞争中占据先机，根本就取决于发展动力转换的速度，取决于驱动发展的新引擎能不能发挥作用。惠山一直以实业立区，那就必须牢牢牵住科技创新这个牛鼻子，加快集聚高端要素，强化智能制造引领，以"智能化、绿色化、服务化、高端化、品牌化"为导向，着力形成实体创新的经济体系和发展方式，打造现代产业高地。

因此，2017年惠山区工作的指导思想是：在以总书记习近平为核心的党中央坚强领导下，高举中国特色社会主义伟大旗帜，以邓小平理论、"三个代表"重要思想、科学发展观为指导，深入贯彻习近平总书记系列重要讲话精神，紧紧围绕"五位一体"总体布局和"四个全面"战略布局，全面落实省、市、区党代会决策部署，立足创新，以智能制造引领现代产业高地打造，以富民增收引领幸福小康道路建设，努力推动各项事业发展和全面从严治党迈上新台阶，建设"三优三宜"新惠山，以优异的成绩迎接党的十九大胜利召开。

围绕这个指导思想，对照今年发展过程中的新情况、新问题，明年的工作开展要注意四点。一要保持工作思路稳定。要按照"思路吃透，政策延续，工作连贯、利于创新"的要求，使谋划向长远长久看深一眼，工作向更优更好迈进一步，措施向更广更深力推一把。二要找准工作重点。要全面思考，统筹兼顾，抓住工作部署的牛鼻子；要集中精力，把握关键，找

准工作推进的切入点；要排查问题，沉着应对，寻准工作突破的着力点。三要寻找创新工作途径。要坚持实事求是、因地制宜、量力而行的原则，在比较中增强工作前瞻性、预见性，在实施中敏锐把握新情况、新问题，主动加大工作压力，及时调整工作思路，不断创新工作举措。四要持续凝聚力量。要进一步强调党员干部的基本素质和基本担当，带着责任、带着使命、带着感情，让每个党员干部把最佳状态用在党和人民的事业上。

三、坚守和坚持的关键在于抓住重点，一抓到底

省十三次党代会明确了"聚力创新、聚焦富民，高水平全面建成小康社会"的主题，提出创新是提升发展水平的核心战略，是发展的动力；富民是高水平全面建成小康社会的根本要求，是发展的目的。市十三次党代会强调了要牢牢把握打造现代产业发展新高地这一关键。结合惠山实际，明年工作要强调两大引领，突出六大关键词。"两大引领"，即"智能制造引领现代产业高地打造，富民增收引领幸福小康道路建设"；"六大关键词"，即"促转型、重项目、优生态、靓城镇、富百姓、严党风"。

——"促转型"就是要以智能制造引领工业发展，以科技创新为驱动力推进产业转型。

——"重项目"就是要把项目作为推动经济发展的强力引擎，以项目带动结构调整、产业升级。

——"优生态"就是要把生态文明建设放在更加突出的位置，努力走绿色发展道路。

——"靓城镇"就是要把城镇质态提升作为区域竞争力的重要环节，不断提升城市品质。

——"富百姓"就是要与百姓共享发展成果，切实提高人民群众获得感。

——"严党风"就是要突出从严治党要求，以良好的党风促政风带民风。

具体而言，我们要强化改革执行力，以重大问题为导向，抓住重大问题、关键问题查找答案，在不断解决问题中全面深化改革，在不断强化薄弱环节中补齐短板，着力推动解决关系全区发展的一系列事项和问题。重点要认真抓好以下六个方面工作：

（一）全力推进智能制造，努力在构建现代产业

体系上实现更大突破。强化"智能化、绿色化、服务化、高端化、品牌化"导向,把智能制造作为打造产业高地的主要抓手,深入实施智能制造三年行动计划,全力推进智能制造创新示范区建设,力争全年认定1—2家智能示范工厂、10—20个智能示范车间、20—40条智能示范生产线,完成智能制造投资10亿元。一方面要科学布局,合理推进。要发挥惠山经济开发区发展桥头堡作用,加快建设无锡华科智能制造产业园,选择一批有条件的企业开展智能工厂培育建设试点,推进工业机器人示范应用,进行生产线数字化改造,加快建设智能生产线、智能车间和智能工厂,支持企业做大做强。要积极打造惠山区工业MES云平台,引导广大中小企业进行多种路径选择,加快信息技术和智能物流、智能化管理在装备制造中的嵌入式应用,着力形成一批"专精特新"产品,加快提升企业装备水平、管理能力和竞争力。另一方面要倾心服务,强化保障。要加强对策研究,协同实施,在做好智能制造政策梳理、推进情况调研的基础上,突出问题导向,进一步抓细抓实服务质效,使政策真正起到"四两拨千斤"的作用。要做好资金扶持,建立市场与政府扶持相结合的区域金融资源配置体系,为企业提供完善的金融服务。要因地制宜推动建立"以市场为导向、智造企业参与"的技术员工培养计划,依托职教园功能,推动职业院校的工程实践教育,定向定量的为企业输送一线操作人员。

(二)全力抓住人才创新,努力在强化创新战略驱动上迈出更快步伐。牢牢抓住科技创新这个"核心中的核心",实现科学技术与传统工业的深度融合,为发展智能制造提供强大动力。一要发挥优势,助推智能制造。要突出重点产业、重点要素、重点环节、重点企业,发挥好惠山产业基础优势和产学研合作优势,发挥华中科技大学中国制造2025标准参与制订者的话语权优势,强化产业研究院在智能装备、机器人等领域的服务能力,围绕智能工厂和智能制造模式的推广应用,组织六大产业研究院与相关企业开展智能制造项目合作,为企业智能制造提供个性化解决方案,助推惠山智能制造迈出实质性步伐。二要深度对接,推进成果转化。要加大政策、服务、金融等创新力度,以产业联盟建设为抓手,推进六大产业研究院与全区企业深度合作,培育具有惠山特色的科技成果产业化基地,促进一批关键共性技术和重点科技成果在行业企业的推广转化和应用。要以龙头企业、骨干企业为先锋,完善科技成果转移转化支撑服务体系,构建线上与线下相结合、专业化、市场化的技术交易网络平台,重点在生物医药、新材料、智能装备等领域推进技术成果转化,通过成果转化支撑区域产业转型升级,培育新的经济增长点,引领产业链向高端迈进。三要引进人才,提升发展内涵。要深入推进"人才强区"工程,实施"太湖人才"、"先锋英才"、"十大领域海内外引才行动"等计划,加快引进培育适合我区产业发展的领军型人才,力争引进高层次人才360名。要整合协会、高校院所、科技企业等创新要素,围绕产业链布局人才链,开展协同创新,吸引相关领域拔尖人才、顶尖团队领衔组建产业技术联盟,为发展智能制造提供智力支撑。要积极创造条件、创新服务,致力把惠山打造成高层次人才创新创业基地,以人才"制高点"抢占发展"制高点"。

(三)全力发挥项目带动,努力在推进实体兴区道路上增创更大优势。牢固树立抓经济就是抓项目,抓项目就是抓发展的意识,积极促进项目落地,尽快把发展潜力转化为现实生产力。一要强化项目引进和落地。要立足当前,着眼长远,围绕产业政策和我区实际,聚焦先进制造业、生产性服务业,突出产业链高效整合、价值链高端攀升的重要环节,进一步补链、壮链、强链,大力招引一批上下游企业、行业龙头企业,真正形成"引进一个、建好一个、带动一批"的"乘法效应"。要抓牢近期集中开工的30只超亿元项目,强化"合力攻坚"的工作责任,把复杂的工作简单化,简单的工作流程化,积极推动铠龙东方新能源汽车、京运通、戴卡二期、欧派二期、云内动力、精科汽车、京威汽车等重大项目加快建设,力促签约项目早开工、在建项目早建成、竣工项目早达效。二要强化产业优化和升级。要立足惠山产业特点,更加注重质量和效益,发展外贸经济,着力引进一批带动力强、科技含量高、贴近惠山产业发展的外资项目,继续加强上市后备企业梯队建设，力争新增1家主板上市企业，10家新三板挂牌企业。要加强顶层设计和规划，继续整合优化商业综合体业态布局，鼓励传化、深国际、华南城兼并整合中小物流企业，逐步形成特色鲜明、配套齐全、高效快捷的现代物流体系。要全面提升农业园区现代化建设管理水平，积极发展互联网＋农业，深化一二三产融合发展，加快建设洛社六次产业园，积极推进阳山创建国家级生态旅游示范区，提升乡村旅游品牌知名度。三要强化载体建设和整合。开发区、工业转型集聚区、西站物流园区、城铁惠山站区、地铁西漳站区和重点配套园区，作为实业发展"主阵地"，要提升园区发展水平，助力产业空间拓展。要完善亩均效益评价实施意见，深入推进园区整治，对辖区内的工业用地情况开展好清查，加大土地"二次开发"力度，用好用足土地要素资源。

（四）全力改善生态环境，努力在生态立区战略实践上取得更好成效。绿色是惠山发展的底色，要把生态文明建设融入经济社会发展各领域和全过程，使生态优势转化为竞争优势。一要在生产方式上坚持绿色发展。要做好第二次全国污染源普查工作，积极转变经济发展方式，加大低端落后污染企业淘汰度，大力发展低碳经济和循环经济，鼓励石墨烯新材料、汽车零部件、生物医药等战略性新兴产业以及新型经济业态加速发展。要注重节约集约，深入推进《五大节能改造行动》，大力推进节能降耗项目，继续开展"三高二低"企业整治，加快淘汰落后产能，实现明年节约能耗达3.42万吨标准煤以上，新增循环经济试点企业3家。二要在生态治理上坚持严格标准。要围绕中央"十三五环保规划"的12项约束性指标，按照省"二减六治三提升"要求，加强突出环境问题的整治督查，开展重点园区、重点企业监管检查，完善相关脱硫、脱硝、除尘提标改造，严厉精准打击各类环境违法行为，铁腕执法、铁面问责。要进一步加快覆盖拉网式农村环境综合整治，深化河道环境综合整治和"河长制"管理，根据"一河一策"整治方案全力推进16条河道综合整治。三要在监管机制上坚持长期有效。要严格实施生态红线区域保护，抓紧制定生态红线区管理办法，实行分级分类管理，进一

步守住底线、严格管控。要建立健全网格化环境监管长效机制，实现环境监管横向到边、纵向到底，力争生态环境质量的根本性好转。

（五）全力靓丽城镇面貌，努力在提升城乡一体统筹上拓展更优格局。要尊重城市发展规律、尊重自然生态环境、尊重历史文化传承，努力创新城市治理方式，打造有根有魂、有个性有品位、有魅力有活力的城市。一要统筹城乡一体。要根据"精明增长"、"紧凑城市"理念，按照生产空间集约高效、生活空间宜居适度、生态空间山清水秀的总体要求，在完成街镇总体规划编制基础上，开展玉祁、洛社等街镇控规动态更新，以及工业转型集聚区控规编制，促进各板块结合自身实际组团发展、特色发展、个性发展，积极推动示范特色镇和美丽乡村创建，通过片区统筹规划，融合联动，推进"北进""西拓"。二要拓展城市格局。要进一步强化规划引领、建改并举，着力提升城市设计水平；要紧抓全市新一轮道桥建设机遇，加快运河西路、惠西大道、惠洲大道等项目建设，积极对上争取促进凤翔路快速化改造等项目启动实施；要进一步优化公交线网，加快农村公路提档升级，改善城乡交通环境；要大力推进防洪保安工程和水系畅通工程建设，全面提升防洪抗涝能力。三要提升城市内涵。要进一步抓好老城镇改造收尾工作，优化长安和陆区集镇面貌环境，积极推动与主要街区相连、环境面貌较差的背街里弄的整治工作，实现全区老城镇改造全覆盖。要大力推进村庄绿化、河道绿化、道路绿化，完成绿化造林3500亩以上，推进绿色惠山建设。要扎实做好村庄环境长效管理工作，实现生活垃圾机械化收集全覆盖，环卫保洁市场化运作率达到70%以上。要充分发挥城市数字化管理平台作用，积极构建网格化、长效化、智能化城市管理格局，打造环境清洁、交通顺畅、秩序优良的文明城市。

（六）全力落实民生实事，努力在深化为民福祉改善上解决更多难题。突出以人为本，在共建共享中让人民群众得到更多实惠，让老百姓真切地感受到"获得感"。一要着力促进居民增收。要进一步完善就业创业政策和服务体系，着重抓好本地员工、惠山籍大学生等群体的就业创业工作，实现更加稳定更

有质量的就业。要提高惠山居民的经营性收入、财产性收入、转移性收入，实现收入增长与经济发展同步、劳动报酬与劳动生产率提高同步，特别要突出工资性收入这一增收主体，努力增加职工工资。要针对低收入人群和经济薄弱村精准施策，统筹推进"三农"工作，进一步强化社会保障和社会救助，开辟增效增收新途径，增强"造血"功能。二要着力提供公共服务。要坚持教育优先发展，继续优化调整学校布局，优化师资队伍，继续推动教育重点项目建设，提高教育质量，促进教育公平，促使各级各类教育提质升位。要进一步强化医疗队伍建设管理，在硬件提升的同时，推进二级医院内涵建设，加快推进健康城市建设，切实提升卫生公共服务能力。要建立健全多层次社会化养老服务体系，加快构建以居家养老为基础、社区服务为依托、机构养老为支撑、社会保险为补充、信息服务为手段的社会养老服务体系。要大力推动文体产业发展，进一步加强区、镇、村三级阵地建设，加快建立覆盖城乡、便捷高效的现代公共文化服务体系。三要着力维护社会稳定。要不断提高社会治理社会化、法治化、智能化、专业化水平，继续深化重大决策社会稳定风险评估工作，建立健全矛盾纠纷多元化解机制，努力为全区创造安全稳定的社会环境。要扎实开展"七五"普法工作，深入推进平安法治建设，继续推动"平安慧眼"技防工程，切实加强安全生产、食品药品安全等，有效保障人民群众生命财产安全。

同志们，世间事，坚持一阵子易，坚守一辈子难。唯其艰难，更显勇毅，唯其坚持，才能实现梦想，成就事业。总书记习近平指出：党的事业总是要不断前进的，可是一切向前走，都不能忘记走过的路；走得再远，走到再光辉的未来，也不能忘记走过的过去，不能忘记为什么出发。这就是对党的事业的坚守和坚持。这种坚守坚持的本质就是不忘初心、继续前进，这是贯通党的历史、现实与未来的一条主线，也是中国共产党人的活力之基和力量之源，更是作为共产党人的信念所在、使命所在、责任所在。2016年党的十八届六中全会是在中国共产党成立95周年、红军长征胜利80周年的历史节点，召开的一次十分重要

的会议。会议对全面从严治党提出了更高要求。在推进党的建设新的伟大工程中，我们只有在精神上硬起来、能力上硬起来、作风上硬起来，才能永远站在时代潮头。

一要从严落实管党责任，使每一位党员都成为一面旗帜。管党治党没有局外人、旁观者。惠山的每一名党员，应该时刻铭记自己的党员身份，不忘初心、永葆党性，坚守党的理想信念、维护党的宗旨，发扬"螺丝钉"精神，"钉"得牢、"钉"得稳、"钉"得实，以实际行动响应党的号召、展现党员本色。要突出加强理想信念教育，引导每个党员把信仰信念牢固树立起来，始终保持共产党人的蓬勃朝气、昂扬锐气、浩然正气，让理想成为漫漫征途上照亮前路的指明灯，让信念成为名利诱惑前保持定力的压舱石，以"咬定青山不放松"的坚韧和"风雨不动安如山"的笃定，坚守好共产党人的精神高地。要切实增强每个党员的政治意识、大局意识、核心意识、看齐意识，坚决在思想上政治上行动上同以习近平同志为核心的党中央保持高度一致。要始终信守党旗下的誓言，在党信党、在党爱党、在党护党，不管走到哪里都不忘自己从什么地方出发、朝什么目标前进，不管遇到什么困难都不能丢掉共产党人的灵魂，始终保持一颗对党忠诚的赤子之心。

二要从严管好用好干部，使每一名干部都成为一个标杆。全面从严治党的重中之重，在于从严管理干部。党员干部就是模范，就是标杆，必须以身作则、率先垂范。要全面贯彻"好干部"标准，坚持"四个压倒一切"，严把政治关、品行关、作风关、廉洁关，立足事业发展需要，选拔优秀年轻干部人才，切实把政治强、懂专业、善治理、敢担当、作风正的干部选出来、用起来。要坚持把领导干部带头学法、模范守法作为全面依法治国的关键，推动领导干部学法经常化、制度化，发挥领导干部在全面依法治国和以德治国中的关键作用。要始终坚持和发扬艰苦奋斗的精神，保持党同群众的血肉联系，密切党群干群关系，使每个干部自觉树立新风，做事不应付，做人不马虎，关键时刻站得出来，危急关头豁得出去，尤其是在经济下行压力加大，矛盾问题持续增

多,改善民生要求更高的新形势下,更能敢于担当、奋发作为,克服形式主义,克服那种只有雷声、不见雨点的现象,克服那种把抓落实当口号喊,以会议贯彻会议,以文件落实文件的现象,确保政令畅通。全区每一名干部也必须谨记:搞一次特殊,就丢掉一份公信;破一次规矩,就留下一个污点;谋一次私利,就失去一片民心。一旦干部的威严抵不过民间的流言,组织的结论盖不住社会的争论,我们就会有丧失政权的危险。我们每一名干部要能经历风雨,不迷恋彩虹,要自觉抵制歪风,坚决不被关系学笼罩,坚决不受潜规则左右,做到在面子、圈子、场子里动得起真;在私心、私情、私利前碰得起硬;在理想、信念、事业上提得起劲。

三要从严推进基础建设,使每一个组织都成为一个堡垒。全面从严治党关键要夯实执政基础。党的执政根基在基层,党的工作最坚实的力量支撑也在基层。我们要牢固树立抓基层、打基础的鲜明导向,突出政治属性,强化服务功能,把党要管党、从严治党贯彻落实到基层,推动基层组织建设全面进步、全面过硬。"党要管党必须从党内政治生活管起,从严治党必须从党内政治生活严起",要坚持和完善党内生活制度,不断完善党员定期评议党组织领导班子、党员党性定期分析和民主评议等制度,认真落实基层党组织"三会一课"、党员活动日、警示教育等制度,真正让党内生活的一系列制度不仅挂在墙上,更落实在具体的行动上。要把强化政治功能和落实服务功能有机结合起来,充分发挥基层党组织政治引领作用,优化社区党建工作运行机制,大力推进基层党建工作创新,不断提高基层党组织的向心力,切实提升基层党组织服务能力和水平,促使基层党组织更好地服务改革、服务发展、服务民生、服务群众。要

及时跟进经济社会新变化,牢牢抓住基层党组织建设的薄弱环节,深刻把握群团工作的特点和规律,探索创新基层党组织设置形式,发挥好党组织对群团工作的领导作用;要继续培育和践行社会主义核心价值观,重视乡风文明和家庭文明建设,引领社会新风尚,充分激发全区广大党员干部和人民群众的热情和动力。

四要从严深化反腐倡廉,使每一项制度都成为一道篱笆。全面从严治党,要把好制度关口,让纪律和规矩成为碰不得的"高压线"、穿不透的"防火墙"、甩不掉的"紧箍咒"。要严明党的纪律和规矩,坚持纪在法前,严明党的组织纪律、廉洁纪律、群众纪律、工作纪律、生活纪律,把纪律挺在前面,用纪律管住大多数,坚决做到习总书记提出的"五个必须、五个决不允许"。要保持高压态势,加大腐败惩处和预防力度,坚持零容忍的态度不变、猛药去疴的决心不减、刮骨疗毒的勇气不泄、严厉惩处的尺度不松,着力形成不想腐、不能腐、不敢腐的长效机制。要层层传导压力,推动落实"两个责任"向基层延伸,促使各级党组织牢固树立抓好是本职、抓不好是失职、不抓是渎职的责任意识;要发挥巡察的利剑作用,积极践行监督执纪"四种形态",推动全区党风廉政建设和反腐败工作迈上新台阶。

同志们,方向决定道路,道路决定命运。我们要在坚守中创新,坚持中起航。一定要更加紧密地团结在以习近平同志为核心的党中央周围,认真学习、深入贯彻十八届六中全会精神,思想进一步统一,力量进一步凝聚,振奋精神,创新进取,扎实工作,为赢得惠山未来,建设"经济优质而宜业,环境优美而宜居,生活优越而宜人"新惠山而不懈奋斗!

无锡市惠山区人大常委会工作报告(摘要)

——在无锡市惠山区第四届人民代表大会第一次会议上

(2017 年 1 月 6 日)

惠山区人大常委会主任　顾智杰

过去五年工作回顾

五年来,在中共惠山区委的领导下,区人大常委会深入贯彻党的十八大和十八届三中、四中、五中、六中全会以及习近平总书记系列重要讲话精神,紧紧围绕区委的重大决策部署,认真履行宪法和法律赋予的职权,积极发挥地方国家权力机关的作用,依法举行常委会会议 41 次,听取和审议"一府两院"专项工作报告 82 项,作出决议、决定 70 项;对 10 部法律法规的执行情况进行检查;召开主任会议 46 次;开展工作评议 1 次、视察检查 50 次,为全面深化改革、民主法治建设和"三优三宜"新惠山建设作出了贡献。

一、着眼改革发展大局,突出保障和改善民生,全力推进经济社会持续健康发展。

区人大常委会围绕全区中心大局,注重从事关群众切身利益的问题入手,强化重点工作监督,实现依法行使职权与支持"一府两院"开展工作的有机统一。

以预决算监督为重点,深入推进财政规范运行。区人大常委会把预算审查监督放在重要位置,连续四年持续推进现代财政制度建设。健全预算初审机制,督促政府按预算法规定,完善全口径预算管理体系,优化财政分配秩序,规范、完整、细化预算草案。2015 年区政府首次将区公共财政、政府性基金、国有资本经营"三本预算"提交人代会审查。在预算初审过程中,区人大常委会注重吸纳代表建议,并在预算草案中落实。强化预算刚性约束,坚持"先预算后支出,无预算不支出"原则,每年依法听取和审议财政决算、财政审计、预算执行情况、预算调整等报告,审查批准年度区级决算。深化监督内容,规范、完整、细化预算执行情况报告和决算草案;优化监督方式,建立审计发现问题整改登记销号制度,推进问题整改落实;推进公开透明,以公开促改革、促规范,全面实行预决算和"三公"经费公开。推进预算绩效管理,连续三年开展对政府重点项目专项资金绩效评价工作,听取区政府及住建、环保、农林、卫计、文体、水利、残联等部门重点项目资金绩效评价情况的汇报,督促政府建立科学合理、公正透明、高效有序的预算资金绩效论证和评价机制,逐步建立预算绩效管理基本框架,有效提高财政资金使用效益。加强债务管控,支持政府按照"疏堵结合、分清责任、规范管理、防范风险、稳步推进"的原则,建立规范的投融资机制,实行债务规模控制和预算管理。通过四年的努力,区财政在兼顾效率与公平、匹配事权与责任、促进经济社会发展方面发挥重要的职能作用。

以提升发展质量为重点,全面推进经济转型升级。围绕区委"稳增长、促转型、抓内涵、调结构"的要求,区人大常委会每年专项审议国民经济和社会发展计划的初步安排和执行情况的报告,跟踪督促"十二五"规划的执行和"十三五"规划的编制。先后专项审议新兴产业发展、科技创新和知识产权保护、企业技术改造、政产学研合作、高新技术产业发展、"一镇一院一产业"建设、企业上市、"众创众筹"等工作情况的汇报。支持政府坚持创新发展战略，优化投资结构和产业布局，完善政产学研协同创新机制和"一镇一院一产业"发展模式，提高企业的科技创新能力和实体经济运行质效，引导和培育有条件的企业上市，促进创新创业项目建设，推进传统产业转型升级和高新技术产业健康发展。加强资源整合、拓展发展空间是实现经济增长方式转变的关键途径。区人大常委会连续3年通过视察调研、专项审议等形式，推进工业园区土地资源整合、工业重点项目建设、工业转型集聚区规划建设，要求科学制定产业发展规划，充分利用工业转型集聚区建设的良好契机，统筹推进园区资源整合和工业重点项目建设，促进资源集约高效利用和产业集聚化发展。现代服务业是推动产业结构调整的关键。区人大常委会持续推进商业特色街区和商业示范社区创建、物流行业整合提升、电子商务发展，督促政府强化规划引导，优化资源配置，推进特色商业和物流行业的规范运行，促进电子商务技术运用和人才培育，提升服务业的现代化、专业化、特色化发展水平。区人大常委会还每年关注现代农业情况，专题调研水蜜桃产业发展情况，提出建议和意见。

以改善民生福祉为重点，大力推进民生实事工程建设。区人大常委会加强以改善民生为重点的就业和社会保障、教育、文化、体育、卫生、社会救助等工作的监督，促进一大批民生问题的解决，使改革发展的成果更多地转向民生，惠及百姓。围绕就业和社会保障体系建设，开展《中华人民共和国社会保险法》执法检查，专题审议断保接续、全民参保登记、就业等工作情况的汇报，督促政府依法维护劳动者的合法权益，实施积极的就业政策，完善社会保障体系，规范参保行为，优化参保结构，促使保障覆盖率达99%，实现"零就业"家庭动态清零。围绕"办惠山人民满意教育"的目标，专题审议教育"五大创建"、新城区教育资源整合、学前教育发展和学校医疗卫生工作等情况的报告，视察学前教育示范乡镇创建工作，提出统筹兼顾、合理配置教育资源，加强教育基础设施建设，完善教师和校医进出机制，强化师资

队伍建设等建议。围绕丰富群众文体生活，专题审议文化遗产保护和利用情况的报告，视察全民健身、镇村公共文体设施建设、群众性文化建设等工作，督促政府完善公共文体设施规划，建立多渠道投入保障机制，加快文化遗产保护和公共文体设施建设，尽快建成区全民健身中心，加强群众文化人才引进和培养，打造一批群众文化品牌。惠山区启动并基本建成区全民健身中心，公共文体设施实现全覆盖，获评国家公共文化服务体系示范区、省公共体育服务体系示范区、省全民阅读先进集体。围绕公共卫生服务体系建设，区人大常委会监督推进公共卫生服务、家庭健康医生责任制工程实施、分级诊疗、精神病防治等工作，提出要统一规划、合理布局公共卫生服务机构，配足配强服务管理人员和专业技术人员，健全健康管理工作机制和投入保障机制，实施分级诊疗，推进医疗健康服务联合体建设，为群众提供优质、高效、便捷的医疗健康服务。全区医疗卫生服务机构全面改造提升，多种形式的医疗联合体建设加快推进，分级诊疗格局逐步形成。常委会关注弱势群体，听取低保救助、社会救助体系建设等情况的汇报，视察居家养老(残)援助服务工作，支持和督促政府建立区级社会救助综合服务平台，完善低水平全覆盖的社会救助体系，建立实用、便捷、顺畅、高效的居家养老(残)援助服务运作机制，保障全区符合条件的弱势群体基本得到社会救助和援助服务。区人大常委会还对食品安全监管、安全生产、水利防汛、人口计生等工作进行了监督，支持政府落实各项为民办实事项目。

以宜居城镇建设为重点，统筹推进城市管理和生态环境建设。区人大常委会大力推进城镇建设，连续四年监督推进老城镇改造、安置房建设、交通重点工程建设等工作，视察调研惠山城铁站区和西漳地铁站区规划建设、原县属企业家舍改造、区镇两级道路提升改造等工作，督促政府完善城镇建设改造规划，高质量、高标准推进老城镇改造、安置房建设和交通基础设施建设工作，健全公共配套设施，建立长效管理机制，形成各板块结构合理、特色彰显、功能互补的城镇新格局。全区老城镇改造和安置房建设

工作按计划完成任务,"十纵十横"交通路网基本成型,农村公路提档升级,城镇环境面貌全面提升。为推进城镇管理工作,区人大常委会创新工作方式,首次组织区镇人大代表开展对集镇区的市容秩序和环境卫生管理工作进行评议。全区290名区镇人大代表参加评议活动,提出评议意见29条,助推区政府出台《政府公共停车场所(泊位)的管理办法》《惠山区生活垃圾管理办法》等5个规范性文件,建成城管数字化平台和网上实时办案系统,基本形成城市管理问题及时发现、按时处置的快速反应机制,提高城市管理执法监管效能。区人大常委会通过专题审议、执法检查、视察等方式,监督推进城市长效管理、城市管理"五项整治"、村庄整治、物业管理等工作,推动政府建立科学化、精细化、标准化的城市管理长效机制,健全分级负责、相互衔接、合理分工、规范高效的城市综合管理体系,加快推进居民小区物业管理工作,提高城市管理的效率和水平。区人大常委会审议批准《惠山区生态文明建设规划》,开展《中华人民共和国大气污染防治法》执法检查,听取电镀工业园区专项整治、放射性污染源防治、土地管理等情况汇报,视察水污染治理设施运行情况,全力助推惠山区生态文明建设。

二、围绕依法治国战略,保障法律法规实施,倾力维护社会和谐稳定

围绕全面推进依法治国新要求,区人大常委会坚持把保障宪法和法律法规的实施放在突出位置,加强法治宣传教育,推进依法行政、公正司法,维护社会公平正义,促进社会和谐稳定。

推进法治宣传教育,增强法治意识。开展国家宪法日活动,在区、镇人大代表、区级机关各部门以及部分选民中,举办《红花人民共和国宪法》知识讲座、书面有奖竞赛和现场知识竞赛,在全区上下形成尊重宪法、宪法至上、用宪法维护人民权益的良好氛围。专题审议"六五"普法工作情况的汇报,作出实施"七五"普法规划的决定,推进全民普法、全民守法,确保我区"六五"普法规划顺利执行,"七五"普法规划开端良好。区人大常委会坚持任命干部任前法律知识考试、任前承诺、任后公告和向宪法宣誓

制度,着力提高被任命人员对人民负责、宪法至上、遵法守法用法意识,提高领导干部依法开展工作、推动发展、化解矛盾、维护稳定的能力。5年来对51名干部进行任前法律知识考试,审议任前承诺112份,依法任免或决定任免国家机关工作人员166人次,任免人民陪审员98人。

开展执法检查,确保法律实施。按照《区人大常委会执法检查办法》规定,进一步规范检查程序,优化检查方法,落实检查责任。检查前,制定检查方案,成立检查组,组织相关法律学习,确定检查重点;检查中,听取汇报,深入调研,征求代表意见,实地视察,查阅台账,问卷调查,明察暗访;检查后,汇总、分析、评价检查情况,向常委会报告检查结果。5年来,常委会共对《中华人民共和国社会保险法》《中华人民共和国人民调解法》《中华人民共和国行政许可法》《中华人民共和国土地管理法》《中华人民共和国食品安全法》《江苏省物业管理条例》《无锡市促进中小企业转型发展条例》《中华人民共和国行政强制法》《中华人民共和国大气污染防治法》《无锡市养老机构条例》等10部法律法规的执行情况进行检查,指出存在的问题,提出整改意见,限期落实反馈。通过执法检查,促进法律实施主管机关依法行政、公正司法,保证宪法和法律、法规的实施;通过执法检查,推进事关广大人民群众切身利益的社会保障、行政许可、土地管理、食品安全、物业管理、环境污染、养老等问题的逐步解决;通过执法检查,使广大干部群众受到生动实际的法制教育,使执法检查的过程成为法律宣传普及的过程,改善执法环境。区政府落实区人大常委会执法检查意见,理顺食品安全管理体制,明确监管职责,健全监管网络,建立食品安全整体应急联动机制,提升处置食品安全事件的能力,保障群众"舌尖上的安全";设立区级中小企业"应急转贷资金",建立相应的资金管理办法和运行平台,切实为符合条件的中小企业解决银行转贷资金需求,为企业转贷提供短期资金服务;完善行政强制执法装备、查封扣押场地、执法资金等保障措施,制定并公开行政权力责任清单,进一步健全执法部门统筹协调的机制。

加强工作监督,优化法治环境。常委会坚持把推进法治型政府、服务型政府建设放在首位,听取和审议区政府关于行政效能建设、行政服务"三集中三到位"工作落实情况的汇报,视察行政服务中心改革和标准化建设、镇(街道)便民服务中心规范化建设情况,督促加快区镇两级行政服务中心建设,按照行政许可"三集中三到位""重大项目审批提速"的要求,进一步规范审批项目和流程,不断深化审批制度改革,推进权力网上运行、公共服务、效能监察为一体的综合网络平台建设,确保行政权力方便快捷和公开透明运行。常委会高度关注法治社会建设,专题听取和审议劳动人事争议仲裁、社会管理服务中心"一化三平台"建设、"政务服务直通车"建设运行、社区矫正、法制机构和法制人员队伍建设、外来人口管理等专项工作报告,视察法律援助工作,督促政府强化人财物保障,创新社会管理,增强相关责任部门应急处置和协同作战能力,提高社会治理法治化水平,营造良好的发展环境。监督推进"平安惠山"创建工程,专题听取公安技防建设、社会治安监控系统建设、电信网络诈骗新型违法犯罪专项打击等工作情况汇报,视察基层公安基础建设情况,督促相关部门整合电子监控资源,不断提高视频监控覆盖率和联网率,加强日常巡检和管理维护,充分发挥电子监控系统作用,严厉打击电信网络诈骗等新型违法犯罪行为,切实维护人民群众生命财产安全。常委会从优化司法环境入手,分批组织人大代表旁听案件庭审,专题审议法院民事案件审判、行政审判、诉讼调解、执行工作情况的报告,听取检察院民事行政检察、控告申诉、反贪污贿赂、检务公开、未成年人刑事检察工作情况的汇报,监督法院、检察院公正司法,提高司法公信力,维护公平正义,为经济社会发展保驾护航。

三、完善代表工作制度,保障代表依法履职,致力发挥代表主体作用

区人大常委会坚持把充分发挥代表主体作用作为各项工作的源泉和动力,完善代表工作制度,丰富代表活动形式,加大代表建议督办力度,保障和支持代表依法履行职责。

创新建议督办制度,提高建议办理质量。常委会以保障代表依法履职为目标,在广泛征求代表意见的基础上,修订《区人大代表建议办理办法》,对代表建议办理工作进行改革创新,突出代表的评价主体地位和常委会的监督职能,增强常委会督办代表建议工作的操作性和有效性。明确交办原则,规定由常委会主任会议确定承办机关和组织,不经主任会议同意不得自行转办。强化领导责任,规定凡涉及区政府办理的建议由区长负总责,分管副区长牵头督办,相关部门主要负责人为责任人。细化审议内容,规定人大办公室于常委会召开会议审议代表建议办理情况报告的10天前,将所有代表建议及承办机关、组织的书面复函发给常委会组成人员审查,为常委会审议作好充分准备。实行督办分离,规定由常委会办事机构直接征求代表对建议办理工作的意见,并对办理工作进行满意度测评。建立建账销号制度,对建议内容、责任措施、代表反馈意见、答复情况、落实情况等进行登记造册,特别是对于需要跨年度解决和代表测评为"不满意"的建议,进行跟踪督办,按规定办好一件、销号一件,确保办理工作的连续性和建议的落实率。建立考核机制,规定每年年末,常委会对当年会议期间和闭会期间的代表建议办理工作进行考核,考核结果列入年度目标管理考核内容,对办理工作的先进单位和个人进行表彰。5年来,代表的履职积极性有较大提高,代表建议数由过去的逐年下降变为现在的逐年上升;"关于治理沿街商铺违规开设餐饮店的建议""关于加大力度引进文化艺术专业人才的建议""在惠山新城建立区级公立医院的建议"等244条代表建议得到落实。本届以来,共接受人民来信来电101件,接待来访96批163人次,通过督促办理推动群众合法诉求的解决。

搭建代表履职平台,发挥桥梁纽带作用。区人大常委会制定《区人大代表与选民联系办法》,依托"代表之家""代表工作室",按"就近就地、轮流参与"原则,组织代表接待选民,并在《惠山新闻》上公布代表接待选民的时间、地点和接待人姓名,支持代表充分反映群众和基层意见。每年人代会前组织代表与选民见面,广泛收集社情民意,为人代会期间审议工作报告、提出高质量的建议、批评和意见做好充分准备。几年来，共组织代表919人次参加接待选民群众活动，收到建议、意见405件，涉及区级层面的84件基本得到解决。组织区人大代表向选民述职，自觉接受群众监督，有180名代表进行述职，3390名选民听取述职报告；2015年起，先后组织8名市人大代表向常委会报告履职情况，并进行测评，进一步密切代表与选民和原选举单位的联系，增强代表的履职意识和选民的主人翁意识。

拓宽代表履职渠道，充分展示代表风采。 健全代表活动制度，年初，印发区人大代表活动意见，指导各代表小组制订工作计划，督促各代表小组有计划、有重点、有成效地开展活动。举办代表履职能力提升培训班，近200名代表进行集中学习研讨，代表履职热情和履职能力进一步提高。进一步丰富代表活动形式，扩大代表在常委会监督工作中的参与面，通过代表了解相关情况，了解群众的愿望和意见，充分发挥代表的桥梁纽带作用。围绕区人大常委会专项审议、执法检查、工作评议议题，组织代表开展专题调研、问卷调查、视察检查、献计献策等活动，并要求列席区人大常委会的代表将本组调研情况、意见建议在分组审议时作主题发言，提高常委会审议质量。坚持宣传代表风采，落实力量宣传代表先进事迹、履职情况，编印《区人大常委会代表风采录》，展示代表"加强学习、依法履职、推动发展、服务群众、引领风尚、奉献社会"等风采，弘扬社会正能量。

完善履职登记制度，激励代表依法履职。 建立代表履职登记册，记录每一位区人大代表在人代会期间和闭会期间参加会议和活动、联系选民、参加问卷调查、列席常委会会议、参加视察、执法检查、提出建议等情况。履职登记情况作为代表连任、"争先创优"依据，进一步激发代表履行职务和践行责任的积极性、主动性。每两年举办一次"争先创优"活动，共对64名优秀人大代表、20名"代表风采杯"获得者、16名优秀人大工作者、2个先进人大办公室进行表彰。

四、规范工作程序，加强联系指导，聚力推进基层政权建设

依法换届选举。 根据省委、市委和省人大、市人大要求，惠山区区镇两级人大于2016下半年依法进行换届选举。常委会始终坚持党的领导、充分发扬民主和严格依法办事相统一，加强调查研究，深入分析换届选举的有利因素和不利因素，针对选举法修订、城市化进程中"人户分离"情况突出、流动人口大量增加等情况，周密制定工作方案，加强法律学习和业务培训指导，依法划分选区、分配代表名额，认真登记选民，精心组织选民协商推荐代表候选人、参加投票选举，全面落实正式代表候选人与选民见面的规定，努力扩大公民有序政治参与，充分尊重和保障选民的民主权利，确保换届选举工作依法有序进行。全区登记选民451250人，投票选举的选民439804人，参选率达到97.5%，依法选举产生区人大代表225名，镇人大代表204名。两级人大代表结构合理、整体素质明显提高，更好地体现先进性、代表性和广泛性，为惠山区基层政权建设奠定坚实基础。

加强联系指导。 区人大常委会加强与镇人大、街道人大工委的联系，坚持"区镇人大联席会议制度"，及时通报和交流区镇人大工作情况。组织镇（街道）人大干部培训、学习交流、列席常委会会议、参加执法检查和视察，注重上下联动，协调配合开展工作。区四届人大代表选出后，及时指导各镇人大、街道人大工委组织代表学习培训，开展会前视察，帮助新当选代表熟悉有关法律法规和业务知识，尽快进入角色，为代表履职打下良好基础。加强对街道人大工委的领导，制定《区人大常委会街道人大工委工作职责》，明确工作要求，指导各街道人大工委听取街道办事处的工作汇报和年度财政预决算情况，充分发挥街道人大工委的作用。

加强组织建设。 按照中央和省委、市委文件精神，组织开展调查研究，争取区委对人大工作的领导，研究相关问题的落实。加强区、镇人大组织建设，区人民代表大会设立财政经济委员会、法制委员会，镇人大主席和大部分街道人大工委主任专职化，区人大常委会增设正科职建制的农业农村工作委员会，为加强惠山区基层政权建设，更好地坚持和完善人民代表大会制度，提供强有力的组织保障。

五、强化依法履职理念，切实加强自身建设，着

力增强依法履职效能

区人大常委会积极适应人大工作新形势、新要求，把加强自身建设，提高整体素质作为履行职责的重要保证，大力弘扬求真务实作风和开拓进取精神，不断提高依法履职的能力水平。

强化学习教育，奠定履职基础。区人大常委会不断完善学习制度，坚持学以致用、学用结合、用以促学。坚持党组中心组学习、机关"周五学习日"等制度，学习贯彻党的十八大和十八届三中、四中、五中、六中全会精神，以及习近平总书记系列重要讲话精神和省人大、市人大工作会议精神，扎实完成党的群众路线教育实践活动、"三严三实"和"两学一做"专题教育各项任务，不断坚定中国特色社会主义道路自信、理论自信、制度自信、文化自信，强化党性修养、群众观念、勤政廉政意识，增强把握大局、服务发展的能力。认真开展业务培训，每项重点工作开展前，都邀请专家或专业人员辅导相关法律法规和专业知识，为履行职责储备知识技能。几年来，共举办法律法规和专业知识讲座33次，组织各类学习交流活动112次，撰写理论研讨文章50篇，进一步提高常委会组成人员的依法履职能力。

健全工作制度，增强履职实效。制度是工作的保障，区人大常委会以追求实效为目标，以不断创新为动力，谋事之初，先定制度，行事之际，恪守规范。五年来，共建立健全10项工作制度，完善2项工作机制。为进一步规范议事决策程序，建立完善《常委会工作规则》《听取和审议专项工作报告办法》《预算监督办法》《询问暂行办法》《专项工作评议办法》《街道人大工作委员会工作职责》等6项工作制度，为常委会高效有序运转夯实基础。为进一步加强代表工作，建立完善《区人大代表建议、批评和意见办理办法》《许可对区人大代表采取限制人身自由措施的办法》《区人大代表与选民联系办法》，保障人大代表依法行使职权，履行代表义务，发挥代表作用。为进一步增强监督实效，建立完善《听取和审议专项工作报告满意度测评暂行办法》，规定常委会组成人员以无记名表决方式对专项工作报告进行满意度测评，测评结果分为"满意""基本满意""不满意"3个等

次，测评结果为不满意的，专项工作报告不予通过，推动人大监督由程序性向实效性转变。为促进常委会工作紧贴民意，完善监督议题选定机制，通过召开座谈会、走访、印发征询意见表、在《惠山新闻》上向社会公开征集等方式，从代表建议、人民群众普遍关注的热点难点问题中选取监督议题，确保人大工作更能服务全局、体现民意，更具有现实针对性。为进一步落实常委会组成人员审议意见，健全审议意见督办机制，每次常委会会议后，都将常委会组成人员的审议意见交有关机关研究处理，并对处理结果进行满意度测评。对处理难度较大、时间较长的审议意见，以及上一年度答复"正在处理"的意见进行跨年度跟踪监督。五年来，共向"一府两院"发出审议意见书93份，对其中的行政服务"三集中三到位"、财政审计中发现问题的整改、低效用地整合、市容秩序和环境卫生工作等审议意见进行重点督办，有效推进了相关工作。

改进工作作风，提升履职水平。常委会严格落实党风廉政建设责任制和中央八项规定，坚持把调查研究作为改进工作作风的关键，围绕区委中心工作、社会关注的热点难点问题、专项审议议题、执法检查和工作评议内容，以及经济社会发展和民主法治建设中的重大问题，组织各工作机构、区人大各代表小组，深入开展调查研究。五年来，共完成调研报告60篇，为区委、区政府工作决策提供依据和参考，为常委会提高监督质量奠定坚实基础。常委会积极推行履职公开，建立特约通讯员队伍，依托《惠山人大》、惠山人大网站、《惠山新闻》专版等平台，宣传人大及其常委会、人大代表履职情况，努力让人民赋予的权力在阳光下运行。

今年工作的建议

党的十八届六中全会，为"十三五"时期我国全面建成小康社会勾画了蓝图。区第四次党代会也为惠山区今后五年的发展指明了方向。建议区第四届人大常委会要在区委领导下，认真贯彻党的十八大和十八届三中、四中、五中、六中全会精神，以及习

近平总书记系列重要讲话精神，紧紧围绕高水平全面建成小康社会和"三优三宜"新惠山的总目标，弘扬敬业担当精神，始终保持昂扬向上、奋发有为的精神状态，积极履职、主动作为，努力开创人大工作新局面。

一、依法履行职权，进一步提高监督实效

要紧紧围绕推动区委重大决策部署的落实和回应社会关切，把发展实体经济、经济转型升级、生态文明建设、政府性债务管控、重大专项资金使用和绩效评价、改善民生福祉、依法行政和公正司法等作为监督重点，并将支持和监督有机结合起来，促进"一府两院"加强和改进工作，全力推动经济社会持续健康发展。要改进监督方式方法，综合运用执法检查、专项工作评议、专题询问、常委会审议意见的跟踪督办等形式，切实增强监督的针对性和实效性。

二、规范履职程序，进一步行使好决定权和任免权

建立区人大常委会讨论决定重大事项制度，进一步规范讨论重大事项的程序，及时对我区改革、发展、稳定的重大规划、重大民生事项进行讨论，依法作出决议、决定，使党的主张通过法定程序成为全社会的共同意志和统一行动。要坚持党管干部原则和依法任免国家机关工作人员的有机统一，依法做好人事任免工作，确保国家机关正常运转。要严肃认真组织宪法宣誓活动，激励公职人员忠于宪法，遵守和维护宪法。

三、强化履职保障，进一步发挥代表作用

突出代表的主体作用，把代表工作渗透到人大工作的各个环节，贯穿于人大工作的全过程。要提升代表履职保障水平，进一步健全常委会领导班子成员联系委员、委员联系代表、代表联系选民制度，畅通民意通达渠道；积极探索以提高履职能力为主要内容的代表培训模式，改进代表活动方式，邀请更多的基层人大代表参加常委会工作视察、专题调研、执法检查和列席常委会会议，努力为代表依法行使职权，密切联系群众，参与常委会工作创造条件。改进代表议案、建议的提出和督办工作。鼓励和支持人大代表针对熟悉领域或行业提出议案、建议；健全督办落实机制，选择综合性强、涉及面广、关注度高、问题反映较为集中的代表建议，由常委会领导牵头进行重点督办，并将常委会督办与区政府督查相结合，通过专项督办的形式，提高代表建议满意率和落实率。进一步健全代表履职考核机制，继续实行代表向原选区报告履职情况、健全代表履职登记档案、探索代表届中退出机制等形式，作为代表评选先进，或届中退出、或下届留任的重要依据。

四、提升履职能力，进一步加强自身建设

坚持把思想政治建设放在首位，深入学习贯彻党的十八大、十八届三中、四中、五中、六中全会，以及习近平总书记系列重要讲话以及区第四次党代会精神，巩固拓展"三严三实"专题教育成果，持续深入开展"两学一做"专题教育，不断增强政治意识、大局意识、核心意识、看齐意识。坚持全面从严治党，加强党的政治规矩和政治纪律教育，落实党组和党组书记的主体责任，持之以恒落实中央八项规定和省、市、区委"十项规定"精神，全力协助区委继续抓好中央、省、市关于加强县乡人大工作和建设相关文件的落实，加强区镇人大的组织建设和人员配备，加强对镇（街道）人大的联系和指导，努力提高全区人大工作整体水平。同时，还要重视人大常委会机关建设，努力建设一支学习型、服务型、创新型的机关干部队伍。

政府工作报告(摘要)

—— 在无锡市惠山区第四届人民代表大会第一次会议上

(2017 年 1 月 5 日)

惠山区区长　李秋峰

惠山区区长　李秋峰

2016 年和本届政府工作回顾

2016 年是"十三五"的开局之年,在中共惠山区委的坚强领导下,区政府紧密团结和依靠全区人民,深入贯彻区第四次党代会精神,围绕"三优三宜"新惠山建设目标,统筹推进经济社会事业发展,较好完成了区三届人大五次会议确定的主要目标任务。

一、经济运行平稳健康

主要经济指标进一步向好。坚持把稳增长作为首要任务,狠抓实体经济不动摇,全年预计完成地区生产总值 722.4 亿元,增长 7.7%;一般公共预算收入 81.4 亿元,增长 6%;全社会固定资产投资 656.53 亿元,增长 11.5%;社会消费品零售总额 176.3 亿元,增长 9.8%;居民人均可支配收入增长 7.8%。"十三五"发展实现良好开局。工业支撑作用进一步凸显。开展"访企情、解企难、暖企心"服务走访活动,积极帮助企业协调解决经营发展中的困难和问题。出台《加快推进现代产业发展的意见》,年内安排各类企业扶持资金 2.44 亿元。全面实施营改增改革,落实小微企业、高新技术企业税收优惠等政策,为企业减税约 2 亿元;取消或减免新型墙体、散装水泥等涉企收费;降低企业水电气要素成本,新增 40 家企业参与直购电交易;降低企业社保、医疗等保险费率,落实稳岗补贴、社保补贴,每月减负约 2000 万元。工业投入、工业固定资产增值税抵扣分别增长 16.5% 和 28%,增幅全市第一。完成规模以上工业总产值 1202.88 亿元,增长 5.1%。工业用电 58.6 亿千瓦时,增长 3.8%。新增规模以上企业 60 家、亿元企业 19 家。新宏泰主板上市,12 家企业"新三板"挂牌。加强政银企对接,运用"三保一通"等平台,帮助企业获得银行授信 20 亿元。发展后劲进一步增强。狠抓项目建设推进,19 个省、市重大项目完成投资 80 亿元,上汽二期总装车间投产、大通皮卡 T60 正式下线,铠龙东方项目实现当年签约、当年开工,中信戴卡项目竣工投产,欧派二期、无锡达美、京运通、京威股份、精科汽车、新开博、云内动力、传化物流、深国际等项目推进顺利。加大招商工作力度,举办深圳投资合作恳谈会、"品桃惠友"等招商活动,新引进卡姆丹克、大联洋快速食品、大明金属深加工、兰石高合金材料等超亿元重大产业项目。出让工业用地 3285 亩,增长 308%。盘活存量用地 5000 亩,整治低效企业 103 家。

二、创新转型成效明显

制造业转型升级步伐加快。加快推进智能制造三年行动计划,实施智能制造工程建设项目 28 个,一汽锡柴被认定为国家级智能制造示范试点企业,透平叶片航空发动等 4 个车间被评为省级智能示范车间。新增国家级"两化融合"管理贯标试点企业 2 家、省级 2 家,规上企业"两化融合"覆盖率达 88%。锡能锅炉被评为省互联网与工业融合创新示范企业,华顺食品等获省互联网化项目资金扶持。博耳电力、天奇物流被评为省级服务型制造示范企业。推进"千企转型、百亿技改",全年技改投资增长 15.8%。石墨烯、生物医药、物联网应用等新兴产业加快发展,国家级石墨烯检验中心建成投用,成立省内首个精准医学检验中心,成功举办"物联网 + 中国制造 2025 高峰论坛",智联天地项目获世界物联网博览会金奖,新兴产业产值占比达 42.5%。工业转型集聚区基础设施建设全面启动。洛社工业园区获评省高端装备制造业特色产业基地。加强质量品牌建设,新申报省著名商标 17 件、省名牌产品 16 件、省专精特新产品 2 件、省新产品新技术 4 个。服务业发展提质增效。完成服务业增加值 269 亿元,占 GDP 比重提高到 38.5%。举办"惠集市"农产品电商集市活动,富车网、京东无锡特产馆上线,获评省农村电子商务示范区,电子商务交易额增长 35%。打造"乐游惠山"旅游品牌,全年接待游客 263.6 万人次,增长 13%,实现旅游收入 7 亿元,增长 11%。农业产业化发展提速。完成农业总产值 30.2 亿元。新增现代农业园区和高标准农田面积达 500 亩和 200 亩。累计建成家庭农场 61 家、省级示范农民专业合作社 7 家。启动阳山水蜜桃提升工程,成功举办水蜜桃品质评比活动。精细蔬菜产业园实现保障供应、品质提升目标,洛社尚田六次产业园加快推进融合发展。阳山桃源村获评"中国十佳小康村"。创新力度不断加大。获批国家级高新技术企业 79 家,高新技术产业产值占比达 40.5%,

R&D 支出占 GDP 比重达 3.08%。国家染整工程技术研究中心落户前洲。南京航空航天大学无锡研究院大楼建成启用。成立产业技术联盟 7 个。4 项科技成果获国家科学技术奖。新增省级企业工程技术研究中心 4 家、省重点研发机构 3 家、省企业研究生工作站 1 家。惠山软件园获评"中国科技园区最佳创业环境奖"。科创中心、生命园被评为 A 类国家级孵化器。"惠创""芒种""紫荆"分别获评国家级、省级众创空间。申请专利 10033 件,万人发明专利拥有量达 27.7 件。新引进各类人才 8565 名,其中高层次人才 385 名、国家"千人计划"人才 4 名、省"双创计划"人才 15 名,华中科大无锡研究院丁汉院士团队入选省"双创"人才团队、智联天地钱志明入选国家"万人计划"、爱邦辐射张祥华获国际劳伦斯奖,蝉联省"人才工作先进区"称号。

三、城乡统筹协调推进

发展空间优化拓展有效推进。全面推进乡镇总规编制,确保惠山区城镇发展空间,解决项目落地规划制约。调整完善新一轮土地利用总体规划。工程建设顺利实施。推进老城镇改造延伸拓展,全区老集镇主要商业街改造实现全覆盖。新锡澄路、西石路、广石路、钱洛路、陆中路、天丰路、北惠路东延建成通车,中惠大道西延、钱胡路延伸、振石路、惠西大道以及老锡杨线、老常锡线、玉钱线等县道大修项目启动建设,完成 312 国道、342 省道惠山段大修。石幢桥、新盛桥改造完工,锡澄运河"五改三"航道整治顺利完成,苏南运河洛社服务区正式启用。完成农村公路提档升级 23.4 公里,改造农危桥 3 座,新辟公交线路 6 条、优化调整 12 条,新建公交候车亭 13 个。完成 14 个地块拆迁清零,一批历史遗留问题取得突破。交付安置房 8400 套、114 万平方米,拆迁过渡问题基本得到解决。累计投入 4.6 亿元,加高加固堤防 43 公里,新建(改造)闸站 66 座,整治疏浚河道 64 条,有效抵御洪涝灾害。城乡管理得到加强。"五大专项整治"持续推进,拆除违法建设 7.3 万平方米,开展渣土运输整治 320 次,完成商户餐饮油烟整治 551 家;新建便民停车场 7 处,创建停车管理样板路 7 条,新增停车泊位 1734 个,审批收费停车场 3 处。

运行数字化城管平台。推行餐厨垃圾分散式处理试点。出台实施物业管理考核细则,新建住宅小区物业管理实现全覆盖。推进村庄环境综合整治,完成25个村庄提档升级和6个城中村环境整治任务,全面推行垃圾机械化收集,全区55个村(社区)实行环卫保洁市场化运作,新增环境长效管理优秀村(社区)11个,创建省级美丽乡村3个。生态环境持续优化。COD等指标完成年度减排任务,万元GDP能耗下降4%,PM2.5平均浓度比2013年下降14.9%,区域空气质量优良天数比达65.7%。完成130台燃煤小锅炉整治、86家VOCS治理、59家工业窑炉清洁能源改造。完成惠联热电提标改造、惠山水处理公司扩建工程。推进黄标车整治淘汰。深化"河长制"管理,7条市级河道、123项综合治理工程全面开工,实施61条黑臭河道整治,完成140个排污口整治,新建排水达标区45个、复查194个,关闭整治生猪养殖户35户,完成30个自然村生活污水点源治理工程并建立市场化运行养护机制。完成造林绿化2080亩,建成区新增绿化53.5万平方米,6个村庄创建为省级绿色家园示范村。加大环保执法力度,开展各类检查7332厂次,办结中央环保督察交办信访件33件,按"三个一批"要求完成2834个项目清理整治。

四、社会民生持续改善

为民办实事工程高质量完成。累计投入13亿元,生态惠山建设、道路交通优化、城市管理提升、农田水利示范、文教设施提升、医联体建设、创业就业扶持、弱势群体帮扶、老旧房屋整治、平安惠山建设等10项为民办实事工程全面完成。富民惠民力度加大。实现新增就业20300人,惠山籍应届大学生就业率达97%,帮助就业困难人员再就业2328人,重点扶持自主创业1113人。净增社保缴费人数8452人,解决新沟河沿线及重点项目社保问题。投入薄弱村帮扶1300万元,3个村(社区)脱贫转化。为"三类"特定家庭出资投保,组织545家爱心企业为2265名青年学生提供勤工俭学等帮助,为1021户特殊家庭安装"健康爱心一键通"专用电话机,为320名精神和智力残疾人配备智能化终端设备,优质完成全区39户贫困家庭危旧房屋修缮,完成13.5万平方米

老旧房屋整治。城乡低保标准每人每月提高到760元。实施玉祁、阳山养老院改扩建工程。建成并启用区社会救助综合管理平台,发放临时救助、深度救助金510万元。社会事业全面发展。13个教育重点工程和配套项目顺利推进,省锡中实验学校第一小学建成启用。全区幼儿园省、市优质率达85%。省锡中入选省首批8所教改实验学校。全区高考本一进线率提高4.3个百分点,省锡中本一率69.4%,名列全市第一。举办区职工职业技能大赛。惠山中专获全国职业技能大赛金牌。健康医疗联合体建设工程推进顺利。建成省内首家区域化急救分中心。区人民医院二期建成交付。区第二人民医院、区中医院、石塘湾卫生院中医馆、藕塘社区卫生服务中心新大楼建成投用。堰桥社区卫生服务中心获评全国百强。获评省人口协调发展先进区。区全民健身中心主体竣工。完成区图书馆智能化改造。获评全省农家书屋提升工程示范区。实现乡镇文体阵地公共文化服务标准化全覆盖。成功举办国学与丝绸之路国际研讨会、第20届阳山桃花节等活动。长安、藕塘农贸市场完成改建。公共管理有效加强。圆满完成新一届村(居)委会换届选举。完成第三轮星级社区创建。新培育发展社会组织20家。高标准接受国家土地例行督察。顺利通过2015年度土地卫星遥感图片变更调查。成立8个安全生产专业委员会,深入开展工贸、危化品、职业病危害等重点领域专项整治。受理各类信访7625件,化解各类矛盾纠纷815件。开展"平安慧眼"技防工程,新增40个技防村(社区),新建高清监控摄像机1593台。DNA实验室建设完成。洛社、阳山专职消防站(队)启动建设。社会文明程度不断提升。建成全省首家区级红十字服务中心,被评为省应急救护培训示范基地。打造"幸福义工"、"心灵家园"志愿服务平台,村(社区)志愿服务站全覆盖。倡导"好人"精神,开展原创锡剧《好人俞亦斌》巡演,新增江苏好人2名,"好人工作室"建设全覆盖。

五、改革开放全面深化

重点改革稳步开展。加快融资平台整合,探索实施资产证券化,政府性债务成本进一步下降。建立运行中小企业互助转贷平台,完善金融风险联动应对

机制。探索推进现代产业基金建设，创新金融扶持实体经济方式。获批全国农村承包土地经营权抵押贷款试点，10个农地抵押贷款项目落地。农村产权交易中心初步建成，流转交易信息服务覆盖全区。创成"省智能用电管理示范园区"。稳步推进区公共资源交易平台建设，推动公共资源交易规范化、法制化、透明化。简政放权深入推进。深化商事登记制度改革，推行"宅急送"服务专车、"就近受理、通核通办"等注册登记便利化措施，"一照一码""三证合一"集中更换全面完成。深入推进服务事项下沉办理，下放商品房、拆迁安置房转移登记审查权限，实现"多点办理、同城通办"。全面开展户籍准入登记直办服务，增设居民身份证跨省异地办理窗口。对外开放持续强化。推进"一带一路"公共信息平台建设，筹建环球相互贸易平台无锡运营中心，无锡进出口商品质量公共服务平台成功落户，"天物通"平台、进出口公共技术服务平台、小微企业质量公共服务平台建成投用。出台出口退税、订单融资等创新举措。新引进协议外资超3000万美元重大项目6只，预计完成到位外资3亿美元；外贸进出口26.9亿美元，其中出口23.5亿美元。

六、政府自身建设得到加强

开展"两学一做"学习教育，坚定理想信念，强化敬业担当。深化依法行政，出台法治政府建设规划，严格按照法定权限和程序履行职责。完善部门内控机制，开展行政事业单位国有资产清查和内部控制基础性评价，推进区级预决算公开和对财政资金全口径全过程的审计监督，突出对财政预算执行、政府投资项目、专项资金项目绩效审计和领导干部经济责任审计。自觉接受人大及其常委会的法律监督、工作监督和政协的民主监督，密切与各民主党派、工商联及工、青、妇等人民团体的联系，广泛听取社会各界意见建议，认真办结人大代表建议48件和政协委员提案114件。同时，统计、粮食、人武、人防、双拥、档案、外事接待、侨务、对台、民族宗教等工作不断加强；妇女、儿童、青少年、老龄等各项事业取得新成绩。

五年来，我们牢固树立"工业立区、实业兴区"发展理念，保持实体经济稳定增长，综合实力迈上新台阶。地区生产总值连跨两个百亿元台阶，由519亿元增加到722.4亿元，年均增长9%；一般公共预算收入跃上80亿元台阶，由57.7亿元增加到81.4亿元，年均增长7.1%；全社会固定资产投资跃上600亿元台阶，累计总额达到2559亿元，年均增长15.7%；规模以上工业总产值突破1200亿元，累计总额达到5811亿元；社会消费品零售累计总额达到733亿元，年均增长11.5%；实际利用外资13.3亿美元，年均增长7.4%；完成进出口总额127亿美元，其中出口106亿美元，年均增长4.6%。主要经济指标增幅达到或高于全市平均水平。

五年来，我们着力推进创新驱动发展，实现了新一轮转型升级，产业结构迈上新台阶。三次产业比重从3∶65∶32调整为2.5∶59∶38.5。新增产值超亿元企业19家、超10亿元企业2家。累计引进超亿元项目67只，超10亿元重大产业项目22只。高起点规划建设智能制造创新示范区、工业转型集聚区，涌现出上汽大通、一汽锡柴、华光轿车、天奇物流、四达动力、透平叶片等一批智能制造代表企业，汽车及零部件、风电设备入选"中国县域产业集群竞争力100强"，石墨烯产业示范区获评国家火炬特色产业基地，新兴产业产值突破500亿元。关停并转锡兴钢厂、长江薄板等落后产能企业，冶金产业比重从62%下降到28%，以机械、电子为代表的先进制造业比重达到45%。一批企业"上网触电"，天物钢联、大耀纺织、"车掌柜"商城、优盟农业等"互联网+"平台蓬勃发展。首创"一镇一院一产业"模式，华中科大、清华数字园、哈工大、东北大学等产业研究院初具规模。建成国家级孵化器4家、国家级众创空间1家、省级科技企业加速器2家、省级"苗圃—孵化器—加速器"科技创业孵化链条1家、省及市级工程技术研究中心60个。新增国家级高新技术企业150家，累计达到207家，五年增长四倍。研发投入占比从2.35%提高到3.08%。累计引进各类高层次人才1600名、中外院士23名。玉龙钢管、新宏泰等8家企业主板上市，33家企业"新三板"和场外市场挂牌。服务业增加值占比提升6.5个百分点，电子商务交易额年均增长32.5%，楼宇经济营收额年均增长110%，旅游业收入年均增长30.5%，阳山镇获评省级旅游度假区,桃花源景区获评国家4A级景区。围绕水蜜桃特色果品、精细蔬菜、优质稻米,建成11个现代农业园区,获评省现代高效农业先进区、无锡菜篮子基地。

五年来,我们始终坚持以人为本,统筹谋划新型城镇化,城乡面貌迈上新台阶。累计投入70亿元,实施交通重点工程42个,完成农村公路新建改建71公里,建成通车里程83公里,中惠大道、新锡澄路、西环线、堰玉路、广石路、中兴路、洛洲路、北惠路等一批骨干道路建成,"十纵十横"快速路网系统基本形成。地铁一号线惠山段通车,万达城市商业载体、惠山中医院等建成,惠山新城现代城区功能日益完善。累计投入超10亿元,共实施改造项目110个,完成老城镇改造三年行动计划,村庄环境综合整治实现全覆盖,美丽乡村建设加快推进,城市管理更加标准化、精细化,城乡面貌焕然一新。持续开展大气、水环境综合整治,强化节能减排,完成103家印染、173家冶金酸洗、43家电镀企业专项整治,淘汰燃煤小锅炉408台,主要污染物排放量五年减少21%,万元GDP能耗五年下降25%,林木覆盖率五年提升1.17个百分点,国家级生态镇实现全覆盖,成功创建国家生态区。累计投入13.7亿元,实施全面提升防洪排涝能力三年行动计划,对全区13只万亩圩进行达标建设,实施外围堤防116公里,新建改造闸站197座,防洪减灾能力有效提升。

五年来,我们不断增进民生福祉,增强人民群众获得感,民生社会事业迈上新台阶。累计投入90亿元,完成政府为民办实事项目53项。城乡居民收入是2011年的1.5倍。五年新增就业6万人。城乡居民养老和医疗保险覆盖率达99%以上。城乡低保标准提高1.65倍。累计发放扶贫救助资金1.1亿元,16个经济薄弱村脱贫转化。累计投入15亿元,完成全区所有医院和社区卫生服务中心的改扩建,实现硬件大提升,社区卫生服务综合满意度连续多年全市第一。基础教育优质均衡发展,新、改、扩建学校23所,四星级高中实现全覆盖,高考本科进线率五年提升18.4个百分点,获评全国义务教育发展基本均衡区和省学前教育发展改革示范区。妥善推进教师、卫技人员招聘和进编。每千名老人拥有养老床位32

张,居家养老养残全面推开,荣膺全国养老服务示范区。建设区全民健身中心,区文化馆、图书馆完成功能改造,镇村文体阵地实现全覆盖,成功创建国家公共文化服务体系示范区。"法治惠山""平安惠山"建设全面加强,公共安全感、法治建设满意率逐年提高。文明创建扎实有效,累计入选中国好人16人。

五年来,我们全面落实深化改革各项任务,破解了许多发展难题,重点领域和关键环节改革取得新突破。坚持问题导向,重点推动事关惠山经济社会发展大局的43项重大改革内容解答。行政审批制度改革深入实施,区镇村三级服务中心实现全覆盖,制定公布行政权力清单、责任清单、负面清单等"三张清单",实施加强事中、事后监管等七项配套改革,推进"五证合一"等商事制度改革,推行容缺预审、项目代办员等措施,行政审批时限压缩50%以上。机构改革扎实推进,工商、质监、食品药品监管体制改革到位,完成卫生计生、住房建设机构职责整合,基本建成"一办三中心"政务服务体系。投融资体制改革取得突破,完成区级融资平台整合,试点PPP融资模式,探索产业基金和平台资产证券化。农村产权制度改革走在全市前列,全面完成土地确权登记颁证和社区股份合作社改革。教育、养老、医药卫生、文化等社会领域改革稳步推进,公共服务供给能力和水平不断提高。

五年的艰苦奋斗,不仅收获了来之不易的丰硕成果,更积累了弥足珍贵的工作经验。一是必须坚持把高扬发展旗帜作为鲜明导向。发展是解决一切问题的关键,坚持发展实体经济尤为重要,惠山经济基础在实体经济,惠山的比较优势在实体经济,惠山过去发展靠的是实体经济,惠山今后重振雄风还要靠实体经济,只有坚持把实体经济做强做优做向高端,才能推动惠山经济社会沿着正确轨道又好又快前进。二是必须坚持把创新驱动作为核心战略。不创新不行,创新慢了也不行,只有坚持把发展的基点放在创新上,围绕"智能化、绿色化、服务化、高端化、品牌化",大力发展新产业、新技术、新业态、新模式,加快形成以创新为主要引领和支撑的发展方式,才能让惠山的发展生机勃勃、活力无限。三是必须坚持把改革开放作为不竭动力。只有敢于直面矛盾,善于破解难题,向改革要动力,向开放要活力,才能推动经济社会持续向前发展。四是必须坚持把执政为民作为根本宗旨。只有顺应人民过上更好生活的期待,竭尽所能为群众做好事、办实事、解难事,才能凝聚民心民智,形成加快发展的强大合力。五是必须坚持把敬业担当作为自觉要求。只有始终弘扬敢于担当的精神,认真贯彻区委的各项决策部署,自觉接受人大、政协的监督,将苦干实干体现在政府工作的各个领域、各个环节,才能汇聚成政府工作的强大执行力和战斗力。这些既是惠山过去实践探索的经验总结,也是未来跨越发展的宝贵财富。

五年来的砥砺奋进,充分展现了惠山广大干部群众昂扬向上的精神风貌,展示了全区上下团结拼搏的巨大力量,坚定了我们干事创业的方向自信、目标自信、举措自信和价值自信。这些成绩的取得是全区人民在区委的坚强领导下凝心聚力的结果,是区人大及其常委会依法监督、区政协及社会各界关心支持的结果,倾注着全区上下同心同德、合力共建的心血和汗水。在此,我代表区人民政府,向全区人民,向区人大代表、政协委员,向各民主党派、工商联、各人民团体、离退休老同志及社会各界人士,向公安干警、双拥共建部队官兵、民兵预备役人员,向所有关心支持惠山发展的海内外朋友,表示衷心的感谢并致以崇高的敬意!

我们还面临不少困难和挑战,主要是:经济增长的基础还不够牢固,结构性矛盾依然存在,企业生产经营面临不少困难;产业转型升级任务艰巨,新增长点支撑作用还不明显;重点领域和关键环节改革需要深化;对外交通瓶颈、城乡管理难点依然存在;环境资源约束加大;社会事业建设仍然存在不少短板;维护社会和谐稳定面临新情况新问题;政府职能转变、作风建设等还存在薄弱环节。对此,我们必须高度重视,采取有力措施切实加以解决。

今后五年政府工作奋斗目标和 2017 年政府重点工作

今后五年是惠山区高水平全面建成小康社会的决胜阶段。综观大势,经济发展新常态特征更加明显,必须把创新作为引领发展的第一动力,摆在发展全局的核心位置。发展最直接最根本的目的是提高广大老百姓的富裕程度和生活质量,必须更加自觉践行以人民为中心的发展思想,让发展更有温度,幸福更有质感。今后五年政府工作的指导思想是:全面落实党的十八大和十八届三中、四中、五中、六中全会精神,深入贯彻习近平总书记系列重要讲话特别是视察江苏时重要讲话精神,紧紧围绕"五位一体"总体布局和"四个全面"战略布局,以"五大发展理念"为引领,以"强富美高"为要求,适应把握引领经济发展新常态,坚持发展第一要务,聚力创新,聚焦富民,共建优质经济,共建品质城市,共建美质生态,共建实质幸福,共建素质队伍,为高水平全面建成小康社会、谱写"三优三宜"新惠山精彩篇章而努力奋斗。

奋斗目标是:顺利实现"十三五"发展各项目标任务,高水平全面建成小康社会,开创科学发展新局面,谱写人民美好生活新篇章。具体体现在:经济发展更高质量。实现地区生产总值比 2010 年翻一番,居民收入、企业利润、财政收入"三个口袋"更加充实,现代产业体系基本形成,开放型经济竞争力不断提升,塑造更多依靠创新驱动、更多发挥先发优势的引领型发展。人民生活更加幸福。有更满意的收入、更好的教育、更稳定的工作、更可靠的社会保障、更高水平的医疗卫生服务、更舒适的居住条件、更优美的环境,城乡居民逐步享受到标准化均等化基本公共服务,享受到丰富多彩的精神文化生活。生态环境更加优美。绿色发展成为鲜明特色,资源保护与利用水平大幅提升,突出环境问题得到有效解决,生态环境质量明显好转。城乡区域更加协调。发展空间布局持续优化,产城融合互动格局进一步形成,新型城镇化和城乡发展一体化扎实推进,城乡发展协调性进一步增强。社会文明程度明显提高。社会主义核心价值观深入人心,公民文明素质和社会文明程度显著提高。法治惠山、平安惠山建设深入推进,公共安全体系更加健全,社会公平正义得到保障,社会治理现代化水平明显提升。

2017年，是喜迎党的十九大胜利召开的奋进之年，也是"十三五"发展的关键之年。根据区委四届二次全会决策部署，2017年惠山区政府工作的总体思路是：全面落实省、市、区党代会精神，立足创新，以智能制造引领现代产业高地打造，以富民增收引领幸福小康道路建设，在加快产业转型升级、推动经济持续增长、全面深化改革开放、促进城乡协调发展、营造良好人居环境、办好民生社会事业、建设人民满意政府上取得新成效。

主要预期目标是：地区生产总值增长7%，一般公共预算收入增长5%左右，全社会固定资产投资增长6%，社会消费品零售总额增长10%；万元GDP能耗下降、主要污染物排放削减完成市下达指标；城乡居民收入与经济增长同步。

围绕上述思路目标，全年将重点抓好以下六方面的工作：

一、坚持发展第一要务，在加快产业转型升级推动经济持续增长上取得新成效

围绕共建"优质经济"，以智能制造为主攻方向，以产业创新为突破口，用新技术新业态新模式全面改造传统产业，在加快构建特色鲜明富有活力的现代产业体系中，着力振兴实体经济。

坚持不懈抓好项目建设。把扩大有效投入作为产业强区和稳增长调结构的关键举措，集中力量推进好20个省及市重大项目和180个区级重点产业项目建设，确保上汽二期、铠龙东方、欧派二期、无锡达美、京运通、京威股份、欧瑞京、新开博、深国际等项目尽快建成产生效益。聚焦主导产业高端领域和新兴产业关键项目，瞄准世界500强、大型国企、知名民企及大院大所，积极主动对接，精心组织"品桃惠友"等主题招商活动，力争在超10亿元、超50亿元优质产业项目引进上取得更大突破。突出先导性和支柱性，围绕新能源及新能源机车、高端装备、生物医药、石墨烯、3D打印、机器人及零部件、物联网等重点领域，加快新兴产业集群和龙头企业引进培育，力争新兴产业产值占比达50%。围绕项目承接，规划建设一批产业发展载体，优化提升产业空间布局。加大土地资源统筹力度，推进存量盘活，深入实施产业用地绩效管理和园区企业ABC分类评价，力争完成低效企业整治100家、盘活存量用地80万平方米（1200亩），园区亩均产值达250万元。

深化拓展"一镇一院一产业"模式。依托六大产业研究院和七大产业联盟，大力推动政产学研协同创新。鼓励更多企业用足用好"家门口"科研资源，加快科创成果集聚转化应用。鼓励支持企业依托产业研究院建设有核心知识产出、持续创新能力的高水平研发机构，重点做好省及市工程技术研究中心、企业技术研究院等培育工作。研究推进产业研究院体制机制创新，探索建立市场化的创新方向选择机制和鼓励创新的利益共享机制，吸引人才，提升发展水平，更好的服务企业。支持产业研究院依据产业特色优势，规划布局专业化产业发展载体。全面落实省加快推进产业科技创新的"40条政策"，加大高新技术企业培育力度。积极推进大众创业万众创新，开展"苗圃—孵化器—加速器"科技创业孵化链条建设，提供有针对性的孵化服务。加强新技术新产品培育，力争万人发明专利拥有量达到30件，新增省级高新技术产品500件。弘扬工匠精神，联动推进质量强区、品牌强区、标准强区建设，打响"惠山制造"品牌。强化知识产权保护运用，营造有利于产业转型升级的发展环境。实施省"双创计划"、市"太湖人才计划"和区"先锋英才计划"，围绕产业链布局人才链，为发展提供智力支持。

高标准创建智能制造创新示范区。加紧编制完成创新示范区发展规划，结合企业需求进一步深化完善专项资金、金融服务、项目建设等扶持政策，集聚资源打造智能制造公共服务平台，为企业智能制造提供个性化解决方案，建设无锡华科智能制造产业园和MES云平台等载体，全力构建智能制造发展的良好生态系统。组织实施智能制造试点示范专项行动，选择一批具备条件的龙头骨干企业开展智能工厂培育建设，进行生产线数字化改造，推广工业机器人示范应用，加快信息技术嵌入式应用，推进线上线下智能化、垂直化服务，全年智能工业投入不少于20亿元，实施智能制造改造项目企业不少于30家，着力在智能工厂、智能车间、智能应用和智能管理等方面形成先发集聚优势，使示范区成为惠山创新驱动的特色标志。

大力实施"互联网＋"行动计划。大力发展以互联网为核心的信息技术产业，着力引进培育一批具有核心竞争力的互联网企业。推进"互联网＋三次产业"协同发展，推动"互联网＋制造业"，促进物联网、云计算、大数据等新一代信息技术在制造业领域的应用，不断提升惠山制造业智能化绿色化水平；鼓励支持企业从单一的产品制造模式，向"产品＋服务"转变，大力推进制造业服务化发展；推动互联网再造服务业，形成以平台经济为鲜明特征的服务经济产业新模式；推动互联网嵌入现代农业产业链，大力发展智慧农业、精准农业。鼓励有条件的企业主动"＋互联网"，推进生产管控集成互联、电子商务应用平台化和制造服务云端化，积极培育新业态、新模式。

加快提升服务业农业发展水平。服务业方面，促进生产性服务业向专业化和价值链高端延伸，重点发展现代物流、电子商务、科技研发服务等产业，严格控制低端物流，推动好现有各类电商平台蓬勃发展，加快开发区、地铁站区、钱桥等地区楼宇经济发展，积极构建与先进制造业相适应的服务经济体系。推动生活性服务业向便利化、精细化、品质化提升，继续推进传统商业综合体转型，加快现代商贸、健康养老、文化创意、体育、社区服务等产业发展。以创建阳山国家级旅游度假区为抓手，推进好阳山特色文旅小镇等重点项目建设，积极发展休闲旅游、生态旅游、体验旅游，打造"春花、夏桃、秋娱、冬浴"四季魅力游活动品牌，不断提升惠山旅游知名度。年内服务业增加值占GDP比重达到39%。现代农业方面，以绿色化、特色化、品牌化、信息化为主攻方向，加快农业结构调整。加大新型合作组织、家庭农场、农业龙头企业等现代农业经营主体培育引进力度。围绕农产品品质提升、病虫害防治、土壤改良，提高农业物质装备和技术水平，推广示范农业新科技、新技术、新工艺。延伸农业产业链条，支持农产品加工业和农业生产性服务业发展，推进农业与旅游、文化等产业深度融合，加快洛社尚田六次产业园、堰桥牡丹园等一批特色园区建设，形成农业发展新亮点。

强化企业服务引导。认真落实各级惠企扶持政策，降低企业运行成本。进一步健全企业走访、领导挂钩联系、服务企业区长热线等机制，有针对性解决企业困难。继续开展企业家"基业长青"培训。研究设立信保基金、"挂牌贷"融资产品，着力缓解企业融资难、融资贵问题。深入推进"千企转型、百亿技改"，鼓励企业扩大有效投入，加强管理创新；引导重点骨干企业做大做强，力争超10亿元、50亿元工业企业分别突破20家、3家，上汽大通销售力争百亿元，实现我区百亿企业历史性零突破；推进中小企业向"专精特新"转型；支持通过兼并重组、股权融资合作等方式培育优质企业；鼓励企业利用多层次资本市场发展壮大，年内新增上市企业1家、"新三板"挂牌企业10家。力争全年工业投入增长10%以上，技改投入占工业投入比重67%以上，规模以上工业总产值增长4%以上。

二、深化改革扩大开放，在构建更具活力体制机制更加开放发展格局上取得新成效

围绕以改革释放活力、以开放提升水平，持之以恒抓好供给侧结构性改革五大任务落实，积极实施全面开放战略，为经济社会发展注入新动力、拓展新空间。

推进供给侧结构性改革。贯彻落实中央、省、市全面推进供给侧结构性改革的战略部署，引导和推动企业采取兼并重组、调整布局等方式淘汰落后产能。积极化解非住宅商品房库存，促进房地产市场平稳健康发展。强化政府性债务限额管理和预算管理，加大存量债务置换力度。有序推进降低企业杠杆率工作，着力防范化解金融风险。严格落实国家和省、市、区降成本政策措施，在提高企业直购电覆盖面上加强工作推动，切实减轻企业负担。对照高水平全面建成小康社会各项目标，深入排查突出的短板和不足，加大基础设施、环境治理、公共服务等领域补短板力度，增强发展的整体性和协调性。

深化重点领域改革。深化行政审批制度改革，开展相对集中行政许可权改革试点，全面推行"一窗受理、合并审查、集约审批、一站办结"的审批模式，缩短审批时限。全面推行"双随机、一公开"监管模式，加强事中事后监管。扩大商事登记改革成果，继续推进注册企业"五证合一"和个体工商户"两证整合"。按照政务服务"一张网"要求，加快以权力清单为重点的各项网上清单建设，推进政府信息开放共享。深化财税和投融资体制改革，用好各类产业投资基金，加大对重点企业融资担保力度，支持企业发展。

拓展对内对外开放空间。充分发挥惠山产业、区位、交通等综合优势，深度融入长江经济带、长三角城市群、锡常泰都市圈、锡澄一体化战略。围绕"一带一路"，更加主动"走出去"，主动融入全球产业分工，推动机械、纺织、冶金、化工等传统优势产业通过并购、联合投资等合作方式，到境外设立生产加工基地。鼓励有条件、有意愿的企业参与境外经贸合作区或产业集聚区建设，培育一批本土跨国企业。

提升开放型经济发展水平。高度关注外贸出口动态变化，继续抓好市场开拓、抓牢增量培育、抓实企业服务，深化重点外贸企业跟踪服务机制，有效落实外贸发展扶持政策和外贸便利化措施，加快发展环球商联盟、天物通等一批外贸综合服务平台，积极引进规模型外贸企业和重点外贸公司，大力推进服务贸易和跨境电商发展，争创国家级高端装备出口质量安全示范区，不断拓展外贸增长新空间。以扩大利用外资规模、提高利用外资质量为主线，突出先进制造业和现代服务业等重点领域，加大外资项目招引力度，紧盯现有外资企业增资扩股和海外上市企业返程投资，力争到位注册外资 3 亿美元，制造业利用外资占比达 60%以上。

三、统筹推进新型城镇化，在更高层次促进城乡区域协调发展上取得新成效

围绕共建"品质城市"，突出产城融合、城乡一体、建管并重和功能品质提升，全力构建城乡统筹发展新格局。

突出规划引领作用。结合两规调整和基本农田核减，进一步拓展产业空间，优化发展布局，加快规划落地，全面推进实施。开展教育资源布局、工业转型集聚区"海绵城市示范区"建设、阳山省级生态休闲旅游度假区等专项规划编制工作。加强道路交通节点规划研究，重点做好与无锡主城区、江阴以及常州武进之间连接道路的规划研究对接工作。

提升建设管理水平。高质量推进各项建设。全力争取凤翔路快速化改造、西环线北延等市级工程启动，加快推动江海西路快速化改造、钱皋路、运河西路、钱胡路延伸等工程实施。配合好地铁 3 号线施工，对接好盐泰锡常宜城铁、南沿江城铁前期事宜。建设九里河湿地公园、新锡澄路景观绿化、惠山大道慢行系统和锡澄运河惠山服务区。结合产业、城乡发展实际，调整优化公交线路。持续推进新老街区、镇村结合部及背街里弄改造整治。以地块清零为重点，按需组织拆迁。加快在建安置房竣工交付和"两证"办理，稳妥推进安置房上市。扎实实施全面提升防洪排涝能力三年行动计划，保质保量建设好惠山水利"生命线"。高标准加强综合管理。以创建省优秀管理城市为抓手，健全完善行政管理、科学治理、市场运行、群众参与有效衔接的城市管理机制。提升数字化城管运行水平。大力整治违章建设、流动摊点、占道经营、渣土扬尘、建筑生活垃圾偷倒乱倒等城乡管理顽症。加强垃圾运输车辆管理，严禁跑冒滴漏。推行停车收费。推进餐厨垃圾分散式处理设施建设。严格规范设施农用地、堆土消纳场所审批和管网市政设施养护。完善老镇区和农村环境长效管理机制，推行环卫保洁市场化运作，巩固提升改造整治成果。加强物业管理考核，开展物业服务达标和示范项目创建，提升物业管理水平。

推动城乡一体化发展。加大"六个一体化"统筹推进力度，注重生产、生活、生态融合发展，全面提升城镇功能品质和特色魅力，培育一批产业定位明确、文化内涵丰富、旅游功能突出、社区特征完善的有惠山特点的特色小镇。推进美丽乡村建设，实施 6 个城中村整治、36 个村庄环境提档升级。启动新一轮农村实事工程，深化农村社区治理，研究推进"户籍随房迁、待遇跟人走、管理归属地"的村级管理改革，提升农村公共服务管理水平。

四、坚决保护好生态，在营造良好人居环境上取得新成效

围绕共建"美质生态"，坚持绿色发展、生态优先,落实好省"两减六治三提升"行动,建设人与自然和谐共生的美丽宜居城区。

加大环境保护力度。加强大气污染防治。推进工业废气治理,全面完成燃煤设施清洁化改造,加快推进惠联热电、荣成环保、新三洲、天鸿化工等企业脱硫脱硝、除尘再提标改造工程。推进挥发性有机污染物治理,开展石化、化工企业泄漏检测与修复,重点行业强制使用水性涂料,健全大气污染联防联控体系,实施建设工地、道路扬尘、机动车尾气等专项治理,开展黄标车整治淘汰,实施秸秆循环利用,持续降低PM2.5平均浓度,改善大气质量。加强水环境治理。按照"一河一策",突出控源截污、清淤活水、生态修复等环节,实施好河道环境综合整治工程。深化排水达标区创建和"回头看",完成45个新建、164个复查任务。全面推进未接管村庄生活污水接管和点源治理设施建设。开展危险废物、重金属等环境突出问题专项整治。完成禁养限养区25家养殖户整治。推进污水处理厂地表水Ⅳ—Ⅴ类排放标准提标改造。

推动形成绿色发展方式。加快推进绿色生产,发展循环经济,实施清洁生产审核企业20家、重点节能与循环经济项目18个,新增循环经济试点企业2家。严格用能管理,推进重点用能企业建设能源管理中心,建立覆盖全区工业领域的节能监测平台。推广绿色生活行动,夯实绿色发展的社会基础。加大生态创建力度,新增绿化面积3500亩,力争森林覆盖率提高到23.7%,城镇绿化覆盖率提升到32%,创成省绿化示范村和森林生态示范村7个。

健全生态文明制度体系。落实生态环境保护"党政同责、一岗双责"。坚持铁腕治污、依法治污,加大环保执法力度。严格落实环保网格化监管,推进环境保护从污染治理向全过程监管转变。

五、扎实办好民生实事,在让人民群众过上更加美好生活上取得新成效

围绕共建"实质幸福",从群众关注的焦点、群众生活的难点中寻找切入点,让实实在在的获得感带来真真切切的幸福感。

以人民满意为标准办好民生实事。1.改善出行条件。推进好中惠大道西延、惠西大道、惠洲大道、新长铁路道口(平改立)等区重点道路工程,实施金惠路、梅胡线、荣洛路等县道大中修工程,改造加固农危桥3座,对石洲路、老长八线等36条农村公路进行提档升级,新辟公交线路2条、调整优化8条。2.提升教育硬件水平。新建省锡中实验学校第二小学、西漳寺头小学、阳光100第二幼儿园、玉祁平湖城小学等9所学校和幼儿园;改扩建西漳中学二期,洛社、玉祁高中综合教学楼,堰桥高中宿舍楼,堰桥实验小学、前洲中学、钱桥中学、钱桥中心小学教学楼,阳山中学综合楼、阳山中心幼儿园等10个项目;续建玉祁玉蓉幼儿园。3.实施环境秩序综合整治。新增环境长效管理优秀村(社区)10%,环卫保洁市场化运作达到70%以上,村级生活垃圾收集转运站建设达到60%;各镇新建或改扩建镇级生活垃圾收集转运站;新增1400个停车位、7处便民停车场,创建7条停车管理样板路;对19家规模农贸市场进行绩效考核和星级评定。4.开展绿色惠山建设。完成成片造林1500亩,实施35个村庄农村生活污水点源治理,实现重点村、特色村全覆盖,对72家企业燃煤工业窑炉进行清洁化改造;开展阳山水蜜桃产业提升一期工程,提升水蜜桃品质。5.加强创业就业扶持。实现新增就业10000人,援助困难人员再就业1100人,重点扶持自主创业1100人,惠山籍应届大学生就业率95%、离校未就业高校毕业生实名制登记率100%。6.推进健康惠山建设。完成4000名慢性病患者自我管理培训,健康生活方式指导30000人次;全区44所千人以上学校食堂食品快速检测实验室全部建设到位并运行。7.提升防洪排涝能力。新建堤防16.7公里,加高加固圩堤23.2公里,新建排涝泵站45座、防洪闸6座、溢流坝1座,整治河道水系82条。8.开展县属企业家舍改造。完成10万平方米县属企业家舍整治改造。9.深化平安惠山创建。继续推进洛社、阳山专职消防站(队)建设,增添10辆消防车等消防装备;继续推进"平安慧眼"技防工程,新建高清监控摄像机1200台。10.实施公益惠民工程。实施红十字应急救护"五进"工程,重点开展心肺复苏、创伤救护培训,全年开展初级救护员培训500人次,普及救护培训5000人次。

统筹推进富民增收工作。把就业作为民生之本，加强对重点群体的就业援助，实施高校毕业生就业促进计划，推进创业型镇村建设。健全收入增长机制，构建和谐劳动关系，稳固提升工资性收入，拓宽居民经营性、财产性收入渠道，实现居民收入增长与经济增长同步。完善社会保障体系，稳步推进社保扩面，常态化、动态化推进全民参保登记，帮助困难群体参保续保。推进好扶贫帮困工作，完善精准帮扶助困机制，推进低收入人员和经济薄弱村脱困致富，健全以城乡居民最低生活保障制度为基础的社会救助体系，发挥各类助困基金帮扶作用，借助区红十字服务中心窗口平台，推出更多公益惠民项目。

优化公共服务供给。加大教育事业投入，制定教育事业发展中长期规划，全面启动教育资源布局优化提升三年行动计划，优质高效推进20个教育重点工程项目实施，研究探索激励机制，强化师资队伍，加强课程建设，优化教育质量评估，规范提升校外教育秩序水平，适应群众多层次教育需求，办好人民满意教育。深化医疗卫生体制改革，以特色专科建设为载体，实施名医、名院、名科"三名"战略，加快推进"银医通—健康惠山"智慧医疗项目建设，深入开展计划生育特殊家庭精准帮扶工作，提升卫计服务水平。鼓励发展社会养老和社区养老，满足群众养老需求。建成投用区全民健身中心。举办区第五届社区文化节等群文活动。

创新加强社会治理。深化社区扁平化管理，巩固社区减负成果，实行"一站受理、一门服务"，提高基层自我管理服务能力。开展全国、省级和谐社区示范创建活动。深化政社互动，培育社会组织，推进智慧社区建设，进一步提升"三社联动"水平。贯彻落实"四个最严"要求，健全食品药品监管机制，为人民群众饮食用药安全把好关。严格落实安全生产责任，深入开展"打非治违"和安全生产大检查，坚决遏制较大事故发生。全面开展"七五"普法宣传教育，扎实推进法治惠山建设。健全矛盾纠纷预防排查化解机制，建立健全现代化立体化的治安防控体系，高度关注金融领域非法集资和恶意逃废债等问题，严厉打击违法犯罪，提升平安惠山建设水平。

弘扬社会主义核心价值观。深化文明创建，弘扬社会公德、职业道德、家庭美德、个人品德，传递正能量。深入挖掘惠山优秀传统历史文化资源，培育乡贤文化，引领文明乡风。推进网上舆论生态治理，发展积极向上的网络文化。开展"身边的好人""最美志愿者"等各类模范典型评选，引导壮大志愿者群体，促进志愿服务制度化、大众化、项目化发展。

六、坚持从严治政，在建设人民满意政府上取得新成效

围绕共建"素质队伍"，全面加强政府自身建设，优化工作作风，努力提升政府科学行政和组织发展的能力水平。

更实作风推进为民执政。实干兴邦，必须以"踏石留印、抓铁有痕"的力度抓落实。践行"三严三实"要求，对懒政惰政现象严肃问责。大力弘扬"马上就办、真抓实干"好作风，主动帮助基层和企业解决实际问题，将制定的政策措施一抓到底，抓出成效。坚持精炼公文、精简会议，强化绩效管理、效能监察和行政问责，提高政府行政效能和服务水平。坚持问政于民、问需于民、问计于民，依托作风面对面、12345热线等平台，更好地听民声、察民情、汇民智、解民忧。以高度负责的态度认真办理人大代表建议和政协委员提案，切实提高办理满意度和落实率。

更高水平推进依法行政。法在必行，必须筑牢法治篱笆。坚持运用法治思维和法治方式深化改革、推动发展、化解矛盾、维护稳定。认真落实重大行政决策法定程序，贯彻"三重一大"集体决策机制，完善政府法律顾问制度，促进依法决策、民主决策、科学决策。严格按照法定权限和程序行使权力，规范执法行为，做到法定职责必须为、法无授权不可为。依法接受人大法律监督、政协民主监督、社会舆论监督，加强审计监督，让行政权力在阳光下运行。深化推进政务公开，及时回应社会关切。

更严要求推进廉洁从政。令行禁止，必须遏制权力越线。深入推进反腐倡廉建设，落实党风廉政建设责任制，严格执行中央八项规定和省委、市委、区委"十项规定"精神，持之以恒纠正"四风"，建设敢于担当清正廉洁的公务员队伍。加强对重点领域、重点资金、重点项目的监督,实行财政资金全口径预算管理,推行绩效评价,进一步规范政府采购、招投标等公共资源管理和权力运行。厉行勤俭节约,严控"三公"经费支出,把更多的财力用在保障和改善民生上。

附　件:

名词解释

1. 三保一通:科贷保、银企保、农贷保、展翼通。

2. 五大专项整治:违法建设、占道经营、渣土运输、停车秩序、油烟扰民。

3. 三个一批:淘汰关闭一批、整顿规范一批、完善备案一批。

4. 13个教育重点建设项目:已经完工的8个,即省锡中实验学校第一小学、诚明华府庄园幼儿园新建工程,钱桥中学改扩建一期工程和前洲实验幼儿园扩建工程已于2016年秋学期启用,天一实小"阳光100"二期、洛社中心幼儿园新园区、洛社张镇桥幼儿园新园区建设工程和长安第二中心幼儿园改扩建二期工程将择期启用。正在建设中的5个:西漳中学、玉祁高中改扩建工程,艺苗幼儿园分部、玉祁玉蓉幼儿园新建工程和区特殊教育学校扩建工程将于2017年完工。

5. 8个安全生产委员会:工贸企业、危化品、特种设备、道路交通、建筑施工、消防、商贸旅游和燃气等8个安全生产专业委员会。

6. 宅急送服务专车:开设邮政EMS速递服务窗口,为服务对象提供审批办理结果材料速递送达服务,实现"网上批、快递送、不见面"要求。

7. 一照一码:在"三证合一"基础上,通过"一口受理、并联审批、信息共享、结果互认",实现由一个部门核发加载统一社会信用代码的营业执照。

8. "十纵十横"快速路网:"十纵",指西环线、钱洛路—洛洲路、惠洲大道、惠澄大道、钱皋路、新锡澄路、凤翔路、惠山大道、石新路、友谊路;"十横",指暨南大道、北惠路、堰玉路、政和大道、中惠大道、西石路—广石路、运河西路、江海西路—洛南大道、S342省道、钱胡路。

9. 七大产业联盟:能源电气、服务型制造、机器人应用、保护膜、电子信息、冶金新材料、精密制造七大产业联盟。

10. 千人计划:国家海外高层次人才引进计划,围绕国家发展战略目标,引进并有重点地支持一批能够突破关键技术、发展高新产业、带动新兴学科的战略科学家和领军人才回国(来华)创新创业。

11. 双创计划:江苏省高层次创新创业人才引进计划,围绕江苏优先发展的重点产业,每年面向海内外引进一批高层次人才或团队,着力打造竞争优势明显的高新技术产品群和企业群。

12. 太湖人才计划:围绕为现代产业发展新高地建设提供人才支撑,无锡市出台了"太湖人才计划",重点引育新兴产业创业领军人才、产业升级创新领军人才等六类产业人才。

13. 先锋英才计划:围绕为"五质"共建提供智力保障,惠山区出台了"先锋英才计划",加快产业先锋、事业英才及优秀基础人才等三大类11支人才队伍建设。

14. MES云平台:制造企业生产过程执行信息化管理系统。

15. 双随机、一公开:随机抽取检查对象、随机选派执法人员,及时公布查处结果。

16. 五证合一:营业执照、组织机构代码证、税务登记证、社会保险登记证和统计登记证"五证合一"。

17. 两证整合:个体工商户领取加载统一社会信用代码的营业执照,该营业执照具有原营业执照和税务登记证的功能。

18. 六个一体化:城乡规划、产业发展、基础设施、公共服务、就业社保、社会治理一体化。

19. 两减六治三提升:减少煤炭消费总量、落后化工产能;治理太湖水环境、生活垃圾、黑臭水体、畜禽养殖污染、挥发性有机物污染、环境隐患;提升生态保护水平、环境经济政策调控水平、环境监管执法水平。

20. 三社联动:"社区、社会组织、社会工作者"联动。

21. 四个最严:最严谨的标准、最严格的监管、最严厉的处罚、最严肃的问责。

22. 打非治违:打击非法违法生产经营活动行为的简称。

中国人民政治协商会议
江苏省无锡市惠山区第三届委员会
常务委员会工作报告(摘要)

——在无锡市惠山区政协四届一次会议上

（2017年1月4日）

政协惠山区第四届委员会主席　　陈　燕

过去五年工作回顾

政协无锡市惠山区第三届委员会任期的五年，是惠山经受住严峻考验，经济发展稳中有进、综合实力显著增强的五年，也是人民政协事业在继承中创新、在巩固中发展的五年。五年来，在中共惠山区委领导下，区政协牢牢把握团结和民主两大主题，按照"党政所思、发展所需、群众所盼、自身所能"的工作定位，把推动科学发展作为第一要务，把促进社会和谐作为第一责任，认真履行政治协商、民主监督、参政议政职能，为"三优三宜"新惠山建设作出积极的贡献。

一、坚持围绕中心、服务大局，为助推改革发展议政建言

不断完善政协协商民主形式，逐步构建以政协全会为龙头、以常委会议和主席会议为重点、以专委会对口协商和镇（街道）工委基层民主协商为常态的多层次协商议政格局。五年来，区政协共撰写建议案5份、视察意见和会议纪要63份，政协各参加单位形成调研成果108篇，为区委区政府科学决策提供参考。

全会协商突出全局性。五年来，区政协为提高全体会议协商成效，主要抓了三个方面：一是完善全会协商形式。2015年起，全会协商形式，从党派团体和政协"两委"部分代表大会交流发言，改为党派团体和政协"两委"大组交流发言；从邀请区委区政府分管领导参与协商，改为邀请区委区政府主要领导参与协商。协商形式的改善，既拓展协商的广度，使界别协商更加充分、充实，又提升协商的层次，为区委区政府纳民言、聚共识促进决策科学化、民主化提供了助力。二是丰富全会协商内容。区政协从调研课题选题把关、推进督促、成果审核等方面加大力度，不断提高党派团体和政协"两委"调研的质量，确保协商课题的全面性，提升全会协商效果。五年来，政协全会围绕镇级债务管控、产业转型升级、工业用地集约利用、扶持实体经济发展、企业上市、大气污染防治、危险废物管理、教育资源科学配置、法治政府建设、安置房小区居民治理等108个课题进行广泛协商，提出800余条有价值的意见建议。教育资源科学配置等多个方面的建议被区委区政府采纳或引起重视。三是突出全会协商重点。每年，区政协确定一个事关惠山经济社会发展全局的重大课题，由主席领衔开展调研，作为政协全会协商的重点。2015年，惠山"十三五"规划编制期间，区政协通过专题调研、常委会协商、专家咨询等论证，形成

《关于完善〈无锡市惠山区国民经济和社会发展第十三个五年规划纲要〉的建议案》，多条建议被区"十三五"规划纲要采纳。2016 年，区政协围绕"西拓北进"战略，组织区域融合发展的专题调研，在赴江阴、武进调研和专题协商的基础上，形成《抢抓区域发展机遇，提升惠山发展格局》专题调研报告，就空间布局一体化、基础设施一体化、产业发展一体化等方面提出了具有前瞻性的意见建议。

专题协商提高针对性。五年来，区政协坚持"区委区政府工作推进到哪里、政协工作就跟进到哪里"，努力使政协工作与党政工作同频共振。常委会议、主席会议紧紧抓住党政关注、群众关心的问题，有计划、有重点地开展专题协商，协商成果以会议纪要、视察意见的形式报送区委区政府，很多意见得到重视和采纳，助推了"强富美高"新惠山建设。一是围绕"经济强"谋良策。持续关注惠山经济转型升级，聚焦实体经济发展，围绕传统产业改造、工业园区低效用地整治、防范政府债务风险、工业转型集聚区建设、政产学研协同创新等方面建言献策。2016 年，着重就六大产业研究院建设、物流产业转型发展、房地产去库存、商业综合体转型、重大项目建设和智能制造工程开展专题协商，为惠山可持续发展提出相应的措施和对策。二是围绕"百姓富"出实招。聚焦事关群众切身利益的热点、难点问题，围绕公共卫生均等化、安置房建设及"两证"办理、居民就业、大学生创业、中小学校安工程、养老服务体系建设等方面为民建言，促进各项改善民生的措施得到落实。2016 年，把政府民生实事工程作为重点，围绕医疗联合体、道路路网优化、地铁周边地区公交微循环和公共文化服务体系等开展专题视察，为提升惠山百姓的获得感、幸福感谋实招，其中公交微循环的建议已基本落实到位。三是围绕"环境美"建真言。聚焦生态文明建设，围绕大气污染防治、水环境治理、新农村建设、污水管网运行管理等重点、难点开展协商，为建设宜居、宜业、宜人的美丽惠山献智出力。2016 年，突出燃煤装置清洁能源改造、城市数字化管理、排水达标区建设等课题开展视察，为惠山环境质量改善提出具有可操作性的建议。针对排水

达标区建设建管并举的意见，区政府主要领导批示强调排水达标区建设要进一步组织回头看，问题要整改到位。四是围绕"文明程度高"添助力。聚焦法治建设和创新社会管理，围绕审判权、检察权独立公正行使、行政审批提速增效、安置房社区管理等进行视察，提出很多建设性的意见建议。《关于行政审批提速增效的建议案》提出的多数建议，被区政府出台的《行政审批制度改革相关实施办法》采纳。2016年，重点就法治惠山建设、法院审判工作、行政审批服务改革、志愿服务工作、社会组织建设等事项开展视察，为惠山区提升依法治区水平和完善基层社会治理提供智力支持。

多层协商增强实效性。五年来，区政协在完善全体会议、常委会议、主席会议等既有协商平台的同时，不断拓展搭建新的协商平台，完善专委会对口协商和基层工委民主协商。对口协商抓选题、求实效。区政协各专门委员会不断探索完善与相关党政部门之间的常态化协商机制，通过专题调研、专题视察、专题座谈，围绕环保分局运行机制、智能制造、城市综合执法改革、文化遗产保护等具体问题开展协商，不断提高协商的针对性和实效性，及时以建议案、提案、调研报告或社情民意的形式反馈区委区政府，助推部门工作热点、难点问题的解决。针对镇（街道）环保分局运行机制不顺畅的问题，人口资源环保及城乡建设委员会与区环保局加强沟通调研，形成《关于进一步完善镇（街道）环保分局运行机制的建议案》，为区委区政府理顺镇（街道）环保分局领导体制和运行机制提供有益参考。基层协商识民情、接地气。各镇（街道）政协工委积极采取民主座谈、互动沟通等形式，及时掌握发展所需、群众所盼，筛选重要事项拟定协商议题，组织群众代表、镇（街道）部门领导和政协委员等开展多方协商，促进民生实事的落实。关于"在 312 国道与洛杨路十字路口设置左转弯箭头指示红绿灯"问题，相关工委多次组织相关单位进行协商，推动在该路段设置箭头指示红绿灯，减少了交通事故发生。针对群众反映强烈的堰桥老集镇开通管道天然气的问题，相关工委组织民主协商，华润燃气公司已进行实地查勘，列入 2017 年施工计划，帮

助群众解决实际生活困难。

二、坚持民主监督、倾听民意，为增进民生福祉献计出力

关注民生、反映民意始终是政协工作的出发点和落脚点。五年来，区政协胸怀大局，聚焦改革，为民建言，积极通过提案、民主监督建议书和社情民意等形式开展议政建言活动。

民主监督畅民意。不断拓宽民主监督渠道，采用协商会议、视察、建议案、提案、反映社情民意、派驻民主监督员小组等多种方式，有效推进政协民主监督工作。一是强化监督性视察。五年来，常委会议、主席会议紧扣区委区政府重点工作和民生实事，共开展 49 次监督视察，提出批评性、建议性意见，督促相关职能部门贯彻落实区委区政府重大决策部署，督促加快推进政府民生实事工程。二是畅通群众监督渠道。除通过提案、社情民意反映群众的批评和建议外，区政协还先后邀请 110 余位提案人、社情民意信息提供者，列席相关议题的常委会议、主席会议和民主评议提案办理会议，拓展公民参与公共事务的渠道，发挥政协联系群众的桥梁纽带作用，提升民主监督效果。三是发挥委员民主监督主体作用。在区委区政府的大力支持下，从 2013 年起，区政协向相关政府职能部门派驻民主监督员小组，坚持协商有序、监督有方、参政有度的理念，发挥委员民主监督作用。各民主监督员小组共召开座谈会 62 次，应邀参与派驻单位重点工作检查活动 28 次，撰写报送区委区政府《民主监督建议书》47 份，提出 60 个方面 130 多条意见建议，引起相关单位重视，促进作风效能转变。

提案办理解民忧。五年来，广大政协委员和各党派团体紧紧围绕全区经济社会发展和民生热点，共提交提案 675 件，区政协审查立案 520 件，得到解决或基本解决的 415 件，占 79.8%，提案工作的科学化水平有明显进步，实现"三个全面提升"。一是提案质量全面提升。通过精准选题、分类把关等措施，提案更加科学，立案更加精准，建议更加务实，能紧扣我区政治、经济、社会、民生等方面的实际建言献策，形成启动建设区全民健身中心、提升惠山企业核心竞争力、加强基层医疗队伍建设等一批高质量的提案。二是办理合力全面提升。区委区政府把提案工作放到前所未有的高度，形成区长亲自抓交办、亲自抓部署，各承办单位严格抓落实的有效办理机制，促进提案办理效率和质量的改善。区政协利用常委会议、主席会议和视察调研，进一步强化重点提案、重要提案督办力度，促进相关提案落实。2016 年，加快城市综合体转型发展等 4 件重点提案由常委会议、主席会议督办，对部分后置行政审批事项加强事前服务等 5 件重要提案由各专委会督办。三是落实成效全面提升。通过加强办理协商、强化民主监督、深化民主评议、落实目标考核等有效措施，提案办理效果显著，省锡中实验学校初中与小学分设、建筑垃圾处置、农产品安全等一批事关民生的重要提案逐步得到落实。"关于减轻水灾隐患的提案"，被《惠山区全面提升防洪排涝能力三年行动计划实施意见（2016—2018）》采纳，促使惠山防洪减灾能力提升，为惠山 2016 年安全度汛打下基础。

社情民意听民声。五年来，区政协正副主席共带队征集社情民意信息 60 余次，倾听 600 多名政协委员和各界群众的意见呼声，征集线索 760 余条，共整理编辑社情民意信息 434 期，报送区委区政府 375 期，上报市政协 125 期，形成"两委"长抓不懈、委员积极反映、部门认真办理的良好局面。一是注重质量。区政协始终把问题找得准、建议提得好作为工作的着力点，社情民意质量不断提高。上报市政协的社情民意共被录用 34 期，有 7 期被评为优秀社情民意，"调整惠山与江阴交界处'夹花地'行政区划、审慎实施扩建桃花山生活垃圾填埋场"等社情民意引起市委、市政府的高度重视，其中"关于缩短现行项目审批时限"的社情民意被市委办专报中央办公厅。2013 年，区委主要领导批示强调区政协社情民意符合惠山实际，要求抓好督促落实。二是关注热点。区政协始终把反映好群众最关心、最直接、最现实的利益问题作为工作出发点，助推一批群众关切的热点民生问题得到解决。"关于妥善解决垃圾运输车'跑冒滴漏'问题的社情民意"上报市政协后，市政府领导专门批示，市城管局采纳相关建议。"关

于协调解决原县属企业家舍管理责任的社情民意"引起区政府重视,区政府专门出台《惠山区原区属企业家舍整治改造资金拨付办法》。三是拾遗补阙。注重发现、收集那些具有苗头性、倾向性的问题,反映那些暂时还没有引起有关方面关注,但对经济社会发展具有一定影响的前瞻性、预警性信息。"关于及时公示取得营业执照市场主体信息的社情民意"引起市、区两级政府的高度重视,市政务服务管理办公室采纳相关意见,区政府专题召开关于推进"先照后证"改革事中事后监管工作座谈会和现场会。

三、坚持团结民主、加强合作,为促进和谐发展汇聚力量

团结和民主是政协工作的两大主题,区政协始终把团结各界、发扬民主、协调关系、凝聚力量的工作摆在突出位置,充分展示政协组织大团结大联合的独特优势。

搭建合作共事平台。五年来,区政协不断加强与各党派团体联系,为他们参政议政创造条件,通过新春团拜会、定期走访座谈等形式,鼓励各民主党派、工商联、人民团体和无党派人士发挥各自优势和特长积极主动作为,在组织召开常委会议、专题协商会议和视察调研时,主动安排民主党派、工商联、人民团体和无党派人士参加讨论发言,表达意见和主张。在区政协三届历次全会的大会发言或大组发言期间,共有41位委员代表党派团体进行发言。支持党派团体以多种形式合理表达诉求,做好党派团体提案和社情民意信息征集、报送、反馈工作。五年来,各党派团体共提交提案180余件,反映社情民意信息130余条,发挥助推发展、改善民生、畅达民意的作用。支持政协离退休老干部参加社会活动和调研,虚心听取老领导对政协工作的意见建议。

营造和谐履职氛围。五年来,区政协不断完善主席联系常委、常委联系委员等制度,加强与委员的联系,鼓励政协委员讲真话、说实话,原汁原味地反映基层情况。积极开展"立足本职促发展,当好委员献良策"活动,听取和采纳委员的议政成果,积极向市政协层面建言,不断激发委员参政热情。

五年来,惠山共向市政协报送提案121件、调研报告9篇,共有8名政协委员、4件提案和4篇调研报告获得市政协表彰。建立区政协领导定期走访委员企业的制度,了解企业生产经营状况和面临的困难,并将企业反映的意见建议及时转给有关职能部门办理。2016年,共走访委员企业50余家,帮助反映意见建议33条,其中12条意见被有关部门采纳。2015年,经科委联合江苏银行惠山支行,举办银企合作对接座谈会,帮助玉龙钢管等5家委员企业获得3.3亿元的优惠信贷支持,帮助部分委员企业达成加强银企合作的意向。以"争做社会主义核心价值观的模范践行者"活动为契机,鼓励和引导政协委员以身作则,在各自的岗位上敬业奉献,积极投身慈善事业,以捐资助学、扶贫帮困、赞助社会公益等实际行动,向社会传递正能量。据不完全统计,五年来,政协委员共捐款捐物折合人民币3994万元。2016年,两位政协委员分别出资500万元和300万元设立"惠爱、瑞贝"红十字助困帮扶基金和国良国防奖励基金,广受社会好评。

做好文史宣传工作。精心做好政协文史工作,切实发挥文史工作存史、资政、团结、育人的作用。2014年,正式启动《惠山人文丛书》编纂工作以来,先后赴上海、南京、苏州等地收集整理了60多万字的文史资料,走访专家学者核实史料内容,考证历史疑点,为丛书结集出版奠定基础。2015年正式出版《惠山人杰》(上册)、《农家账本的历史透视》,2016年年底《惠山人杰》(中、下册)和《惠山遗存》结集出版。认真做好对外宣传工作,充分利用各种媒体加强对政协履职和委员先进事迹的宣传报道。围绕"助推区域经济转型发展"和"推进基层协商民主广泛多层制度化发展"2个主题,撰写电视脚本,组织镜头拍摄,在无锡市电视台的《政协话题》栏目播出,取得较好的社会效果。经科《惠山区智能制造的调查与思考》被《无锡政协》(2016年第6期)刊载。据不完全统计,五年来,区政协在各类媒体上发表反映政协工作的报道信息273篇,政协网站刊登"两委"动态、提案办理、委员风采等信息598篇,扩大了政协社会影响力。

四、坚持固本强基、争先创优，为提高履职能力筑牢根基

政协自身建设是提高履职实效的重要基础。区政协始终致力于制度创新和队伍建设，内强素质，外树形象，努力提高政协工作科学化水平。

以完善机制为先导推进协商民主建设。五年来，区政协从民主监督、提案办理、社情民意征集机制入手，通过不断完善制度、健全机制，有效提升政协协商民主的效果。在完善民主监督机制上，在区委支持下建立完善民主监督员制度，向有关政府职能部门派驻民主监督员，督促落实区委区政府重大决策部署，反映群众的批评与建议，促进有关部门重点工作落实和作风效能改善。在完善提案办理机制上，修订、制定出台提案工作细则、民主评议政府部门办理提案工作意见、重点提案确定及办理暂行办法、提案督办工作意见等一系列制度，实现提案办理的规范化，促进提案办理协商效果的全面提升。在完善社情民意征集机制上，形成多渠道信息征集机制，有效发挥政协"两委"、政协委员、征集站点、党派团体的积极作用，特别是发挥政协领导示范带头作用，促使信息内容更加切合实际，信息参考价值更加凸显。

以争先创优为引领提升议政建言水平。五年来，区政协深入开展"争先创优"活动，激发政协"两委"和政协委员的履职热情，提升政协参政议政能力。加强政协"两委"建设。区政协进一步完善工作联系制度，加强对"两委"的工作指导，提升"两委"联系服务委员、组织开展活动、搭建履职平台的能力水平。在"争先创优"活动中，"两委"比学赶超、争先进位，涌现出一批先进专委会和先进镇（街道）工委。在区委的大力支持下，各专委会主任实现专职化，为充分发挥其与相关部门对口协商的职能奠定基础。加强政协委员队伍建设。修订完善政协委员管理办法，明确政协委员履职要求，进一步提升委员履职质量和成效。每年通过编辑发放《学习资料》、组织专题培训，不断提升委员参政议政能力，丰富委员经济、科技、法律等方面的知识，有效提高政协委员的履职水平，涌现一批参政议政能力强、乐于奉献社会的优秀政协委员、优秀民主监督员。

以专题教育为抓手加强机关队伍建设。五年来，区政协党组始终把党的建设作为机关建设的核心任务，党组成员以普通党员身份过好组织生活，坚持带头上党课。严格贯彻落实中央八项规定和省委、市委、区委"十项规定"精神，狠抓队伍建设，转变机关作风，机关的服务、协调、参谋作用得到充分发挥。践行群众路线，提升服务水平。围绕"为民务实清廉"主题，加强理想信念和群众观念教育，提升全体机关干部的服务意识，自觉把群众路线贯穿于政协履职的各个环节。广泛征求意见建议，认真查摆"四风"问题，深刻剖析"四风"问题产生的根源，制定完善5个方面17条整改措施，打造作风建设长效机制。开展"三严三实"教育，不断改进工作作风。政协领导班子认真学习贯彻习近平总书记系列重要讲话精神，积极走访基层委员、群众、企业，征求意见建议，列出班子问题清单7项，制定和落实9条整改措施，以严的要求和实的作风扎实推进整改，不断巩固党的群众路线教育实践活动成果。开展"两学一做"教育，增强敬业担当意识。区政协突出经常性教育，严格落实"践行'两学一做'，争当合格党员"等专题党课。通过党组成员"七查摆七强化"和其他党员"五查摆五强化"，进一步查找思想、组织、作风、纪律方面的问题，并积极予以整改，增强全体党员干部的党性修养和纪律观念，提升政治意识、大局意识、核心意识和看齐意识，进一步强化干事创业的敬业担当精神。

今后五年工作建议

今后五年是全区上下全面实施"十三五"规划，在全面建成小康社会的基础上率先开启基本实现现代化新征程的关键时期。新一届区政协要在中共惠山区委的领导下，紧紧围绕中央"五位一体"总体布局和"四个全面"战略布局，牢固树立"五大发展理念"，牢牢把握团结和民主两大主题，紧扣区委"以智能制造引领现代产业高地打造、以富民增收引领幸福小康道路建设"两大任务，按照"懂政协、会协商、善议政"要求，认真履行政治协商、民主监督、参政议政职能,在服务大局、汇聚力量、协调关系、建言献策上取得更大作为,不断开创我区政协工作新局面。

一要维护核心,构建党政重视、互动共赢的工作新格局。要不断强化核心意识,坚决维护党的领导,高唱主旋律、共画同心圆,坚决贯彻执行中央和省委、市委、区委的决策部署,组织全体政协委员和机关干部学习贯彻党的十八届六中全会精神和省、市、区三级党代会精神,努力把党的指导思想和党的主张转化为参加人民政协各党派团体和各界人士的思想政治共识。要不断强化履职担当,始终紧扣"强富美高""两聚一高"工作大局谋划思考,自觉围绕区委区政府的决策部署履职尽责,发挥好人民政协作为协商民主重要渠道和专门协商机构的作用。在区委的领导和区政府的支持下,完善协商议题提出、平台搭建、意见建议处理和落实情况反馈等方面的相关制度,推进协商民主广泛多层制度化发展。

二要服务中心,形成主动站位、履职有为的工作新态势。要自觉融入大局工作,主动对接中心工作,围绕惠山区"五质共建"要求,准确站位、精准发力、履职有为,用实际行动为"三优三宜"新惠山建设助力添彩。要抓住区委区政府在改革攻坚、转型升级中遇到的难点问题,围绕产业优化升级、智能制造、政产学研协同创新、镇街道园区低效用地整治、企业上市和产业基金发展、安置房上市、河道环境综合整治和水利建设等重点、难点课题,开展多层次、多形式、多领域的调研视察、专题协商、专家论证等活动,找到解决问题的思路和办法,破瓶颈、解难题、促发展。要抓住"十三五"规划实施过程中遇到的重大问题,坚持问题导向,聚焦规划实施,找准服务发展、促进改革与发挥政协优势的结合点,集思广益,缜密论证,拿出站位高、思考深、措施实、可操作的意见建议,供区委区政府决策参考。

三要贴近民心,实现关注民生、履职为民的工作新突破。坚持"协商于民、协商为民"宗旨,始终把维护人民群众的根本利益作为工作出发点和落脚点,努力为民生福祉尽责出力。突出为民建言,重点围绕教育、医疗、就业、养老、文体设施建设、城乡居民增收等与群众利益密切相关的热点问题,深入开展调查研究,积极提出意见建议,推动各项民生事业健康发展。突出民主监督,深入研究经济社会发展出现的新情况、新问题,选择事关社会和谐稳定的法治建设、民生事项,积极开展监督、视察,协助区委区政府做好协调关系、化解矛盾、增进共识的工作。突出提案落实,在提高提案质量基础上,改进督办方式,加强协商力度,完善评议机制,推动提案所提建议更好落实。突出社情民意反映工作,组织委员深入基层,深入群众,调查研究,了解群众的真实愿望,感受群众的喜怒哀乐,反映群众的呼声要求。

四要凝聚人心,打造同心协力、和衷共济的工作新平台。坚持团结民主,凝聚智慧力量。加强与各民主党派、工商联、人民团体和无党派人士的团结合作,认真听取并及时反映各个界别的意见和呼声,支持他们在政协会议上踊跃发表意见,加大对重大课题开展联合调研的力度,积极协调解决党派团体履职中遇到的困难和问题。加强文史资料征集编辑工作,助推惠山文化建设。积极组织委员开展扶贫帮困等社会公益活动,真心诚意帮助困难群众反映和解决生产生活中的实际问题,努力使改革发展的成果惠及更多的群众,不断增加人民群众在改革和发展中的获得感。

五要增强信心,开创奋发有为、生动活泼的工作新局面。要认真贯彻落实中共十八大以来中央和省市区委对政协工作提出的新要求,深刻领会区委四届二次全会对形势的清醒认识、对目标的务实设定、对方略的正确把握,使政协工作的方向更加明确、内容更加务实、作用更加明显,不断完善政治协商、民主监督、参政议政制度建设。要增强政协委员履职自信。进一步加强委员队伍建设,规范委员履职管理,加强委员在政治、经济、法律、文化等各个方面的培训,不断提升委员履职能力,探索、完善网上信息化系统等委员履职和管理平台,切实发挥委员的主体作用。要增强政协"两委"履职自信。进一步加强"两委"建设,增强"两委"互动协作,探索完善对委员的管理考核,有效发挥"两委"在政协工作中的基础作用。完善各专委会与对口党政部门之间的经常性协商机制,为委员履职打造知情明政的基础。加强镇(街道)工作委员会基层协商民主建设,积极为地方经济社会发展贡献力量。要增强政协机关履职自信。进一步加强政协自身建设,不断改进机关作风,努力提高服务水平,做好离退休老干部工作,切实发挥机关在政协工作中的服务保障作用。

附 件:

名词解释

1."强富美高":经济强、百姓富、环境美、社会文明程度高。

2."三优三宜":经济优质而宜业,环境优美而宜居,生活优越而宜人。

3."五位一体":经济建设、政治建设、文化建设、社会建设、生态文明建设五位一体。

4."四个全面":全面建成小康社会、全面深化改革、全面依法治国、全面从严治党。

5."五大发展理念":创新发展、协调发展、绿色发展、开放发展和共享发展。

6."两聚一高":聚力创新,聚焦富民,高水平全面建成小康社会。

7."五质共建":共建优质经济,共建品质城市,共建美质生态,共建实质幸福,共建素质队伍。

 小资料

惠山区历史名人 薛南溟

薛南溟(1862—1929年),字翼运。祖居无锡县西漳寺头,后迁无锡城内前西溪。清末民初实业家。其父薛福成是近代著名思想家、外交家。清光绪十四年(1888年)考中举人,入李鸿章幕府。李任直隶总督时,他以候补知县衔任天津县、道、府三署发审委员会委员。光绪二十年(1894年)因父丧回家,不久辞职。

薛家有土地6000多亩,在无锡城中和上海南京路、河南路一带拥有房地产。薛回无锡后,经营祖田,掌管"薛氏仓厅",将地租房租收入转入工商业。他家早在光绪七年就在无锡南乡开办茧行,为上海意大利洋行收购蚕茧。光绪二十二年(1896年),与英商大明洋行买办、无锡同乡周舜卿合伙经营的永泰丝厂,有意大利坐缫车312台、300多名工人,后增至480台、700多名工人。因经营不善,资金短缺,周舜卿担心破产,抽资退股,由薛独资经营。光绪三十一年(1905年),聘意商华纶丝厂总管车徐锦荣为经理,徐注重工厂管理和工人技术培训,重视产品质量,精选无锡"莲心"优良茧子,缫出"金(银)双鹿"牌优质厂丝。民国10年(1921年),获美国纽约万国博览会"金象奖",永泰丝开始扭亏为盈。清末,薛南溟以1万元租金租下锡经丝厂,开工一年获利3万余元,便将此厂买下。他还与孙鹤卿一起集资6万元创办耀明电灯公司,任副董事长兼协理,这是无锡第一家发电供电企业。还在庆丰纺织厂、豫康纱厂投资,任董事长。发展到20世纪20年代初,已拥有永泰、锦记、隆昌、永盛、永吉5家丝厂,有缫车1814台,工人3000多人,茧行14家,茧灶532付,成为无锡丝厂业之首。

薛南溟凭借经济实力和其父政治余荫,得到官府、绅士、工商界倚重,成为有权势人物。光绪三十四年(1908年),清政府准备立宪,无锡成立"绅商学会"((后改自治公所),推薛为首任总董。宣统二年(1910)又出任县总理,辛亥革命时改任锡金第三任总办。清王朝在无锡的统治被推翻后,他任锡金军政分府-长。民国初年,由张謇引荐加入共和党。民国8年(1919年),薛南溟以无锡丝厂事务所名义,通告同业,女工放工出厂均须排队接受检查,实行抄身制。民国13年(1924年),永泰丝厂改名永泰公记丝厂,呈请意大利领事馆庇护。民国15年(1926年)5月,因上海租地契约期满,将永泰丝厂全部机器设备拆迁至无锡,在大公桥堍永泰隆茧行重新开工生产。从此,他不直接过问厂内事务,由其幼子薛寿萱管理永泰、锦记两厂。民国18年(1929年)1月6日,在无锡病故。

1月

4日 中共惠山区委常委会主持召开三届十次全委(扩大)会议。会议贯彻中共十八届五中全会精神。区委书记吴仲林作全委会工作报告,区委副书记、区长李秋峰就2016年工作作具体部署。

△ 惠山区委书记吴仲林主持召开惠山区2015年度干部选拔任用工作"一报告两评议"会议。区委常委、组织部部长方瑛作关于2015年度干部选拔任用工作的专题报告。

5日 总投资约30亿元的御捷新能源汽车项目签约落户惠山区。省、市、区领导李小敏、黄钦、张叶飞、吴仲林、李秋峰等出席签约仪式。

△ 惠山区区长李秋峰主持召开惠山区政府三届三十三次常务会议,会议审议《政府工作报告》《惠山区国民经济和社会发展第十三个五年规划纲要》《惠山区公务用车制度改革实施方案》等事项。

6日 惠山区委书记吴仲林主持召开区委常委会第八十一次会议,会议审议并原则通过《政府工作报告》、2016年为民办实事项目和《惠山区国民经济和社会发展第十三个五年规划纲要》。

△ 江苏新瑞贝科技股份有限公司举行"惠爱·瑞贝"红十字助困帮扶基金成立仪式,区领导吴仲林、李秋峰等参加活动。

△ 惠山区推进分级诊疗动员会暨区医疗健康服务联合体成立仪式在区人民医院举行。市卫计委主任谢寿坤和区领导李秋峰、吴燕等参加活动。

7日 惠山区召开2015年度基层党(工)委书记抓基层党建和履行党风廉政建设主体责任述职会,区委书记吴仲林在会上作重要讲话。

8日 在北京人民大会堂举行的2015年度国家科学技术奖励大会上,惠山区4项科技成果获国家科学技术奖。

18日 惠山区四套班子领导分五路走访慰问无锡军分区、武警某部队、解放军101医院、预备役某部等共建部队。

18日至21日 政协无锡市惠山区召开第三届委员会第五次会议。大会应到委员222人,因事因病请假11人,实到委员210人。大会听取和讨论区委书记吴仲林代表区委作的重要讲话。审议通过区三届政协常委会的工作报告和提案报告。

△ 惠山区中医医院正式加盟无锡市中医医院医疗联合体。区领导吴仲林等参加授牌仪式。

19日至22日 惠山区召开第三届人民代表大会第五次会议,会议审议通过区长李秋峰代表区人民政府作的《政府工作报告》、区人大常委会副主任徐金瑞受区人大常委会委托所作的工作报告、区人民法院院长凌芝所作的区人民法院工作报告、区人民检察院检察长徐盛希所作的区人民检察院工作报告。会议决定批准《无锡市惠山区 2015 年财政预算执行情况和 2016 年财政预算（草案）》《无锡市惠山区 2015 年国民经济及社会发展计划执行情况和 2016 年国民经济及社会发展计划（草案）》，审议并同意区人民政府制定的《无锡市惠山区国民经济和社会发展第十三个五年规划纲要》。

27 日 惠山区委书记吴仲林主持召开三届区委常委会第八十三次会议，学习贯彻中共中央总书记习近平在中央政治局"三严三实"民主生活会上的重要讲话，审议区委 2016 年"双争双创"活动实施意见。

27 日至 28 日 惠山区四套班子领导吴仲林、李秋峰、顾智杰、陈燕等分组到开发区和各镇（街道），慰问贫困家庭、特困户、优抚对象、残疾人、孤儿孤老、"四老对象"代表。

29 日 惠山区三届政协召开第四十八次主席会议。会议协商区政协 2016 年度工作要点及 2016 年度主席会议、常委会议活动计划等事项。

是月 惠山区 2015 年度精神文明新人新事名单揭晓。洛社镇 9 旬"中国好人"杨钧卿、前洲街道编撰百万字村志的古稀老人陆浩兴、长安街道助学帮困的党员企业主陆裕发、洛社初中自强不息好少年周润宏、阳山镇吴仁宝式优秀村书记钱惠菊、堰桥街道为"第二故乡"公益事业捐款的新市民楼有德和前洲街道"顶尖时尚造型"爱心理发店、洛社镇文体联《焦裕禄》剧组、洛社镇全媒体平台建设、堰桥街道俞斌"公益助学"爱心工作室等 10 人（事）当选 2015 年度精神文明新人新事。

△ 惠山区长安街道社区卫生服务中心通过省、市实地评估验收，获"江苏省中医药特色社区卫生服务中心"称号。

△ 惠山经济开发区获批江苏省知识产权试点园区。

△ 2015 年 12 月"江苏好人榜"和 2015 年四季度"无锡好人·善行义举榜"榜单公布，惠山区阳山镇孝媳妇李胜平当选"江苏好人"，阳山镇岳其特种水产苗种场场长陈志健和玉祁街道"义剪"

沈歆烨等 2 人当选"无锡好人"。

△ 惠山区国税局、地税局首月税收实现开门红。国税局首月共组织入库税收收入 8.71 亿元，较同期增长 17.03%；完成公共财政预算收入 3.01 亿元，较同期增长 17.11%。地税局首月组织各项收入 9.86 亿元，同比增幅 9.02%。其中，地方税收 6.65 亿，同比增幅 10.28%。公共财政预算收入 5.98 亿，同比增幅 19.38%。

2 月

2 日 惠山区委常委、副区长计佳萍率区文体、公安、消防、城管、教育等部门负责人，开展节前文化市场检查。

△ 惠山区政府组织区农林、卫生、市场监督局等深入辖区的酒店、菜场、蔬菜基地、超市进行食品安全大检查

5 日 省委常委、市委书记李小敏全程参加并指导惠山区委常委会"三严三实"专题民主生活会。

16 日 惠山区政府班子召开"三严三实"专题民主生活会，区委副书记、区长李秋峰主持会议并讲话。

22 日 惠山区区长李秋峰主持召开惠山区 2015 年度先进表彰大会，区委书记吴仲林在会上作重要讲话。

23 日 惠山区区长李秋峰主持召开区政府三届三十四次常务会议，听取并审议政府性投资项目、安全生产等议题。

24 日 惠山区委副书记、区长李秋峰主持召开惠山区党建和精神文明建设工作会议，全面部署新一年惠山党建和精神文明建设工作任务，区委书记吴仲林作重要讲话。

25 日 惠山区三届政协召开第四十九次主席会议，调研惠山区六大产业研究院发展情况。

29 日 惠山区第三届人大常委会举行第三十三次会议。会议听取和审议区人民政府关于惠山区文化遗产保护和利用情况的汇报、区人民检察院关于民事行政检察工作情况的汇报。

是月 锡北运河石新桥新桥正式建成通车。

△ 惠山区长安街道获"江苏省科普示范街道"称号。

△ 由中国关心下一代工作委员会公益文化中心、中国家庭文化研究会举办的"梦想之车"全国儿童安全主题绘画创作大赛揭晓，惠山实验幼儿园的邵天玥、陈子渝、常开心等 10 多名小朋友获一等奖，另有 6 名小朋友获二等奖，多位老师获指导奖，该园同时获最佳组织奖。

△ 石塘湾卫生院被江苏省中医药局确定为"中医诊疗区"服务能力建设项目单位。

3 月

3 日 惠山区召开民生工作会议，总结部署民生保障工作。

4 日 惠山区政府召开三届五次成员（扩大）会议。各副区长围绕区委、区政府年度中心工作，结合各自分工，就 2016 年的工作思路和工作重点进行工作部署。

△ 惠山区政府召开全区安全生产工作会议，贯彻全国、省、市安全生产工作会议精神，总结回顾 2015 年全区安全生产工作，安排部署 2016 年工作任务。

7 日 惠山区区长李秋峰主持召开区政府三届三十五次常务会议，听取审议贫困户破损住房修缮、"两会"建议提案交办情况、加快推进现代产业发展的政策等议题。

8 日 惠山区召开工业重点项目现场推进会，检查全区各镇（街道）工业项目建设情况。

9 日 江苏省总工会党组书记、主席邢春宁到堰桥街道职工服务中心考察工会阵地建设工作。区委书记吴仲林陪同。

△ 惠山区召开政法工作会议，总结 2015 年政法工作，研究部署 2016 年政法工作目标任务。

10 日 惠山区委书记吴仲林主持召开三届区委常委会第八十五次会议，审议 2016 年惠山区经济社会发展和党建精神文明建设考核办法、关于加快推进现代产业发展的意见。

△ 惠山区召开全区财税审计工作会议，贯彻落实上级相关会议精神，回顾总结 2015 年工作，安排部署 2016 年工作任务。区长李秋峰下发财税收入目标任务书，并作重要讲话。

11 日 吴仲林、李秋峰、顾智杰、陈燕等四套班子领导和区级机关工作人员到堰桥街道北惠路西段，参加义务植树活动。

13 日 惠山区教育局被评为"江苏省促进义务教育均衡发展先进集体"，区教育局局长范良获省先进个人荣誉。

14 日 共青团惠山区五届二次全委（扩大）会议召开，总结 2015 年共青团工作，全面落实 2016 年各项重点工作。

16 日 惠山区三届政协召开第五十次主席会议，调研惠山区志愿服务工作情况。

△ 省科协、省科技厅、省教育厅向惠山区第二人民医院颁发"江苏省科普教育基地"牌匾。

17 日 惠山区第三届人大常委会召开第四十次主任会议，听取区人民政府关于全区法制机构和法制人员队伍建设情况的汇报。

18 日 江苏省漫画家协会创作基地在长安街道堰新社区挂牌成立。

21 日 惠山经济开发区洛社配套区（洛社工业园区）被正式认定为江苏省第二批高端装备制造业特色产业基地。

△ 位于惠山区国家级高新科技产业园内的江苏迈健生物科技发展股份有限公司在全国中小企业股份转让系统正式挂牌。

24 日 惠山区召开全区国土资源工作暨土地执法监察培训会议，总结 2015 年国土工作，研究部署 2016 年工作任务并下发 2016 年度国土资源重点工作目标任务书。

28 日 惠山区区委、区政府召开全区生态文明建设工作会议，总结 2015 年工作，研究部署下阶段重点任务。

29 日 惠山区三届政协举行第十八次常委会议，调研法治惠山建设和审判工作情况，视察区法制宣传教育中心等法制宣传阵地，听取区委政法委和区法院的专题通报。

30日 惠山区召开农村工作会议,回顾总结2015年"三农"工作情况,研究部署2016年改革发展的总体思路和具体措施。

31日 深圳市无锡商会无锡籍企业家一行33人到惠山区,与区领导李秋峰、方瑛等座谈交流,参观考察惠山区投资环境。

是月 惠山区知识产权局被江苏省知识产权局评为2015年度知识产权工作和专利行政执法工作先进集体。

△ 共青团中央书记处书记傅振邦、共青团江苏省委先后致信惠山中专,肯定学校共青团工作取得的显著成效,校团委荣膺"省十佳中职共青团组织"称号。

△ 惠山区劳动就业管理中心获"江苏省公共人力资源市场功能建设五星级单位"称号。

4月

1日 省政府召开第四次廉政工作电视电话会议,区长李秋峰和区政府各部门负责人在惠山区分会场集中收看会议实况。

5日 惠山区第二届科普庙会暨"我的杨墅园"文化节启动仪式在洛社杨市法制广场举行。

6日 区长李秋峰主持召开区政府三届三十六次常务会议。会议听取审议《惠山区建设占用耕地耕作层剥离和再利用办法(试行)》《惠山区招商工作考核办法》《惠山区招商引资奖励办法》《惠山区现代产业发展资金管理办法》等。

8日 惠山区红十字会召开三届四次理事会,总结2015年工作,部署2016年任务并下发年度镇(街道)红十字工作目标任务书,选举新任理事、常务理事、副会长。

△ 南航无锡研究院专题产学研对接活动暨2016年科技政策解读会在洛社镇举行,南京航空航天大学机电、材料、电气等学院的12位专家与惠山区210多家企业代表进行专题对接。

11日 惠山经济开发区下属平台无锡惠开经济发展集团有限公司16亿元企业债券成功发行。

△ 前洲街道、城铁惠山站区与东华大学举行合作签约仪式,在恒生科技园合作建立"国家染整工程技术研究中心无锡分中心"。

12日 省委常委、市委书记李小敏与市长汪泉会见上汽集团董事长陈虹一行,一起见证上汽大通二期整车项目涂装车间首车下线。市、区领导黄钦、张叶飞、吴仲林、李秋峰等参加会见及相关活动。

14日 江苏省残联副理事长杜晓镇带领各市县区残联负责人考察参观钱桥街道公益街,全省推广公益街的做法和经验。

17日 惠山地税局"阿福"税收服务区项目获市法治惠民实事工程一等奖。

19日 区委书记吴仲林主持召开三届区委常委会第八十六次会议,研究新形势下公安、人民武装工作,分析一季度经济运行情况,部署下阶段工作。

△ 惠山区三届政协召开第五十一次主席会议,调研惠山区物流产业转型发展情况。

△ 惠山区首个以区级部门为主体的慈善基金项目——"惠爱·国税"红十字助困帮扶基金成立。

△ 惠山区能源与电气产业技术联盟成立,中科院电工所同与会40多家企业对接。

△ 澳大利亚Top Start Trailers公司正式与惠山经济开发区签署协议,计划在惠山经济开发区投资1500万美元,设立特种拖挂车生产基地和销售总部。

21日 惠山区组织乡镇和区有关部门赴深圳开展招商活动,举行2016无锡惠山(深圳)投资合作恳谈会,成功签约一批产业项目,涉及VR、工业机器人智能装备、科技成果交易中心、中德国际科技加速器、金融服务中心等战略新兴产业和现代服务业。

23日 2016无锡乡村旅游地域品牌推广季活动正式开启。惠山区尚田生态岛和桃缘山庄入选无锡"游客最喜爱的休闲农庄"10强名单。

25日 惠山区举行庆祝"五一"国际劳动节暨先进表彰大会。向数十家先进单位及个人颁发了"关爱圆梦工程先进单位""工人先锋号""金牌班组"等7项奖项。

△ 惠山区委书记吴仲林主持召开三届区委常委会第八十七次会议，贯彻落实全市开放型经济工作会议精神，研究部署下阶段开放型经济发展工作。

26日 省关工委主任曹洪鸣一行到惠山区调研，充分肯定惠山区关心下一代工作。

△ 惠山区召开全面推进依法行政工作领导小组成员（扩大）会议，贯彻落实全省政府法制工作会议和全市依法行政工作会议精神，总结部署全区依法行政工作。

27日 首批上汽大通新能源市政公用工程用车正式交付无锡市政公用产业集团，双方在新能源汽车特别是工程、环卫等特种车辆的推广应用和运营服务等方面达成一致意向，签订战略合作协议。

28日 惠山区第三届人大常委会举行第三十四次会议。会议听取和审议区人民政府关于推动企业上市挂牌工作情况的汇报，听取和审议关于2015年《中华人民共和国行政强制法》执法检查意见整改落实情况的汇报和关于全民参保登记工作情况的汇报。

是月 惠山地税局"雷锋妈妈"服务站获评2015年度无锡市十大最佳志愿服务组织、职工章海萍被评为无锡市十大最美志愿者。

△ 惠山地税局毛南媛获"无锡市五一劳动奖章"。

△ 惠山区审计局被市依法治市领导小组命名为"2015年度规范执法示范点"。

△ 由惠山区创业中心与江苏省特检院无锡分院合作共建的江苏省石墨烯质量监督检验中心，获批筹建国家石墨烯产品质量监督中心（江苏）。

△ 惠山区成功入选第二批江苏省农村电子商务示范县。

△ 惠山区13家企业获得"江苏省名牌产品"称号，全区省名牌产品保有量达到26只，数量创近年新高。

5月

3日 惠山区长李秋峰主持召开区政府三届三十七次常务会议，会议审议《2016年惠山区农贸市场建设和管理实施方案》，原则通过《关于打好外贸外资攻坚战的工作方案》《全区机关事业单位工作人员年度考核结果和行政奖励方案》。

4日 惠山区举办纪念"五四"运动97周年主题活动。惠山区第五届"十大优秀青年"正式揭晓，堵巍罡、唐冠玉等10位青年获评。

6日 惠山区服务型制造战略产业联盟正式成立。联盟由华中科技大学无锡研究院牵头、全区相关装备制造企业组成，以专题讲座和培训、先进技术和共性技术推广等形式，为企业提供信息共享和优势互补的交流平台。惠山区近100家装备制造企业参加。

6日至9日 惠山区长李秋峰带队赴韩国、日本等地开展经贸招商活动。

7日 惠山区领导计佳萍、方瑛出席惠山区"科普之光"青少年科学素养提升行动计划暨省锡中第二届"创客嘉年华"启动仪式。

10日 市政协主席周敏炜一行到惠山经济开发区，考察在建的无锡精科汽车配件项目。区政协主席陈燕陪同。

△ 凯龙高科技股份有限公司西车间焊接班组被中华全国总工会授予"全国工人先锋号"称号。

11日 惠山区政府召开全区防汛防旱工作会议，部署落实防汛防旱各项任务，确保安全度汛。

13日 世界五百强的著名日用品品牌美国金佰利公司精密设备制造及研发项目，正式签约落户惠山经济开发区。区领导吴仲林等参加签约仪式。

16日 无锡海达尔精密滑轨股份有限公司在全国中小企业股份转让系统正式挂牌。

△ 阳山聚业机械和鼎宇机械成功登陆新三板。

△ 省锡中天馨合唱团在教育部主办的全国第五届中小学生艺术展演活动中获一等奖，是江苏省唯一一个获得声乐类全国一等奖的团队。

17日 惠山区第三届人大常委会召开第四十一次主任会议，听取区公安分局代表区政府作关于打防电信网络新型违法犯罪的情况汇报。

18日 惠山区计划生育协会被命名为全国计

划生育协会县级先进单位。

△ 惠山区长李秋峰主持召开区政府三届三十八次常务会议,审议惠山区河道环境综合整治工作方案、创建"江苏省优秀管理城市实施方案"、2016年度防洪防旱预案等议题。

△ 惠山区三届政协召开第五十二次主席会议,考察区社会组织建设和发展情况。

19日 山东省德州市庆云县委书记王晓东、县长许健率领党政代表团到访惠山区,双方签署战略合作协议,缔结友好县区。区领导吴仲林、李秋峰等参加有关活动。

20日 惠山区召开领导干部"廉润惠山"教育大会。区委书记吴仲林为全区领导干部上专题党课。

△ 前洲街道伊嘉园健身会所的无锡籍健身教练孟祥龙在第五十届亚洲健美健身锦标赛中获男子古典健美组银牌。

24日 惠山区小微企业融资项目签约暨防范和处置非法集资宣传月活动大会上,26家企业代表与银行就融资项目签订双向合约,187家企业与银行对接,共达成意向授信金额近13亿元。

27日 惠山区委书记吴仲林主持召开区委常委会第八十八次会议暨"两学一做"学习教育专题学习会,传达学习中共中央总书记习近平重要批示精神和中组部有关通知精神,集中学习毛泽东《党委会的工作方法》。

31日 惠山区委书记吴仲林主持召开惠山区委三届十一次全体会议。会议审议并通过《关于召开中共无锡市惠山区第四次代表大会的决议》。

是月 惠山生命园园内企业西比曼生物获武汉当代科技产业集团股份有限公司4313万美元战略投资。

△ 省茶叶协会、省茶叶学会联合举办的第十七届"陆羽杯"名特茶评比揭晓,惠山区藕塘勤建茶场选送的太湖翠竹茶获一等奖。

△ 惠山中等专业学校学生刘梓斌在2016全国职业院校技能大赛中获"车加工技术(中职组)"金牌。

△ 阳山镇桃源村获第九届"中国十佳小康村"称号。

6月

1日 惠山区领导吴仲林、李秋峰、顾智杰、陈燕等分两路走访惠山区小学和幼儿园,向少年儿童送去节日的祝福。

3日 江苏聚业机械装备股份有限公司(惠山经济开发区阳山配套区内)成功挂牌新三板。

4日 "中信证券杯"第37届世界业余围棋锦标赛在惠山区拉开帷幕。市、区领导汪泉、李秋峰参加活动。

14日 惠山区三届政协召开第五十三次主席会议,考察区房地产去库存和商业综合体转型情况。

15日 清华大学社会科学学院与无锡市惠山区战略合作研讨暨签约仪式在清华大学举行。

20日 江苏智联天地科技公司(惠山区恒生科技园内)总经理钱志明,入选中央人才工作协调小组办公室发布的第二批国家"万人计划"领军人才中的"科技创业领军人才"。

22日 惠山区第三届人大常委会召开第四十三次主任会议,听取区政府关于分级诊疗暨推进医疗健康服务联合体建设的情况汇报。

23日 无锡市委常委、统战部部长陈德荣到钱桥街道走访慰问部分中华人民共和国建国前老党员和困难党员,区政协副主席、统战部长黄明陪同。

24日 市委常委、纪委书记王唤春到惠山经济开发区,走访慰问部分老党员,区领导吴仲林、杨建平陪同。

△ 惠山区区长李秋峰主持召开区政府三届三十九次常务会议,审议《惠山区化工及危险化学品安全专项整治实施方案》《惠山区临时用地管理实施意见》,听取5项专项整治情况汇报等。

27日至29日 由区政协副主席、工商联主席许海祥带队,无锡新大力电机有限公司、无锡华东电机科技发展有限公司等13家企业赴华中科技大学开展项目与技术对接活动,达成电机、高压泵、新材料、水处理等5个科技项目合作意向。

29日 惠山区举行纪念中国共产党成立95周年暨先进表彰大会。

△ 美国INVUS(英维斯)基金与安特速(江苏)医疗科技有限公司（惠山经济开发区生命科技产业园）举行股权交割仪式。区领导李秋峰、杨建平参加活动。

△ 台湾台东县副县长陈金虎一行应邀参观访问惠山区。

△ 惠山区第三届人大常委会举行第三十五次会议。会议听取和审议区人民政府关于2015年财政决算情况的汇报、关于2015年财政预算执行和其他财政收支情况的审计工作报告等有关事项。

30日 惠山区举行上汽大通第10万辆车下线暨出口英国第3000辆车发运仪式。

是月 无锡市一季度"无锡好人·善行义举榜"榜单公布，惠山区推荐的张琪、钱惠菊、陆浩兴、吴丽华等4人上榜。

△ 江苏聚业机械装备有限公司(阳山镇)和无锡鼎宇机械科技有限公司（惠山经济开发区阳山配套区内）2家企业在新三板挂牌，分别受到区级150万元和镇级50万元的奖励.区领导吴仲林、李秋峰参加颁奖。

7月

1日 无锡新宏泰电器科技股份有限公司在上海证券交易所正式上市，市、区领导黄钦、吴仲林、杨建平等出席上市仪式。

6日 惠山区委书记吴仲林主持召开区委常委会专题学习会暨第八十九次会议，传达学习中共中央总书记习近平"七一"讲话精神和《中国共产党章程》，审议有关议题。

12日 惠山区三届政协召开第十九次常委会议，听取区委常委、副区长计佳萍关于全区上半年经济和社会发展情况及下半年工作打算、区政府提案办理工作情况的通报，听取全区道路路网优化、地铁周边地区公交微循环建设和重点工程情况通报。会议还通报并协商通过《政协无锡市惠山区委员会关于开展2016—2017年度争先创优活动的决定》。

15日 以"中国好人"、省优秀共产党员俞斌为原型的大型原创现代锡剧《好人俞亦斌》在前洲影剧院公演。区四套班子领导会见该剧的主创人员。

△ 惠山区举办"承继匠心·聚智惠山"2016惠山先进制造业发展论坛。

19日 惠山区委书记吴仲林主持召开区委常委会第九十次(扩大)会议，专项部署环境保护工作。

△ 惠山区长李秋峰主持召开区政府三届四十次常务会议，重点听取、审议人大政协建议提案办理和民生实事进展情况。

△ 奥亿康医疗器械有限公司（惠山经济开发区生命园内）在江苏股权交易中心正式挂牌。

20日 惠山区三届政协召开第五十四次主席会议，调研全区分级诊疗和推进医联体(指区域医疗联合体，将同一个区域内的医疗资源整合在一起，由区域内的三级医院与二级医院、社区医院、村医院组成的医疗联合体)建设情况。

21日 以"品桃惠友，合作共赢"为主题的惠山区投资合作恳谈会举行。来自韩国和中国香港、北京、上海、广州、深圳等地的200余名客商参加，共签约41个项目，总投资超150亿元。

25日 惠山区委书记吴仲林主持召开三届区委常委会第九十一次会议暨党政联席会议，传达学习省委十二届十二次全体会议精神，研究审议《在中共无锡市惠山区第四次代表大会上的报告》《中共无锡市惠山区纪律检查委员会向区第四次党代会的工作报告》。

25日至26日 惠山区四套班子领导分四路走访慰问解放军101医院、无锡军分区、73031部队、预备役高炮一团等共建部队。

28日 惠山区委书记吴仲林主持召开区委三届十二次全委会。会议审议通过区委工作报告、区纪委工作报告(审议稿)；酝酿表决新一届区委委员、候补委员和区纪委委员候选人预备人选名单；票决通过出席无锡市第十三次党代会代表候选人预备人选名单。

△ 省卫生计生委副主任何小鹏到惠山调研，

了解惠山区实施全面两孩政策，改革完善计划生育服务管理工作情况。

29 日 惠山区召开征兵工作会议，表彰 2015 年征兵工作先进单位和个人，区政府、区人武部领导与各镇（街道）、院校及有关部门领导签订征兵工作责任书。区委常委、人武部部长郝朝勇总结 2015 年征兵工作情况，部署 2016 年征兵工作任务。

31 日 中国共产党无锡市惠山区第四次代表大会开幕，吴仲林代表第三届区委向大会作报告，吴建明受区纪委委托向大会作工作报告，李秋峰主持大会，251 名代表出席大会。

△ 全国首个面向高中生的国防奖学金 -- 国良国防奖励基金在省锡中设立并举行首次颁奖。

是月 无锡新宏泰电器科技股份有限公司开展的自主研发项目——"HTS2Z 塑料外壳式断路器"，获评"国家火炬计划产业化示范项目"。

8 月

2 日 中共无锡市惠山区第四届委员会举行第一次全体会议。选举产生新一届区委常委和书记、副书记。会议选举吴仲林为中共无锡市惠山区区委书记，李秋峰、计佳萍为区委副书记。

△ 新一届区纪委举行第一次全体会议，选举产生新一届区纪委常委，区纪委书记、副书记。新一届区纪委常委由吴建明、魏建彪、祝绳、李锋、吕君等 5 人组成，吴建明为区纪委书记，魏建彪、祝绳为区纪委副书记。

3 日 省委常委、市委书记李小敏带领市委全会与会人员观摩惠山区云内动力东部技术中心项目和无锡戴卡轻量化轮毂项目建设。

△ 无锡市 2016 年二季度"无锡好人·善行义举榜"榜单公布，惠山区有 4 位身边好人光荣上榜，分别是诚实守信好人邓德裕，见义勇为好人倪仁伟、肖继典，助人为乐好人钱荣。

9 日 惠山区委书记吴仲林主持新一届区委常委会召开第一次会议，传达贯彻市委十二届十二次全体会议精神，明确区委常委分工，审议《中共无锡

市惠山区委常委会议事规则》等制度性文件。

12 日 惠山区区长李秋峰主持召开区政府三届四十一次常务会议，审议《惠山区卫生应急工作规范化建设实施方案》《关于对计划生育特殊家庭实行精准帮扶的工作意见》，听取 2015 年预算执行和其他财政收支审计问题情况汇报等。

15 日 无锡久源软件股份有限公司（惠山区堰桥街道）成功登陆新三板，正式在全国中小企业股份转让系统上市交易。

16 日 省统计局局长徐莹率队到惠山区洛社镇调研基层统计建设工作，实地查看洛社镇的基层统计规范化建设工作开展等情况，区领导李秋峰、俞刚等陪同调研。

22 日 惠山区第三届人大常委会举行第三十六次会议。会议听取和审议区人民政府关于 2016 年上半年国民经济和社会发展计划执行情况的报告、关于 2016 年上半年财政预算执行情况的报告、关于全区"七五"普法规划制定情况的汇报，审查批准区人民政府关于 2016 年区财政预算调整方案等其他事项。

23 日 惠山区委书记吴仲林主持召开四届区委常委会第二次会议，听取审议基层党组织换届有关事项等议题。

24 日 全区召开基层党组织换届选举工作动员会议，区委常委、组织部部长邓加红出席会议并讲话。

25 日 国学与丝绸之路历史文化研究国际学术讨论会在冯其庸学术馆举办。来自美国、日本、蒙古国等国家和中国台湾地区，以及中国人民大学、清华大学等 10 余所国内著名高校及科研机构的 120 余位专家学者参加。

28 日 国内新能源汽车标杆企业御捷集团投资的铠龙东方新能源汽车项目，在惠山工业转型集聚区举行开工奠基仪式。

是月 无锡申瑞生物制品有限公司（惠山区堰桥街道）精准医疗工程中心获批省级工程中心。

△ 长安街道被评为省"六五"普法先进单位。

△ 堰桥街道社区卫生服务中心创建全国优秀

社区卫生服务中心，接受省优秀社区卫生服务中心省级专家评估组的现场复核。

9 月

1 日至 2 日 省委常委、市委书记李小敏到惠山区，考察调研基层经济社会发展情况。市、区领导张叶飞、吴仲林、李秋峰等参加调研。

△ 2016 中国（无锡）石墨烯创新创业大会在惠山经济开发区举办。市、区领导黄钦、吴仲林、李秋峰等出席大会。

4 日至 5 日 惠山区无锡上汽大通旗下两款产品 G10 和 V80，被定为二十国集团领导人峰会（G20 峰会）指定商务用车。

8 日 惠山区委书记吴仲林主持区委四届常委会召开第三次会议，学习《中国共产党问责条例》，传达省委常委、市委书记李小敏在惠山调研时的讲话精神，听取审议其他有关事项。

△ 中央农村工作领导小组副组长、中央农办主任、中央财办副主任唐仁健率队到惠山区调研"三农"工作，市、区领导徐劼、吴仲林、计佳萍等陪同调研。

9 日 惠山区委书记吴仲林、区长李秋峰带队分两路走访慰问一线教师。

△ 惠山区 2016 年度新兵入伍欢送大会在钱桥街道举行，新兵将奔赴绿色军营。

12 日 2016 无锡惠山智能制造与工业机器人应用对接会在华中科技大学无锡研究院举行。

13 日 惠山区区长李秋峰主持召开区政府三届四十二次常务会议，听取公共资源交易平台整合工作情况、第十一届村民委员会暨第六届社区居民委员会换届选举工作方案，会议审议《2016 年惠山区行政事业单位国有资产清查工作报告》《惠山区行政事业单位国有资产动态管理实施办法》《惠山区本级预算执行进度考核管理办法》等。

△ 无锡宝湾智慧物流园开园仪式暨项目招商推介会在惠山经济开发区风电园举行，哈尔滨工业大学智慧物流、汽车零部件分拨、申通物流等 6 个项目正式签约，首批入驻。

14 日 惠山区人大常委会召开主任会议，专题听取区人民政府关于开展食用农产品市场监管工作情况的汇报。

△ 惠山区三届政协召开第五十六次主席会议，调研全区公共文化服务体系建设情况。

19 日 省红十字会副会长徐国林率队考察新筹建的惠山区红十字服务中心，调研惠山区红十字工作开展情况。

20 日 惠山区第三届人大常委会举行第三十七次会议。会议听取和审议区人民政府关于社会救助体系建设情况的汇报，通过区人大常委会关于全区区、镇两级人民代表大会换届选举工作的决定（草案）、区人大常委会关于设立区选举委员会和选举办公室的决定（草案），以及区人大常委会关于设立各镇选举委员会和选举办公室的决定（草案），通过有关人事任免。

△ 锡山区委书记陆志坚、区长顾中明率党政代表团到惠山区考察新常态下转型升级、创新驱动发展情况，区领导吴仲林、李秋峰等陪同考察。

△ 惠山区三届政协召开第二十次常委会，围绕行政审批制度改革工作协商议政。

△ 惠山区召开政府性债务管理工作座谈会，听取开发区、乡镇（街道）、各园区债务管理工作情况汇报，研究部署下阶段重点工作。

△ 无锡天驰新材料科技股份有限公司（惠山区堰桥街道）在全国中小企业股份转让系统正式挂牌。

23 日 江苏省教育厅厅长沈健调研江苏省锡山高级中学新课程推进及高品质高中建设情况，市、区领导华博雅、吴仲林、计佳萍等陪同。

△ 上汽商用车零部件产业配套区推介会在惠山经济开发区举行，迪普热压设备、极科新能源、赫森电气、华必德新材料等 8 个项目签约入驻。

26 日 惠山区各条战线的党代表 34 人参加无锡市第十三次党代会。

26 日至 28 日 意大利佛罗伦萨美术学院副院长克劳迪奥·洛卡教授及夫人一行专程考察阳山镇。

27 日 惠山经济开发区举行 2016 年先进制造

业基地主题推介暨项目签约仪式。来自欧美、日韩、港台等15个国家和地区的100多名客商参加，香港快速食品生产项目、澳大利亚床上用品项目等12个重点项目现场签约落户，总投资20亿元人民币。

28日 近40家国内知名房地产企业、20家商业连锁机构齐聚惠山经济开发区，参加惠山新城服务业推介会。总投资40亿元的香港飞阳集团项目、华润项目、融创项目等3个项目现场签约落户。

30日 惠山区委书记吴仲林主持召开四届区委常委会第四次（扩大）会议，传达市委第十三次党代会精神，部署贯彻落实会议精神。

△ 2014年10月开工建设的新锡澄路正式通车。

10月

8日 省委举办第二期县委书记工作讲坛。惠山区区委书记吴仲林以"敢于担当、苦干实干"为题作交流发言。

10日 第三届"盈在惠山"科技金融论坛在惠山经济开发区举行，无锡惠山科技金融中心正式启用。

12日 南京航空航天大学无锡研究院大楼在洛社镇举行揭牌仪式。南京航空航天大学校长聂宏和市、区领导汪泉、吴仲林、李秋峰等出席活动。

△ 民建惠山区基层委员会举行换届选举大会，听取并审议通过第一届基层委员会工作报告，选举产生第二届基层委员会委员。

14日 国家旅游局副局长杜江一行到阳山镇调研旅游产业发展情况，市、区领导刘霞、李秋峰等陪同。

△ 惠山区三届政协召开第五十七次主席会议，专题调研惠山区排水达标区和数字化城管建设情况。

15日 玉祁中学举行建校九十周年庆祝大会。市、区领导华博雅、吴仲林、计佳萍、吴燕等参加活动。

17日 第二届中国惠山精准医学发展论坛举行，惠山生命园精准医学公共服务2大核心支撑平台——江苏省精准医学工程中心与无锡正则精准医学检验所正式揭牌成立。

18日 惠山国家高新科技创业服务中心与卡姆丹克太阳能系统集团有限公司在香港签约，卡姆丹克中国总部正式落户惠山，总投资4.5亿美元，一期注册资金1.5亿美元。

23日 惠山区召开全区人大换届选举工作会议，部署区、镇两级人大换届选举工作。

27日 易地新建的惠山区第二人民医院正式揭牌。

△ 惠山区区长李秋峰主持召开区政府三届四十三次常务会议，听取公共资源交易中心成立的有关事宜，审议《关于调整特困人员供养标准的通知》《惠山区建筑业和房地产业项目信息采集和登记管理办法》《建筑业纳税人综合治税实施方案》等议题。

△ 在第十一届中国社区卫生服务发展论坛上，堰桥街道社区卫生服务中心获"2016年全国百强社区卫生服务中心"。

△ 上汽大通在澳大利亚举行新品发布会，G10柴油版首度在澳大利亚上市。

△ 惠山区第三届人大常委会举行第三十八次会议。会议听取和审议区人民政府关于工业重大项目引进和建设情况的汇报、关于"众创众筹"工作推进情况的汇报，听取区人大常委会执法检查组关于检查《无锡市养老机构条例》贯彻实施情况的汇报，通过有关人事任免事项。

28日 2016年惠山经济开发区先进制造业重大项目集中开工仪式，在大联洋快速食品生产项目基地举行，香港一源液压机械制造项目、无锡华科智能制造产业园二期项目等6个重大项目正式开工，总投资额超30亿元人民币。

△ 惠山经济开发区软件园产业招商会暨2016重大项目签约仪式在无锡艾迪花园酒店举行。无锡思创电力电子科技有限公司、天奇智慧能源投资有限公司、无锡趣动网络科技有限公司、无锡贝瑞卡诺科技有限公司等15家企业签约入驻园区。

29日 无锡戴卡年产240万件轻量化车轮项目在惠山工业转型集聚区正式竣工投产。中信集团副董事长、总经理王炯,省委常委、市委书记李小敏,市、区领导黄钦、吴仲林、李秋峰等出席。

30 日 省经信委、无锡市人民政府、中国电子技术标准化研究院联合主办,惠山区人民政府承办的 2016 世界物联网博览会首个高峰论坛——"物联网＋中国制造 2025 高峰论坛"在无锡举行。

是月 惠山区华中科技大学无锡研究院承担的"智能制造与机器人应用技术创新平台"项目、哈尔滨工业大学无锡新材料研究院承担的"先进水性环保压敏胶粘剂"项目、江苏数字信息产业园承担的"江苏数字信息研究院"项目、无锡力合科技孵化器有限公司承担的"企业孵化服务智能信息化公共服务平台",共获中央引导地方科技发展专项资金 420 万元,项目数与所获资金数分别占全市的 40% 和 32.8%。

11月

1 日 江苏智联天地(惠山城铁商务区内)基于定焦扫描和软解码算法高速扫描技术的智能移动终端 N5000,获 2016 世界物联网博览会新技术产品成果金奖。

△ 江苏省工会劳动保护监督检查员片区服务站督查交流会议在惠山区举行。

2 日 惠山区委书记吴仲林主持召开区委中心组学习会暨四届区委常委会第六次会议,传达学习中共十八届六中全会精神,区委常委、宣传部部长袁漪韬领学中共十八届六中全会公报以及传达中央《关于认真学习宣传中共十八届六中全会精神的通知》精神。

△ 在第八届无锡市国际友城交流会上,区长李秋峰会见应邀参会的韩国蔚州郡郡首辛璋烈一行,双方签署建立友好城市关系意向书。

△ 无锡石墨烯产业发展示范区(惠山经济开发区内)与美国 Neutronix-Quintel 公司签署联合实验室共建协议,在实验室建设、人才培养、科研创新等方面的达成合作。当日,实验室揭牌成立。

3 日 惠山区召开"六五"普法总结暨"七五"普法动员大会,总结"六五"普法成果和经验,部署"七五"普法工作,表彰一批先进集体和个人。

△ 惠山区举行第五届政府文学艺术奖颁奖典礼暨群文创作精品节目展演,《弟弟最后的日子》等 35 件参评作品获奖。其中,纪实散文《弟弟最后的日子》获突出成果奖,《惠山追梦》《舜歌》等 8 件作品获优秀成果奖,另评出成果奖 11 件、入围奖 15 件。

△ 省内首家区级红十字综合服务平台——位于惠山经济开发区的无锡市惠山区红十字服务中心建成启用,关爱白内障、计生失独、心理咨询等首批 6 个红十字公益惠民项目同时启动。

7 日 江苏省红十字会会长何权到惠山区调研红十字会工作,副区长、区红十字会会长吴燕陪同调研。

8 日 惠山区第三届人大常委会召开第四十七次主任会议,听取区人民政府关于财政资金及重点项目建设资金绩效评估情况的汇报。

10 日 2016 无锡惠山"凤赢未来"英才对接活动暨政产学研合作项目签约仪式举行。涉及磁动力传输系统等多个领域的 40 个政产学研合作项目正式签约落户惠山。

15 日 胡雨人塑像揭幕仪式暨胡氏三杰自然科学实验中心落成仪式在江苏省锡山高级中学举行。

16 日 惠山区三届政协召开第五十八次主席会议,专题调研区重大项目建设和智能制造工程推进情况。

△ 省、市政法委一行 7 人专项督查惠山区司法体制改革相关文件贯彻落实情况。

23 日 惠山区委书记吴仲林主持召开区委常委会第八次(扩大)会议,传达学习中共江苏省第十三次代表大会精神。

△ 惠山区第三届人大常委会举行第三十九次会议。会议听取和审议区人民政府关于城市管理"五项整治"工作情况的汇报,通过关于召开区四届人大一次会议的决定(草案)和区、镇选举委员会成员辞职的决定(草案),通过有关人事任免事项。

24 日 惠山区区长李秋峰主持召开区政府三届四十四次常务会议,重点听取审议 2017 年为民办实事有关情况和 2017 年预算编制情况,听取消防工作汇报,审议《惠山区闲置土地管理实施意见》。

△ 惠山区工商联(总商会)第四次会员代表大会召开,选举产生区工商联第四届执委会主席、副主席、秘书长、常务委员和总商会会长、副会长,审议通过第三届执委会工作报告。陈晓松当选新一届区工商联主席。

25 日 惠山区召开文明城市长效管理督查点评会,动员全区上下推动文明城市创建工作常态长效。

△ 由市委宣传部、市文明办、市卫计委联合举办的第三届无锡市"十大医德标兵"和"百名医德之星"评选结果揭晓,钱桥街道社区卫生服务中心精神科医生刘川被评为"医德标兵",区人民医院儿科主任强立等 6 人获评"医德之星"。

26 日 惠山区美术家协会、惠山区书法家协会分别成立。会议选举产生区美协和书协第一届理事会,选举张永锋为区书法家协会主席、邹熠为区美术家协会主席。

28 日 无锡阳山市民农庄暨田园文旅小镇项目正式签约,阳山镇、国开金融、田园东方三方将投资 28 亿元共同建设田园东方二期项目,标志着中国首个田园文旅小镇正式落户无锡。市、区领导黄钦、吴仲林、李秋峰等出席签约仪式。

29 日 惠山区中医医院正式揭牌启用,区领导吴仲林、杨建平、吴燕参加活动。

30 日 惠山区区、镇两级人大代表换届选举日。全区 40 多万选民参加选举,依法选举产生区、镇两级人大代表 429 名。其中,区人大代表 225 名、镇人大代表 204 名。

△ 江苏省 2016 年高新技术企业认定名单公布,由惠山创业中心申报的格菲电子、精利模塑、朗禾农光、中德伯尔、耐博机器人等 5 家企业全部通过认定。

是月 阳山镇阳山村党总支书记钱惠菊,入选 10 月"江苏好人榜"榜单,获评敬业奉献"江苏好人"。

△ 科技部火炬中心公布全国 603 家国家级科技企业孵化器考评结果,惠山经济开发区内惠山生命科技产业园、惠山国家高新技术创业服务中心被评为全国百强科创孵化器。

△ 无锡蓝天电子股份有限公司(惠山区洛社镇)正式挂牌"新三板"。

△ 在江苏省少年儿童研究会少年科学院建设与发展专业委员会第十五次年会上,堰桥实验小学的"吴文化少年科学院"被江苏省少工委、江苏省少年儿童研究会评为"江苏省优秀少年科学院"。

12 月

5 日 省委常委、苏州市委书记周乃翔率苏州市党政代表团赴南京市、无锡市学习考察,其间考察无锡石墨烯产业发展示范区、无锡透平叶片有限公司、华中科技大学无锡研究院。省委常委、无锡市委书记李小敏,市、区领导黄钦、张叶飞、吴仲林、李秋峰、杨建平等陪同考察。

△ 惠山区第三届人大常委会举行第四十次会议。会议听取和审议区人民政府关于 2017 年财政预算初步安排情况的汇报、关于 2017 年国民经济和社会发展计划初步安排情况的汇报,审查和批准区人民政府关于 2016 年区财政预算调整方案(草案),通过区第三届人大常委会代表资格审查委员会关于区第四届人民代表大会代表资格的审查报告。

△ 惠山区第三届人民代表大会常务委员会第四十次会议召开,听取区财政局局长薛颖作的《关于 2016 年惠山区财政预算调整方案(草案)的说明》。审议并决定批准区人民政府《关于 2016 年惠山区财政预算调整方案》。

6 日 "2016 江苏好青年百人榜"揭榜,惠山经济开发区派出所张荣成为惠山区唯一入选者,登上"爱岗敬业"榜单。

7 日 惠山区举行重点项目集中开工仪式,京威股份汽车内外饰零部件研发与汽车制造南方基地、新开博生物制药等 34 个项目集中开工,项目涉及汽车零部件、节能环保、新材料、新能源、文化旅游等领域,总投资超过 158 亿元。

△ 从无锡市天一实验小学"惠钧－李惠芬"乒乓球俱乐部训练成长的中国选手石洵瑶,在南非开普敦举行的2016年世界乒乓球青少年锦标赛上,获得女单冠军,这是该届世青赛上,中国队获得的唯一一枚金牌。

9日 国家质量监督检验检疫总局局长支树平一行到惠山区,重点就无锡检验检疫局惠山检测基地的公共技术平台等相关情况开展调研。副省长张雷、市长汪泉、区长李秋峰等陪同调研。

13日 惠山区三届政协召开第五十九次主席会议。会议协商讨论区政协第四届委员会政协委员建议名单,协商讨论关于召开政协四届一次会议的决定(草案)等相关议题。

14日 惠山区第三届人大常委会召开第四十八次主任会议,实地察看新锡澄路、钱桥盛桃路、洛社振平路等的建设情况,听取区政府关于区镇两级道路提升改造工作情况的汇报。

15日 惠山区工会第四次代表大会开幕。回顾总结过去五年的工会工作,共商今后五年工会发展大计,会议选举产生新一届区总工会领导班子。区委书记吴仲林作重要讲话,区政协副主席、工会主席黄明作工作报告。

△ 无锡易通精密机械股份有限公司(在惠山区堰桥街道)正式登陆新三板。

16日 惠山区委书记吴仲林主持召开四届区委常委会第九次会议,会议审议通过《坚持中起航 坚守中创新 着力开创惠山"三优三宜"建设新局面》的工作报告(审议稿)、区委常委会履行党风廉政建设主体责任的情况报告等14项议题。

18日 投资5亿元人民币的铠龙东方总部基地项目和投资4.5亿美元的卡姆丹克清洁能源集团中国总部项目同时在惠山开发区开工奠基。该次集中开工的还有无锡惠凯自动化总部研发及装配基地、江苏恒铭达航空设备有限公司总部等4个重大项目。区领导吴仲林、李秋峰、陈燕等出席活动。

20日 中共无锡市惠山区委举行四届二次全会。区委书记吴仲林作全委会工作报告,区委副书记、区长李秋峰就2017年工作作具体部署。

21日 惠山区委书记吴仲林带队考察区老城镇改造、村庄提档升级、县属企业家舍及贫困户房屋修缮、县道和农村公路提档升级情况。

△ 惠山区三届政协召开第二十一次常委会议。会议协商通过区政协第四届委员会政协委员建议名单,协商通过关于召开区政协四届一次会议的决定等事项。

22日 市委常委、常务副市长黄钦调研惠山区,实地走访无锡精科汽车配件有限公司、无锡威卡威汽车零部件有限公司、博耳(无锡)电力成套有限公司,详细了解企业重大工业及技改项目实施情况。区领导吴仲林、李秋峰等陪同调研。

△ 惠山区区长李秋峰主持召开区政府三届四十五次常务会议,会议听取中央环境保护督察组反馈意见整改落实情况和审议《政府工作报告》的起草情况说明,听取有关审计工作情况汇报。

23日 惠山区第三届人大常委会举行第四十一次会议。区人大常委会顾智杰、徐金瑞等24人参加会议。会议听取区选举委员会办公室关于惠山区区、镇第四届人大代表换届选举工作汇报,听取区人大常委会人事代表联络工委关于区三届人大一次会议以来代表建议、批评和意见办理情况的报告,讨论召开区四届人大一次会议的有关事项,通过区四届人大一次会议列席人员名单,通过有关人事任免事项。

28日 惠山区委书记吴仲林主持召开四届区委常委会第十次会议。会议传达全省经济工作会议和十三届市委二次全会精神,审议政府工作报告。

30日 市委常委、无锡军分区政委柳江南带领市检查考核组到惠山区检查党风廉政建设责任制建设情况。区四套班子领导出席会议。

△ 历时半年的阳山陆中路改建工程建成正式通车。

是月 省卫计委调研组专题调研惠山区医疗卫生工作,实地调研堰桥街道社区卫生服务中心、区中医医院和区人民医院。区领导吴仲林、李秋峰、吴燕陪同。

△ 惠山区被市政府评为"十二五"节能工作先进集体。

惠山区概况

地理 人口

【地理】 无锡市惠山区位于无锡市西北部，东接锡山区，西靠常州市武进区，南连梁溪区，北邻江阴市。东128公里至上海，西177公里至南京，为苏锡常（苏州、无锡、常州）中心地区。沪宁高速、锡澄高速、锡宜高速公路在区内交会，312国道、342省道、京沪高速铁路、沪宁城际铁路、沪宁铁路、新长铁路、无锡轨道交通1号线、京杭大运河贯穿全境，距无锡机场15公里，交通十分便捷。至2016年年末，全区总面积325.12平方公里，下辖1个省级开发区（无锡市惠山经济开发区）、5个街道（堰桥街道、长安街道、钱桥街道、前洲街道、玉祁街道）、2个镇（洛社镇、阳山镇），共有81个城镇社区、29个农村社区。

（惠山区史志办公室）

【人口】 2016年年末，惠山区总户数14.64万户，户籍人口46.83万人；全年出生人数4575人，死亡人数2481人，人口自然增长数2094人，人口自然增长率4.47‰。2016年年末，惠山区常住人口70.95万人。

（惠山区史志办公室）

气 候

【概况】 惠山区位于江苏省苏南中部，无锡市西北部，北有长江，南临太湖，属北亚热带海洋性湿润季风气候区。全年日照充足、雨量充沛，四季分明，雨热同季。常见的气候灾害有台风、暴雨、连续阴雨、干旱、大风、冰雪和霜冻，偶尔有冰雹及龙卷风。2016年，惠山区年平均气温比上年略有增加，降水量比上年增加。年内，惠山区主要灾害天气是春寒、高温、干旱、洪涝、台风和雾霾天气。特别是1月下旬出现的严寒，惠山地区出现冰冻灾害，农业生产和人民群众的生活受到一定影响。

2016年，惠山区年平均气温17.4摄氏度，比上年的年平均气温增加0.6摄氏度；最高月平均气温是8月的30.0摄氏度，比上年8月的最高月平均气温高2.1摄氏度；气温超过35摄氏度（包括35摄氏度）的高温天数是29天，比上年的高温天数14天多15天；年极端最高气温是7月24日的39.7摄氏度，比上年8月5日出现的年极端最高气温38.5度高1.2摄氏度；最低月平均气温是1月的3.8摄氏度，比上年1月的最低月平均气温低1.5摄氏度；2016年的年极端最低气温是1月24日的零下8.6摄氏度，比上年1月2日出现的年极端最低气温低

3.3 摄氏度。2016 年月平均气温变化正常。2016 年的初霜期是 2015 年 11 月 26 日，终霜期是 2016 年 3 月 26 日，无霜期 244 天，比上年少 11 天；初雪期是 1 月 21 日，终雪期 2 月 14 日。

2016 年，惠山区年降水总量 1890.4 毫米，比上年的年降水总量 1545.7 毫米多 344.7 毫米；雨日数（不小于 0.1 毫米）为 144 天，比上年的雨日数 138 天多 6 天；日最大降水量是 9 月 16 日的 96.2 毫米，比上年 6 月 17 日的日最大降水量 160.7 毫米少 64.5 毫米。2016 年汛期（5—9 月）惠山区雨量偏多，全区面平均降雨 1094.7 毫米，比上年汛期降雨多 77.9 毫米，其中 6 月降雨量为 353.6 毫米，7 月降雨量为 234.0 毫米，9 月降雨量为 292.6 毫米。

2016 年日照时数 1622.2 时，比上年的日照时间 1571.3 时多 50.9 时。2016 年平均相对湿度为 77%，比上年的平均相对湿度 75% 高 2 个百分点。2016 年年平均风速每秒 2.2 米，与上年年平均风速持平。2016 年年平均气压 1016.1 毫巴，比上年低 0.3 毫巴。

2016 年，惠山区环境空气质量优良天数为 226 天，占全年比为 63.0%，其中 4 月、7 月、8 月、10 月，惠山区空气质量良好，优良天数占比分别为 73.0%、70.00%、71.0%、100%；12 月空气环境质量差，优良天数占比为 33.3%；其他月份优良天数均超过 50%。（2016 年惠山区空气环境质量状况按月统计见"环境保护与生态建设"类目中"环境质量"分目）
注：本表资料由无锡市气象台提供

（惠山区史志办公室）

2016 年惠山区气象情况分月统计

表 1

月份	平均气温（摄氏）	降水量（毫米）	日照时数（小时）
全年	17.4	1890.4	1622.2
1	3.8	64.1	87.2
2	6.7	21.5	179.3
3	11.2	42.9	142.6
4	17.3	220.3	136.3
5	20.6	186.8	129.2
6	24.5	353.6	77.1
7	30.0	234.0	152.6
8	29.8	27.7	256.9
9	24.5	292.6	146.6
10	19.6	314.8	53.0
11	12.3	83.4	111.8
12	8.1	48.7	149.6

注：本表资料由无锡市气象台提供　　　　　　　　　　　　　　　（惠山区史志办公室）

水 文

【汛期】　2016 年汛期（5—9 月），惠山区雨量偏多，全区面平均降雨 1177.3 毫米，比上年同期降雨量多 8.0%，比常年同期平均降雨量 708.7 毫米多 66.1%。6 月全区面平均降雨量 345.3 毫米，比上年同期 532.9 毫米少 54.3%。洛社站测得降雨量最大，降雨 1224 毫米；五星闸站（惠山经济开发区内）最少，为 840.2 毫米；其余各站降雨量在 700—1000 毫米。7 月 1 日—3 日受暴雨影响，锡澄地区河道水位涨幅迅猛。7 月 1 日下午 3 时 40 分，大运河无锡站水位 4.26 米，超过警戒水位 0.36 米，3 日上午 10 时，无锡站水位出现最高水位 5.28 米，超过警戒水位 1.38 米，比降雨前上涨 1.02 米，比历史最高水位 5.18 米（2015 年 6 月 17 日）高 0.10 米，最大 1 小时涨幅 0.14 米（2 日 3 时—4 时）；7 月 3 日 8 时 15 分，大运河洛社站出现最高水位 5.37 米，比历史最高水位 5.36 米（2015 年 6 月 17 日）高 0.01 米；7 月 1 日 13 时，锡澄运河青阳站水位 4.21 米，超过警戒水位 0.21 米，3 日 7 时 25 分，青阳站水位出现最高水位 5.34 米，超过警戒水位 1.34 米，比降雨前上涨 1.13 米，比历史最高水位 5.32 米（2015 年 6 月 17 日）高 0.02 米，最大 1 小时涨幅 0.13 米（2 日 3 时—4 时）。汛期，大运河无锡站平均水位 3.88 米，比上年高 0.11 米，最高水位 5.28 米（7 月 3 日），最低水位 3.43 米（9 月 12 日）。整个汛期，无锡站水位超警戒 53 天。大运河洛社站平均水位 3.93 米，最高水位 5.37 米（7 月 3 日），最低水位 3.41 米（9 月 14 日）。锡澄运河青阳站平均水位 3.92 米，最高水位 5.34 米（7 月 3 日），最低水位 3.44 米（9 月 14 日）。汛期期间受强降雨影响，全区各地水位上涨迅猛，内河大多在 7 月 3 日出现最高水位，大运河、锡澄运河等主要河道水位均超历史最高水位。7 月的高水位，导致钱桥街道洋溪河沿线，阳山镇武进港沿线等高地、半高地外河水涌入，短时形成水涝灾害，全区没有出现大的险情。2016 年，全区有受淹企业 10 家、住宅 185 户、农田 198 公顷，受灾人口 652 人，转移人口 54 人，道路积水 19 条、平均水深 20 厘米，共投入抢险人员 2112 人次、机械设备 6200 千瓦，直接经济损失 722 万元。

（邹凤根　钱俊）

【台风】　2016 年 9 月 13 日—17 日，受第 14 号台风"莫兰蒂"外围影响，惠山区普降中到大雨，局部暴雨，面平均降雨量 98.6 毫米，洛社站 156 毫米、五星闸站 65.8 毫米、玉祁站 94.4 毫米、阳山站 78 毫米、无锡站 157.4 毫米、青阳站 155 毫米；9 月 28 日—10 月 1 日，受第 17 号台风"鲇鱼"外围影响，惠山区普降大到暴雨，局部大暴雨，面平均降雨量 121 毫米，洛社站 127.6 毫米、五星闸站 99.4 毫米、玉祁站 122.6 毫米、阳山站 134.5 毫米、无锡站 108 毫米、青阳站 122.4 毫米。

（邹凤根　钱俊）

【梅雨】　2016 年 6 月 19 日，惠山区入梅，较常年晚 4 天；7 月 20 日出梅，较常年晚 9 天；梅雨期 32 天，较常年长 6 天。梅雨期间，降雨量偏多且降雨集中，西北部降雨明显偏多，降雨集中在梅雨期前段，后期晴雨相间。惠山区以洛社水文站为代表点，2016 年梅雨日为 26 天，梅雨量为 545.4 毫米，是常年同期平均梅雨量 245.2 毫米的 122.4%，比上年 254.6 毫米多 114.3%。梅雨期间，强降雨集中在 6 月 28 日—29 日、7 月 1 日—3 日。入梅首场梅雨在 6 月 21 日全区面平均降雨量 57.2 毫米。

（邹凤根　钱俊）

年 度 概 览

2016 年惠山区国民经济和社会发展概况

2016 年，面对复杂的国内外经济形势，惠山区区委、区政府认真贯彻落实中央、省、市有关政策措施，经济运行总体保持平稳，产业强区建设成效初显，实现第十三个五年计划的良好开局。

一、综合

国民经济保持平稳增长。全区实现地区生产总值 722.40 亿元，按可比价计算，比上年增长 7.96%。按常住人口计算人均生产总值 10.18 万元。

产业结构持续优化。全区实现第一产业增加值 16.77 亿元，第二产业增加值 427.18 亿元，第三产业增加值 278.45 亿元，三次产业比例调整为 2.3∶59.2∶38.5，第三产业增加值占地区生产总值（GDP）比重比上年提高 0.5 个百分点。

二、农业

农林牧渔业产值小幅下降。全区完成现价农林牧渔业总产值 30.19 亿元，比上年下降 1.0%。其中，农业 19.89 亿元，比上年下降 1.3%；林业 2.25 亿元，比上年增长 0.2%；牧业 1.64 亿元，比上年增长 3.3%；渔业 2.83 亿元，比上年下降 2.9%。

农业生产基本稳定。全年粮食种植面积 3.19 万亩，总产量 1.37 万吨。其中，小麦种植面积为 1.58 万亩，总产量为 0.50 万吨；水稻种植面积为 1.48 万亩,总产量为 0.85 万吨。

三、工业和建筑业

工业生产平稳增长。全年完成现价工业总产值 1507.42 亿元,比上年增长,5.2%,其中,规模以上工业总产值 1202.88 亿元,比上年增长 5.1%。分轻重工业看,轻工业实现工业总产值 152.19 亿元;重工业实现工业总产值 1050.69 亿元。

工业经济效益总体平稳。全部工业实现主营业务收入 1475.70 亿元,比上年增长 5.1%;其中,规模以上工业实现主营业务收入 1179.02 亿元,比上年增长 5.1%。全年实现利税总额 144.3 亿元,其中规模以上工业实现利税总额 129.02 亿元。全年工业用电量 58.60 亿千瓦时,比上年增长 3.9%。

建筑业回落较大。全年完成建筑企业总产值 43.53 亿元,比上年下降 11.0%。房屋建筑施工面积 184.53 万平方米,比上年下降 13.0%;房屋建筑竣工面积 110.32 万平方米,比上年增长 30.66%。

四、固定资产投资和交通运输

固定资产投资增长较快。全年完成全社会固定资产投资 656.53 亿元,比上年增长 11.5%。其中,工业投资 236.93 亿元,比上年增长 16.2%,占全社会固定资产投资的比重为 36.1%;服务业投资 419.61 亿元,比上年增长 9.0%,占全社会固定资产投资的比重为 63.9%。

房地产业快速增长。全年商品房销售面积 192.95 万平方米,比上年增长 81.3%,其中住宅销售面积 174.83 万平方米,比上年增长 94.0%。全年商品房销售额 133.85 亿元,比上年增长 103.6%,其中住宅销售额 118.69 亿元,比上年增长 117.2%。

交通运输事业稳步发展。年末全区公路通车里程 1023 公里,航道里程 151 公里。实有桥梁 541 座,客运汽车 344 辆。

五、贸易和开放型经济

消费品市场发展良好。全年实现社会消费品零售总额 176.32 亿元,比上年增长 9.8%。按行业分,批发和零售业零售额 135.82 亿元,比上年增长 9.6%;住宿和餐饮业零售额 40.51 亿元,比上年增长 10.5%。

对外贸易实现正增长。全年实现外贸进出口总额 27.19 亿美元,比上年增长 4.5%。其中,出口总额 23.41 亿美元,比上年增长 4.4%;进口总额 3.78 亿美元,比上年增长 5.0%。

利用外资回稳趋好。全年协议注册外资额 4.45 亿美元,比上年增长 207.4%;到位注册外资 3.03 亿美元,比上年增长 7.6%,其中制造业到位外资占比 47.0%。

服务外包产业快速发展。全年服务外包接包合同金额 14.71 亿美元,比上年增长 100.1%;执行金额 11.62 亿美元,比上年增长 100.2%。离岸外包合同金额 10.42 亿美元,比上年增长 100.2%;执行金额 8.71 亿美元,比上年增长 100.2%。

六、财政和金融

财政收入总体平稳。全年财政总收入 147.05 亿元,比上年增长 10.0%。其中,中央财政收入 48.64 亿元, 比上年下降 0.4%;地方财政收入 98.41 亿元,比上年增长 15.9%;一般公共预算收入 81.41 亿元,比上年增长 6.0%。

民生支出稳步增加。全年财政一般预算支出 77.13 亿元,比上年增长 8.6%。财政支出倾向民生。其中,教育支出 14.60 亿元,比上年增长 9.3%;社会保障和就业支出 5.77 亿元,比上年下降 4.7%;医疗卫生支出 4.93 亿元,比上年增长 20.0%。

金融存贷款规模扩大。年末全区金融机构存款余额 686.21 亿元,比年初增加 76.69 亿元,比上年增长 12.6%。其中,企业存款余额 309.37 亿元,比年初增加 59.72 亿元;居民储蓄存款余额 364.01 亿元,比年初增加 12.23 亿元。贷款余额 534.62 亿元,比年初增加 69.36 亿元,比上年增长 14.9%。其中,短期贷款余额 160.67 亿元,比年初减少 50.64 亿元;中长期贷款 167.08 亿元,比年初增加 29.24 亿元。

七、科技和教育

科技创新成效明显。全年专利申请数 12447 件,其中发明专利 4893 件,实用新型专利 4143 件,外观设计专利 3411 件。专利授权数 5614 件,其中发明专利 511 件,实用新型专利 2888 件,外观设计专利

2215 件。获国家级科技进步奖 4 项、省级科技进步奖 2 项，市级科技进步奖 4 项。

教育事业协调发展。年末全区拥有各级各类学校 69 所，其中中等学校 19 所，小学 16 所，幼儿园 33 所，特殊教育学校 1 所。在校学生 9.95 万人。小学和初中的入学率均为 100%，小学毕业生升学率 100%，初中毕业生升学率 99.9%。

八、文化和卫生

文化基础建设巩固发展。年末全区共有文化馆 1 个，展览馆 1 个，文体站 7 个，影剧院 7 个。区、镇两级图书馆 8 个，藏书 37.9 万册。

卫生事业持续发展。年末全区拥有社区卫生服务中心 15 个，社区卫生服务站 83 个。拥有床位数 1986 张。共有卫生技术人员 3184 人，其中医生 1341 人。

九、人口、人民生活和社会保障

人口规模有序扩大。年末全区户籍总户数 146442 户，户籍人口 468342 人，其中男性人口 231474 人，女性人口 236868 人。全年出生人口 4575 人，其中男婴 2362 人，女婴 2213 人；死亡人口 2481 人。全年人口自然增长 2094 人，人口自然增长率 4.47‰。城乡居民收入稳步增长。城镇居民人均可支配收入 47190 元，比上年增长 7.8%；人均生活消费支出 25536 元，比上年增长 6.2%。农村居民人均可支配收入 26333 元，比上年增 7.9%；人均生活消费支出 13792 元，比上年增长 11.9%。

社会保障统筹推进。全区企业职工养老保险净增缴费人数 8074 人，到龄居民养老金发放率 100%，适龄居民医疗保险覆盖率 100%。7 月 1 日起，最低生活保障标准由上年的 700 元 /（人•月）提高至 760 元 /（人•月）。

社会福利事业稳步推进。全区拥有敬老院 12 家，收养人数 1329 人。福利工厂 47 家，年末职工 3518 人，其中残疾人员 1078 人。城乡居民最低生活保障对象 1060 户 1955 人，全年共发放低保金 995 万元。

注：本文中的比较指标均是 2016 年与 2015 年比较。

（吕 斌）

2016 年惠山区工业经济发展报告

2016 年，面对复杂多变的宏观经济形势，惠山区立足"智能化、绿色化、服务化、高端化"发展方向，主动适应经济发展新常态，统筹做好稳增长、调结构、扩投资、降成本、强服务各项工作，完成既定的现代产业发展的各项目标任务，为实现"十三五"规划奠定坚实的基础。

2016 年，惠山区完成工业总产值 1507.4 亿元，增长 5.2%。其中，规模以上工业总产值 1202.9 亿元，增长 5.1%；完成工业投资 236.9 亿元，增长 16.2%，其中完成技改投资 163.5 亿元，占比 69.1%；全区万元 GDP 能耗同比下降 4% 以上，主要经济指标增幅位居全市前列。

一、抓预警预测，以经济增长加快转型升级

2016 年惠山区发挥重点工业企业运行监测平台的作用，动态掌握 350 家重点企业生产经营状况，提高运行分析的针对性和前瞻性。定期召开经济运行分析会，动态掌握重点行业、重点企业、重点板块的经济运行情况，及时分析出现的新形势、新情况和新挑战，促进全区工业经济行稳致远。开展走访调研，深入一线车间、走访一线企业，全面了解高佳太阳能股份有限公司、无锡透平叶片有限公司等骨干企业的运行情况，及时解决企业生产经营中存在的问题，充分发挥骨干企业对经济发展的引领和带动作用。

二、抓项目建设，以后劲培育提速转型升级

2016 年，惠山区区级安排重点工业项目 126 项，年度计划完成投资 131.39 亿元，实际完成投资 115.9 亿元，全区重点工业项目开工率达 93.7%。广东达美股份有限公司、京威股份有限公司、铠龙东方新能源汽车有限公司等项目相继签约落户，欧派家居有限公司二期、无锡精科汽车配件股份有限公司、云内动力股份有限公司、无锡兴澄特种钢材料有限公司等项目投资超时序进度，北京京运通科技股份有限公司、铠龙东方新能源汽车有限公司等项目顺利开工建设，戴卡轮毂制造有限公司一期项目建成投产。开展"千企转型、百亿技改"活动,重点抓好上汽大通汽车有限公司定制化商务车、无锡透平叶片有限公司等重大技改项目,促进企业向智能化、精细化、数字化方向转型。召开项目现场推进会 2 次,现场观摩重大项目 25 个。强化领导挂钩、联席例会、现场办公等制度,着力解决项目建设中的问题和困难。

三、抓智能制造,以智能技术驱动转型升级

推进智能制造三年行动计划,至年底,惠山区共征集 2016 年智能制造工程建设项目 41 个。一汽解放汽车有限公司无锡柴油机厂被认定为国家级智能制造示范试点企业,无锡透平叶片有限公司的航空发动、燃气轮机压气机叶片车间等 4 个车间被评为省级智能示范车间,无锡华顺民生食品有限公司等 2 家企业获得省经信委转型升级资金项目大中型企业互联网化项目资金扶持。惠山区经信局联合工信部中国制造与工业 4.0 研究所、赛迪研究院装备工业研究所开展全国智能制造创新示范区创建,加快建设"惠山区工业 MES 云平台",至年底,与 5 家企业成功签约。承办全国物联网＋中国制造 2025 高峰论坛,惠山区智联天地项目获世界物联网博览会金奖,全国物联网 -- 中国制造 2025 高峰论坛发布物联网标准化白皮书和智能制造能力成熟度白皮书,为培育经济发展新动能献计献策。

四、抓技术创新,以创新发展支撑转型升级

中航卓越锻造(无锡)有限公司、无锡透平叶片有限公司被评为 2016 年工信部两化融合贯标试点企业,无锡透平叶片有限公司、天奇自动化工程股份有限公司被评为省两化融合贯标试点企业,无锡锡能锅炉股份有限公司被评为省两化深度融合(互联网与工业融合创新)示范工程示范企业,博耳(无锡)电力成套有限公司、天奇物流系统工程股份有限公司被评为省级服务型制造示范企业,惠山区规模以上企业两化融合覆盖率达 88%。积极申报省、市工业发展资金项目,其中申报省级企业技术中心 4 家、省首台套示范应用项目 4 项、省四星级服务平台项目 3 项、省技术创新项目计划 31 项、中小企业创业示范基地 1 家。认定省新产品新技术 4 个、省小巨人企业 1 家、省专精特新产品 2 只。引导企业探索"互联

网＋"商业模式,推动大数据、云计算等技术与传统产业深度融合,富车网、京东无锡特产馆上线,惠山区获评省农村电子商务示范区。鼓励企业通过兼并重组和投资合作做大做强,2016 年完成兼并重组企业 5 起,兼并金额 1.5 亿元。

五、抓园区建设,以资源整合促进转型升级

实施高效土地利用、低效用地盘活、优势产业集聚、重点工程改造系列措施,盘活存量用地,2016年,惠山区盘活存量用地 87.9 公顷,退出低效企业 103 家。堰桥、玉祁、洛社 3 个工业配套区完成第一个高效利用土地"三年计划",高效利用面积分别达到 21.8 公顷、13.6 公顷和 31.5 公顷。前洲工业配套区正在进行"三年计划"的收官工作,高效利用面积达到 16.9 公顷。实施园区企业 ABC 分类评价,不断提升园区的亩均产出和亩均税收,2016 年园区每公顷产值 3450 万元。

六、抓节能减排,以绿色发展倒逼转型升级

加大节能技改力度,组织实施重点节能改造与循环经济项目 56 个,总投资超 3 亿元,年节能量超过 7 万吨标煤。推进电力需求侧管理。惠山区被列为省智能用电管理示范区创建单位(全省两个),以此为契机,惠山区依托博耳(无锡)电力成套有限公司技术优势,建设区级电能管理服务公共平台,至年底,接入该平台的工业能耗在线监控企业近 50 家,预计每年可节约用电成本 3000 万元。发展循环经济。全年完成清洁生产审核企业 18 家,建立节能与循环经济项目 56 个,实施并申报省、市重点节能与循环经济项目 36 个,重点用能企业节能量达 4.6 万吨标煤。开展 5 大节能专项行动,年内基本实现燃煤窑炉清洁化改造,淘汰 146 台 10 t/h 及以下的燃煤小锅炉,72 台燃煤炉窑改用天然气或电等清洁能源。

七、抓企业服务,以环境优化保障转型升级

2016 年,惠山区出台《关于加快推进现代产业发展的政策意见》(惠发〔2016〕1 号),"十三五"期间,安排累计总额不低于 10 亿元的现代产业发展资金,加大对龙头骨干企业、高成长性企业和小微企业的财政支持力度。研究制定《无锡市惠山区现代产业发展资金管理办法》和《惠山区工业转型升级发展资

金管理实施细则》,对扶持资金的支持对象、申报条件、申报材料和绩效评价等予以明确。开展"访企情、解企难、暖企心"服务企业活动,宣传省、市、区各级出台的扶持企业发展、降低企业成本相关政策及举措,全区各部门先后走访企业1000余家,发放政策宣传材料5000余份,受理并办结企业各类诉求事项141余件,办结率和满意率98%。举办"基业长青"企业家培训,提升企业家在市场营销、资本运作、企业管理等方面的素质。

(王 兵)

2016年惠山区农业生产发展报告

2016年,惠山区贯彻落实各项惠农政策,做好农业供给侧改革,农业生产结构进一步优化,农业增效,农民增收。年内,受极端天气、产业结构调整、市场价格等因素影响,农业产值总体微降。2016年,全区实现农林牧渔业总产值30.19亿元,同比下降1.0%。

一、农业生产总体趋稳,种养殖业结构局部调整

(一)粮食生产

2016年,受持续阴雨天、病虫害等不利因素影响,虽然采取加强天气预报、病害预警、加强田间管理、强化科技应用、抢收抢种、增加烘干设施等多种措施,粮食单产仍下降明显,又因种植业结构调整、粮食作物播种面积下降,粮食总产也呈较大下降趋势。

小麦、水稻单产减,面积减,总产减

2016年,惠山区小麦实收面积1052.2公顷,比上年减少30.5公顷,下降2.82%;小麦单产每公顷4724公斤,比上年每公顷减少366公斤,下降7.5%;小麦总产量4971吨,比上年减少539吨,下降9.78%。

2016年,惠山区水稻实收面积985.7公顷,比上年减少124.2公顷,下降11.19%;水稻单产每公顷8582公斤,比上年每公顷减少592公斤,下降6.9%;水稻总产8458吨,比上年减少1851吨,下降17.96%。

(二)造林绿化

1.成片造林任务超额完成

惠山区为实现区规划的生态文明建设24%的林木覆盖率指标,有序推进区级重点绿化工程建设,区农林局、交通局、建设局、城管局和各镇(街道)等部门合作,派专业技术人员以分片挂钩的形式,到乡镇(街道)进行现场规划指导,推进造林工作。2016年,全区完成造林绿化138.7公顷,其中成片造林73.3公顷,完成省级下达任务的157%。

2.城镇绿化全力推进

2016年,惠山区城铁西漳站前园区环境绿化加快推进,西漳地铁站前湿地公园景观绿化工程,规划面积30万平方米,年内完成绿化面积20万平方米;无锡地铁西漳站区内高标准实施天丰路、寺头家园三期绿化,新增绿化面积4万平方米;惠山大道西侧2万平方米闲置地块的景观绿化,12月初开始土方建设;九里河景观绿化工程规划面积10万平方米,进入规划论证阶段。

惠山区城镇游园建设进展顺利。洛社铁路公园完成绿化面积5万平方米;312国道节点绿化项目完成绿化面积1万平方米;堰桥街道堰玉路口游园建成绿地面积0.3万平方米;规划面积13.3公顷、计划投资650万元的长安街道张村湿地公园基本完成绿化种植。各镇(街道)结合老城镇改造、集中安置区绿化、工业配套园区绿化环境整治,相继实施一批景观绿化工程。

惠山区区级、镇级主干道路绿化和改造工程全面完成。2016年,全区完成惠洲大道、北惠路东延、钱洛路、西石路、天丰路等的绿化工程,绿化长度25公里,新增绿化面积10万平方米;新锡澄路、中兴路北延、陆中路等道路绿化工程,因连续阴雨天气,导致基础工程延迟,11月底开始进行绿化前期建设,年底,样板地块开始绿化种植。

3.湿地保护工作成效显著

2016年,惠山区加强湿地保护,推动全区绿化工作。年内,区农林局配合市湿地处、市发改局,完成古庄湿地项目验收资料核稿;完成区级自然湿地板块数据修正,完成洛社白塘湿地保护小区界碑、

界桩及宣传长廊建设;指导开展西漳地铁站前园区湿地、长安张村湿地公园、洛社白塘滨湖生态绿廊工程建设。

4.群众义务植树活动全面开展

春季绿化期间,惠山区与无锡市绿化办公室、市文明办公室、《江南晚报》报社等部门联合开展义务植树活动,在阳山镇锡宜高速北侧营建"市民林""车友林""财富林""亲子林"等纪念林5.3公顷,参加人数4000余人,种植香樟、栾树、榉树等苗木7000余株;区委、区政府等部门联合组织区级机关干部100余人,在北惠路开展义务植树活动;开展"园艺进社区、绿化进乡村""共建美好家园,我为无锡播新绿"等系列活动。区农林局与《惠山新闻》合作编制"植树节专刊"。

2016年,惠山创建无锡市园林式单位1个、无锡市园林式居住区2个。

(三)畜牧业生产

1.生猪出栏增加、存栏略减

惠山区经过农业面源污染整治,中小养殖户陆续退出,畜牧业规模养殖基本保持稳定。2016年,惠山区生猪出栏3.1751万头,比上年增加0.1751万头,增长5.84%。生猪存栏2.2567万头,比上年减少0.0433万头,下降1.88%。

2.家禽存栏、出栏均增

2016年,惠山区家禽存栏18.76万羽,比上年增加2.41万羽,增长14.74%;家禽出栏54.17万羽,比上年增加8.21万羽,增长17.86%。

3.畜禽肉蛋产品总产量增加,羊肉产量微减

2016年,惠山区猪肉产量3048吨,比上年增加148吨,增长5.1%;羊肉产量47.7吨,比上年减少1.66吨,下降3.36%;禽肉产量1032吨,增加147吨,增长16.61%;禽蛋产量1655吨,比上年增加299吨,增长22.05%。

(四)园艺生产

2016年,惠山区园艺生产,围绕新品种、新技术、新模式,做优品质、创建品牌,促进农业提质升效。受1月份寒潮影响,水蜜桃奇形花增多,坐果率降低;6、7月份持续降雨,水蜜桃、葡萄裂果落果严重,部分果树遭淹死亡,产量下降明显。

1.茶叶

2016年全区茶叶总产量76吨,比上年略增。受经济形势影响,中高档茶叶销量不佳,一些茶场根据市场需求,调整产品结构,应对市场挑战。

2.水果

2016年全区水果种植面积2669.2公顷。水果总产量31351吨,比上年减少4163吨,同比下降11.72%。其中,水蜜桃产量25203吨,比上年减少3840吨,同比下降13.22%;葡萄产量5889吨,比上年减少308吨,同比下降4.97%;梨产量202吨,比上年减少12吨,下降5.6%。

3.苗木花卉

2016年全区花卉苗木的种植面积575.1公顷,全年出售盆栽植物(含草花)100.49万盆、苗木24.4万株。惠山区花卉苗木产业化趋势明显,企业带动效应提升,产品结构逐渐完善,区域特色逐步凸显。

(五)蔬菜生产

2016年,惠山区蔬菜播种面积11244.4公顷,比上年增加79.9公顷,增长0.72%;全年蔬菜总产量220779吨,比上年减少7351吨,下降3.22%。产量下降主要受天气因素影响。

(六)水产业

2016年,惠山区水产养殖面积654.9公顷,比上年减少72.3公顷,下降9.95%;水产品产量6241吨,比上年减少747吨,下降10.69%。水产品养殖面积下降主要是养殖用地征用及产业结构调整,一些养殖户退出。

二、惠山区农业生产特点

(一)园区建设基本完成,引领效应逐步凸显

2011年起,依据《惠山区现代农业园区规划》的总体要求,惠山区大力推进现代农业园区建设,全力打造产业特色鲜明、经济效益显著、科技装备领先、生态环境优美的现代农业新高地。至2016年年底,惠山区现有省级现代农业园区1家(无锡阳山水蜜桃科技园)、市级现代农业园区6家,全区累计完成现代农业园区建设面积5360公顷,占耕地比重达55.96%,比上年增加0.86个百分点,比重位居全市板块第二。

(二)做优农业产业经营,龙头企业增强

惠山区结合现代农业园区建设和产业布局,围绕精细蔬菜、优质果品等惠山农业优势产业,通过创优发展环境、招商引资、强化科技支撑、突出政策扶持等措施,培育新型农业经营主体,农业龙头企业的规模和实力不断得到增强,为惠山农业的提档升级、转型发展提供显著的示范带动作用。2016年,新增市级龙头企业1家(上农农业科技江苏股份有限公司),全区3家省级龙头企业、14家市级龙头企业的固定资产总额达9.52亿元,有固定职工2234人,辐射带动农户8.03万户,销售收入15.95亿元,实现利润总额1.3亿元。

(三)强化科技应用,助推水蜜桃产业持续发展

阳山水蜜桃被评为"中国十大名桃"、江苏知名品牌、中国驰名商标,为促进阳山水蜜桃在质量、品牌上健康、持续发展,巩固阳山水蜜桃在全省乃至全国现代高效农业的领军地位,2016年,惠山区重点实施水蜜桃产业传承提升工程。年内,继续推进水蜜桃园区设施建设。新增玻璃温室3000平方米,完成无锡阳山水蜜桃研究所、无锡阳山水蜜桃现代科技示范基地的建设和科技展示的布置。注重科技攻关与技术推广。重点围绕品种、土壤、病虫害3个重大课题,完成品种资源调查、土壤改良、病虫害防治技术研究、肥料试验、桃园地下水位试验、桃树栽培密度试验,着重对水蜜桃枯病病开展防治。强化水蜜桃质量监管。重点检查肥料、农药等投入品使用、记录等情况,加强对农资经销商的监管;加大检测力度,做到规定送检、抽样送检、基地检测、生产户自行检测、市场抽检等多方位检验检测相结合,全年完成检测水蜜桃样品500多个,往南京送检水蜜桃样2批,均合格。加强阳山水蜜桃交易市场管理,杜绝外地桃冒充阳山桃进场交易的现象;多渠道开拓水蜜桃销售市场,积极推进电商发展,成功打造桃园顺丰电商村、阳山电商村、太湖阳山、东方田园等电商平台。

(郦杰 郑春雷)

2016年惠山区商贸服务业发展报告

2016年,惠山区商贸服务业各项工作取得长足发展。服务业纳税营业收入1631.66亿元(限额以上批零销售总额185.09亿元,库存额12.5亿元),同比增长8.72%,超额完成全年的目标任务2个百分点;服务业入库税金43.7亿元,同比增长8.09%,超额完成全年的目标任务4个百分点;限额以上社会消费品零售总额完成52.6亿元,增幅6.7%,列无锡市第四;限额以上社会消费品批发零售总额完成197.59亿元,增幅11.6%,列无锡市第一;规模以上服务业营业收入20.5亿元,增幅15.1%;服务业增加值占GDP比重比上年提高0.5个百分点;服务业投入完成419.6亿元,同比增长9%。

一、重点服务业项目建设

2016年,惠山区重点服务业项目共60个,其中续建项目39个、新建项目21个;计划总投资492.61亿元,年内计划投资80.82亿元,实际完成投资79.18亿元,投资完成率97.97%;新建项目开工18个,新建项目开工率85.7%。

二、农贸市场建设和管理

2016年,无锡市政府下达给惠山区的农贸市场建设和管理任务是:改造1家、整治13家、完善2家。年初,惠山区政府成立区农贸市场建设和管理领导小组,制定下发《2016年惠山区农贸市场建设和管理实施方案》。根据惠山区实际,将市政府下达的建设改造农贸市场16家的任务,增加至18家,即新建农贸市场2家、改造提升2家、整治12家、完善2家。5月,区政府召开全区农贸市场建设和管理动员部署会,向各镇(街道)下达目标任务,并明确各镇(街道)分管领导为责任人。至年末,新建的钱桥藕塘农贸市场已正常运营,堰桥新盛农贸市场已经试营业;改造提升的2家市场中,堰桥长安农贸市场基本完工,洛社秦巷农贸市场尚未完工;堰桥、钱桥等地列入整治的12家农贸市场中,除了洛社鑫雅农贸市场尚外完工外,其余11家农贸市场经区市场监管、区城管以及街道负责部门不定期检查后,确认市场

整治取得成效;列入完善任务的西漳、前洲的 2 家市场,投入近 100 万元进行局部改造和修整。对全区符合条件的 17 家农贸市场开展星级评定,引导市场开办者加大必要的资金投入,进一步改善市场基础设施和环境卫生,健全农贸市场长效管理制度,提升建设和管理水平。年内,区财政对星级农贸市场颁发奖励资金 123 万元。惠山区的农贸市场星级评定工作受到无锡市有关部门的肯定,其经验和做法在全市范围内推广。在 2016 年无锡市 105 家农贸市场考评中,惠山区参与考评的 14 家农贸市场的达标率和市场良好率均列全市第一。

区商务局总结农贸市场建设管理过程中的经验和成效,编制《宜居惠城新生活》画册,拍摄农贸市场宣传片。画册在区人大、政协开会期间向代表、委员分发,受到各界的肯定;宣传片在地铁、公交等移动交通媒体播放,展示惠山区农贸市场改造提升对惠百姓、惠民生、打造宜居新惠山的积极成果。

三、商业综合体转型

2016 年,惠山区商务局针对商业综合体总量过剩、布点过密、业态雷同、品牌不强、运营吃紧等诸多问题,推进现有商业综合体与新型业态项目对接,逐步转型。组织转型意愿强的开发商走出惠山,到上海、杭州等地考察银泰湖滨、万象城等成功商业综合体转型项目,召开座谈会,邀请上海购物中心协会、戴德梁行、仲量联行及世界知名咨询公司到会介绍最新项目动态及商业风向,促使惠山区现有商业综合体更好地转型发展,盘活商业体存量,实现健康良性运行。位于无锡职教园区的青春假日广场将成为一站式青春购物广场和风情时尚街区。正在建设中的西漳太平洋商业广场,除了传统的酒店、购物、餐饮娱乐业外,还有很大比例的体验式商业,设置许多惊险刺激的运动休闲项目。阳山的田园东方综合体既是城镇化项目,又建设大量文化旅游设施。

四、物流产业转型发展

2016 年,惠山区针对物流产业布局不合理、业态雷同以及阻碍交通等突出问题,开展全区物流产业转型升级专项调研,探讨存在问题和发展方向,撰写专题调研文章在领导参阅上发表。区商务局走访重点物流园区和重点物流企业,了解各重点物流园区发展现状及发展规划,鼓励园区、企业根据自身情况制定良策转型发展。召集重点镇(街道)有关部门分别到成都传化物流中心学习公路运输信息化经验,到成都宝湾物流仓储园区学习先进的仓储物流经验,到重庆飞力达供应链管理有限公司学习供应链物流的核心理念,到重庆华南城物流园学习"专业市场 + 物流"的核心概念等。通过学习,寻找差距,制订推动转型、迎头赶上的有效对策。区商务局开拓项目信息源,为重点园区牵线搭桥、招引项目,丰富、提升现有物流业态档次。抓住 2016 年无锡市入围全国第三批"物流标准化示范城市"契机,鼓励区内物流企业向标准化方向转型升级,重点推动无锡惠山区传化物流园二期、三期项目,向立体库房、医药冷链方向转型。

五、扩消费稳增长

2016 年 11 月,惠山区商务局本着"政府搭台、企业唱戏、市民参与"的原则,举行商贸旅游促销活动,以展销博览会的形式集中汇聚惠山区的汽车 4S 店、房地产企业、老字号以及旅游名优商品、产品,展现惠山区名优商品、产品的风采,带动现场销售,扩大消费,促进商贸流通业健康持续发展。

(严小兴)

2016 年惠山区财政运行报告

2016 年是惠山区财政局实施"十三五"规划的开局之年,是落实国家、省、市财税管理体制改革要求、在预算管理改革方面取得实质性进步之年。惠山区财政工作围绕"重振雄风、再创辉煌、赢得未来"发展大局,坚持"以财行政,以政制财",较好地完成年度各项财政目标任务。

一、2016 年惠山区预算执行情况

(一)一般公共预算执行情况

2016 年,惠山区一般公共预算收入完成 81.4 亿元,完成调整预算 80.6 亿元的 101%,比上年增加 4.6 亿元,同比增长 6%。一般公共预算收入的主要项目完成情况:增值税(含营改增)完成 25 亿元,比上

年增长74.5%(5月份起营业税改征增值税，同时中央地方分成比例从75%:25%调整为50%:50%);营业税完成14.4亿元，比上年下降35.1%(5月份起营业税改征增值税);企业所得税40%部分完成6亿元，比上年下降3%;个人所得税40%部分完成3.2亿元，比上年增长28.6%;城建税完成5.5亿元，比上年增长4.6%。

2016年，惠山区一般公共预算支出完成77.1亿元（含上级补助等），完成调整预算73.3亿元的105.2%，比上年决算增长8.6%。一般公共预算支出主要项目完成情况:一般公共服务支出6亿元;公共安全支出3.7亿元;教育支出14.6亿元;科学技术支出5.8亿元;文化体育与传媒支出0.3亿元;社会保障和就业支出5.8亿元;医疗卫生支出4.9亿元;节能环保支出2.1亿元;城乡社区事务支出12.2亿元;农林水事务支出2.8亿元;交通运输支出12.8亿元;资源勘探电力信息等支出2.5亿元;商业服务业等支出0.6亿元;住房保障支出1.7亿元;粮油物资储备支出0.2亿元;其他支出1.1亿元。

分级预算执行情况:2016年区本级一般公共预算支出完成40.1亿元（含上级补助等）。其中，常规经费支出8.5亿元;部门专项经费支出8.5亿元;政府专项经费支出16.4亿元;上级补助、上年结转等支出6.7亿元。开发区一般公共预算支出13.1亿元。街道一般公共预算支出16.4亿元。镇一般公共预算支出7.5亿元。

财政收支平衡情况:2016年惠山区一般公共预算财力为75.1亿元（含上级补助等），一般债券转贷资金1.6亿元，上年结转5.6亿元，调入资金和预算稳定调节金2.9亿元，收入合计85.2亿元。一般公共预算支出77.1亿元，一般债券还本支出0.5亿元，支出合计77.6亿元。增设预算稳定调节基金1.8亿元。收支相抵，结余5.8亿元，结转下年度使用。

（二）政府性基金预算执行情况

2016年，惠山区基金预算收入完成17亿元，完成调整预算17.3亿元的98.1%，比上年增加8.9亿元，同比增长109.9%。主要原因是国有土地使用权出让收入增加，年内完成15.7亿元，比上年增长

124.9%。

2016年，惠山区基金预算支出完成17.6亿元（含上级补助等），完成调整预算17.6亿元的100.1%，比上年决算增长99%，主要原因是国有土地使用权出让收入安排的支出增加。

（三）国有资本经营预算的执行情况

2016年，惠山区国有资本经营预算收入完成41万元，完成年初预算的100%;国有资本经营预算支出完成17万元，完成年初预算的41.5%，结余24万元结转下年度使用。

（四）地方政府债务情况

1.地方政府债务限额情况

按照中央、省、市关于规范地方政府债务管理的要求，2015年起，对地方政府债务余额实行限额管理。在省人大常委会批准的全省地方政府债务余额总限额内，经省政府批准，省财政厅核定惠山区2016年年末地方政府债务限额69.3亿元。根据财政部地方政府债务系统中的核定数据，截至2016年年底，地方政府存量债务置换后，区地方政府债务余额68.69亿元，其中一般债务19.09亿元，专项债务49.60亿元。区债务余额保持在上级核定的债务限额内，债务风险基本可控。

2.地方债券转贷资金情况

2016年，省下达惠山区地方债券转贷资金3.9亿元，其中地方一般债券转贷资金1.6亿元，地方专项债券转贷资金2.3亿元。省下达惠山区专项债券转贷置换资金50.05亿元，其中地方一般债券转贷置换资金5.75亿元，地方专项债券转贷置换资金44.30亿元。

二、2016年惠山区财政预算执行的主要工作

（一）夯财源，强征管，确保财政收入合理增长。

2016年，惠山区调整财源建设思路。增值税地方分享比例从25%提高到50%后，制造业的发展程度将制约地方财政收入增长速度，坚定"智能制造引领现代产业高地打造"的理念，加快重大项目的引进和建设，大力发展先进制造业。保障"营改增"改革，在全市率先基本完成营业税的清理工作。继续支持交通运输业发展，交通运输业税收在高平台上增长超

50%。关注"营改增"税收征管方式变化,实施建筑业纳税综合治税,确保建筑业税收属地预征;继续加大对房地产项目的管理。新纳入"营改增"的四大行业税收保持基本稳定,实现新旧税制的平稳过渡;加强非税收入征管考核。加强不明款项管理,提高收入征管的及时性和准确性。紧抓财政票据源头,做好基础信息的录入、维护和动态管理等工作。细化落实政府非税收入征管激励机制,提高部门征管积极性,确保收入应收尽收、及早入库。

(二)转方式,调结构,打造现代产业高地。

2016年,惠山区精准制定产业扶持微政策,创新财政支持产业发展方式,提升产业政策扶持的税收贡献值,实现财政资金引导与放大作用最大化。年内拨付现代产业扶持资金、科技创新及产学研资金、服务业发展资金等区级专项扶持资金2亿多元,惠及企业337家。推进市场化、多元化支持产业发展方式,成立多个股权投资基金,基金总规模达100亿元,促进投资机构和社会资本进入惠山区产业投资领域。投入引导资金1500万元,在3个乡镇(街道)板块成立中小企业转贷平台,为中小企业提供转贷服务。推进营改增改革,落实国家结构性减税和定向减税等各项优惠政策,为企业减免税收负担2亿元。严格执行中央、省、市行政事业性收费减免、停征的各项规定,全年累计降低企业成本约7000万元,为企业发展减负加力。深入开展"访企情、解企难、暖企心"服务企业活动,帮助企业及时掌握相关法律法规和政策措施,加快企业转型升级步伐,推进企业更好更快发展。

(三)惠民生,补短板,保障全面小康建设。

2016年,惠山区实施水利工程3年规划,规划总投资11.8亿元,年内完成投资4.2亿元,从根本上提升惠山防洪抗灾能力。新开工中惠大道西延、惠西大道等8个重点道桥项目,总投资9.1亿元,年内完成投资1.1亿元,"十纵十横"道路框架基本形成。支持农村公路提档升级,年内完成投资1.1亿元。保障区政府为民办实事工程顺利推进,拨付区人民医院、全民健身中心工程资金1亿元,社会事业蓬勃发展。支持区保障房扩面计划,购买寺头家园经济适用房1000套,完成首批资金拨付1530万元。拨付大气污染治理专项资金2100万元,筹集安排环境综合整治资金5.5亿元,促进生态环境保护。设立农业发展专项资金,用于现代农业示范区建设。全面推动学校办学条件改善和教育现代化水平提升,高中教育实现区级保障,增加职业教育投入,安排惠山中专建设债务偿还资金近6000万元。支持公立医院价格改革,推动"药品零差价"政策实施,区财政补贴1000多万元。

(四)促改革,严制度,构建现代预算管理体系。

2016年,惠山区落实深化财税体制改革各项措施,财政信息化、全口径预算、绩效管理等多项工作进展均优于无锡市其他区(市)。全面推进预决算信息公开,"三公"经费、培训费、会议费公开到批次、人数等内容。深化专项资金改革和清单管理,规范专项转移支付项目,深化"零基预算"、非税收入跨年度平衡办法,启用专项经费预算编制滚动项目库管理,细化预算编制,实施预算绩效目标和跨年度项目预算管理。推进绩效管理改革,中介机构项目绩效评价工作取得明显成效,绩效目标管理覆盖重点部门、重点项目。实现国库集中支付全覆盖,建立教育、国土、交通等3个支付分中心。清理规范银行账户和财政存量资金,完善银行账户常态化管理机制。强化行政事业单位内控制度建设,完善"管采分离"制度,强化财政监督,严肃财经纪律,维护财经安全。

(五)明导向,保基本,发挥财政体制的引导作用。

2016年,惠山区发挥财政政策的导向作用,完善区镇财政体制,促进经济社会发展。突出实体经济,大幅提高增值税分成比例,财力分配进一步向实体经济增长倾斜,促进现代产业高地建设。突出区镇(街道)共赢,建立"多收多得,少收少得"的工作机制,发挥区镇(街道)两级积极性,促进税源培育,税基做大,共享发展成果。突出向基层倾斜,调整区镇(街道)以及开发区(重点园区)分成办法,提高镇(街道)分成比例6个百分点,财力继续向镇(街道)倾斜。突出基本财力保障,建立镇级基本财力保障机制,安排阳山镇基本财力保障转移支付,提升镇级财力保障水平,促进基本公共服务均等化。

（六）守底线，防风险，健全政府性债务和国资管理体系。

2016年，惠山区严格政府债务限额管理，把财政运行的可持续、防风险放在重要位置。优化债务结构，加大直接融资规模，扩大股权和债权融资，融资成本下降1个百分点以上。试点推广PPP[注]模式，古庄生态园项目获省、市引导资金支持。建立区国有企业财务管理平台，区级所属72家国有公司账务已纳入平台管理。完善国有企业资产年度报告制度，经发公司等国有企业编制国有资本年度经营预算。完成全区行政事业单位国有资产清查工作，全面摸清家底，完善台账制度，出台国有资产实施动态管理办法，实行集中监管。

[注]PPP：也称为公私合作模式，是政府和社会资本在基础设施及公共服务领域建立的一种长期合作关系。

（杨健 王倩）

2016年惠山区环境与生态保护状况报告

2016年，惠山区环境保护局（简称惠山区环保局）围绕区委、区政府经济社会发展中心工作和年度目标任务，创新思路、强化措施、狠抓落实，以推进促发展，各项工作均取得有效提升。

一、质量提升，推进环境综合治理

2016年，惠山区环保局以提升环境质量为目标，推进全区环境综合治理。提升大气环境质量，加强燃煤设施清洁化改造及挥发性有机物（VOCS）治理，全年完成燃煤小锅炉整治146台、治理企业86家、工业窑炉清洁能源改造62家。加强重点企业监管，完善相关脱硫、脱硝、除尘提标改造，提高废气治理设施正常运行率。组织开展空气质量保障及重污染天气应急预警，制定管控方案，明确保障措施。开展加油站油气回收整治、秸秆禁烧巡查工作。推进水环境综合治理，围绕2016年度太湖水污染治理目标任务，开展29项重点工程项目建设。开展河道综合整治，制定出台《惠山区河道环境综合整治工作方案》，完成23条河道的"一河一策"编制，年内完成市级河道整治7条，涉及123个项目。提高城镇污水处理运行管理水平，无锡惠山水处理有限公司2.5万吨／日扩建工程完成监测，进入验收程序。推进农村环境综合整治，对17个行政村生活污水进行治理。开展餐饮服务业油烟整治，以各镇（街道）为主，联合市场监管、卫计、城管等部门和村（社区），全面调查各自辖区内商品房、安置房周边的餐饮服务业单位，开展全面整治，全区551家餐饮业整治单位中完成整治验收443家，关停108家，完成率100%。

二、总量倒逼，推进污染总量减排

2016年，惠山区环保局把好两个关，实行总量倒逼，推进污染总量减排。把好总量关，落实减排工作。完成2015年环境统计，开展年度总量减排工程42项，制定煤电环保改造计划。无锡惠联垃圾热电有限公司提标改造工程建成投运，无锡惠联热电有限公司超低排放改造工程完成前期手续报批，即将开工建设。把好排污许可关。试用新排污许可证发证系统，开展申请单位排污权确权及申报材料审核，年内发放新排污许可证10张，至2016年年末，累计核发排污许可证115张。收缴排污权有偿使用费177.39万元，完成15家重点企业的清洁生产验收。

三、强化监管，推进环境安全保障

2016年，惠山区环保局强化监管，推进环境安全保障，保持环境监管高压严查态势。开展环境监管"双随机"工作（随机抽取检查对象、随机派选执法人员），分行业、分区域、高密度组织开展各类交叉执法检查、突击检查以及专项检查。全年进行环保现场检查7906厂次，处理各类环境信访2515件，征收排污费4351.3万元。立案处罚违法案件218件，涉罚金额1534.2万元。责令改正违法行为192件，实施查封扣押16件，移送公安部门7件，限制生产（停产整治）9件，申请法院强制执行56件，区政府下达责令关闭企业1家。以中央环保督察为契机，按期办结市联络协调组交办的环境信访问题33件，解决影响社会稳定突出环境问题。开展危险废物规范化管理专题培训及化学品生产使用情况调查，加强辐射环境监管，安全处置闲置放射源25枚。完善区域及重点企业应急预案和环境风险评估工作，妥善处置无锡通安助剂厂爆燃等突发环境事件4起。

四、生态兴区，推进生态文明建设

2016 年，惠山区环保局以生态兴区，推进生态文明建设。修编惠山区生态文明建设规划，组织各乡镇、涉农街道编制生态文明建设规划。推进生态文明七大工程体系[注]的重点工程建设，完善生态制度，推进区域资源环境补偿、环境污染责任保险和环保信用评价管理制度，完成 50 家国控企业、3 家市控企业环保信用初步评价和 525 家非国控企业的环保信用评价。提升生态文明素养，以"环境月""6·5世界环境日"为契机，依托环保志愿服务队伍，开展生态文明"六进""公众看环保"等宣传教育活动，营造生态文明宣传教育的浓厚氛围。

五、服务企业，推进经济绿色发展

2016 年，惠山区环保局强化环境准入制度，推进惠山区经济绿色发展。把好项目审批关，深化行政审批制度改革，简化手续、前移服务、压缩时限，促进环保审批提速增效，促进企业发展，全年共完成各类环保许可审批 2597 件。抓住清理整治关，制定出台《惠山区全面清理整治环境保护违法违规建设项目实施方案》和《补充意见》，定期组织召开清理整治推进会，建立督查及协调工作机制，推进违法违规建设项目清理工作，促进企业提升。

[注]生态文明七大工程体系：以太湖为重点的水环境治理工程；绿色经济发展工程；环境质量整体提升工程；低碳城市建设工程；生态保护修复工程；资源环境机制创新工程；生态文化推广工程。

（奚志华）

2016 年惠山区城乡居民生活状况报告

2016 年，惠山区城乡居民收入保持稳定增长。全年，农村居民人均可支配收入 26333 元，比上年增长 7.9%；农民人均生活消费支出 13792 元，比上年增长 11.9%。城镇居民人均可支配收入 47190 元，比上年增长 7.8%；城镇居民人均消费支出 25536 元，比上年增长 6.2%。

一、农村居民生活状况

从收入来源看，分项目收入全面增长

工资性收入稳定增长。全年，人均工资性收入 17873 元，比上年增长 7.1%，占农村居民人均可支配收入的 67.9%，拉动可支配收入增长 4.8 个百分点。增长的主要原因切实强化职业培训，促进劳动力提档升级，2016 年全区农业持证劳动力 7794 人，比 2015 年增长 12.8%。

经营净收入增长较快。全年，人均经营净收入 2657 元，比上年增长 9.7%，占农村居民人均可支配收入的 10.0%，拉动可支配收入增长 0.9 个百分点。

财产净收入较快增长。全年，人均财产净收入为 2016 元，比上年增长 13.6%，占农村居民人均可支配收入的 7.7%，拉动可支配收入增长 1.0 个百分点。

转移净收入平稳增长。全年，人均转移净收入 3787 元，比上年增长 7.3%，占农村居民人均可支配收入的 14.4%，拉动可支配收入增长 1.1 个百分点。

从消费去向看，主要支出均有增长

全年，人均食品消费支出 4664 元，比上年增长 11.8%，恩格尔系数 33.8%，比上年下降 0.1 个百分点。其中，人均饮食服务 636 元，比上年增长 7.6%。

全年，人均衣着消费支出 891 元，比上年增长 10.9%。其中，人均购买衣类支出 691 元，比上年增长 9.1%；购买鞋类支出 200 元，比上年增长 17.6%。

全年，人均居住消费支出 2668 元，比上年增长 14.5%。人均现住房建筑面积 52 平方米。

全年，人均教育文化娱乐消费支出 1336 元，比上年增长 11.5%，占生活消费总支出的比重为 9.7%。其中，人均文化娱乐消费支出 565 元，比上年增长 16.2%。

全年，人均医疗保健消费支出 1252 元，比上年增长 16.5%。其中，医疗器具及药品消费支出 239 元，医疗服务支出 1013 元。

从耐用消费品拥有量看，现代化生活气息融入农民生活之中

每百户耐用消费品拥有量：家用汽车 50 辆，洗衣机 110 台，电冰箱 103 台，彩电 153 台，空调器 177 台，移动电话 247 部，家用电脑 87 台。

二、城镇居民生活状况

从收入看 2016 年，城镇居民人均可支配收入

47190 元。其中,工资性收入 36926 元,占可支配收入的 78.2%;经营净收入 1934 元,占可支配收入的 4.1%;财产净收入 2171 元,占可支配收入的 4.6%;转移净收入 6159 元,占可支配收入的 13.1%。从收入来源的占比情况看,工资性收入成为城镇居民收入的主体,转移净收入、经营净收入和财产净收入成为城镇居民收入的重要补充。

从消费看 2016 年,城镇居民人均消费支出 25536 元。其中,食品支出 8496 元,占总支出的 33.3%;衣着支出 2302 元,占总支出的 9.0%;居住支出 4174 元,占总支出的 16.4%;生活用品及服务支出 1236 元,占总支出的 4.8%;医疗保健支出 1851 元,占总支出的 7.3%;交通和通信支出 3431 元,占总支出的 13.4%;教育文化娱乐支出 3500 元,占总支出的 13.7%;其他商品和服务 546 元,占总支出的 2.1%。

从耐用消费品拥有量看 2016 年,每百户拥有家用汽车 66 辆,洗衣机 103 台,电冰箱 106 台,彩电 214 台,空调器 243 台,移动电话 247 部,家用电脑 102 台。

(邹 琴)

2016 年惠山区社会保障发展报告

2016 年,惠山区以制度整合为基础,持续扩大社会保障覆盖面,形成以机关事业单位职工养老保险、企业职工养老保险、居民养老保险 3 项制度为主要内容的养老保障体系,实现城乡接轨的养老保障制度;形成以城镇职工基本医疗保险、居民医疗保险、新型农村合作医疗和医疗救助为主体,各项医疗互助、医疗保险补充和商业医疗保险补充的多层次、广覆盖的医疗保障体系。

一、持续扩大社会保障覆盖面

2016 年,惠山区人力资源和社会保障局(简称惠山区人社局)以让群众获得更可靠的保障为目标,持续推进城乡一体的社会保障体系建设。有序推进社保扩面工作,年内,净增缴费人数 8452 人,参保人数逐年增长,社会保障制度覆盖面不断扩大,保障水平稳步提高。惠山区人社局贯彻实施《江苏省征地补偿和被征地农民社会保障办法》(省政府令第 93 号)和《无锡市市区征地补偿和被征地农民社会保障办法》有关标准,审核纳入被征地农民社会保障人员 2420 人(其中保障安置 1102 人),征缴资金 6604.40 万元;政府保养 827 人,征缴资金 12046 万元;其他安置 491 人,征缴资金 300.15 万元。贯彻落实《无锡市机关事业单位工作人员养老保险制度改革贯彻实施意见》和《无锡市区机关事业单位工作人员视同缴费指数表》,开展参保登记试点工作,机关事业单位工作人员养老保险制度改革正式实施,为下一步实行养老统筹作好铺垫。

至 2016 年 12 月,惠山区企业职工养老保险参保缴费人数为 195828 人,暂停缴费人数 36100 人。居民养老保险参保缴费 8493 人,适龄居民参保覆盖率达 99%。享受居民养老保险基础养老金 18346 人,享受征地补偿金 53779 人,享受老农保养老金 6620 人。

2016 年,惠山区居民医疗保险缴费人数 223310 人,其中在校学生参保 97383 人,其他居民 125927 人。居民医疗保险费收入 5814 万元,参保率达到 99%。

二、稳步调整养老保险待遇

2016 年 1 月 1 日起,惠山区企业退休人员基本养老金连续第 15 次上调,且首次覆盖机关事业单位退休人员,其中企业退休人员月人均增加 176 元,平均调增水平为 7.45%;机关事业单位退休人员月人均增加 296 元,平均调增水平为 5.6%,9 月 30 日前补发到位。普调办法由固定额、本人缴费年限和本人基本养老金 3 部分组成。固定额部分,退休、退职或领取定期生活费人员每人每月增加 45 元;与本人缴费年限挂钩部分,每满 1 年每月增加 2.4 元,不足 36 元的,按 36 元增加;与本人基本养老金挂钩部分,按本人调整前的月基本养老金的 2.3%增加。至 2015 年 12 月 31 日,年满 70 周岁不足 75 周岁、年满 75 周岁不足 80 周岁以、满 80 周岁以上的退休人员,除参加普调外,每人每月分别增发 30 元、40 元、50 元;至 2015 年 12 月 31 日,年满 70 周岁不足 75

周岁、年满 75 周岁不足 80 周岁以及年满 80 周岁以上的退职及领取定期生活费人员,除参加普调外,每人每月分别增发 20 元、30 元、40 元。

2016 年 7 月 1 日起,居民养老保险待遇标准第 9 次上调。居民基础养老金,在上年每人每月 355 元的基础上,提高到 370 元／(人·月),增长 4.25%。征地补偿金,由上年的每月 245 元、355 元分别调整为每月 290 元、400 元,分别增长 18.37% 和 12.68%。政府保养金调整后的标准确定为"6050"人员(男 60 周岁以上、女 50 周岁以上)770 元／(人·月),"5040"人员(男 50 至 60 周岁、女 40 至 50 周岁)660 元／(人·月),均比上年提高 60 元。

2016 年,惠山区、镇(街道)两级财政累计支付各类居民养老金 5.84 亿元,发放率 100%。

三、全民参保登记管理

2016 年,惠山区人社局继续按照"查不漏户、户不漏人、人不漏项"的工作要求,开展全民参保登记工作。登记对象为具有本区户籍的人员,以及持有《无锡市区居住证》的非本区户籍人员,登记内容为登记人员基本信息、就业状况、参保现状和未参保原因等情况,重点采集应保未保人员信息,详细登记调查对象未参保或在外地参保的情况。筛除重复参保信息,查找出未参保登记人员信息,编成未参保登记人员花名册,进行入户核准参保登记。惠山区人社局以确定的全民参保登记工作时点,借助网络、电视、广播等媒介的宣传,各镇(街道)、村(社区)利用各自信息平台,在镇(街道)农贸市场、超市、社区公告栏、楼道等位置张贴全民参保登记公告,辅助以广拉横幅、分发宣传资料入户等形式开展宣传,提高社会共识。2016 年,惠山区人社局完成第二批次全民参保登记入户调查 4.51 万人,至 2016 年年末,共计调查 18.34 万人。

6 月,惠山区人社局分村(社区)、镇(街道)、区本级 3 个层次开展数据抽查,社区按调查人数的 3% 抽查、镇(街道)人社所按 2% 抽查、区按 1% 抽查,对采集质量进行把控。惠山区人社局组织人员到村(社区)对已采集的数据信息,按照考核办法中的 5 类 20 项进行逐项核实,核对基础信息,掌握就业类别、当前状态和未参保原因等情况,确保全区全民参保登记工作如期高质量完成。

2016 年,惠山区人社局利用全区的基层社区扁平化管理机构,建立覆盖全区镇(街道)、村(社区)的全民参保登记工作人员队伍,做到有专人负责动态信息采集工作;利用全民参保登记成果,及时掌握未就业、未参保人群信息动态,加强社保政策法规宣传,为有就业、参保意愿的人员提供服务。建立全区全民参保登记信息系统,形成覆盖全区常住人口完整准确、动态维护的社会保险基础数据库。对全区参保扩面对象进行更精确的定位,开展扩面征缴工作,实施社保全覆盖,实现社会保险应保尽保的目标。

(石鹏群)

2016 年惠山区社会事业发展报告

2016 年,惠山区政府全面落实稳增长、增后劲、调结构、惠民生各项措施,各项民生事业加快推进。全区教育、卫生、文体、民政等工作围绕"十二五"发展规划和全区工作大局,以"服务发展、普惠民生、促进和谐"为根本宗旨,全力以赴、开拓创新、真抓实干,顺利完成年初确定的目标任务。

一、教育事业

2016 年,全区共有各级各类学校 101 所,其中职业教育学校 1 所(系省首批四星级职业学校)、特殊教育学校 1 所、普通高中 4 所(均为省四星级高中)、义务教育阶段学校 36 所、幼儿园 52 所、社区教育中心校 7 所。惠山区高标准创建成为"江苏省促进义务教育均衡发展先进集体"和"江苏省中小学校责任督学挂牌督导创新县(市、区)"。全区中小学全部创建成为现代化学校,在全省范围内率先实现四星级高中全覆盖,教育教学质量连年领先全市,省锡中课程改革方面取得的经验和成绩得到教育部和省教育厅的高度肯定。社区教育服务水平不断提升,全区所有的社区教育中心校获"省示范校"称号,居全市前茅。

科学规划启动"十三五"教育事业发展规划 区教育局结合惠山区实际和城市化发展需要,按照"科学、合理、必需"的原则,动态调整并制定了全区教育工作"十三五"发展规划和"十三五"教育布局规划。总体发展目标是：到2020年，基本形成富有鲜明特色的惠山教育发展模式；建成教育强区和人力资源强区，全面实现教育现代化，基本实现教育国际化；教育发展主要指标达到同期中等发达国家水平。《"十三五"教育布局发展规划》明确5年内惠山区计划新建中小学、幼儿园21所，改扩建19所，撤并办班点、村级幼儿园10所。

有序实施教育重点工程建设项目 2016年，惠山区继续推进教育重点工程建设。年内开工或完成的项目共有13个，完工项目8个：江苏省锡山高级中学实验学校小学部新建工程、诚明华府庄园幼儿园新建工程、钱桥中学改扩建一期工程和前洲实验幼儿园扩建工程完工，2016年秋开学启用；天一实小"阳光100"校区二期新建工程、洛社中心幼儿园新园区建设工程、洛社张镇桥幼儿园新园区建设工程、长安第二中心幼儿园改扩建二期工程均已完工，将择期启用。正在建设项目5个：西漳中学改扩建一期工程、艺苗幼儿园分部新建工程、玉祁高级中学改扩建工程、玉祁玉蓉幼儿园新建工程和区特殊教育学校扩建工程，计划都将于2017年完工。

推动各级各类教育高位均衡发展 学前教育发展不断加快，年内顺利创建省优质幼儿园3所（天一实验幼儿园西漳分园、诚明实验幼儿园、洛社实验幼儿园徐贵桥分园），全区幼儿园省、市优质率达85%，学前教育五年行动计划接受市级专项督导并获得好评；学前教育管理水平得到进一步规范和提升，全面检查全区24个民办托幼机构，整改不规范办园行为，取缔贝贝聪、智慧星等违规办学的托幼机构；不断推进学前教育课程改革，成功开展全区幼儿园课程游戏化建设推进会暨阶段性成果展示活动。义务教育阶段优质均衡水平进一步提高，进一步强化学校管理水平，规范学校办学行为，启动新一轮义务教育学校改变薄弱办学条件工作，做好相关信息上报和准备工作。高中教育阶段管理体制实现统一区管，各校的综合竞争力和区域教育的品牌影响力进一步提升，区教育局积极指导和推动高中学校进行特色化发展，各校课程基地项目建设取得新成绩，江苏省

锡山高级中学入选江苏省首批8所教改实验学校，其课程基地建设成果获得省教育厅以及中国教育报刊社、江苏教育报刊社等重量级主流媒体的高度关注和肯定。职业教育和社会教育发展取得新发展。惠山中等专业学校经过3年的努力，年内成功通过"江苏省高水平现代化职业学校"评估验收。社区教育服务地方经济的能力和水平明显提升，各校办学条件进一步改善，社区教育资源得到有机融合，校企合作模式进一步拓宽。

全面提升教育内涵发展水平 深入实施素质教育。德育工作突出实效，大力开展核心价值观教育工程、基础文明养成工程、队伍建设提升工程、一校一品德育品牌建设工程，成功举办全区骨干班主任研修班、心理教师成长系列培训、"学生眼中的班主任"微视频展评、惠山区第十届心理健康教育优质课会课、惠山教育大讲堂等活动。体卫艺工作健康发展，正式启动惠山区"科普之光"青少年科学素养提升行动计划，成功举办第36届中小学生"百灵鸟"艺术展演、惠山区第三届小学生经典诗文诵读大赛和惠山区第十三届中小学生田径运动会等大型活动，有力地提升了中小学生的身体素质和艺术素养。学校特色建设成果显著，省锡中、堰桥高中、石塘湾中心小学等成功入选新一批省基础教育特色课程基地建设项目，省锡中实验学校《指向深度学习的教学变革研究》入选2016年全省基础教育前瞻性教学改革实验项目。9月，《中国教育报》撰文专题报导惠山区"内涵建设"特色建设成果。年内，惠山区推进区域教育现代化建设。扎实做好2015年省教育现代化监测、2015年省督政考核监测和2016年江苏省义务教育学校标准化建设监测工作，进一步明确时序进度和整改策略，强化责任、统筹安排、狠抓落实，确保顺利通过各项考核监测工作。全区教育现代化建设监测指标得分首次突破90分，进入优秀等次。做好全国责任督学挂牌督导省级创新县（市、区）准备工作，11月接受市级预评估，进一步完善挂牌督导平台内容体系，提升责任督学随机督导的实效性，提高责任督学的工作水平，年底通过市级复核。2016年，惠山区稳步提升教育教学质量。2016年高考再次取得突破

性成果,全区本科进线率达73.38%,同比上年提高4.28%.其中,本一进线率29.67%,本二线进线率68.4%。江苏省锡山高级中学本一、本二进线率分别达69.38%、97.97%,本一进线率持续保持高位,在无锡大市居于领先地位,本二进线率持续攀升,位居无锡大市第一;江苏省锡山高级中学学生朱屹林以420分获无锡大市文科总分第一名。中考同样取得优异成绩,在全市平均分下降1分的情况下,惠山区中考平均分保持稳步上升的良好态势,尤其是490分以上绝对高分人数比例在全市各区中处于领先地位。惠山中等专业学校在2016年对口高考和技能大赛中取得优异成绩,2016年学校对口高考本科达线率为53.4%,专科达线率为100%,继续在全市处于遥遥领先的位置,惠山中等专业学校(简称惠山中专)学生在继2014年之后,再次在全国技能大赛中获得金牌1枚。惠山区顺利完成新学年各学段招生工作,区教育局会同有关部门和学校科学划分学区、研制各学段入学方案,做好幼儿园、小学、初中的招生入学工作,妥善处理各种纷繁复杂的入园入学问题,积极化解社会矛盾。成立区校车管理协会,顺利完成校车招标、司机招募、校车运营手续办理、管理制度建设完善等一系列工作,校车统一接送工程于10月中旬全面恢复运营。提升学校安全管理和后勤服务水平,组织召开全区教育系统年度安全工作及综治工作会议,开展开学安全工作大检查、教育系统安全工作大检查、夏季消防安全大检查等,确保师生安全。持续推进"新三年"中小学校安工程,随着钱桥中学改扩建一期工程(1幢教学楼及1幢宿舍楼)等工程的顺利完工,年内完成的工程总量达13400平方米,江苏省锡山高级中学实验学校第二小学的新建方案已确定,为2017年教育重点工程启用建设奠定良好的基础。

二、医疗、卫生、计生

2016年,全区有辖区医疗卫生机构223个,其中社区卫生服务中心(医院、卫生院)15个,社区卫生服务站83家;开放床位1986张;执业(助理)医师1241人、乡村执业医生150人、卫生技术人员3184人。其中,初级职称1287人,中级职称681人,高级职称216人。

改革医药卫生体制 2016年,惠山区加强组织领导,将医药卫生体制改革职能由区发改局转移至区卫生计生局,调整完善区医改领导小组,成立惠山区公立医院管理委员会,并制定工作职责,完善各项制度和工作措施。有序开展公立医院价格改革。继续贯彻实施公立医院药品零差率销售,区级财政安排资金600万元,用于年内区人民医院价格改革补偿。推进医疗健康服务联合体建设和分级诊疗工作。1月6日,区人民医院和阳山、藕塘、钱桥、前洲、石塘湾、杨市、洛社、堰桥社区卫生服务中心成立惠山区医疗健康服务联合体。1月24日,市中医院与惠山区中医医院成立了无锡市中医医院医疗健康服务联合体。4月25日,无锡市精神卫生中心与区精神疾病康复中心成立无锡市精神卫生中心医疗健康服务联合体,同日,无锡同仁康复医院与惠山区康复医院成立了同仁康复医院医联体。通过组建区域性医疗联合体。推动医疗卫生工作重心下移、资源下沉。至年底,市、区医院共派出61名专家到社区开展专家门诊,门诊病人45896人次,帮助社区病区查房476人次,开展手术276例,授课14次。开展双向转诊、分级诊疗。社区卫生服务中心的技术水平和服务能力逐步提高,区人民医院的核心作用逐步得以体现,患者就医更加便捷,费用减轻。

提升医疗服务质量 强化二级医院质量管理。重点开展改善医疗服务计划,改善就诊流程、加强病人就医体验、严格落实病历书写规范等工作。加强对社区卫生服务中心(站)医疗质量管理。不定期检查各中心医疗质量;规范社区卫生服务站基本医疗管理,规范药品管理,限制静脉用药。对乡村医生非法行医进行处理并全区通报。中医工作成绩显著。10月30日区中医院正式启用。堰桥社区卫生服务中心、石塘湾卫生院中医馆建设完成,共投入资金44.2万元,接受省中医药管理局的验收;安排25名医生参加市卫计委、市中医药学会组织的中医经方培训班;开展第六届中医就在你身边科普巡讲活动。全年举办市级继续教育培训9场次,培训人员1100余人,其他各类培训8次,共培训200余人。成立区二级医院创建领导小组，组织专家对玉祁街道社区卫生服务中心创建等级医院初期评估。加快急救体系建设。惠山区急救分中心获得市卫计委批准成立，西漳、钱桥急救分站建成并投入运营，堰桥、玉祁急救分站搬迁至新址，建成省内首家区域化急救分中心，打造惠山特色的"7分钟"急救圈。实现急救分级诊疗，区内就诊病人的比例逐年提高；依托惠山区人民医院急诊科与上海长征医院急诊科建立定向帮扶，加强惠山区急救和重症医学专科建设。确定洛社镇杨市卫生院为群众满意乡镇卫生院创建单位，经市社区卫生协会初步审定通过。

深化家庭医生责任制 2016年，惠山区推进家庭医生责任制工程。全区重点人群签约率为98.5%，健康咨询解答7951人次，上门服务4293人次。家庭医生工作室试行工作有序开展，累计上门医疗1445人次，特需医疗服务276人次。推进健康爱心一键通项目，累计安装"爱心一键通"电话机1042台，电话咨询解答2553人次，上门医疗960人次，特需服务150人次，较好地满足一键通特服人群的医疗服务需求。

实施国家基本药物制度 全区所有社区卫生服务中心使用的基本药物均在省采购和监管平台申报采购，全区共采购基本药物1.65亿元。区医院及堰桥医院配备使用的基本药物通用名品种占比分别为81.3%、80.8%（均符合80%的考核指标）；基本药物采购金额占比较上年有所提升，分别为29.2%、31.3%（均低于40%—50%的考核指标）。

推进基本公共卫生、计生服务均等化 2016年，惠山区居民健康档案规范建档率74.6%，65岁以上老年人建档率98.5%。全面完成65岁以上老年人体检工作，体检完成率72.44%。完成老年人中医药体质辨识和中医药健康指导3.42万人，中医药健康管理服务率为45.3%。0—3岁儿童中医药健康管理29655人，管理率为97.1%。全年享受免费服务的孕产妇17151人次，孕产妇系统管理率为98.8%。0—6岁儿童享受免费体检服务98493人次，3岁以下儿童系统管理率98.68%。规范开展儿童预防接种工作，接种率超过95%。全区计生药具发放率超过95%，

应用率100%，有效率超过99%，可及率超过90%，群众满意率超过95%，药具耗损小于5‰。

疾病预防控制服务 2016年，惠山区加强急性传染病防控。全年甲乙类传染病发病率100.17/10万，丙类传染病发病率335.11/10万。开展重点传染病防治。共查螺4177614m²，完成年度目标任务。完成各项血吸虫病消除达标，完成省级现场评估。完成结核病防治重点工作自查和报告，全区共发现和登记管理结核病人218人。开展HIV易感高危人群[注1]初筛检测，完成人群初筛检测97458人，完成年度目标任务。落实慢性非传染性疾病综合防控措施。推进"社区—志愿者—患者一体化管理"工作，共招募志愿者109名，完成以社区（村）为单位全覆盖的目标，至年底，累计服务18284人次。加强慢性病患者规范化管理，全区高血压患者健康管理率达43.81%，规范管理率80.22%；糖尿病患者健康管理率达36.71%，规范管理率78.93%。加强严重精神障碍患者管理。全区严重精神障碍患者检出率4.19‰，管理率达92.18%，完成年度目标任务。突发公共卫生事件及相关信息报告率、报告及时率和规范处置率均为100%。PCR实验室[注2]建成投入使用，有效提高对突发公共卫生事件的快速响应和应急处置能力。

加强综合监督执法 2016年，惠山区做好餐饮食品安全监管的职能移交，3月15日完成工作和人员的交接。开展卫生行政执法文书、卫生监督员行为规范等方面的专项稽查，严厉打击非法行医，全年查处各类违法案件28起，申请法院强制执行10起；取缔各种无证行医场所50余家次。开展传染病防治监督深化年及传染病防治分类监督综合评价工作，对全区210家医疗机构进行分类监督综合评价，共评出优秀单位18家、合格单位164家、重点监督单位28家，对其中的18家重点监督单位进行集体约谈。加强社会抚养费征收力度，全区征收社会抚养费立案共15件，结案11件，全年共征收社会抚养费462769元。开展《远离非法行医、保障安全就医》《中华人民共和国精神卫生法》广场宣传活动及《中华人民共和国职业病防治法》、食品安全宣传周活动等主

题宣传活动,共发放宣传资料 18000 余份,接受群众咨询 2600 余人次。完成区"两会"、全区高中学业测试、阳山桃花节、中高考等重大活动的卫生应急保障。启动爱国卫生监督行动年活动,召集各地爱卫办和专业机构专题研究、合理分工,开展督查,促使各镇(街道)重点场所控烟,病媒生物防治工作再上新台阶。强化卫生监督协管工作,健全协管工作制度,完善协管服务内容,基本公共卫生服务中的各项卫生监督协管工作覆盖率达 100%,在 5 月省级考核中取得优异成绩。

规范卫生许可管理 2016 年,区卫计局"窗口"共受理卫生许可申请 853 件,全部按要求办结。全区生育登记受理 6352 例,其中一孩登记受理 3635 例,二孩登记受理 2717 例。通过再生育一孩审批 125 例。

落实妇幼健康服务 2016 年,惠山区做好免费婚检和孕前优生健康检查工作。完成婚检 1824 对,婚检率 96.46%,疾病检出率为 16.37%。完成孕前优生健康检查 4862 人,其中高危率 24.15%,跟踪随访率 100%。全年共实施孕产妇住院分娩补助 3556 例,增补叶酸免费服药人数为 7499 人。乳腺癌、宫颈癌筛查分别完成 16775 人和 16691 人,均超计划完成任务。艾滋病、梅毒和乙肝检测孕妇数 5512 例,检测率 100%。为新生儿免费接种乙肝免疫球蛋白 99 支,注射率 100%。完成新生儿疾病筛查 2145 例,筛查率 100%,听力筛查 2137 例,筛查率达 99.62%。无确诊疾病病例。

全面深化爱国卫生工作 2016 年,惠山区推进新一轮城乡环境整洁行动,全区清除卫生死角 365 余处,清理垃圾 438 余吨,清除乱堆放 78 处,清理绿化带 5000 多平方米。组织开展以环境清理为主的病媒生物防治活动,投放溴鼠灵 3600 公斤。基本完成 15 个社区(村)的毒鼠站规范化建设,建成的毒鼠站投药情况抽检达标率 91%。推广以生态湿地和集中式粪水处理为主的生态卫生户厕,全区完成农村生态改厕 150 座。开展玉祁街道、阳山镇 PCO(有害生物防治)社区试点工作。

推进健康教育 深化推进健康城市建设"八大行动",继续建设健康场所,完成长安街道长乐健康

主题公园、钱桥晓丰、前洲新洲健康步道占地近 2 万平方米的建设。开展健康素养促进行动。全区累计下发健康知识宣传资料 673335 份,入户率达到 100%。完成健康知识讲座 668 场,直接受众 34202 人,其中区级讲师团成员完成 46 场次,直接受众 3298 人。控制烟草烟雾危害。全区共开展主题讲座 14 场,直接受众 2366 人,公众咨询活动 10 场,发放宣传材料 5 种,16000 多份,全区无烟机关、学校、公共场所等张贴控烟宣传画共 500 张。在无锡市首轮健康知识宣传"第三方暗访"中排名第一。

落实利益导向政策 2016 年度全区共奖励扶助农村部分计划生育家庭 10575 人,发放金额 989.904 万元;特别扶助计划生育家庭 665 人,发放金额 466.8 万元;发放惠山区计划生育公益金 292 户,发放金额 135 万元。创新帮扶理念,将生活、医疗、心理等多元素融入帮扶模式,与区民政、妇联、红十字会联合扎实开展计生特殊家庭精准帮扶。至年底,全区各医疗单位累计为辖区内计划生育特殊家庭提供医疗服务 90 人次,为 60 户计生特殊家庭安装"一键通"电话,为符合条件的 508 位对象及时办理每人每天 100 元的住院护工服务保险,为 24 户符合条件的计生特殊家庭免费提供家庭保洁服务 4 次。

三、文体事业

推进文体实事项目 充分利用区级文体设施。区图书馆、文化馆、各镇(街道)文体站均达到公共文化服务体系标准,100%实现全年无休免费开放。区文体局、区图书馆、区文化馆公众号有效运行,每周更新文体信息,订阅人数超过 5000 人。区图书馆完成智能化改造工程,统一转换在架图书 30 多万册,3000 多种报刊、3000 余册图书供读者免费查询下载,数字资源服务功能进一步加强。区文化馆组织开办篆刻、陶刻、书画、古筝、瑜伽等免费公益培训班,锡惠老年大学惠山分校的开班授课,区全民健身中心完成主体建设。区、镇(街道)加强文体阵地设施建设的投入,重新规划整合功能设施,堰桥街道文体中心 8 月投入使用;玉祁街道文体中心预计 2017 年 5 月底对外开放。镇、街道文体(中心)站实现公共文

化服务标准化全覆盖，打通服务群众的"最后一公里"。镇（街道）图书馆、村（社区）农家书屋实现统管通用、通借通还。构建智能化物联网维修保护平台，为全区 4464 件的室外器材和 167 副篮球架安装二维码，定期巡检维修保护，年内更新、新建健身路径60 套，篮球架 20 副、健康步道 5 条。

群众文化活动亮点纷呈　"全民阅读·书香惠山"阅读活动范围覆盖全区 107 个村社区全区综合阅读率仅次于梁溪区（老城区）和江阴，居全市第三。钱桥、长安等 5 个街道、社区在市级书香系列评比中参评单位数量居无锡大市第一。以传统节日和重要节庆日为契机，开展多种形式的文化活动，如：第二十届中国·阳山桃花节开幕式、市文艺家志愿者文化惠民演出（惠山专场）、市激情周末广场文艺暨惠山区百姓大舞台全区巡演、"崇德倡廉、清风正气"全区廉政公益广告征集、第四届"玉祁戏码头"名家流派演唱会等活动。开展文化惠民"四送工程"，全年送电影 1200 多场次，送戏 300 多场次，举办各类文艺演出 130 多场次，各类培训 100 多场次。大型原创现代锡剧《好人俞亦斌》作为"两学一做"文化专场在全区公演 20 余场次。组织举办区第七届群众文艺创作会演，优选 20 件舞台类作品参加第三届市"群芳奖"评奖活动，获 4 金、6银、4 铜，在无锡市两市五区中名列第二。区第五届政府文学艺术奖精选出突出成果奖 1 件、优秀成果奖 7件、成果奖 12 件、入围奖 14 件。

开展全民健身活动　完善体育健身组织网络。举办三级社会体育指导员培训班、广场舞培训班，承办省健身气功培训班，组织参加省健身气功、马拉松赛事管理、掼蛋（一级社会体育指导员）等培训班。各类社会体育骨干遍布全区，根据自身所长，在各晨晚练点、健身场馆（所）对群众锻炼进行科学辅导，促进体育活动蓬勃开展。完成国民体质监测市级样本量400 名，区级样本量 5000 名。区全民健身中心划拨1000 平方米建筑面积用于建设省体质测定和科学健身指导站，免费为广大群众提供体质测定和运动能力评定，普及全民健身知识，提高全民健身意识，构建多元化的全民健身服务体系。开展"全民健身运动会"。依托区篮协、棋协、老年体协等团体组织，

举办全国企业家围棋邀请赛、世界业余围棋锦标赛、全国围棋锦标赛等 1 项国际级赛事、3 项国家级赛事，举办区篮协俱乐部联赛、惠山杯篮球邀请赛等品牌赛事。组队参加市职工体育公益擂台赛，获马拉松、拔河、跳绳、立定跳远等 10 个比赛项目中的 5 项冠军。推进"体教结合"。加强体教结合力度，初步形成天一实验小学乒乓球俱乐部、江苏省锡山高级中学击剑俱乐部、洛社初级中学足球俱乐部等一批学校健身俱乐部。天一实验小学的乒乓球运动员石洵瑶入选国家队；乒乓球代表队在全国青少年乒乓球锦标赛中荣获 4 项冠军，在省青少年乒乓球锦标赛中获 1 枚金牌。洛社初级中学挂牌"江苏省青少年足球训练基地"。

文体产业发展提速增效　加大产业扶持力度。区委 2016 年 1 号文件明确 7 条文体产业发展的扶持政策，鼓励文体企业做大做强。《惠山区文体产业发展实施细则》鼓励吸引更多社会办、民间办企业加入到文体产业行列。加大政策普惠力度。兑现 2015年区级文体产业扶持资金 324 万元。加大产业培育力度。完成广通传媒有限公司、久源软件科技有限公司等 2 家企业上市。排查全区重点文体产业项目和骨干文体企业，特别是投资额超 5000 万元的文体产业项目、总营业收入在 2000 万元以上的文体企业，进行项目跟踪与服务。加大对上争取力度。组织 4 个项目申报国家、省级文化体育产业引导资金，扶持区域内企业发展壮大。

加强文化遗产保护　2016 年，惠山区文体局联合市气象局进行文物防雷安全检查。周忱祠迁移异地保护工程、省级文物保护单位保护规划编制、李金镛故居日常维修和环境整治工程共争取到省、市级资金 355 万元。文昌阁、蓉湖吴氏宗祠、钱桥顾氏宗祠修缮工程通过市文体局竣工验收，李金镛故居日常维修和环境整治工程完工。实地勘察划定市级文物保护单位保护范围和建设控制地带。玉祁三月三、锡缸锡坛技艺、三十六长凳、脚踏年糕制作技艺等项目预申报市级非物质文化遗产，新增文物点洛社镇鹅子岸赵氏祖墓。《惠山新闻》报专版介绍惠山区文化遗产，强化公众的文化遗产保护理念。创作

《吴地百叶香》《太湖飞翠》《桃花红》等以非物质文化遗产为题材的优秀歌舞作品，丰富文化遗产的保护形式和内涵。

文体市场监管 2016年，惠山区文体局深入推进"扫黄打非"工作，建立"扫黄打非"城乡社区网格化管理制度，开展文化（新闻出版）市场、出版物市场、艺术品市场、印刷企业专项整治行动，加强对网吧、歌舞娱乐、电子游艺、游泳池等经营场所的巡查工作。做好行政审批事前指导，开展互联网上网服务营业场所转型升级和企业年度核验及换证工作。全年，共检查各类经营单位607家次，依法查处违法经营行为7起，查缴各类非法出版物（音像制品）850件；受理群众举报11起，全部依法及时处理并答复；受理各类行政许可事项34件，全部按时予以办结。

四、民生事业

2016年，实现新增就业20300人，惠山籍应届大学生就业率达97%，帮助就业困难人员再就业2328人，重点扶持自主创业1113人。净增社保缴费人数8452人。投入薄弱村帮扶资金1300万元，脱贫转化村（社区）3个。为"三类"特定家庭出资投保，组织545家爱心企业为2265名青年学生提供勤工俭学等帮助，为1021户特殊家庭安装"健康爱心一键通"专用电话机，为320名精神和智力残疾人配备智能化终端设备，优质完成全区39户贫困家庭危旧房屋修缮，完成13.5万平方米老旧房屋整治。城乡低保标准每人每月提高到760元。实施玉祁、阳山养老院改扩建工程。建成并启用区社会救助综合管理平台，发放临时救助、深度救助金510万元。举办区职工职业技能大赛。惠山中专刘梓斌获全国职业技能大赛金牌。健康医疗联合体建设工程推进顺利。建成省内首家区域化急救分中心。区人民医院二期建成交付。区第二人民医院、区中医院、石塘湾卫生院中医馆、藕塘社区卫生服务中心新大楼建成投用。堰桥社区卫生服务中心进入全国百强。惠山区获评省人口协调发展先进区。区全民健身中心主体竣工。完成区图书馆智能化改造。惠山区获评全省农家书屋提升工程示范区。实现乡镇文体阵地公共文化服务标准化全覆盖。成功举办国学与丝绸之路国际研

讨会、第20届阳山桃花节等活动。长安、藕塘农贸市场完成改建。圆满完成新一届村（居）委会换届选举。完成第三轮星级社区创建。新培育发展社会组织20家。高标准接受国家土地例行督察。顺利通过2015年度土地卫星遥感图片变更调查。成立8个安全生产专业委员会，深入开展工贸、危化品、职业病危害等重点领域专项整治。受理各类信访7625件，化解各类矛盾纠纷815件。开展"平安慧眼"技防工程建设，新增40个技防村（社区），新建高清监控摄像机1593台。惠山区DNA实验室建设完成。洛社、阳山专职消防站（队）启动建设。建成全省首家区级红十字服务中心，并被评为省应急救护培训示范基地。打造"幸福义工""心灵家园"志愿服务平台，村（社区）志愿服务站全覆盖。倡导"好人"精神，开展原创锡剧《好人俞亦斌》巡演，新增江苏好人2名，区级"好人工作室"建设全覆盖。

[注1]HIV易感高危人群：一般把容易感染艾滋病的那部分人群统称为HIV易感高危人群，主要是指男性同性恋者、静脉吸毒者、与HIV携带者经常有性接触者、经常输血及血制品者和HIV感染母亲所生婴儿。

[注2]PCR实验室：又称临床基因扩增检验实验室。PCR是聚合酶链式反应（Polymerase Chain Reaction)的简称，是基于核酸扩增的分子生物学检测方法，具有极高的检测灵敏度和特异性、诊断速度快、操作简便，是目前最常见的病原微生物快速检测方法。

（石 琳）

年 度 荣 誉

【全国计划生育协会工作先进单位（2011—2015年度）】 2016年5月，惠山区计划生育协会获国家计生协授予的"全国计划生育协会工作先进单位（2011—2015年度）"称号。"十二五"期间，国家计生协会组织开展评选"年度全国计生协会工作先进单位"，江苏省6个名额，2015年，惠山区计生协被省计生协指定为申报单位，经过申报和创建工作，通

过评选。

（石 琳）

【省人口协调发展先进县（市、区）】 2016年5月，惠山区获江苏省人民政府授予"省人口协调发展先进县（市、区）"称号。"十二五"初期，江苏省人民政府组织开展评选"省人口协调发展先进县（市、区）"。惠山区人民政府积极申报创建先进区，成立领导小组，下发创建方案，开展创建活动，2016年通过江苏省人民政府、卫计委评价考核。

（石 琳）

【第二批省农村电子商务示范县（区）】 2016年4月18日，江苏省商务厅《省商务厅关于公布第二批江苏省农村电子商务示范县（区）的通知》（苏商电商〔2016〕243号），惠山区被确定为第二批省农村电子商务示范县（区）。根据《关于深入开展农村电子商务示范县创建工作的通知》，惠山区认真组织开展第二批申报和初审推荐工作，经过省商务厅邀请有关专家评审、现场答辩、综合评分，全省共15个县（区）被确定为农村电子商务示范县（区）。

（石 琳）

【省国土资源节约集约利用模范县（市、区）】 2015年，惠山区围绕"保护资源、节约集约、维护权益、改革创新"工作要求，节约集约用地"双提升"（提升节地水平、提升产出效益）行动取得明显成效。经省国土资源厅对国土资源利用水平和产出效益、耕地保护责任落实、资源利用管控效率、制度建设与实施等情况进行综合评价考核，报省政府审定，经省政府同意，授予惠山区"2015年度江苏省国土资源节约集约利用模范县（市、区）"称号。

（石 琳）

【省中小学校责任督学挂牌督导创新县（市、区）】 2016年，惠山区责任督学挂牌督导工作有序推进，责任督学每月开展随机督导，深入课堂听课，进行有效的课堂教学评价，指导学校规范发展、特色发展。11月，惠山区挂牌督导创新县（市、区）建设接受市级复核、省级验收。12月，惠山区获"省中小学校责任督学挂牌督导创新县（市、区）"称号。

（石 琳）

组织机构和领导人名录

中共无锡市惠山区委员会

书　记	吴仲林
副书记	李秋峰
	计佳萍（7月任）
常　委	吴仲林
	李秋峰
	计佳萍
	杨建平
	唐群峰（至7月）
	岳中云
	方　瑛（至7月）
	陆　益（至7月）
	吴建法（至7月）
	俞　刚
	邓加红（7月任）
	吴建明（7月任）
	吴立刚（7月任）
	袁漪韬（7月任）
	郝朝勇（7月任）

无锡市惠山区人大常委会

主　任	顾智杰
副主任	徐金瑞
	陈　纯
	陆栋梁
	秦志宏
副主任候选人	方　瑛（7月提名）

无锡市惠山区人民政府

区　长	李秋峰
副区长	唐群峰（至7月）
	计佳萍（至7月）
	杨建平（7月任）
	耿国平

陈金良　　　　　　　　　　　　　匡志敏

曹文彬　　　　　　　　　　　　　刘　琦(11月任)

吴　燕

刘俊伟(7月任)　　　　　　　　　**区委组织部**

范　良(12月任)　　　　　部　长　方　瑛(至7月)

赵　磊(12月任)　　　　　　　　　邓加红(7月任)

赵树生(挂职)　　　　　　副部长　徐斌铭

才项仁增(挂职,5月任)　　　　　　陆伟良(兼,6月任)

许慧慧(挂职,7月任)　　　　　　　夏振东

　　　　　　　　　　　　　　　　徐旭昕

政协无锡市惠山区委员会

主　席　　陈　燕　　　　　　　　　**区委宣传部**

副主席　　唐江澎　　　　　部　长　陆　益(至7月)

　　　　　陈晓松　　　　　　　　　袁漪韬(7月任)

　　　　　许海祥　　　　　副部长　葛剑南

　　　　　黄　明　　　　　　　　　顾　剑

副主席候选人　陆　益(7月提名)　　　钱　烨

秘书长　　薛伟钢

副秘书长　杜　倩　　　　　　　　　**区委统战部**

　　　　　　　　　　　　　部　长　黄　明(至7月)

中共无锡市惠山区纪律检查委员会　　　　计佳萍(7月任)

书　记　　吴建明(7月任)　　副部长(常务)陆敏华(11月任)

副书记　　魏建彪　　　　　副部长　许永保

　　　　　祝　绳　　　　　　　　　姚爱平(至11月)

常　委　　吴建明　　　　　　　　　李智会

　　　　　魏建彪

　　　　　祝　绳　　　　　　　　　**区委台湾工作办公室**

　　　　　李　锋　　　　　主　任　陆敏华(至11月)

　　　　　吕　君　　　　　　　　　姚爱平(11月任)

　　　　　　　　　　　　　副主任　杨继翔

　　　　　　　　　　　　　　　　　秦　红(至11月)

区委工作机构及直属单位

区委办公室　　　　　　　　　　#### 区委政法委员会

主　任　　顾文龙　　　　　书　记　岳中云

副主任　　邹锡峰　　　　　副书记　谭立君

　　　　　沈惠兴　　　　　　　　　华国新

　　　　　孙　霞(至11月)　　　　　吴建法(12月任)

区机构编制委员会办公室		区委党校	
主　任	李玉夫	校　长	方　瑛（至7月）
副主任	尤燕娜		计佳萍（7月任）
		副校长（常务）	邹备南
区委区级机关工作委员会		副校长	阚建平（至11月）
书　记	马晓凌		赵肃川（11月任）
副书记	戴开宜		张文胜（11月任）
纪工委书记	戴开宜		

区人大常委会工作机构

区委老干部局

局　长	陆伟良	**区人大办公室**	
副局长	孙丽莉	主　任	路　露
	陆云龙	副主任	秦惠芬
			陈　佳

区档案局

		区人大人事代表联络工作委员会	
局　长	朱益明	主　任	陈继干
副局长	罗丽红		徐　菁
	戴镒锋		

区委"610"办公室

		区人大财政经济工作委员会	
主　任	韩　斑	主　任	须剑青
副主任	王贵成	副主任	张小英
	张浩平		

区委农村工作办公室

		区人大内务司法工作委员会	
主　任	邹锡峰	主　任	袁漪韬（至7月）
副主任	朱文忠		张文益（11月任）
	肖旭华		

区精神文明建设指导委员会办公室

		区人大环境资源城乡建设工作委员会	
主　任	葛剑南	主　任	陆永琦
副主任	胡建琛		

区新经济社会组织党工委

区人大教育科学文化卫生工作委员会

		主　任	陈协清（至11月）
书　记	徐斌铭		孙建军（11月任）
副书记	夏振东	副主任	孙建军（至11月）

区人大农业农村工作委员会

主　任	袁漪韬（至7月）

陆　阳（11 月任）　　　　　　　　　许燕云

沈建清

党委书记　张盘荣

纪委书记　胡　辉

区人民政府工作机构及直属单位

区政府办公室

主　任　　王东圻

副主任　　严红兴

陈政国

朱向军

徐敏锋

党委书记　王东圻

纪委书记　王东圻（至 11 月）

袁　力（11 月任）

区发展和改革局

局　长　　严评

副局长　　施来修

浦洪良

徐　睿

党组书记　严评

党组副书记　薛晓春

纪检组长　周　虹

区经济和信息化局

局　长　　唐晓旭

副局长　　蒋卫东

周　坚

张　刚

张　立

党委书记　唐晓旭

党委副书记　王震军

纪委书记　王震军

区教育局

局　长　　范　良

副局长　　张荷斌

唐江澎

区科学技术局

局　长　　虞洁

副局长　　张丽萍

袁　杰

戚科平

党组书记　虞　洁（11 月任）

纪检组长　郭晓洪

区人力资源和社会保障局

局　长　　何国清（至 8 月）

许锡兴（8 月任）

副局长　　张文益（至 11 月）

陆夏良

夏继明（11 月任）

陆　慧

党委书记　贡培生（至 11 月）

许锡兴（11 月任）

纪委书记　夏继明（至 11 月）

陈巍巍（12 月任）

区财政局

局　长　　薛颖

副局长　　何丰

奚晓敏（至 11 月）

金林元

杨　健（11 月任）

党组书记　薛　颖（11 月任）

纪检组长　杨　健（至 11 月）

区国有资产监督管理局

局　长　　薛颖

副局长　　周敏栋

臧静标

区监察局

局　长	魏建彪
副局长	陈建红
	顾坤明

区民政局

局　长	毛德祥
副局长	孙　霞（11月任）
	王　华
	丁一鸣
	朱仁兴（至11月）
党组书记	毛德祥（11月任）
纪检组长	吉银宝

区司法局

局　长	袁　斌（至11月）
	浦明锋（11月任）
副局长	翁　颖
	陆兴元
	邵柴明（至4月）
	杨荣伟（4月任）
党组书记	浦明锋（11月任）
纪检组长	邹立峰

区住房和城乡建设局

局　长	陈文涛
副局长	欧加深
	马向东
	钱莉莉
	杨敏伟
	张念洲
	何永平
党委书记	张仁洪
党委副书记	沈晓松
纪委书记	沈晓松

区市场监督管理局

局　长	高耀兴
副局长	冯一平
	倪建林
	季建军
	朱剑锋（至11月）
	诸　农
	张晓东
	朱　晶
党委书记	陆钟亮
党委副书记	赵　萌
纪委书记	赵　萌

区交通运输局

局　长	童立健
副局长	吴　益（至3月）
	裴成功
	周冠华
党委书记	谈锡平
纪委书记	陈益新

区水利农机局

局　长	许锡兴（至8月）
	马　伟（11月任）
副局长	顾鹤鸣（至11月）
	刘晓铭
	奚晓敏（11月任）
	朱　炜
党委书记	姚永生
纪委书记	祁旭东

区农林局

局　长	黄晓伟
副局长	陆惠东
	陈友治
党委书记	黄晓伟
党委副书记	吴晓雄

区商务局		区安全生产监督管理局	
局　长	蒋晓忠	局　长	杭新宇
副局长	薛　峰	副局长	华　园
	陈海滨		王长胜
	顾妍丰		黄　勇
党组书记	蒋晓忠(11月任)	党组书记	杭新宇(11月任)
纪检组长	尤　科	纪检组长	华　园

区卫生和计划生育局		区城市管理局	
局　长	马　伟(至11月)	局　长	诸葛强(至11月)
	沈夏萍(11月任)		许彤亮(11月任)
副局长	朱正威	副局长	卢正力(至11月)
	唐　雯		王书林
	曹　敏		张　敏
	沈夏萍(至11月)		唐剑勇(11月任)
	卞月才	党组书记	许彤亮(11月任)
	季剑飞	纪检组长	刘劲松
党委书记	马　伟(至11月)		
	朱正威(11月任)	区文体局	
党委副书记	陈文兵	局　长	符志刚
纪委书记	陈文兵	副局长	董　旭
			浦项峰
区审计局			周小萍
局　长	汝　江	党组书记	符志刚(11月任)
副局长	孙群英	纪检组长	杨凯峰
	申卫国		
纪检组长	薛　霞(至11月)	区统计局	
		局　长	薛晓春
区环境保护局		副局长	陈　鸣
局　长	陈晓松(至11月)		谢　斌
	缪志刚(11月任)		
副局长	陆　新	区粮食局	
	陈　黎	局　长	莫治中
	莫　巍	副局长	李晓祯
党组书记	缪志刚(11月任)		姚国金
纪检组长	王　妍	党委书记	莫治中
		纪委书记	张瑜良

区外事和接待办公室

主　任　顾少凌
副主任　王衍操
　　　　王　超

区政务服务管理办公室
（区政务服务中心）

主　任　陆　阳（至11月）
　　　　诸葛强（11月任）
副主任　吕　群（至4月）
　　　　李振仙
　　　　孙伟刚（4月任）
党组书记　诸葛强（11月任）
纪检组长　王　军

区信访局

局　长　刘东亚
副局长　谈　斌
　　　　顾国兴

无锡惠山高新技术创业服务中心

主　任　叶铭江
副主任　宋　翔
　　　　郭富彬

江苏省锡山高级中学

校　长　唐江澎
副校长　夏雷震
　　　　钱桂荣
党委副书记　朱晓宏（至12月）

江苏省惠山中等专业学校

校　长　丁志康
党委书记　丁志康

区政协工作机构

区政协办公室

主　任　薛伟钢
副主任　杜　倩
　　　　管誉峰

区政协经济科技委员会

主　任　张耀荣

区政协社会法制委员会

主　任　浦明锋（至11月）
副主任　顾鹤鸣（11月任）

区政协学习文史和文教卫体委员会

主　任　朱　平

区政协人口资源环境和城乡建设委员会

主　任　杜　巍

区政协提案委员会

主　任　朱　强

区人民团体

区工商业联合会

会　长　许海祥（至11月）
　　　　陈晓松（11月任）
副会长　李智会
　　　　陆明生（至11月）
　　　　俞伟兵（11月任）
　　　　丁黎清（兼职）
　　　　杜正兴（兼职）
　　　　胡　杰（兼职）
　　　　顾建新（兼职，至11月）
　　　　龚明达（兼职，至11月）
　　　　龚育才（兼职）
　　　　缪冬琴（兼职）

　　　陆　峰（兼职,11月任）　　　　　　　副会长（专职）　花茂波
　　　邵建栋（兼职,11月任）
　　　季　刚（兼职,11月任）　　　　　　　## 区人民法院
　　　储　鑫（兼职,11月任）　　　　院　长　凌　芝
　　　戴　润（兼职,11月任）　　　　副院长　张向东（至6月）
党组书记　李智会　　　　　　　　　　　　　　　　沈力军
　　　　　　　　　　　　　　　　　　　　　　　　陈伟东
区总工会　　　　　　　　　　　　　　　　　　陈　瑜（5月任）
主　席　黄　明　　　　　　　　　党组书记　凌　芝
副主席　杨卫中　　　　　　　　　纪检组长　徐　琳
　　　　朱文琴
　　　　冯敏之　　　　　　　　　　## 区人民检察院
党组书记　杨卫中　　　　　　　　检察长　　徐盛希（至7月）
纪检组长　冯任远　　　　　　　　代检察长　王玉珏（12月任）
　　　　　　　　　　　　　　　　　副检察长　王玉珏（12月任）
共青团惠山区委员会　　　　　　　　　　　　吴亚敏
书　记　周凌晶　　　　　　　　　　　　　　　王海兰
副书记　肖志成　　　　　　　　　　　　　　　叶晓伟
副书记　张梦娴（兼,11月任）　　　党组书记　徐盛希（至7月）
　　　　　　　　　　　　　　　　　　　　　　王玉珏（12月）
区妇女联合会　　　　　　　　　党组副书记　吴亚敏
主　席　戴　芸　　　　　　　　　纪检组长　朱晓丹
副主席　陈丽君

区机关挂牌机构
区科学技术协会
主　席　李立初　　　　　　　　　## 区委机要保密局
副主席　邹盘兴　　　　　　　　　局　长　顾文龙
　　　　郑卫国（兼职）
　　　　　　　　　　　　　　　　　## 区民族宗教事务局
区残疾人联合会　　　　　　　　局　长　许永保
理事长　杜晓江
副理事长　杨文隽　　　　　　　　## 区政府侨务办公室
　　　　严　敏　　　　　　　　　主　任　姚爱平（至11月）
　　　　唐红军　　　　　　　　　　　　　陆敏华（11月任）

区政府台湾事务办公室
区红十字会　　　　　　　　　　主　任　陆敏华（至11月）
会　长　吴　燕　　　　　　　　　　　　　姚爱平（11月任）

副主任　　杨继翔
　　　　　秦　红（至11月）

区社会管理综合治理委员会办公室

主　任　　谭立君

副主任　　季　峰
　　　　　章琰钰
　　　　　袁大飞（兼职）

区事业单位登记管理局

局　长　　李玉夫

区政府法制办公室

主　任　　姚向东

区应急管理办公室

主　任　　王东圻

副主任　　朱向军

区级机关事务管理局

局　长　　王东圻

副局长　　赵肃川（至11月）

区物价局

局　长　　施来修

区中小企业局

局　长　　唐晓旭

区政府教育督导室

副主任　　沈建清（至12月）
　　　　　朱晓宏（12月任）

区人民防空办公室

主　任　　陈文涛

副主任　　马向东

区政府房屋征收办公室
（区拆迁管理办公室）

主　任　　张仁洪

副主任　　杨文华

区食品药品监督管理局

局　长　　高耀兴

区港口管理局

局　长　　童立健

区农业资源开发局

局　长　　黄晓伟

区旅游局

局　长　　蒋晓忠

区城管行政执法局

局　长　　诸葛强（至11月）
　　　　　许彤亮（11月任）

副局长　　卢正力（至11月）
　　　　　唐剑勇（11月任）

区城管行政执法大队

大队长　　卢正力（至11月）
　　　　　唐剑勇（11月任）

教导员　　唐剑勇（至11月）
　　　　　管　洪（11月任）

区文化遗产局

局　长　　符志刚

区档案馆

馆　长　　朱益明

副馆长　　罗丽红

无锡惠山经济开发区

中共无锡惠山经济开发区工作委员会

书 记 吴仲林
副书记 杨建平
杨忠伟
委 员 沈伟良
尤瑜锋
冯易雷
秦万兴
胡文俊
纪工委书记 胡文俊

无锡惠山经济开发区管理委员会

主 任 杨建平
副主任 沈伟良
尤瑜锋
杨中浩
秦万兴

无锡惠山经济开发区党政办公室

主 任 杨以军

无锡惠山经济开发区党群工作部

部 长 缪振华

无锡惠山经济开发区经济发展局

局 长 辛浩军

无锡惠山经济开发区人事劳动局

局 长 张利华

无锡惠山经济开发区财政局

局 长 姜友卓

无锡惠山经济开发区监察审计室

主 任 胡文俊

无锡惠山经济开发区规划建设局

局 长 秦万兴

无锡惠山经济开发区社会事业发展局

局 长 冯易雷

无锡惠山经济开发区招商一局

局 长 赵明华

无锡惠山经济开发区招商二局

局 长 陈文虎

无锡职教园

中共无锡职教园工作委员会

书 记 吴仲林
副书记 刘俊伟（至8月）
何国清（8月任）
戴震乾
华坚宏
委 员 张 晟
纪工委副书记（监察室主任） 费红萍

无锡职教园管理委员会

副主任 戴震乾
张 晟
陆卫东（兼职）
徐炯明（兼职）

无锡职教园党政办公室

主 任 朱一骏

无锡职教园党群工作部

部 长 姚 亮

无锡职教园经济发展和招商局
（企业服务中心）

局　长　　刘永祥

无锡职教园财政审计局

局　长　　吕　明

无锡职教园规划建设局

局　长　　姜　军

无锡职教园公共事业局
（动迁安置办公室）

局　长　　王　华

无锡职教园社会事务管理局

局　长　　倪　军

专业园区（站区）

无锡西站物流园区

党工委书记　吴　燕
副书记　　　徐健农
管委会主任　徐健农
副主任　　　朱　萍
纪工委书记　潘晓强

城际铁路惠山站区

党工委书记　孟　栋
管委会主任　张晓阳
副主任　　　郁国其（兼职）（至 11 月）
　　　　　　周　全
　　　　　　张建军（11 月任）
纪工委书记　薛　凯

无锡地铁西漳站区

党工委书记　唐群峰（至 7 月）
副书记　　　郑德友
管委会主任　郑德友

副主任　　　童伟峰
　　　　　　史林晓
　　　　　　薛亚栋
纪工委书记　曹　严

无锡惠山工业转型集聚区

党组书记　　曹文彬
管委会主任　刘国胜
管委会副主任　沈东华
　　　　　　　奚晓敏（至 11 月）
纪检组长　　邓志娟

各街道党工委、人大工委、办事处、政协工委、纪工委

堰桥街道

党工委书记　　杨忠伟
党工委副书记　郭建东
　　　　　　　郑德友
　　　　　　　俞志敏
人大工委主任　杨忠伟
人大工委副主任　黄继军
　　　　　　　　谢汉祖（至 11 月）
办事处主任　　郭建东
办事处副主任　陆新宇
　　　　　　　吕　卫
　　　　　　　苏晓东
　　　　　　　史林晓
　　　　　　　安雪峰
政协工委主任　俞志敏
纪工委书记　　赵　冰

长安街道

党工委书记　　杨建平
党工委副书记　冯易雷
　　　　　　　缪振华
人大工委主任　王才兴
办事处主任　　冯易雷

办事处副主任	吕文荣	政协工委主任	沈志勤
	虞　钢	纪工委书记	李　茹
	张林兴（11月任）		
政协工委主任	缪振华		**玉祁街道**
纪工委书记	胡文俊	党工委书记	徐立峰
		党工委副书记	黄华晟
	钱桥街道		苏永强
党工委书记	刘俊伟（至8月）	人大工委主任	徐立峰
	何国清（8月任）	人大工委副主任	惠小东
党工委副书记	戴震乾	办事处主任	黄华晟
	华坚宏	办事处副主任	秦　羽
人大工委主任	朱仁兴（11月任）		王东兴
人大工委副主任	成建兴（至11月）		徐大立
办事处主任	戴震乾		冯立平
办事处副主任	刘永祥		陆　丰
	倪　军	政协工委主任	苏永强
	吕　明	纪工委书记	朱伟光
	姜　军		
	王　华		
	邵小明		**各镇党委、人大、**
	邓　莉		**政府、政协工委、纪委**
政协工委主任	华坚宏		
纪工委书记	费红萍		**洛社镇**
		党委书记	俞　刚
		党委副书记	查海宏
	前洲街道		徐健农
党工委书记	孟　栋		周晓东
党工委副书记	杨国忠		黄志强（4月任）
	沈志勤	人大主席	杨鸣贤
	张晓阳	人大副主席	石明德（至4月）
人大工委主任	孟　栋（至11月）	镇　长	查海宏
	沈　宏（11月任）	副镇长	王文峰
人大工委副主任	沈　宏（至11月）		黄志强（至4月）
办事处主任	杨国忠		陶晓凌
办事处副主任	王宁海		万智健
	刘玉峰		孙晨旭
	吴　越		吴　婷（4月任）
	张苗辉	政协工委主任	周晓东
	唐　星（11月任）	纪委书记	陆冬明

	阳山镇		陆宇杰
党委书记	吴立刚		李成强
党委副书记	杨 丹		孙伟刚(至4月)
	盛 虹		虞黎杰(11月任)
人大主席	章华超		张一超(4月任)
人大副主席	丁建南(至4月)	政协工委主任	盛 虹
人大副主席(兼)	苏亚红(11月任)	纪委书记	杨荣伟(至4月)
镇 长	杨 丹		丁建初(4月任)
副镇长	陈 超		
	许彤亮(至11月)		(区委组织部)

小资料

中国有信心领跑 G20 行动队

9月4日,习近平主席在出席二十国集团领导人杭州峰会并致开幕辞时指出,二十国集团承载着世界各国期待,"应该让二十国集团成为行动队,而不是清谈馆。"

8年前,在国际金融危机最紧要关头,G20开启了危机应对模式。G20聚集了世界主要经济体,既有发达国家,也有发展中国家,在整个世界范围内具有广泛代表性。这些国家经过协调,在历次峰会上就带有普遍性的国际经济问题形成了广泛共识。

当然,达成共识只是第一步,更为重要的是后续行动。中国作为世界第二大经济体以及最大的发展中国家,一直以务实行动为G20凝聚共识、落实共识做出积极贡献。

第一,本着休戚与共的精神,采取负责任和审慎的财政金融政策,决不搞以邻为壑。中国一方面通过维持自身金融稳定为国际金融市场提供"定心丸",另一方面及时为国际金融机构注资以提振全球金融体系的信心。中国循序渐进推进人民币国际化,不搞竞争性贬值,既适应中外经贸往来的需要,又有利于国际金融市场的稳定。

第二,秉持标本兼治的原则,在世界经济方面积极倡导结构性改革,在全球治理方面推动G20从危机应对向长效治理机制转型。中国以壮士断腕的气魄,致力于经济发展方式的转变。近年来又大力推进供给侧结构性改革,为促进本国以及世界经济的可持续、平衡增长做出了重大贡献。中国积极携手其他G20成员,共同完善全球经济治理,巩固G20作为国际经济合作主要平台的地位。

第三,坚持改革创新的理念,为应对世界经济问题开新药方、提新倡议,并身体力行。中国一直积极参与G20峰会的议题设置和讨论,特别强调从改革创新中挖掘全球经济新动力。此次杭州峰会创造了G20历史的许多第一次,比如首次把绿色金融列入议程。中国倡议成立了G20绿色金融研究小组,推动开展绿色金融领域的国际合作。

行胜于言。在二十国集团工商峰会主旨演讲中,习近平强调,"一个行动胜过一打纲领"。正如前10次G20峰会一样,杭州峰会也会形成一系列共识,预计会达成十大成果。要使这些峰会成果转化为世界经济抵御金融危机的防线、世界经济增长的动力、国际经济合作的催化剂、全球经济长效治理机制的保障,都离不开G20成员的行动,G20理应成为行动队。

中国在促进全球经济增长、维护国际金融稳定、应对风险和挑战方面,已经并将继续发挥重要作用。中国有意愿、有信心领跑G20行动队。

(来源:人民日报海外版)

中共惠山区委

概　况

2016 年，惠山区深入贯彻区第四次党代会精神，紧紧围绕"三优三宜"新惠山建设目标，进一步解放思想、真抓实干，敢于担当、攻坚克难，统筹推进经济社会事业发展，圆满完成年初确定的各项目标任务。

经济运行稳中有升。 2016 年，惠山区实现地区生产总值 722.40 亿元，增长 7.7%；实现一般公共财政预算收入 81.41 亿元，增长 6.0%；全社会实现固定资产投资 656.53 亿元，增长 11.5%，其中工业投入增长 16.2%；社会消费品零售总额 176.32 亿元，增长 9.8%；居民人均可支配收入增长 7.8%。完成服务外包协议金额 14.71 亿美元，增长 30.1%。设立现代产业发展资金，出台《关于加快推进现代产业发展的政策意见》，推动汽车制造、光伏等新兴产业贡献份额逐步攀升。新增省级智能示范车间 4 个；高水平承办物联网＋中国制造 2025 高峰论坛；无锡新宏泰电器技术股份有限公司成功在主板上市，无锡广通传媒股份有限公司、无锡蓝天电子有限公司等 12 家企业在新三板挂牌；发展"互联网＋农业"模式，惠山区获评省农村电子商务示范县。

转型质效成效明显。 2016 年，惠山区推进智能制造 3 年行动计划，加快 28 个智能制造工程项目建设进度，19 个省市重点项目完成投资超 80 亿元，126 个重点工业项目开工率超 90%。上汽大通汽车有限公司无锡基地二期项目、无锡精科汽车配件有限公司项目、昆明云内动力股份有限公司无锡分公司项目、无锡兴澄特种钢铁有限公司项目等投资超原计划进度，无锡京运通科技产业园项目、铠龙东方新能源汽车项目等开工建设，无锡戴卡轮毂制造公司一期建成投产。基本完成"一镇一院一产业"发展布局，新增省级工程技术研究中心 4 家，万人发明专利拥有量达 27.7 件，国家火炬石墨烯特色产业基地建设初具规模，惠山生命科技园和惠山高新技术创业服务中心同时入选国家级科技企业孵化器。引进产业急需紧缺人才 8565 人、国家"外专千人计划"（即"千人计划"中的高层次外国专家项目）、国家"万人计划"（即国家高层次人才特殊支持计划）、省"333工程"[注]3 个项目均实现零的突破。

城镇布局更加合理。 2016 年，惠山区完成洛社、玉祁、前洲、钱桥 4 个镇（街道）总体规划编制论证，完成惠山新城、地铁西漳站区、工业转型集聚区控制性详细规划动态更新。新锡澄路、广石路、天丰路、钱洛路、北惠路东延建成通车，改造完工石新桥、新盛桥，完成锡澄运河"五改三"航道整治，县道优良路率提升至 92.3%；新增公交线路 6 条、优化调整 12 条。

新建排水达标区 45 个,基本完成"提档升级"村庄 25 个和"城中村"整治任务 6 个,58 个老城镇改造整治项目进展顺利。

生态环境不断优化。2016 年,惠山区以国家环保督查为契机,推进生态文明七大工程体系建设。开展年度总量减排工程 42 项;整治燃煤小锅炉 130 台、改造工业窑炉清洁化能源的企业 59 家;实施节能与循环经济项目 36 个,完成企业清洁生产审核 18 家。COD(一种评价水体污染程度的综合性指标,即化学含氧量)等主要指标完成年度减排任务。万元 GDP 能耗同比下降 4% 以上,惠山区获评省智能用电管理示范园区创建单位。全年完成河道整治 64 条共 63.8 公里,整改排污口 140 个,新建护岸 32.7 公里;新建生活污水管网 25.5 公里,接管 11 个村庄;排查污水管网 384 公里,整改问题管线 2.6 公里。完成造林绿化面积 2080 亩。投入 4.6 亿元兴修水利,防洪抗旱能力进一步提升。

民生福祉持续改善。2016 年,惠山区实现新增就业 2.03 万人,扶持自主创业 1113 人。发挥惠山深度救助综合管理平台作用,深度救助 166 人次,发放低保金 995 万元,完成贫困户家庭破损住房修缮 39 户,实现镇(街道)农村产权交易服务中心全覆盖。全区教育现代化建设监测指标得分首次超 90 分,区幼儿园省市优质率达 85%,江苏省锡山高级中学入选省首批教改实验学校。建成省内首家区域急救分中心,区第二人民医院、区中医院相继搬迁投用,社区卫生服务满意度蝉联全市第一。全民健身中心完成主体建设,镇、街道文体(中心)站公共文化服务标准化全覆盖。启动"七五"普法教育,推进区镇村三级综治中心规范化建设,安全生产、食品安全监管有力,平安法治建设满意度持续提升。

党的建设全面加强。2016 年,惠山区抓好集中换届,确保区、镇、村三级党组织换届圆满,确保区人大、区政府、区政协换届有序推进。深化服务型党组织建设,推动机关党员干部进社区参加志愿服务。推进乡镇巡察工作,试行"四级勤廉预警",开展廉政教育月集中宣教,深化一把手上党课制度,全区党风廉政建设和反腐败工作成效明显。以"两学一做"学习教育开展为契机,落实专题党课、专题研讨、专题学习等,创新开展纪念党员政治生日"四集中"(集中讲党课、集中交党费、集中谋发展、集中做公益)"立家规、正家风"、机关党员"四诺"、失联党员"归巢行动"等主题活动。突出"敬业担当"工作主题,分批组织区四套班子、区镇机关干部、村(社区)"两委"负责人共 3000 多人,参与主题教育,在全区营造想干事、能干事、干成事的良好氛围,有效提振全区干群干事创业的精气神,凝聚协力攻坚、一心发展的向心力。

[注]省"333 工程":由江苏省发起实施,即培养 30 名左右研究成果具有国际先进、国内领先水平的国家级科学家、工程技术专家和理论家;培养 300 名左右具有省内领先水平的省级优秀人才;培养 3000 名左右成绩显著的市级优秀人才。

(张凯坤)

中共无锡市惠山区委常委分工

吴仲林:主持区委全面工作。分管人大、政协、纪委、干部、人才、法治、人民武装委员会工作,区委办公室工作,分管无锡惠山经济开发区、无锡职教园工作。

李秋峰:主持区政府全面工作。分管经济工作和体制改革工作,财政、机构编制、监察、审计工作。

计佳萍:协助吴仲林主持区委日常工作,协助吴仲林负责有关党的建设工作,具体负责区委党的建设工作领导小组的工作。协助吴仲林分管区委办公室工作,分管机关工委、对台、群团、机要保密、史志、农业农村工作、城市创建工作、改革办工作。负责区委统战部工作、党校工作。

杨建平:主持无锡惠山经济开发区全面工作、长安街道党工委全面工作。

岳中云:主持区委政法委工作。协助吴仲林分管法治工作,分管综治、信访、公安、司法、610 办公室工作。

俞 刚:主持洛社镇全面工作。

邓加红:主持区委组织部工作。协助吴仲林分管干部、人才工作,分管组织、老干部、关工委、对口支援工作。

吴建明：主持区纪律检查委员会工作。

吴立刚：主持阳山镇全面工作。

袁漪绮：主持区委宣传部工作。分管意识形态、宣传文化工作、文明创建、文联社科工作。

郝朝勇：负责人民武装、国防动员、与驻锡部队联系工作。

（邵桑舟）

重 要 会 议

【三届十次全委扩大会议】 2016年1月5日，中共无锡市惠山区委召开三届十次全委（扩大）会议，会议要求全区党员干部进一步解放思想、强化担当、凝聚力量、砥砺奋进，加快经济强、百姓富、环境美、社会文明程度高的惠山进程，全力实现惠山"十三五"发展平稳开局。区委书记吴仲林作全会工作报告，区委副书记、区长李秋峰作会议讲话，就经济工作作具体部署，会议下发区委常委会工作情况报告、区委常委会履行党风廉政建设主体责任情况报告。吴仲林提出"敬业担当"的会议主基调和工作的总要求，指出在"十二五"收官、"十三五"布局的关键时期，惠山发展压力空前、困难空前、挑战空前，时代呼唤担当，使命需要担当。2016年，惠山区要重点做好六个方面：一要把项目建设和服务企业作为实现"经济强"目标的主要抓手，加快项目建设，加大项目引进，加强企业服务，强化企业培育，确保经济平稳健康发展。二要把技术创新和资本上市作为实现"经济强"目标的重要途径，鼓励企业做到科技创新和资本上市双轮驱动。三要把生态建设和环境保护作为实现"环境美"目标的关键内容，加大节能减排工作力度，加强环境污染综合整治，继续改善水体环境质量，始终绷紧生态保护这根弦。四要把城镇建设和城市管理作为实现"环境美"目标的具体举措，拓展城乡建设格局，提升城镇环境面貌，提高城市管理水平。五要把增进福祉和和谐稳定作为实现"百姓富"目标的基本要求，尽力做好民生实事，着力加强公共服务，全力维护社会和谐，最大程度提升人民群众的"获得感"，真正推动发展成果由人民共享。六要把改革攻坚和工作创新作为实现"百姓富"目标的核心动力，一方面要深化攻坚，另一方面要敢于探索，向建设"强富美高"这个目标聚焦，提供强大动力。

（邵桑舟）

【基层党（工）委书记抓基层党建和履行党风廉政建设主体责任述职会】 2016年1月7日，惠山区召开2015年度基层党（工）委书记抓基层党建和履行党风廉政建设主体责任述职会，会议听取各镇（街道）党（工）委书记的专项述职，并现场评议。区委副书记、区纪委书记陈燕主持会议。区领导杨建平、方瑛、俞刚参加会议。区委书记吴仲林作重要讲话。市委组织部派员到会指导。7个镇（街道）党（工）委书记就基层党建工作进行现场述职，吴仲林代表区委常委会逐一点评。其他区委直属党（工）委书记进行书面述职，各党（工）委对落实党风廉政建设主体责任情况进行书面述职。

（邵桑舟）

【2016年度先进表彰大会】 2016年2月22日，惠山区委、区政府召开全区2016年度先进表彰大会。区长李秋峰主持会议。区委副书记、区委统战部部长计佳萍宣读关于表彰2016年度先进集体和先进个人的决定，颁发重大项目推进先进单位、十佳科技创新企业、"江苏好人"、十佳"敬业担当"标兵、技改投资先进单位、政务服务先进单位等奖项。区委书记吴仲林在会上号召全区以先进典型为榜样，努力推动各项事业发展和全面从严治党迈上新台阶，建设"三优三宜"新惠山，以优异成绩迎接党的十九大胜利召开。

（邵桑舟）

【党建和精神文明建设工作会议】 2016年2月24日，惠山区召开党建和精神文明建设工作会议，全面部署新一年惠山党建和精神文明建设工作任务，动员全区各级党组织牢牢把握敬业担当主题，着力巩固"三严三实"专题教育成果，激励全区党员干部以更加过硬的作风打胜"十三五"发展的第一仗。区委副书记、区长李秋峰主持会议。区领导杨建平、方瑛、陆益、俞刚、黄明出席会议。区委书记吴仲林充分肯定全区56个直属单位、644个基层党组织和30100多名党员在党建和精神文明建设工作中取得的成绩。同时提出,全体党员干部要铁肩担当、尽职敬业,不负时代使命,不负人民重托。会上,纪检、组织、宣传、统战部门分别对 2016 年工作进行部署。各镇(街道)、区级机关部门签订 2016 年党风廉政建设责任书。

（邵桑舟）

【全区工业重点项目现场推进会】 2016 年 3 月 8 日,惠山区召开工业重点项目现场推进会,对全区各镇(街道)工业项目建设情况进行检查。区领导李秋峰、顾智杰、陈燕、杨建平、唐群峰、俞刚、曹文彬等参加活动,先后实地查勘无锡荣允瓶盖有限公司、无锡晶翼环保科技有限公司、宏德力新(无锡)合金科技有限公司、阿路米机械(无锡)有限公司、无锡艾克森新材料科技有限公司、无锡鸿凯纺织印花制品有限公司、无锡天宝电机有限公司、无锡惠山泵业有限公司、无锡安特电子有限公司、无锡兴澄特种材料有限公司、隐居桃源馆藏酒店、无锡港盛港口机械有限公司、江苏中诚印染股份有限公司等企业和东大新材料产业园区项目现场,了解项目的进展情况和推进中存在的问题。吴仲林强调,全区上下要狠抓项目不动摇,久久为功不松劲;要调动全区企业家积极性,加大技改投入;要加大工业园区整治力度,挖潜增效;要把推进项目建设作为经济工作的重要内容,确保顺利完成年度目标任务。

（邵桑舟）

【全区生态文明建设工作会议】 2016 年 3 月 28 日,惠山区召开全区生态文明建设工作会议,总结"十二五"期间的工作成绩,研究部署下阶段重点任务。"十二五"期间,惠山区高度重视生态文明建设,在防治污染、环境治理、节能减排、河道整治等方面采取一系列重大举措。惠山区创造"河长制"管理的惠山经验,获得国家生态区授牌,国家级生态镇实现全覆盖,省、市两级绿色学校、绿色社区、生态村基本实现全覆盖。化学需氧量、氨氮、二氧化硫、氮氧化物等四项主要污染物排放量分别消减 22%、34%、25% 和 31%,万元 GDP 能耗下降 25% 以上,超额完成"十二五"节能减排任务。会议动员全区上下以更大的决心、更新的理念、更有力的举措,进一步抓紧抓好生态文明建设,努力把惠山区建成经济发展与生态保护协调并进、人与自然和谐相处的美丽家园,为实现"十三五"平稳开局提供坚实的生态环境保障。区委书记吴仲林作重要讲话,区长李秋峰作工作部署。副区长曹文彬主持会议。顾智杰、陈燕、杨建平、唐群峰、俞刚等区领导出席会议。

（邵桑舟）

【全区"两学一做"学习教育工作座谈会】 2016 年 4 月 28 日,惠山区委召开全区"两学一做"(学党章党规、学系列讲话,做合格党员)学习教育工作座谈会,传达学习中共中央总书记习近平重要指示精神,认真贯彻中央和省、市委座谈会精神,对全区开展"两学一做"学习教育进行动员部署。区长李秋峰主持会议,区领导顾智杰、陈燕、杨建平、陆益、俞刚等出席,区委书记吴仲林作重要讲话。区委常委、组织部部长方瑛传达习近平重要指示精神。洛社镇党委、区级机关工委、长安街道新惠社区党委主要负责人作交流发言。区四套班子主要领导,区委党的建设领导小组组长、副组长和成员单位负责人,区委办、区人大办、区政府办、区政协办主要负责人,区机关部门、直属单位党(工)委主要负责人和职能科室主要负责人,各镇(街道)党(工)委书记、分管副书记、纪(工)委书记、组织委员、宣传委员,部分基层党组织书记代表出席会议。

（邵桑舟）

【领导干部"廉润惠山"教育大会】 2016 年 5 月 20 日,惠山区召开领导干部"廉润惠山"教育大会。区长李秋峰主持会议。市纪委副书记赵建聪解读《廉洁自律准则》和《纪律处分条例》。区委书记吴仲林为全区领导干部作专题党课。吴仲林强调,要在党爱党,在党向党,在党为党,争做勤廉、有为、敬业、担当的好干部。全区广大领导干部要始终牢记自己是名党员,努力做到勤廉、有为、敬业、担当,以高度的责任感和使命感投身到党的事业中去,投身到惠山改革创新率先发展中去,为加快推动新形势下实现"重振雄风、再创辉煌、赢得未来"的总目标,作出自己应有的贡献。

（邵桑舟）

【全区经济形势分析会】 2016 年 6 月 14 日,惠山区召开半年度经济形势分析会。区长李秋峰主持会议,区领导顾智杰、陈燕、杨建平、唐群峰、曹文彬、吴燕、陈晓松等出席会议,区委书记吴仲林作重要讲话。会议通报2016年1月—5月全区经济运行情况,听取各镇(街道)的汇报发言,曹文彬、吴燕分别就各自分管领域的经济工作作点评。会议分析当前发展面临的新情况新问题、新挑战新机遇,提出下半年工作思路和措施建议。吴仲林指出,惠山区上半年经济保持平稳发展的势头,但面对新问题和新挑战,必须时刻保持清醒,正确分析研判形势,抓住项目、环保、外资外贸等重点,进一步采取强有力的举措,增强定力,顶住压力,克难前行,推动全区经济平稳健康发展。

(邵桑舟)

【全区纪念中国共产党成立95周年大会】 2016年6月29日,惠山区举行纪念中国共产党成立95周年大会。区长李秋峰主持大会,区领导顾智杰、陈燕、杨建平、唐群峰、计佳萍、岳中云、方瑛、陆益、俞刚出席会议。吴仲林代表区委向工作战斗在全区各条战线的广大共产党员,向为惠山革命与建设作出贡献的老干部、老党员,致以节日的问候和崇高的敬意,并向先进基层党组织、优秀共产党员和优秀党务工作者们表示最衷心的祝贺。大会对全区2013—2015年先进基层党组织进行颁奖,通报表扬了一批先进集体和个人。

(邵桑舟)

【中国共产党无锡市惠山区第四次代表大会】 中国共产党无锡市惠山区第四次代表大会7月31日至8月2日在华美达酒店举行。全区各条战线的区第四次党代会的251名代表带着全区党员和人民的重托,齐聚一堂,共商惠山发展大计。吴仲林代表中共无锡市惠山区第三届委员会向大会作题为《苦干实干、铁肩担当,谱写"强富美高"惠山发展全新华章》的报告。报告分四部分:第一部分是五年拼搏,开创生动局面;第二部分是强富美高,谱写全新华章;第三部分是苦干实干,不断舞出精彩;第四部分是铁肩担当,共同赢得未来。吴建明受中共无锡市惠山区纪律检查委员会的委托向大会作题为《凸显全面从严治党,强化监督执纪问责,推动党风廉政建设和反腐

败工作迈上新台阶》的工作报告。报告分为过去五年的工作回顾、五年来工作的主要体会、今后五年工作建议三个部分。列席大会开幕式的有区四套班子离退休党员老领导,不是代表的区纪委常委、委员,区有关条线部门的主要负责人和有关挂职干部,各党(工)委分管副书记和纪(工)委书记、纪检组长等。区人大、区政府、区政协领导班子中的非中共党员领导干部,区四套班子离退休非中共党员老领导,区各民主党派、工商联主要负责人和无党派代表人士等获邀参加大会开幕式。

(邵桑舟)

【年度重要指标进度分析会】 2016年10月17日,区委书记吴仲林主持召开年度重要指标进度分析会,动员全区上下把精力集中到抓发展上,聚焦到具体问题的研究解决上,有针对性地想办法、出实招,全力确保年度各项目标任务的完成,为顺利实现"十三五"良好开局作出更大贡献。区领导李秋峰、顾智杰、陈燕、计佳萍、杨建平、岳中云、俞刚、邓加红、吴建明、吴立刚、袁漪韬、耿国平、陈金良、曹文彬、吴燕、刘俊伟等出席会议。会议总结前8个月惠山区主要经济指标增长稳定的形势,指出四季度是定全年、保全局的收尾阶段,也是明年工作起好步、开好头的关键时期,必须有打硬仗、打攻坚战的思想准备。对于既定的目标任务,全区上下务必以破釜沉舟的决心、背水一战的勇气,以倒计时的状态加速冲刺,全力确保年度各项目标顺利完成。

(邵桑舟)

【全区学习贯彻中共十八届六中全会精神宣讲报告会】 2016年12月26日,全区学习贯彻中共十八届六中全会精神宣讲报告会在华美达广场酒店举行。报告会邀请市委宣讲团成员、区委书记吴仲林专题宣讲中共十八届六中全会精神和省第十三次党代会精神,区委常委、区纪委书记吴建明专题解读《中国共产党问责条例》《中国共产党党内监督条例》。区长李秋峰主持报告会并讲话,区人大常委会主任顾智杰、区政协主席陈燕、区委副书记计佳萍等区领导参加报告会。吴仲林在专题宣讲中,围绕中共十八届六中全会和省党代会精神,结合惠山区实际

进行系统阐述和深入解读，并就学习贯彻会议精神提出具体要求。他要求各级党委要肩负起主体责任，纪委和党的工作部门要强化监督责任，为全面从严治党营造良好舆论氛围，不断开创改革发展和全面从严治党新局面。

（邵桑舟）

【四届区委一次全会】 2016 年 8 月 2 日，中共无锡市惠山区第四届委员会举行第一次全体会议，选举产生新一届区委领导班子、区纪委领导班子。会议以无记名投票的方式，差额选举产生吴仲林、李秋峰、计佳萍、杨建平、岳中云、俞刚、邓加红、吴建明、吴立刚、袁漪韬、郝朝勇等 11 位区委常务委员。会议选举吴仲林为中共无锡市惠山区区委书记，选举李秋峰、计佳萍为区委副书记。区委书记吴仲林就加强新一届区委班子自身建设提出五点要求：要始终坚定信仰，初心不忘，做政治清醒、绝对忠诚的引领者；要始终善谋发展、争创一流，做铁肩担当，苦干实干的奋斗者；要始终同心同德，众志成城，做朝气蓬勃、有为有位的践诺者；要始终俯下身子，躬耕为民，做以人为本、心系群众的服务者；要始终心底无私，秉公用权，做廉洁自律、一身正气的示范者。新一届区委班子要倍道兼程、倍加努力，不负重托、不辱使命，为全面完成第四次党代会确定的目标任务，为惠山在高水平全面建成小康社会的基础上作出应有的贡献。

（邵桑舟）

【四届区委二次全会】 2016 年 12 月 20 日，中共无锡市惠山区委四届二次全会举行。区委书记吴仲林作全会工作报告，区长李秋峰就 2017 年工作作具体部署。吴仲林在报告中指出，2017 年惠山区工作要强调"智能制造引领现代产业高地打造，富民增收引领幸福小康道路建设"两大引领；"促转型、重项目、优生态、靓城镇、富百姓、严党风"六大关键词。重点抓好六个方面工作：全力推进智能制造，努力在构建现代产业体系上实现更大突破；全力抓住人才创新，努力在强化创新战略驱动上迈出更快步伐；全力发挥项目带动，努力在推进实体兴区道路上增创更大优势；全力改善生态环境，努力在生态立区战略实践

上取得更好成效；全力靓丽城镇面貌，努力在提升城乡一体统筹上拓展更优格局；全力落实民生实事，努力在深化为民福祉改善上解决更多难题。惠山经济开发区、前洲街道和区政务服务管理办公室在会上作交流发言。

（邵桑舟）

重 要 活 动

【"敬业·担当"主题教育活动】 2016 年，惠山区全面启动"敬业·担当"主题教育活动，进一步激发党员干部干事创业的内生动力。将江苏省锡山高级中学作为主题教育活动的主阵地，参观校史档案馆和课程教育基地、重温老一代校工敬业担当感人事迹、听取学校领导专题讲座。3 月初举办全区领导干部"敬业·担当"培训班，近 500 名党员干部参加学习培训；区级机关部门和各镇（街道）2400 人分 6 个批次组织"敬业·担当"培训。在《惠山新闻》报开辟"敬业·担当"专栏，区委书记、各板块党委主要领导和部门主要负责人先后谈体会；开辟专版宣传敬业担当的典型案例；制作并发放"敬业·担当"主题教育讲座课件。党员干部"人人认同、人人有责、人人担当"蔚然成风。

（邵桑舟）

【开展"两学一做"学习教育】 2016 年 4 月，惠山区"两学一做"学习教育全面启动。区委紧密联系惠山实际，精心组织，周密部署。引领全区广大党员把为民宗旨内化于心、外化于行、转化为果，凝聚起干事创业、履职尽责的强大能量，为推进"三优三宜"新惠山建设提供有力保证。一是强化组织保障，学习教育扎实开展。区委把学习教育作为全年党建工作重中之重，将学习教育相关内容列入全区"双争双创"大党建计划，专题研究部署，扎实做好各项工作，确保学习教育有力有序开展。二是注重思想武装，学深学透打牢基础。把夯实学习基础放在首位，推动党员干部学而懂、学而信、学而用，守好共产党人的精神高地。三是突出问题导向，立行立改务求实效。引导党员干部身体力行，精准聚焦发现问题，带着问题学、

针对问题改，以查摆解决问题为牵引深化学习教育。四是坚持突出重点，基层党建更严实。对基层党建7项重点任务，区委结合实际制定具体实施方案，召开会议进行部署，明确任务完成的时间和目标，按照时序进度抓好推进。五是坚持知行合一，融入中心推动发展。区委围绕"重振雄风、再创辉煌、赢得未来"目标，把学习教育融入日常工作中，体现在谋事创业上，推动发展再上新台阶。

（邵桑舟）

【"凤赢未来"英才对接活动暨政产学研合作项目签约仪式】 2016年11月10日，2016无锡惠山"凤赢未来"英才对接活动暨政产学研合作项目签约仪式在艾迪花园酒店举行。涉及磁动力传输系统、环卫机器人研发和产业化、口腔和齿科矫形材料的研发与应用等多个领域的40个政产学研合作项目正式签约落户惠山。丁汉、许希武、李耀华、李林、虞苍璧等300多名来自北京大学、清华大学、北京科技大学、中国科学院、华中科技大学、南京航空航天大学、首都高校科技信息联盟等近30所高校、科研院所的专家、教授和企业家代表应邀参加，市、区领导周英、吴仲林、李秋峰、杨建平、俞刚、邓加红、曹文彬等参加活动。活动由区长李秋峰主持。六大产业研究院、首都高校科技信息联盟理事会秘书处分别作主旨推介。市委常委、组织部部长周英，首都高校科技信息联盟理事会秘书长李林共同为"首都高校科技信息联盟理事会惠山联络站"揭牌；区委书记吴仲林、清华先进制造同学会副秘书长虞苍璧共同为"清华先进制造同学会惠山创新基地"揭牌。仪式上还为国家级、省级众创空间颁奖，为区第二届科技创新创业大赛一、二等奖颁奖。

（邵桑舟）

【"物联网＋中国制造2025高峰论坛"】 10月30日，惠山区承办的2016世界物联网博览会首个高峰论坛——"物联网＋中国制造2025高峰论坛"举行。制造领域专家、企业家、物联网专家围绕"物联网助推中国制造"主题进行深层次互动交流，内容涵盖大数据、智能制造、物联网、工业4.0等制造业发展的关键领域，对探索物联网＋中国制造发展模式、加快

传统制造业转型升级具有积极的促进作用。院士熊有伦、林忠钦、朱荻、杨华勇、丁汉，中国电子技术标准化研究院党委书记林宁、工业和信息化部赛迪研究院副院长王鹏、工信部国际经济技术合作中心中国制造与工业4.0研究所所长王喜文、美国白宫信息物理系统项目顾问JayLee、德国物联网研究标准组主席Detlef Tenhagen、英飞凌全球工厂集成副总裁Olaf?Herzog和移动、电信、中航科技等企业的高管或顾问共30人以及市、区领导黄钦、吴仲林、李秋峰等参加论坛。中国工程院院士林忠钦、德国物联网研究中心主席Detlef Tenhagen、工业和信息化部赛迪研究院副院长王鹏作演讲。GE数字化集团中国区总裁王春文、中国移动集团物联网公司副总经理乔辉、大唐融合通信股份有限公司副总经理樊劲松、中国电信制造行业信息化应用基地总经理陆晋军、中信戴卡股份有限公司首席信息官CIO黄小兵，分别就物联网在工业4.0发展中的作用进行讨论。论坛上，中国电子技术标准化研究院发布《物联网标准化》和《智能制造能力成熟度》白皮书，为加快推进物联网和智能制造发展提供指南。

（邵桑舟）

组 织 工 作

【概况】 2016年，惠山区委组织部认真组织开展"两学一做"学习教育，按照从严管党治党要求，深化"双争双创"活动，进一步加强基层服务型党组织和党员先进性建设。至2016年年底，全区有一级党（工）委36个、二级党委11个、党组22个、党总支161个、党支部451个。全区共调整区管班子10个，调整区管领导干部74人次，其中提拔到正科岗位10人，提拔到副科岗位12人，交流轮岗34人，因年龄因素不再担任领导职务16人，免职2人。引进产业急需紧缺人才8565人，其中包括国家"千人计划""万人计划"人才共4人、省"双创"人才、省6大人才高峰人才、省"333"高层次人才共44人。全区表彰先进基层党组织50个，获得市表彰先进基层党组织10个，获得省表彰先进基层党组织1个、优

秀共产党员 1 名。

(许 军 顾 旭 沈春晓)

【"两学一做"学习教育】 2016 年 4 月,惠山区委组织部全面启动"学党章党规、学系列讲话,做合格党员"学习教育。全区各级党员领导干部先学先做,率先制定学习计划,建立领导联系点制度,以普通党员身份参加支部学习讨论,带头谈体会、讲党课,推动"两学一做"学习教育工作全面开展。各级党组织和党员干部突出问题导向,对照"四讲四有"标准,严格按照"五查摆五强化""七查摆七强化"要求梳理列出问题清单,制定整改措施,坚持边查边改、立行立改。在完成规定动作的同时,创新自选动作,开展纪念党员政治生日"四集中"活动(集中发放政治生日贺卡、集中赠送党建书籍、集中组织谈心谈话、集中公开服务承诺);组织观看以省优秀共产党员俞斌为原型改编的锡剧《好人俞亦斌》,在市、区巡演 24 场;承办全市市级机关"两学一做"学习教育现场推进会;在陆定一祖居、洛社"先锋农场"等 7 个单位(基地)建立全区首批党性教育示范基地;进一步扩大幸福义工志愿服务总站的示范效应。

(顾 旭)

【区、镇党委换届】 2016 年,惠山区委组织部按照上级要求和区委工作意见,配合完成区委、区纪委换届相关工作,指导完成镇党委换届工作。制定出台镇领导班子换届工作意见,对洛社镇和阳山镇进行换届班子考察,全额定向推荐新一届领导班子成员,全面规范换届工作程序环节和操作标准,加强换届选举风气监督,两镇分别选出镇党代表 181 名和 121 名,5 月底前选举产生新一届镇党委领导班子。换届后,镇党委领导班子成员年龄结构和知识层次得到优化,班子成员的平均年龄由上届的 41.8 岁降到 40.7 岁,班子成员中大学以上学历的比例比上届提高 16.8%,班子成员均具有基层工作经历。

(许 军)

【基层党组织换届】 2016 年,惠山区 614 个基层党组织进行换届选举,其中 110 个村(社区)党组织采取"两推一选"方式,其余采取一般方式进行换届选举。全区基层党组织换届选举后,35 岁以下的基层党组织书记 46 人,比换届前增加 21 人;有大专及以上学历的基层党组织书记 466 人,占书记总数的 75.9%。村(社区)党组织中,换届后班子成员平均年龄下降至 41.7 岁;具有大专以上学历的村(社区)书记 94 人,占 85.5%,比换届前提高 12.8%;专职书记 92 人,书记专职化比例提高到 83.6%;本科及以上学历 32 人,比例达到 37.6%;基层党组织班子中女性成员为 136 人,比换届前提高 11.5%。

(顾 旭)

【基层党组织建设】 2016 年,惠山区委组织部加强基层党组织建设工作。联合区民政局,组织开展第三轮星级社区创建验收,评选出三星级及以上星级社区 92 个;深化"一村一特色、一社区一品牌"建设,评选出村(社区)党建工作优秀案例 8 个。深入实施百家"两新"党组织固本强基工程,年内申报创建单位 29 个,组织市"雁阵计划"培育单位及区"小雁阵计划"培育单位开展自查自评及综合考评,对考评不合格的单位实施调整,确保培育质量;在"两新"组织中开展"四个集中"行动(集中排查行动、集中覆盖行动、集中规范行动、集中保障行动),进一步提升全区"两新"组织党建工作科学化水平。严把党员入口关,年内全区发展党员 303 名。开展失联党员"归巢"行动,做好不合格党员处置工作;开展对违纪违法党代表、人大代表、政协委员及普通党员的排查清理工作,年内对未给予党纪处分或组织处理的有关人员全部处置完毕。结合第三次全国远程教育"百村调查"活动,对全区远程教育站点提档升级,钱桥社区、洛社镇党校、阳山桃农协会党总支 3 个单位获评省党员干部现代远程教育示范站点(示范基地)。

(顾 旭)

【基层党建述职】 2016 年,惠山区委组织部根据省、市委统一部署和区"双争双创"党建工作要求,组织基层党(工)委书记进行抓基层党建和履行党风廉政建设主体责任述职评议。镇(街道)党(工)委书记大会述职,其他党(工)委书记书面述职。区委主要领导对镇(街道)党(工)委书记抓基层党建工作逐一点评,党员干部和党员代表现场测评。各党(工)委按照联述联评联考要求,组织所属基层党组织书记进行述职评议工作。

（顾　旭）

【领导班子建设】　2016 年，惠山区委组织部按照"好干部"20 字标准和《党政领导干部选拔任用工作条例》规定，落实区委"四个压倒一切"[注1]用人要求，坚持德才兼备、以德为先，围绕顶层设计、服务大局，突出全面规范、选优配强，注重科学培养、优化梯队，加强考察识别、从严监督管理。年内，对 7 个镇（街道）、16 个机关部门和 3 个专业园区（站区）班子进行考察，了解掌握班子及干部情况，调整、充实干部队伍。着力打造一支有能力担当惠山"重振雄风、再创辉煌、赢得未来"重任的干部队伍。

[注1]"四个压倒一切"：党的事业为重压倒一切、工作实绩突出压倒一切、群众公认压倒一切、清正廉洁优秀压倒一切。

（许　军）

【年轻干部工作】　2016 年，惠山区委组织部组织召开"三个面向"（面向基层、面向实践、面向群众）互挂互促活动总结会议，参与挂职的 10 个小组的 10 名年轻干部分别交流发言，会议表彰 6 名优秀挂职干部。不断强化青年干部管理，严格执行基层服务年限要求，注重基层一线锻炼培养。建立青年干部交流平台，年内与团区委联合举办以命题演讲为形式的青年干部论坛，有效促进青年干部成长成才。

（刘　宽）

【干部教育培训】　2016 年，惠山区委组织部加强干部教育培训，突出"敬业担当"精神培育，将江苏省锡山高级中学作为年度干部教育培训核心基地，举办领导干部"敬业·担当"系列培训班。依托"惠山区领导干部睿治讲堂"，围绕理想信念、廉洁勤政、国家治理等教育主题，分别举办"两学一做"学习教育党章专题辅导、学习中共中央总书记习近平系列重要讲话精神专题讲座等。全年累计举办各类培训班和睿治讲堂 7 期，培训 3000 人次。

（陆燕妹）

【干部监督管理】　2016 年，惠山区委组织部加强干部监督管理。贯彻落实中央《加强换届风气监督的通知》，制定转发 5 个制度文件，做好"五个责任主体"[注2]的责任分解和落实，组织好严肃换届纪律专题学习，确保全区换届风清气正。2016 年干部调配中，事前征求纪委和公检法意见 59 人次，进行职数预审 5 次，对上申报干部选拔全程纪实 21 人次。做好领导干部任期责任审计，对 1 名领导干部进行离任审计，对 4 名领导干部进行任中审计。严格落实"凡提四必"，对换届拟提名人选、"两代表一委员"提名人选、拟提拔区管干部人选以及部分区管领导干部个人事项报告进行查核和抽查，对填报有误的干部进行书面函询，累计查核 178 人次，函询 38 人次。

[注2]"五个责任主体"：党委、党委书记、纪检机关、组织部门以及人大、政府、政协党组及统战等部门。

（钱崇华）

【人才工作】　2016 年，惠山区委组织部持续推进人才强区、人才强镇、人才强企工程。制定出台《关于实施"先锋英才计划"加快人才集聚推动"五质"共建的意见》，加快产业先锋、事业英才及优秀基础人才等 3 大类 11 支人才队伍建设。华中科技大学无锡研究院的教授托马斯入选国家"外专千人计划"（全市唯一），天奇自动化工程股份有限公司的杨雷入选省"333 工程"第一层次培养对象（全市唯一），江苏智联天地科技有限公司的钱志明入选国家"万人计划"，实现惠山区这 3 个项目零的突破；无锡爱邦辐射技术有限公司的张祥华获国际辐射领域最高荣誉 IMRP 劳伦斯奖，是中国首位获此殊荣的企业家；院士丁汉团队入选省"双创团队"。惠山区继续采取"区镇（街道）联动、项目承包"方式，开展 7 大主题 21 个专项的"凤赢未来"英才对接活动，举办 2016 无锡惠山"凤赢未来"英才对接活动暨政产学研合作洽谈会，40 个项目签约落户。编印《"凤还巢"活动五年巡礼画册》和《惠山区"人才强企"风采录》。牵手本土科技型企业 465 家，成立产业技术联盟 7 个，促成各类产学研合作 69 项。新建首都高校科技信息联盟理事会惠山联络站、清华先进制造同学会惠山创新基地。

（沈春晓　龚征杰）

宣 传 工 作

【概况】 2016年,惠山区宣传思想工作坚持以邓小平理论、"三个代表"重要思想、科学发展观为指导,深入学习贯彻中共十八大和十八届三中、四中、五中、六中全会精神以及中共中央总书记习近平系列重要讲话精神,按照区委"管住负面,做大正面,引领风尚"的工作要求,把握方向、守住阵地、主动作为,着力加强思想理论武装,着力浓厚主流舆论氛围,着力弘扬社会新风正气,为实现全区"十三五"发展良好开局、推动"强富美高"惠山进程和"三优三宜"新惠山建设提供有力的思想舆论支持。区委宣传部获2013—2015年度江苏省宣传思想文化工作先进集体称号,并被评为惠山区社会治安综合治理先进单位、作风建设优胜单位、"挂镇包村帮企联户"工作先进单位。

(胡宁星)

【基层党员教育工作】 2016年年初,惠山区委宣传部组织开展2015年度全区基层党员干部冬训,全区基层党员干部累计参训2.2万人次,参训率超90%;洛社镇、长安街道获评2015年度全省基层党员冬训工作示范镇(街道)。年内,组织开展中共十八届五中全会精神巡回宣讲活动,全区累计巡讲超100场,受众1.2万人次。

(丁 雷)

【"十百千万"宣讲活动】 2016年,惠山区委宣传部以"两学一做"学习教育为龙头,以党性教育为核心,以培育和践行社会主义核心价值观为主线,以"突出十大主题、印发百课菜单、开展千场宣讲、引领万众同心"为目标,突出四个全面(全面建成小康社会、全面深化改革、全面依法治国、全面从严治党)、五大理念(创新、协调、绿色、开放、共享)、理想信念、形势政策、党章党规等五大重点主题,突出理论素养、人文素养、生态素养、法治素养、健康素养等五大常规主题,宣讲菜单提供课目218讲,全年累计宣讲超1000场次,受众7万人次。组织开展第五届"惠山大讲坛"宣讲优质课和优秀宣讲稿评比活动,涌现出华柏春、邹盈吟、李伟雄、陈宸、沈晓萍、陈应祥等一批综合素质高、宣讲水平佳、受众反映好的基层宣讲骨干。

(丁 雷)

【理论大众化工作】 2016年,惠山区委宣传部以深入学习宣传中共中央总书记习近平系列重要讲话精神和党中央治国理政新理念新思想新战略为重点,切实办好用好"惠山大讲坛""惠山区领导干部睿治讲堂"等理论学习平台,改进丰富"周五学习日""手机微学堂"内容设置,创新编印全区《"两学一做"学习教育工作图解》,选编推出全区《"两学一做"学习教育视频讲座专辑》。堰桥街道"堰桥大讲堂"、长安街道"智慧大讲堂"、前洲街道"锦绣国学讲堂"、洛社镇"幸福大讲堂"、阳山镇"大美阳山·安阳讲堂"等地方性综合讲堂特色化、品牌化、大众化建设进一步加强。惠山区领导干部"睿治讲堂"先后邀请周建忠、桑学成、双传学等省内外专家学者,举办专题讲座4场。依托"周五学习日"平台,提供各类理论学习资料500余课,为全区深化理论学习提供丰富的资料参考。

(丁 雷)

【党性教育系列活动】 2016年,惠山区委宣传部突出"优宜惠山先锋行"主题,围绕庆祝建党95周年和纪念红军长征胜利80周年,结合"两学一做"学习教育,举办"壮丽史诗 伟大旗帜"和"两学一做 不忘初心"党史党建知识竞赛,全区2000余名党员干部和26支代表队参赛,洛社镇代表队获"两学一做 不忘初心"党史党建知识竞赛一等奖。着眼"强基固本,夯实基层党建"和"四讲四有,争做合格党员",集中开展"优宜惠山·七彩党日"主题联动活动,全区各镇(街道)以文艺汇演、演讲比赛、知识竞赛等各具特色的主题党日活动,向党的95周岁生日献礼。围绕保持和发展党员的先进性和纯洁性,区纪委、区委组织部、区委宣传部在全市率先打造堰桥街道陆定一祖居、长安街道长宁社区、钱桥街道红星美凯龙、前洲街道文史馆、玉祁街道孙冶方纪念馆、洛社镇党建农场、阳山镇桃源村等7家党性教育示范基地,为全区深化党性教育提供阵地基础和平台支撑。

(丁 雷)

【新闻宣传】 2016 年，惠山区委宣传部围绕塑造"三优三宜"新惠山的区域形象，推进新闻宣传工作的载体创新和方法创新。"优宜"惠山的靓丽形象首次走进央视一套《新闻联播》，惠山智能制造的成果报道登上《新华每日电讯》头版头条，《人民日报》《新华日报》等重点央媒、省媒报道惠山区数量 49 篇，新闻报道质量之高、数量之多，创历年之最。全年，在国家级媒体报道惠山区 21 篇，省级媒体报道 90 多篇，在市级媒体报道超过 1100 篇，各类专版 25 个。

（肖志崎）

【网络宣传】 2016 年，惠山区委宣传部构建网络媒体多样化平台，推进以"无锡惠山发布"政务微博为龙头的"两微"平台建设，全年发布政务微博 2800 条、微信 136 期。组织开展"今日惠山"摄影大赛暨"光影惠山"网络大 V 惠山行网络文化活动，邀请区内外的摄影家、网络大 V、摄影达人、航拍爱好者走进惠山区各镇（街道），体验和感受惠山的地方特色与人文历史，全方位展现"三优三宜"新惠山建设的发展成就和崭新面貌。"光影惠山"微博话题的阅读量达 245.9 万，居全市活动类微博话题前列。

（胡 焰）

【舆论引导管理】 2016 年，惠山区委宣传部加强意识形态工作管理，加大对网络意识形态的宏观协调和指导。11 月，组织区、镇两级新闻发言人和新闻发言人助理 90 人，在中国人民大学举办全区新闻发言人培训班，全面提升全区新闻发言人队伍的能力水平。加强对网上敏感舆情信息研判跟踪、收集报送和管理控制，正确引导舆论，维护社会稳定。及时处置洛社"4·30"爆炸、省锡中实验学校第一小学跑道异味等网络舆情。全年上报、录用综合舆情信息、网态信息和宣传思想工作信息数量名列全市第一。

（肖志崎 胡 焰）

【主题宣传】 2016 年，惠山区委宣传部围绕培育和践行社会主义核心价值观这一主线，开展多种形式的主题宣传活动，全区制作更新各类大型公益广告面积超 3 万平方米、道旗 800 余幅。推进社会主义核心价值观示范基地建设，洛社镇志愿服务总站、洛社镇新河花苑社会主义核心价值观主题社区被评为无锡市社会主义核心价值观建设示范点。结合建党 95 周年和红军长征胜利 80 周年，组织开展主题宣讲、图片摄影展、文艺汇演、红色电影展播、网上祭扫等各类纪念活动，弘扬爱国主义精神，激发民族自尊心、自信心和自豪感。发挥各级各类爱国主义教育基地的教育功能，组织开展"爱国主义教育基地品牌项目惠民月"活动。

（胡 焰）

【典型宣传】 2016 年，惠山区委宣传部广泛开展无锡市"最美人物"先进典型培树、推荐和宣传活动，发挥先进典型的标杆引领作用，营造崇尚先进、学习先进、争当先进的良好氛围，全区 5 人被评为无锡市"最美人物"，其中钱惠菊获评"最美基层干部"，邹丽敏获评"最美巾帼"，李浩兴获评"最美党员"，周维敏获评"最美教师"，郑卫国获评"最美双创之星"。《无锡日报》、无锡电视台、无锡广播电台、太湖明珠网和无锡新传媒等媒体的"最美人物"栏目，集中采访和宣传报道 5 名最美人物。

（胡 焰）

【《惠山新闻》】 2016 年，《惠山新闻》深入贯彻宣传区第四次党代会精神，扎实做好促转型、靓环境、优民生、全面从严治党等重点工作和重大新闻报道，营造了"一心一意谋发展，敬业担当干事业"的浓厚氛围，为区委、区政府推动中心工作提供有力的舆论保障。全年共出版报纸 101 期，每期发行量 20285 份，年发行总量超 204 万份，超上年发行总量 60 万份。响应区委"敬业担当"号召，开辟"敬业担当开新局，强富美高写新篇"专栏，共刊登相关文章 30 余篇。8 月，报道区第四次党代会盛况，开设"铁肩担当开新局，三优三宜写新篇"专栏，刊发各镇（街道）、机关各部门相关学习文章 20 篇。关注民生、面向百姓，不定期贴发"服务企业区长热线"，保留"空气质量指数""民生商品价比三家""惠山教育""惠山警方""惠山工会"等栏目和专版，为基层群众及时获取全区文化生活资讯提供平台。

（朱雁鸿）

精神文明建设

【概况】 2016年,惠山区精神文明建设工作认真贯彻落实中共十八大和十八届三中、四中、五中、六中全会精神,坚持围绕中心、服务大局,以新发展理念为引领,以培育和践行社会主义核心价值观为根本,以志愿服务"三化"(制度化、项目化、大众化)建设深化年活动为抓手,推进思想道德建设和精神文明创建,公民文明素质和社会文明程度进一步提高。

(胡 晏)

【文明城市创建】 2016年,惠山区坚持创建惠民育民宗旨,强化日常督查,加强动态管理,有效推进文明城市、文明城区创建。调整区创建全国文明城市领导小组成员,8月29日,召开全区深化文明城市创建工作推进会;11月25日,召开全区文明城市长效管理督查点评会,探索推行大型公益广告定点定人定单位"三定"责任制,浓厚文明城市创建氛围,推动社会主义核心价值观24字主题词深入人心。全面完成全国文明城市创建省级复查验收和市级季度测评各项任务。

(胡 晏)

【基础文明创建】 2016年,惠山区以美丽乡村建设为主题深化农村精神文明建设,完善基础创建测评细则,完成2013—2015年度文明单位、文明行业、文明村镇(街道)、文明社区等区级检查验收和省、市级文明单位等的考核验收,共240个单位获评区级荣誉,88个单位获评市级荣誉,35个单位获评省级荣誉。苏大伟家庭获评首届江苏省文明家庭。洛社镇"幸福直通车"和惠山地税局"阿福"税钥匙工程获第六届无锡市优质服务品牌。

(胡 晏)

【公民道德建设】 2016年,阳山镇桃源村党总支书记张谷、阳山镇阳山村党总支书记钱惠菊、玉祁中学捐献造血干细胞教师蒋中伟等3人当选江苏好人。邓德裕、钱海、郭卫国、戚云南、徐伟栋等20人获评"无锡好人"。于小芒等10人(事)获评2016年度惠山区精神文明新人新事。落实好人礼遇帮扶制度。春节前,区委书记吴仲林带队走访慰问"中国好人"杨钧卿,举办无锡市中国好人、道德模范、优秀志愿者迎新春座谈会(惠山区专场),全区表彰大会表彰2015年新当选的"中国好人"和"江苏好人","江苏好人"首次登上政府领奖台。区镇两级向身边好人和优秀志愿者代表赠送报纸,以"中国好人"俞斌为原型,编排创作大型现代锡剧《好人俞亦斌》,在市、区巡演24场。制作《德润惠山 身边好人》公益宣传片,在全区党代会上播放。《惠山区"中国好人"》公益宣传视频在无锡移动电视播放和全区各公众场所LED屏滚动播放。无锡电视台"光阴的故事"栏目拍摄、播放蒋彩琴、李莉、俞斌和高波、缪梅清等"身边好人"的故事。推进道德讲堂扩面建设工作,实现道德讲堂在镇(街道)、村、社区全覆盖。

(胡 晏)

【未成年人思想道德建设】 2016年,惠山区以"八礼四仪"养成教育为重点,推进未成年人"立德树人"工程建设。结合春节开展"缤纷的冬日"寒假活动,结合清明开展"清明祭英烈"主题活动,结合"六一"开展"学习和争做美德少年"网上签名寄语活动,结合"童心向党"、抗战胜利71周年及红军长征胜利80周年开展"七彩的夏日"暑假活动,结合"十一"开展"向国旗敬礼"网上签名寄语活动,各学校结合入学、入队、入团、毕业等,举行7岁入学仪式、10岁成长仪式、14岁青春仪式和18岁成人仪式。组织开展心理健康服务月系列活动,培训专兼职心理健康老师、举办心理健康讲座与沙龙、开展"放飞心灵 点亮风采"摄影比赛等,提升未成年人心理健康素质。在全区开展"德润惠山——我眼中的好人"征文摄影比赛,汇编获奖作品,编印下发《惠山区公民道德教育系列读本·第二册——童眼里的星空》。发放《璞石成玉的秘密——孩子们心中的"社会主义核心价值观"》《童心里的诗篇》等读本。2016年吴文化公园等12家单位被认定为无锡市"行知大学堂"——中小学生社会实践基地。石塘湾中心小学"蓉溪娃少年宫"被推荐参评省彩票公益基金扶持学校,洛社中心小学"小龙人少年宫"继续获得中央彩票基金扶持。

(胡 晏)

【志愿服务工作】 2016 年，惠山区开展志愿服务"三化"（制度化、项目化、大众化）建设深化年活动，培育和践行社会主义核心价值观。开展志愿服务"三化"建设专题调研，完成"让志愿服务引领社会文明新风尚——惠山区志愿服务'三化'建设的实践与思考"重点调研课题；首次向惠山区三届政协第五十次主席会议汇报区志愿服务工作；国家级刊物《民生周刊》2016 年第 6 期刊登惠山区志愿服务工作经验文章《高扬'好人'旗帜 推进志愿服务》，是区志愿服务工作首次在国家级平面媒体上展示。成立由惠山中专学生为主体的市民巡访团，开展志愿服务检查业务专题培训，落实区志愿服务工作季度检查制度。推进镇级志愿服务总站和村级志愿者服务站规范建设，实现两级阵地全覆盖。组织开展 2015 年星级志愿者和星级团队认定评审，全区新认定星级志愿者 142 名，星级团队 2 支。至年末，全区星级志愿者累计 517 名，星级团队 26 支。在无锡市 2015 年度志愿服务工作"四个一百"[注]推荐评比中，全区 4 位个人、17 个集体和 9 个项目获评市级荣誉，为历年来最多。9 月 3—4 日，在南京举行的首届江苏省志愿服务交流展示会上，惠山区"中国好人"俞斌（公益助学）爱心工作室、堰桥街道天翔社区"彩虹伞"防灾减灾、洛社镇"七色星空 心心点灯"视障青少年关爱、阳山镇"春风逸彩"致富桃农、惠山地税局"雏鹰圆梦"关爱等 5 个志愿服务项目参展，是全市参展项目最多的区。洛社镇六龙社区被无锡市文明委推荐参评 2016 年全国百佳志愿服务社区。惠山区"创新四项机制，力推志愿服务项目化"志愿服务工作创新案例获评 2015 年度全市宣传思想文化工作提名奖。

[注]"四个一百":100 个最美志愿者、100 个最佳志愿服务组织、100 个最佳志愿服务项目、100 个最美志愿服务社区。

（胡晏）

统一战线工作

【概况】 2016 年，惠山区委统战部认真贯彻落实中央、省、市委统战工作会议精神和《中国共产党统一战线工作条例（试行）》，把握大团结大联合主题，突出重点，注重思想引领、规范引领、注重联系服务、机制建设和统筹联动，推进各领域统战工作，为建设"三优三宜"新惠山作出贡献。完善区委同各民主党派、无党派人士的协商通报制度，完善党员领导干部与党外领导干部交友谈心制度，完善对口联系和特约员小组工作制度。为加强对全区统一战线工作领导，努力构建大统战工作格局，成立由区委书记吴忠林任组长，区委副书记、统战部部长计佳萍，区政府副区长为副组长，以及 24 名区各部委办局主要负责人为成员的区委统一战线工作领导小组。以"爱国、敬业、诚信、守法、贡献"为标准，区委统战部联合发改、卫计、市场监督、环保、公安、法检、国地税等 15 个相关部门，对全区非公经济代表人士进行第一次全面、系统的综合评价。做好政协换届工作，确保人大代表、政协委员和工商联换届工作的顺利进行。结合党派实际，围绕"一带一路""敬业担当"、非公经济发展等课题展开调研，共完成社情民意 100 余篇、调研文章 15 篇。创新开展社会服务特色品牌活动。深入推进"同心"实践基地建设，农工民主党惠山区基层委员会、九三学社惠山基层委员会分别结对长安街道、阳山镇，创建全市第一批同心实践示范基地；惠山区民盟成员为宜兴方圆帮教中心服刑人员作专题讲座；民建会员参加"光彩感恩"大型植树活动，为贫困青少年学生捐资 12.05 万元；民进惠山区基层委员会成员提供 15 万元，协助办好第三十期"彩虹行动"西部教师培训班；农工民主党惠山区基层委员会启动"同心"复明工程，联合长安街道开展"健康社区行·服务零距离"活动，支援社区药品药具价值 5 万余元。

（袁立超）

【服务非公经济】 2016 年，惠山区委统战部开展主题宣讲活动，邀请惠山区区长李秋峰、复旦大学经济学院院长张军为全区非公经济人士作经济形势报告会。在《中华工商时报》《中国工商》《江苏工商》《无锡统战》《惠山商报》《挚友》等报纸、杂志和网站上宣传企业家创新发展的先进事迹，提振企业家发展信心。搭建银企合作平台，为工商联会员企业解决急需生产资金 8650 万元；搭建高校与企业"产学研"平台，组织无锡新大力电机有限公司等 13 家会员企业，赴华中科技大学开展项目与技术对接；搭建对外交流平台，组织基层商会秘书长赴安徽宣城市宣州区工商联学习交流，组织 10 余位民营企业家赴东北吉林、延边参观考察。深入 115 家企业调研，撰写《惠山区针服行业面临难题及促进持续发展的建议》调查报告；完成全国工商联规模以上民营企业调研 23 家，年内市、区"两会"，提交经济类建议案、提案 25 件，社情民意 11 条。

（袁立超）

【民族宗教工作】 2016 年，惠山区委统战部推进民族宗教领域星级场所认定。召开全区星级场所认定现场观摩会，明确长安基督教堂等 9 个宗教活动场所创建目标。督促全区 7 个街道（镇）与 32 处宗教场所签订安全责任书。做好阳山朝阳禅寺露天观音开光、洛社基督教堂圣诞活动等 7 起较大型宗教活动的备案和协调工作，协调做好洛社赤湖庙的改扩建工程审批。指导区佛教协会做好换届工作。开展"民族融合促进月"活动，组织民族知识"五进活动"，全年发放民族宗教宣传资料 5000 余份。2016 年，惠山区出台针对回族等 10 个少数民族居民发放清真食品补贴的政策，补贴标准为每人每月 12 元。对全区 40 户少数民族困难家庭开展"民族情·爱心行"为主题的走访慰问活动。长安街道开展"民族融合·同心筑梦"民族大舞台文艺汇演；钱桥街道举办"学法律、明权力、重义务"为主题的教育活动，组织 30 多名外来穆斯林代表参加。

（袁立超）

【境外统战工作】 2016 年，惠山区开展对境外侨胞专项调研，调研全区"新侨"和侨资企业，发放调查表 100 份，走访 50 家侨资和中国香港地区投资企业，为在中国香港、台湾地区和欧美建立联络工作站和成立海外商会作准备；推荐海归博士申报中国侨联评选的创新成果奖，举办"创业中华走进惠山区"活动，为惠山经济开发区 50 家企业开展"服务新侨科技创新面对面"活动；组织惠山区侨界企业家走进华中科技大学开展校企项目合作。发挥江苏神阙律师事务所法律热线

和法律顾问作用，依法维护归侨侨眷利益，协调涉侨房屋拆迁等来信来访，接受各种法律咨询 100 余次，办结率 100%。解决困难归侨侨眷扶持经费 2 万余元，协调做好侨界企业家出资 5 万元慰问老年归侨侨眷工作。推进侨务工作进社区、园区，在长安街道堰新社区创建为全国侨务示范单位的基础上，进一步推进涉侨资源丰富的玉祁社区、杨市社区的侨务工作；在惠山经济开发区海归创业园开辟新侨活动园地，接受国家侨办、省侨办、市侨办的指导验收。

（袁立超）

【基层统战工作】 2016 年，惠山区委统战部围绕"内强素质、外树形象"的工作要求，不断加强机关作风建设。组织统战干部参加"两学一做"学习教育活动，深入开展下基层走访活动和领导干部"一帮一、献爱心"活动，在参与"同心"活动中广泛了解社情民意、努力化解社会矛盾。4 月，组织镇（街道）统战委员和统战干部 30 人参加无锡市党校为期一周的"中国共产党统一战线工作条例"培训班；每季度召开统战工作例会，研究分析统战工作形势，以会议的形式对镇（街道）统战委员和统战部机关中层以上领导干部进行培训。加强对基层统战工作的指导检查，向各街道（镇）下发《2016 年重点目标任务的考核意见》和实施细则，加强统战宣传信息调研工作，在《挚友》杂志上发表《促进"两个健康"，积极推进非公经济领域统战工作》等调研文章，全年提出建议 20 余条，完成上级下达的目标任务。惠山区委统战部被中央统战部宣传办公室、中国统一战线杂志社表彰为中国统一战线宣传工作先进单位，被中国无锡市委统战部授予无锡市统战宣传工作一等奖。

（袁立超）

农 村 工 作

【概况】 2016 年，惠山区农村工作围绕高水平全面建成小康社会总体目标，以新型城镇化和城乡发展一体化为主线，加强现代化新农村建设。农村改革稳步推进，城乡社会转型体制机制逐步完善，村级经济持续稳定发展，农民收入不断增加，全区农村发展保

持稳中有进的良好态势。

（黄 伟）

【农村产权交易服务中心建设】 2016 年,惠山区加强农村产权交易服务中心建设,建立健全包括平台建设、交易软件、信息发布、交易规则、文书格式、交易鉴证、监督管理等内容的交易体系,制定《关于推进农村产权交易服务中心建设的实施意见》《惠山区农村产权交易操作办法(试行)》等文件,规范交易主体,明确交易权限,严格交易程序,加强交易监管,实现镇(街道)农村产权交易服务中心全覆盖。2016年,惠山区累计完成产权交易 422 笔,成交总金额7200 万元,溢价率 11%,各类资产交易面积 183.3 万平方米;完成农村土地承包经营权抵押贷款登记 10笔,抵押贷款金额 8350 万元。

（黄 伟）

【经济相对薄弱村发展】 2016 年,惠山区调整区领导及机关部门挂钩经济相对薄弱村结对名单,采取每个经济相对薄弱村挂钩 1 名区领导、1 个区级部门的办法,加大结对帮扶力度。利用全国扶贫日等时机,深入经济相对薄弱村走访调研,为经济相对薄弱村脱贫谋实招、出良策。2016年,区级经济相对薄弱村通过资产盘活、物业经营、资本运作、农业经营等方式完成增收项目 16 个,累计投入 1267 万元,每年增加村级收入 325 万元。列入市级重点帮扶的 13个经济相对薄弱村个个落实增收项目,9 个市级经济相对薄弱村脱贫成功。

（黄 伟）

【新型农业经营主体培育】 2016 年,惠山区家庭农场装备水平、精细化程度和可持续发展能力不断增强。年内新增家庭农场 4 家,全区家庭农场累计 53家,其中新增省级示范家庭农场 3 家。推进农民专业合作社规范化建设,构建以农户家庭经营为基础、合作与联合为纽带、社会化服务为支撑的立体式、复合型现代农业经营体系,带动农民增收。以村集体经济组织为主导,组织农民以农村土地或集体经济股权入股,在阳山镇桃源村组建"村社合一"的农民综合社,通过发展高效农业、乡村休闲旅游等产业,建立集体经济组织发展新机制和普惠于民的共享机制,

实现集体经济发展、农民增收的双赢。

（黄 伟）

【农村集体"三资"管理】 2016 年,惠山区加强对农村集体经济的日常监管,依托覆盖区、镇(街道)、村(社区)三级的集体资产网络管理系统,实时监测"三资"(农村集体的资金、资产和资源)管理工作,村级集体财务制度化、规范化、信息化建设不断加强;开展专项督查,围绕集体资金收支、集体资产运行、工程项目建设、廉政规定制度执行等情况,区纪委、农办、审计等部门联合开展专项督查;推进专项整治行动,根据无锡市"整治和查处侵害群众利益不正之风和腐败问题专项行动"部署,深入开展农村集体"三资"管理专项整治行动,查摆问题 150 个,建立完善制度 8 项。

（黄 伟）

调查研究工作

【概况】 2016 年,惠山区委政策研究室围绕中心、服务大局,全年参与起草季度经济形势分析会、建党95 周年表彰大会、区第四次党代会、区委全会等重要会议文稿 20 余篇,撰写领导访谈、小组讨论发言、敬业担当专题党课等各类发言文稿 20 余篇。在上级党报党刊发表领导署名文章 11 篇,在市级以上刊物发表文章 17 篇,在省级《江苏通讯》上发表文章 3篇,进一步扩大地区先进经验成果的影响力和覆盖面。全年编辑出版《惠山通讯》及《调研特刊》共 26期,发挥刊物工作研究、政策宣传和信息交流功能。

（钱佳杰）

【重大课题调查研究】 2016 年,惠山区委政策研究室围绕"十三五"开局、供给侧改革、党代会召开、敬业担当等重点主题,有针对性地拟定调研课题。结合党代会召开契机,成立联合考察组赴深圳南山区、杭州萧山区就产业转型、城市建设、社会民生等先进经验开展实地调研,形成《发展风潮急 催我从头越》《栽好梧桐树 招引凤凰来》等一组调研文章;挖掘身边事,赴前洲街道就机构优化开展专题调研,撰写《精简整合提效能 服务发展添动力》专题文章;总

结提炼区内自身谋发展、提效能的鲜活例子,编辑刊发板块部门调研文章30余篇。充分履行改革办公室职能,按照中共中央和省委、市委、区委部署要求,突出重点要素和关键环节,完成阳山全国发展改革试点城镇经验总结的专题约稿,形成惠山智能制造专题改革案例,组织完成市委研究室工作交流会、改革机构自查、补齐民生短板、江苏知名人士摸排等专题调研材料。

（钱佳杰）

【信息交流服务】 2016年,惠山区委政策研究室坚持学习交流,认真做好对外联系和沟通协调工作。加强与苏州常熟市、苏州相城区、扬州仪征市、常州金坛区等20多个县(市)区的材料交流以及与区级机关部门和乡镇(街道)的沟通联系,为开展各项工作创造有利条件。做好省、市及其他县(市)区重点调研活动的组织安排工作,组织完成中科院世界历史研究院、湖南郴州市委办、滨湖区委办等到惠山区的调研安排。

（钱佳杰）

对 台 工 作

【概况】 2016年,惠山区委台湾工作办公室(简称惠山区台办)创建对台交流基地,加强交流交往工作、做好对台经济和涉台服务3项重点,务实奋进,砥砺前行,对台工作取得新的进展。

（方 磊）

【对台交流基地创建】 2016年,惠山区台办全力推进对台交流基地的创建。推动冯其庸学术馆、无锡市洛社初级中学、无锡市前洲中心小学3个单位创建市级对台交流基地,无锡阳山生态休闲旅游度假区创建省级对台交流基地。4月23日冯其庸学术馆被无锡市台办批准为市级对台交流基地,并于6月2日授牌,成为惠山区首个市级对台交流基地。

（方 磊）

【台协活动】 2016年,惠山区台办积极参加惠山区台协理监事会议,鼓励协调区台协与政府部门沟通对接,引导区台协加强对外联络交流,充分发挥台协作用,加强与台企互动联络,凝聚台商力量,促进惠

山区与台湾地区间经贸合作、文化交流。2016年,共举办"赏花惠友"、端午龙舟赛、区台协成立一周年庆典、中秋烧烤等活动,组织会员参加市台协20年庆典、营改增讲座等相关活动,丰富在惠台商生活,促进台企发展。

（方 磊）

3月26日,惠山区台商协会举办阳山"赏花惠友"茶话联谊活动,邀请会员赏桃园美景,品农家菜肴。市、区台办以及台协会员代表130多人参加。

（区台办 供稿）

【助推产教融合】 2016年,惠山区台办牵线搭桥,推动区台协与惠山中专产教融合、校企合作。在区台协成立一周年庆典大会暨第三次会员大会上,双方签订产学研合作协定书,内容有:为企业开展职工培训、合作研发新产品、开展订单式人才培养、召开毕业生台企专场招聘会、设立台企奖学金等,为在惠山区工作的台商、台企科技和人才服务搭建平台,帮助台商、台企进一步做大做强。

（方 磊）

【台属工作】 2016年,惠山区台办组织台属联谊会、台属迎春座谈会,组织台属参观冯其庸学术馆等。做好无锡市台属联谊会第六届代表大会惠山区理事名额推选工作,区台属联谊会会长臧培兴被选为无锡市台属联谊会第六届代表大会副会长、理事胡晓英被选为无锡市台属联谊会第六届代表大会常务理事。坚持为台属办实事、好事,引导台属推动惠、台两地交流。

（方 磊）

【对台经济】2016年,惠山区台办加强做好对台经

济工作,促进台商、台企在惠山区落户。3月27日,位于阳山田园东方内的台企番薯藤•TINA餐厅正式开业,实现阳山台企零的突破。4月1日,台湾风情美食节暨桃源旅游商品展销会在阳山桃文化广场拉开帷幕。7月,由台湾IDEA探索发展事业有限公司与无锡东方文旅资产管理有限公司共同合作开发成立的"东方探索培训有限公司"培训基地项目落户阳山田园东方。10月,注册资金7000万人民币(等额美元)的台商独资项目汉邦崧延实业(无锡)有限公司成立。10月28日,投资9000万美元,占地37.1公顷的大联洋快速食品生产项目在惠山经济开发区举行开工仪式。

(方磊)

3月21日,台商考察江苏无锡(惠山)生命科技产业园。
(区台办 供稿)

【交流交往】 2016年,惠山区台办和有关单位共接待台胞1159人次,其中商务190人次,旅游857人次,探亲98人次,其他14人次;接待岛内经济界、教育界交流参访团组7批230余人次;办理因公赴台考察团组2批13人次,随团人员赴台8批14人次,接待企业赴台咨询7批次,受理非公职团组(企业)赴台初审2批次。组织惠山区职业教育团赴台考察交流,与台湾万能科技大学、树人家事商业职业学校、台东高级商业职业学校、新北市私立开明高级工业商业职业学校、台北市立松山高级商业家事职业学校等5所职业院校建立校际交流合作友好关系,在学术交流、学科建设、师生互访等方面达成合作交流意向,签订框架性合作协议。11月29日至12月5日,惠山区邀请树人家

事商业职业学校师生访问团到惠山区进行学术研讨和交流访问,与惠山中专师生开展技能交流、教学研讨和座谈联谊等。

(方磊)

【涉台服务】 2016年,惠山区台办认真贯彻落实《中华人民共和国台湾同胞投资保护法》,为台胞、台属、台商办实事,解难题。全年接待来电来访10起,陆续解决台胞子女上学、台商开业注册咨询、企业产销对接等问题,办结率达100%。妥善解决已故台胞戴维清善后事宜,慰问亲人逝世的台商林志和。开展"走台企、访台商、解难题"专题活动,通过座谈、实地察看等,了解企业的生产经营状况和台商的生活情况,征求企业对政府改善优化生产投资环境的意见和建议,协调有关部门帮助台商解决实际困难。

(方磊)

【学习宣传】 2016年,惠山区台办举办台海形势报告会,特邀上海社会科学院台湾研究中心主任盛九元为全区机关领导干部解读国际形势与台湾问题。组织全区统战委员走进上海交大,针对性、系统性地集中学习对台业务,熟悉对台理论和方针政策。加大涉台宣传报道力度,严把信息关,提高信息的时效性和质量。年内,共向无锡市台办报送信息40条,向《惠山政务网》网站报送信息36条,向《惠山新闻》投稿36篇,宣传惠山区的对台工作。

(方磊)

党 校 工 作

【概况】 2016年,惠山区委党校贯彻执行《中国共产党党校工作条例》和省、市《关于加强和改进新形势下党校工作的实施意见》,围绕惠山区委、区政府总体思路和中心工作,推进党校各项工作。全年举办主体班7期,培训1846人次;送教上门宣讲40余场次,培训学员5000多人次。

(张雨倩)

【培训工作】 2016年,惠山区委党校推进教育培训改革创新,提高培训质量。举办"惠山区2016年度团干部培训班""惠山区慧创学堂""惠山区村(社区)

党组书记培训班"等主体班 7 期,培训 1846 人次。深入基层,向广大干部群众宣传党的理论方针和时事政策,发挥党校宣讲党的知识的主阵地作用。2016年,在全区送教上门宣讲 40 场次,培训学员 5000 人次,宣讲以中共十八大精神和十八届三中、四中、五中、六中全会精神为重点内容的,占宣讲场次的 50%以上,另外涉及科学发展观、社会主义核心价值体系、热点经济政治形势、党建、党史知识等。

(张雨倩)

【科研工作】 2016 年,惠山区委党校申报的市级调研课题"加快惠山区美丽乡村建设"和"创造新供给,满足新需求"立项。向无锡市党校系统"党校论坛"2016 年会,提交《加快推进惠山区美丽乡村建设的现状和思考》《加快美丽乡村建设步伐,推进城乡区域统筹发展》《用供给侧结构性改革,破解区级党校发展难题》《用供给侧改革,激活无锡土地资源有效配置》和《山环水绕桃花源,生态休闲后花园》论文 5 篇。

(张雨倩)

史 志 工 作

【概况】 2016 年,惠山区史志部门认真履行编史、修志各项工作职责。出版发行《惠山年鉴(2016)》,完成《惠山区志(2001—2010)》35 万字的文字编纂。完成 2016 年度的大事记,约 2.3 万字。向《无锡年鉴(2016)》提供"惠山区概览"文字资料 1.3 万字,照片资料 8 张。向《江苏年鉴(2016)》提供"惠山区概览"文字资料 1000 字,照片资料 1 张。向《无锡市志》提供照片并被采用 3 张。年内,1 人参加全省党史工作会议,2 人参加市史志办公室和常州市史志办公室在宁波大学联合举办的"地方志业务专题培训班"。指导惠山区洛社镇、钱桥街道的志书编纂工作。配合区民政局、区妇联征集整理惠山区名人事迹的文字材料。组织区内 7 部村志(史)、乡镇志(史)参加江苏省首届优秀乡镇(街道)、村志评选,其中 4 部获 12个奖项。向市史志办公室报送 1 名"史志信息联络员",与无锡市各区、江阴、宜兴,江苏盐城滨海等地

史志办公室交流年鉴。年终,惠山区史志办获评2016 年度无锡市史志工作先进集体,2 人获评 2016年度无锡市史志工作先进工作者。

(惠山区史志办公室)

【《惠山区志(2001—2010)》编纂】 2016 年,《惠山区志(2001—2010)》的编修工作进展顺利。完成惠山区政府办、商务局、民政局、教育局、国土局、人社局、城管局、交通局、经信局、发改局,区委组织部、宣传部,区内部分银行、保险公司等部门和单位的区志文字初定稿,约 35 万字。至年底,累计完成区志文字稿约 135 万字。先后组织人员赴无锡市史志办、无锡方志馆,无锡农村商业银行、无锡市燃气电力气象等部门查阅搜集资料,补充完善人物、文物古迹、民俗风情等资料;继续向区内各供稿单位征集老照片,按照领导调研、城镇建设、道路交通、社会事业、人民生活、精神文明建设、环境保护等主题,初选与归类照片,送设计公司设计初样。7 月,《惠山区志(2001—2010)》的纲目通过上级专家组的评审,并根据专家意见,调整、完善纲目。8 月,通稿修改文字稿,送供稿单位审核。10 月,依据供稿单位反馈意见补充、修改。年末,结集刊印《惠山区志(2001—2010)》文字征求意见稿。

(惠山区史志办公室)

【《惠山年鉴(2016)》出版发行】 2016 年,《惠山年鉴(2016)》的编纂工作按计划有条不紊地进行。10月,《惠山年鉴(2016)》由中国文史出版社出版发行。全书 75 万字,设置 33 个类目,收录条目 930 条,刊登照片资料约 165 幅,表格 60 张。新版年鉴在提升文字稿编校质量、完善装帧设计的同时,着力体现惠山地方特色。新增"惠山靓影"彩照栏目,展现惠山崭新风貌。

(惠山区史志办公室)

【镇(街道)志、村(社区)志编纂】 2016 年,惠山区镇(街道)志、村(社区)志编纂成绩斐然。《洛社镇志》《钱桥街道志》经过几年修编,年内已刊印初稿或部分初稿,经有关部门审稿后,正抓紧修改完善。洛社镇万马村村民为给当地村落留住文化遗存、乡愁记忆,自发组织成立村志编委会,用一年半时间编成

21万字的《万马村志》,于2016年年底出版。该书5易其稿,全面真实地反映村庄的发展历史,体现时代精神和村庄特色。此外,钱桥街道钱桥社区、晓丰社区,堰桥街道林陆巷社区,均成立村(社区)志编委会,村(社区)志的编纂工作正在有条不紊地进行之中。其中钱桥街道的《晓丰社区志》已完成初稿。

(惠山区史志办公室)

保密工作

【概况】 2016年,惠山区委机要保密局重点加强对全区2个要害部门和13个要害部位的动态管理,掌握64家单位的保密工作底数,持续做好涉密载体及保密废纸回收销毁工作,为45个机关部门、7个乡镇街道提供集中回收销毁涉密文件服务6次,销毁数量28吨。做好G20峰会期间的通信保障工作,制定下发《惠山区党政机关计算机信息系统和网络使用保密管理规定》,对全区7个乡镇(街道)、8个重点机关单位60余台计算机开展违规外联监督检查,明确61名涉密人员职责,确保全区保密工作安全无事故。正确处理各类文件电报,全年通过政务网流转发送的各类文件2万余件,办理电报160件,均实现零差错。高标准完成中心机房网络设备与OA(办公自动化)政务网络系统的改造升级;邀请市局对辖区内无锡市欣帆船舶设备有限公司等3家渴望获得保密资质的企业提供服务,邀请上级业务部门对辖区军工企业开展调研和考核,进一步提升辖区军工企业服务与管理水平。

(张凯坤)

机关党的工作

【概况】 2016年,中共惠山区委区级机关工委以中共十八大和十八届三中、四中、五中、六中全会精神为指导,按照区委"勇于担当、奋发有为"工作导向,全面开展"两学一做"(学党章党规、学系列讲话,做合格党员)学习教育,落实"敬业、担当"主题活动,进一步深化"挂镇包村帮企联户"工作,加强机关文化

建设和干部队伍建设,将全面从严治党要求贯穿工作全过程。至年底,区级机关工委下属有党总支16个、党支部25个,党员1604人,其中年内发展党员22人。区委办党支部等15个机关党组织被评为"区级机关先进党组织"。

(许振宇)

【学习型党组织建设】 2016年,惠山区委区级机关工委按照中央和省、市、区委的统一部署,在区级机关1600多名党员中精心组织开展 "学党章党规、学系列讲话、做合格党员"学习教育。因地制宜制定区级机关"两学一做"学习教育实施方案,为所属41个党总支(支部)发放《中国共产党章程》"两学一做"专用学习笔记本等学习资料,制定下发《关于继续执行 "周五学习日"制度的通知》,围绕"两学一做"学习教育、中共十八届六中全会精神、市第十三次、区第四次党代会精神等主题,共下发10多次荐学通知,确保中央和省、市、区委重大精神和决策部署及时在区级机关得到传达贯彻。围绕提升干部履职能力要求,组织250名机关中层副职干部到市委党校进行能力提升培训,以"我能我行我示范"为主题,组织190人参加第三届机关工作人员办公技能竞赛。

(许振宇)

【党风廉政建设】 2016年,惠山区委区级机关工委按照"守纪律、讲规矩"的要求,认真贯彻落实中央和省、市、区委八项及十项规定精神要求,将廉政建设贯穿工作始终,认真落实廉政建设责任制的各项目标任务。将警示教育作为党员学习的必学内容,作为中层干部和新党员、入党积极分子培训的必学课程,抓实抓好。邀请市纪委领导为区级机关干部作《 把纪律和规矩挺在前面 》专题讲座。切实履行区级机关纪律检查工作委员会职责,做好查案办案工作,年内,查处党员干部违纪案件2件,其中警告1件、严重警告1件。

(许振宇)

【作风与效能建设】 2016年,惠山区委区级机关工委在区级机关全体党员干部中开展"科学定诺、交流承诺、跟踪问诺、民主评诺"主题实践活动,着力打造一支爱岗敬业、勇于担当、作风优良的区级机关干部

队伍。着力加强作风纪律教育,委托第三方机构,对惠山区作风建设拍摄明察暗访专题纪录片,督促机关部门对存在的作风问题进行自查整改。年末组织开展机关作风与效能建设社会评议活动,区委组织部、宣传部等12个部门被评为2016年度惠山区作风建设优胜单位。

（许振宇）

【机关文化建设】 2016年2月,惠山区委区级机关工委、区文体局、区总工会联合举办"欢天喜地闹元宵"系列广场文艺活动。5月至7月,机关工委与区文体局、区总工会联合举办"阅读人生·践行梦想"读书季活动。7月底评出优秀阅读推广人5名、阅读积极分子8名、"我心向党"书法展评活动获奖人员51名、指定书目百字品鉴征文比赛获奖人员19名。8月在区文体馆举办机关书画培训班和瑜伽培训班,区级机关60多名干部报名参加,进一步丰富和活跃机关干部文化生活。

（许振宇）

老干部工作

【概况】 2016年,惠山区委老干部局以为党的事业增添正能量为价值取向,全面加强老干部"两项建设"（思想政治建设和党支部建设）,落实老干部"两项待遇"（政治待遇和生活待遇）,丰富老干部精神文化生活,推进老干部工作转型发展。年内召开全区老干部工作会议,部署离退休干部党组织建设、党员教育管理、服务管理、学习活动阵地建设等工作。至年末,惠山区委老干部局服务管理的离退休干部145人,其中惠山区离休干部97人、易地安置5人、委托管理1人、条线管理4人、原区级四套班子退休干部38人。全区有离退休干部党总支3个、党支部35个、学习组6个。年内去世离退休干部10人。

（禹向丽）

【思想政治建设】 2016年,惠山区委老干部局以"学党章党规、学系列讲话,做合格党员"教育为契机,印发《关于在全区离退休干部党员中开展"学党章党规、学系列讲话,做合格党员"学习教育有关问题的通知》;组织离退休干部深入学习贯彻中共十八大和十八届三中、四中、五中、六中全会精神,学习中共中央总书记习近平系列重要讲话精神,全区41个离退休干部党支部和学习组均组织"两学一做"学习教育动员;举办"惠老大讲堂"3期,邀请市、区委党校教师作"两学一做"学习教育专题辅导;发放《理论读本》1000册,学习材料2000份,支部学习光盘100多张,编发《惠老简讯》4期;创新学习载体,创建手机微学堂,及时发布时事信息、老干部工作简讯等。是年,惠山区委老干部局印制中共中央办公厅、国务院办公厅（中办发〔2016〕3号文件）《关于进一步加强和改进离退休干部工作的意见》900份,印制专版登载《中组部负责人答记者问》的《惠老简讯》1200份,印制《2016年全区老干部工作要点》,均发放到全区离退休党支部,组织学习。

（禹向丽）

【组织建设】 2016年,惠山区委老干部局围绕基层党支部换届选举,协助4个支部书记超龄的单位做好新书记的选配工作,调整7名党支部书记,全区离退休干部35个党支部的换届选举工作全部完成。组织离退休干部党支部书记听专题讲座和形势报告、参加纪念建党95周年座谈会、到宜兴参观学习等活动共6次;选送4名支部书记参加全市离退休干部党支部书记培训班。按照有利于教育管理、有利于发挥作用、有利于参加活动的原则,在堰桥街道、洛社镇和钱桥街道各选1个社区作为离退休干部党建试点单位,积极探索社区党建工作。

（禹向丽）

【两项待遇落实】 2016年,惠山区委老干部局认真落实老干部政治待遇和生活待遇。全年共为204名老干部优惠订阅《无锡日报》,免费赠阅《惠山新闻》《江南保健报》《银潮》《大江南北》等报纸杂志。组织老干部和离退休干部党支部书记参加全市形势报告会1次、情况通报会2次,组织四套班子老领导参加区情况通报会4次,组织召开县处级离休干部情况通报会1次,协助组织四套班子老领导参加区"两会"和区党代会;组织四套班子老领导先后赴张家港永联村、灵山拈花湾和宜兴参观学习。全面开展全区离休干部生活待遇落实情况督查,及时纠正 8 个单位 22 名离休干部的工资偏差,调整 47 名企业离休干部提租补贴标准。全年走访慰问老干部 450 人次,发放慰问金 15.55 万元;走访慰问困难老干部及老干部遗属 37 人次,发放困难补助 4.5 万元。看望生病住院老干部 340 人次,为 46 名离退休老干部报销医药自理费用 15 万余元;医疗结对上门就诊 150 人次。协助处理 10 名老干部的后事。

(禹向丽)

【增添正能量活动】 2016 年,惠山区委老干部局深入推进以"展示阳光心态、体验美好生活、畅谈发展变化"为主要内容的增添正能量活动,深化"增创新优势,建设新惠山"主题教育活动,印发《关于组织离退休干部开展为党的事业增添正能量活动的意见》,组织老干部深入学习贯彻中共中央总书记习近平等中央领导在"双先"表彰大会上重要讲话精神、学习为党的事业增添正能量活动宣传提纲。在全区老干部中开展"心系惠山、建功有我"夕阳心声征集活动和"我看从严治党新气象"调研活动;开展"离退休党员干部牵手大学生村官""我为惠山发展点个赞""我身边的正能量微故事"等活动。全年共收到各种活动信息材料 8 篇、调研材料 3 篇。选送 2 名先进典型参加市老干部局组织的纪念建党 95 周年图片展活动。在离退休干部党支部中设立网宣员 18 名,组建专兼职网宣员队伍,引导离退休干部在网络媒体中积极发声,传递正能量。

(禹向丽)

【文体活动阵地建设】 2016 年,惠山区老干部活动中心原文体局危房改扩建工程基本完成,通过进一步完善功能设置,优化调整活动中心和区老年大学用房布局;洛社镇、钱桥街道老干部活动室完成改扩建工作,区委老干部局为钱桥、洛社、堰桥等基层老干部活动室添置投影仪、电脑、音响等设备,提升老干部文体活动场所的硬件建设。在区文化馆举行"纪念中国共产党建党 95 周年暨红军长征胜利 80 周年"全区老干部文艺汇演暨老干部书画展,共 250 名老干部参加;与区民政局、文体局、老年体协一起,通过联办、协办的方式组织老干部象棋、围棋、门球、扑克牌、乒乓球等比赛共 5 次,组织书画展、老干部文艺汇演等活动共 2 次,参与人次 520 余人;在无锡市老干部局组织的象棋、乒乓球、书画摄影等比赛中,12 人获象棋邀请赛优胜奖,阳山老干部代表队获乒乓球赛团体第三名,选送的 5 幅书画摄影作品均获优秀奖。

(禹向丽)

6 月 28 日,"纪念中国共产党建党 95 周年暨红军长征胜利 80 周年",在区文化馆举办惠山区老年书画展暨老干部文艺汇演。

(区老干部局 供稿)

惠山区人大常委会

概　况

2016 年，惠山区人大常委会围绕全区改革、发展和稳定大局，坚持亲民为民的工作宗旨，认真履行宪法和法律赋予的职责，依法举行常委会会议 9 次，听取和审议"一府两院"专项工作报告 17 项，作出决议、决定 23 项；对 2 部法律法规的执行情况进行检查；召开主任会议 8 次；开展视察检查 12 次。发挥代表在人大工作中的主体作用，认真督办代表建议，推进全区民主法治建设。注重学习，改进作风，加强常委会自身建设，各项工作取得新进展。

（陈　佳）

重 要 会 议

【惠山区第三届人民代表大会第五次会议】 2016年 1 月 18 日—22 日，惠山区第三届人民代表大会举行第五次会议，出席会议的正式代表 220 名，列席人员 111 名，参加区政协三届五次会议的全体政协委员列席大会。会议听取和审议区长李秋峰所作的《无锡市惠山区人民政府工作报告》、区发展和改革局局长严评所作的《无锡市惠山区 2015 年国民经济及社会发展计划执行情况的报告和 2016 年国民经济及社会发展计划（草案）》、区财政局局长薛颖所作的《无锡市惠山区 2015 年财政预算执行情况的报告和 2016 年财政预算（草案）》、区人大常委会副主任徐金瑞所作的《无锡市惠山区人大常委会工作报告》、区人民法院院长凌芝所作的《无锡市惠山区人民法院工作报告》、区人民检察院检察长徐盛希所作的《无锡市惠山区人民检察院工作报告》，审查《无锡市惠山区国民经济和社会发展第十三个五年规划纲要》，会议决定批准上述报告，并通过相应决议。会议还听取区人大常委会副主任陈纯所作的《关于区三届人大四次会议以来代表建议、批评和意见办理情况的报告》。会议通过关于接受吴仲林辞去无锡市惠山区第三届人民代表大会常务委员会主任职务请求的决定（草案），补选顾智杰为无锡市惠山区第三届人民代表大会常务委员会主任，补选王才兴、戴芸为无锡市惠山区第三届人民代表大会常务委员会委员。会议通过关于设立无锡市惠山区第三届人民代表大会法制委员会和财政经济委员会的决定（草案），通过无锡市惠山区第三届人民代表大会法制委员会和财政经济委员会组成人员名单。组织选举产生的国家工作人员向宪法宣誓。表彰 2014 年至 2015 年"争先创优"活动先进单位和个人。

（陈　佳）

【惠山区人大常委会会议】 2016 年 2 月 29 日，惠山区第三届人大常委会举行第三十三次会议。会议听取和审议区人民政府关于惠山区文化遗产保护和利用情况的报告、区人民检察院关于民事行政检察工作情况的报告。

4月28日，惠山区第三届人大常委会举行第三十四次会议。会议听取和审议区人民政府关于对2015年《中华人民共和国行政强制法》执法检查意见整改落实情况的报告、关于推动企业上市挂牌工作情况的报告，关于全民参保登记工作情况的报告。

6月29日，惠山区第三届人大常委会举行第三十五次会议。会议听取和审议区人民政府关于2015年财政决算情况的报告、关于2015年财政预算执行和其他财政收支情况的审计工作报告、关于2014年度财政审计重点问题整改落实情况的报告、关于三届人大五次会议代表建议办理情况的报告，听取区人大常委会执法检查组关于检查《中华人民共和国大气污染防治法》贯彻实施情况的报告，听取市人大代表沈建伟、邓超的述职报告。审查和批准2015年区本级财政决算，通过有关人事任免事项，组织任命的国家工作人员向宪法宣誓。

8月22日，惠山区第三届人大常委会举行第三十六次会议。会议听取和审议区人民政府关于2016年上半年国民经济和社会发展计划执行情况的报告、关于2016年上半年财政预算执行情况的报告、关于全区"七五"普法规划制定情况的报告，审查批准区人民政府关于2016年区财政预算调整方案。听取市人大代表孙群英、季刚的述职报告。通过有关人事任免事项，组织任命的国家工作人员向宪法宣誓。

9月20日，惠山区第三届人大常委会举行第三十七次会议。会议听取和审议区人民政府关于社会救助体系建设情况的报告，通过区人大常委会关于区、镇两级人民代表大会换届选举问题的决定（草案），通过区人大常委会关于设立区选举委员会、选举办公室的决定（草案），通过区人大常委会关于设立各镇选举委员会、选举办公室的决定（草案）。通过有关人事任免事项，组织任命的国家工作人员向宪法宣誓。

10月27日，惠山区第三届人大常委会举行第三十八次会议。会议听取和审议区人民政府关于工业重大项目引进和建设情况的报告、关于"众创众筹"工作推进情况的报告，听取区人大常委会执法检查组关于检查《无锡市养老机构条例》贯彻实施情况的报告。通过有关人事任免事项，组织任命的国家工作人员向宪法宣誓。

11月23日，惠山区第三届人大常委会举行第三十九次会议。会议听取和审议区人民政府关于城市管理"五项整治"工作情况的报告，通过惠山区第三届人民代表大会常务委员会关于召开无锡市惠山区第四届人民代表大会第一次会议的决定（草案）、关于接受顾智杰辞去无锡市惠山区选举委员会主任职务请求的决定（草案）、关于接受计佳萍等辞去无锡市惠山区选举委员会副主任职务请求的决定（草案）、关于接受路露等辞去无锡市惠山区选举委员会委员职务请求的决定（草案）、关于接受俞刚辞去洛社镇选举委员会主任职务请求的决定（草案）、关于接受杨鸣贤等辞去洛社镇选举委员会副主任职务请求的决定（草案）、关于接受秦杰等辞去洛社镇选举委员会委员职务请求的决定（草案）、关于接受吴立刚辞去阳山镇选举委员会主任职务请求的决定（草案）、关于接受章华超等辞去阳山镇选举委员会副主任职务请求的决定（草案）、关于接受龚靖等辞去阳山镇选举委员会委员职务请求的决定（草案）。通过有关人事任免事项，组织任命的国家工作人员向宪法宣誓。

12月5日，惠山区第三届人大常委会举行第四十次会议。会议听取和审议区人民政府关于2017年财政预算初步安排情况的报告、关于2017年国民经济和社会发展计划初步安排情况的报告，审查和批准区人民政府关于2016年区财政预算调整方案（草案），通过区第三届人大常委会代表资格审查委员会关于区第四届人民代表大会代表资格的审查报告。

12月23日，惠山区第三届人大常委会举行第四十一次会议。会议听取区选举委员会办公室关于惠山区区镇第四届人大代表换届选举工作汇报，听取区人大常委会人事代表联络工委关于区三届人大一次会议以来代表建议、批评和意见办理情况的报告,讨论召开区四届人大一次会议的有关事项,通过区四届人大一次会议列席人员名单。通过有关人事任免事项,组织任命的国家工作人员向宪法宣誓。

（陈　佳）

4月28日,区三届人大常委会召开第三十四次会议。
（区人大 供稿）

【惠山区人大常委会主任会议】　3月17日,惠山区第三届人大常委会召开第四十次主任会议,听取区人民政府关于全区法制机构和法制人员队伍建设情况的汇报。

5月17日,惠山区第三届人大常委会召开第四十一次主任会议,听取区公安局关于电信网络新型违法犯罪专项打击工作情况的汇报。

5月30日,惠山区第三届人大常委会召开第四十二次主任会议,听取区人民政府关于重点建议办理情况的汇报。

6月28日,惠山区第三届人大常委会召开第四十三次主任会议,听取区人民政府关于推进分级诊疗,加快医疗联合体建设情况的汇报。

7月23日,惠山区第三届人大常委会召开第四十四次主任会议,听取区人民政府关于农村安置房土地证、房产证"两证"合一办理情况的汇报。

9月9日,惠山区第三届人大常委会召开第四十五次主任会议,听取区人民政府关于债务管控情况的汇报。

10月14日,惠山区第三届人大常委会召开第四十六次主任会议,听取区人民政府关于全区地块清零工作情况的汇报。

11月8日,惠山区第三届人大常委会召开第四十七次主任会议,听取区人民政府关于财政专项资金及重点项目建设绩效评估情况的汇报。

12月14日,惠山区第三届人大常委会召开第四十八次主任会议,实地察看新锡澄路、钱桥盛桃路、洛社振平路建设情况,听取区人民政府关于区镇两级道路提升改造工作情况的汇报。

（陈　佳）

重 要 工 作

【健全预算监督机制】　2016年,惠山区人大常委会(简称区人大常委会)以预决算监督为重点,推进财政规范运行。健全预算初审机制,督促政府按预算法规定,完善全口径预算管理体系,优化财政分配秩序,规范、细化预算草案,将区公共财政、政府性基金、国有资本经营"三本预算"提交人代会审查。强化预算刚性约束,坚持"先预算后支出,无预算不支出"原则,依法听取和审议财政决算、财政审计、预算执行情况、预算调整等报告,审查批准年度区级决算。深化监督内容,规范、完整、细化预算执行情况报告和决算草案;优化监督方式,建立审计发现问题整改登记销号制度;全面实行预决算和"三公"经费公开。推进预算绩效管理,开展对政府重点项目专项资金绩效评价工作,听取区政府及区住建、环保、农林、卫计、文体、水利、残联等部门重点项目资金绩效评价情况的汇报,督促政府建立科学合理、公正透明、高效有序的预算资金绩效论证和评价机制,逐步构建预算绩效管理基本框架,有效提高财政资金使用效益。加强债务管控,支持政府按照"疏堵结合、分清责任、规范管理、防范风险、稳步推进"的原则,建立规范的投融资机制,实行债务规模控制和预算管理。

（陈　佳）

【推进经济转型升级】　2016年,惠山区人大常委会以提升发展质量为重点,全面推进经济转型升级。围绕区委"稳增长、促转型、抓内涵、调结构"的要求,区人大常委会专项审议惠山区国民经济和社会发展计划的初步安排和执行情况、企业上市、"众创众筹"等工作情况的报告,支持政府坚持创新发展战略,优化投资结构和产业布局,提高企业科技创新能力和实体经济运行质效,引导和培育有条件的企业上市,促进创新创业项目建设,推进传统产业转型升级和高新技术产业健康发展。区人大常委会通过视察调研、专项审议等形式,推进工业园区土地资源整合、工业重点项目建设、工业转型集聚区规划建设,要求科学制定产业发展规划,充分利用工业转型集聚区建设的契机,推进园区资源整合和工业重点项目建设,促进资源集约高效利用和产业集聚化发展。区人大常委会视察农业园区建设,专题调研水蜜桃产业发展情况,建议政府科学规划农业园区,提高农业园区规范化、精细化管理水平,加强对阳山水蜜桃等著名农产品牌打造和保护力度,促进区农业规模化、产业化、特色化、高水平发展。

(陈 佳)

【推进民生实事工程建设】 2016年,惠山区人大常委会加强以改善民生为重点的社会保障、文化、卫生、社会救助等工作监督,促进民生问题的解决,使改革发展成果更多地转向民生,惠及百姓。区人大常委会专题审议全民参保工作情况的报告,督促政府完善社会保障体系,规范参保行为,优化参保结构,加快推进入户核查和信息采集工作、建立参保登记数据动态管理工作机制,推进全民参保登记工作。专题审议文化遗产保护和利用情况的报告,推进政府加快制定全区文物保护和利用的总体规划和分级分类保护规划,宣传普及文物保护知识,加强文化遗产遗迹规范管理,推进惠山区文化传承与发展。监督推进分级诊疗、医疗联合体建设,督促政府加强基层卫生服务机构建设,加大人才引进和培养力度,在医疗联合体内强化信息沟通,建立健全激励考核机制,推进多种形式医疗联合体建设,分级诊疗格局逐步形成。推进全区养老机构资源整合,督促政府完善养老机构发展规划,发展多种形式的养老服务模式,加强资金保障,完善设施设备,推动养老产业健康发展。关注弱势群体,听取和审议社会救助体系建设情况的报告,支持和督促政府建立区级社会救助综合服务平台,完善低水平全覆盖的社会救助体系,保障全区符合条件的弱势群体得到基本社会救助和援助服务。监督全区食品安全监管、安全生产、水利防汛、人口计生、粮食安全等工作,支持政府落实各项为民办实事项目。

(陈 佳)

【监督城镇建设】 2016年,惠山区人大常委会以宜居城镇建设为重点,监督推进城市建设管理工作。重视城镇建设,视察老城镇延伸改造、原县属企业家舍改造、惠山城铁站区和西漳地铁站区规划建设、区镇两级道路提升改造等工作,督促政府完善城镇建设改造规划,高质量、高标准推进老城镇改造和交通基础设施建设,健全公共配套设施,建立长效管理机制,形成各板块结构合理、特色彰显、功能互补的城镇新格局。推进城镇管理专题审议城市管理"五项整治"[注]工作情况的报告,推动政府建立科学化、精细化、标准化的城市管理长效机制,健全分级负责、相互衔接、合理分工、规范高效的城市综合管理体系,提高城市管理的效率和水平。

[注]"五项整治":具体包括占道经营整治、违法建设整治、停车秩序整治、偷倒乱倒生活建筑垃圾整治和渣土运输整治。

(陈 佳)

【保障法律法规实施】 2016年,惠山区人大常委会听取和审议区人民政府关于全区"七五"普法规划制定情况的报告,作出实施"七五"普法规划决定,推进全民普法、全民守法,确保全区"七五"普法规划有序实施。坚持干部任前法律知识考试、任前承诺、任后公告和向宪法宣誓制度,增强被任命人员对人民负责、宪法至上、遵法守法用法意识,提高领导干部依法开展工作、推动发展、化解矛盾、维护稳定的能力。全年对19名干部进行任前法律知识考试,审议任前承诺36份,依法任免或决定任免国家机关工作人员63人次,组织37名国家机关工作人员向宪法宣誓。

(陈 佳)

【开展执法检查】 惠山区人大常委会按照《区人大常委会执法检查办法》规定,进一步规范检查程序,优化检查方法,落实检查责任。2016年,对《中华人民共和国大气污染防治法》和《无锡市养老机构条例》等2部法律法规执行情况进行检查,指出存在问题,提出整改意见,限期落实反馈;专题听取区人民政府关于 2015 年《中华人民共和国行政强制法》的执法检查意见整改落实情况的报告。通过执法检查，督促政府坚持科学治污，加大环保资金投入，配足配强人员和设备，严厉打击违法行为。完善行政强制执法装备、查封扣押场地、执法资金等保障措施，制定并公开行政权力责任清单，健全执法部门统筹协调机制，保障法律法规在全区贯彻实施。

（陈 佳）

【推进法治社会建设】 2016 年，惠山区人大常委会专题听取法制机构和法制人员队伍建设的报告，视察法律援助工作，督促政府健全法制机构，增强人员配备，提高法制人员素养，创新社会管理，推进法律援助工作，营造良好的法治环境。监督推进"平安惠山"创建工程，专题听取区公安分局专项打击电信网络诈骗新型违法犯罪情况的汇报，督促政府加强宣传引导，加强相关部门和单位的协同配合，严厉打击电信网络诈骗等新型违法犯罪行为，切实维护人民群众生命财产安全。从优化司法环境入手，分批组织人大代表旁听案件庭审，专题审议区检察院民事行政检察工作情况的报告，监督区法院、区检察院公正司法，维护公平正义，为经济社会发展保驾护航。

（陈 佳）

【保障代表依法履职】 2016 年，惠山区人大常委会加大建议督办力度，保障代表履职实效。按照《区人大代表建议办理办法》，进一步强化领导责任，健全主任会议督办重点建议和常委会副主任领衔督办代表建议制度，建立建账销号制度，突出对代表反馈办理不满意建议、上年承办部门和单位答复正在办理建议的跟踪督办，切实把代表建议落到实处。2016 年，人大代表在区三届人大五次会议上共提出建议 48 件，落实 39 件，全部按规定时间、规定程序完成办理，代表满意率 100%。按照《区人大代表与选民联系办法》，依托"代表之家""代表工作室"，组织代表接待选民，在《惠山新闻》报上公布代表接待选民时间、地点和接待人姓名，广泛收集社情民意。全年，组织人大代表 198 人次参加接待选民活动，收到建议、意见 95 件，涉及区级层面的 46 件基本得到解决。健全代表活动制度，年初印发区人大代表活动意见，督促

各代表小组有计划、有重点、有成效地开展活动。举办代表履职能力提升培训班，近 100 名代表集中学习研讨。围绕常委会专项审议、执法检查、工作评议等议题，组织代表开展专题调研、问卷调查、视察检查等活动。编印《区人大常委会代表风采录》，弘扬人大代表风采、宣传人大代表先进事迹和履职情况。

（陈 佳）

【推进基层政权建设】 2016 年，惠山区人大常委会根据省、市人大要求，惠山区区、镇两级人大依法进行换届选举。区人大常委会始终坚持党的领导、坚持发扬民主和严格依法办事相统一，深入调查，依法划分选区、分配代表名额，登记选民，组织选民协商推荐代表候选人、参加投票选举，全面落实正式代表候选人与选民见面的规定，充分尊重和保障选民的民主权利，确保换届选举工作依法有序进行。全区登记选民 451250 人，投票选举的选民 439804 人，参选率达到 97.5%，依法选举产生区人大代表 225 名，镇人大代表 204 名。坚持"区镇人大联席会议制度"，及时通报和交流区镇人大工作情况。组织镇（街道）人大干部培训、学习交流、列席常委会会议、参加执法检查和视察，上下联动，协调配合开展工作。指导各镇人大、街道人大工委组织代表学习培训。按照《区人大常委会街道人大工委工作职责》，指导各街道人大工委听取街道办事处工作情况和年度财政预决算情况汇报，发挥街道人大工委的作用。加强区、镇人大组织建设，区人民代表大会设立财政经济委员会、法制委员会，镇人大主席和大部分街道人大工委主任专职化，区人大常委会增设正科职建制的农业农村工作委员会，为加强惠山区基层政权建设，提供强有力的组织保障。

（陈 佳）

【人大自身建设】 2016 年，惠山区人大常委会不断完善学习制度，坚持学以致用、学用结合、用以促学。坚持党组中心组学习、机关"周五学习日"等制度，学习贯彻中共十八大和十八届三中、四中、五中、六中全会精神，学习中共中央总书记习近平系列重要讲话精神和省、市两级人大工作会议精神，扎实完成"两学一做"专题教育各项任务。开展业务培训，全年

举办法律法规和专业知识讲座 8 次,组织各类学习交流活动 25 次,撰写理论研讨文章 10 篇。完善监督议题选定机制,通过召开座谈会、走访、印发征询意见表、在《惠山新闻》报上向社会公开征集等方式,从代表建议、人民群众普遍关注的热点难点问题中选取监督议题。健全审议意见督办机制,将常委会组成人员的审议意见交有关机关研究处理,对处理结果进行满意度测评。对处理难度较大、时间较长的审议意见,进行跨年度跟踪监督。全年向"一府两院"发出审议意见书 17 份。落实党风廉政建设责任制。学习中央八项规定和省委、市委、区委"十项规定",以及关于改进工作作风、密切联系群众的各项规定。开展创建"节约型"机关建设,努力开源节流、勤俭节约。班子成员及机关工作人员没有违反廉政建设各项制度的行为和现象。把调查研究作为改进工作作风的关键,围绕区委中心工作、社会关注的热点难点问题、专项审议议题、执法检查和工作评议内容等,开展调查研究。全年,共完成调研报告 12 篇,为区委、区政府工作决策提供依据和参考。推行履职公开,依托《惠山人大》内部杂志、惠山人大网站、《惠山新闻》报专版等平台,宣传人大及其常委会、人大代表履职情况,让人民赋予的权力在阳光下运行。

（陈 佳）

人 事 任 免

2016 年,惠山区人大常委会在人事任免工作中,坚持党管干部和人大依法任免干部相统一的原则,按照常委会人事任免办法,严把干部素质关、提请程序关、法律考试关,要求被任命人员提交任前承诺,促使任职干部主动学法、用法,增强执政为民意识,提高依法办事水平。2016 年,对 19 名干部进行任前法律知识考试,审议任前承诺 36 份,依法任免或决定任免国家机关工作人员 63 人次。

2016 年惠山区人大常委会任免"一府两院"工作人员一览

表 2

时间	会议	任免情况
2016 年 6 月 29 日	无锡市惠山区第三届人大常委会第三十五次会议	决定任命: 才项仁增为惠山区人民政府副区长。 任命: 陈 瑜为惠山区人民法院副院长、审判委员会委员、审判员; 邵明舟为惠山区人民法院立案庭庭长、审判委员会委员; 金 语为惠山区人民法院审判委员会委员; 钱 元为惠山区人民法院前洲人民法庭庭长、审判委员会委员; 崔 健为惠山区人民法院立案庭副庭长; 陆正伟为惠山区人民法院民事审判第二庭副庭长。 免去: 张向东的惠山区人民法院副院长职务; 钱 元的惠山区人民法院前洲人民法庭副庭长职务; 崔 健的惠山区人民法院劳动争议审判庭副庭长职务; 顾皖军的惠山区人民法院审判委员会委员、审判员职务; 刘建平惠山区人民法院立案庭庭长职务; 杨卫东惠山区人民法院前洲人民法庭庭长职务; 陶勇达惠山区人民法院民事审判第二庭副庭长职务;

续表

时间	会议	任免情况
2016 年 6 月 29 日	无锡市惠山区第三届人大常委会第三十五次会议	韩仁康惠山区人民法院审判员职务。 任命： 彭传家为惠山区人民检察院检察委员会委员； 张凌云为惠山区人民检察院检察委员会委员； 刘媛媛为惠山区人民检察院检察员； 陈宝娟为惠山区人民检察院检察员； 敖　宇为惠山区人民检察院检察员； 徐静超为惠山区人民检察院检察员。 免去： 许超栋的惠山区人民检察院检察委员会委员职务。
2016 年 8 月 22 日	无锡市惠山区第三届人大常委会第三十六次会议	免去： 袁漪韬的惠山区人大常委会内务司法工作委员会主任职务、农业农村工作委员会主任职务。 决定任命： 杨建平为惠山区人民政府副区长； 刘俊伟为惠山区人民政府副区长； 许慧慧为惠山区人民政府副区长。 任命： 陶勇达为惠山区人民法院审判委员会委员； 马英峰为惠山区人民法院审判员。 任命： 张建果为惠山区人民检察院检察员。
2016 年 9 月 20 日	无锡市惠山区第三届人大常委会第三十七次会议	决定任命： 许锡兴为惠山区人力资源和社会保障局局长。 免去： 许锡兴的惠山区水利农机局局长职务； 何国清的惠山区人力资源和社会保障局局长职务。
2016 年 10 月 27 日	无锡市惠山区第三届人大常委会第三十八次会议	任命： 崔　健为无锡市惠山区人民法院民事审判第二庭副庭长。 免去： 崔　健的无锡市惠山区人民法院立案庭副庭长职务。
2016 年 11 月 23 日	无锡市惠山区第三届人大常委会第三十九次会议	免去： 陈协清的无锡市惠山区人大常委会教科文卫工作委员会主任职务； 孟　栋的无锡市惠山区人大常委会前洲街道工作委员会主任职务； 谢汉祖的无锡市惠山区人大常委会堰桥街道工作委员会副主任职务；

续表

时间	会议	任免情况
2016 年 11 月 23 日	无锡市惠山区第三届人大常委会第三十九次会议	成建兴的无锡市惠山区人大常委会钱桥街道工作委员会副主任职务。 任命： 　张文益为无锡市惠山区人大常委会内务司法工作委员会主任； 　孙建军为无锡市惠山区人大常委会教科文卫工作委员会主任； 　陆　阳为无锡市惠山区人大常委会农业农村工作委员会主任； 　朱仁兴为无锡市惠山区人大常委会钱桥街道工作委员会主任； 　沈　宏为无锡市惠山区人大常委会前洲街道工作委员会主任。 决定免去： 　袁　斌的惠山区司法局局长职务； 　马　伟的惠山区卫生和计划生育局局长职务； 　诸葛强的惠山区城市管理局局长职务。 决定任命： 　浦明锋为惠山区司法局局长； 　马　伟为惠山区水利农机局局长； 　许彤亮为惠山区城市管理局局长。 免去： 　沈　强的无锡市惠山区人民法院民事审判第一庭庭长职务； 　钱新宏的无锡市惠山区人民法院民事审判第二庭庭长职务。
2016 年 12 月 23 日	无锡市惠山区第三届人大常委会第四十一次会议	任命： 　陈　佳为无锡市惠山区人大常委会办公室副主任； 　徐　菁为无锡市惠山区人大常委会人事代表联络工作委员会副主任。 决定任命： 　范　良为惠山区人民政府副区长； 　赵　磊为惠山区人民政府副区长； 　沈夏萍为惠山区卫生和计划生育局局长； 　缪志刚为惠山区环境保护局局长。 免去： 　耿国平的惠山区人民政府副区长职务； 　陈金良的惠山区人民政府副区长职务； 　陈晓松的惠山区环境保护局局长职务。 任命： 　边　嵘为无锡市惠山区人民法院民事审判第一庭庭长； 　陶勇达为无锡市惠山区人民法院民事审判第二庭庭长。 任命： 　王玉珏为无锡市惠山区人民检察院副检察长。

（陈　佳）

惠山区人民政府

概　况

2016年，惠山区政府紧密团结和依靠全区人民，深入贯彻区第四次党代会精神，围绕"三优三宜"(经济优质而宜业、环境优美而宜居、生活优越而宜人)新惠山建设目标，统筹推进经济社会事业发展，较好完成区三届人大五次会议确定的主要目标任务。

2016年，惠山区坚持把稳增长作为首要任务，狠抓实体经济不动摇。全年完成地区生产总值722.40亿元，按可比价计算，比上年增长7.7%；一般公共预算收入81.4亿元，同比增长6%；实现全社会固定资产投资657亿元，同比增长11.5%；社会消费品零售总额176亿元，同比增长10%；居民人均可支配收入比上年增长7.5%。年内，惠山区开展"访企情、解企难、暖企心"服务走访活动，帮助企业协调解决经营发展中的困难和问题。出台《加快推进现代产业发展的意见》，全年安排各类企业扶持资金2.44亿元。全面实施营改增改革，落实小微企业、高新技术企业税收优惠等政策，为企业减税2亿元；取消或减免新型墙体、散装水泥等涉企收费；降低企业水电气成本，新增40家企业参与直购电交易；降低企业社保、医疗等保险费率，落实稳岗补贴、社保补贴，全区每月为企业减负2000万元。工业投入、工业固定资产增值税抵扣分别增长16.5%和28%，增幅列全市第一。完成规模以上工业总产值1202.88亿元，同比增长5.5%。工业用电58.6亿千瓦时，同比增长3.8%。新增规模以上企业60家，其中亿元企业19家。新宏泰电器股份有限公司在主板上市，12家企业在"新三板"挂牌。加强政银企对接，运用"三保一通"(科贷保、银企保、农贷保、展翼通)等平台，帮助企业获得银行授信20亿元。抓项目建设推进，19个省、市重大项目完成投资80亿元，上汽大通汽车有限公司二期总装车间投产、上汽大通汽车有限公司皮卡T60正式下线，铠龙东方新能源汽车有限公司项目实现当年签约、当年开工，中信戴卡轮毂制造有限公司项目竣工投产，欧派家居有限公司二期、无锡达美股份有限公司、北京京运通科技股份有限公司、京威股份有限公司、精科汽车股份有限公司、新开博发展(无锡)有限公司、云内动力股份有限公司、无锡传化物流基地有限公司、深国际无锡综合物流港等项目推进顺利。加大招商工作力度，举办深圳投资合作恳谈会、"品桃惠友"等招商活动，新引进卡姆丹克股份有限公司、大联洋快速食品有限公司、大明金属深加工有限公司、兰石高合金材料有限公司等超亿元重大产业项目。出让工业用地219公顷，比上年增长308%。盘活存量用地333.3公顷，整治低效企业103家。

2016年，惠山区创新转型成效明显。制造业转型升级步伐加快。加快推进智能制造 3 年行动计划，实施智能制造工程建设项目 28 个，一汽无锡柴油机厂被认定为国家级智能制造示范试点企业，无锡透平叶片有限公司的航空发动机等 4 个车间被评为省级智能示范车间。新增"两化融合"（信息化、工业化）管理贯标试点企业国家级 2 家、省级 2 家，规模以上企业"两化融合"覆盖率 88%。无锡锡能锅炉股份有限公司被评为省互联网与工业融合创新示范企业，无锡华顺食品有限公司等获省互联网化项目资金扶持。博耳（无锡）电力成套有限公司、天奇物流系统工程股份有限公司被评为省级服务型制造示范企业。推进"千企转型、百亿技改"，全年技改投资比上年增长 15.8%。石墨烯、生物医药、物联网应用等新兴产业加快发展，国家级石墨烯检验中心建成投用，成立省内首个精准医学检验中心，成功举办"物联网＋中国制造 2025 高峰论坛"，智联天地科技有限公司项目获世界物联网博览会金奖，新兴产业产值占全部工业产值的 42.5%。工业转型集聚区基础设施建设全面启动。洛社镇配套区获评省高端装备制造业特色产业基地。加快质量品牌建设，全年新申报省著名商标 17 件、省名牌产品 16 件、省专精特新产品 2 件、省新产品新技术 4 件。服务业发展提质增效。完成服务业增加值 269 亿元，占 GDP 比重提高到 38.5%。举办"惠集市"农产品电商集市活动，富车网、京东无锡特产馆上线，获评省农村电子商务示范区，电子商务交易额比上年增长 35%。打造"乐游惠山"旅游品牌，全年接待游客 263.6 万人次，比上年增长 13%，实现旅游收入 7 亿元，同比增长 11%。农业产业化发展提速。完成农业总产值 30.2 亿元。新增现代农业园区和高标准农田面积分别为 500 亩和 200 亩。累计建成家庭农场 61 家、省级示范农民专业合作社 7 家。启动阳山水蜜桃提升工程，举办水蜜桃品质评比活动。精细蔬菜产业园实现保障供应、品质提升目标，洛社尚田农庄六次产业园加快推进融合发展。阳山桃源村获评"中国十佳小康村"。创新力度不断加大。2016 年，惠山区获批国家级高新技术企业 79 家，R&D（研究与试验发展）支出占 GDP 比重达 3.08%。国家染整工程技术研究中心落户前洲。南京

航空航天大学无锡研究院大楼建成启用。成立产业技术联盟 7 个。获国家科学技术奖 4 项。新增省级企业工程技术研究中心 4 家、省重点研发机构 3 家、省企业研究生工作站 1 家。惠山软件园获评"中国科技园区最佳创业环境奖"。科创中心、生命园被评为 A 类国家级孵化器。"惠创众创空间"获评国家级众创空间，"芒种众创空间""紫荆众创空间"获评省级众创空间。年内，申请专利 10033 件，万人发明专利拥有量达 27.7 件。新引进各类人才 8565 名（其中高层次人才 385 名、国家"千人计划"人才 4 名、省"双创计划"人才 15 名），华中科技大学无锡研究院院士丁汉团队入选省"双创"人才团队、智联天地科技有限公司钱志明入选国家"万人计划"、爱邦辐射科技有限公司张祥华获国际劳伦斯奖，蝉联省"人才工作先进区"称号。

2016 年，惠山区城乡统筹协调推进。全面推进乡镇总规划编制。调整完善新一轮土地利用总体规划。推进老城镇改造延伸拓展，全区老集镇主要商业街改造实现全覆盖。新锡澄路、西石路、广石路、钱洛路、陆中路、天丰路、北惠路东延建成通车，中惠大道西延、钱胡路延伸、振石路、惠西大道以及老锡杨线、老常锡线、玉钱线等县道大修项目启动建设，完成 312 国道、342 省道惠山段大修。石幢桥、新盛桥改造完工，锡澄运河"五改三"航道整治完成，苏南运河洛社服务区正式启用。完成农村公路提档升级 23.4 公里，改造农危桥 3 座，新辟公交线路 6 条、优化调整 12 条，新建公交候车亭 13 个。完成 14 个地块拆迁清零。年内，交付安置房 8400 套 114 万平方米，拆迁过渡问题基本得到解决。累计投入 4.6 亿元，加高加固堤防 43 公里，新建（改造）闸站 66 座，整治疏浚河道 64 条，有效抵御洪涝灾害。加强城乡管理。"五大专项整治"[注 1]持续推进，拆除违法建设 7.3 万平方米，开展渣土运输整治 320 次，完成商户餐饮油烟整治 551 家；新建便民停车场 7 处，创建停车管理样板路 7 条，新增停车泊位 1734 个，审批收费停车场 3 处。数字化运行城管平台。推行餐厨垃圾分散式处理试点。出台实施物业管理考核细则，新建住宅小区物业管理实现全覆盖。推进村庄环境综合整治，完成

25 个村庄提档升级和 6 个城中村环境整治任务,全面推行垃圾机械化收集,全区 55 个村(社区)实行环卫保洁市场化运作,新增环境长效管理优秀村(社区)11 个,创建省级美丽乡村 3 个。生态环境持续优化。COD(化学需氧量)等指标完成年度减排任务,万元 GDP 能耗下降 4%,PM2.5 平均浓度比 2015 年下降 14.9%,区域空气质量优良天数比达 65.7%。完成 130 台燃煤小锅炉整治、86 家 VOCS(挥发性有机物)治理、59 家工业窑炉清洁能源改造。完成惠联热电厂提标改造、惠山水处理公司扩建工程。推进黄标车整治淘汰工作。深化"河长制"管理,7 条市级河道、123 项综合治理工程全面开工,实施 61 条黑臭河道整治,完成 140 个排污口整治,新建排水达标区 45 个、复查 194 个,关闭整治生猪养殖户 35 户,完成 30 个自然村生活污水点源治理工程并建立市场化运行养护机制。完成造林绿化 138.7 公顷,建成区新增绿化 53.5 万平方米,6 个村庄创建为省级绿色家园示范村。加大环保执法力度,开展各类检查 7332 厂次,办结中央环保督察交办信访件 33 件,按"三个一批"(淘汰关闭一批、整顿规范一批、完善备案一批)要求完成 2834 个项目清理整治。

2016 年,惠山区改善社会民生累计投入 13 亿元。生态惠山建设、道路交通优化、城市管理提升、农田水利示范、文教设施提升、医联体建设、创业就业扶持、弱势群体帮扶、老旧房屋整治、平安惠山建设等 10 项为民办实事工程全面完成。实现新增就业 20300 人,惠山籍应届大学生就业率达 97%,帮助就业困难人员再就业 2328 人,重点扶持自主创业 1113 人。净增社保缴费人数 8452 人。投入薄弱村帮扶资金 1300 万元,3 个村(社区)脱贫转化。为"三类"特定家庭[注2]出资投保,组织 545 家爱心企业为 2265 名青年学生提供勤工俭学等帮助,为 1021 户特殊家庭安装"健康爱心一键通"专用电话机,为 320 名患精神病和智力残疾人配备智能化终端设备,优质完成全区 39 户贫困家庭危旧房屋修缮,完成 13.5 万平方米老旧房屋整治。城乡低保标准每人每月提高到 760 元。实施玉祁、阳山养老院改扩建工程。建成并启用区社会救助综合管理平台,全年发放

临时救助、深度救助金 510 万元。社会事业全面发展。13 个教育重点工程和配套项目顺利推进,江苏省锡山高级中学实验学校第一小学建成启用。全区幼儿园达到省市优质标准率 85%。江苏省锡山高级中学被选为省首批 8 所教改实验学校之一。全区高考本一进线率比上年提高 4.3 个百分点,江苏省锡山高级中学本一率 69.4%,名列全市第一。举办区职工职业技能大赛。惠山中专刘梓斌获全国职业技能大赛金牌。健康医疗联合体建设工程推进顺利。建成省内首家区域化急救分中心。区人民医院二期建成交付使用。区中医院、石塘湾卫生院中医馆、藕塘社区卫生服务中心新大楼建成投用。堰桥社区卫生服务中心获评全国社区卫生服务中心百强之一。惠山区获评江苏省人口协调发展先进区。区全民健身中心主体工程竣工。完成区图书馆智能化改造。惠山区获评全省农家书屋提升工程示范区。乡镇文体阵地公共文化服务标准化实现全覆盖。成功举办国学与丝绸之路国际研讨会、第 20 届阳山桃花节等活动。长安、藕塘农贸市场完成改建。圆满完成新一届村(居)委会换届选举。完成第三轮星级社区创建。新培育发展社会组织 20 家。高标准接受国家土地例行督察。顺利通过 2015 年度土地卫星遥感图片变更调查。成立 8 个安全生产专业委员会,深入开展工贸、危化品、职业病危害等重点领域专项整治。全年受理各类信访 7625 件,化解各类矛盾纠纷 815 件。开展"平安慧眼"技防工程,新增 40 个技防村(社区),新建高清监控摄像机 1593 台。DNA(生命遗传基因)实验室建设完成。洛社、阳山专职消防站(队)启动建设。建成全省首家区级红十字服务中心,被评为省应急救护培训示范基地。打造"幸福义工""心灵家园"志愿服务平台,村(社)志愿服务站实现全覆盖。倡导"好人"精神,开展原创锡剧《好人俞亦斌》巡演,新增江苏好人 2 名,"好人工作室"建设实现区全覆盖。

[注1]"五大专项整治":1.开展质量工作专项监督检查;2.开展投资理财专项整治;3.开展合同专项整治;4.开展食品市场专项整治;5.开展无照经营专项整治。

[注2]"三类"特定家庭:全区城乡低保及低保边缘户、农村(散养)五保对象、重点优抚对象等三类特定

困难家庭。

（石 琳）

无锡市惠山区政府领导成员分工

李秋峰：主持区政府全面工作，兼管财政、机构编制、监察、审计、公安方面工作。分管区政府办公室、财政局、监察局、审计局、事业单位登记管理局、国有资产监督管理局、应急管理办公室、经济发展总公司、土地储备中心。联系无锡市公安局惠山分局。

唐群峰：负责区政府常务工作，负责发展改革、规划、住房和城乡建设、交通运输、城市管理、创建、拆迁、统计、政府法制、信访、社会管理综合治理方面工作。分管发展和改革局、住房和城乡建设局、交通运输局、城市管理局、统计局、政府法制办公室、信访局、综治办、人民防空办公室、拆迁管理办公室、港口管理局、城市管理行政执法局、城铁惠山站区、地铁西漳站区；协助分管应急管理、经济发展总公司工作。联系无锡市规划局惠山分局。

计佳萍：负责教育、文化、体育、档案、地方志、外事和接待、妇女儿童方面工作。分管教育局、文体局、外事和接待办公室、档案局、区机关事务管理局、政府教育督导室、文化遗产局。联系区人大、区政协、区妇联。

耿国平：负责农业和农村、司法、水利、粮食、物价、民族宗教、对口支援方面工作。分管司法局、农林局、水利农机局、粮食局、物价局、农业资源开发局、民族宗教事务局。

陈金良：负责人力资源和社会保障、民政、国土资源、老龄、双拥方面工作。分管人力资源和社会保障局、民政局；协助分管土地储备中心工作。联系区总工会、区残联、无锡市国土资源局惠山分局、人武部及驻锡部队。

曹文彬：负责工业、科技、环境保护、安全生产、重点园区、市场监督管理、税务、能源、信息化、电信方面工作。分管经济和信息化局、科技局、市场监督管理局、环保局、安全生产监督管理局、食品药品监督管理局、中小企业管理局、知识产权局、工业转型集聚区。联系惠山国家税务局、惠山地方税务局、无锡市公安局交警支队惠山大队、区公安消防大队、无锡电信局惠山区电信分局、无锡移动惠山分局、无锡市锡能农电工程安装有限公司。

吴 燕：负责对外经济贸易与合作、三产服务业、卫生和计划生育、行政服务、政务公开、旅游、口岸、金融保险、企业上市方面工作。分管商务局、卫生和计划生育局、政务服务管理办公室、政务服务中心、政府台湾事务办公室、政府侨务办公室、旅游局、西站物流园区。联系红十字会、区各金融和保险机构、无锡海关锡山办事处、无锡出入境检验检疫局惠山办事处、无锡邮政局惠山区邮政分局。

（石 琳）

重 要 会 议

【政府常务会议】 2016 年 1 月 5 日，惠山区政府召开三届三十三次常务会议，会议审议《政府工作报告》《2016 年为民办实事项目》《惠山区国民经济和社会发展第十三个五年规划纲要》《惠山区公务用车制度改革实施方案》《关于解除华建良行政记过处分的决定》。会议由区长李秋峰主持。

2016 年 2 月 23 日，区政府召开三届三十四次常务会议，会议审议《惠山区道桥建设资金管理办法》《惠山区农村公路提档升级工程实施意见》《2016 年政府性投资项目》《关于积极参与国家"一带一路"战略的工作方案》《2015 年度招商工作和引进重大项目奖励建议》《关于无锡古庄生态农业科技园项目采用 PPP 模式的请示》；听取安全生产有关情况汇报，研究部署安全生产工作；听取经发公司 2016 年收支预算情况汇报；审议《惠山区法治政府建设规划（2015—2020 年）》；学习中共中央国务院《法治政府建设实施纲要（2015—2020 年）》。会议由区长李秋峰主持。

2016 年 3 月 7 日，区政府召开三届三十五次常务会议，会议审议《关于开展农村贫困户破损住房修缮工作的实施意见》，听取 2016 年"两会"建议提案交办情况通报，审议《关于加快推进现代产业发展的政策意见》,听取餐饮服务监管职能划转有关情况通报。会议由区长李秋峰主持。

2016年4月6日,区政府召开三届三十六次常务会议,会议审议《惠山区建设占用耕地耕作层剥离和再利用办法（试行）》《惠山区招商工作考核办法》《惠山区招商引资奖励办法》《惠山区现代产业发展资金管理办法》《惠山区加快推进现代农业产业发展实施意见》《惠山区上市挂牌后备企业管理办法》《关于进一步促进红十字会事业发展的意见》《关于给予吴益行政撤职处分的请示》,学习《无锡市重大行政决策程序规定》。会议由区长李秋峰主持。

2016年5月3日,区政府召开三届三十七次常务会议,会议审议《2016年惠山区农贸市场建设和管理实施方案》《关于打好外贸外资攻坚战的工作方案》《外贸通订单融资合作协议》《全区机关事业单位工作人员年度考核结果和行政奖励方案》。会议由区长李秋峰主持。

2016年5月18日,区政府召开三届三十八次常务会议,会议听取国家土地例行督察情况汇报,会议审议《惠山区河道环境综合整治工作方案》《惠山区创建"江苏省优秀管理城市"实施方案》《惠山区2016年财税重点工作目标管理办法》《无锡惠山新兴产业基金合作协议》和《东旭惠山高端智能制造产业并购基金合作协议》《惠山区2016年度防洪防旱预案》《惠山区行政事业单位国有资产管理办法》。会议由区长李秋峰主持。

2016年6月24日,区政府召开三届39次常务会议,会议审议《"品桃会友·合作共赢"2016惠山投资合作恳谈会活动方案》《惠山区化工及危险化学品安全专项整治实施方案》《惠山区临时用地管理实施意见》《关于给予言国民行政开除处分的请示》,听取五大专项整治情况汇报,学习《党委会的工作方法》。会议由区长李秋峰主持。

2016年7月19日,区政府召开三届四十次常务会议,学习传达省、市、区有关迎接中央环保督察组督察会议精神,会议听取、审议人大政协建议提案办理和民生实事落实情况,学习中共中央总书记习近平"七一"重要讲话精神,开展"两学一做"学习教育——学习《中国共产党章程》（总纲部分）。会议由区长李秋峰主持。

2016年8月12日,区政府召开三届四十一次常务会议,会议审议《惠山区卫生应急工作规范化建设实施方案》《关于对计划生育特殊家庭实行精准帮扶的工作意见》《关于规范中介机构审计费支付的规定》,听取2015年预算执行和其他财政收支审计问题情况汇报,审议《各部门调整预算的方案》和《关于调整机关事业单位职工住房公积金缴存基数、提租补贴（租金补贴）比例等有关问题的通知》《关于调整惠山区城乡居民最低生活保障标准的通知》。会议由区长李秋峰主持。

2016年9月13日,区政府召开三届四十二次常务会议,会议听取公共资源交易平台整合工作情况汇报、第十一届村民委员会暨第六届社区居民委员会换届选举工作方案汇报,审议《2016年惠山区行政事业单位国有资产清查工作报告》《惠山区行政事业单位国有资产动态管理实施办法》《惠山区本级预算执行进度考核管理办法》。会议由区长李秋峰主持。

2016年10月27日,区政府召开三届四十三次常务会议,会议听取公共资源交易中心成立有关事宜汇报,审议《关于调整特困人员供养标准的通知》《惠山区建筑业和房地产业项目信息采集和登记管理办法》《建筑业纳税人综合治税实施方案》《无锡市惠山区安全生产考核奖励暂行办法》,听取惠山区综治工作情况汇报。会议由区长李秋峰主持。

2016年11月24日,区政府召开三届四十四次常务会议,会议听取为民办实事有关情况汇报、2017年预算编制情况汇报和消防工作汇报,审议《惠山区闲置土地管理实施意见》。会议由区长李秋峰主持。

2016年12月22日,区政府召开三届四十五次常务会议,会议听取审计工作有关情况汇报、中央环境保护监察组反馈意见整改落实情况汇报,审议《政府工作报告》。会议由区长李秋峰主持。

(石琳)

【全区公安工作会议】 2016年3月30日,惠山区政府召开惠山区2016年度公安工作会议。会议总结2015年的工作,表彰先进,部署2016年工作。区长李秋峰在会上作重要讲话,肯定公安分局 2015 年取得的成效,提出要敬业担当,主动服务保障发展大局;要勇于作为,巩固深化平安建设成果;要从严治警,全力打造过硬公安队伍等工作要求。

(石 琳)

【全区先进表彰会大会】 2016 年 2 月 22 日,惠山区委、区政府召开 2016 年度先进表彰会大会。大会对 2015 年度公共财政预算收入先进单位、2015 年度重大项目引进先进单位、2015 年度开放型经济工作先进单位等 15 个类别进行颁奖表彰。区委书记吴仲林作重要讲话,全面总结 2015 年以来全区经济社会发展取得的成就,对 2016 年的经济社会发展提出明确的要求。

(石 琳)

【全区财税审计工作会议】 2016 年 3 月 10 日,惠山区政府召开全区财税审计工作会议,总结 2015 年财税审计工作,分析研判面临形势,部署 2016 年任务,进一步动员全区上下坚定信心,奋发作为,不断推动财税审计工作开创新局面,为"三优三宜"新惠山建设迈上新台阶提供坚实保障。会上,下发 2016 年财税收入目标任务书,区财政局局长薛颖、国税分局局长徐中玉、地税分局局长李青、审计局局长汝江分别作部门工作总结和部署。

(石 琳)

【全区生态文明建设工作会议】 2016 年 3 月 28 日,惠山区委、区政府召开全区生态文明建设工作会议,总结工作成绩,研究部署下阶段重点任务,动员全区上下进一步抓紧抓好生态文明建设,把惠山区建成经济发展与生态保护协调并进、人与自然和谐相处的美丽家园,为实现"十三五"平稳开局提供坚实的生态环境保障。区长李秋峰强调:认识要再深化,充分看到加强生态文明建设的重要性和紧迫性;措施要再加强,扎实做好生态文明建设各项工作;组织领导要再强化,以强烈的责任担当推动工作取得实效。

(石 琳)

【全区安全生产工作会议】 2016 年 3 月 4 日,惠山区政府召开全区安全生产工作会议,贯彻全国、省、市安全生产工作会议精神。副区长曹文彬通报全区 2015 年安全生产情况,对 2016 年的重点工作进行部署。区长李秋峰强调全区上下必须强化红线意识和责任担当,以对人民群众高度负责的精神,坚持不懈地抓好安全生产,维护社会大局和谐稳定,为建设"强富美高"新惠山提供坚强保障。

(石 琳)

【全区水利工作会议】 2016 年 11 月 4 日,惠山区委、区政府召开全区水利工作推进会,副区长耿国平总结 2016 年水利工作,部署 2017 年工作,钱桥、前洲街道作交流发言。会上下发目标任务书。区长李秋峰就做好下阶段水利工作强调:充分肯定成绩,正确认识差距;坚持建设管理并重,扎实做好各项水利工作;强化组织实施,确保目标任务顺利完成。

(石 琳)

【全区水蜜桃工作会议】 2016 年 11 月 21 日,惠山区政府召开全区水蜜桃工作会议,研究解决果树病虫害问题,研究解决阳山水蜜桃产业发展遇到一些问题。会上阳山镇、洛社镇、钱桥街道和区农林局、市场监管局都作交流发言。区长李秋峰指出,阳山水蜜桃是惠山区的一面金字招牌,要处理和解决好发展中出现一些问题和困难,要群策群力,开拓进取,以水蜜桃产业进步带出惠山西片地区的勃勃生机。

(石 琳)

重 要 活 动

【为民办 10 项实事】 2016 年,区政府完成为民办实事 10 项。

1. 生态惠山建设工程。完成农村成片造林 2080 亩,创建省级绿色家园示范村 6 个;建设新锡澄路绿化带 9.6 公里、地铁西漳站区公共绿地 13 万平方米;京沪高速生态景观林带抚育 2000 亩;淘汰 10 蒸吨／小时及以下高污染锅炉 130 台。

2. 道路交通优化工程。推进中惠大道西延、钱胡路延伸、振石路、惠西大道等重点道路建设以及老锡杨线、老常锡线、玉钱线等县道大修项目。改造农危桥 3 座。新辟公交线路 3 条,优化调整公交线路 3

条,新建公交候车亭 13 个。

3. 城市管理提升工程。继续开展村(社区)环境长效管理,新增优秀村(社区)10 个;全面实行村(社区)垃圾机械化收集;新辟停车场 7 个,新增泊位 1400 个。

4. 农田水利示范工程。加高加固堤防 43 公里,新建(改造)闸站 66 座,整治河道 64 条。

5. 文教设施提升工程。继续推进(2016—2018年)中小学校安工程,完成教育重点项目建设 5 万平方米;完成区特殊学校教学楼扩建工程 1800 平方米;根据"国家公共文化服务体系示范区"建设标准,完成区图书馆智能化改造。

6. 健康医疗联合体建设工程。完善 101 医院联合体,建成惠山区医院联合体,稳步推进康复、精神、中医、妇幼专业联合体。

7. 创业就业扶持工程。实现新增就业 16500 人,惠山籍应届大学生就业率 91%,帮助就业困难人员再就业 1923 人,重点扶持自主创业 1053 人;推进大创园、众创空间项目引进落地,创建省级创业示范基地 2000 平方米。

8. 弱势群体帮扶工程。为全区"三类"城乡低保及低保边缘户、农村(散养)五保对象、重点优抚对象等特定家庭出资投保,推进"和谐家园"保险全覆盖;组织 545 家爱心企业为 2265 名青年学生提供 3859 个勤工俭学、社会实践、毕业见习岗位;为全区 1021 户特殊家庭安装"健康爱心一键通"专用电话机;为 39 户贫困家庭修缮危旧房屋。

9. 老旧房屋整治工程。完成原区属企业家舍整治改造 13.5 万平方米。

10. 平安惠山建设工程。开展"平安慧眼"技防工程,新增技防村(社区)40 个,新建高清监控摄像机 1593 台;DNA(生命遗传基因)实验室建成;洛社、阳山专职消防站(队)启动建设。

（石　琳）

【中国·无锡第二十届阳山(国际)桃花节】 2016 年 3 月 29 日,"大美阳山、幸福桃源"2016 中国无锡第二十届阳山桃花节开幕。开幕式文艺表演,突出地方特色,不请明星大腕,不请专业院团,全由本土草根明星和群众文艺骨干做主角。本届阳山桃花节集商贸洽谈、旅游推介、文化展示为一体,让更多的人认识阳山,走进阳山,投资阳山,桃花节成为展示风貌的窗口,对外交流的桥梁,促进发展的平台。

（石　琳）

【品桃惠友·合作共赢 2016 惠山投资合作恳谈会】 2016 年 7 月 21 日,"品桃惠友·合作共赢"2016 惠山投资合作恳谈会,在艾迪花园酒店国际会议中心举行。副区长吴燕围绕惠山区产业结构、发展战略、投资重点作主题演讲,惠山经济开发区、工业转型集聚区、洛社镇的代表就各自载体建设、特色产业、重点项目作推介。

（石　琳）

人 事 工 作

【干部人事档案】 2016 年,惠山区干部人事档案室管理干部人事档案 3047 卷,其中公务员、事业单位人员档案 1011 卷,工人档案 382 卷,大学生村干部档案 83 卷,代管人员档案 28 卷,退休人员档案 1301 卷,死亡人员档案 242 卷。全年转入档案 70 卷,转出档案 10 卷。

（林天山）

【大学生村干部】 2016 年,惠山区有大学村干部 83 名。其中,研究生学历 8 名、本科学历 75 名;2008 届 7 名、2009 届 18 名、2010 届 19 名、2011 届 12 名、2012 届 11 名、2013 届 3 名,2014 届 5 名,2015 届 1 名,2016 年新招录 7 名;钱桥街道 14 名、堰桥街道 13 名、长安街道 10 名、前洲街道 11 名、玉祁街道 10 名、洛社镇 16 名、阳山镇 9 名。2016 年有 6 名大学生村干部考取公务员或选调生。

（林天山）

【干部人事档案专项审核】 2016 年,惠山区干部人事档案室对管理的 939 份机关公务员和事业单位工作人员的人事档案进行专项审核,重点核查内容为干部的"三龄(年龄、工龄、党龄)二历(学历、工作经历)一身份(干部身份)",重点核查环节为干部升学、招工、录用、调动、提拔等过程,重点核查对象为近年来新录用的、部队转业的、交流调任的及新提拔的干部。审核后的信息全部录入干部人事档案信息管理系统。

（林天山）

【人事代理】 2016年,惠山区人才中心办理区外调入177人,80%为本科以上学历;准予调入人员落户申请13人,均为本科学历。区内调动23人,合同续订800人次。累计调出514人,其中退工转档406人,调出惠山区55人,调出无锡市36人,退休转档6人,考博升学调出2人,其他方面9人。办理7名大学生村干部的档案接收和就业报到手续。配合惠山区教育局、惠山区卫生计生局做好应届毕业生和新引进进编人员的档案接收和转移工作。受当事人委托代为办理档案调转外地人才中心23人。接收档案1002册,档案入库并进入信息化管理系统1002人。收集各类归档材料2130份。档案室提供预备党员材料转正14人次,接待政审阅档19人次,整理档案994册。至2016年年末,共代理各类人员档案11437册,其中代理在职人员6728人。

（强芳芳）

【职称评定】 2016年,惠山区人社局审核晋升人员、初定信息人员1480人,通过1085人。审核卫生技术、农业技术、经济、教育、工程技术等专业各级别晋升材料1522人,其中工程技术人员1259人,教育、卫生、经济、会计等人员263人。开展中小学教师、幼儿园教师和综合工程中、初级专业技术资格评审,评定职称354人,其中中级337人、初级17人。年内,为554名大中专毕业生初定职称,其中中级51人。

（还 洁）

【博士后工作站】 至2016年年底,惠山区建有博士后工作站7家,博士后创新实践基地8家。年内,博士后出站1人、进站2人,在站博士后研究人员11人。

（还 洁）

【继续教育及人事考试】 2016年,惠山区人社局完成一级建造师执业资格、注册安全工程师等8项专业技术考试资格审查工作(详见附表1)。组织报名计算机培训的25人进行为期10天的培训。实施江苏省专业技术人员信息化考试,参加考试545人。发放信息化考核证书、一级建造师、二级建造师等各类资格证书1068本(详见附表2)。培训"第四、第五、第六"轮公修课1491人。

专业技术人员考试资格审查通过情况

表3

专业技术种类	审查通过人数(人)
社会工作者职业水平	209
一级建造师	230
二级建造师	183
二级建造师（增项）	51
执业药师	35
造价工程师	41
一级注册消防工程师	133
经济类专业技术	53
合计	935

（刘德春）

专业技术人员资格证书发放情况

表4

资格证书种类	发放数(本)
信息化考核证书(中级)	635
信息化考核证书(高级)	167
一级建造师	4
一级建造师(增项)	6
二级建造师	73
二级建造师(增项)	6
社会工作师(初级)	27
社会工作师(中级)	9
社会工作职业资格证书	68
执业药师	3
经济类资格证书	12
职称外语资格证书	47
合计	1057

（刘德春）

【仲裁与人事聘用管理】 2016年,惠山区人社局积极贯彻落实省、市政策精神,以协调人事关系、构建和谐社会为目的,推进依法行政和构建和谐的人事人才工作。做好事业单位工作聘用制实施工作,完善单位与受聘者之间聘用关系的规范性、合法性,为21人办理解聘手续。

（刘德春）

政务服务工作

【概况】 2016年,惠山区政务服务管理办公室(简称区政务办)按照"简政放权、放管结合、优化服务"的总要求,加强审批管理、规范平台运行、简化审批流程、提高服务效率,各项改革举措和效能建设有序推进。年内,区镇两级政务服务中心受理各类行政审批和便民服务事项107.4万件, 即办件办结率100%,承诺件提前办结率99.5%,收取各类规费和契税4.08亿元。2016年,堰桥街道便民服务中心、阳山镇便民服务中心创建成无锡市"群众满意镇（街道)行政服务中心",玉祁街道便民服务中心通过市

级示范点检查验收。

（顾攀）

【商事登记制度改革】 2016年,区政务办编印2000册《"先照后证"经营许可办事指南》,进一步推进"一照一码"商事登记制度改革,完成"先照后证"改革后的"双告知"工作。通过营业执照照面提示、窗口提醒、申请人承诺等方式强化对当事人的告知,提醒当事人办照后及时开展相关许可证的审领办理工作。通过无锡市行权网,将市场监督管理部门的审批信息及时告知许可部门,方便许可部门认领。加强事中事后监管,要求许可部门按照"专人认领审批信息、专人办理发证业务、专人监督企业行为"的要求,推进各项工作有效运转。开展上门服务工作,打通为民服务"最后一公里"。2016年5月开始,区政务办联合区市场监督管理局、国税局等部门主动前往全区7个镇(街道)便民服务中心开展"一照一码"换照集中办理活动。2016年,全区累计完成换发营业执照1.5万份,是全区正常经营企业的70%。

（顾攀）

【审批服务制度改革】 2016年,区政务办优化审批

服务,保障4项改革举措到位。助力"营改增"实施到位。区政务办在三楼办事大厅划出专门区域作为"营改增绿色通道",配合国税窗口对服务厅的环境、氛围、流程、标志进行重新部署设计,在服务厅、延伸点及代征站显著位置张贴办税流程、开票须知,进一步规范和提升"营改增"纳税服务的秩序和质量。助推"金税三期"新的税务系统上线。2016年下半年,配合国、地税共建联合办税服务厅,推出"一体化"精准服务,通过设立"金税"上线联合指挥中心、组织"金税"上线联合办税辅导、使用统一叫号评价系统,保障"金税三期"顺利上线。配合做好公安身份证跨省异地办理服务进驻大厅。7月1日起,公安窗口增设居民身份证跨省异地办理业务,对在无锡市区域内有合法稳定的就业、就学或居住地,具有天津、河北、辽宁、吉林、上海、浙江、安徽、福建、江西、山东、河南、湖南、重庆、四川、陕西等15个省市户籍的人员,可到中心申请办理居民身份证换领、补领等业务,至2016年12月底,办件量2800件。增设邮政EMS速递服务窗口。2016年11月,在政务服务大厅一楼开设邮政EMS速递服务窗口,为服务对象提供审批办理结果材料速递送达服务,分步实现省委、省政府所提出的"网上批、快递送、不见面"要求。

(顾攀)

5月,政务中心三楼办事大厅设立"营改增"绿色通道。
(区行政服务中心 供稿)

【权力清单编制】 2016年10月,区政务办联合区机构编制委员会办公室启动全区《公共服务事项清单》《行政审批中介服务事项清单》编制工作。经过各部门反复梳理,列出目录清单,形成《惠山区各部门公共服务事项清单(237项)》《惠山区各部门行政审批中介服务事项清单(47项)》。

(顾攀)

【国家级服务标准化试点创建】 2016年,惠山区政务中心检查审核惠山区制定的服务通用基础体系、服务保障体系、服务提供体系的500项标准,邀请江苏省标准化协会专家到区政务中心检查指导。11月2日,惠山区通过江苏省质监局组织国家级服务标准化试点的中期评估验收。

(顾攀)

【行政权力网上运行】 2016年,惠山区行政权力网公开透明受理办件100975件,其中行政许可21634件、非行政许可的行政审批168件、其他类服务77001件、行政处罚356件、行政确认1816件。镇(街道)政务服务平台受理办件391105件,其中玉祁街道86022件、钱桥街道84033件、堰桥街道72559件、洛社镇60697件、前洲街道35189件、长安街道33212件、阳山镇19393件。

(顾攀)

外事和接待工作

【概况】 2016年,惠山区外事和接待办共接待内外宾36批次620人次,办理因公出国(境)团组报批手续43批98人次(其中本区组团15批64人次,非本区组团28批34人次),区党政机关出访人数83人次;受理APEC商务卡申请15人次,领证12人次;做好因公出国(境)团组行前公示及出访经费审核,因公出访人员任务完成后及时上交护照,护照、通行证收缴率100%。

(杨根祥)

【对外友好交流】 2016年3月,全国对外友好协会正式批准惠山区与韩国蔚州郡缔结友好城市的申请。6月20日—22日,惠山区人大常委会副主任陆栋梁带领惠山区友城代表团一行6人应邀访问蔚州郡,考察当地农业、工业及文化事业。6—7月,惠山区外事接待办公室副主任王超赴美国加州戴维斯市,开展为期一个月的研修活动。访问戴维斯市议会及政府,参观学校、商业、科技中心、商业园区,列席 IFT 及 CIFAR 年会,了解美国生物及食品技术发展状况,寻求双方合作领域,邀请戴维斯市组团参加无锡市第八届友城大会。8 月,惠山区副区长陈金良率团访问德国拉丁根市和英国诺森伯兰郡。陈金良向拉丁根市市长克劳斯佩希介绍惠山区的情况。双方在社会管理、师生交流、新型工业化、软件信息产业发展等领域进行广泛的交流探讨,并准备组织经贸代表团互访,寻找在经济技术领域的合作交流机会。陈金良代表惠山区委、区政府邀请拉丁根市市长组团访问无锡,参加无锡市举办的第八届友城大会并访问惠山区。惠山区代表团访问英国诺森伯兰郡,参观布莱斯港口,参观港口的教育及社区中心。参观克拉姆灵顿的 AVID 技术公司。惠山区代表团与诺森伯兰郡、克拉姆灵顿的议员代表座谈,会见诺森伯兰郡经济发展部的官员。陈金良邀请克拉姆灵顿派遣代表团参加无锡市第八次友城大会并访问惠山区。

(杨根祥)

【参加无锡市第八届友城大会】 2016 年 11 月 1 日—6 日,惠山区邀请德国拉丁根市(6 人)、美国加州戴维斯市(6 人)、墨西哥萨卡特卡斯市(6 人)、韩国蔚山广域市蔚州郡(7 人)、肯尼亚纳库鲁郡(6 人)及英国克拉姆灵顿(1 人)共 6 个友城及友好交流城市的代表参加无锡市举办的第八届友城大会,并访问惠山区。无锡市第八届友城大会开幕式上,惠山区政府区长李秋峰与韩国蔚山广域市蔚州郡郡守辛璋烈签署协议,两地正式成为国际友好城市,这是惠山区与外国建立第 4 个正式友好城市。代表团参观惠山区长安街道长乐社区、江苏省锡山高级中学和惠山区重度残疾人托养中心。

(杨根祥)

【外宾来访】 2016 年 3 月 16 日,日本相模原市代表团一行 3 人访问惠山区天奇物流公司,重点考察公司智能机器人项目。3 月 24 日,日本驻上海总领馆新任总领事片山和之一行 3 人在无锡市外事接待办主任陈明辉陪同下访问惠山区,实地考察前洲街道铁路桥村污水处理设施及农业蔬菜大棚 2 个无偿援助项目,访问尚田农庄。

(杨根祥)

【接待工作】 2016 年,惠山区外事和接待办接待的内宾有全国人大常委会原副主任路甬祥一行、全国政协原副主席张怀西一行、绍兴市市长俞志宏一行、保定市政府代表团、宜昌市政府代表团、合肥市包河区党政代表团、沧州肃宁县党政代表团、德州庆云县党政代表团、锡山区党政代表团、常州经济开放区党政代表团等。外宾有美国、德国、英国、韩国、日本、墨西哥、肯尼亚来宾约 40 人。2016 年,惠山区外事和接待办协办惠山区与庆云县友好县区缔结仪式、御捷新能源汽车有限公司无锡项目签约仪式、惠山企业家新春联谊会、品桃惠友招商会,国学与丝绸之路历史文化研究国际学术讨论会、2016 世界物联网博览会、物联网 + 中国制造 2025 高峰论坛、第八届无锡友城大会等活动。

(杨根祥)

侨务和中国港澳事务工作

【概况】 2016 年,惠山区侨务办公室整合海外侨务资源,因地制宜开展侨务进社区、进园区工作,成功创建"华人华侨创新创业服务中心"。加强与国内外侨团组织、侨资企业、侨领侨商的联系合作,先后 2 次赴深圳、厦门拓展与海外及中国港澳地区的惠山籍知名人士的联络。关注归国留学人员群体,健全归国创业人员和新侨企业数据库。提升侨务干部的业务能力,选派 8 名干部赴暨南大学参加侨务管理培训,选派 1 名机关干部参加省侨联组织的广州学习考察,学习侨务工作先进经验。

(刘 婧)

【服务企业】 2016 年,惠山区侨务办公室充分挖掘侨务资源,助力经济发展。走访调研 30 多家侨资、港资企业经营情况,摸排企业发展中遇到的困难,明确服务侨企的方向;举办"创业中华"走进惠山活动,携手市科技局召开市科技政策发布会,组织 50 家新侨企业参加,现场就科技创新、技术转型、扶持政策等内容答疑 130 人次；开展校企项目合作，组织 3 家侨企与华中科技大学洽谈合作事宜；组织企业与银行对接，帮助解决发展资金问题，为归国留学人员开通绿色融资通道。重视对外宣传，依托海外华文媒体专版宣传惠山归国留学人员创业园和阳山旅游文化经济，激发侨界人士归国创业热情。

（刘　婧）

【维护侨益】　2016 年，惠山区侨务办公室以《江苏省保护和促进华侨投资条例》颁布为契机，开展"侨法宣传月"活动。开展基层侨法宣传，向社区发放有关涉侨法规政策宣传册 500 份。组织归国留学人员听取《江苏省保护和促进华侨投资条例》解读讲座。组织法律顾问、律师走访侨资、港资企业，协调解决融资、科技扶持、与本地企业合作、用工、用地、子女上学等问题。全年协调解决涉侨房屋拆迁问题 1 起、经济纠纷 2 起，接待归侨侨眷来信来访 5 件次、法律咨询 70 余次，办结率 100%。

（刘　婧）

法　制　工　作

【概况】　2016 年，惠山区政府发布《惠山区法治政府建设规划（2015—2020 年）》。召开全区全面推进依法行政工作领导小组成员（扩大）会议，对深化依法行政、推进法治政府建设作出部署。向受聘为区政府法律顾问的法律专家、律师颁发聘书。区政府向区人大常委会主任会议专题汇报全区法制机构和法制人员队伍建设情况；向区人大常委会报告行政强制法执法检查意见整改落实情况。对部门、镇（街道）年度依法行政工作进行考核。区人社局、区住建局、惠山公安分局被确定为无锡市 2016 年度"规范执法示范点"。

（孙建昌）

【行政管理改革】　2016 年，惠山区政府深化行政审批制度改革。编制《惠山区公共服务事项目录清单》《惠山区行政审批中介服务事项目录清单》和《惠山区行政权力办事指南》。深化政务服务中心建设。进一步简政放权，深化商事登记制度改革，推进公共资源交易平台建设。国家级社会管理和公共服务标准化工作试点通过省中期评估。

（孙建昌）

【依法决策】　2016 年，惠山区政府对各阶段的重要工作部署和本地区经济社会发展的重大决策事项，及时向人大报告、向政协通报。有关全区经济社会发展计划、公共政策、重大建设项目等重大决策，落实专家论证、法制审核、集体讨论等制度。对涉及建设、征地、拆迁、环保等共计 250 个项目，进行社会稳定风险评估。区政府法制办公室发挥政府领导的参谋助手和法律顾问作用，参与审核政府重大项目、重大合作投资合同 11 件，协调重大疑难执法问题、重大疑难信访案件 8 件。

（孙建昌）

【规范性文件制定】　2016 年，惠山区政府落实规范性文件制定程序规定，文件草案在会议审议之前，区政府法制办公室提前介入，进行法制审核，从合法性、合理性、可操作性等方面严格把关。年内，区政府制定规范性文件 1 件（《惠山区工程建设临时用地管理的实施意见》），根据备案规定向市政府和区人大常委会报备。组织开展全区政策性文件清理工作，年内，区政府法制办公室参与审核各类党政文件 10 件，组织办理国家、省、市法规规章规范性文件制定征求意见 17 件。

（孙建昌）

【行政执法责任制落实】　2016 年，惠山区政府落实行政执法主体和执法人员管理制度，开展行政执法主体（法定行政机关、法律法规授权组织、集中行使执法权的组织）清理工作，上报市政府法制办公室审核。开展全区行政执法人员（含执法辅助人员）清理，从年龄、学历、专业、岗位等方面严格审核把关。组织通过审核的行政执法人员和行政执法监督人员参加全市统一的换证考试，729 名行政执法人员取得行政执法资格，101 名行政执法监督人员取得行政执法监督资格；对不符合条件的 200 余名执法人员取消执法资格。落实行政执法和刑事司法衔接制度，提高行政执法办案质量。在 2016 年度全市行政执法案卷质量评查中，惠山区行政处罚和行政许可案卷均名列市(县)区级第一名。

（孙建昌）

【社会矛盾化解】 2016年，惠山区政府执行行政复议法及其实施条例，共接到行政复议申请23件，比上年上升44%，其中决定不予受理2件，告知向有权机关申请1件。20件受理案件办结19件。受理案件中经调解结案1件，维持原行政行为8件，确认违法6件，驳回申请1件，申请人撤回申请3件。对通过复议发现的执法不规范行为，督促相关单位整改、纠正。年内，无锡市政府受理区政府为被申请人的行政复议案件4件，全部作出维持决定。惠山区政府行政应诉27件，无败诉。发挥行政调解在解决社会矛盾中的作用，全年全区行政机关共受理行政调解申请1100余件，成功调解结案800余件。

（孙建昌）

【法制队伍建设】 2016年，惠山区政府加强法制队伍建设，出台《关于加强部门法制机构履职能力建设的意见》，发挥各部门法制机构在推进依法行政工作中的作用。举办全区依法行政培训班，邀请苏州大学王健法学院教授王克稳、副教授陈仪和苏州市吴江区法院行政庭庭长秦绪栋为全区乡镇（街道）、部门法制人员和执法骨干授课。组织开展"深化行政审批制度改革与依法行政"论文征集活动，入选无锡市"深化行政审批制度改革与依法行政"论文集论文10篇，其中，获一等奖1篇、获二等奖1篇，区政府法制办公室获组织奖。组织重点部门法制人员和执法骨干参加行政复议人员轮训活动和全市行政执法资格考试培训。2016年，区政府法制办公室被区委、区政府表彰为2016年度法治惠山建设先进单位，获评无锡市"六五"普法先进个人1名、无锡市行政复议办案能手1名。

（孙建昌）

信 访 工 作

【概况】 2016年，惠山区信访工作围绕打造"阳光信访""责任信访""法治信访"工作目标，认真履行信访职责，攻坚信访积案，夯实基层基础，依法处理进京非访，取得良好的工作成效。年内，惠山区信访局共接待群众来访316批1601人次，同比分别下降49.5%和21.0%。其中，接待集体访63批1194人次，同比分别下降19.2%和5.2%；办理群众来信415件，同比增长30.9%；办理"政务服务直通车"及"12345"信件7956件，同比增长5.6%。

（张蓓蕾）

【信访积案化解】 2016年，惠山区信访工作完善多元化解机制，注重分类施策化解，强化积案化解考核权重，持续推进全区信访积案化解工作。在化解信访积案中落实5个到位，即做到诉求合理的解决到位，存在过错瑕疵的纠正弥补到位，诉求无理的依法终结到位，要求过高的教育引导到位，有违法行为的依法处理到位。年内，中央和省、市交办惠山区的31件信访积案，成功化解10件，化解率32.3%，其中9个信访突出问题，7个平稳可控，推动全区面上信访问题的有效解决。

（张蓓蕾）

【接访制度创新】 2016年，惠山区信访工作针对个别信访老户的频繁上访、无理缠访、聚众闹访等突出问题，创新工作举措。惠山区信访局制定党政领导接访时职能部门陪访制度，在党政领导信访接待日，安排2—3个职能部门分管领导陪访，压实职能部门处理信访问题的责任；试点推出协访制度，在每周的区党政领导信访接待日，来访人数较多的乡镇（街道）派出工作人员进驻区信访局，协助区领导接待来访群众，提高领导信访接待的工作效率。

（张蓓蕾）

【依法落实责任】 2016年，惠山区信访工作实施依法逐级走访权益保障卡制度和法定途径分类处理信访诉求制度。全面推行群众权益保障卡，群众凭卡上访。以信访部门发卡为主，部门为辅，从"发卡、用卡、录卡、督卡"4个环节入手，做到应发尽发，实现权益保障卡在全区全覆盖。实现"卡网"同步，卡为网据，网为卡据，卡网同一，初访领卡率、按期办结率均达90%以上。实施法定途径分类处理信访诉求制度，全区职能部门进行法定责任梳理，形成法定责任清单并汇编成册。通过实施凭卡走访,分类处理信访诉求制度,建立职能部门内部统一入口、分类办理的运行机制和相互协调、流转顺畅的衔接机制,确保符合规定的投诉请求都能顺畅进入法定程序,推动各职能部门履行主体责任。

（张蓓蕾）

【夯实基层基础】 2016 年,惠山区信访局密切与联席会议成员单位的日常沟通,加强与综治、维稳、司法以及法检两院等部门的业务对接,主动介入区镇(街道)两级涉及民生的重要决策,时刻关注社会舆情,强化矛盾纠纷的源头预防。建立局内科室分片挂钩制度、初信初访一站式服务制度和信访事项定期会办制度,加强对职能部门和乡镇(街道)信访工作的业务指导。定期编发信访动态和信访专报,为重要信访问题的及时化解和区委、区政府的科学决策提供参考。推进阳光信访系统、12345、政务服务直通车 3 大网上平台的深度应用,全面实行网上信访工作模式,提升区镇(街道)两级数据交换效率和信访工作效率。建区以来首次举办全区信访干部专题培训,围绕依法逐级走访、法定途径分类处理、群众权益保障卡、驻京信访等业务工作进行培训,提升全区信访干部的责任意识、工作能力和业务水平。

（张蓓蕾）

档 案 工 作

【概况】 2016 年,惠山区档案局(馆)加强档案工作对接走访,组织档案移交接收,强化档案监督指导,推进档案信息化工作。年末,区档案馆馆藏全宗68 个,馆藏总量 15814 卷 202504 件,图书资料2687 册(件)。年内,"惠山区数字档案馆"完成二期工程建设。

（吕学新）

【新查档大厅开放启用】 2016 年,惠山区档案馆查档大厅完成改造搬迁,9 月底正式面向社会开放。新查档大厅实用面积约 100 平方米,增设自助查档区、等候休息区、查档联系卡等功能和特色服务,优化管理系统及应用系统,实现网上查档和自主查阅,满足各级组织和各界群众查阅需要。

（吕学新）

【档案接收移交】 2016 年,惠山区档案馆先后接收区政府办公室实物档案 81 件和照片档案 5 张、区纪委纪检档案 9 卷、企业会计档案 1 卷、区委农办"双置换"档案 19069 件、原区计生局文书档案 496 件和再生一个孩子档案 4041 件、原区房管局文书档案505 件和房改档案 197 件、区委、区政府 27 个部门信息公开纸质文件 1193 件。向无锡市档案馆移交辖区内原锡山市 12 个镇 1991—2000 年各类档案7545 卷、检索工具 212 册、电子目录 159692 条、全文扫描文本 33703 件 197867 页。

（吕学新）

【档案资料征集】 2016 年,惠山区档案局(馆)共征集档案资料 132 册(件),其中《张皋庄村落志》《陆氏宗谱》《无锡县乡(镇)村办工业企业概况汇编》、江海木业有限公司散存材料、民国三十六年(1947 年)荣誉军人住院证明,中华人民共和国建国初期无锡县利华第一社办小学、无锡县岸底里小学、无锡市申新纺织厂职工子弟小学、无锡市伯渎港小学毕业证,原农业部部长陈耀邦视察无锡县堰桥乡乡镇企业的照片等,具有较高保存价值。

（吕学新）

【档案服务利用】 2016 年,惠山区档案局(馆)落实政务公开要求,组织全区各职能部门按时报送现行文件,共接收整理区委、区政府 27 个部门单位信息公开纸质文件 1193 件,主要内容是 2015 年形成并上传至区政府政务网络平台的电子文件所对应的纸质文件。 区档案局(馆)发挥档案服务群众、服务社会、服务中心工作的功效,选取区公安分局、堰桥街道等 9 个单位 2015 年度档案利用的实例 30 篇汇编成册,印发 500 份,分发到区、镇(街道)级机关和部分学校、企业。加强查档接待窗口建设,区档案馆全年共计接待各类档案查阅 1030 人次,提供档案2326 卷(件)。

（吕学新）

【业务指导】 2016 年,惠山区档案局(馆)继续开展行政村(社区)、学校和宗教场所的江苏省"星级"档案室创建,共 16 家单位通过测评(复查)。加强土地承包确权档案检查指导,区档案局会同区委农办分别对阳山镇、洛社镇、玉祁街道有关村(社区)开展确权档案抽查,全面做好江苏省委农委农村土地承包经营权确权颁证工作和确权档案工作验收准备工作。加强民生档案和企业档案专题指导,围绕基建、拆迁、"双置换"等民生档案,区档案局会同镇(街道)和有关部门对镇(街道)财政所、村镇建设办公室、区残疾人托养中心、区工业集聚区、区重点工程办公室等单位开展建档指导,深入华光轿车附件厂、锡兴钢厂等企业开展规范化建档指导。加大档案业务培训力度,全年组织举办各类专题档案业务培训 8 期,培训 227 人次。

(吕学新)

【档案法制工作】 2016 年,惠山区档案局启动"七五"档案普法工作,参加全省"七五"档案普法工作调研。围绕"档案与民生"主题,开展档案法制宣传活动,发放《中国的世界记忆遗产》宣传手册 200 份、"档案与民生"宣传挂图 10 份,报送"档案与民生"征文 4 篇。加强行政执法队伍建设,年内参加区法制干部依法行政培训 1 人,通过市行政执法人员换证考试 3 人。9—11 月,区档案局对区各级部门、镇(街道)开展 2016 年度档案工作评估,促进各部门、单位对档案工作的规范和重视。

(吕学新)

【档案信息化建设】 2016 年,惠山区档案馆推进数字档案馆(室)建设,完成数字档案馆硬件设备政府采购,主要有服务器、网管设备、入侵防御设备;完成档案信息资源管理系统的开发和试运行、虚拟档案室系统的开发和试点等工作。开展档案数字化加工,完成馆藏 2014 年、2015 年进馆档案扫描共计 170 卷 51210 件,1991—2006 年馆藏婚姻档案全文补扫和目录补录,全年共计扫描 976873 页,录入条目 51460 条。开展档案异地备份,11 月,区档案馆参加全省组织的向湖南省档案馆送交备份档案 2.3T(档案录入电脑计量单位,1T=1024G)。

(吕学新)

机关事务管理工作

【概况】 2016 年,惠山区机关事务管理局以开展"两学一做"专题教育为契机,围绕区委、区政府的中心工作,以"为机关服务,让机关满意"为工作目标,按照"安全、满意、规范、高效"的要求,转变服务理念、加强队伍建设,推进各项机关事务保障工作高效开展。

(汤忠德)

【办公用房清理整改】 2016 年,惠山区制定《关于进一步加大办公用房清理整改力度的通知》和《关于开展办公用房正职工作专项联合督查验收活动的通知》,惠山区办公用房清理工作领导小组抽调人员,分 3 个组现场督查全区 68 个编制序列单位清理整改办公用房情况。为进一步完善办公用房清理整改工作,惠山区出台副科级以上领导干部办公用房调整备报制度。至年末,区级机关和惠山经济开发区、各园区督查工作完成。全区办公用房清理整改涉及办公人员 5000 余人。

(汤忠德)

【公共机构节能】 2016 年,惠山区结合全国"节能宣传周"和无锡市第八个"环境月"活动,各级公共机构将节能理念延伸到日常工作的每个细节。各公共机构强化节能降耗目标责任制和考核制度,落实节能措施,确保完成年度节能目标。完善能耗统计网络体系,加强能耗监督管理,全区 285 家公共机构纳入统计,全区公共机构主管单位全都安装能耗统计软件。开展公共机构节能宣传月活动,通过张贴节能降耗宣传,倡导政府公职人员崇尚低碳环保、厉行节约、合理消费的理念,采取多种形式普及节能常识,推广节能新技术,培养节能行为习惯,发挥机关的示范带头作用。6 月 14 日,全区开展能源紧缺体验日活动,体验假设能源不足,无法使用有关用电设施后的生活状况。2016 年,惠山区 5 家单位、5 人获评为无锡市"十二五"公共机构节能工作的先进单位、先进个人。

(汤忠德)

【公务用车管理】 2016 年,惠山区继续深化公车改革,年内共封存公车 122 辆,其中拟报废 17 辆,6 月 5 日在东方汽车城惠山区公车改革专场拍卖会拍卖 105 辆。拍卖成交 88 辆,评估价 166.4 万元,成交价 269.65 万元,溢价率 62%;17 辆流拍车拟进行二次拍卖。该次车改后全区保留公务用车 325 辆,其中执法执勤用车 238 辆,一般公务用车 75 辆,实物保障车 2 辆,老干部保障车 10 辆。惠山区继续做好公务用车日常管理,编制《惠山区保留车辆使用暂行办法》,严格执行公务用车"四定点"(定点加油、定点维修、定点停放、定点保险)和节假日期间公务用车封存制度,杜绝公车私用。每次公务用车要填写《惠山区公务用车派车单》,保存申请用车记录、签字登记手续,以备检查。

(汤忠德)

【机关餐饮服务】 2016 年,惠山区两家机关食堂为机关干部职工提供就餐服务 19.5 万余人次。加强食堂饮食监督管理,根据不同季节特点,有针对性的进行检查指导,保证食品质量,杜绝食物中毒情况出现。机关事务管理局与江苏禾杰生物环境科技有限公司协作,引进餐厨垃圾处理设备,及时将餐厨垃圾进行固液分离和油水分离,进行高温好氧发酵处理,将餐厨垃圾分解成符合国家标准的有机菌肥,达到无害化,避免饮食风险和环境污染。

(汤忠德)

【安全管理】 2016 年,惠山区机关事务管理局加强机关大院安全管理。加强对机关大院机动车管理,严格发放车辆通行证,保证机关院内交通安全畅通。外来人员车辆进入机关大院时,认真登记,严格检查,有效杜绝白日闯等。强化楼层消防员的队伍建设,严格规范消防员的执勤训练,提高责任意识和安全意识。组织消防安全工作检查,加强消防设施设备检查及更新,全年共发现安全隐患 5 起,更换消防喷淋 300 余个、消防柜 7 个、消防栓 11 个,有效消除安全隐患。上访人员无理取闹时,及时报告,及时警戒,配合公安交巡警及有关单位,有理有节处置,全年共处置上访次数 50 起、800 余人。

(汤忠德)

【信息宣传】 2016 年,惠山区机关事务管理局实现信息宣传工作零的突破。全年在无锡市级以上门户网站及杂志刊登信息 28 条(篇),其中在江苏省机关事务管理局门户网站刊登 10 条、无锡市机关事务管理局门户网站刊登 15 条、无锡市机关事务管理杂志发表 3 篇文章。惠山区机关事务管理局信息宣传工作被市局评为先进单位,全市机关管理系统总体排名第三名。

(汤忠德)

小资料

和平与发展

这 100 多年全人类的共同愿望,就是和平与发展。然而,这项任务至今远远没有完成。我们要顺应人民呼声,接过历史接力棒,继续在和平与发展的马拉松跑道上奋勇向前。

——摘自 2017 年 1 月 18 日习近平在联合国日内瓦总部的演讲

政协惠山区委员会

概　况

　　2016 年，政协惠山区委员会（简称区政协）发挥政协协商民主重要渠道作用，认真履行政治协商、民主监督、参政议政职能。全年举行全委会议 1 次、主席会议 12 次、常委会议 4 次，提交区委、区政府视察意见 10 件，会议纪要 3 件，决策参考 8 件。全年收到提案 160 件，立案 122 件，提案落实率 86%。全年编发《社情民意信息》59 期，报送无锡市政协社情民意信息 19 条，录用 8 条。区政协、各民主党派、工商联、无党派代表人士联谊会、各专门委员会、各镇（街道）政协工作委员会完成调研报告 23 篇。

（黄　飞）

重　要　会　议

【区政协三届五次会议】　惠山区政协三届五次会议于 2016 年 1 月 18 日至 20 日召开。210 名区政协委员出席会议。在惠山区的省、市政协委员和担任过原无锡县、锡山市、惠山区的政协主席、副主席、协理员、秘书长及中共惠山区委统战部部长职务的离退休老干部，区各民主党派、工商联、无党派代表人士联谊会主要负责人，区政协机关和区委统战部科长

以上干部列席会议，区委常委、区人大、区政府主要负责人和相关负责人、区机关各部门主要负责人和无锡市条线管理单位负责人应邀出席开幕式、闭幕式和大组讨论发言。区政协副主席许海祥主持开幕式，区政协副主席陈晓松主持闭幕式。区政协主席陈燕在闭幕式上讲话。委员们听取和讨论中共惠山区委书记吴仲林的讲话；听取和讨论政协无锡市惠山区第三届委员会常务委员会工作报告；听取和讨论政协无锡市惠山区第三届委员会常务委员会关于提案工作情况的报告；通过政协无锡市惠山区第三届委员会第五次会议提案情况的初步审查报告等。

　　1 月 20 日，区政协三届五次会议举行大组讨论发言，政协民盟惠山区基层委员会、民建惠山区基层委员会、民进惠山区基层委员会、农工民主党惠山区基层委员会、九三学社惠山区基层委员会、无党派代表人士联谊会、区政协办、工商联、总工会、团区委、妇联、社会法制委员会、提案委员会、经济科技委员会、人口资源环保及城乡建设委员会、学习文史和文教卫体委员会、长安街道工作委员会、堰桥街道工作委员会、前洲街道工作委员会、洛社镇工作委员会、玉祁街道工作委员会、钱桥街道工作委员会、阳山镇工作委员会的代表作大会交流发言，23 篇调研报告被列入大会书面交流材料。

　　会议期间，共收到提案 159 件，其中集体提案 20

件,委员联名提案 30 件,委员个人提案 109 件。会后收到个人提案 1 件。

(黄 飞)

【区政协三届常委会十八至二十一次会议】 3 月 29 日,惠山区三届政协召开十八次常委会议。与会人员视察惠山区法制宣传阵地,听取法治惠山建设情况和审判工作情况的通报。会议围绕创建"法治建设先导区"目标,提出要加大法治建设统筹协调力度;要充分利用现有法治建设资源;要抓住普法宣传教育关键少数。会议就进一步提高审判工作水平,提出要提高审判工作质量,维护好司法公信力;要采取切实有效措施,稳定法院干部队伍;要解决法院硬件瓶颈,保障审判顺利开展。区政协主席陈燕,副主席唐江澎、许海祥、黄明,协理员平文良、宋培功、李广平和秘书长薛伟钢参加会议。

7 月 12 日,区三届政协召开第十九次常委会议。会议听取区委常委、副区长计佳萍关于全区上半年经济和社会发展情况及下半年工作打算的通报、关于区政协三届五次会议委员提案办理情况的通报,听取区交通运输局关于全区道路路网优化、地铁周边地区公交微循环和重点工程情况通报,协商通过《政协无锡市惠山区委员会关于开展 2016—2017 年度争先创优活动的决定》。会议提出下半年要进一步关注实体经济发展,稳步推进民生社会事业,加强对房地产市场的监管,加强对镇级政府债务的管控。会议围绕进一步加强提案办理工作,抓好全区道路路网优化提出意见建议。区政协主席陈燕,副主席陈晓松、许海祥、黄明和秘书长薛伟钢参加会议。

9 月 20 日,区三届政协召开第二十次常委会议。与会人员视察区政务服务中心和堰桥街道便民服务中心,听取区行政审批制度改革工作情况的通报。会议就进一步推进行政审批改革,提出要加强窗口服务效能建设,面向基层延伸服务功能。区政协主席陈燕,区政协党组副书记陆益,区政协副主席唐江澎、陈晓松、许海祥、黄明和秘书长薛伟钢参加会议。

12 月 21 日,区三届政协召开第二十一次常委会议。会议协商通过区政协第四届委员会政协委员建议名单,协商通过有关人事事项;协商通过关于召开区政协四届一次会议的决定及会议的主要议程、日程安排,协商通过大会秘书处及各组正副组长建议名单;讨论通过区三届政协常委会工作报告和提案工作报告。区政协主席陈燕,党组副书记陆益,副主席唐江澎、陈晓松、许海祥、黄明和秘书长薛伟钢参加会议。

(黄 飞)

重 要 工 作

【专题调研】 2016 年,惠山区政协抓住长江经济带、锡常泰都市圈建设两大发展机遇,推动锡澄一体化建设,围绕惠山区担当起无锡市区"西大门"和"北大门"的连接纽带,思考向西向北融合发展战略,从空间布局一体化、基础设施一体化、产业发展一体化等方面提出意见建议,为区委、区政府决策提供有益参考。年内,区政协、各民主党派、工商联、无党派代表人士联谊会、各专门委员会、各镇(街道)政协工作委员会完成《狠抓区域发展机遇,提升惠山发展格局》《惠山区产业转型发展情况的调查和思考》等调研报告 23 篇。

(黄 飞)

【重要视察】 2016 年 2 月 29 日,惠山区三届政协主席会议成员视察江苏数字信息产业园和华中科技大学无锡研究院,听取区科技局关于六大产业研究院发展情况的通报,建议区政府和有关部门要明确发展定位和发展目标,科学合理建设六大产业研究院;要加大宣传力度和对接力度,全面提升院企合作层次和水平;要完善考核机制和激励机制,提升产业研究院可持续发展能力;要加快产业联盟建立和技术创新,不断完善惠山区技术支撑体系。

3 月 16 日,区三届政协主席会议成员视察长安街道长宁社区和洛社镇志愿服务阵地,听取惠山区志愿服务工作情况通报,建议区委和有关部门要加大宣传力度,营造志愿服务的良好环境;要加强资源整合,打造志愿服务的惠山区特色;要加大扶持力度,为志愿服务提供有效保障。

4 月 19 日,区三届政协主席会议成员视察传化物流、禾健物流,听取惠山区物流产业转型发展情况通报,建议区政府和有关部门要优化功能布局,制定物流产业规划;要提高统筹力度,加强物流产业监管;要加快信息技术应用,提升物流产业层次。

5月18日,区三届政协主席会议成员视察长安街道创意公益园和钱桥街道社会组织孵化中心,听取惠山区社会组织建设和发展情况通报,建议区政府和有关部门要加强政策引导,明确社会组织发展的远景目标;要加强平台建设,营造社会组织发展的良好环境;要创新社会管理,细化政府购买公共服务的清单;要加强监督管理,提升社会组织承接公共服务的能力。

6月14日,区三届政协主席会议成员视察前洲五洲国际和恒生科技园,听取全区商品房去库存、商业综合体转型情况通报,建议区政府和有关部门要严格控制房地产开发规模,适当调整拆迁安置政策,大力改善公共服务设施配套,适时调整建设规划和业态,大力促进商业综合体转型,强化政府主体责任。

7月20日,区三届政协主席会议成员视察建设中的惠山区中医医院,听取全区医疗健康服务联合体建设情况通报,建议区政府和有关部门要坚持正确的医疗卫生事业发展方向,不断加强惠山医疗专门技术人才培养,完善医疗卫生体制改革的相关政策,加强医疗卫生体制改革的政策宣传。

8月17日,区三届政协主席会议成员视察无锡天幕特阔印染有限公司、无锡保利化肥有限公司、无锡麒龙覆盖铜板有限公司,听取全区燃煤装置清洁能源改造实施情况,建议区政府和有关部门要加大推进力度,加大督查、协调力度,要加大责任落实力度和宣传力度。

9月14日,区三届政协主席会议成员视察堰桥街道堰桥社区、长安街道新惠社区和区文化馆,听取全区公共文化服务体系建设情况,建议区政府和有关部门要进一步提高基层公共文化服务的能力,加大基层公共文化服务的供给,推动基层公共文化服务社会化。

10月14日,区三届政协主席会议成员视察堰桥街道长馨家园和惠山数字化城市管理系统,听取全区排水达标区建设和数字化城管工作情况通报,建议区政府和有关部门排水达标区建设要建管并举,坚持长效管理;要加快数字化城管建设步伐;工作人员、经费保障要到位。

11月16日,区三届政协主席会议成员视察全区重大项目建设和智能制造工程推进情况,听取发改局、经信局的通报,就进一步加快推进重点项目建设,建议区政府和有关部门加大招商引资力度,增加重大项目储备;加大区级统筹力度,形成产业发展合力;加大项目推进力度,缩短项目建设周期;加大机关服务力度,优化项目投资环境。就进一步加快推进智能制造工程,建议区政府和有关部门要坚持目标引领,为企业加快智能制造发展营造氛围;加大政策扶持,为企业加快智能制造发展增强信心;用好服务平台,为企业加快智能制造发展提供保障。

(黄 飞)

【提案办理】 2016年,惠山区政协共收到提案160件,审查立案122件,确定重点督办提案4件、重要提案5件,分别由主席会议集体督办、主席会议成员牵头相关专门委员会督办。研究制定《关于进一步加强提案督办工作的意见》和《关于重点提案的确定和办理暂行办法》,推进提案工作制度化、规范化、程序化。区政协联合区政府举行全区提案办理工作培训会议,组织召开专题常委会,民主评议区经信局、城管局提案办理工作,对外公布评议结果,推动承办部门完善提案办理机制,提高办理成效。采取邀请提案人参加视察、完善考核办法、组织B类提案"回头看"等措施,加强提案督办,提案落实率达86%;在区有关部门落实提案的过程中,推动公交地铁网络系统完善、大学产业研究院与省锡中深度合作、生态环境保护等一批惠民实事的落实。

(黄 飞)

【民主监督员工作】 2016年,惠山区政协调整优化民主监督员队伍成员,各小组增配副组长1名,民主监督员采取听取工作汇报、实地调研和明察暗访等多种手段开展民主监督工作。各民主监督小组全年共组织法规文件资料学习13次,召开座谈会18次,应邀参与派驻部门重点工作检查活动7次,撰写《民主监督建议书》12份、提出意见建议40多条,提交区政府办公室和派驻部门。

（黄 飞）

【反映社情民意】 2016年,惠山区政协和"两委"（政协委员和政协常务委员）征集反映全区经济社会政治生活中的真实情况和人民群众的意见建议,共征集社情民意信息线索76条,整理编发《社情民意》59期,报送区委、区政府42期,引起区委、区政府和相关部门的重视,推动早教机构和托儿所规范化建设等一批民生问题得到解决或缓解矛盾。通过市政协平台向市委、市政府和市级部门反映社情民意,全年向市政协报送社情民意信息19条,录用8条。其中,《关于逐步为洛社镇杨市地区居民家庭接通管道天然气的社情民意》受到相关部门的高度重视,相关部门多次上门沟通,主动解决问题,受到群众的好评。

（黄 飞）

小资料

坚定不移走好走稳自己的路

问题是时代的声音,人心是最大的政治。推进党和国家各项工作,必须坚持问题导向,倾听人民呼声。我们要坚持求真务实、真抓实干,积极适应国际国内形势新变化,准确把握规律,紧紧依靠人民,奋发有为开创各项工作新局面。我们的事业是全新的事业,在前进的道路上,我们既不能因循守旧、墨守成规,也不能罔顾国情、东施效颦。我们要坚定不移走好走稳自己的路。

同志们、朋友们!

在即将过去的一年里,我们隆重庆祝了中国人民政治协商会议成立65周年,人民政协发挥作为协商民主重要渠道作用,着力搭建协商平台、创新协商载体、增加协商密度,聚焦改革发展稳定重大问题深入调查研究、反映社情民意、开展民主监督,为推进改革开放和社会主义现代化建设作出了重要贡献。

新的一年,我们要巩固和发展最广泛的爱国统一战线,坚持和完善中国共产党领导的多党合作和政治协商制度,不断为事业发展凝聚人心、增添力量。人民政协要深入进行调研视察、协商议政,积极开展民主监督,讲真话、进诤言,出实招、谋良策。要加强协商民主制度建设,为各党派团体和各族各界人士搭建协商平台、丰富协商形式、创造民主氛围,为我国社会主义民主政治发展注入新的活力。

同志们、朋友们!

我们的目标越伟大,我们的使命越艰巨,就越需要所有人拧成一股绳去干事创业。让我们更加紧密地团结起来,向着我们共同的奋斗目标、向着更加辉煌的明天,奋勇前进!

——摘自习近平在全国政协新年茶话会上的讲话

（来源:人民日报2015年1月1日02版）

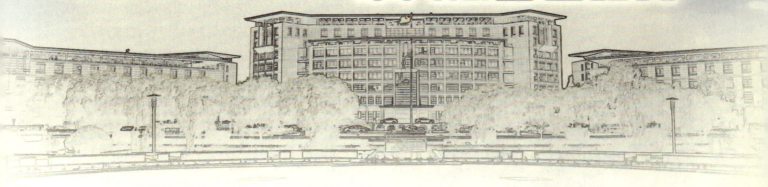

中共惠山区纪委

概　况

2016 年，中共无锡市惠山区纪律检查委员会（简称区纪委）忠诚履行党章赋予的职责，认真贯彻落实中央八项规定和省、市、区委十项规定精神，强化监督执纪问责，落实"两个责任"（党风廉政建设党委主体责任、纪检监督责任），依纪依规深入推进党风廉政建设和反腐败工作。全年共收到来信来访 332 件（次），立案查处各类违纪案件 122 件，立案总数同比增长 40.83%；105 人受到党纪、政纪处分，其中乡科级领导干部 2 人；挽回经济损失 597.37 万余元。

（韦璟瑜）

重　要　会　议

【四届区纪委产生】2016 年 7 月 31 日—8 月 2 日，中国共产党无锡市惠山区第四次代表大会召开。吴建明代表区纪委向大会作《尊崇党章党规党纪，强化监督执纪问责，推动党风廉政建设和反腐败工作迈上新台阶》的工作报告。大会选举产生第四届中共无锡市惠山区纪律检查委员会，选出区纪委委员 13 人。区纪委四届一次全会选举产生纪委常委 5 人，分别为吴建明、魏建彪、祝绳、李锋、吕君。吴建明当选区纪委书记，魏建彪、祝绳当选区纪委副书记。

（韦璟瑜）

重　要　工　作

【推进全面从严治党】　2016 年，惠山区纪委学习贯彻中共十八届六中全会、中央纪委六次全会精神，落实省、市纪委全会和区第四次党代会工作部署，推动《中国共产党党内监督条例》《关于新形势下党内政治生活若干准则》和《中国共产党问责条例》等党规党纪的学习、宣传和贯彻落实，深入推进全面从严治党。

（韦璟瑜）

【"廉润惠山"系列活动】　2016 年，惠山区纪委、监察局积极营造"不想腐"的氛围，加大源头防腐力度。5 月，开展"廉润惠山"系列反腐倡廉宣传教育活动；召开"廉润惠山"教育大会，邀请市纪委副书记赵建聪解读《中国共产党廉洁自律准则》《中国共产党纪委处分条例》，区委书记吴仲林以《在党爱党，在党向党，在党为党，争做勤廉、有为、敬业、担当的好干部》为题上廉政党课，全区 400 余名区管领导干部参加会议。区纪委、区监察局与区相关部门联合举办以廉政公益平面广告评比和"讲述好家风"等"廉"字号活动。12 月,区委常委、区纪委书记吴建明以《全面从严治党,强化自我监督》为题,为全区区管领导干部进行党规党纪专题辅导。

（韦璟瑜）

2016 年 5 月,惠山区召开廉润惠山教育大会。

（韦璟瑜 摄）

【试行"四级勤廉预警实施办法"】 2016 年,惠山区纪委、区监察局始终坚持把纪律放在前面,注重抓早抓小。坚持纪法分开、纪在法前、纪严于法的要求,切实用纪律管住大多数人。在实践运用监督执纪"四种形态"的探索中,结合惠山区实际制定出台《四级勤廉预警实施办法(试行)》。全年累计实施四级(黄色、白色、红色、橙色)勤廉预警 98 次,其中实施白色、黄色和红色预警分别为 50 次、42 次和 6 次。

（韦璟瑜）

【落实规定纠正"四风"】 2016 年,惠山区纪委、区监察局围绕落实中央八项规定和省、市、区委"十项规定"精神,纠正形式主义、官僚主义、享乐主义和奢靡之风等四风。对全区 40 多家单位开展重要时间节点督查 2 次,发出全区性督查通报 2 份、整改通知书 14 份,对 2 个单位 2 名相关人员实施约谈。围绕城乡征地拆迁补偿、农村"三资"(资金、资产、资源)管理等问题,开展查处专项整治,梳理上报问题清单 300 项,立案查处侵害群众利益问题案件 7 件,党纪处分 6 人。实施提醒谈话 1 人,诫勉谈话 2 人,向相关单位发送纪律检查建议书 1 份。用好省"政风热线"平台,畅通群众监督渠道,办理相关投诉 56 件。

（韦璟瑜）

【落实"两个责任"】 2016 年,惠山区委进一步落实党风廉政建设党委主体责任、纪检监督责任(两个责任),组织学习中央纪委全会精神和《廉洁自律准则》《党内政治生活的若干准则》,组织区管以上干部听取《党内监督条例》《问责条例》的专题宣讲。区委专题听取镇(街道)党(工)委履行主体责任述职报告。坚持问题导向,制订针对性强、富有个性化的党风廉政建设责任书,提出细化指标。动态督查问题清单和整改清单,重点督查班子成员落实"一岗双责"情况,对党风廉政建设责任制落实情况开展年中检查、年底考核。

（韦璟瑜）

【巡察工作】 2016 年,惠山区纪委、区监察局按照区委的统一部署,以"两个责任"落实情况和群众身边的"四风"、腐败问题为重要内容,4 月和 9 月先后对堰桥街道和阳山镇进行巡察,发现问题 28 个,移交问题线索 8 条,立案 1 件。及时汇报和反馈巡察情况,提出整改意见。

（韦璟瑜）

【队伍建设】 2016 年,惠山区纪委、监察局着眼打造忠诚干净担当的纪检监察干部队伍,纪委常委班子提出争做"五个表率"[注]要求。围绕信访举报、执纪审查、案件审理、党风廉政建设、干部教育管理等纪检监察业务,对全区纪检监察干部集中开展为期 3 个月的理论业务学习活动。组织全区 88 名纪检监察干部到浙江大学进行为期一周的脱产培训。以"两学一做"和严肃党内生活为抓手,增强纪检监察干部的免疫力。在区级机关内部开展"五查摆、七查摆"活动,从领导到普通工作人员,自觉查找不足,动真格整改。

[注]"五个表率":一是要政治清醒,立场坚定,做高举旗帜的表率;二是要同心同德,同舟共济,做精诚团结的表率;三是要铁肩担当,奋发有为,做苦干实干的表率;四是要心系群众,造福百姓,作为民利民的表率;五是要严于律已,克己奉公,做廉洁自律的表率。

（韦璟瑜）

民主党派·工商联·
无党派代表人士联谊会

康系列活动。

（张晓表）

概　况

2016年，惠山区各民主党派、工商联和无党派代表人士联谊会围绕区委、区政府和统战部的中心工作，加强组织建设，履行参政党职责，围绕"三优三宜"新惠山建设目标开展工作。围绕惠山区的民生民情、社会热点、经济转型发展等课题广泛调研，全年完成调研报告37篇，提交区"两会"交流7篇，获评优秀调研报告3篇，提出提案、议案135件，上报社情民意300余条。年内，区各民主党派共发展新成员19人，平均年龄36岁。全部为大专以上学历，其中研究生3人，中高级职称成员10人。至年底，全区民主党派成员共348人，成员结构进一步优化。全年各民主党派、工商联和无党派代表人士联谊会参加中央、省、市等各类培训185人次，整体素质得到提升。年内完成区民建、农工民主党、工商联的换届工作。各民主党派、工商联和无党派代表人士联谊会按照区委统战部统一部署开展社会服务活动，参与慈善公益事业，开展捐款捐物、义诊、咨询服务、帮扶优秀困难生、举办西部教师培训班等多项社会服务活动。全年捐款捐物累计价值250万元。开展和镇（街道）、社区结对活动，深化"同心"实践基地活动内涵，开展同心助学、同心送法、同心助企、同心助困、同心送健

中国民主同盟惠山区基层委员会

【概况】　2016年是"十三五"规划的开局之年。民盟惠山区基层委员会全面加强组织建设，积极履行参政党职能，建睿智之言，谋务实之策，关注惠山民生民情，全力助推惠山区"十三五"规划发展。2016年，民盟惠山区基层委员会获纪念民盟江苏省委成立60周年先进集体，获评民盟无锡市委2016年度宣传工作先进集体。盟员曹敏、王卉青、丁建峰、王渊获纪念民盟江苏省委成立60周年先进个人。盟员高波的"有根德育工作站"获民盟无锡市委2016年度社会服务优秀工作站。盟员周悦获第五届惠山区"十大优秀青年"、无锡市"群文之星"称号。盟员陈少华获惠山区第五届政府文学艺术奖。盟员许志华获律师执业30周年（银质）纪念勋章。年内，盟员曹敏、王卉青当选为民盟无锡市委第十三届常委，曹敏、张奕当选为区政协常委，周悦当选为区人大常委，王卉青当选为无锡市人大代表。盟员王卉青的《中小企业税务风险管理中税务律师的作用》发表《中国律师》第3期，盟员王渊的《用人文德育守护学生心理健康的精神家园》发表《现代班集体》第

6 期,盟员丁波的《追求有语文味的课堂教学》获省陶研会三等奖、《巧妙切入课文,寻求教学高效》获市三等奖,盟员刘丹的《浅谈初高中语文学习的接轨》获市课改纵横学科教学论文评比一等奖、《一主两翼,读写联动》发表《新高考》教师版 12 月刊,盟员周悦创作的舞蹈《心中那片红》获市群芳奖金奖、歌曲《偶像》获市群芳奖银奖。

（王 渊）

【参政议政】 2016 年,民盟惠山区基层委员会围绕惠山发展的中心工作,结合实际,深入调研,建诤言、献良策。省政协委员王卉青在省"两会"期间提交提案 3 个。1 月 11 日—15 日,市人大代表王卉青、市政协委员曹敏参加无锡市"两会",建言献策。盟员刘丹执笔的《惠山区养老服务发展现状与思考》在惠山区"两会"上交流发言。王卉青被江苏省监狱管理局聘请为第六届公正文明执法特邀监督员(聘期 3 年)。3 月 21 日—24 日,王卉青参加市人大常委会全市经济犯罪侦查工作专题调研。10 月 18 日,王卉青参加无锡市政协组织的考察无锡贡湖湿地公园和无锡华莱坞影视城活动。周文武、王渊等盟员撰写社情民意,上报《关于协调部门建设区级法治文化公园提升惠山区法治文化品位的建议》《应对我省涵洞路口加强交通引导与管理》《区域调整后打造好无锡版的"一带一路"》等 9 条,王渊提交民盟江苏第七届教育论坛调研报告《基础教育教育国际化的探索与思考》。全年 3 个支部上报各类信息和活动新闻累计 25 条。

（王 渊）

【组织建设】 2016 年,民盟惠山区基层委员会新发展盟员 5 位,至年底,盟员总数 56 人。在新一届人大和政协中,9 位盟员当选区政协四届委员,其中曹敏、张奕当选区政协常委;盟员周悦当选区人大代表;盟员王卉青当选无锡市人大代表。5 月 4 日,民盟惠山区基层委员会承办无锡、常州、淮安民盟基层组织测评交流互评会,会议在钱桥中学召开,与会人员参观惠山区盟员之家和冯其庸学术馆。5 月 13 日,民盟惠山区基层委员会赴民盟常州李公朴支部进行盟务交流学习。民盟李公朴支部向民盟惠山区基层委员会赠送国家非遗传承人、金坛剪纸艺人杨兆群设计制作的"李公朴先生刻纸像"。

（王 渊）

【社会服务】 2 月,盟员尹晓明代表洛社青商会捐助洛社初级中学公益基金 3 万元。盟员沈渊淏结对助学陕西省安康市汉滨区恒口镇小学学生鄢邦伟。2 月,盟员王渊向长安中学长风文学社赠送新书 50 本。4 月,尹晓明代表洛社青商会向洛社高级中学公益慈善基金捐款 2 万元。民盟惠山区各支部开展"爱在脚下"——给贵州山区孩子一双鞋的捐助活动,三个支部合计捐赠鞋子 80 双。4 月,盟员王卉青到宜兴方圆帮教中心,为社区服刑人员作"助人自助,创造价值"的专题讲座。盟员尹晓明参加"慈心善举、让爱绽放"公益活动(赣州站)。5 月,盟员顾斌参加在崇安辅读学校举行的"与爱同行""六一助残"大型公益活动。8 月,民盟惠山区一支部在洛社初中欢送盟员丁君到新疆阿合奇援疆教学 1 年。12 月,盟员丁建峰向钱桥敬老院捐助 10 万元,用于改善老人居住设施。

（王 渊）

中国民主建国会惠山区基层委员会

【概况】 2016 年,民建惠山区基层委员会围绕中共惠山区委、区政府的中心工作,认真履行参政党职能,团结和带领全体会员,深入企业调研,积极参政议政,推进基层组织建设,创新社会服务,各项工作有序推进,取得较好实绩。年内,基层委员会委员唐冠玉被评为惠山区十大优秀青年。民建惠山区基层委员会完成调研报告和信息采集,在无锡市民建各基层委员会列第三名。

（孙耐青）

【参政议政】 2016 年,民建惠山区基层委员会组织成员深入机械、电机企业调研,撰写《惠山区民营机电行业创新发展及提档升级建议和对策》调研报告,被区政协选为"两会"期间大会发言材料。民建惠山区基层委员会报送的《大中小企业划分标准亟须修订》的社情民意被省民建录用,《农民"卖粮难"亟待解决》《无锡——江阴公交无缝对接应引起重视》刊登在《无锡市党政信息》上,《阳山水蜜桃品牌弱化,"李鬼"横行亟须重视》刊登在市委办公室《每日信息》上。在市、区"两会"期间,基层委员会中的人大代表、政协委员提交建议、提案19件,如《关于尽快出台相关政策发展镇级转贷资金》《关于降低用电价格,促进企业发展》等,内容涉及经济发展、环境保护、文化教育、民生等,得到有关部门重视和采纳。民建惠山区基层委员会上报无锡市民建社情民意9条、区政协7条,从不同层面反映社会热点和难点。

(孙耐青)

【组织建设】 2016年,民建惠山区基层委员会结合实际,严格按照加入民建条件,经组织培育考察,吸收无锡市惠山合力传热设备厂总经理是文斌、无锡市星火电器有限公司总经理刘俊、无锡市民泰物业有限公司总经理金志强、无锡市茂良袜业有限公司总经理唐耀良、江苏中诚印染股份有限公司总经理赵洪超等5位企业家加入民建组织。在民建无锡市委会和区委统战部指导下,按照统筹兼顾、通盘考虑、发扬民主的原则,10月,召开基层委员会换届会议,姜友卓当选为新一届主委。12月,在民建无锡市委会第十二次代表大会上,主委姜友卓当选为民建无锡市常委、副主委臧志成当选为民建无锡市委员、副主委陈仲德任民建无锡市监委副主任。至2016年年底,会员总数75人,下设4个支部。

(孙耐青)

【搭建平台】 2016年,民建惠山区基层委员会针对企业会员多的特点,利用组织载体,搭建服务平台。组织民建成员赴无锡高达环境科技有限公司、无锡传化公路智能信息港、宜兴鼎球集团公司、安徽原生态农业科技有限公司等企业参观学习,了解科技、创新、智能信息应用发展情况。组织民建成员赴浙江桐庐考察低碳工业和传统产业转型发展。组织苏嘉集团公司等25家企业参加由中国网库集团公司主办的"腾计划"2016年电子商务应用无锡座谈会,帮助企业转变经营模式,发展电子商务,促进生产销售,增加效益。

(孙耐青)

【社会服务】 2016年,民建惠山区基层委员会把引

导会员投入对社会公益事业支持作为重要工作。3月植树节期间,民建惠山区基层委员会的女会员积极响应市委统战部、民建无锡市委的号召,参加在阳山镇举行的2016"光彩感恩"大型植树活动。一支部会员张文天资助3位贫困学生完成学业;二支部会员蒋永原在江苏省春蕾助学行动中资助贫困学子3万元;三支部会员唐冠玉向"爱心妈妈"基金捐款10万元;四支部组织成员赴安徽六安革命老区扶贫,送去价值2万元的衣服、袜子等。2016年,基层委员会各支部成员对教育、文化、慈善机构、新农村建设和扶贫帮困等社会公益事业累计捐款30.95万元。

(孙耐青)

中国民主促进会惠山区基层委员会

【概况】 2016年,中国民主促进会惠山区基层委员会(简称民进惠山区委)以中共十八届五中、六中全会精神和民进中央、省、市有关会议精神为指导,开展多种形式政治思想教育和统战理论学习,加强自身建设,认真履行参政党职能,在实践中不断创新,为惠山区经济发展社会进步作出新的贡献。2016年,民进惠山区委被民进江苏省委授予"民进江苏省参政议政工作先进集体"称号,14人获民进无锡市委表彰。

(惠 民)

【参政议政】 2016年,民进惠山区委中担任市区两级人大代表、政协代表委员和各支部会员提交议案提案9件,内容涉及商业金融、城建环保、科教文体等方面,上报各类信息和社情民意14条。民进惠山区委《进一步提升惠山区区域特色文化产业的发展内涵》的调研报告在区政协全会上作大会交流。民进惠山区委中担任区教育局、区审计局行风监督员的会员,担任区民政局民主监督小组的会员,对前洲中学、石塘湾中学、区民政部门及下辖的养老院、社区服务中心等相关单位(部门),进行监督和指导,就行政体制创新、政府工作报告、民生改善方面等提出建议。

(惠 民)

【组织建设】 2016年,民进惠山区委坚持稳妥发

展,加强民进惠山区委、支部两套领导班子建设,做好后备干部队伍的教育培养、考察使用工作。全年发展会员 3 名,平均年龄不到 36 岁,全部为大学本科及以上学历,1 名来自教育系统,2 名来自企业界,均具有高、中级职称。滨湖区转入会员 1 人,至年底,会员总数 66 人。

(惠民)

【社会服务】 2016 年 4 月,民进惠山区委响应民进中央"彩虹行动"号召,承办江苏民进 2016 年第三十期西部教师培训班(无锡惠山)。该培训站设在无锡市堰桥初级中学,为期 8 天,来自甘肃、广西和贵州的 25 名少数民族教师和 5 名瑶族女生参加,民进中央联络委员会副主任、江苏民进企业家联谊会副会长、民进惠山区委负责人周文涛为培训班提供经费 15 万元。5 月,民进惠山区委二支部组织"惠爱洛社 利锡拉链"助困帮扶捐赠活动,民进惠山区委会员、江苏利锡拉链有限公司董事长蔡岗为省锡中匡村实验学校捐赠奖学金 3 万元,定向资助洛社高中、匡村实验学校和杨市中心小学的 5 名品学兼优的贫困学生,资助他们至大学毕业的基本生活和学习费用,标准为高中 8000 元/(年·生),初中 3000 元/(年·生),小学 2000 元/(年·生)。6 月,惠山区社会爱心人士赴民进中央扶贫点甘肃省白银市靖远县石门乡坝滩小学助学捐赠 6 万元。9 月,周文涛向江南大学《纺织教育》基金会捐赠 20 万元。民进惠山区委各支部会员发挥各自的特长和优势,将学习践行社会主义核心价值体系与"双岗建功"相结合。一支部会员沈雪琴、季亮、沈伟民继续与前洲中心小学 10 名贫困学生结对子,二支部会员黄慧江、三支部会员吕玲燕继续资助贵州贫困学生的学习生活。

(惠 民)

中国农工民主党惠山区基层委员会

【概况】 2016 年是"十三五"规划开局之年,农工民主党惠山区基层委员会继续以推进"四个全面"(全面建成小康社会、全面深化改革、全面依法治国、全面从严治党)为重要契机,进一步统一思想、服务大局、履职尽责。全年工作开展顺利、活动丰富、成效显著。举办"敬业·担当"主题教育活动,积极向农工党市委报送活动简讯,全年共报送活动简讯 7 篇,其中被农工党省委网站和无锡市委统战网站录用 2 篇,其余均在农工党无锡市委网站和其微信公众号发布。

(沈夏萍)

【参政议政】 2016 年,农工党惠山区基层委员会共有市、区"两会"代表或委员 12 人,全年提交《医改难急需医保政策支持》《加快落实惠山区公共自行车项目建设》《惠山区机关幼儿园门口道路安装路灯》等市、区二级建议或提案 7 份,内容涉及医疗服务、市政规划、综合治理等民生问题。全年共向农工党无锡市委报送社情民意 7 篇,其中《基层反映取消麻醉系招生或将重蹈儿科专业取消后儿科医生严重不足覆辙》被全国政协采纳,《我市餐厨废弃物处理能力需扩容》被市党政信息部门采纳。完成以《传承创新、砥砺前行,再创爱国卫生运动新辉煌》为课题的专题调研报告。2016 年,农工党惠山区基层委员获得由农工党无锡市委颁发的"全市反映社情民意信息工作"一等奖。

(沈夏萍)

【组织建设】 2016 年 7 月,农工党惠山区基层委员会圆满完成换届选举工作。农工党惠山区基层委员会与区委统战部、惠山经济开发区统战部门及长安街道长宁社区居委会建设"同心"实践基地,通过 3 年努力,2016 年获无锡市统一战线"同心"实践示范基地称号。2016 年,农工党惠山区基层委员会新吸收成员 3 人,至年底,农工党惠山区基层委员会共有党派成员 59 人,其中在职成员 44 人,退休成员 15 人。

(沈夏萍)

【社会服务】 2016 年,农工党惠山区基层委员问需于民、服务于民、惠及于民。继续开展"融爱于心、践责于行"爱心助学活动,连续第 3 年为区特殊教育学校的 100 余名智障、自闭症等学生提供免费体检,参与惠山区"名医社区行 健康零距离"公益活动。

(沈夏萍)

5月30日，农工党惠山区基层委员会为惠山区特殊教育学校学生免费体检。

（农工党惠山区基层委员会 供稿）

九三学社惠山区基层委员会

【概况】 2016年，九三学社惠山区基层委员会坚持中国共产党的多党合作和政治协商制度，秉承爱国、民主、科学的优良传统，加强自身建设，同心同德，发挥优势和特色，积极建言献策，履行参政党职能，创新社会服务，发挥九三学社惠山区基层委员会在地方经济和社会发展中的特色作用。社员匡逸强获中国机械工业科技进步二等奖、江苏省科技进步三等奖、被评为江苏省优秀科技情报工作者、江苏省第五期"333"高层人才培养对象、第五届无锡市惠山区十大优秀青年；社员汪定用被选为江苏省第五期"333"培养对象、获全国化学评优课一等奖；社员肖骊获全市内部控制审计理论研究论文一等奖；社员谈斌获惠山区政府嘉奖奖励。

（俞琳洁）

【参政议政】 2016年，九三学社惠山区基层委员会围绕经济发展、城市建设和改善人民生活等方面的热点难点问题调查研究，为惠山区以及全市的经济建设、社会发展建言献策。社员杨淑琴的《关于规范设置障碍式减速带的建议》引起新闻媒体的注意，接受专访；社员谈斌的《关于加强预付费商户监管》作为优秀社情民意刊登《惠山新闻》。全年撰写社情民意31条、调研文章2篇、提案10项。4月，九三学社惠山区基层委员会联合民进惠山区基层委员会举办针对众创空间这个新兴产业的现状及发展模式的调

研活动。

（俞琳洁）

【组织建设】 2016年，九三学社惠山区基层委员会按照惠山区统战部和九三学社无锡市委的要求，做好组织发展工作。年内，4名新社员加入，平均年龄29岁。2016年10月，九三学社惠山区基层委员会赴浙江丽水学习参观，考察民情、商讨发展。年内，组织对优秀社员的专访，向省、市九三学社刊物投稿，3篇稿件被录用。社员朱敏芳的事迹《倾情传播国土知识》在11月1日的《团结报》上刊登。

（俞琳洁）

【社会服务】 2016年4月，在阳山镇同心基地，九三学社惠山区基层委员会组织医卫专家举办第三次专家义诊活动。九三学社17位医卫专家为居民进行检查、诊治、健康咨询及答疑，接受义诊咨询500余人，发放各类健康知识手册200多份，发放药品价值近2000元。2016年6月，江苏省阜宁地区遭受冰雹龙卷风袭击，九三学社惠山区基层委员会全体社员捐款8000元，支持阜宁灾后救援。2016年10月，九三学社惠山区基层委员会社员代表到江苏省锡山高级中学，资助3位贫困学生9000元（每人每年3000元）。

（俞琳洁）

4月，九三学社惠山区基层委员会联合市人民医院和市妇幼保健医院送医下乡。

（九三学社惠山区基层委员会 供稿）

惠山区工商业联合会

【概况】 2016年，惠山区工商业联合会围绕中共惠

山区委、区政府中心工作，认真履行工商联各项职能，在开展提振企业家发展信心，促进非公经济健康发展和非公经济人士健康成长；深入企业调研，为惠山区经济社会发展建言献策；抓好亮点和特色工作，推进基层商会建设；搭建多种服务平台，为企业提供全方位服务；引导会员企业投入"光彩事业"，献爱心奉献社会，有序推进工商联各项工作。年内，洛社镇总商会被江苏省工商联评为先进基层商会，玉祁街道商会、长安街道商会被无锡市工商联评为先进基层商会，惠山区针织服装行业商会被无锡市工商联评为先进行业商会。

（孙耐青）

【参政议政】 2016年，惠山区工商业联合会通过"走百家企业，访百位业主"主题活动，了解企业发展动态，倾听业主诉求，协调问题矛盾，提供相关信息。深入针织服装行业调研，撰写《惠山区针服行业面临难题及促进持续发展的建议》调研报告。惠山区工商联充分发挥担任市、区人大代表，市、区政协委员的非公经济人士优势，在市、区"两会"期间，共提交建议提案25件，内容涉及企业转型发展、环境保护、文化教育、城镇交通、民生等方面。2016年，各基层商会撰写社情民意27条、提案5件、调研报告3篇。惠山区工商联撰写的《惠山区传统产业面临的困难和转型发展的建议及对策》作为惠山区"两会"交流发言材料。

（孙耐青）

【组织建设】 2016年，惠山区工商业联合会根据全国工商联章程，认真做好换届筹备工作，把换届工作列入重要议程。与区委组织部、统战部联系，稳妥地按时间节点推进换届的各项工作。通过各镇（街道）推荐，对将进入工商联领导班子的非公经济人士进行考察和社会评估，严格按照政治素质好、"四信"观念强、乐于奉献、热爱商会工作等条件把好关。11月24日，惠山区工商联（总商会）第四次会员代表大会召开，陈晓松当选工商联主席、总商会会长。至2016年12月底，惠山区会员企业总数2405家，有7个镇（街道）商会、4个分商会、2个村级商会、1个园区商会、12家行业商会。

（孙耐青）

【搭建平台】 2016年，惠山区工商业联合会搭建多种服务企业平台，全方位服务企业。惠山区工商联与惠山区地税局共同打造升级版"纳税人之家"，工商联主席担任主席，组织开展个人所得税、企业所得税政策执行评议会等各类活动5场次，参加人员397人次、接纳意见和建议20余条、解答咨询32次，惠及250家会员企业。惠山区工商联为帮助企业寻找新的发展空间，推进产业转型发展，先后组织江苏麟龙新材料股份有限公司、无锡新大力电机有限公司等18家会员企业赴华中科大、哈工大开展项目技术对接活动，5家企业在机电、机械、高压泵、化工、水处理设备、新材料等项目与校方达成合作意向。惠山区工商联为帮助中小企业融资难，与惠山民泰村镇银行开展银企合作，至12月底，已为惠山区会员企业解决生产急需资金8650万元。

（孙耐青）

【培训工作】 2016年，惠山区工商业联合会重视企业家培训工作。3月邀请区长李秋峰、复旦大学经济学院张军教授作经济形势报告会，帮助企业了解当前经济发展趋势和企业防范市场风险的措施，6月，组织13家从事机电制造会员企业赴华中科技大学参观学习，了解当前经济发展趋势，帮助企业加快转型升级步伐。组织全区8名青年企业家参加市委统战部、市工商联、北京大学联合开展的青年企业家培育工程，提高青年企业家的管理，分析和决策能力。

（孙耐青）

【社会服务】 2016年，惠山区工商业联合会引导非公经济会员企业在经济发展同时，履行社会责任，积极反哺社会。在扶贫帮困、支持新农村建设，捐资助学等方面回报社会。洛社商会万马基金、会员企业新宏泰电器基金在扶贫工作中成绩突出。全年，惠山区工商联会员企业累计对社会公益事业捐款1260多万元。为缓解企业发展中遇到问题和困难，惠山区工商联把组建基层商会商事协调委员会作为重点工作，至11月底，全区各镇（街道）商会全部组建商事协调委员会，做到覆盖全区。

（孙耐青）

惠山区无党派代表人士联谊会

【概况】 2016年,惠山区无党派代表人士联谊会围绕区委、区政府的中心工作,发挥联谊会人才荟萃、智力密集、联系广泛的优势,参政议政,服务惠山经济社会发展。组织开展学系列讲话、学统战理论系列活动;组织开展同心送法、同心助企、同心助学等实践活动。

(张晓表)

【参政议政】 2016年,惠山区无党派代表人士联谊会发挥组织功能,履行参政议政职能。会员中的省市区三级人大代表、政协委员认真履行参政议政职能,全年提交的议案、提案28件,社情民意15条。围绕惠山区经济社会发展的重大战略部署和人民群众关心的热点难点问题,进行"关于促进惠山区电子商务发展"专题的调研,20人次参加调研,先后调研前洲恒生科技园、杭州恒生科技园,调研材料在区政协会议上交流。无党派代表人士10人次参加区委、区政府召开的党外人士座谈会、民主协商会、情况通报会等活动。加强与政府有关部门的对口联系活动和特约员活动,提出合理化意见建议18条。

(张晓表)

【组织建设】 2016年,惠山区无党派代表人士联谊会坚持会长会议制度和理事会工作制度,开展小组联谊活动,坚持学习制度。全年组织学习、联谊活动15场次,召开理事会议6次,参加考察调研25人次。选派参加市区两级统战部门组织的培训班10人次。律师会员张昊获得江苏省优秀律师称号,新会员林放获得"2016年太湖人才计划企业引进高级管理人才"荣誉。

(张晓表)

【社会服务】 2016年,惠山区无党派代表人士联谊会会员立足本职开展社会服务系列活动。组织会员参加"法律服务团"活动,开展决策咨询、讲座、法律热线、走访服务会员企业等活动,为会员企业排忧解难,帮助解决困难问题事件15件。举办法律知识讲座5次,发放法律宣传材料1000份;提升"8868公益法律咨询"平台,配合区司法局,加大宣传力度,提供法律援助300余人次。玉祁街道开展创新"同心"实践基地活动,开展社区普法活动和服务基层商会活动。无党派代表人士联谊会中女企业家会员开展关爱老年人活动,累计捐赠钱物5万余元。

(张晓表)

小资料

不忘初心 继续前进

同志们、朋友们!

95年前,中国人民对争取民族独立和人民解放、实现国家富强和人民幸福的渴望是多么强烈,但前途又是多么渺茫。今天,我们比历史上任何时期都更接近中华民族伟大复兴的目标,比历史上任何时期都更有信心、有能力实现这个目标。我们完全可以说,中华民族伟大复兴的中国梦一定要实现,也一定能够实现。

1949年3月23日上午,党中央从西柏坡动身前往北京时,毛泽东同志说:"今天是进京赶考的日子。"60多年的实践证明,我们党在这场历史性考试中取得了优异成绩。同时,这场考试还没有结束,还在继续。今天,我们党团结带领人民所做的一切工作,就是这场考试的继续。

"路漫漫其修远兮,吾将上下而求索。"全党同志一定要不忘初心、继续前进,永远保持谦虚、谨慎、不骄、不躁的作风,永远保持艰苦奋斗的作风,勇于变革、勇于创新,永不僵化、永不停滞,继续在这场历史性考试中经受考验,努力向历史、向人民交出新的更加优异的答卷!

——摘自2016年07月01日习近平在庆祝中国共产党成立95周年大会上的讲话

(来源:新华网)

惠山区总工会

【概况】 2016年,惠山区总工会坚持工会服务普惠化理念,以工会工作项目化管理为抓手,全面推进"关爱·圆梦"工程、"安康·爱心驿站"、爱心母婴室、工会劳动保护监督检查员片区服务站等平台建设,形成工会工作的惠山经验,打造工会工作的惠山品牌。

(徐长波)

【惠山区第四次工代会】 2016年12月15日—16日,惠山区工会第四次代表大会举行。大会号召全区工会干部动员和带领广大职工群众,为"十三五"期间抒写惠山区"强富美高"新篇章敬业担当,建功立业。惠山区委书记吴仲林、无锡市总工会党组书记管海燕等出席会议,区总工会主席黄明作题为《敬业担当、凝心聚力,团结全区职工在惠山发展新征程中苦干实干、建功立业》的工作报告。该报告从工人阶级主力军作用、构建和谐劳动关系、扶贫帮困、工会组织体系建设4个方面总结过去5年工会工作取得的成就。该报告指出,在未来5年中,要抓好5个方面重点工作,即全面汇聚职工力量,在推动惠山产业转型升级中更有作为;全面维护职工权益,在发展维护和谐劳动关系上更有成效;全面加强职工帮扶,在

竭诚服务全区职工需求上更有力度;全面加强职工教育,在着力提升全区职工素养上更有进步;全面加强自身建设,在增强全区工会工作能力上更有突破。会议选举黄明为区总工会第四届委员会主席,杨卫中、朱文琴、冯敏之为副主席,冯任远为经费审查委员会主任,朱文琴为女职工委员会主任。

(徐长波)

【工会组织建设】 2016年,惠山区总工会始终坚持"党工共建"机制,推动行业工会和非公小微企业工会组建,发展农民工入会,全年新增独立工会106个,覆盖企业512家,新增会员10346人。全区各单位积极参与工会争创活动,创建"全国模范职工之家"1家(无锡市宏泰起重电机股份有限公司),"江苏省模范职工之家"2家(无锡大金高精度冷拔钢管有限公司、江苏锦绣铝业有限公司),区级模范职工之家50家;创建全国职工书屋示范点1个(惠山地税局),市级职工书屋示范点2个(钱桥街道藕乐苑社区、洛社镇虹业自动化有限公司),区级职工书屋示范点30个。年内,区、镇(街道)、村(社区)、企事业单位4级工会换届全部结束。

(徐长波)

【工会宣传】 2016年,惠山区总工会出台《惠山区总工会宣传工作考核实施办法(试行)》,逐级建立专、兼职相结合的信息员队伍。全区工会初步建立

起区、街道、社区企业3级工会宣传信息员网络，全面改版升级惠山区总工会网站，加强新闻属性，突出价值导向。全年全区各级工会在区级以上的工会网站、各类报刊等登载和录用的稿件超过1100篇，比上年增加20%。其中，区总工会被"中国惠山"门户网站录用信息稿件439篇(条)，位列区级机关部门(单位)的第二名。

（徐长波）

【"关爱·圆梦"工程】 2016年，惠山区总工会帮扶职工的"关爱·圆梦"工程被列为全区为民办实事项目，545家爱心企业参与，共设学生实习岗位3859个，报名学生2265名，参与勤工俭学的职工子女共获劳动报酬近400万元。"关爱·圆梦"工程项目被江苏省总工会评为工会服务职工优质项目，在全省推介，《新华日报》予以专版报道，《工人日报》予以头版刊登。

（徐长波）

【星级职代会创建】 2016年，惠山区总工会落实职代会制度，构建和谐劳动关系。通过星级职代会创建拓展职代会建制率和覆盖面，通过"评选职代会优秀提案、优秀职工代表"活动，提高职代会提案质量和代表履职能力，把职工的知情权、参与权、表达权和监督权落到实处。评选活动被江苏省总工会评为厂务公开民主管理创优项目，并向全省推介，《工人日报》在头版头条刊发惠山区总工会开展星级职代会创建的专题报道。

（徐长波）

【职工权益维护】 2016年，惠山区总工会继续开展要约行动，探索并形成"上带下"(上级工会代替下级工会向企业发出工资协商要约)、"上参下"(上级工会参加下级工会的工资协商)、"三商三保"[注]等协商模式和机制。全区工资集体协商建制率超过建会企业的98.5%，惠及5892家企业的17.5万名职工，有效维护职工经济权益。惠山区总工会发动1273家企业、9万余名职工参与有关安全生产和劳动保护的"安康杯"竞赛，建成13个工会劳动保护监督检查员片区服务站，进一步完善全区工会劳动保护的网格化格局，有效维护职工的安全权益。区总工会坚持

法治思维，聘请区总工会法律顾问，组建区级职工法律援助团，成立工会劳动法律监督志愿者队伍，指导各镇(街道)总工会建立职工法律援助律师团、职工法律援助志愿者队伍，广泛开展广场普法、送法进企、工会劳动法律监督检查等活动。2016年，惠山区总工会获评全区法制宣传教育先进单位。

[注]"三商三保"：一商企业最低工资标准、保职工合理收入；二商工时定额标准，保职工休息权；三商工资增长幅度，保职工增加收入。

（徐长波）

【职工帮扶】 2016年，惠山区总工会加强职工帮扶力度，新建9个"爱心母婴休息室"，总数11个；新建13个环卫职工"安康爱心驿站"，总数23家。2016年春节期间，区总工会投入近80万元走访慰问困难职工。盛夏季节，区、镇两级工会联动投入近130万元慰问一线职工。9月，投入150余万元对困难职工子女实施金秋助学。年内，区总工会资助350名困难女职工和104名环卫女职工参保无锡市女职工健康互助计划，全区累计参加"女职工健康互助计划"的女职工17727人。女职工健康服务中心免费为3万余女职工进行妇科检查和两癌筛查。区总工会推出"健康直通车进企业"活动，把健康讲座开设到企业一线，全年共开设讲座80场，受众1.5万余人，把健康知识普及到全体职工。

（徐长波）

【劳动竞赛和劳模先进】 2016年，惠山区总工会成功举办年度职工职业技能大赛、第三届科技创新和合理化建议评比。指导凯龙高科有限公司创建为建

5月10日，惠山区第二家全国"工人先锋号"花落凯龙高科，区总工会受全国总工会委托给企业授牌。

（区总工会 供稿）

区以来第二家"全国工人先锋号"企业。无锡艾迪花园酒店菜肴创新研发班组等 10 个班组入选惠山区首届十大金牌班组，宋琴飞等 6 位职工当选为江苏省劳动模范。区总工会举办女劳模与名医生健康服务结对签约，全区 18 位女劳模拥有自己的专属健康顾问。

（徐长波）

共青团惠山区委员会

【概况】 2016 年，共青团惠山区委员会（简称团区委）围绕大力加强青年群众工作能力建设的总体要求，密切联系青年，竭诚服务青年，进一步激活各级团组织的凝聚力和活跃度，提升团干部的履职能力和工作作风，团的各项工作取得新的发展。推进团建改革创新，打造全区联动团建平台。完善团组织功能建设，推进青少年综合服务平台建设，深化直接联系青年制度，全面提升新媒体服务，积极开展志愿服务工作，深化青年就业创业工作，服务青年民生需求。完善青少年权益工作体系，开展青少年权益工作项目化工作。年内，创建"江苏省五四红旗团委"1 家，江苏省示范性青少年综合服务平台 1 家，"无锡市五四红旗团委"3 家，"无锡市五四红旗团（总）支部"3 家，无锡市优秀青年志愿组织 2 家，无锡市优秀青年志愿项目 2 个。

（浦 磊）

【基层组织建设】 2016 年，团区委贯彻落实团中央改革方案及团省委有关精神，按改革"专、兼、挂"的要求，增设兼职副书记 1 名，充实团区委工作力量。设立基层共青团工作反馈机制，对镇（街道）团工作开展定期考核、沟通反馈。开展 2016 年全区共青团工作创新创优成果奖申报评选，推动全区共青团组织主动作为、创新发展。在"一中心三层级互促进"（一中心指区级青少年综合服务平台，三层级互促进指区、镇街道、村社区 3 个层面互相促进）区域化管理模式指导下，推进青少年综合服务平台建设，明确三个层级青少年服务平台的建设要求和功能定位，设计、落实青少年服务项目，做到多站点、全覆盖。截

至年末，各镇（街道）青少年之家陆续建成。

（浦 磊）

【青年干部培养】 2016 年，团区委坚持夯实思想引领基础，引导青年筑牢理想信念防线。组织开展第五届"无锡市惠山区十大优秀青年"评选活动，以"敬业担当"为主题激励广大青年向先进典型学习。组织开设"优宜惠山 青春建功"惠山区青年干部论坛，现场表彰优秀青年干部，加强全区青年干部培养，促进青年干部成长成才。继续开展基层团（工）委书记的培训，全年举办团干部培训班 1 期，组织全区团干部开展"两学一做"学习教育活动专题学习会、"团委开放日"等专场学习会 14 场，围绕"团干部如何健康成长"开展各种形式的研讨和交流活动 7 场次。

（浦 磊）

【青年就业创业】 2016 年，团区委配合区人社局开展"春风行动"专场招聘会 7 场，共 568 家企业提供岗位 9815 个（次），进场求职者 13350 人次，现场达成就业意向 4309 人次；联合区总工会开展"关爱·圆梦"活动，帮助贫困青年学生完成勤工俭学梦想。对接华中科技大学惠山研究院，组织华中科技大学机械学院学生到惠山区青商会会员企业技术部门开展为期 3 周的实习活动。打造"职场微体验 暑期莫宅家"大学生暑期实习工作品牌项目，为大学生提供就业招聘、就业见习、勤工助学、"总经理助理见习"等多类型岗位。举办"创赢惠山"惠山区第一届青年创新创业大赛。以"传承工商基因、弘扬工匠精神"为主题，开展"青春思辨会"活动 3 场。

（浦 磊）

"创赢惠山"惠山区第一届青年创新创业大赛

（区团委 供稿）

【青年志愿者服务】 2016 年，团区委围绕"青年之声·志愿青春"主题开展亲情陪伴、自我保护、心理调适、技能提升、保护环境等特色志愿服务活动。3 月 14 日团区委联合多个机关部门、基层团组织、志愿者团队在惠山万达广场开展志愿服务集中活动，同时区内所有青年志愿服务团队在本辖区开展多场次的服务活动，促进全区志愿服务活动向大规模、多种类、常态化的趋势发展。全年全区各类青年志愿服务团队和青年社团累计开展各类公益志愿服务活动 80 余场，参与青年志愿者 1000 余名，服务群众 2000 余人次。成立"星公益"青年企业家品牌公益项目，在惠山区 7 个板块分别建立堰桥星护航、开发区星助力、钱桥星彩虹、前洲星成长、玉祁星守护、洛社星探索和阳山星梦想 7 大青少年公益项目；组建"星公益"青年企业家志愿者团队，开展惠山青商"星公益"慈善晚会，为青少年公益事业筹集资金。

（浦 磊）

3 月 14 日，区团委开展"青年之声·志愿青春"青年志愿服务集中活动。

（团区委 供稿）

【青少年权益服务】 2016 年，团区委以预防为重点，推进青少年权益服务。6 月，下发《2016 年惠山区青少年权益工作要点及考核办法》。配合区综治委对全区 5 类重点青少年群体[注]跟踪排查摸底，完成综治信息平台数据录入更新。开展 2016 年"向上青春"惠山青少年权益服务公益项目征集，用共青团＋社会组织的力量，以社会化＋专业化的工作方式推动惠山区青少年权益服务工作，评选出"'阳光使者'—关爱单亲家庭子女""七彩人生·法翼助航"和"'向阳花开'—阳光少年行动计划"等 5 个优秀项目，为每个项目提供 1 万元的资金支持。

[注]5 类重点青少年群体：不良行为青少年群体、闲散青少年群体、流浪乞讨未成年人群体、服刑强戒人员未成年子女群体、流动留守儿童群体。

（浦 磊）

【新媒体工作】 2016 年，团区委构建微信、微博等新媒体信息体系，运用新媒体手段发布党团要闻、时政新闻、公益慈善、环保志愿、就业实习，以及青少年喜欢的书籍、音乐、电影和流行语等，全年累计发布信息 377 条。全区 200 名网络宣传员参与省、市两级网络宣传活动，互动完成率 100%。有序推进"青年之声"平台建设，向基层青年收集问题 7895 个，点赞数 2929 次。

（浦 磊）

惠山区妇女联合会

【概况】 2016 年，惠山区妇女联合会（简称区妇联）坚持服务大局、联系服务妇女群众，面向基层，解决问题；广泛开展寻找"最美家庭""传承家风家训"，弘扬社会主义核心价值观；推进依法维权，保障妇女儿童合法权益；搭建多元平台，助力妇女就业创业；加强各类培训，提升女性综合素质，全区妇联工作开启新征程。

（杨雷鸣）

【家庭文明建设】 2016 年，惠山区妇联广泛开展寻找"最美家庭"活动，共挖掘、选树和表彰"最美家庭"市级 16 户、区级 38 户、镇（街道）级 300 户，评选出市级"五好文明家庭"标兵户 12 户、市三八红旗集体 3 个、三八红旗手 8 个。联合区纪委开展"和美家风·廉润惠山"廉政教育月活动，联合区委组织部等 4 部门开展"清廉家规进万家·和美家风润惠山"主题活动，共征集到家规家训 177 条。举办"遇见更好的自己"女性读书会；开展"同悦书香"亲子阅读评选活动，评选出阅读家庭 14 户，阅读小达人 18 名。

（杨雷鸣）

【巾帼志愿服务】 2016 年，惠山区妇联继续壮大巾帼志愿者队伍，做细做实巾帼志愿服务工作。洛社镇"幸福义工"巾帼志愿服务基地入选"江苏省巾帼志愿服务示范基地"。开展"计划生育特殊困难家庭"关爱活动，招募心理咨询师、女大学生村干部等志愿者116 人，成立"知心姐妹"志愿团，结对全区计划生育特殊困难家庭 247 户，为他们提供全方位、多角度、链条式的呵护和关爱。发动巾帼志愿者重点帮扶单亲、空巢、孤儿、独生子女特殊家庭，对全区 200 多户特殊困难家庭开展暖心行动。

（杨雷鸣）

【妇女创业就业】 2016 年，惠山区妇联以"同担当·创辉煌·悦分享"和"传承工商基因·弘扬工匠精神"为主题，召开女企业家座谈会，举办政企对接会，解决企业发展中遇到的矛盾困难。联合惠山区国税局、地税局举办"营改增"税法培训，帮助女企业家们学习新的税法制度，从容应对税制改革。开展对妇女的技能培训，扩大创业培训覆盖面。年内，全区共举办各类培训班 28 期，培训妇女 1500 名。实施"农村妇女网上行"培训项目，组织农村妇女学习电脑操作、网络知识，参训 280 人。引导妇女参与现代农业发展，培育扶持妇字号巾帼示范基地 5 个，创建市级"巾帼文明岗"7 个、市级"女性就业创业实践基地"6个，辐射带动就业妇女 1000 多人。

（杨雷鸣）

【妇女儿童权益保护】 2016 年 3 月，《中华人民共和国反家庭暴力法》正式实施，惠山区各级妇联举办专题讲座、制作宣传折页、开展街头咨询、发送微信软文（即微信、公众号推送的图文信息），使公众全面了解反家暴法内容，增强公民反家暴意识，在全社会营造反对家庭暴力、维护受家暴者合法权益的良好氛围。全年共举办反家暴法专题讲座 20 期，受众2785 人，发放普法宣传品 6500 份，接受咨询510 人次。区妇联继续做好女律师与妇女儿童之家结对工作，全年共结对 30 家。组织女律师走进村（社区）妇女儿童之家，年内举办法律讲座、提供法律咨询，参与婚姻家庭、财产等矛盾的调解，举办法律讲座 12 场，提供法律咨询 85 人次，参与矛盾调解 30 多次。联合教育局等 8 部门开展家庭教育工作，制定《关于加强惠山区家庭教育工作的意见》，召开全区家庭教育工作研讨会，开展"儿童成长·家园协同"专题调研，在《家庭教育》杂志上发表调研和实践文章 7 篇。12 月，惠山区"四位一体（学生、学校、社会、家庭）家庭教育工作"经验在江苏省妇女儿童工作会议上作推广交流。

（杨雷鸣）

【妇联自身建设】 2016 年，惠山区妇联以基层"两委"（村委会、社区居委会）换届为契机，制订并实施《关于做好全区村（社区）妇代会换届选举及妇代会改建妇联工作的意见》，顺利完成基层妇联换届工作。巩固基层妇女儿童活动阵地建设，科学合理规划全区妇女儿童活动中心，发挥功能作用、丰富工作内涵、拓展服务内容。指导村（社区）妇联依托妇儿之家阵地，实施公益服务项目、"一家一品"项目。年内，全区新注册"顺顺心公益事务所""惠天使爱心妈妈服务站"2 个女性社会服务组织，在市级立项"'和谐家园'反家暴心理援助"等 10 个项目。新建"惠山女性"微信公众号，发布微信软文 154 期、669 篇，阅读量达 6.65 万人次，传递妇联信息，增强妇联组织的影响力。

（杨雷鸣）

10 月 19 日，前洲妇联干部能力素质提升培训。

（区妇联 供稿）

惠山区科学技术协会

【概况】 2016 年，惠山区科学技术协会（简称惠山区科协）学习贯彻中国科协第九次代表大会精神,实施县级科协创新发展能力提升计划,丰富"四服务一加强"[注]工作内涵,全力完成各项科协工作。年末,全区建有镇（街道）科协 7 个,区级学（协）会 14 个,企业科协 30 个,社区（村）科普协会 110 个。网络注册江苏省科普志愿者 9056 名。年内区科协在全区征集自然科学论文 23 篇,参加无锡市自然科学优秀学术论文评选。江苏丰华联合科技有限公司的海归科技人才钟汇才,以"视频结构化搜索核心引擎产业"研发项目,参加第四届中国江苏创新创业大赛海智创新创业分赛复赛路演,获得优胜奖。

[注]"四服务一加强":科技协会为科技工作者服务、为创新驱动服务、为提高全民科学素质服务、为党和政府科学决策服务,加强自身建设。

（刘雍竑）

5 月 7 日,惠山区"科普之光"青少年科学素质提升计划暨省锡中第二届"创客嘉年华"启动仪式。

（区科学技术学会 供稿）

【"科普之光"计划】 2016 年,惠山区科协会同区教育局制订《惠山区"科普之光"青少年科学素质提升计划实施意见》。通过活动的开展,创作出一批优秀科普实践作品,造就一支高素质青少年科学素养教育专兼职人才队伍,构建一套有效运行的工作机制,建设一批功能健全的青少年科普基础设施和科普教育基地,营造一个激励全社会广泛参与青少年科普事业发展的社会环境（"五个一"目标）。5 月 7 日,惠山区"科普之光"活动启动仪式在江苏省锡山高级中学举行,10 位"青少年科普导师"获聘书。11 月底,2016 年度惠山区"科普

之光"青少年科技成果展暨表彰大会在江苏省锡山高级中学实验学校举行,全区 28 所中小学校展示科技作品和成果,惠山区"科普之光"青少年科学素质提升计划被江苏省科协评为科普工作先进案例。

（刘雍竑）

【基层科普行动计划】 2016 年,惠山区科协继续实施中国科协、财政部联合开展的"基层科普行动计划"。年内,长安街道新惠社区被中国科协命名为全国科普示范社区,阳山镇桃农协会高级农艺师赵逸人被评为全国科普带头人（惠山区首位）;前洲街道新洲社区、长安街道长宁社区被江苏省科协评为江苏省科普示范社区。无锡玛亚园艺景观工程制作场被江苏省科协命名为江苏省科普惠农服务站;无锡玛亚园艺景观工程示范基地、无锡尚田农业科技发展示范基地、阳山镇牛郎山农业示范基地被无锡市科协和市农林局命名为 2016 年"百名科技专家兴农富民工程"农业科技（科普）示范基地。

（刘雍竑）

【科普示范创建】 2016 年,惠山区科普示范创建工作成果显著。全区无锡市级科普示范镇（街道）实现全覆盖,堰桥街道堰北社区等 5 个村（社区）被无锡市科协命名为无锡市科普示范社区（村）;堰桥街道刘澄等 10 个家庭被无锡市科协评为无锡市科普示范家庭,各获赠一套《十万个为什么》;华中科技大学无锡研究院等 11 个单位被无锡市科协命名为无锡市科普教育基地;江苏省锡山高级中学被江苏省科协命名为"十三五"省科学教育综合示范学校;藕塘中心小学被评为无锡市科技教育示范学校;阳山火山地质文化展示馆等 6 个单位被江苏省科协命名为江苏省科普教育基地。至年末,全区共有江苏省科普示范镇（街道）2 个、江苏省科普示范村（社区）7 个、江苏省科普教育基地 14 个。无锡市科普示范镇（街道）7 个（全覆盖）、无锡市科普示范社区（村）36 个、无锡市科普示范家庭 30 户、无锡市科普教育基地 42 个、"十三五"省科学教育综合示范学校 1 所、无锡市科技教育示范学校 2 所。

2016 年惠山区科普示范创建成果

表5

科普示范创建名称	单位/家庭	命名单位
无锡市科普示范社区（村）	堰桥街道堰北社区、玉祁街道南联村、洛社镇新开河村、钱桥街道洋溪社区、阳山镇阳山村	无锡市科协
无锡市科普示范家庭	堰桥街道刘澄、前洲街道李帅、玉祁街道秦忠华、洛社镇陶祖岐、苏大伟、钱桥街道陈伯荣、魏宗洋、阳山镇曹鹏、王玉新、长安街道过伟南	无锡市科协
无锡市科普教育基地	华中科技大学无锡研究院、江苏天蓝地绿农庄有限公司、无锡玛亚园艺景观工程制作场、钱桥中心小学、无锡恒生科技园有限公司、石塘湾中心小学、惠山区吴文化公园、江苏小尾羊牧业科技有限公司、阳山镇惠和残疾人桃文化创业示范基地、阳山镇新渎社区居民委员会、玉祁街道文体站	无锡市科协
"十三五"省科学教育综合示范学校	江苏省锡山高级中学	江苏省科协
无锡市科技教育示范学校	藕塘中心小学	无锡市科协
江苏省科普教育基地	阳山火山地质文化展示馆、惠山区吴文化公园、石塘湾中心小学、华中科技大学无锡研究院、钱桥中心小学、藕塘中心小学、无锡华检质量技术服务中心科普馆	江苏省科协

（刘雍竑）

【学（协）会建设及科技成果】 2016 年，惠山区科协会同区民政局对 7 个区级学（协）会履行年检手续，均顺利通过。年内，铜钢复合材料转炉氧枪喷头研制、高端数控机床智能光控单元研制、柔性三维网络均质开孔结构磨具的研发及产业化等 3 个项目，被评为无锡市"金桥工程"优秀项目给予立项；在无锡市科协"讲理想、比贡献"竞赛活动中，无锡新宏泰电器科技股份有限公司 HTS3—160H/R、320H/R 塑料外壳式断路器项目，获一等奖，江苏太湖锅炉股份有限公司的强制循环 DHL 大型角管式热水锅炉的研发项目，获二等奖，无锡虹业自动化工程有限公司的基于电气成套的智能制造数字化综合集应用系统、无锡华润实业公司的用于连接高强度砼电杆杆段的内法兰、无锡金球机械有限公司的新型泵控折弯机等 3 个项目，获三等奖，惠山区科协被评为优秀组织单位。在无锡市首届科协青年会员创新创业大赛中，区科协组织参加的 12 个项目，获奖 9 个，区科协获优秀组织奖。

（刘雍竑）

【科普活动】 2016 年，惠山区科协以"五大重点人群"（未成年人、农民、社区居民、城镇劳动人口、领导干部和公务员）为科普服务对象，以"科普志愿者活动月""惠山区科普庙会""科普宣传周""科普夏令营""全国科普日"等品牌科普活动为依托，组织开展科普宣传、科普培训、科普讲座、科普展览、科普大篷车等各类科普活动 400 余项，制作并展出科普展板 3916 块，发放科普图书、资料 11 万余份，科普受益群众达 30 多万人次。

（刘雍竑）

综 合 治 理

【概况】 2016年，惠山区政法综合治理（简称政法综治）部门围绕构建"平安建设示范区"和"法治建设先导区"的工作目标，把服务发展、防控风险摆在更加突出位置，深入推进平安建设、法治建设、过硬队伍建设，各项工作取得新的成效，全区人民群众安全感和对法治建设满意度有新提升。惠山区被江苏省社会治安综合治理委员会评为江苏省"2015年度平安县（市、区）"，被江苏省社会治安综合治理委员会铁路护路联防工作组评为"2015年平安铁路县（市、区）"，惠山区国安办被国家安全部评为"2016年度全国一级国安办"，惠山区委政法委被无锡市委政法委评为2016年度无锡市国家安全人民防线工作优胜单位。

（秦玮）

【社会管理创新】 2016年，惠山区注重社会管理创新，推进社会治安防控体系建设，实施区政府为民办实事项目——"平安慧眼"技防工程，新建高清摄像机1593路，新增技防村（社区）40个。对照省综治信息系统三级（区、镇、村）平台等级评定标准，逐步完善硬件建设、组织架构、运行机制等体制，省综治信息系统电脑端口和移动终端全部接通综治专网，正式运行，在区、镇两级综合治理中心指挥室安装政法视频会议系统，无锡市信息系统应用通报，惠山区通过信息系统开展日常联系和文件收发工作排名全省第四位。

（秦玮）

全区社会治安防控体系暨"平安慧眼"技防工程建设推进会 　　　　　　　　　　　（区政法委 供稿）

【社会稳定维护】 2016年，惠山区积极预防化解社会矛盾，对255项重大事项实施社会稳定风险评估，有效疏导化解社会不稳定因素316起，社会矛盾纠纷调解成功率达100%；区人民信访接待中心全年受理群众来访353批1679人，办理群众来信481件。成功化解上级交办信访积案11件，"政务服务直通车""12345政府公共服务平台"全年受理咨询、投诉信件累计8741件。年内，全区没有发生暴恐案件、有影响的涉稳事件，圆满完成G20峰会、世界物联网博览会、世界互联网大会等重大安保任务,依法防范打击各类违法犯罪活动。打击各类邪教组织,全区现行刑事案件连续 5 年下降。

（秦 玮）

【平安惠山建设】 2016 年,惠山区对创建平安校园、平安寄递、平安物流、平安市场、平安医院等 16 项工作进行总体研究部署,落实各牵头部门创建责任。推进特殊人群管理服务工作,招聘禁毒社工 50 名;落实精神病人监护"以奖代补"政策,将经费列入区级财政预算;推进"未成年人零犯罪社区"创建,总结 10 周年创建成效,推广玉祁街道、阳山镇 14 年来未成年人零犯罪工作经验。推进铁路护路、技防人防"两个双向延伸",在洛社镇、前洲街道、玉祁街道分别设立铁路护路联防工作站,建立完善工作对接机制。推进平安惠山创建与志愿服务有机融合,惠山区政法委与区相关部门会商,在区内发起成立平安志愿者协会。推进"四个文明交通"创建,年内实现文明交通镇(街道)、文明学校达标率 100%,文明交通村(社区)达标率 50%,文明交通企业达标 80 家目标。利用现有网站、电子广告屏、平安法治公园、平安法治微信等平台,在全区开展各类宣传咨询 15800 人次,在村(社区)开办法律、安全知识讲座 90 余次,印发各类宣传资料 25 万余份。

（秦 玮）

【法治惠山建设】 2016 年,惠山区落实《无锡市重大行政决策程序规定》,深化政府法律顾问制度,健全法治政府决策机制。深化行政复议委员会改革,推进行政权力网上信息公开与行政执法规范公开。开展法治创建活动,组织实施区、镇(街道)两级法治惠民实事项目 19 个,全区市级"民主法治村(社区)"建成率达 100%,省级"民主法治示范村(社区)"44 个,全国"民主法治示范村"2 个;39 家企业被评为"依法管理诚信经营企业"。开展"六五"普法总结、"七五"普法实践活动,根据全区平安法治工作现状与特点,拍摄平安综合篇、理财诈骗篇等 13 部系列平安法治微电影,全年组织平安法治志愿者志愿活动 1.2 万余人次,各类大型专题宣传 26 场(次)。

（秦 玮）

【政法队伍建设】 2016 年,惠山区政法系统扎实开展"两学一做"学习教育活动,结合"敬业•担当"主题,使全区政法干警进一步增强政治意识、大局意识、核心意识、看齐意识,提高党性觉悟,勇于担当作为。落实党中央从严管党要求,严格执行中央八项规定和省、市、区十项规定,深化党风廉政建设,结合"四诺"[注]主题活动,大力推进政法队伍作风建设。继续在政法综治部门开展"驻一线、听民声、解民忧"活动,走访基层、现场办公、调研总结,开展综治法治宣传 32 场(次),发放宣传品 10 余万份,走访群众 76 户,组织召开协调会 18 场次,协调解决各类矛盾纠纷 16 起。开展全区基层政法综治干部定点培训 120 人次,全面提升政法综治干部在新形势下的工作能力和水平。

[注]"四诺":部门党组织围绕政治属性和服务工作两个方面作出书面承诺,全体机关在职党员围绕思想政治作风和工作业务实际两个方面作出书面承诺。

（秦 玮）

公 安 工 作

【概况】 2016 年,惠山公安分局围绕"三优三宜"新惠山建设,发挥维护社会稳定的主力军作用。截至 12 月底,全区共登记管理全区实有人口 90.6 万人,其中常住人口 46.9 万人,暂住人口 43.7 万人。深化户籍制度改革,全面落实城乡统一的户口登记制度和流动人口居住证制度,推进归户动员工作,解决人户分离 5289 户 16740 人。全年共接报 110 警情 165541 起,其中违法犯罪警情 9194 起,立现行刑事案件 5233 起。举办区公安工商联联系协作第三次联席会议,再推《服务发展、惠及民生改革十项举措》[注]。2016 年,公安分局被评为无锡市 2014—2016 年度依法行政示范点,被区委、区政府被评为"六五"普法先进单位、2016 年度"征地拆迁清零工作先进单位""生态文明建设先进单位""社会治安综合治理先进单位""'挂镇包村帮企联户'工作先进单位""作风建设优胜单位""法治惠山建设先进单位""政务服务先进单位"等。年内，共有 30 个集体、104 名个人受到市局（区）以上表彰奖励，警务评议全市第一。

[注]《服务发展、惠及民生改革十项举措》：内容包括 1.组建"全盾保平安"服务团。2.推进规模性拆迁户归户工作。3.全区技防监控实现全覆盖、高清化、联网运行。4.全天候开展警摩巡防工作。5.配齐配足专职禁毒社工。6.加强青少年维权工作。7.提供涉网重点企事业单位网络安全服务。8.提高食药环等民生案件主动发现打击能力。9.缩减消防行政许可、备案审批周期。10.落实重点工程、重大项目、拟上市公司消防安全服务特别措施等十项服务举措。

（管宇峰）

惠山万达广场警务工作站警力步巡

（区公安局 供稿）

【维稳工作】 2016 年，惠山公安机关始终把维护政治安全和社会稳定作为履行职责使命的首要任务，以提高预警、核查、化解、处置能力为重点，强化反恐维稳措施落实，开展维护政治安全、防范打击暴恐犯罪、社会面治安管控等专项行动。依托"大维稳"三级网络，滚动排查各类突出社会矛盾，科学评估风险，主动疏导化解，依法联动处置。年内共排查不稳定因素 316 起，实施重大事项稳评 255 个，有效疏导化解矛盾纠纷 273 起，妥善处置群体性事件 224 起，化解上级督办的重点信访案件 2 起，依法打击严重扰乱信访秩序人员 11 人，信访事项办结率达 94%。严格落实网上舆情 24 小时巡查制度，年内共收集上报各类敏感信息 285 条，组织专项舆情导控 105 次，落地核查 292 人。年内全区没有发生暴恐案件、有影响的涉稳事件、网络舆情和重大安全

事故，圆满完成"G20 峰会"、中共十八届六中全会、省第十三次党代会、各级"两会"、世界物联网博览会、世界互联网大会等重大安保任务。

（管宇峰）

【平安建设】 2016 年，惠山公安机关共抓获刑事作案人员 1365 人、网上在逃人员 171 人（包括 1 名境外经济逃犯），公诉 944 人，其中侵财犯罪公诉 358 人；破获各类刑事案件 1274 起，命案全破，打掉黑社会性质犯罪团伙 2 个，现行案件破案率和杀人、抢劫、强奸等 8 类严重暴力案件破案率分别为 20.1% 和 87.7%，均高于全市平均水平；破获侵财案件 911 起，其中破获系列性案件 87 串 497 起；破获经济案件 71 起，打掉犯罪团伙 8 个，摧毁制售假窝点 20 个，挽回经济损失 6500 余万元。扎实开展缉枪治爆、扫黄打非、打击整治涉网治安违法犯罪等专项行动，加强场所行业阵地控制，先后 5 次集中警力开展重点地区集中清查行动，年内共查处涉危案件 32 起 26 人、涉娼案件 120 起 217 人、涉赌案件 169 起 575 人、涉毒案件 612 起 755 人，收缴非法枪支、管制器具 200 余件，收缴赌资 90 万余元、赌博机 11 台，缴获毒品 960 余克，有效整治治安重点地区 49 个。紧盯危化行业和消防、内保重点单位，开展安全大检查行动，督促单位整改各类问题隐患 2900 余处，处罚违法违规经营单位 298 家，快速有效处置各类灾害事故 449 起，全区 254 家危险物品单位治安防范基本达标，174 家寄递网点全部纳入动态管理。治安防范和普法宣传全覆盖，推广"惠山微警务"微信公众号用户 7 万人，年内现行刑事案件同比下降 12.2 %，实现"五连降"。

（管宇峰）

【社会治安防控体系】 2016 年，惠山区公安分局会同区综治办推进"平安慧眼"技防工程、治安监控"补盲提质"工程建设，完成原有 700 路模拟监控高清化改造，新增 1009 路区公安自建监控和 1593 路"平安慧眼"接入公安视频专网，安装高空瞭望摄像机 4 台，推广摄录一体机 2510 台，新建技防村（社区）40 个。开展重点目标、内保单位、危险品行业、公共场所、居民小区等社会面监控基础排查工作，接入区公

安内网的监控探头 4600 多路。建成万达广场、百乐时代广场警务工作站及处突机动队，完成堰桥市级治安卡口移建工作，以试点应用犯罪预测系统（PPS）为契机，新购警摩 63 辆，启动警摩总数 105 辆，实行警车、警摩联巡模式，不断延伸巡逻触角，最大限度提高街面见警率和治安控制力。以流动人口居住登记为重点，开展实有人口基础数据采集。试点采集物流寄递、医院门诊、校园家长、小区物业等社会面非标准数据。完成 23 套电子围栏、200 套网络围栏选址，协调相关部门和单位向公安机关开放数据。实行"1+3+X"[注]合成研判工作机制，为基层提供"一站式"请求服务。依托可视化指挥调度系统和 16 套"一键点调"高清指挥系统，有效提升区公安系统快速反应和整体掌控能力。

[注]"1+3+X"：由指挥中心牵头，常态下刑侦、巡特警、网安部门派员入驻合成研判中心开展工作，战时其他警种部门按需派员入驻参与合成研判。

（管宇峰）

惠山区公安分局警摩巡逻启动仪式

（区公安局 供稿）

【实施"六项工程"】 2016 年，惠山区公安机关推进以实施技防建设应用升级工程、"信息强警"源头支撑工程、联合侦查破案整合工程、社区基础防范加固工程、社会面巡防体制重组工程和执法规范化建设深化工程为主要内容的"六项工程"。区政府将视频监控建设列为 2016 年度为民办实事项目，推进"平安慧眼"技防工程。完善两级图侦队伍建设，图侦工作在全区破刑事案件中的参与度、贡献率分别超过 70% 和 40%。开展数据信息采集行动，以前洲禾健物流园区为试点，逐步推动物流寄递、医院门诊、校园

家长、小区物业、公共停车场等非标数据采集工作。设立联合侦查破案办公室，依托全网信息作战平台，汇聚案件线索，推动案件线索有序流转，初步建立多种侦查手段同步上案、共享闭合型的打击犯罪新机制。探索"人民社管员"网格化管理制度，每个社区民警建立一支不少于 50 人的"人民社管员"队伍，提升群防群治工作的社会参与度。加快巡防硬件建设，科学调整巡防布局，不断健全完善巡防应急指挥体系，构建多层次、智能型、合成化巡防网络。全面建成区公安分局、派出所两级案管中心（室）、受案中心（室），依托省公安厅案件管理平台和惠山公安分局自主研发的刑事案件跟踪管理系统，对刑事案件进行统一审核把关、统一提捕移诉；实行法制审核民警分片包干制度，有效促进侦查民警的诉讼意识、证据意识和质量责任意识；完善多部门参加的执法飞行检查机制，探索建立信访问题倒查追责机制，促进全警规范执法常态化；主动适应以审判为中心的刑事司法制度改革，重大疑难案件主动听取检察机关意见，协助法院在全市率先破解"执行难"问题，区公安分局规范化执法工作整体水平全市领先、执法质量全省优秀。

（管宇峰）

【公安队伍建设】 2016 年，惠山公安机关深入开展"两学一做"学习教育活动，组织开展局长上党课、包村帮扶慰问、入企走访交流、召开民主生活会、组织生活会等系列活动，着力增强"四个意识"（政治意识、大局意识、核心意识、看齐意识），提高全警思想觉悟，全面落实党风廉政建设党组主体责任、纪检组监督责任，严格执行中央八项规定和省、市、区十项规定，按照"四个常态"（咬耳朵、扯衣袖、红红脸、出出汗）的要求不断深化警示警醒机制和惩防体系建设，从严查处全警队伍中的违法违纪案件，年内共查处违法违纪案件 4 件、4 人，进一步匡正警风、纯洁队伍。以"补短板提能力、解难题促改革"练兵考核活动为载体，分警种开展公共基础科目和专业技能教育培训，年内有 52 名民警参加省、市两级公安机关组织的练兵考核竞赛，并取得佳绩。

（管宇峰）

检 察 工 作

【概况】 2016 年，惠山区检察院认真学习贯彻中共十八大和十八届三中、四中、五中全会，以及中共中央总书记习近平的系列重要讲话精神，围绕区委"重振雄风、再创辉煌、赢得未来"发展目标和市检察院"双争"工作要求，把维护社会稳定作为检察工作的重点，加大查处和预防职务犯罪工作力度，全面履行法律监督职能，依法打击各类刑事犯罪，加强干警队伍建设，为维护群众合法权益、维护社会和谐稳定和建设"三优三宜"新惠山提供强有力的司法保障，各项工作取得新成绩。2016 年，区检察院被最高人民检察院评为全国检察宣传先进单位；获区级以上集体荣誉 14 项，其中国家级荣誉 1 项、市级荣誉 5 项、区级荣誉 8 项；个人荣誉 37 人次，其中国家级荣誉 2 人、省级荣誉 1 人、市级荣誉 17 人、区级荣誉 17 人。

（唐晓宇）

【刑事检察】 2016 年，惠山区检察院坚持把维护社会稳定作为首要任务，依法从严从快打击危害群众人身财产权益的刑事犯罪，突出打击黑恶势力犯罪、严重暴力犯罪、多发性侵财犯罪以及"黄赌毒"犯罪。全年受理公安机关提请审查逮捕案件 268 件 404 人，经审查批准逮捕 159 件 237 人；受理移送审查起诉案件 736 件 972 人，提起公诉 706 件 924 人。成功办理省检察院、省公安厅联合挂牌督办的余育成等 10 人涉黑案件、江苏省首个通过司法途径从国外劝返"红通"犯罪嫌疑人归案的案件、中秋节期间发生在惠山万达的 9.16 持刀抢劫案，维护社会稳定。

（唐晓宇）

【查处和预防职务犯罪】 2016 年，惠山区检察院依托省检察院、市检察院的侦查指挥一体化优势，协助查办全市乃至全省范围的职务犯罪大案要案。全年共受理新增贪污贿赂案 22 件，初查 39 件（含上年积存案件），经初查后立案 7 件 8 人，其中副处级 2 人、科级 1 人，向市区相关检察院移送处级、科级干部职务犯罪线索 3 件 3 人。反渎职部门立案查办渎职案件 1 件 2 人。惩防并举，在惠山区住建局召开典型案例剖析会，以区检察院查办的原住建局干部王福元受贿案为例，提出预防职务犯罪建议。年内，开展预防职务犯罪警示教育活动 27 次。办理行贿档案查询 1858 批次，现场监督 40 个工程建设项目招投标，涉及工程金额 7.5 亿元。

（唐晓宇）

【诉讼监督】 2016 年，惠山区检察院共立案监督 11 件 11 人，发出纠正违法通知书 9 份，向法院提起刑事抗诉 2 件，监督行政执法机关移送犯罪线索 2 件 2 人。在破坏环境资源、危害食药安全犯罪等专项监督活动中，区检察院成功立案监督 3 件 3 人，在全市范围内首例。

（唐晓宇）

【民事行政监督】 2016 年，惠山区检察院受理民事行政申诉案件 32 件，提请市检察院抗诉 1 件，发出再审检察建议 3 件，向行政机关发出督促履行职责类检察建议 12 件。开展减刑、假释、暂予监外执行专项督查活动，提出纠正违法检察建议 24 次，书面监督纠正违法 1 次。区检察院在督查中发现社区矫正对象毛某某脱离监管，立即建议法院对其作出撤销缓刑、收监执行的裁定，维护司法权威。

（唐晓宇）

【社会综合治理】 2016 年，惠山区检察院加大对重点案件、重点人员的息诉息访力度，做好节假日、"两会"、G20 峰会期间稳控工作，防控社会风险。依托服务基层工作网络，参与基层综合治理，通过检察建议督促职能部门整治群众反映强烈的炼铝"黑作坊"，修复生态环境。区检察院对 2 起刑事案件特困被害人实施救助，发放救助金 4 万元。全年共受理信访 108 件，办理刑事申诉案件 6 件，未发生一起涉检越级上访。

（唐晓宇）

【非公经济保护】 2016 年，惠山区检察院根据惠山区小微企业密集的特点，出台《关于服务和保障非公有制经济平稳较快发展的"双十"举措》，编印《服务企业法律宣传手册》。各业务部门对涉及非公经济的刑事案件"一案一档"、每案必访，平等保护非公经济企业权益。在无锡某高新技术有限公司出纳挪用资金侵害企业利益案件中,区检察院指导公安机关帮助企业纾危解困,先行发还 1000 余万元,该项工作被区政法委评为 2016 年"法治惠山"建设实事工程,被无锡市政法委评为政法创新三等奖。

（唐晓宇）

【司法责任制落实】 2016 年,惠山区检察院按照省检察院、市检察院工作部署,研究出台《无锡市惠山区人民检察院检察官入额考核工作方案》,成立惠山区检察院深化司法责任制改革工作领导小组,严把入额准入关,坚持以案定员和以岗定员,核定检察官员额 31 个,经省检察院遴选入额 27 人。为缓解案多人少矛盾,区检察院确定 18 名干警为改革过渡期内特别授权办案人员。落实检察官职权清单,突出检察官办案主体地位,真正实现谁办案谁负责、谁决定谁负责。

（唐晓宇）

【未成年人犯罪预防】 2016 年,惠山区检察院将辖区内未成年人刑事检察职能下放到派驻职教园区检察室。为加强全区未成年人犯罪预防工作,区检察院对检察室新址进行软硬件升级,建设心理咨询室、办案工作区、青少年法制教育基地和涉罪青少年观护基地的"一室一区两基地",被无锡市检察院评为 2016 年检察创新项目。年内,共办理批捕案件 15 件 18 人,审查起诉 28 件 37 人。在办案中全面融入未成年人刑事检察特别程序。构建区青少年犯罪社会化预防网络,区检察院加强与区综治办、教育局、团委、妇联、社区等相关职能部门和社会组织的工作联系,组成覆盖全区、24 小时联动的法律服务热线。抓住开学季、寒暑假、毕业季、成人礼等时间节点,举办形式多样的法治宣传活动。2016 年,职教园区检察室以"成长相伴,法制护航""法律作伴,青春放歌"为主题开展活动 20 余次,覆盖学生 19 万人次。在无锡职教园举办全区未成年人法制作品大赛,征集书法、绘画、摄影、新媒体作品等 192 件。2016 年惠山区未成年人刑事检察工作得到省、市检察院的高度肯定,年内办理的路某附条件不起诉案件入选"江苏未成年人刑事检察 30 周年"典型案例,李某监护权转移案件被团市委、无锡市综治办评为"无锡市保护

未成年人十大事件"。

（唐晓宇）

区检察院领导看望帮助落实监护权的前洲中学未成年学生
（区检察院 供稿）

【案件监督管理】 2016 年,惠山区检察院加大对"全国检察机关统一业务应用系统"大数据的应用,加强实时监管、实时提醒、实时预警,全年共受理案件 928 件,接收卷宗 2441 册,移送案件 868 件,送案审核 868 件,进行流程监控案件 600 余件,发出口头办案期限预警 40 余次。检察为民服务中心共接待辩护人 109 人次,安排律师阅卷 100 次,安排听取律师意见 2 次。在上级案件监督管理部门的统计数据质量通报中,区检察院连续六期实现案件监督管理"零差错"。

（唐晓宇）

【队伍建设】 2016 年,惠山区检察院选拔和调整 11 名青年干警走上中层正、副职岗位,干部队伍年龄结构进一步优化。举办各部门共同参加的教育培训推进会,组织干警参加教育培训、岗位练兵等竞赛评比活动。在全市检察机关公诉人团体辩论赛中,区检察院获团体第一名,干警徐静超、张云瑞双双获得"优秀辩手"称号。组织开展"两学一做"学习教育活动、"四诺"主题实践活动。开展"周五学习日"、周五影院日等活动。组织全体干警聆听省锡中校长唐江澎作"敬业担当"主题讲座。举办以"敬业担当——做合格党员"为主题的演讲比赛。建立"互联网+"督察中心,将安保摄像头、公车 GPS 跟踪定位设备连接到检务督察中心,实时监控检察干警考勤、会风会纪、车辆管理、执法办案、接访等,年内对督察发现的问题,开展检务督察约谈、提醒 10 余次,考核扣分处理 1

名干警个人和 1 个部门。

（唐晓宇）

审 判 工 作

【概况】 2016 年，惠山区法院深入学习贯彻中共十八届五中、六中全会精神和中共中央总书记习近平系列重要讲话精神，围绕"让人民群众在每一个司法案件中感受到公平正义"的目标，坚持司法为民，公正司法，履行宪法和法律赋予的神圣职责，全年受理各类案件 15957 件，同比上升 7.89%；审执结 11916 件，解决争议标的额 40.33 亿元。2016 年，惠山区法院被江苏省高级人民法院评为"执行标兵单位""全省法院档案工作先进集体"。

（华 茜）

【刑事审判】 2016 年，惠山区法院审结刑事案件 727 件，依法惩处犯罪分子 944 人。依法严惩故意伤害、"两抢一盗"（抢夺、抢劫、盗窃）和毒品犯罪等严重刑事犯罪，对 59 名被告人依法判处 5 年以上刑罚；加大职务犯罪和渎职犯罪的惩处力度，审结贪污、受贿等职务犯罪案件 3 件；从严打击危害食品、药品安全犯罪，审结被告人刘某等 3 人销售假药案等一批有重大社会影响的案件。完善对限制人身自由司法措施和侦查手段的司法监督，依法保障律师会见权、阅卷权和调查取证权，落实冤假错案防范机制，区法院全年无冤假错案发生。

（华 茜）

【民商事审判】 2016 年，惠山区法院审结各类民商事案件 7734 件，涉案标的额 32.64 亿元。全力维护弱势群体合法权益，审结离婚、抚养、赡养、继承等婚姻家庭类纠纷 683 件、机动车交通事故责任纠纷 1075 件；严格证据审查，规范和引导民间融资健康发展，审结职业放贷、小额融资等引发的民间借贷纠纷 903 件；依法制裁逃废金融债务、破坏金融秩序行为，审结金融借款、融资租赁等引发的金融纠纷 128 件；妥善化解经济结构调整中发生的各类纠纷，审结股权转让、股东变更等公司治理类纠纷 26 件，买卖、承揽、保险、运输等各类合同纠纷 1668 件。

（华 茜）

【判决执行】 2016 年，惠山区法院共受理各类执行案件 4665 件，执结 3363 件，执结案件标的额 7.69 亿元。开展"涉民生案件专项集中执行活动"，集中执行抚养费、劳动报酬、人身损害赔偿等涉民生案件，为 716 名申请执行人执回案款 3506 万余元。开展涉金融债权案件专项执行活动，启动财产处置程序，全年对涉金融案件评估 30 次，进行拍卖 130 余次。执行指挥中心配备 3G 执法记录仪，发挥案件信息共享、执行联动查询和执行快速反应三大平台功能，多元化制约被执行人。建立与国土、工商、房管、银行等部门的"点对点"信息查询机制，全年，区法院与区公安分局联动布控"老赖"500 余人，成功查控 48 人，通过市中心广场 LED 显示屏、公交移动电视等媒体滚动曝光失信被执行人 33 人次，录入全国法院失信被执行人名单库 3247 人，限制其申请贷款、招投标、资质认定、市场准入、乘飞机高铁等行为。对 172 名被执行人作出罚款、拘留等司法强制措施，对拒不执行判决、裁定，隐藏、转移财产的被执行人卜某某判处有期徒刑 6 个月。

（华 茜）

【司法公开】 2016 年，惠山区法院推进审判流程公开、裁判文书公开和执行信息公开三大平台建设，完善阳光司法长效机制。全年上网公布生效裁判文书 4368 份；全面铺开庭审直播工作，组织开展"阳光法院宣传周，百万网友看庭审"活动，选择民、商、刑等不同类型的案件，进行网络同步庭审直播，全年在"江苏法院网"直播庭审 91 期；加大司法信息化建设，建成包括惠山区法院互联网官方网站、官方微博、官方微信在内的"两微一网"自媒体宣传新模式，全年发布各类信息（包括动态新闻、典型案例等）700 余条。加强网上诉讼服务中心建设，为当事人提供远程立案、案件查询、投诉举报、在线答疑等司法服务，全年接受网上立案 1146 件，接听 12368 诉讼服务热线 414 次，回复当事人网络来访咨询 14 次。

（华 茜）

【司法改革】 2016 年，惠山区法院在洛社人民法庭实行审判权运行机制改革，按照"1名法官+1名高级法官助理+1名初级法官助理+2名书记员"的模式配置审判团队，明确职责定位和分工。扩大人民陪审员参与审判活动范围，组织庭审观摩，全院80名人民陪审员全年共参与审判案件3121件。全面推进立案登记工作，厘清立案登记范围、程序，对依法应该受理的案件，做到有案必立，有诉必理。建立执行程序终结案件统一管理制度，健全完善相关工作机制，开发专项管理软件，对执行程序终结案件实行单列管理、单项评估、过程跟踪、全程监控，对此类案件的移送、再执行、归档等作出详细规定。建立道路交通案件特约调解员协助调解机制，邀请保险协会特约调解员驻庭以法官助理身份参与道路交通案件调解工作，全年成功调解道路交通案件393件。在诉讼服务中心设立律师公共法律服务站，安排20名公益律师进驻诉讼服务中心，为来诉来访当事人无偿提供诉讼咨询和帮助，全年安排公益律师值班244人次，接待来诉来访群众683人次，提供各类法律咨询等服务145次。

（华 茜）

【干警队伍建设】 2016年，惠山区法院完善党组学法制度，领导干部带头学法，科级以上干部全年学法不低于40学时，落实省高院"司法大讲堂"、庭务会、党务会、"周五学习日"等学习制度，开展新法新规专题学习和疑难案件研判，加强业务培训。组建各业务庭干警微信群，搭建开放性业务交流学习平台。开展优秀裁判文书、优秀庭审评比，全年区法院共有3件被市法院评为优秀裁判文书，2件被评为优秀庭审。严格执行中央八项规定，开展"两学一做"教育实践活动、结合学习无锡市中院金融审判庭陆晓燕先进事迹、认真查摆"四风"方面突出问题，及时制订整改措施。开展"我眼中的'立案登记制'""法院开放日"等专题宣传活动，先后6次邀请人大代表、政协委员和社会各界人士视察法院、座谈交流、旁听庭审，加大审务督查工作力度，通过开展司法巡查、庭审视频抽检等方式，加强对干警纪律作风和司法行为监督管理。组织干警学习各类廉政规定，严格落实法官任职回避制度。使党风廉政险防控意识渗透到审判工

作的各个岗位和各个环节。健全干警个人有关事项报告制度，完善外出办案审判制度，随案向当事人发送"廉政监督卡"，全年全院干警秉公执法，廉洁自律，实现全年工作"零违纪"。

（华 茜）

10月20日，惠山区法院执行会战活动再次启动。

（区法院 供稿）

司法行政

【概况】 2016年，惠山区司法行政系统以"法润惠山•2016春风行动"为主线，开展"两学一做"学习教育活动，扎实推进法律服务、法治宣传、矛盾化解、社区矫正等职能工作，全区司法行政工作取得明显成效。

（单亚锋）

【法律服务】 2016年，惠山区各律师事务所及各镇（街道）法律服务所共办理各类案件2615件，业务收费4857余万元，为847家政府机关、企事业单位担任法律顾问。为全区村（社区）居民提供法律咨询5.4万余人次，开办法律知识讲座300余次，参与村（社区）矛盾纠纷调解，成功化解1390件。区司法局开展"法润惠山春风行动""惠山区司法行政日"等活动，集中统一开展法治宣传、法律援助、人民调解、法律服务等司法活动。全年举办普法骨干培训班40次，受训人数1360余人次；组织广场法律咨询70场次，解答各类政策、法律咨询9000余条，发放各类普法资料和法律服务"联系卡"1.3万份。建成惠山区公共法律服务组织发展中心，培育发展17个司法行

政社会组织；区司法局服务企业，开通"法润企业"微信平台，成立"惠山法润企业法律服务团"，为企业解答各类法律咨询 8000 余件；漫修律师事务所编撰印制 9 套《漫修法律服务产品之口袋书系列》，发放到机关干部、企业职工和广大居民手中。区司法局高效服务政府，年内，政府法律顾问成员陪同领导接访 43 次，法律服务中心值班律师参与区政府信访接待 209 次。

（单亚锋）

【人民调解】 2016 年，惠山区各调解组织共受理各类矛盾纠纷 1030 件，调处成功 1030 件，调解成功率 100%；组织矛盾纠纷排查 6996 次，查出民间纠纷及安全隐患 1103 件，接待群众咨询 2106 人次，接待群众来访 428 批 4424 人，协助区、镇（街道）调处矛盾纠纷 19 起。区司法局优化成立区人民调解员协会，参与全区信访积案化解工作，以镇（街道）为单位建成人民调解微信群和 QQ 群 7 个。年内，长安街道、玉祁街道及前洲街道新洲社区等 3 个人民调解委员会被命名为"江苏省人民调解委员会规范化建设示范点"。

（单亚锋）

【普法教育】 2016 年，惠山区司法局下发各类普法宣传材料 36 万份，开展各类法治培训 50 余场次，接待咨询群众 6 万余人次，举办法治文艺宣传 200 余场。11 月，惠山区召开全区"六五"普法总结暨"七五"普法动员大会，全面启动"七五"普法工作。申报省、市两级法治文化示范点 6 个和省级民主法治示范村 5 个。开展"法律六进"（法律进机关、进乡村、进社区、进学校、进企业、进单位）工作，组织开展"2016 法润惠山春风行动"、江苏省第二届"司法日""农民工学法活动周""美好城市、法律相伴、你我共创""12·4 国家宪法日"等系列活动。全面推广"桃娃"普法品牌，投资 30 余万元开发"桃娃"系列法治产品。

（单亚锋）

【法律援助】 2016 年，惠山区司法局法律援助办理民事案件 415 件、刑事案件 77 件，印发普法宣传资料 8000 余份，深入街道、社区发放援助宣传手册 2500 余册，在全区各社区居民公共楼道里张贴法律援助便民公示牌 5300 块。推行法律援助志愿团模式，建立志愿团微信群，方便第一时间发布案件及其基本情况，群内律师及时自愿接案。年内，志愿团共受理援助民事法律案件 119 起、刑事案件 54 件，平稳受理重大群体性讨薪案件 5 起。建设军人军属法律援助工作站，在区人武部、101 医院、武警 8722 部队建立法律援助工作站，组织法律援助进军营"咨询答疑"活动，最大限度保护军人军属合法权益。

（单亚锋）

【社区矫正】 2016 年，惠山区司法部门共接受社区服刑人员 212 名，现有社区服刑人员共 323 名，无脱管、漏管情况；共接受刑满释放人员 239 名，现有安置帮教对象共 570 名，重新犯罪率低于省控标准。启用社区服刑人员头像指纹考核系统，实行全时段定位管理、配发矫务通、配备执法记录仪。目前共实施实时定位监控 320 人，定位率为 99%，定位成功率为 90%。规范衔接机制，做好对解戒人员（解除强制隔离戒毒人员）的跟踪回访、帮扶救助、教育等后续照管工作。全年走访社区服刑人员 4500 余人次，接受刑事被告人审前调查评估 85 起、假释前环境评估 8 起、解戒后续照管对象 78 人。

（单亚锋）

【队伍建设】 2016 年，惠山区司法局深入开展"两学一做"学习教育，创新推出党员积分制管理，组织赴井冈山红色圣地参观学习、赴无锡第一支部重温入党誓词；加强廉政教育，严格执行中央八项规定，认真落实"一岗双责"（司法干部对业务工作和党风廉政建设负双重责任）；开展"四诺"（务实定诺、交流承诺、跟踪问诺、民主评诺）主题实践活动，理顺镇（街道）司法所管理体制，积极协调各镇（街道）司法所充实政法专项编制人员，提升队伍实战能力。推广漫修律师事务所党建品牌，引导法律服务行业更好地服务大局、服务社会、服务群众。

（单亚锋）

国 防

人 民 武 装

【概况】 2016 年，惠山区人武部围绕强军兴武目标，按照年初军分区党委扩大会议和区委常委议军会议要求部署，抓好民兵预备役人员的思想政治教育，扎实推进军事训练，圆满完成年度征兵任务，推动军民融合深度发展，服务地方经济发展大局，较好地完成年度各项工作任务。

（陆 飞）

【落实党管武装制度】 2016 年，惠山区区、镇两级坚持把国防后备力量建设纳入经济社会发展总体规划，统一谋划、统一部署、统一落实。各级党政主要领导认真履行党管武装"第一责任人"的职责，解决国防后备力量建设中的重点、难点问题。4 月，区委常委召开议军会议，分析区人武工作形势，部署新年度工作，审议通过《惠山区加快推动军民融合深度发展实施意见》。区人武部主动牵头协调区有关部门，厘清职责需求，探索搭建"军转民""民转军"平台，有效推动军民融洽深度发展。

（陆 飞）

【思想政治教育】 2016 年，惠山区人武部坚持把学习贯彻中共中央总书记习近平系列重要讲话精神作为重要内容，围绕"举旗铸魂、坚定信念"

"坚决服从改革大局、忠实履行职能使命"主题，举行专题教育，进一步提升机关干部和专职武装干部的品质素养、道德操守。区人武部机关集中开展"两学一做"学习教育活动，坚持开门搞教育、虚心听意见、深入找问题，坚决抓整改、强化政治意识、看齐意识、号令意识。抓好民兵预备役人员的思想政治教育，结合整组点验，组织入队宣誓，强化战备形势教育。

（陆 飞）

5 月，民兵分队军事训练

（区人武部 供稿）

【军事训练】 2016 年，惠山区人武部着眼训战一致，抓好实战化训练，突出基础训练、指挥训练、实兵训练。按照无锡军分区年度军事训练工作指示，定期组织机关干部和专职武装干部开展军事训练。2 月，组织机关干部以省军区"首长机关训练考核题要点"和参谋"六会"（"读、记、算、写、画、传"六种技能)为重点的指挥技能训练;4月,先后组织区民兵应急连开展防恐维稳训练、民兵信息员骨干集训等;5月,区人武部组织区民兵应急连进行3天全员紧急拉动,开展队列训练、突发事件处置、轻武器分解结合、抢险救灾等科目实战化演练;6月至7月,各镇(街道)人武部组织森林防火、防突维稳等训练;11月,区人武部承担无锡军分区赋予的防化分队训练任务,对侦毒、防毒、排毒相关科目逐一过关考核。

(陆 飞)

【民兵整组】 2016年,惠山区制定并落实3个规范:规范民兵组织分类、名称和编制;规范民兵队伍与预备役部队、民防和交通战备等专业队伍编组范围,以及民兵队伍内部编组,确保无交叉重叠、一兵多职情况;规范点验程序和训练内容。完成基干民兵整组任务。

(陆 飞)

5月7日,民兵整组点验。

(区人武部 供稿)

【征兵工作】 2016年,惠山区人武部围绕网上兵役登记、征兵政策、廉洁征兵等内容,组织专武干部及体检、政审人员培训;在社区、广场、大专院校悬挂征兵宣传标语横幅,进行宣传发动,9月,惠山区完成新兵征集。年内,区人武部回访新兵员集中的重点部队,全面了解新兵思想状况和身体复查情况,确保新兵在部队安心服役。

(陆 飞)

9月9日,新兵欢送大会。

(区人武部 供稿)

【国防动员建设】 2016年,惠山区人武部贯彻江苏省军区"扬州会议"和无锡军分区战备试点观摩会精神,加速推进区国防动员建设。全区投入19万余元配齐战备物资器材。调整区国防动员委员会指挥机构,加强战备法规学习,规范战备设施建设,健全值班分队制度。开展全区国防动员潜力核查和能力评估,修订完善动员扩编、支前保障、维护社会治安、抗洪抢险、森林防火、战时扩编和民兵应急分队应急预案等相关方案,更新国防动员潜力数据库。

(陆 飞)

人 民 防 空

【概况】 2016年,惠山区人民防空工作(简称民防工作)围绕无锡市民防局下达的年度目标任务,突出民防进基层、融发展、服务民生这一主线,结合惠山区民防工作实际,加大投入,加强建设,确保各项工作取得显著成效。2016年,惠山区地震办公室被评为省级先进单位;惠山区长安街道长宁社区创建成国家级地震安全示范社区。

(王建军)

【民防工程建设】 2016年,惠山区实行民防工程审批与初步设计、施工许可等审批手续的联动,加快审批时限,提升服务水平,确保建设项目的顺利推进。

(徐 皓)

【民防警报系统】 2016年,惠山区人民防空办公室加强民防警报系统建设。全区新增一体化警报器9台,8月8日—19日,检修全区警报器,确保每台警报器处于良好的工作状态。9月1日,在钱桥街道召开全区警报系统管理员业务培训会,全区镇(街道)、村(社区)和有关学校40名管理人员参加业务培训。各管理单位严格按照防空警报系统操作流程,检查警报器控制系统、音响系统和短波通信系统,确保9月18日警报试鸣日试鸣成功。

（王建军）

【民防专业队整组】 根据无锡市民防局2016年民防专业队整组指示精神,惠山区民防专业队编成抢险抢修、医疗救护、消防、治安、防化、通信、交通运输和伪装防护8支民防专业队,培养"战时应战、急时应急、平时服务"新型信息化民防专业队伍,提升专业队体系应急作战救援能力。

（王建军）

【民防专业队培训与演练】 2016年5月14日—15日,惠山区人民防空办公室组织民防专业队训练,依据战时民防工程平战转换预案组织演练,市民防局指挥通信处、市民防设计院相关人员到现场观摩和指导。

（王建军）

【群众性防空防灾演练】 2016年5月12日在长安街道长乐苑,9月18日在阳山镇鸿桥社区,惠山区人民防空办公室组织社区群众进行群众性防空防灾演练,参加人员共300人。演练内容为民防宣传知识发放、民防应急疏散、应急救生知识讲座、体验心肺复苏、骨折后人员搬运与处理等内容。通过演练宣传防空基本知识,增强社区居民应对突发事件的自救互救本领,提高居民应急避险、自救自护的应变能力,最大限度地预防和减少突发事件造成的损害。

（虞敏君）

【机关民防应急培训】 2016年11月10日—11日,惠山区人民防空办公室组织局机关干部进行为期2天的应急救援技能学习和训练,100人参加。开设民防应急救援知识讲座,举办民防应急救援知识竞赛,组织现场急救(外伤包扎术、昏迷病人的恢复体位、心肺复苏)演练,学习灭火知识(灭火器的使用方法、家庭常用灭火方法),普及民防应急技能。

（王建军）

国 防 教 育

【概况】 2016年,惠山区开展全民国防教育,推动国防教育深入普及。区人武部协调宣传、文化等部门,在广播、电视、报刊等媒体开设国防教育板块,借助微信、彩信等信息平台,创办"手机课堂",在区国防教育网开辟"国防热线"专栏,在网上视频授课,普及国防知识,增强教育吸引力,实现民兵预备役国防教育全员覆盖。至年末,全区共有军史馆4个、面向社会开放的国防教育基地4处,全年累计接待参观学习群众4万余人。区人武部购买国防书籍700余册赠送给藕塘小学少年军校,支持该校开展国防教育。

（陆 飞）

【藕塘小学少年军校出席全国经验交流会】 2016年5月,共青团中央中国少先队事业发展中心在河北省石家庄市举办2016"少年军校"活动创建与发展经验交流会,惠山区委常委、区人武部政委吴建法及藕塘中心小学"少年军校"有关老师应邀参加交流活动。藕塘中心小学校长管国贤在会上作"少年军校的责任与未来"的交流发言,得到与会领导、专家及全国各地少年军校代表的肯定。

（陆 飞）

双 拥 共 建

【拥政爱民】 2016年,惠山区人武部发挥桥梁纽带作用,结合重大节日活动,开展走访慰问活动,进一步巩固深化军政军民关系。区人武部抓好扶贫帮困工作,连续7年与区内7户贫困家庭结对帮扶,每年上门走访慰问2次,帮助解决实际困难。开展"双百双建"活动[注],区人武部领导为苏北革命老区认领帮带的2名贫困学生寄送助学金和慰问品,每人寄送助学金1500元。6月至8月主汛期间，惠山区洛社、前洲等镇(街道)的民兵应急排出动700多人次，日夜巡视圩岸，确保万亩圩区的安全，为防汛抗洪作出贡献。

[注]"双百双建"活动:江苏省军委提出的一项帮扶苏北革命老区的活动，具体要求是组织100余个人武部、预备役团与老区139个经济薄弱村签订帮建协议，共建党组织，共建学校。

(陆 飞)

【拥军优属】 2016年1月18日，惠山区四套班子领导分五路走访慰问无锡军分区、武警8722部队、解放军101医院、73031部队、预备役部队等共建部队，向广大官兵致以新春祝福和深切问候，送上慰问品、慰问金，对部队对惠山发展建设作出的贡献表示衷心感谢。惠山区全面落实优抚政策，为区内各类优抚对象建立信息库，及时专访，帮扶困难的优抚对象;完善重点优抚对象的医疗保障制度，为无城镇医保的重点优抚对象每人每年发放门诊医疗补助金500元。建立打卡发放制度，便于优抚对象按月打卡领取定补工资。及时足额兑现农村义务兵优待金，为2013年、2014年入伍的义务兵家庭发放优待金547.41万元。年内，接收退役士兵161人，共发放自谋职业一次性经济补助金957.06万元。2016年11月，惠山区民政局和洛社镇获无锡市委、市政府、无锡军分区联合表彰的"双拥先进单位"称号。

(陆 飞)

小资料

军事上的落后一旦形成 对国家安全的影响将是致命的

中流击水，惟改革者进，惟创新者强，惟改革创新者胜。人民日报文章指出，历史的发展，总会把新的挑战摆在军队面前。有机遇，更有考验。当世界强国、发达国家军队一次又一次调整军事策略，迎接一场又一场军事变革的时候，中国人民解放军也一次又一次面临变革的压力。

习近平在2013年12月27日的一次重要会议上谈到，在这场世界新军事革命的大潮中，谁思想保守、固步自封，谁就会错失宝贵机遇，陷于战略被动。我们必须到中流击水。军事上的落后一旦形成，对国家安全的影响将是致命的。深化国防和军队改革正面临一个难得的机会窗口，一定要把握好。"这是我们回避不了的一场大考，军队一定要向党和人民、向历史交出一份合格答卷"。

在2014年11月的全军政治工作会议(被称为"新古田会议")上，习近平还指出，当前国内外形势发生深刻复杂变化，面对深化国防和军队改革这场考试，我军政治工作只能加强不能削弱，只能前进不能停滞，只能积极作为不能被动应对。军事科学院军队建设研究部首席专家张幼明分析认为，习近平担任中央军委主席以来，立足时代特点和国家改革战略全局，以治国安邦的远见卓识和改革强军的深谋远虑，完整系统地提出了深化国防和军队改革的指导理论，为深化国防和军队改革提供了强大的思想武器。

——摘自2015年09月01日习近平谈国防和军队改革

(来源:人民网－中国共产党新闻网)

开放·开发

概　况

2016 年，惠山区商务工作主动适应新常态，克服宏观经济形势低迷和国际投资、外贸、内需不振等不利影响，助推全区经济转型和民生改善。全区完成协议注册外资及中国港澳台资 4.45 亿美元；到位注册外资及中国港澳台资 3.03 亿美元。完成对外及对中国港澳台贸易进出口总额 27.2 亿美元，增长 4.5%（其中出口 23.4 亿美元，增长 4.4%）。完成境外投资项目 12 个，中方投资额累计 3801.7 万美元。完成服务外包执行金额 11.6 亿美元，比上年增长 30%；完成离岸外包执行金额 8.71 亿美元，比上年增长 30%。

（严小兴）

利用外资及中国港澳台资

【概况】　2016 年，惠山区新批外商及中国港澳台商投资企业项目 48 个，实现协议注册外资 4.45 亿美元，其中新设项目 31 个，实现协议外资 3.39 亿美元，增资项目 17 个，实现协议外资 1.06 亿美元；完成到位注册外资 3.03 亿美元，完成目标进度的 100.89%，在无锡市 7 个市、区中排名第三。其中，制造业到位外资 1.38 美元，占比 45.5%。

（严小兴）

【招商引资】　2016 年，惠山区商务局开展"桃花节"和"金秋招商月"等招商活动。组织全区各镇（街道）、园区及相关部门赴深圳召开"2016 无锡惠山（深圳）投资合作恳谈会"，会上成功签约 21 个项目，涉及 VR（虚拟现实技术）、工业机器人智能装备、中德国际科技加速器、科技成果交易中心、金融服务中心等战略性新兴产业和现代服务业，签约总金额 25.1 亿元，其中外资项目 2 个、总投资 3500 万美元。区商务局围绕先进制造业、现代服务业、开放型经济、科技创新等产业主题，组织以"品桃惠友"为主题系列招商推介活动，主活动现场成功签约 41 个项目（含外资项目 7 个），其中工业项目 21 个、服务业项目 20 个，总投资超 150 亿元（其中外资超 4 亿美元），涉及智能制造、汽车零部件、医疗养生、节能环保、新材料、新能源、现代物流、文化旅游、电子商务等领域，重点推进无锡惠山高端产业创新园、法斯达（无锡）医学设备有限公司、汽车工业中小企业（无锡）综合服务园区等项目。全年共 180 个重点项目注册落户惠山区（其中工业项目 69 个，服务业及其他项目 111 个），总投资 400 多亿元，到位外资及中国港澳台资 3 亿美元；年内新增项目开工率为 75.7%，新增重点项目税收 2.86 亿元。卡姆丹克太阳能集团、铠龙东方汽车有限公司、江苏元富融资租赁有限公司等重大项目落户惠山区。

（严小兴）

4月21日，深圳招商会。

（区商务局 供稿）

【重大外资项目】 2016年，惠山区商务局对每个引进的重大外资项目提前介入，专人负责，提供服务，及时解决项目在落户过程中遇到的困难和问题，积极与工商、外汇、海关等部门对接，为落户项目服务。全年共新批协议外资超3000万美元的重大项目6个，分别是金佰利卫生用品生产设备项目、大联洋快速食品生产项目、无锡万斯家居用品有限公司扩容项目、卡姆丹克清洁能源（江苏）有限公司总部项目、江苏元富融资租赁有限公司项目和海润（无锡）新能源科技有限公司项目，投资总额7亿美元，注册资本2.75亿美元。重大外资项目打破上年零储备局面，完成全年目标任务的200%。

（严小兴）

【外资企业设立变更管理】 2016年，惠山区商务局认真研究商务部10月8日公布的《外商投资企业设立及变更备案管理暂行办法》，通过政务网站、企业QQ群、微信公众号等多种渠道开展政策解读宣传，引导外国投资者和外商投资企业正确识别外资准入的不同管理要求和登记流程；积极与工商、外管、海关等部门沟通，尽量减少改革磨合期对外商投资企业设立变更的影响。截至年末，全区已完成68个外商投资企业设立及变更备案项目，比上年同期增长51.1%。

（严小兴）

【引资增资】 2016，惠山区商务部门引导现有外资

及中国港澳台资企业新增资金或者以利润转增资等方式做大做强，进一步拓宽利用外资领域，全程跟踪海外上市企业返程投资意向，紧盯无锡万斯家居用品有限公司、西比曼生物科技（无锡）有限公司、时代天使医疗器械科技有限公司等现有外资企业的增资扩股。年内完成增资项目17个，完成协议外资及中国港澳台资1.06亿美元，同比增幅86.6%。其中，到位外资及中国港澳台资6506万美元，到位率61.6%。

（严小兴）

对外及对中国港澳台地区贸易

【概况】 2016年，外贸出口面临严峻形势。惠山区将开放型经济稳增长工作纳入"一把手"工程，确保外贸增长。区商务局加强服务工作，积极扶持外贸企业，研究制定加快出口退税、出口订单融资等相关政策，为外贸企业解决融资难、流动资金短缺等实际困难。全年对上争取市级以上各类外经贸扶持资金2400多万元，全部拨付到位。全区新批对外及对中国港澳台贸易经营备案企业176家。区商务局与中国出口信用保险公司及中国银行、工商银行、江苏银行等商业银行协调沟通，为企业发展提供有利的外贸融资环境。全年全区承保企业162家，承保金额6.1亿美元；出口企业通过信用保险实现保单融资2800万美元。

（严小兴）

【境外市场拓展】 2016年，惠山区根据年初制定的"国际市场开拓计划"，组织130多家企业参加广州进出口商品交易会（广交会）、华东进出口商品交易会（华交会）、中国国际消费品博览会（消博会）、美国国际汽车零配件展览会、德国法兰克福展览会等30多个国内外重点展会，参展摊位超过300个，展示惠山区外贸企业的综合实力，进一步开拓国际市场。截至年末，全区对美国出口3.53亿美元，同比下降9.54%；对欧盟出口5.16亿美元，同比增长19.78%；对东盟出口2.8亿美元，同比增长24.23%。

（严小兴）

境 外 投 资

【概况】 2016年，惠山区完成境外投资项目12个，惠山区投资额累计3801.7万美元。主要投资美国、德国、日本、东南亚和中国香港地区等。投资领域不断拓展，机械、纺织、冶金新材料等产业在境外设立生产基地或营销网络。

2016年惠山区境外投资情况表

表6 单位：万美元

序号	投资主体	投资国别、地区	境外公司名称	主要经营范围	注册资本	投资主体所在地区
1	无锡奥波净化除湿空调有限公司	美国	美国可耐特技术公司	净化除湿空调、水处理设备、电器设备、干燥房的制造、加工、销售及安装；自营和代理各类商品及技术的进出口业务；高分子医用绷带、医用高分子夹板、医用羊毛脂研发、生产、销售；玻璃纤维及制品销售；自营代理各类商品及技术的进出口业务	200	钱桥街道
2	无锡金卫星实业有限公司	日本	日生堂商事株式会社	日用品杂货、化妆品、衣料品酒类出口；宝石、古董、艺术品进出口；旅游代理人、不动产中介、管理	240	洛社镇
3	无锡时代天使医疗器械科技有限公司	德国	德科技术有限公司	主营口腔医疗行业的投资和发展，口腔医疗领域新技术研发和工程研发的建设性投资，其他医疗产品的管理、销售与咨询	200	惠山经济开发区
4	无锡市清美国际贸易有限公司	美国	嘉盛海岸有限责任公司	自营及代理机械设备及零部件设备进出口业务	300	洛社镇
5	无锡时代天使医疗器械科技有限	开曼群岛	微笑拓展公司	口腔医疗相关的新技术和新产品研发及投资	200	惠山经济开发区
6	无锡汉风网络科技有限公司	美国	WA&HF有限责任公司	在美国地区开发经营游戏产品	200（增资）	惠山经济开发区
7	中恒大耀纺织科技有限公司	孟加拉	办事处	市场开拓，售后服务，产品展示		前洲街道
8	无锡尚佰环球电子商务有限公司	美国	贝旭国际商务有限公司	家用纺织的销售	50	堰桥街道
9	上能电气股份有限公司	印度	上能电气股份（印度）有限公司	电气控制设备及配件、监控设备、成套电源、计算机软件的销售；太阳能、风能、储能及节能技术的研发、技术转让、技术服务；	500	惠山经济开发区

续表

序号	投资主体	投资国别、地区	境外公司名称	主要经营范围	注册资本	投资主体所在地区
10	天奇自动化工程股份有限公司	美国	美国SI公司	从事计算机软件领域的技术开发、技术咨询、技术服务；开发、制作、测试互联网操作系统软件及应用研发软件,销售自产产品,提供相关的技术咨询	366.7	洛社镇
11	无锡诺邦生物科技有限公司	美国	伯克利生物科技有限公司	水溶蛋白偶联受体的鉴定和生产	45	惠山经济开发区
12	江苏大华中讯国际商贸有限公司	柬埔寨	吉翔纺织品（柬埔寨）有限公司	服装、针织品刺绣、手套、围巾、袜子的制造和销售	1500	堰桥街道

（严小兴）

服务外包

【概况】 2016 年,惠山区完成服务外包接包合同协议金额 14.71 亿美元,比上年增长 30.1%;执行金额 11.6 亿美元,比上年增长 30%。完成离岸外包合同协议金额 10.41 亿美元,比上年增长 19.5%;执行金额 8.71 亿美元,比上年增长 30%。区商务局培育和扶持重点外包企业,为企业争取各级扶持资金 149.5 万元。

（严小兴）

江苏省无锡惠山经济开发区

【概况】 2016 年是惠山经济开发区实施"十三五"规划、打造千亿级开发区的开局之年,惠山经济开发区围绕"做强产业,调优结构,创新驱动,持续发展"的目标,圆满完成各项年度任务。全年完成规模以上工业总产值 245 亿元,同比增长 23.7%,增速全区第一。完成公共财政预算收入 18.2 亿元,同比增长 10.48%,增速全区第一。完成到位注册外资 1.78 亿美元,同比增长 11%。完成全社会固定资产投资 135.5 亿元,同比增长 13%。其中,工业投入 46.5 亿元,同比增长 15%;服务业投入 89 亿元,同比增长 12.5%,完成进出口总额 6.78 亿美元,同比增长 5.12%。其中,完成出口总额 5.69 亿美元,同比增长

5%。主要经济指标在全区均处于领先位置,公共财政预算收入占全区五分之一以上,到位注册外资占全区五分之三,惠山经济开发区对全区贡献份额进一步提升。在全市 15 家省级以上开发区中惠山经济开发区发展增速继续名列前茅,跻身江苏省省级先进开发区第一方阵。获"2015 年度无锡市快速增长先进开发区"称号。

（叶晓雯）

【创新载体建设】 2016 年,惠山经济开发区围绕加快推动石墨烯、智能制造、互联网应用、生物医药等新兴产业发展,进一步加快特色产业研发,创新载体建设。国家级石墨烯产品质量监督检验中心正式获批并即将建成投运,国家石墨烯应用技术研发和检测中心、正则精准医学检验所、第九城市游戏培训平台、中科院北京基因组所无锡健康研究院等一批有竞争力、差别化发展的核心公共研发平台建成,形成从"研发孵化器—中试加速器—产业转化基地"的高科技成果转化机制。在 2015 年建成 5 家国家级孵化器基础上,2016 年无锡惠山国家高新技术创业服务中心、江苏(无锡)生命科技产业园被科技部评为 A 类国家级孵化器,成为无锡市仅有的 2 家省级科技企业加速器;"惠创空间"被评为国家级众创空间,"芒种众创空间""紫荆梦享会"被评为省级众创空间。惠山经济开发区软件外包园获 2016 年度中国科技园区最佳创业环境奖;江苏数字信息产业园获第

二批国家小型微型企业创业创新示范基地称号；中科院北京基因组所无锡健康研究院成功落户江苏（无锡）生命科技产业园；无锡风电科技产业园获评为省级中小企业公共服务三星级平台；无锡惠山国家高新技术创业服务中心石墨烯产品质量监督检验中心晋升为国家级。

（叶晓雯）

【科技园区发展】 2016年，"四园区一中心"（风电科技产业园、生命科技产业园、江苏数字信息产业园、软件外包园和科创中心）在建"三创载体"面积21.8万平方米，其中无锡惠山软件园感知时代研发楼即将交付，中智城市智能交通产业园一期竣工；江苏（无锡）生命科技产业园D区一组团标准厂房实现交付；无锡风电科技产业园上汽零部件配套区二期主体封顶。"四园区一中心"新引进江苏中智软创信息技术有限公司、安特速（江苏）医疗科技有限公司、国信机器人无锡股份有限公司等283个项目，"四园区一中心"累计入驻企业超1000家，其中上能电气有限公司、无锡中德美联生物技术有限公司、时代天使医疗器械有限公司、无锡第九城市创游科技有限公司、无锡光云通信科技有限公司等龙头企业，成为拉动新兴产业发展的强劲动力，逐渐形成生物医药、数字信息、新能源、新材料等新兴主导产业集群。无锡挪瑞电子技术有限公司、无锡广通传媒股份有限公司、江苏迈健生物科技发展股份有限公司、无锡慧眼电子科技有限公司等4家企业成功上市，江苏邦泽生物医药技术股份有限公司、上能电气股份有限公司、江苏迪普科技有限公司等5家企业完成股改。惠山经济开发区软件外包园获2016年度省创新能力建设计划科技服务骨干机构能力提升项目立项。2016年6月，无锡嘉加科技有限公司设立的无锡市绿色印染工程技术研究中心获无锡市科技局"无锡市工程技术研究中心"认定，惠山生命科技产业园成为无锡市2016年唯一获得绿色印染行业工程研究中心的专业园区。

（叶晓雯）

【骨干企业】 2016年，惠山经济开发区40家超亿元企业完成产值219亿元，占规模以上工业总产值的95%，同比增长25.7%。其中，无锡锡柴惠山基地在奥威新型发动机产品的带动下，实现产值57.8亿元，同比增长97.5%；上汽大通商用车有限公司边建设边生产，依然保持33%的增幅，产值49亿元；无锡威孚力达催化净化器有限责任公司实现产值23.8亿元；无锡透平叶片有限公司依靠科技创新带来的核心竞争力，实现产值10.3亿元，同比增长8.4%。威埃姆输送机械（无锡）有限公司、富卓汽车零部件（无锡）有限公司、嘉科（无锡）密封技术有限公司等一批外资企业均进入快速增长期，产值实现大幅增长。2016年，在全区纳税百强企业榜前5强企业中，惠山经济开发区就占4家，其中上汽大通商用车有限公司蝉联全区"第一纳税大户"。

（叶晓雯）

【重点项目推进】 2016年，惠山经济开发区22个超5000万元的重大产业项目全年完成投资37.7亿元，其中16个重点工业项目中除新宏泰电器有限公司项目因投资方取消外，其余项目均顺利推进。总投资36亿元的上汽二期项目总装车间投产，新车型大通皮卡T60正式下线；总投资2.34亿美元的精科汽车项目一期厂房主体封顶；总投资5.3亿元的云内动力项目正进行设备安装；总投资6000万美元的阿路米机械项目厂房主体封顶。

（叶晓雯）

【招商引资】 2016年，惠山经济开发区新引进卡姆丹克新能源有限公司、美国金佰利公司、海润光伏科技股份有限公司、万斯二期、元富融资租赁有限公司、香港大联洋等6个超3000万美元的重大外资项目，惠山区全年6个超3000万美元重大外资项目均在惠山经济开发区，储备协议外资超3亿美元。第四届"金秋招商月"活动期间，总投资111亿元的德国安洁利德新材料有限公司、元富融资租赁有限公司、融创玉兰公馆等68个项目成功签约；总投资32.5亿元的14个项目集中开工建设。总投资4.5亿美元的卡姆丹克新能源有限公司、总投资8000万美元的海润光伏有限公司、总投资10亿元的御捷汽车有限公司、总投资1亿元的安科生物工程（集团）股份有限公司等企业的区域总部，相继落户惠山经济开发区,总部经济取得突破性进展。

（叶晓雯）

【扶持企业发展】 2016 年,惠山经济开发区出台"暖企行动"计划,安排 3 亿元产业专项扶持基金和 2 亿元科技创新扶持基金,重点保障相关政策配套资金的落实兑现,全年兑现产业扶持资金 2.75 亿元,惠及 110 家企业,并争取国家及省、市各类专项资金、扶持资金 6615 万元,优化企业的发展环境。无锡惠山科技金融中心全面启动建设,健全完善投贷保联动的科技投融资体系,为企业营造有利发展的条件。

（叶晓雯）

【企业上市】 2016 年 1 月 8 日,无锡挪瑞科技有限公司在新三板挂牌上市,2012 年挪瑞科技有限公司入驻无锡惠山经济开发区高新技术创业服务中心,致力于电子海图引擎核心技术的开发。该公司在新三板上市标志着中国船舶配套行业民族产业发展迈上新台阶。2016 年 3 月 21 日,生命科技产业园企业迈健生物科技有限公司在新三板上市。2009 年迈健生物科技有限公司成立,是一家致力于生物医学基础研究与临床应用的国家级高新技术企业,拥有肿瘤生物治疗的研发和运用平台、干细胞的研究与临床试验及干细胞相关产品的研发及生产平台、基因诊断技术研发及应用平台为支撑的三大核心业务平台。2016 年 7 月 19 日,生命科技产业园内企业奥亿康医疗器械有限公司在江苏股权交易中心举行挂牌仪式。2014 年奥亿康落户惠山生命科技产业园,主要从事医疗器械研发、生产与销售。

（叶晓雯）

【能源与电气技术产业联盟成立】 2016 年 4 月 19 日,惠山区能源与电气技术产业联盟在风电科技产业园正式成立,联盟的成立将整合惠山区能源与电气技术上下游产业资源、集聚产业发展合力,构建资源共享和信息交流平台,实现信息互通和优势互补。

（叶晓雯）

【金佰利落户】 2016 年 5 月 13 日,世界五百强的美国金佰利公司精密设备制造及研发项目签约落户惠山经济开发区。项目注册资本 3000 万美元,总投资 9000 万美元,由惠山经济开发区风电科技产业园为其代建厂房,一期建设高标准高质量制造业厂房 1 万余平方米,主要从事日用品类产品生产设备的制造及测试研发。

（叶晓雯）

【江苏省石墨烯质量监督检验中心晋级"国字号"】 2016 年,报批国家质量监督检验检疫总局,江苏省石墨烯质量监督检验中心与江苏省特检院无锡分院,筹建国家石墨烯产品质量监督中心(江苏),江苏省石墨烯质量监督检验中心并成功晋级"国字号"。届时将在出具第三方检测报告的资质方面有更高的权威性,将在石墨烯国家标准的制定上具有话语权。该平台将在 18 个月内完成全部筹建工作,建成石墨烯检测和性质研究、石墨烯产品应用研究等多个研究室,以及 15 个石墨烯原料或产品相关检验检测实验室。

（叶晓雯）

石墨烯应用产业园

（惠山经济开发区 供稿）

【正大乐城开业】 2016 年 7 月 13 日,正大乐城开业。正大乐城位于长安街道惠南社区惠山大道与华惠路的交汇处,与地铁锡北运河站无缝对接,集合近 5 万平方米的特色餐饮、休闲娱乐、生活购物、儿童天地等业态,为周边居民提供便捷的商业配套服务,将成为无锡惠山新城周边 10 万居民的"现代家庭娱乐和消费体验"的购物中心。

（叶晓雯）

【市领导调研】 2016 年 8 月 3 日,江苏省委常委、无锡市委书记李小敏,无锡市委副书记、市长汪泉一行调研惠山经济开发区风电科技产业园区,参观风电园科技产业园云内动力东部技术中心在建项目,区领导吴仲林、杨建平等陪同。9月1日,江苏省委常委、无锡市委书记李小敏一行考察生命科技产业园无锡正则精准医学检验所,无锡正则精准医学检验所是由申瑞生物和惠山生命科技园共同出资成立的第三方独立医学检验机构,以疾病基因诊断、肿瘤个体化治疗检测、疾病风险基因检测及健康管理为主要服务内容。惠山区领导吴仲林、李秋峰、杨建平等陪同。

(叶晓雯)

9月1日,市委书记李小敏(前中)调研无锡正则精准医学检验所。　　　　(惠山经济开发区 供稿)

【全国石墨烯创新创业大会举办】 2016 年 9 月 1 日—2 日,由国家科技部火炬中心指导,无锡市人民政府主办的 2016 中国(无锡)石墨烯创新创业大会在无锡惠山经济开发区举办。大会展示国内外石墨烯最新发展成果,交流和探讨国内外石墨烯产业前沿技术应用,搭建石墨烯项目与人才、产业与资本的桥梁。大会由石墨烯创业大赛、石墨烯创新大会和石墨烯领域专题报告会组成。国内外 10 家知名石墨烯研发团队 300 人参加。

(叶晓雯)

【宝湾智慧物流园开园】 2016 年 9 月 13 日,无锡宝湾智慧物流园正式开园。园区是由中国南山开发集团与深圳赤湾石油基地共同打造的国内领先的高端物流项目,于 2013 年 8 月正式与惠山经济开发区风电科技产业园签订合作协议,总投资 2 亿美元,占地 19.7 公顷。至 2016 年,无锡宝湾智慧物流园与已建成总建筑面积 12 万平方米的汽车零部件集散中心和电子商务分拨中心成为一体。

(叶晓雯)

【上汽大通无锡二期总装车间落成】 2016 年 11 月 21 日,上汽大通无锡二期总装车间落成, 二期投资超过 36 亿元,项目包括车身、涂装车间、总装线、大冲线等生产设施等配套设施,新增整车产能 15 万辆,全厂总产能达到 20 万辆规模。总装车间是二期项目在金惠路建设的最后一个单体项目,它的落成标志上汽大通二期项目完成建设。

(叶晓雯)

【2 家企业入选市智慧城市十大建设示范项目】 无锡神探电子科技有限公司的 STLC-S 型全网侦测分析系统研发、无锡猎吧网络科技有限公司的猎吧智能电动自行车共享出行平台,入选 2016 年度无锡市智慧城市十大建设示范项目。无锡神探电子科技有限公司于 2012 年注册入驻惠山经济开发区数字园,注册资本 420 万元,专注无线类公安产品、大数据信息采集分析设备及系统的开发。无锡猎吧网络科技有限公司于 2014 年入驻惠山经济开发区软件园,注册资本 500 万元,主要产品面向电动汽车自行车研发以及相关数据采集分析系统的开发。

(叶晓雯)

惠山经济开发区堰桥配套区

【概况】 无锡惠山经济开发区堰桥配套区(简称堰桥配套区),地处无锡北大门,区位优势明显,交通发达。配套区内道路、绿化、河道、桥梁、路灯、水电、通信、排污、排涝、技防等建设到位,餐饮、娱乐、购物、医疗、教育、职工公寓等生活配套设施齐全。堰桥配套区规划总面积 8.03 平方公里,分 3 个园区。北园区(堰桥),东起锡澄路、西至锡澄运河,南起锡玉路、北至海瑞路高铁以南, 面积 6.4 平方公里;南园区(西漳),东起咸塘河、西至锡澄运河,南至西漳河、北至锡北运河,面积 1.41 平方公里;东园区(长安),东起惠际路、西至长安小学,南起友谊路、北至春惠路,面积 0.22 平方公里。堰桥配套区管委会下设党政办公室、西漳管理办公室、招商部、综合部、财务部,规划建设部。堰桥配套区的产业从原有的轴承、机电、纺织等传统产业逐步向新能源、新光源、新材料及服务外包等"四新"产业、智能产业转型。至 2016 年年底，堰桥配套区内有工业企业 765 家，其中生产开工企业 683 家；全年完成固定资产投入 16.40 亿元（其中工业投入 15.98 亿元，服务业投入 0.52 亿元）；全年完成主营业务收入 167.29 亿元；全年完成利税总额 21.24 亿元，其中上缴国地两税税收 6.21 亿元；全年到位注册外资 40 万美元，完成外贸进出口总额 3.5 亿美元。

（辛 伟）

【基础设施建设】 2016 年，堰桥配套区完成宁盛路铺设雨水管 500 米，砌筑井 17 座；完成堰盛路砌筑污水井 1 座，铺设污水管 32 米，添加雨水井盖 11 个；完成堰杰路自来水铺设 135 米、章盛路排水管修理 200 米、漳兴路自来水管铺设 200 米、宁盛路自来水管铺设 284 米、堰盛路自来水管铺设 125 米；完成安装谐圣环保自来水表 4 套；完善西漳排水管道工程，南区雨水管疏通 9000 米，标准厂房污水管养护 6000 米；完成毅合捷电力安装架设线 300 米、箱变变电所 1 座，荣允瓶盖电力安装架设线 414 米、箱变变电所 1 座；完成堰杰路二期、三期、四期工程；完成堰宁路提升泵站及小尾羊提升泵站验收移交；办理企业排水许可证 5 家，换证 20 家，协助区排水办"2016 达标区回头看"企业 250 家，移交污水管网 3000 米，修补道路 1200 平方米，设立户外大型广告牌 9 块，完善道路指路牌 20 块，协助堰桥街道整治违建 1500 平方米。全年共计投入 600 多万元改造提升配套区环境、基础设施和形象。

（辛 伟）

【重点项目推进】 2016 年堰桥配套区共确定 14 个重点建设项目，其中新建项目 12 个（含技改）、续建项目 2 个，总投资 12.48 亿元，年计划投资 6.19 亿元，年完成投入 6.11 亿元，完成年计划的 98.7%；新建项目开工 11 个，年开工率 91.6%。续建项目江苏毅合捷汽车科技股份有限公司涡轮增压器项目、无锡荣允瓶盖有限公司化妆品瓶盖制造项目，年内投资 2200 万元，完工投产。12 个新建项目，总投资 9.88 亿元，年完成投入 5.39 亿元。其中，无锡益盛汽车电机有限公司汽车发电机和汽车配件制造项

目、无锡海利宏机械科技有限公司净化空调设备、罐装饮料净化设备制造项目和无锡通洋机械科技有限公司物流搬运机械 3 个项目已开工建设，年内完工。无锡志宏机械厂汽车增压器项目年内开工。无锡和荣科技有限公司二期扩能项目首期面积 1.4 公顷土地文本正在办理手续，年内开工。在谈新建的新能源汽车电池组件项目，土地指标已落实。无锡小尾羊食品加工项目 QS 认证结束，9 月份完工投产。无锡新宏泰电器科技股份有限公司、无锡泰源机器制造有限公司、无锡双马钻探工具有限公司、无锡英富新能源有限公司和高佳太阳能有限公司等的技术改造项目年内均已完工投产。

（辛 伟）

【低效用地整治】 2016 年，堰桥配套区强化基础设施建设，盘活存量土地，开展低效用地和低效企业整治活动。全年共盘活闲置用地 9.2 公顷（厂房面积约 5.17 万平方米），整治盘活无锡美景医疗设备有限公司、无锡盛泰新能源发展有限公司、江苏承中和高精度钢管制造有限公司、无锡兰腾建筑装饰工程有限公司等低效用地企业 23 家，引进项目 25 个总投资 2.58 亿元。堰桥配套区申报的低效用地企业整治项目经无锡市经济和信息化委员会审核批准，获 2016 年度无锡市工业发展（第二批）专项扶持项目指标（见锡经信综合〔2016〕15 号文）。

（辛 伟）

【骨干企业培育】 2016 年堰桥配套区全力培育重点骨干企业，江苏惠瑞净化空调工程有限公司、无锡易通精密机械股份有限公司和无锡新中北汽车电机制造有限公司等 3 家企业产销稳定，增幅较大，年销售额均超过 1 亿元，成为堰桥配套区 2016 年度培育新增的超亿元企业。

（辛 伟）

【科技创新】 2016 年，堰桥配套区企业共申请发明专利 455 项，实用新型专利 346 件，外观设计专利 587 件，至年底共获授权 844 件，其中发明专利 84 件；无锡新宏泰电器科技股份有限公司、高佳太阳能股份有限公司、无锡江南奕帆电力传动科技股份有限公司、无锡市苏立成汽车空调压缩机有限公司、无

锡环宇精密铸造有限公司、无锡双马钻探工具有限公司、无锡市兰翔胶业有限公司、无锡益联机械有限公司和无锡市凯立电器有限公司等 9 家企业获批国家高新技术企业称号；无锡新宏泰电器科技股份有限公司列入江苏省重点企业研发机构能力提升项目；无锡易通精密机械股份有限公司列入江苏省重点研发产业前瞻项目；无锡市润灵机械制造有限公司列入江苏省产学研前瞻性联合研究项目；江苏楷益智能科技有限公司列入江苏省农业支撑项目；无锡市兰翔胶业有限公司获批江苏省工程技术研究中心称号；无锡朴业橡塑有限公司获批市级工程技术研究中心称号；无锡杰科塑业有限公司项目获得无锡市科技进步奖。

（辛 伟）

【智能制造】 江苏毅合捷汽车科技股份有限公司的涡轮增压器智能生产工厂被惠山区经济和信息化局评为 2016 年度首批全区（2 家）智能示范工厂；无锡易通精密机械股份有限公司的智能光控数控机床、江苏楷益智能科技有限公司的果蔬智能化加工烘干（干燥）生产线被列入省示范智能装备（产品）目录。

（辛 伟）

【企业上市】 2016 年，堰桥配套区科技型企业上市 3 家。无锡新宏泰电器科技股份有限公司 7 月 1 日正式登录上海主板上市，首发总发行量为 3075 万股，实际募集资金 3.15 亿元。无锡久源软件股份有限公司、无锡易通精密机械股份有限公司也分别于 10 月 10 日和 12 月 15 日于北京举行开锣仪式，成功登陆新三板，正式在全国中小企业股份转让系统上市交易。

（辛 伟）

惠山经济开发区钱桥配套区

【概况】 无锡惠山经济开发区钱桥配套区（简称钱桥配套区），位于钱桥街区以西，东起钱桥大街、西至钱洛路、南起钱胡路、北至洋溪河。2002 年 5 月惠山区政府批准设立，规划面积 6.17 平方公里，启动面积 4.34 平方公里，主要由溪南小区、恒源祥小区、西漳小区、南塘小区组成。2016 年，钱桥配套区投资 330 万元加强绿化、标志标识等建设，投资 2500 万元翻建万东路、晓星路、晓丰路共 3.06 公里，投资 200 万元新建南龙西路和凯恒路共 0.75 公里。2016 年，钱桥配套区有工业企业 745 家，从业人员 22140 人，行业主要以冶金、机械、纺织、化工、轻工等为主。其中支柱产业为传统冶金产业，占配套区规模企业比重的三分之二。2016 年，钱桥配套区实现工业总产值 188.05 亿元，工业增加值 46.09 亿元，主营业务收入 189.71 亿元，实现利税总额 20.47 亿元（其中税收总额 8.50 亿元，利润总额 11.97 亿元），销售总收入 342 亿元（其中 134 家规模以上企业实现销售 157.3 亿元）；亩（666.67 平方米）均销售收入 386.5 万元，亩（666.67 平方米）均国地两税 10.5 万元；工业投入 20.45 亿元；协议注册外资 1142 万美元，到位注册外资 1234 万美元；完成进出口总额 2.01 亿美元，其中外贸出口 1.76 亿美元。

（李 慷）

【重点项目建设】 2016 年，钱桥配套区有 5000 万元以上工业重点项目 18 个，总投资 38.69 亿元，年内完成投资 13.84 亿元。无锡西区燃机热电联产项目总投资 15.45 亿元，用清洁能源天然气供电供热一期工程正式投产运营，年发电能力 22 亿千瓦时，年供热能力 200 万吨，年产值 11 亿元。凯龙高科技股份公司与丹麦公司合资的柴油机尾气颗粒捕集器 DPF 项目正在实施。无锡市星亿涂装环保设备有限公司的年产 12 条智能环保型电镀生产线产业化项目、国家级智能化表面处理设备与环保设备研发中心及检测中心建设项目 3 个项目预计总投资 2.85 亿元，完成投资超 1 亿元，厂房建设均已封顶。无锡华精新材股份有限公司的低铁损高磁感取向硅钢项目，总投资 1.9 亿元，1050 型森吉米尔精轧机组及关键工艺脱碳渗氮涂氧化镁生产线完成安装并成功试运行。江苏中诚印染股份有限公司的活性纺织印染升级改造项目，完成厂房建设，进驻设备在安装调试中。无锡市威华机械有限公司的自动化精密机械设备改造项目、无锡杰能加热炉有限公司的锅炉生产线建设项目、无锡华顺民生食品有限公司的新型定制速冻食品生产线升级改造项目，均已运行投产。

（李 慷）

【项目引进】 2016年，钱桥配套区引进无锡东大冷弯科技有限公司的冷弯生产线项目、无锡东大异型材有限公司的异型材生产线项目等一批高科技项目。利用东北大学校友资源，设立无锡东大新材料产业园。利用无锡中科研创新孵化基地打造众创空间，已入驻各类企业20余家。

（李 慷）

【科技创新】 2016年，钱桥配套区获批省重点研发项目、计划试点项目及省知识产权推进计划项目各1个，获批省级工程中心1项、市级发展资金项目立项7个、市级科技进步奖1项。无锡永凯达齿轮有限公司与同济大学合作建设科技平台，由同济大学提供相关技术服务项目、凯龙高科技股份有限公司与华中科技大学无锡研究院合作尿素计量汞关键技术研究项目，东北大学无锡研究院与凯龙高科技股份有限公司、无锡天驰新材料科技股份有限公司等一批企业建立合作关系。

（李 慷）

惠山经济开发区前洲配套区

【概况】 无锡惠山经济开发区前洲配套区（简称前洲配套区），地处惠山区北部，水陆交通便利。前洲配套区规划面积8平方公里，至2016年建成面积5.33平方公里，分为4个园区：东部物流园区，南部传统产业园区，北拓园区和中部汽车零部件产业园区。2016年前洲配套区工业、服务业投入总额33.16亿元；销售总收入207.59亿元；上缴国地两税税收总额5.12亿元；到位外资1600万美元；外贸出口1.8亿元，进出口总额2亿元；整治低效用地企业13家，盘活存量用地31.3公顷，其中大明高品质不锈钢深加工项目总投资5亿元，通过政府回购再出让方式盘活低效用地约4.1公顷。

（高 桦）

【基础设施建设】 2016年，前洲配套区加强基础设施建设，修复南部园区道路，架设维修南部园区万寿路、鑫园路、兴洲路和北拓园区源昌路、宝露路、振业路等道路两边路灯。改建石洲路，补种绿化共计4公顷。北拓园区蒸汽管网建设完成；5家搬迁企业的7块未批先建土地全部挂牌出让，历史遗留问题得到解决。

（高 桦）

【重点项目建设】 2016年，前洲配套区举行"聚力创新，合作共赢"创新创业推介会暨重点项目集中签约会，28个项目集中签约，总投资超21亿元。年内，共有新型蚌线技术高压泵项目、电动环保车制造及环卫服务外包项目、废气净化处理装置项目、太阳能电池片精密制造项目等14个项目成功落户前洲。区级重点工业项目21个，完成投资19.29亿元。其中，10个新建项目全部按期开工；11个续建项目中，无锡市嘉盛印染有限公司、无锡杜克环保科技有限公司、无锡瑞泽电气有限公司等8个项目投入生产，欧派家居项目厂房B已批量生产，厂房A、E顺利封顶，厂房C正式开工建设。

（高 桦）

惠山经济开发区玉祁配套区

【概况】 无锡惠山经济开发区玉祁配套区（简称玉祁配套区），位于沪宁高速公路玉祁道口东北侧，东至前州界、南至沪宁高速、西至西环路、北至暨南大道，规划总面积约8.9平方公里，至2016年年底建成面积约6.4平方公里。玉祁配套区下设党政办公室、规划建设部、企业服务中心、招商服务部和财务部5个职能部门。经过多年开发建设，玉祁配套区内道路、绿化、河道、桥梁、路灯、通信、变电所、污水处理设施、雨污管道、蒸汽管道、天然气管道等实现全覆盖。2016年，玉祁配套区共有工业企业350家左右，从业人员13321人，其中年销售2000万元以上规模工业企业58家，超1亿元工业企业27家，超10亿元工业企业4家。2016年，完成工业总产值209.89亿元（其中规模工业产值195.02亿元）；工业销售收入 185.88 亿元（其中规模工业销售收入 171.07 亿元）；完成规模工业增加值 40.95 亿元；税收总额 5.3 亿元；工业投入 29.33 亿元；新增到位注册外资 2400 万美元。

（吴晨洁）

【重点项目建设】 2016 年，玉祁配套区共有工业在建项目 78 个（其中上年结转项目 10 个，年内新开工项目 68 个），完成总投资 29.33 亿元。至年底工业项目竣工 62 个，其中无锡元基精密机械有限公司的新建航空用特种高性能锻铝合金生产线技术改造项目，总投资 1.2 亿元；江苏缘亿自动化科技有限公司的新建自动化控制设备项目，总投资 7350 万元；无锡天宝电机有限公司的新建新能源汽车电机生产线项目，总投资 6800 万元；无锡豪思纺织品有限公司的新建床上用品、服装、家居用品等生产厂区项目，总投资 6600 万元；无锡惠山泵业有限公司的新建汽车水泵自动化智能制造生产线项目，总投资 6500 万元；无锡华琳制冷设备有限公司的新建空调压缩机零部件生产线项目，总投资 5600 万元。

（吴晨洁）

【企业上市挂牌】 2016 年 11 月 8 日，无锡中星新材料科技股份有限公司在全国中小企业股份转让系统"新三板"正式挂牌上市。无锡市天宝电机有限公司、无锡市太平洋化肥有限公司、无锡市新海菱科技有限公司、江苏大中新材料科技有限公司、无锡市格林人造草坪有限公司等 5 家企业作为上市挂牌后备企业，进入准备阶段。

（吴晨洁）

惠山经济开发区洛社配套区

【概况】 无锡惠山经济开发区洛社配套区（简称洛社配套区）位于洛社镇西部，东起无锡市西环线，西至直湖港，南起府前路，北至京杭大运河，涉及镇北、双庙、华圻、花苑 4 个行政村。洛社配套区管理委员会与园区同步成立，接受区、镇双重领导管理，主要负责洛社配套区的开发建设、招商和管理服务。截至 2016 年年底，洛社配套区建成面积 380 公顷，形成枫杨路和洛杨路两条发展轴线，有工业企业 535 家（其中规模以上企业 74 家），从业人数 2.16 万人。全年洛社配套区完成工业投入 26 亿元，到位注册外资 1093 万美元（其中制造业到位注册外资 655 万美元）；工业增加值 33.55 亿元，总产值 131.6 亿元；新建高标准厂房 40 万平方米（其中多层厂房 24 万平方米）；工业销售收入 132.5 亿元，同比增长 14.9%；亩（666.67 平方米）均销售 244.59 万元，同比增长 12.2%；利润总额 12.88 亿元，同比增长 22.5%；税收总额 7.4 亿元，同比增长 7.9%；亩均税收 12.96 万元，同比增长 5.5%。2014 年，洛社配套区被无锡市政府认定为无锡市节能环保特色产业集聚区，被无锡市发改委认定为循环化改造示范试点园区，被慧聪网评为全国十佳优秀电镀工业园区。2016 年，洛社配套区被江苏省经济和信息化委员会认定为"江苏省高端装备制造业特色产业基地"，通过无锡市园区循环化改造示范试点验收。2016 年，国家开发区目录重新修订审核，洛社配套区被列为拟增加省级开发区之一逐级上报国家有关部委。

（庄 进）

【重点项目建设】 2016 年，洛社配套区对单体投资超过 5000 万元、总投资 64.5 亿元的无锡威卡威汽车部件有限公司京威股份南方生产基地项目、无锡勋业华光机械科技有限公司汽车零部件项目等 16 个新建项目，以及无锡出新钢结构工程有限公司三期项目、无锡建邦汽车精密模具有公司汽车精密模具加工项目等 15 个续建重大项目，实行项目化管理。年内新增审批土地指标 12 块宗地，计 17.53 公顷。累计办理国有建设用地使用权收回手续 2 个地块，计 9.34 公顷。完成工业土地挂牌 13 个，合计 33.74 公顷。年内开工项目 26 个，占 31 个新建、续建项目总数的 83.87%；完工项目 13 个，占 41.94%。（见表 7）

【规划修编】 2016 年，洛社配套区以洛社镇总规划修编为契机，推进配套区范围内国土、城镇两大用地规划优化和融合，基本理顺配套区 312 国道北

2016 年惠山经济开发区洛社配套区重点建设项目

表7

序号	新建项目	续建项目
1	无锡威卡威汽车部件有限公司京威股份南方生产基地项目	无锡出新钢结构工程有限公司三期项目
2	无锡喜德金属科技有公司高端汽车座椅金属件制造项目	无锡虹业自动化工程有限公司二期项目
3	无锡勋业华光机械科技有限公司汽车零部件项目	无锡建邦汽车精密模具有公司汽车精密模具加工项目
4	无锡市新华胶辊厂扩建厂房项目	无锡东华汽车附件有限公司智能洁具研发制造项目
5	无锡麟瑞环保科技有限公司三废处理设备制造项目	博耳（无锡）电力成套有公司二期项目
6	无锡光旭新材料科技有限公司环保型金属聚脂复合板扩产（三期）项目	无锡联达电器有限公司特种变压器制造项目
7	无锡康贝电子设备有限公司数据中心配套设施（二期）项目	无锡明通动力附件有限公司二期项目
8	无锡勃力包装材料有限公司新建生产厂房项目	无锡鸿浩精密模具有限公司非金属模具制造项目
9	中化石油江苏有限公司燃油分销库项目	无锡康贝电子有限公司一期项目
10	无锡双裕液压机械有限公司混凝土输送设备项目	无锡安特电子有限公司自动化焊接防护装备项目
11	无锡强工机械工业有限公司海洋船舶油水分离设备项目	无锡日月水处理有限公司废酸处理利用搬迁扩能项目
12	无锡中鼎物流设备有限公司高端智能物流装备生产线（二期）项目	无锡亿力环保科技有限公司三元催化器生产项目
13	无锡兴澄特种材料有限公司特殊钢线材深加工项目	无锡锦佳纺织机械科技有限公司全自动无缝内衣机新建项目
14	无锡嘉弘塑料科技有限公司石墨烯工程塑料项目	无锡力铨新能源科技有限公司空气能热泵新建项目
15	无锡斯达新能源科技股份有限公司蓝宝石切割设备制造项目	无锡兴澄特种材料有限公司 12 万吨高品质特钢深工（一期）项目
16	无锡井上华光汽车部件有公司汽车尾翼制造项目	

（庄 进）

侧、兰溪路西侧等预留地块土地性质,并争取落实部分用地指标。规划调整洛南大道北侧产业地块,对沿园中路向东拓展融入主镇区进行规划。至 2016 年年底,洛社配套区符合两大规划的储备建设用地约超 100 公顷。

（庄 进）

【基础配套设施建设】 2016 年,洛社配套区完成高新产业园标识(洛杨路与洛圻路交叉口)、园区支路（洛杨路—杨西路）（K0+000—K0+390）、兰溪路（K1+320—K1+486）、兰溪路（K0+260—K0+480）、东安西路 （K0+360—K0+675.1）、金榆路（K1+494.992—K2+087.95)等新建工程,表面处理区三期废水总管网改造工程、京威股份双庙地块蒸汽管道改造工程,无锡喜德金属科技有限公司、无锡双裕液压机械有限公司地块绿化移植工程，中化石油江苏有限公司地块雨污水管道改建工程，兰溪河道整治（洛杨路—园中园排涝站）工程，表面处理区净化塘硬化处理工程，东安西路绿化工程，兰溪路（永达—东安西路）绿化工程，枫杨路延伸段（洛杨路—港池路）改造工程，双庙工业坊、新盛工业坊（A、B区）消火栓安装工程，东安西路（京威地块）自来水管迁移工程，园中园新建排涝站工程，园中路（张镇工业坊项目地块）1万伏电力线路迁移工程。完成污水总管网三期改建和3000吨／年重金属污泥分离提取全利用示范工程，添置加强空气和土壤指标监测的检测设备，开展高浓度废液处理新技术考察验证，园区顺利通过 ISO 14001 一年一次的监督审核。

（庄　进）

【综合管理和服务】　2016年，洛社配套区开展"两学一做"教育活动，完成党总支换届选举和第四届惠山区人大代表、洛社镇人大代表园区选区的选举工作，围绕企业上市、存量资源盘活等需要，协调解决江苏天润新能源科技发展有限公司、无锡虹业自动化工程有限公司、无锡威豪体育器材有限公司、无锡五菱动力机械有限公司等企业"两证"补办历史遗留问题，以及京杭运河、直湖港有关港池用地等难点问题。党建工作和作风效能建设、安全生产、工程管理、财务管理、物业管理等，得到全面加强。

（庄　进）

惠山经济开发区阳山配套区

【概况】　无锡惠山经济开发区阳山配套区（简称阳山配套区），是惠山经济开发区在阳山镇的重要配套功能区。阳山配套区规划控制范围东以谢洪浜、陆中路为界，南至陆南路，西至陆西路，北至陆北路，规划面积2.93平方公里。2016年，阳山配套区共有企业227家（其中规模以上企业38家），从业人员6567人；全年完成工业总产值44.7亿元，同比增长4%；工业增加值11亿元，同比增长0.3%；主营业务收入44.7亿元，同比增长3.3%；实现利税总额6.3亿元，同比增长6.3%，其中税金总额2.7亿元、利润总额

3.6亿元。

（阳山镇党政办）

【重点项目建设】　2016年，阳山配套区无锡新中投实业有限公司车间、办公楼，伊萨自动化切割焊接（无锡）有限公司扩建车间均已完工；江苏城邦新材料有限公司开工建设，完成工程量的60%；无锡煜丰节能科技有限公司的大型锅炉余热回收装置制造项目，正在办理施工许可证，将开工建设；无锡神陆液压机件有限公司的液压油缸制造项目、无锡东仪制造有限公司的建筑用试验机制造项目地块挂牌结束，签订供地合同；新开博（无锡）有限公司的无锡阳山—新开博生物制药产业项目、无锡欧瑞京机电有限公司的节能大电机项目2个项目完成征地和土地挂牌。

（阳山镇党政办）

【科技创新】　2016年，阳山配套区新增国家高新技术企业4家（江苏聚业机械装备股份有限公司、江苏合筑建筑设计股份有限公司、江苏贯海重工科技有限公司、江苏新合益机械有限公司）；新增省级民营科技企业6家（无锡港盛重型装备有限公司、无锡欧瑞京机电有限公司、无锡佳谊林电气有限公司、无锡市阳通机械设备有限公司、无锡市天鸿机械制造有限公司、无锡好力泵业有限公司）；申报国家火炬计划特色产业基地1家（顺达智能——无锡高端装备智能制造特色产业基地）；新建企业研究所1个（无锡鼎宇新材料研究所）。全年企业技术项目研发投入超过8600万元。新增国家重点研发计划1个、省级高新技术产品5个；完成政产学研合作项目5个；申报发明专利401件。

（阳山镇党政办）

【企业上市工作】　2016年5月，阳山配套区组织20家企业代表参加阳山镇上市后备企业座谈会，解读上市挂牌相关政策，推动全镇企业改制上市及新三板挂牌工作。年内，江苏聚业机械装备股份有限公司、江苏合筑建筑设计股份有限公司、江苏鼎宇机械制造股份有限公司在新三板上市，多家拟上市企业相关前期工作均在有序推进中。至2016年年底，全镇共有新三板挂牌企业4家。

（阳山镇党政办）

西站物流园区

【概况】 2007年6月，经无锡市人民政府批准，成立无锡西站物流园区管委会（简称园区），正科级建制。园区规划总面积5.2平方公里，北起洛南大道，南至锡宜高速公路，西达西环线，东抵新长铁路及钱洛路。沪宁铁路、京沪高铁及沪宁城际等3条铁路在园区周边经过，新长铁路横贯园区中部，其藕塘编组站坐落园区腹地；312国道、342省道直通园区，园区中心距锡宜高速公路、沪宁高速公路道口分别为3公里和8公里；园区通过5公里引航河道与京杭运河相接，水陆交通十分便捷。园区主要功能为多式联运换装、区域物资中转集散、制造业原料及制成品加工分拨、电商物流，以及城市配送物流"一站式"公共服务。2016年，园区全年完成服务业销售收入近100亿元，财政总收入5003万元，公共财政预算收入3233万元；园区内共有工商企业570家，从业人员3500多人。2016年，园区被评为"省级示范物流园区""无锡西站物流枢纽多式联运示范工程"，列入"江苏省多式联运示范工程首批项目"、《无锡市交通运输"十三五"发展规划》项目，连续四次被评为"全国优秀物流园区"。

（王超群）

铁专线运营

（区经济开发区 供稿）

【基础设施建设】 2016年，无锡西站物流枢纽多式联运示范工程项目中的铁路专线项目完成综合验收，获得上海铁路局线路开通许可、集装箱及其他货运业务开通运营许可，年内已全面实现货运列车的常态化运营。兴塘河和高格里浜河水利工程项目改造完成，新藕路新建工程启动。配合区交通局重点项目办公室完成钱洛路拓宽改造工程，建成后的钱洛路贯通园区南北，直接连接342省道、312国道。

（王超群）

【重点项目】 2016年，无锡西站物流园区的天津物产项目，总投资3.5亿元。首期占地面积9.67公顷，建筑面积约10.8万平方米，完成竣工验收，设备调试、运营准备正在进行中。深国际无锡综合物流港项目，首期占地面积14.07公顷，总投资3亿元，其中2栋库房（27000平方米）建成投入运营；项目二期完成设计，土地出让到位。铁路配套运营楼项目，占地0.76公顷，建筑面积约7000平方米，基本完成主体建设。

（王超群）

【招商引资】 2016年，无锡西站物流园区广泛开展各类招商引资活动，积极联系有意向入驻园区的物流企业、商贸流通企业及工贸型企业等，加快项目注册落地。江苏西站壹号物流有限公司签约注册，项目总投资3000万元，主要打造物流电商交易平台及公路、铁路、水路多式联运基地；无锡茜娃物流发展有限公司项目，总投资7000万元，主要打造集商务办公、交易、仓储、运输、配送等一体的现代物流项目。

（王超群）

城际铁路惠山站区

【概况】 2016年，城际铁路惠山站区（城铁惠山站区）全年完成全社会固定资产投入23.76亿元，实现纳税营业收入41.68亿元，财政总收入1.50亿元，公共财政预算收入1.21亿元。

（周夏菲）

【基础设施】 2016年，无锡汽车客运西（惠山）站投入使用，开通4条安徽长途客运班线和1条江阴城际客运班线；完成公交首末站、非机动车停车场优化改造，有效维护车站地区秩序；进一步延伸、优化和完善公交网络,建设新型公交站亭6座,扩大公交服务范围;城际铁路停靠班次每日增至27列,城铁惠山站客流量列沪宁沿线二级站前三名;推进盐泰锡常宜城际线、南沿江城际铁路和轨道交通3号线二期前期规划工作。

(周夏菲)

【重点项目】 2016年,奥凯城市广场、无锡恒生科技园、无锡实地玫瑰庄园、远大能源集团、江苏智联天地科技有限公司、威玛格智能装备有限公司等在建项目稳步推进。奥凯城市广场37层的金陵饭店主楼封顶,商业裙楼完成外部装修,屋顶花园和室外市政工程竣工,11层LOFT办公楼交付使用。无锡恒生科技园二期4.5万平方米产业楼宇开工建设;2016年无锡恒生科技园产值达15亿元,引进中恒大耀科技有限公司、江苏智联天地科技有限公司、威特机械有限公司等60家互联网及高科技企业;建立东华大学国家染整中心无锡分中心、环球相互贸易平台无锡运营中心等服务平台,举办江苏省第二届

奥凯城市广场　　(城铁惠山站区 供稿)

"i 创杯"互联网创新创业大赛暨2016"恒创中国"创业大赛。无锡实地玫瑰庄园一期一标段18万平方米建成交付,至2016年年底已累计推出房屋2010套,完成销售1683套。江苏智联天地科技公司完成与上市公司新大陆的并购,总经理钱志明入选国家"科技创业领军人才",公司研发的智能移动终端N5000获世界物联网大赛金奖。

(周夏菲)

【社会事业】 2016年,城铁惠山站区榭丽花园安置小区全面交付使用,建筑面积65万平方米、4560套、入住4032户。加大安置房回购力度,全年累计回购安置房137套用于滚动安置。整合公安、交警、交管、城管、环卫等力量,成立城铁惠山站区城市综合管理办公室,有效提升站区管理水平。2016年,城铁惠山站区完成玫瑰庄园5号地块、中惠大道西延(前洲段)等重点项目的拆迁清零;结合拆迁清零工作,利用西环线东侧万里村拆迁整理出的狭长地块,规划建设并完成"百年荇庄"景观休闲广场。

(周夏菲)

【生态建设】 2016年,城铁惠山站区结合站区水利防汛系统建设,重点推进生态景观系统建设,完成万寿河中段生态景观工程。完成谢印河东闸、西闸排涝站建设并已投入使用;基本完成谢印河东段、谢印河西段、石渎河河道改造工程。

(周夏菲)

地铁西漳站区

【概况】 2009年12月22日,无锡地铁西漳站区管委会成立,具体负责地铁西漳站区(即天一新城)建设,总规划面积3.64平方公里,东起惠山大道,西至凤翔高架,南与北塘区为界,北抵沪宁高速,是无锡市、惠山区两级政府依托无锡地铁一号线重点建设的地区。2016年,天一新城内安置房全部交付并投入使用,主要基础设施及配套工程基本建成。天一新城从投入建设期转为经营回报期。全年,财政收入18893万元,较上年同期增长49.34%;财政公共预算收入1.43亿元,完成全年指标134.89%,较去年同

期增长 55.23%;完成固定资产及社会事业总投入 20 亿元。

（骆伟利）

【基础设施建设】 2011—2016 年,地铁西漳站区构建生态景观与城市公共空间的自然融合,构筑便捷高效的交通网络,共新建道路 12 条,桥梁 9 座,累计长度 13.65 公里,完成各类管网建设 40 公里,总投资 3 亿元。道路绿化、河道绿化共计建设 20 万平方米,整治水域面积 12 万平方米。投资 1.2 亿元重点打造西漳城市公园,至年底基本完工,西区已具备开园条件,蚕种场文物保护房屋修复基本完成。建成新城公交系统,天一新城公共自行车系统一期 11 个站点建成并投入使用。惠山大道西侧的景观带改造,完成前期规划、招投标等手续,年底进场施工。

（骆伟利）

【安置房建设】 2011 年 6 月,地铁西漳站区安置房开工建设,总面积 65.88 万平米,总投资 20 亿元,共计建设安置房 5249 套。2015 年 7 月开始交付安置,至 2016 年 12 月底已安置 3124 户,剩余房源 2125 套。地铁西漳站区将寺头家园三期剩余的 4 栋共 70129 平方米安置房报市政府申请转商品房销售,用于回笼资金。地铁西漳站区通过公开招标引进无锡市嘉诚物业管理有限公司,按照高于无锡市物业管理三级标准的要求,提供人性化、个性化、多元化的服务。2016 年,寺头家园二期被无锡市住房和建设局评为"无锡市城市物业管理示范住宅小区"。

（骆伟利）

寺头家园

（西漳地铁站 供稿）

【招商引资】 2012—2016 年,地铁西漳站区累计引进各类企业超过 1000 家。打造汽车工业中小企业综合服务园区、惠山电子商务产业园、惠山大学生创业园、中小企业金融服务中心、文化创意产业园 5 大特色产业园区。其中汽车工业中小企业综合服务园区、惠山电子商务产业园获得市政府批复成立,惠山大学生创业园被省人社厅授予省级大学生创业园称号。中小企业金融服务中心、文化创意产业园载体建设和招商运营工作正在加快推进中。2016 年,地铁西漳站区累计引进各类企业 117 家,商品房销售累计完成纳税营业收入超过 20 亿元,税收超过 5000 万元。2012—2016 年,地铁西漳站区平整净土地面积 122 公顷,累计出让经营性用地 5 宗,占地面积 32 公顷,出让金总额 12.8 亿元,累计到位外资 1.22 亿元。引进太平洋城中城、赛格电子市场等地产项目。2016 年,站区续建地产项目 4 个,新建地产项目 2 个,总建筑面积约 51.6 万平方米。其中,续建项目:星富国际建筑面积 2.7 万平方米,缤悦湾电商公寓 5.3 万平方米,盛业城 13 万平方米,太平洋城中城一期 19 万平方米。新建项目:赛格电子市场二期 7.3 万平方米,鼎润·俊业中心 4.3 万平方米。太平洋城中城、缤悦湾电商公寓,至年底基本售罄。

（骆伟利）

【城市管理】 2016 年,地铁西漳站区采取一系列的措施加强城市管理。制定各项环卫作业、道路绿化养护、管道养护的监管考核办法。2014 年 5 月地铁西漳站区成立天一新城城管分队,加强管理天一新城内的道路停车秩序、市容市貌,劝离卡车、挂车 847 辆,拖车作业 203 辆;清除张贴小广告 700 余处,拆除违法户外广告 300 多平方米;清理偷倒建筑垃圾 430 余吨,暂扣查处偷倒车辆 17 辆;拆除违法建设约 500 平方米左右。解决地铁"最后一公里"的交通盲点,完成公共自行车一期 11 个点的布置,配置公共自行车 230 辆。地铁西漳站区与区住建、安监、质监等部门建立常态化联络管理机制,制定工程建设管理制度,有效监控工程建设的质量、安全,2016 年共进行质量安全检查 89 次。

（骆伟利）

惠山工业转型集聚区

【概况】 2016年，惠山工业转型集聚区（简称集聚区）按照"打造长江经济带先进制造业发展基地"战略目标，围绕"四个示范区"[注]发展定位，坚持招商引资和项目建设共抓、规划优化和基础完善措施共抓、作风效能和勤政廉政两手共抓，加快推进集聚区开发建设，着力推动无锡"产业强市"目标的实施。2016年，集聚区一般公共预算收入1937万元，完成年度任务825万元的234.79%；全社会固定资产投入5.77亿元，其中工业投入5.57亿元，政府性投入2057万元；外贸出口1099万美元。

[注]"四个示范区"：锡澄一体化示范区、太湖生态治理发展示范区、苏南新型工业化示范区、国家高新技术示范区。

（席 丹）

【招商引资】 2016年，集聚区按照"10年内打造千亿级产业集群"发展目标，加大招商引资力度。年初与御捷车业集团签订新能源汽车项目总投资30亿元，年底开工建设；与天奇能源股份有限公司签订能源基础设施项目总投资8亿元；与广州智伟科技股份有限公司签订总投资发电机组涡轮汽封项目2亿元，此项目列入国家能源部重点推荐节能产品目录，已完成工商注册登记；与伟业精密铸造股份有限公司签订精密零部件制造项目，总投资3.2亿元与超威集团的风能及太阳能大型蓄电站设备制造、中电投资集团的智能输变电设备制造等一批优质产业项目签订意向性协议。

（席 丹）

【项目推进】 按照"签约项目抓开工、开工项目抓进度、建成项目抓投产"的发展要求，集聚区加大对已开工项目及签约项目的建设推进力度，努力实现以"大项目"的引领和建设促进集聚区的"大

发展"。至2016年年底，中信戴卡轮毂股份有限公司一期项目竣工投产，实现"投产即达产"的目标；北京京运通科技股份有限公司一期项目厂房主体工程建设正在加快推进中；铠龙东方汽车有限公司项目8月底开工建设；达美新材料股份有限公司项目完成施工图设计，办理前期相关审批手续和开工建设手续，开始项目地块征地工作；配合重大产业项目建设，规划启动天奇能源股份有限公司基础设施一期项目建设，年底开展选址规划和天然气站布局设计。

（席 丹）

1月5日，总投资约30亿元的御捷新能源汽车项目正式签约落户惠山。

（聚居区 供稿）

【基础建设】 2016年，集聚区联合前洲街道，加快开展浮舟村征地拆迁工作，实施惠澄大道以西片区征地拆迁整治工程，完成中信戴卡轮毂股份有限公司一期、北京京运通科技股份有限公司一期地块拆迁征地；重点推进铠龙项目地块征地拆迁，至年底，完成20公顷腾地块清表和回土平整。启动达美新材料股份有限公司项目地块征地工作。2016年年底，集聚区内惠澄大道、惠西大道2条区属主干道以及祁胜路、东兴路等6条支路集中开工建设。集聚区内22万伏高压线移建工程全部完成。完成西塘河改扩建主体工程。

（席 丹）

城镇建设及管理

概　况

2016 年，惠山区围绕"打造新锡西、改造老城镇、靓丽惠山城"城市建设目标，突出城乡统筹发展重点，实施"靓镇、美村、安居"三大工程，推进新型城镇化建设。围绕"三优三宜"新惠山建设目标，开展全区乡镇总体规划编制，确保惠山区城镇发展空间，解决项目落地规划制约；调整完善新一轮土地利用总体规划。全区工程建设顺利实施，老城镇改造延伸拓展，老集镇主要商业街改造实现全覆盖；开展示范社区创建，惠山经济开发区长乐社区通过市级示范社区验收，申报省级示范社区；各镇(街道)选定的 9 条综合改造类背街小巷全部完成，7 条秩序整治类背街小巷市容秩序有所提升；按照"精品化、标准化、常态化"标准落实全区绿化建设和管理养护。新验收亮化项目 25 个，全区主干道亮灯率 98%，设施完好率 95%。新建排水达标区 34 个，复查已创片区 211 个；排查生活污水管网 435.9 公里，新建生活污水管网 48.9 公里，完成村庄接管 21 个，对河道沿线 32 个生活污水排污口接管整改；完成 7 座二类公厕新(改)建任务；新增生活垃圾分类试点小区 2 个，建成区的垃圾分类收集覆盖率 10%。持续推进专项整治，拆除违法建设 7.3 万平方米，开展渣土运输整治

320 次，完成商户餐饮油烟整治 551 家，审批收费停车场 3 处。

（龚晓雁）

8 月，区城管局检查惠澄大道亮化。

（区城管局　供稿）

城镇规划

【概况】　2016 年，惠山区规划工作以无锡市总体规划修编、惠山区镇(街道)总体规划编制为工作主线，做好市、区重点项目落地、宜居惠山创建规划等工作。惠山区规划分局加强党建工作和党风廉政建设，健全管理制度，提高规划对城镇发展和建设的综合调控能力，充分对接、主动服务，为完成全年各项目标任务、提升惠山区城乡面貌及品质提供规划保障。

（谈海莉）

【规划编制】 2016 年，惠山区规划分局全面展开镇（街道）总体规划编制，完成洛社镇、玉祁街道、前洲街道、钱桥街道和长安街道总体规划编制及论证，报市政府审核。编制完成钱桥地区（无锡职教园区）控制性详细规划实施评估及控规动态更新，惠山新城控制性详细规划锡北园区管理单元及西漳管理单元动态更新，塘头片区旧城改造城市设计等；开展规划发展村庄（重点村、特色村）的修建性详细规划，促进城乡一体建设发展；编制惠山区热力专项规划及惠山区燃气专项规划。全年新编制经营性地块测算文本 9 幅、涉及用地面积 58.78 公顷；新编制工业地块测算文本 28 幅，涉及用地面积 108.04 公顷；新编制地块示意图 19 幅，涉及用地面积 124.96 公顷。

(谈海莉)

【规划服务】 2016 年，惠山区规划分局办结安置房"两证"（土地证、房产证）规划审批手续，核发建设工程规划许可面积 103 万平方米，竣工规划核实面积 250 万平方米。审批办理钱桥华锐实验小学改造工程、阳山中学实训楼与综合楼改造工程、玉祁高级中学学生公寓楼新建工程、长安农贸市场改造工程、阳山镇陆区卫生院改扩建工程等项目规划审批手续，核定建设工程规划许可 10 万平方米，竣工规划核实面积 13 万平方米。帮助 9 家拟上市企业完善有关规划审批手续，推行重大项目绿色通道审批制度，针对无锡精科汽车配件有限公司、上汽大通汽车有限公司、江苏无锡欧派集成家居有限公司、无锡威卡威汽车零部件有限公司、无锡戴卡轮毂制造有限公司、无锡京运通科技有限公司等市、区重点产业项目实施方案预审与基础预放样，及时补办建设工程规划许可证。对无锡益盛汽车电机有限公司、无锡市新东湖木业有限公司等 16 个重大产业项目实行"双零"（零周期、零前置条件）服务；对无锡戴卡轮毂制造有限公司、无锡蓝力机床有限公司等 10 个企业实行"当场办结送证上门"服务。加强对融创地块、洛社新城 12 号地块、天一城 B4 地块、太平洋地块二期等重大经营性项目规划服务指导，核发普通商品房项目建设工程规划许可证 18 件，审批建筑面积 97 万平方米。完成 110 千伏村前变、110KV 玉东变、唐义变、桃园变等电力设施工程的规划许可手续，完成钱洛路、锦惠路、畅惠路、余浩路、西石路、青城东路、西塘南路、前石路、蓉塘路等多项中压燃气工程，钱藕线热力干管及供水老旧管网改造工程（2015—2016 年）的规划许可手续。全年累计核发中压燃气管工程事项 29 件，约 23.7 公里。完成各类审批事项 894 件（其中道路审批 42 件），审批规划用地面积 340.2 万平方米（其中道路用地 91.79 万平方米），审批建筑面积 386 万平方米，竣工规划核实面积 598 万平方米。

(谈海莉)

城镇建设

【概况】 2016 年，惠山区住房和城乡建设局（简称惠山区住建局）树立"做精城市、做美农村、做靓惠山"的工作理念，加快惠山区新型城镇化建设步伐。按照区委、区政府 2016 年度工作部署，加大城镇建设力度，全区老城镇改造后综合面貌得到改善，商业价值提升，"三优三宜"新惠山形象体现。村庄环境整治提档升级，边远村庄生活污水点源治理工作继续向纵深推进，加大民生投入，改善农村贫困户住房条件，农村贫困户破损住房修缮工作被列为政府为民办实事工程。

(宋黄健)

老城镇改造后的堰桥街道

(区住建局 供稿)

【老城镇改造】 惠山区委、区政府将 2016 年作为老城镇改造延伸年，重点为"两片两部一延伸"（长安片区、陆区片区，新老镇区结合部、镇村结合部，向背街里弄延伸）。围绕这个重点，惠山区住建局抓住前期踏看、项目论证、施工进度、安全质量等环节，全年实施改造项目 38 个，其中长安片区 7 个项目、陆区片区 4 个项目、两个结合部 20 个项目、背街里弄 7 个项目。全年总投入 3.1 亿元，改造道路 21 公里，增加和改造绿化面积 2.5 万平方米，改造店招店牌 1000 块。通过改造，老集镇城市功能得到进一步完善，城市形态、质态、生态得到显著的变化。

（吴新亮）

【村庄环境提档升级】 2016 年，惠山区政府决定，在完成村庄全面整治的基础上，对部分"环境整洁村"提档升级。决定用 2 年时间，对重要骨干道路沿线和重要景区内的环境整洁村进行提档升级，逐步形成沿途村庄景观长廊。年内，完成对以锡澄路、西环线、342 省道、堰玉路、盛岸路、桃溪路等重要道路沿线和重要景区内的 25 个村（包括前洲万里莘庄、玉祁玉蓉沈家村、洛社万马鹅子岸 3 个示范村）的村庄环境提升整治任务。

（顾晶巍）

村庄升级后的洛社镇保健村叶家旦、李马巷
（区住建局 供稿）

【"城中村"整治】 2016 年，惠山区区政府印发《无锡市惠山区人民政府关于惠山区城中村改造整治的实施意见》，明确 3 年内"城中村"改造整治 18 村名单。2016 年"城中村"整治改造目标任务有 6 个村，分别为洛社镇的齐古旦、何朱巷、何巷，堰桥街道的塘网巷、庙下，钱桥街道的沿河。遵循村庄风貌、环境卫生、设施配套和内涵提升等 4 大项目改造整治。年

内阶段性改造整治累计投入 2790 万元，完成拆除乱搭乱建建筑 864 处、4.62 万平方米，完成整治废旧点 94 处，清理乱堆乱放杂物废品 608 处，整治暴露垃圾 2933 处，改建垃圾箱 165 个，修补硬化道路、浇筑修建步道 5.47 万平方米，增绿补绿及修葺花坛 2.94 万平方米，清理打捞河道漂浮物及清除河道淤泥 9600 立方米，新增照明路灯 289 盏，粉饰出新墙面 21.96 万平方米，修建小广场、活动场地 35 处。

（顾晶巍）

【生活污水点源治理】 2016 年，惠山区按照环保部门编制的《无锡市惠山区农村环境综合整治规划（2014—2017 年）》及河道综合整治工作要求及名录，确定对全区 14 个行政村、30 个自然村开展生活污水点源治理。新建污水处理设备 28 台套，日处理量 655 吨，惠及 1786 户 5725 人。

（顾晶巍）

农村村庄生活污水点源治理
（区住建局 供稿）

【破损住房修缮】 2016 年，惠山区委、区政府把农村贫困户破损住房修缮工作作为政府为民办实事工程来实施，把改善农村贫困户住房条件、提升居住质量作为扶贫工作的重要内容。年内，区委、区政府共投入资金 165.87 万元，彻底修缮 6 个镇（街道）39 户农村贫困户破损住房，对破损住房进行屋面翻修、外墙整修、结构性加固、场地平整、水电设施规整、破损门窗更换等为主要内容的修缮。

（郑 东）

拆(搬)迁管理

【概况】 2016 年,惠山区房屋征收拆(搬)迁工作重点在新城、两铁商务区以及锡西新城,突出清零项目、重点地区和重点工程项目,以及市下达目标项目征收拆(搬)迁。年内,全区征收拆(搬)迁项目 58 个、72.61 万平方米,其中,征收拆(搬)迁住宅 2116 户,拆(搬)迁面积 46.7 万平方米;非住宅 323 户,面积 25.91 万平方米。根据"按需拆迁、重点清零"原则,全年清零项目 12 个、15.24 万平方米,实施清零扫尾,确保新项目落地。全年全区共拆除面积 47.97 万平方米。累计在外过渡 3838 户。全区完成住宅签约 1568 户,面积 33.98 万平方米;完成非住宅签约 13.99 万平方米。2016 年惠山区各镇(街道)的计划拆迁、实际拆迁情况。(见表 8)

2016 年惠山区各镇(街道)拆迁情况表

表8

行政单位	计划拆迁面积(万平方米)	完成拆迁面积(万平方米)	拆迁户数(户)
惠山经济开发区	17.37	15.22	693
堰桥街道	9.39	3.96	337
钱桥街道	7.92	7.34	182
前洲街道	26.98	15.01	463
玉祁街道	7.84	4.04	85
洛社镇	2.27	1.95	61
阳山镇	0.85	0.45	12

(顾 军)

【地块清零】 2016 年,惠山区集中力量,加快经营性地块、重点项目、安置房腾地等项目的清零工作。全区 12 个清零项目,完成项目 7 个,完成目标任务的 58%。惠山经济开发区全面完成;堰桥街道 3 个项目完成 1 个,完成率 33%;钱桥街道有 1 个项目,未完成;前洲街道 3 个项目完成 2 个,完成率 67%;玉祁街道全面完成;洛社镇 2 个项目完成 1 个,完成率 50%。

(顾 军)

【重点地区、重点工程(征收)土地拆(搬)迁】 2016 年,惠山区 22 个重点地区(征收)土地拆(搬)迁项目,完成 9 个。其中,堰桥街道 7 个项目完成 2 个,完成率 28.6%;钱桥街道有 1 个项目,已完成;前洲街道 10 个项目完成 4 个,完成率 40%;玉祁街道 2 个项目完成 1 个,完成率 50%;洛社镇有 1 个项目,未完成;阳山镇有 1 个项目,已完成。

(顾 军)

老城镇改造后的堰桥街道

(住建局 供稿)

【依法行政】 2016年,惠山区房屋征收拆(搬)迁办公室严格依法行政,进入责令交地程序项目3个。堰桥街道寺头安置房二、三期项目中的薛东户、薛峰户。区房屋征收拆(搬)迁办公室已发出责令限期交出土地决定书,薛东户、薛峰户向省国土资源厅提出行政复议,省国土资源厅维持市国土局行政决定,薛东户、薛峰户诉讼至滨湖法院,惠山区房屋征收拆(搬)迁办公室配合国土、法院做好应诉工作。前洲街道恒生地块项目许岳波户、许岳泓户。区房屋征收拆(搬)迁办公室发出责令限期交出土地决定书,许岳波户、许岳泓户向省国土资源厅提出行政复议,省国土资源厅维持市国土局行政决定。区房屋征收拆(搬)迁办公室向许灵明户、许红宇户发出限期履行法定义务催告书,相应责交工作按法定程序推进。洛社镇菜鸟地块项目朱荣庆户、朱建忠户。区房屋征收拆(搬)迁办公室发出限期履行法定义务催告书,与滨湖法院沟通,将发责令限期交出土地决定书。

(顾 军)

【来信来访处理】 2016年,由于征收拆(搬)迁政策调整,相邻区反拆(搬)迁人员的渗入,北京律师的介入等因素,年内,惠山区冒出大量上访户。惠山区房屋征收拆(搬)迁办公室按照"分级负责,属地管理"和"谁主管,谁负责"的原则,帮助解决群众提出合理的、符合政策规定的要求。全年,共接到信访案件28批次、70余人。惠山区房屋征收拆(搬)迁办公室配合各镇(街道)房屋征收拆(搬)迁办公室,有效化解基层矛盾纠纷;依法处理群众反映的严重违法违规事件。惠山区房屋征收拆(搬)迁办公室对惠西大道、玉祁长江薄板有限公司进行征收拆(搬)迁风险评估,圆满地完成风险评估任务。

(顾 军)

2016年惠山区征收拆(搬)迁工作汇总

表9 单位:万平方米、户

行政单位	征收拆(搬)迁进度											
	应拆总数						累计完成数					
	拆(搬)迁面积	拆(搬)迁户数	住宅		非住宅		拆(搬)迁面积	拆(搬)迁户数	住宅		非住宅	
			拆(搬)迁面积	拆(搬)迁户数	拆(搬)迁面积	拆(搬)迁户数			拆(搬)迁面积	拆(搬)迁户数	拆(搬)迁面积	拆(搬)迁户数
惠山经济开发区	17.37	784	16.29	781	1.08	3	15.22	701	14.14	698	1.08	3
钱桥街道	7.92	207	4.08	196	3.84	11	7.34	182	3.50	171	3.84	11
堰桥街道	9.39	559	7.21	362	2.18	197	3.96	337	2.76	146	1.20	191
前洲街道	26.98	628	14.21	549	12.77	79	15.01	463	10.47	414	4.54	49
洛社镇	2.27	69	1.29	59	0.98	10	1.95	61	1.21	57	0.74	4
玉祁街道	7.84	174	3.20	153	4.64	21	4.04	85	1.62	71	2.42	14
阳山镇	0.85	18	0.43	16	0.42	2	0.45	12	0.28	11	0.17	1
合计	72.62	2439	46.71	2116	25.91	323	47.97	1841	33.98	1568	13.99	273

(顾 军)

公用事业

【概况】 2016 年,惠山区城市管理局(简称城管局)按照"精品化、标准化、常态化"三级管理标准,落实全区绿化管理养护,开展行业考核;加强亮化审批和路灯养护考核,全年新增验收亮化项目 25 个,全区主干道亮灯率 98%,设施完好率 95%;按照"企业管好点、行业管好线、属地管好面"的原则,落实全区燃气行业安全监管职责;有序推进全区排水管理工作,全区新建排水达标区 34 个、复查已创片区 211 个,排查生活污水管网 435.9 公里、新建生活污水管网 53.92 公里,完成村庄接管 21 个,对河道沿线 32 个生活污水排污口周边进行接管整改。

(徐荣娣)

【区管绿地养护】 2016 年,惠山区区管绿地面积 127 万平方米,养护等级为标准化(二级)3 个标段,精品化(一级)2 个标段。年内考核区管绿地 6 次,发现问题 203 个,限期整改 196 个,整改率 96.6%。全年共开展 4 次修剪、2 次除虫、1 次涂白及浇水除草等养护工作。

(徐荣娣)

【镇(街道)绿地养护】 2016 年,惠山区城管局按照《惠山区 2016 年度绿化管护工作考核意见》,每月初检查各镇(街道)绿化管护情况,发现问题以工作函的形式下发提出来,每月底全面复查问题整改情况,养护质量及整改情况为年度绿化管护考核依据之一。全区主要道路沿线绿化养护实现市场化运作,区镇(街道)两级绿化管理网络形成,绿化专管员制度

基本落实到位。2016 年绿化养护单价较往年有所提高,二级标准平均在 2.3—2.5 元 / 平方米,一级标准在 3.2—4.0 元 / 平方米。全年开展各镇(街道)属地管理绿地养护考核 6 次,整改情况复查考核 5 次,发现各类问题 448 个,整改 411 个,整改率 91.7%。

(徐荣娣)

5 月,堰桥城管清理长宁路绿化带。

(区城管局 供稿)

【绿化行政审批】 2016 年,惠山区城管局按照区委《关于深化行政审批制度改革进一步推进行政服务提速增效的工作意见》,对无锡市市政和园林局委托的 4 项绿化行政许可事项进行梳理,简化审批流程。加大审批宣传力度,增强各镇(街道)及各相关企事业单位绿化审批意识,全年办理绿化移植、临占行政许可及变更绿地上报 23 件,收缴绿化赔补偿款 44.88 万元,绿化方案审查 8 件,绿化工程竣工备案 27 件。

(徐荣娣)

【古树名木保护】 2016 年,惠山区共有挂牌古树名木 13 棵,惠山区城管局加强古树名木养护管理,与所在镇(街道)及责任人逐一签订古树名木保护责任书,落实专人看护,发现长势不良、病虫害等问题及时上报,以确保古树名木长势良好。

2016 年惠山区古树名木明细

表 10   单位:棵、年

树名	学名	科属	生长地点	数量	树龄
白玉兰	Magnolia denudata	木兰科	无锡市惠山区锡山高级中学匡村实验学校	1	130
桂 花	Osmanthus fragrans	木樨科	无锡市惠山区锡山高级中学匡村实验学校	3	110
黄 檀	Dalbergia hupeana Hance	蝶形花科	无锡市惠山区锡山高级中学匡村实验学校	1	112
麻 栎	Quercus acutissima Carruth	壳斗科(Fagales)	无锡市惠山区锡山高级中学匡村实验学校	1	160

续表

单位：棵、年

树名	学名	科属	生长地点	数量	树龄
银杏	Ginkgo biloba	银杏科 银杏属	无锡市惠山区石塘湾老街中	1	120
			惠山区前州镇柘塘浜村（原孟姜庙旧址内）	2	350
			阳山镇朝阳洞	1	164
			阳山镇安阳书院门口	2	
			阳山镇阳山中心小学	1	

（徐荣娣）

【燃气行业监管】 2016年，惠山区城管局落实燃气经营单位主体责任及各镇（街道）属地管理责任，与各镇（街道）、惠山经济开发区签订安全生产目标管理责任书7份，与各燃气经营单位签订安全生产目标管理责任书10份，对行业内24个燃气供应单位签订安全责任告知承诺书，签订覆盖率100%。全年组织燃气安全大检查6次，抽查3次，出具《液化气安全检查意见书》72份，核发《瓶装燃气供应许可证》3张，发现隐患问题51个，全部督促整改到位。对经营单位违规燃气经营行为行政处罚4起。

（徐荣娣）

5月，堰桥城管组织燃气安全检查。 （区城管局 供稿）

【排水审查与执法】 2016年，惠山区城管局依据《城镇污水排入排水管网许可管理办法》的有关规定，全年共办理排水方案预审12件，排水方案审查6件，核发《城镇污水排入排水管网许可证》35张，为5年届满到期的排水户107家办理延期或换证手续。全年共对101家排水户进行日常水质监测，对其中7家单位下发限期整改通知书，责令加强自用排水设施的清通维护。

（徐荣娣）

【雨水管理】 2016年汛期前，惠山区城管局发文督促镇（街道）进行设施检查和管道清通。5月初，在奥林匹克小区开展排水应急演练。参与广石路、天丰路、北惠路、钱洛路、新锡澄路等5条道路雨水设施交（竣）工验收和视频检测。完成运河西路和凤宾路雨水养护属地管理移交工作。区城管局接管区交通局移交的中惠大道和惠澄大道雨水设施，首次对中惠大道、惠澄大道、锡澄路、西环线、312国道、惠山大道等6条区管道路雨水管线养护招标，进一步复核雨水设施工程量，与2家养护单位签订为期2年的养护合同。

（徐荣娣）

【污水管网视频排查】 2016年，惠山区城管局按不低于10%的比例，首次对污水管网现状进行管道视频检测，完成视频检测38.9公里，发现病害管线3.1公里，如堰新路管道倒坡、邓北路管道下沉脱节、陆通路管道破裂等，均修复完善到位。

（徐荣娣）

【节排水宣传】 2016年5月—6月，惠山区城管局在全区范围内组织开展节水与排水宣传活动，期间共发放毛巾100条、肥皂100块、环保购物袋500只、宣传海报500份、宣传图册1000本。5月29日，在无锡市第9个"饮用水安全日"，会同惠山经济开发区排水办公室，在已建排水达标区——长宁苑小区开展以"坚持节水优先，建设海绵城市"为主题的节约用水与规范排水宣传活动。

（徐荣娣）

【生活污水管网建设】 2016 年，惠山区城管局加大生活污水管网建设力度，年内投入资金 5773.62 万元，新建生活污水管网 53.92 公里。其中，堰桥街道 3.89 公里，投资 304.00 万元；前洲街道 13.58 公里，投资 797.22 万元；洛社镇 24.47 公里，投资 3045.00 万元；钱桥街道 11.98 公里，投资 1627.40 万元。

（徐荣娣）

3 月，堰桥城管排查河道排污口。　　（区城管局 供稿）

房地产开发

【概况】 2016 年，惠山区共有房地产开发企业 75 家，其中二级企业 9 家、暂二级企业 50 家、三级企业 1 家、暂三级企业 15 家。75 家开发企业年内完成投资额 79.34 亿元，同比增加 4.9%；商品房施工面积 254.14 万平方米；竣工验收交付使用面积 239.91 万平方米，同比增加 46%；销售 192.95 万平方米，同比增长 81.2%；销售额 133.85 亿元，同比增长 103.5%。住宅小区配套设施建设日臻完善，居住条件和人居环境明显改善，年内，处理"12345"民生热线投诉 11 起，处理答复率 100%。

（王 炜）

【商品房交付验收工作】 2016 年，惠山区住建局共办理商品房交付使用验收备案项目 29 个，总建筑面积 239.92 万平方米，比上年增加 46%。其中，住宅 12492 套，面积 176.42 万平方米；非住宅 6291 套，面积 63.50 万平方米。

2016 年度惠山区商品房竣工交付情况

表 11

单位：平方米、套

序号	建设单位	小区名称	批准文件	备案日期	规划核实合格证面积	套数	精装修房面积	备注
1	无锡市星波房产开发有限公司	陆缘茗邸（1#—21# 及地下室）	惠住建发〔2016〕2 号	2016 年 1 月 8 日	64462	357		
2	无锡玉祁宝龙置业有限公司	湖畔花城二期 B2 区（7#—9#、11#—14# 及地下室、变电所）	惠住建发〔2016〕3 号	2016 年 1 月 14 日	74043			
3	无锡隆舜置业有限公司	藕乐汇生活广场（XDG—2011—60 号地块商业、住宅项目 4#、5# 及地下室）	惠住建发〔2016〕17 号	2016 年 2 月 22 日	43299	500		
4	无锡天奇置业有限公司	天奇城二期（1#—12#、14#、15# 及地下室、门卫）	惠住建发〔2016〕18 号	2016 年 2 月 26 日	110180	670		
5	无锡龙泽置业有限公司	祁龙御花园二期（50—1#—5# 及地下室）	惠住建发〔2016〕19 号	2016 年 3 月 1 日	38374	63		非住宅
6	无锡市盛世房地产开发有限公司	兰亭苑住宅小区（1#—10# 及地下室）	惠住建发〔2016〕25 号	2016 年 3 月 18 日	33273	158		
7	江苏百大实业发展有限公司	XDG—2008—43 号地块 A 地块一期（1#—6#、13#、18# 及 1#、2# 变电所、开闭所、门卫）	惠住建发〔2016〕27 号	2016 年 3 月 22 日	47335	456		

续表

单位:平方米、套

序号	建设单位	小区名称	批准文件	备案日期	规划核实合格证面积	套数	精装修房面积	备注
8	无锡华宇置业有限公司	长安哥伦布广场一期(S1#—S3#及A区地下室)	惠住建发〔2016〕29号	2016年4月1日	41308	480		
9	无锡东渡房地产开发有限公司	东渡国际青年城项目(1#—19#、21#、22#、25#—29#、4A#及地下室、变电所、门卫)	惠住建发〔2016〕35号	2016年4月29日	97722	880		
10	无锡天盛置业有限公司	百乐商业广场C地块一期(3#楼裙房及地下室)	惠住建发〔2016〕34号	2016年4月29日	126320	254	126320	非住宅
11	华润置地(无锡)发展有限公司	惠山新城2号地块B地块(1#—5#、S1#、S2#、S4#及地下室、变电所)	惠住建发〔2016〕46号	2016年5月30日	103563	750		
12	无锡港龙投资有限公司	XDG-2010-45号地块(办公楼、住宅及变电所)	惠住建发〔2016〕43号	2016年5月31日	91991	1080		非住宅
13	无锡中建房地产开发有限公司	嘉利华府庄园三期A区(A1#—A48#)	惠住建发〔2016〕53号	2016年6月20日	46437	188		
14	无锡华强房地产开发有限公司	晴山蓝城C地块商业、办公项目(8#—12#)	惠住建发〔2016〕55号	2016年6月30日	21381	312		非住宅
15	无锡嘉阳置业有限公司	嘉阳生活购物中心(1#—3#、5#及地下室)	惠住建发〔2016〕130号	2016年12月29	64589	931		非住宅
16	无锡明华房地产开发有限公司	明发国际新城B地块二期(B2#、B6#、B7#、B13#、B10#、B14#及地下室、配电房)	惠住建发〔2016〕60号	2016年7月20日	84509	584		
17	无锡实地房地产开发有限公司	XDG-2013-24号地块一期(G1、G2、G5、G6、1#、2#、3#、5#、6#、8#及变电所)	惠住建发〔2016〕61号	2016年7月28日	76897	650		
18	无锡华宇置业有限公司	长安哥伦布广场二期(1#—3#、S4#及B区地下室)	惠住建发〔2016〕65号	2016年8月3日	51478	395		非住宅
19	无锡五洲地产有限公司	XDG-2011-104号地块商业、办公项目B地块(A#、B#、C#、D#、E#、F#及地下室)	惠住建发〔2016〕69号	2016年8月11日	73701	1121		非住宅
20	无锡通达置业有限公司	XDG-2013-18号地块商业、办公项目	惠住建发〔2016〕76号	2016年9月1日	62055	950		非住宅
21	无锡市隆泰置业有限公司	天河国际花园3号地块三期	惠住建发〔2016〕86号	2016年9月23日	32068	166		
22	江苏华广置业有限公司	无锡洛城7号地块A地块(1#—20#及地下室)	惠住建发〔2016〕82号	2016年9月14日	145243	829		
23	无锡苏源置业有限公司	天一城A2地块一期(17#—29#、地下室、门卫及变电所)	惠住建发〔2016〕88号	2016年9月27日	254210	1891	254210	
24	江苏奥凯置业有限公司	XDG—2010—67号地块一期	惠住建发〔2016〕108号	2016年11月17	63783	705		非住宅

续表

单位：平方米、套

序号	建设单位	小区名称	批准文件	备案日期	规划核实合格证面积	套数	精装修房面积	备注
25	无锡明华房地产开发有限公司	明发国际新城 A 地块一期（A20#—A48#、幼儿园及公厕）	惠住建发〔2016〕125 号	2016 年12 月 19 日	36263	74		
26	华润置地（无锡）发展有限公司	惠山新城 2 号地块 A 地块一期（1#—6#、11#—24#、G1# 及变电所）	惠住建发〔2016〕121 号	2016 年12 月 12 日	208922	2095		
27	无锡中建房地产开发有限公司	嘉利华府庄园四期 B2 区（4B2—1#—9#、地下室及变电所）	惠住建发〔2016〕124 号	2016 年12 月 15 日	116666	1010		
28	无锡华广梵石房地产有限公司	无锡洛城 8# 地块西区一期（13#—19#、地下室及变电所）	惠住建发〔2016〕127 号	2016 年12 月 26 日	86082	312		
29	无锡实地房地产开发有限公司	XDG-2013-24 号地块一期二组团（G3、G4、7#、9#—12# 及地下室）	惠住建发〔2016〕128 号	2016 年12 月 28 日	102999	450		

（王 炜）

【项目公建配套管理】 惠山区住建局根据住宅小区和三产服务项目公建配套要求，强化建设项目公建配套管理。2016 年，拟定无锡融创张村 1 号地块、洛社新城 13 号地块、天一城 B2 地块、碧桂园洋溪地块、御景名仕苑等 5 个项目公建配套意见。强化住宅小区公建配套单项验收环节，确保公建配套建设落实到位。

（王 炜）

房地产管理

【概况】 2016 年，惠山区住建局建立房地产生产运营月报、季报、年报制度。探索预售资金监管办法，年内，商品房预售成交面积 198.51 万平方米，预售成交金额 133.84 亿元，商品住宅去库存的压力逐月减小。继续实施房地产开发（电子）项目手册制度，记录房地产开发项目在建设过程中的主要事项，包括涉及房地产开发项目建设的各类行政许可、备案管理所核定、要求的内容。

（巫 蝶）

【房地产管理】 2016 年，惠山区共核准商品房预（销）售许可证 36 张，面积 70.08 万平方米。全区商品房成交套数 20485 套，成交面积 210.34 万平方米，成交金额 143.42 亿元。累计纳入监管范围开发项目 6 个，签订监管协议 8 张。累计核实入账金额 10.45 亿元；累计拨付资金 269 次，拨付金额 9.55 亿元。办理房屋租赁备案 1524 起，面积 11.58 万平方米，备案金额 2995.88 万元。

（巫 蝶）

【房屋安全管理】 2016 年，惠山区住建局加强全区直管公房安全管理，制定自然灾害应急预案和应急管理年度计划，组织对全区直管公房检查，共检查面积 5.16 万平方米。做好全区老楼危楼安全排查，共查出老楼危楼 6.27 万幢，面积 1187.38 万平方米（其中，有较严重安全隐患的房屋 1643 幢，面积 26.59 万平方米；危房 420 幢，面积 3.06 万平方米）。落实整改措施，及时消除安全隐患。加大直管公房的维修力度，全年完成大修项目 3 个，投入费用 49.09 万元；实施小修 114 次，投入费用 10.71 万元。

（费俊杰）

【住房保障工作】 2016 年，惠山区住建局批准出售公有住房 25 套，回收售房款 64.53 万元；审批职工住房补贴 126 户,补贴金额 645.34 万元。落实保障性安居工程任务。2016 年,市政府下达惠山区的保障性住房建设目标任务是完成棚户区新开工建设 1500 套,基本建成 600 套;危旧房改造面积 7 万平方米。惠山区实际完成棚户区新开工 3082 套,基本建成 664 套;完成危旧房改造面积 19.94 万平方米。落实低收入家庭核准及住房保障,惠山区以廉租住房租赁补贴、实物配租和经济适用房为主要保障方式,年内通过初审、公示、审核,审批通过城镇低收入住房困难家庭廉租住房租赁补贴 7 户、公共租赁住房 1 户、经济适用住房 7 户,为住房困难家庭发放货币补贴 39.88 万元。

(谭静一)

【白蚁防治】 2016 年,惠山区住建局与有关单位签订新建房屋白蚁预防合同 98 份,合同面积 306.71 万平方米,开具白蚁预防验收合格证明 103 份。白蚁预防施工面积 93.39 万平方米,白蚁灭治 354 户,完成回访 238 家(单位、小区)。

(陆高峰)

【房产测绘】 2016 年,惠山区住建局完成商品房预测建筑面积 103 万平方米,商品房实测建筑面积 385 万平方米;单位房(私房)测绘 2140 幢,建筑面积 438 万平方米。

(张 伟)

【旧住宅区整治】 2016 年,惠山区各镇(街道)成片的旧住宅区得到整治改造。区委、区政府把原无锡县属企业家舍整治改造作为年度为民办实事工程,科学编制整治改造方案,重点实施给排水工程、道路修缮、燃气管道敷设等基础设施工程,完成房顶防渗防漏、外墙粉刷、绿化移植等美化工程,改善居住环境,完善基础设施,高标准完成家舍整治 13.5 万平方米。

(费俊杰)

【物业管理】 2016 年,惠山区住建局认真贯彻落实《江苏省物业管理条例》和《无锡市物业管理条例》,加强物业管理行业监管和诚信体系建设。年内,出台《惠山区住宅小区物业管理工作考核办法》,对各镇(街道)的物业管理工作,以及实施物业管理的新建住宅小区、整治后的 2 万平方米以上的老旧小区,按季度常态化考核;开展物业服务项目达标(示范)创建活动,全面推进安置小区物业服务市场化,龙湖悠山花苑、百乐和园、理想城市九到十期等 3 个商品房小区,寺头家园二期、堰新苑三期、长馨家园、溪秀苑、新藕苑二期、张镇家园六期等 6 个拆(搬)迁安置房小区,被评为无锡市物业管理示范项目(平安小区)。

(边晓明)

城 镇 管 理

【概况】 2016 年,惠山区城管局围绕区委、区政府"做精城市、做美农村、做靓惠山"的工作思路,按照精细化、网格化、长效化的城市管理目标,开展市容环境综合整治,构建城市管理长效机制,市容环境面貌和城市管理水平稳步提升。惠山区城管局拓展城市管理网格化管理范围,年内,全区巡查道路增加至 186 条,其中涉及窗口道路 10 条、重点区域主干道 31 条、次干道 36 条、背街小巷 41 条、其他道路 68 条;巡查农保市场 12 个。全年受理市数字城管指挥中心下派案件 13782 件,自主巡查 289 件,派发各镇(街道)办理 13914 件,派发相关职能企事业单位 157 件,案件按时处置率达 99.99%,办结率达 99.98%。

(徐荣娣)

【环境综合整治】 2016 年,惠山区城管局完成城市环境综合整治工作方案确定的 7 项任务,包括长馨社区(城郊结合部)改造、西新路(背街小巷)整治、天丰路(背街小巷)整治、钱桥农贸市场对面(经营疏导点)设置、龙之韵广场地下停车场(车辆停车)建设、洛社高中西门停车场(车辆停车)建设、惠山新城 1 期(公共自行车停放)设置。

(徐荣娣)

【市容改造和管理】 2016 年,惠山区城管局开展示范社区创建工作,惠山经济开发区长乐社区通过市级示范社区验收,并申报省级示范社区。9 条综合改造类背街小巷全部完成;7 条秩序整顿类背街小巷经整治市容秩序有所提升。

2016 年惠山区背街小巷综合整治明细

表 12

单位	综合改造类	秩序整治类
堰桥街道	天丰路(西漳街) 西新路(凤翔路) 金惠路	迎新路(友谊路到长宁路段)
惠山经济开发区(长安街道)	春惠路	惠绿路
前洲街道	锦绣路	崇文路
玉祁街道	堰玉路老街段	新祁路
钱桥街道	政新南路	振兴路
洛社镇	戴杭路	新陶路
阳山镇	前进路	嘉阳生活购物广场

（徐荣娣）

【环卫管理】 2016 年,惠山区完成二类公厕新(改)建 7 座;在区政府机关食堂、艾迪花园酒店和城铁站区铁路桥村各建设小型餐厨垃圾处置设施 1 座;年内新增生活垃圾分类试点区 2 个, 即复地公园城 2.1 期和 3.2 期(合计 900 户)和长乐苑 2.2 期(612 户),建成区的垃圾分类收集覆盖率达 10%。

（徐荣娣）

【停车秩序管理】 2016 年,惠山区城管局坚持疏堵结合的原则开展停车秩序管理与整治。加快停车基础设施建设, 全区新建便民停车场 7 处、总泊位数 873 个,各集镇区新增停车泊位 1734 个,完成停车管理样板路 7 条、专人管理停车点 7 个,审批收费停车场 3 处;城管部门联合交通、交巡警、公安等部门开展停车秩序联合整治,全年共查处小飞龙 647 辆、僵尸车 52 辆、违停 5660 起。

（徐荣娣）

【村(社区)生活垃圾收运体系建设】2016 年,惠山区共取缔 1108 个老式垃圾房,配套建设美观实用的遮雨式标准垃圾桶放置点。年内新增村级垃圾集中转运站 18 个,至年底,累计 41 个,村级垃圾集中转运站建设率达到 41.8%,惠山经济开发区、堰桥、前洲、钱桥街道村(社区)生活垃圾机械化收集率已达 100%,其余镇(街道)达 90%以上。

（徐荣娣）

【村（社区）环卫保洁市场化运作】 至 2015 年年底,惠山区 99 个行政村(社区)中,环卫保洁市场化运作的村(社区)共 39 个,完成比例 39.4%。2016 年,惠山区行政村(社区)调整为 98 个,各镇(街道)新增进行环卫保洁市场化运作的村（社区)16 个,市场化运作率达 56%,环卫保洁质量和效率都得到有效提升。

（徐荣娣）

【农村微动力污水点源管护】 2016 年,惠山区开展对全区农村微动力污水点源通过公开招投标,实施统一市场化管护。截至 2016 年年底,招投标及现有微动力污水点源设施的维修升级工作完成,物联网监控平台基本建立,2017 年将实现一体化管养,由各镇(街道)、区城管部门、区环保部门同步监管考核,确保微动力设施的正常运行。

（徐荣娣）

【优秀村和美丽乡村创建】 2016 年, 惠山区完成 11 个优秀村(社区)创建;完成新增 10%的目标任务。阳山镇阳山村、桃园村通过省级美丽乡村建设示范项目验收。惠山区在无锡市住建局组织的 2016 年度无锡市村(社区)环境长效管理检查考评中位列第一。

2016 年惠山区示范优秀村名单

表 13

镇(街道)	优秀村(社区)
堰桥街道	林陆巷社区
钱桥街道	华新社区、藕塘社区
前洲街道	塘村村、柘塘浜村
玉祁街道	玉蓉村
洛社镇	五秦村、新开河村、杨市社区
阳山镇	住基村、陆区社区

(徐荣娣)

【偷倒乱倒垃圾整治】 2016 年,惠山区出台《偷倒乱倒生活建筑垃圾检查考核细则》,全面开展生活建筑垃圾偷倒乱倒专项整治,范围从高速、城铁、高铁及主次干道沿线向镇村道路延伸。全年开展专项督查 6 次,通报问题 128 处,扣除镇(街道)有关单位考核积分 36 分,扣保证金 36 万元。经过督查,发现的问题均得到整改,全区主、次干道基本消除偷倒乱倒垃圾现象。

(徐荣娣)

【渣土管理】 2016 年,惠山区城管局严格按照渣土运输与处置要求,做好渣土运输线路审核,现场踏勘工地实际情况,从源头防止带泥上路、抛洒滴漏、随意倾倒等违规行为的发生。全年受理渣土运输线路证申请 68 件,实地勘察 57 次,发放线路证 1005 张。区、镇(街道)两级城管部门组织建设方、施工方、运输方召开联席会议 20 余次,签订文明施工责任书 500 余份。对渣土运输的施工地点、渣土处置地点、渣土运输线路实施全方位监管。加大违规运输渣土车辆检查执法力度,开展工程运输车辆整治 211 次,查扣抛洒滴漏车辆 160 辆。

(徐荣娣)

【违法建设整治】 2016 年年初,惠山区城管局下发《2016 年违法建设整治工作意见》和目标任务书,各镇(街道)城管部门配套制定整治实施意见。区城管局每月对各镇(街道)违法建设整治推进情况,以及群众反映、上级转办、领导批办的违法建设,现场勘查、跟踪督办。全年共立案查处违法建设 111 起,面积 72.53 万平方米。拆除违法建设 449 处,共计 7.29 万平方米。其中,历史违建 130 处,共计 3.73 万平方米;新增违建 319 处。共计 3.56 万平方米。

(徐荣娣)

【水质水环境现状】 2016 年,惠山区共有区级河长制管理河道 93 条、考核断面 128 个,包括省级河道 1 条(京杭大运河)、市级河道 8 条、区级河道 11 条、镇(街道)级河道 73 条。2016 年年底,全区 93 条河长制管理河道涉及的 128 个断面中, Ⅰ～Ⅲ类、Ⅳ类、Ⅴ类、劣Ⅴ类的水质断面数分别为 5 个、74 个、25 个和 29 个。达到 Ⅰ～Ⅲ类水质的断面数占考核断面总数的比例为 3.6%,Ⅳ类水质的断面数占考核断面总数的比例为 53.6%, 劣Ⅴ类水质的断面数占考核断面总数的比例为 21.0%。与 2015 年均值对比,48 个断面水质好转, 占监测总断面数的 34.8%;62 个断面水质无变化,占监测总断面数的 44.9%;17 个断面水质恶化,占监测总断面数的 12.3%。

(徐荣娣)

【河道环境综合整治】 2016 年,惠山区成立以区委书记、区长为双组长的区河道综合整治领导小组,下发整治工作方案和相关引导资金拨付办法。年内开工的 7 条整治河道完成方案编制,涉及 8 个成员单位,设立 123 个整治项目。至 2016 年年底,84 个整治项目完成,23 个整治项目在建,16 个整治项目进行前期工作。区河长制管理办公室为 23 条综合整治河道配足配齐河长,包括一名区级河长和一名相对应镇(街道)的河长,对其及支流进行每月巡查,及时发现问题形成督查通报，下发至相应河长及对应镇（街道）。年终，根据整治工作情况，对本年度进行整治的河道进行考核，河长视情况予以加分。

（徐荣娣）

【黑臭河道整治】 2016 年年初，惠山区河长制管理办公室组织力量，全面排查全区河道（潭）500 多条（个），发现疑似黑臭河道 139 条，经惠山区环保监测站水质监测，确定列入年内的整治计划黑臭河道 61 条。区河长制管理办公室下发《惠山区黑臭河道整治工作方案》，明确整治要求及补助办法。至 2016 年年底，61 条黑臭河道的整治工作全部完成。

（徐荣娣）

【河道排污口整改】 2016 年，惠山区城管局组织力量排查全区河道排污口，发现问题排污口 130 个，年底全部整改到位。复查 2015 年已通过验收的排污管口，发现问题反复的管口 10 个，责令整改。

（徐荣娣）

【数字化城管平台运行】 2016 年，惠山区城管局在全区范围内建设视频监控点位 40 个，实现区、镇（街道）数字城管平台视频监控资源共享。7 月，区政府组织召开全区数字化城市管理工作动员部署会议，下发 《无锡市惠山区数字化城市管理系统运行工作实施意见》《惠山区数字化城市管理考核办法》 等文件，明确数字化城管运行要求。2016 年，全区数字化城市管理成员单位共有 26 家，包括镇（街道）及相关职能企事业单位。

（徐荣娣）

【依法行政】 2016 年，惠山区城管局上报行政权力事项共计 327 项，其中行政许可 18 项、行政处罚 293 项、行政征收 1 项、行政强制 15 项。查处简易程序案件简易程序 491 起、罚款金额 10 万元；查处一般程序 637 起，罚款金额 389.25 万元。

（徐荣娣）

【信访工作】 2016 年，惠山区城管局共受理各类信访案件 1179 件，其中市城管局转办 139 件、110 转办 468 件、12345 转办 143 件、自主受理来电 381 件、来信 11 件、来访 19 件、领导交办 18 件。所有案件均转交各镇（街道）城管分局、城管办公室办理，案件办结率为 83.29%。

（徐荣娣）

【党风廉政建设责任落实】 2016 年，惠山区城管局党组将党风廉政建设工作任务细化分解，明确党风廉政建设主体责任清单 24 条、领导责任清单 11 条、纪检监督责任清单 22 条，排查廉政风险点 9 个，绘制风险流程图 7 张。研究制定《区城管局 2016 年党风廉政建设目标任务书》，明确工作任务 9 项。对照 "五查摆五强化"[注] 工作要求，组织全体党员梳理问题清单 142 条和整改清单 135 条，实施动态监管。开展 "四诺" 履职活动，全体党员干部签订承诺书 53 份，年底通过个人述诺、民主测评形式，评议党员干部的履职践诺情况。

[注] "五查摆五强化"：一查信仰信念是否动摇，强化政治定力；二查纪律规矩是否松弛，强化党的意识；三查宗旨意识是否淡薄，强化群众观念；四查精神状态是否懈怠，强化担当精神；五查德行表现是否缺失，强化道德修养。

（徐荣娣）

【党建工作】 2016 年，惠山区城管局党组认真组织开展 "两学一做" 学习教育和 "周五学习日" 活动。领导班子带头学，全年开展党组中心组学习 6 次，把学党章党纪、学系列讲话、学中央全会精神和党内规章作为重点。全年共组织总支书记讲党课 3 次，支部书记讲党课 2 次，经常性学习 42 次，发放学习资料 200 多本，学习笔记 100 多本。实施党员政治生日 "四集中" 活动，建立党员政治生日台账，发放贺卡和书籍 60 多份，组织党员谈心谈话 34 次。依托 "挂镇包村帮企联户" 活动，组织城管系统党员群众帮扶困难群众，援助大米 30 袋、食用油 30 桶、慰问金 1 万元。将闲置办公室改造为党员活动室，为党员活动提供专用场所，组织观看各类教育电影和纪录片。4 月，到锡西烈士陵园扫墓，重温入党誓词。5 月组织户外徒步比赛磨炼意志。9 月底，党总支和支部严格按照组织程序完成换届选举。年内新发展预备党员 3 名，预备党员转正式党员 2 名。

（徐荣娣）

建 筑 业

【概况】 2016 年，惠山区工程建设项目共 97 个标段，工程造价 75.8 亿元，总建筑面积 427.4 万平方米。其中，新建项目 76 个标段，建筑面积 178.5 万平方米。全区在建安置房共 10289 套、144 万平方米。安置房两证（土地证、房产证）房屋初始登记 9233 套，119 万平方米。2016 年，惠山区住房和城乡建设局被评为江苏省建筑节能与绿色建筑工作先进集体。

（徐 皓）

【建筑业企业资质管理】 2016 年，惠山区有建筑业企业 122 家，其中施工总承包企业 39 家、专业承包企业 72 家、设计与施工一体化企业 5 家、劳务分包企业 6 家。其中，年内新申报资质建筑业企业 4 家、升级 1 家。2016 年，惠山区完成建筑业企业资质证书换证工作，全区 118 家建筑业企业换领新版建筑业企业资质证书。

（徐 皓）

【工程交易管理】 2016 年，惠山区公开招标建设项目共计 90 个标段，建筑面积 46.8 万平方米，合同造价 16.45 亿元。共办理直接发包 163 个标段，合同造价 20.33 亿元。邀请招标办理 4 个标段，建筑面积 11.07 万平方米，合同造价 1.38 亿元。

（陆 优）

【施工安全管理】 2016 年，惠山区在建工程项目 99 个，建筑总面积 451.85 万平方米，其中新开工项目 121 个，面积 277 万平方米。全年检查工地 478 次，出动检查人员 2000 人次。下发整改通知单 240 份、停工整改通知书 141 份，排查安全隐患 1573 条，整改率达 98.35%。涉及建设手续不完善的项目，移交安监监察大队，年内共移交项目 109 个；对安全管理较差的 7 个工地的建设单位、施工单位、监理单位的负责人诚勉谈话。

（杨文华）

【安全培训宣传】 2016 年年初，惠山区住建局举办由建筑安装公司法人、项目经理和专职安全员参加的安全生产培训班，300 人参加培训；6 月区住建局组织开展"安全生产月"活动，下发《关于开展 2016 年惠山区建筑施工"安全生产月"活动的通知》，组织工人观看安全警示教育片。

（杨文华）

【文明工地创建】 2016 年，惠山区住建局加强在建工程文明施工管理，实行分片分组落实管理责任，与所有在建工程项目部签订文明施工责任书，将单体 3000 平方米以上的工程纳入文明工地目标管理项目，对每个新开工程下发文明施工告知书，要求工地大门口警示桩、反光镜、缓冲带、限速标记、沉淀池、冲洗设备等硬件设施到位，确保进出车辆无带泥上路，无抛洒滴漏，并制定内部监管流程和上报制度，加大监管和处罚力度。2016 年，全区共 16 个工地通过省级文明工地验收。

（杨文华）

【民工工资调处】 2016 年，惠山区住建局制定并下发《无锡市惠山区建设局关于切实做好全区建设领域民工工资清欠工作的实施意见》，健全完善建筑领域民工工资长效管理机制。全年共接待上访民工 70 起，涉及民工 400 人，协调解决拖欠工资 2300 万元，切实维护民工的合法利益和社会稳定。

（杨文华）

【建筑工地扬尘控制】 2016 年，惠山区住建局针对建筑工地扬尘控制要求做到道路硬化、车辆出入冲洗、工地围挡作业、建筑材料遮盖堆放、裸露土方覆盖或绿化、工地洒水作业等施工要求。全区 90 个工地设置文明施工设施及车辆冲洗设备，到位率 90% 以上；95 个工地实施围挡作业，到位率 95%。加强日常巡查和不定期抽查，共计检查工地 89 个，下达整改通知书 85 份，对 2 个工地的负责人进行约谈；联合区城管局、区环境监察大队开展联合执法，共检查项目 12 个，对存在的不文明行为均下发限期整改通知书。

（杨文华）

【城建监察】 2016 年度，惠山区城建监察大队按照住建部、省住建厅和市住建局关于切实开展建筑领域"打非治违"专项行动和"工程质量治理两年行动"文件要求，坚持依法行政，严厉打击建设领域各类违法、违规建设行为,全年共立案查处各类违法、违规建设案件156起,涉及工程项目82个,项目中建设手续不到位的违法建设项目77个（包含安置房及其他政府项目），安全质量类违法项目3个,招投标类违法项目2个。手续不到位的违法建设项目经过督办,补办施工许可手续60个。协助区城管局查处非法建设工程76个,有效地规范惠山区建筑市场秩序。

（钱 进）

【工程质量管理】 2016年,惠山区住建局累计监管工程项目212个,建筑面积790万平方米。年内,新办理质监手续工程项目91个,建筑面积为245万平方米（不包括市政项目,包含已完工补办质监证项目）。竣工验收备案单体工程384个,建筑面积384万平方米,其中实施分户验收7842户,发现问题2759个,整改2759个,商品住宅项目100%实行分户验收。全年受理工程质量投诉266余起,处理266余起。全年检查工地现场,共出动2110人次,发出建设工程质量监督抽查记录1163份,发出整改通知书21份、局部停工通知书13份。

（祝钰芳）

【优质工程创建】 2016年,惠山区住建局加大力度,创建优质工程。年内,获"扬子杯"优质工程的项目有3个,获"太湖杯"优质工程的项目17个。

惠山区2016年度江苏省"扬子杯"优质工程

表14

项目名称	建设单位	施工单位	监理单位	项目经理	建筑面积（平方米）
无锡明发国际新城（B地块）1#楼	无锡明华房地产开发有限公司	江苏省建筑工程集团有限公司	无锡华诚建设监理有限公司	曾 固	19922
汽车尾气后处理系统产品产业化项目——总成车间	无锡威孚力达催化净化器有限责任公司	江苏无锡二建建设集团有限公司	江苏赛华建设监理有限公司	张旭华	17709
无锡高等师范学校新校区四标体育运动中心	无锡高等师范学校	江苏正方园建设集团有限公司	江苏建科建设监理有限公司	王明生	11005

惠山区2015年度无锡市"太湖杯"优质工程

表15

项目名称	建设单位	施工单位	监理单位	项目经理	建筑面积（平方米）
复地新城住宅小区2号北地块房建及市政工程16#房	无锡复地房地产开发有限公司	江苏省苏中建设集团股份有限公司	无锡华诚建设监理有限公司	周 纯	9310.00
复地新城住宅小区（2号南地块）23#房	无锡复地房地产开发有限公司	江苏省苏中建设集团股份有限公司	无锡华诚建设监理有限公司	周 纯	13567.00
无锡恒生科技园一期一标段29#房	无锡恒生科技园有限公司	无锡市亨利富建设发展有限公司	无锡智邦建设监理咨询有限公司	尤新亚	8685.22
无锡市惠山金桥实验学校2#房	无锡锡西城市投资发展有限公司	江苏五星建设集团有限公司	无锡市天骄建设工程监理有限公司	周来明	8643.81
无锡市惠山金桥实验学校10#房	无锡锡西城市投资发展有限公司	江苏五星建设集团有限公司	无锡市天骄建设工程监理有限公司	周来明	6156.70

续表

项目名称	建设单位	施工单位	监理单位	项目经理	建筑面积（平方米）
无锡高等师范学校新校区四标标体育运动中心	无锡高等师范学校	江苏正方园建设集团有限公司	江苏建科建设监理有限公司	王明生	11005.00
新建江苏省柴油发动机尾气后处理与热能再利用工程技术研究中心	无锡凯龙汽车设备制造有限公司	江苏富源广建设发展有限公司	建业恒安工程管理股份有限公司	蒋国荣	33297.00
无锡方华科技工业园一期工程4号研发楼	无锡力合光电传感技术有限公司	江苏龙海建工集团有限公司	无锡市建苑工程监理有限责任公司	赵建生	15485.34
南光·洛龙湾壹号一期II标段11#房	无锡金银岛置业有限公司	江苏顺通建设集团有限公司	上海天佑工程咨询有限公司	胡宏春	23848.68
南光·洛龙湾壹号一期II标段12#房	无锡金银岛置业有限公司	江苏顺通建设集团有限公司	上海天佑工程咨询有限公司	胡宏春	23848.68
无锡职教园还迁安置房（新藕苑二期)11#楼	无锡惠山前桥经济发展有限公司	深圳中海建筑有限公司	江苏建协工程咨询有限公司	张照云	10246.32
"XDG—2010—20"号地块住宅、商业项目(盛世—兰亭)房建工程9#房	无锡市盛世房地产开发有限公司	无锡市新兴建筑工程有限公司	无锡市三利工程建设监理有限公司	刘洪余	8216.22
南光·洛龙湾壹号一期I标13#楼	无锡金银岛置业有限公司	浙江舜杰建筑集团股份有限公司	上海天佑工程咨询有限公司	许烈荣	23089.00
欧派家居集团股份有限公司无锡生产基地一期厂房B工程	江苏无锡欧派集成家居有限公司	无锡市前洲建筑安装有限公司	江苏建协工程咨询有限公司	杨莉芬	65398.00
悦湖花园（原嘉仁花园)商住工程一期（一区)30#、31#、32#楼	无锡惠澄实业发展有限公司	华虹建筑安装工程集团有限公司	江苏外建建设咨询监理有限公司	张中乔	10328.00
华清创意园（创意社区)三期房建工程41#	江苏数字信息产业园发展有限公司	江苏无锡二建建设集团有限公司	深圳市英来建设监理有限公司	顾健	6906.63
汽车尾气后处理系统产品产业化项目——总成车间	无锡威孚力达催化净化器有限责任公司	江苏无锡二建建设集团有限公司	江苏赛华建设监理有限公司	张旭华	17709.00

（祝钰芳）

【档案管理】 2016年,惠山区住建局加强工程档案管理,共进档工程项目111个。整理、入库项目档案97个,共3950卷。至2016年年末,档案室室藏档案50793卷。全年提供查阅案卷618卷,查阅档案245人次。

（马丽萍）

环境保护与生态建设

概　况

2016 年，惠山区环保局围绕全区经济社会发展中心任务和年度工作重点，创新思路、强化措施、狠抓落实、奋力推进，各项环保工作均取得明显成效。区环保部门修编惠山区生态文明建设规划，组织各乡镇、涉农街道编制生态文明建设规划，实行区域资源环境补偿、环境污染责任保险和环保信用评价管理制度，制定出台《惠山区全面清理整治环境保护违法违规建设项目实施方案》和补充意见，定期组织召开清理整治推进会，建立督查及协调工作机制，开展违法违规建设项目清理整治工作。全年实施 42 项总量减排工程，完成惠联垃圾热电有限公司的提标改造，完成惠山水处理公司扩建工程，全区完成 146 台燃煤小锅炉整治、86 家挥发性有机物治理、62 家工业窑炉清洁能源改造，开展 G20 杭州峰会空气质量保障及重污染天气应急预警，开展加油站油气回收整治、餐饮业油烟整治和秸秆禁烧巡查工作，完成年度大气污染防治任务。2016 年，惠山区 PM2.5 平均浓度比上年下降 13%，区域空气质量优良天数比 63%；化学需氧量、氨氮、总氮、总磷、二氧化硫和氮氧化物 6 项指标在 2015 年基础上分别削减 6.96%、3.48%、3.36%、9.11%、11.00% 和 7.73%。围绕 2016 年度太湖水污染治理目标任务，开展 29 项重点工程项目建设。开展河道综合整治，制定出台《惠山区河道环境综合整治工作方案》，编制 23 条河道治理的"一河一策"、完成整治市级 7 条河道涉及的 123 个项目。开展农村环境整治，完成 17 个行政村的农村生活污水治理工作。以中央环保督察为契机，按期结办市联络协调组交办的环境信访问题 33 件。强化环境监管网格化管理。全年现场检查 7906 厂次，处理各类环境信访 2515 件，征收排污费 4351.3 万元。违法案件立案处罚 218 件，涉罚金额 1534.2 万元。开展危险废物规范化管理专题培训及化学品生产使用情况调查，加强辐射环境监管，安全处置闲置放射源 25 枚。2016 年，惠山区万元 GDP 能耗下降 4%。

（奚志华）

环 保 宣 传

【生态文明建设教育】 2016 年，惠山区环保局按照国家环保部"2016 生活方式绿色化推进年"总要求，开展生态文明建设和环境保护知识教育，在全区领导干部培训课中开设"生态文明睿智讲堂"，开设"解读'十三五'江苏省加快推进生态文明建设的意见和措施"的主题讲座，区、镇（街道）两级领导干部 250人参加。在全区中小学生中开设生态文明教育课堂，中小学生接受生态文明教育比例为100%。开展生态文明进学校之节日篇"绿色六一 绿色倡行"、资源篇"变废为宝"行动、宣传篇"绿色校园 你我共享"、志愿者篇"小手拉大手 共筑碧水蓝天"、教育篇"保护环境 人人有责"、主题活动篇"宝贝行动计划书"、爱绿护绿篇"我的地盘我做主"等一系列生态文明教育活动;组织中小学生参观空气自动监测站,邀请区环境监测站同志详细讲解空气自动监测相关知识,参观人数1000人;开展"绿色小天使"环保小社团生态实践、"争当文明学子 保护生态环境""我的低碳生活 我的绿色责任"等系列教育活动,教育孩子用实际行动美化环境,净化心灵。

（严炜东）

学生走进无锡慈济环保教育基地参观

（区环保局 供稿）

【生态文明宣传】 2016年,惠山区环保局根据市环保局提出的"环境月"活动要求,确定以"生态文明六进""公众看环保""中小学幼儿园环保绘画作品评选活动""绿色学校环境教育教案评选活动""生态文明建设宣传一条街"、环保法宣传、环保志愿服务、环保"六个一"行动、环保新媒体宣传为9大活动为主线,在全区开展多层面、多形式的生态文明宣传活动。在《惠山新闻》刊发区长署名文章,宣传生态文明。各镇(街道)集中组织"三场"(广场、商场、菜场)宣传活动。开展环保社区行活动,和城管、宣传等部门协调,选择人流量大、交通干道或休闲街区,悬挂横幅、道旗,设置宣传橱窗等,开展宣传活动,形成良好环境宣传氛围。在"六五"世界环境日期间,悬挂环保宣传横幅、挂图、道旗等300条,发放环保宣传手册9000册、环保宣传袋10000只、环保宣传雨伞500把。

（严炜东）

【环保志愿服务】 2016年,惠山区环保局坚持常规化引导与项目化管理相结合,推进环保志愿服务活动持续发展。环保志愿服务队伍规模逐步扩大,年内新增志愿者200人,至2016年年底,全区环保志愿者人数1200人;惠山区环保志愿者以"绿色""环保""低碳""文明"为理念,开展以环保宣传、珍惜资源、保护环境、善待地球、节能环保骑行、爱我家园徒步活动、幸福绿生活环保公益行、关爱颐养院老人志愿服务、组织志愿者参观空气自动监测站等一系列活动。全年共开展各类志愿服务活动30次。

（严炜东）

环 境 质 量

【水环境质量】 惠山区河流水质状况主要为区域内主要河流水质地表水断面水质。2016年,惠山区12条主要河流中,年均水质达到Ⅳ类8条,比上年增加7条;年均水质达到Ⅴ类3条,与上年持平;年均水质劣于Ⅴ类1条,劣Ⅴ类河流数较上年减少7条。河流水质的主要污染因子为氨氮、总磷和五日生化需氧量,浓度分别为:1.57毫克／立方分米、0.25毫克／立方分米、4.6毫克／立方分米,分别比上年下降21.5%、上升25.0%和下降6.1%。

2016年惠山区主要河流水质状况

表16

河流	2016年水质类别	2015年水质类别
横港	劣Ⅴ	劣Ⅴ
太平港	Ⅳ	Ⅴ
界河	Ⅳ	劣Ⅴ

续表

河流	2016 年水质类别	2015 年水质类别
五牧河	IV	劣V
锡澄运河	IV	劣V
锡北运河	IV	IV
锡溧运河	V	劣V
万寿河	V	劣V
京杭运河	V	劣IV
严埭港	IV	V
直湖港	IV	V
洋溪河	IV	劣V

2016 年惠山区主要河流水质污染因子对比

表 17

监测项目	2016 年（毫克/立方分米）	2015 年（毫克/立方分米）
氨氮	1.57	2.00
总磷	0.25	0.20
五日化学需氧量	4.60	4.90

（高晓芳　王易超）

【环境空气质量】　惠山区环境空气自动监测系统堰桥子站位于堰桥街道吴文化公园内，为国控环境空气自动监测点位，监测项目包括可吸入颗粒物、细颗粒物、二氧化氮、二氧化硫、一氧化碳、臭氧、气象 6 项参数。2016 年，惠山区环境空气质量良好及良好以上天数比例为 63.0%（以空气质量指数计），与上年相比，提高 5.7 个百分点。二氧化硫浓度比上年下降 26.9%，达到《环境空气质量标准》（GB 3095-2012）二级标准。二氧化氮浓度为 0.050 毫克/立方米，未达到《环境空气质量标准》（GB 3095-2012）二级标准，与上年基本持平，可吸入颗粒物浓度为 0.089 毫克/立方米，比上年下降 19.1%，未达到《环境空气质量标准》（GB 3095-2012）二级标准，细颗粒物浓度为 0.060 毫克/立方米，比上年下降 13.0%，未达到《环境空气质量标准》（GB 3095-2012）二级标准。

2016 年惠山区环境空气质量状况按月统计

表 18　　　　　　　　　　　　　　　　　　　　　　　　　　　　　　单位：天

月份	空气质量状况所占天数					
	优	良	轻度污染	中度污染	重度污染	严重污染
1	1	14	4	9	1	0
2	2	13	11	3	0	0
3	2	14	11	2	1	0
4	0	22	6	2	0	0
5	0	17	11	2	0	0
6	2	17	6	5	0	0
7	5	16	8	1	0	0

续表

单位：天

月份	空气质量状况所占天数					
	优	良	轻度污染	中度污染	重度污染	严重污染
8	3	19	7	2	0	0
9	6	14	7	3	0	0
10	7	23	0	0	0	0
11	4	15	9	0	0	0
12	2	8	11	6	3	0

2016 年惠山区各空气指标情况

表 19

空气指标	2016 年（毫克/立方米）	2015 年（毫克/立方米）	下降比例(%)	二级标准限值（毫克/立方米）
二氧化硫	0.019	0.026	26.9	0.060
二氧化氮	0.050	0.052	3.8	0.040
可吸入颗粒物	0.089	0.110	19.1	0.070
细颗粒物	0.060	0.069	13.0	0.035

（高晓芳 王易超）

【声环境质量】 2016 年惠山新城区区域环境噪声监测点位 49 个，与上年相同。惠山区区域噪声昼间等效声级为 56.5 分贝，与上年基本持平。各类噪声源在声源构成中所占比例由大到小的依次为：工业噪声、生活噪声、交通噪声。工业噪声昼间等效声级为 57.3 分贝。2016 年惠山新城区昼间陆路交通噪声监测总路段长度为 19.54 公里，无超过 70 分贝的路段。

（高晓芳 王易超）

环 境 监 管

【环境执法检查】 2016 年，惠山区环保局开展环境监管"双随机"工作，分行业、区域，高密度开展各类交叉执法检查。加强夜间、节假日突击检查以及专项检查。对企业实施分级监管机制，加密加强对重污染企业的监管和执法。深入开展网格化环境监管，拓展对边远死角地区的环境监管和处理。全年，区环保部门现场检查 7906 厂次，处理各类环境信访 2515 件，征收排污费 4351.3 万元。立案处罚违法案件 218 件，涉罚金额 1534.2 万元。责令改正违法行为 192 件，实施查封扣押 16 件，移送公安部门 7 件，限制生产（停产整治）9 件，申请法院强制执行 56 件，区政府责令关闭企业 1 家。

（黄盈艺）

7 月，区环保局接到举报后连夜对废气及噪声排放情况进行现场监测。

（区环保局 供稿）

【环保专项行动】 2016 年，惠山区环保局开展环保专项行动。针对涉危废企业、涉危废环境违法犯罪行为、铅蓄电池行业等开展多次专项检查,责令整改、处罚企业20余家。调查化学品生产使用情况,对农副食品加工业等9大行业展开调查,涉查企业259家。专项检查区内大气污染排放企业的除尘、脱硫、脱硝设施。联合区农村工作委员会开展夏秋季节秸秆禁烧行动。开展"十小"企业专项整治工作,取缔塑料造粒作业点3家和小规模印染厂3家。

(黄盈艺)

【环境安全保障】 2016年,惠山区环保局完善区域及重点企业应急预案和环境风险评估,开展区级应急演练,锁定重点行业、重点企业,持续开展环境安全隐患排查。重点检查直湖港、京杭运河、危废经营单位及重点产废单位、电镀企业、城镇污水处理厂、工业园区污水集中处理设施,以及沿河主要化工企业及危险化学品仓储运输企业。加强危险废物日常管理,开展危险废品规范化管理专题培训,落实危险废物网上转移申报。加强辐射环境监管,安全处置闲置放射源25枚。妥善处置无锡通安助剂厂爆燃等突发环境事件4起。

(黄盈艺)

环 境 整 治

【清水工程】 2016年,惠山区环保局加强水环境整治,实施"清水工程"建设。围绕2016年度太湖水污染治理目标任务,开展重点工程项目建设29项。继续强化直湖港等重点河域污染防治。开展河道综合整治,制定出台《惠山区河道环境综合整治工作方案》,完成23条河道的"一河一策"编制,全面开工综合治理市级河道7条、123个项目。深化"河长制"管理,实施黑臭河道整治61条。完成排污口整治140个,新建排水达标区45个,复查194个。整治关闭生猪养殖户35户。完成30个自然村生活污水点源治理,建立市场化运行养护机制。

(陈海祥 奚志华)

【蓝天工程】 2016年,惠山区加强大气环境整治,实施"蓝天工程"建设。推进燃煤装置清洁化改造,淘汰燃煤锅炉146台,改接蒸汽或天然气等清洁能源,

完成62台燃煤窑炉清洁能源改造。治理挥发性有机污染物,完成治理表面涂装、包装印刷、纺织印染等企业86家。加强对加油站、油库的油气回收装置的监督管理,组织开展年度验收工作。加强扬尘综合整治,联合区住建局、城管局、交通运输局等部门,推进建筑工地与道路扬尘的综合整治。联合区农林部门,以"疏堵结合、以疏为主、以堵促疏"为原则,加强秸秆综合利用与禁烧。建立和健全重污染天气应急工作机制,全年启动重污染天气蓝色应急预警3次和重污染天气黄色应急预警1次。完成G20峰会、世界物联网博览会等会议期间空气质量管控。开展餐饮服务业油烟整治,全区551家餐饮业整治单位中完成整治验收443家,关停108家。加强对堰桥、洛社等环境空气自动监测站的运行维护,在《惠山新闻》、惠山区政府网站发布环境空气质量状况。

(陈海祥 奚志华)

【污染总量减排】 2016年,惠山区环保局以产业结构调整为导向,否决和劝退不符合产业政策项目,做好能源结构减排工作。试用新排污许可证发证系统,审核申请单位排污权确权及申报材料,发放新排污许可证单位10家。全年淘汰低端低效印染生产线13条,淘汰落后产能20500万米;关闭电镀生产线1条,淘汰落后产能0.3万吨。推进燃煤装置清洁化改造,完成燃煤锅炉煤改为天然气、电等清洁能源146台。组织实施无锡惠山水处理有限公司扩建工程、无锡玉祁永新污水处理有限公司中水回用工程、无锡惠联垃圾热电有限公司废气处理设施提标改造工程、燃煤锅(窑)炉清洁能源改造等一批重点减排工程。

(陈海祥)

生 态 创 建

【生态保护制度】 2016年,惠山区环保局实施生态红线区域保护,形成生态网络,保障生态安全。修编惠山区生态文明建设规划,各乡镇、涉农街道编制生态文明建设规划,年内完成2个乡镇的专家评审。加快完善生态保护制度,推进区域生态资源环境补偿、

环境污染责任保险和环保信用评价管理制度，探索环境资源保护和管理的新机制、新措施。完成50家国控企业、3家市控企业环保信用初步评价，完成525家非国控企业的环保信用评价。

（奚志华）

水 利 建 设

【概况】 2016年，惠山区水利系统以实施惠山区全面提升防洪排涝能力三年行动计划为重点，全面提升水利服务保障能力。全年水利总投入4.6亿元，加高加固圩堤60.5公里，新建、翻建闸站66座，清淤河道64条。完成锡澄运河三洲钢厂段堤防1800米、京杭运河新东方红桥厂区段堤防600米、武进港高潮段等堤防加固工程，完成堰桥街道唐巷排涝站、前洲街道黄沧浜排涝站和高家尖排涝站、洛社镇北新排涝站等的改建、拆建工程。

（周伟明 刘占洲）

【重点县工程】 2015年、2016年，惠山区水农局根据省水利厅要求，共投入资金10475.51万元（其中，2016年投入5583.47万元），全面完成2015年度、2016年度二期重点县工程，工程主要内容为：新（拆）建排涝泵站7座，疏浚引排沟道25.31公里，新开引排沟道0.69公里，新建护岸12.46公里，建设堤防4.62公里，新建计量工程6项（阳山盛岸站喷灌计量工程、徐古圩微喷灌计量工程、中低产田喷灌计量工程、玉祁水稻园区1号灌溉站计量工程、6号灌溉站计量工程、芙蓉村中心灌溉站计量工程。）

（周伟明 刘占洲）

【河道整治】 2016年，惠山区水利部门以水生态修复推动环境改善，将23条区级以上河道、61条黑臭河道列入重点综合整治内容。全年共完成河道整治64条，清淤河道长度63.8公里，清淤土方137.4万立方米，新建护岸32.7公里，加高加固圩堤60.5公里。2016年，在《省政府关于2013—2015年度太湖治理目标责任考核结果的通报》中，惠山区水利农机局被省政府表彰为"太湖治理工作成绩

突出单位"。

（周伟明 刘占洲）

水 政 管 理

【水利法规宣传】 2016年，惠山区水农局在第24届"世界水日"（3月22日）和第29届"中国水周"（3月22日—28日）水法宣传活动中，紧扣"落实五大发展理念，推进最严格水资源管理"宣传主题，制定水法宣传方案，确保突击宣传与持久宣传相结合。在3月22日的《惠山新闻》报上开辟"世界水日""中国水周"水利法宣传专版。"世界水日"，开展"水法宣传进区机关"活动。做好水法的持久宣传，联合长安街道等单位在长乐社区市民广场开展水法宣传暨节水科普活动。联合阳山镇科协、镇宣传办在阳山桃花节期间开展水法宣传。组织开展水法律、水知识竞赛活动，惠山区15人参加水利部开展的"农田水利工程"法律知识竞赛。全年各类水法宣传，共发放"节约用水从我做起""卡通人物宣传册"等宣传资料13000份，现场接受群众咨询160人次。

（叶金峰）

【水政执法】 2016年，惠山区水利农机局（区水农局）推进严格的水资源管理，加大水行政执法巡查力度。开展河道管理范围的执法巡查，全区各水政监察中队每月不仅对一般河道开展执法巡查，还对京杭运河、锡澄运河、锡北运河、白屈港、玉祁横绛河、洋溪河等区级以上河道开展更全面更严格的水上执法巡查；加大力度开展"地下水资源管理专项执法检查"，加大对取用水单位的日常监督管理。全年，全区区、镇（街道）两级开展各类执法巡查306次，出动人员594人次。依法严格查处查实11起水事违法行为，其中行政处罚水事违法案件5起。强制封填地下水井7口。整治乱垦乱种面积0.04公顷，拆除渔网鱼箪10处（张），拆除坝埂6条，拆除违章搭建房屋80平方米，清除影响河道行洪的船只5艘。

（叶金峰）

环保创新

【餐饮服务业油烟整治】 2016年，惠山区开展餐饮服务业单位油烟污染专项整治行动。惠山经济开发区、各镇(街道)环保部门，联合环保、工商、卫生、城管和村(社区)，调查辖区内商品房小区、安置房小区内及周边的餐饮服务业单位，开展全面整治工作。对列入整治范围内的餐饮服务业单位下达限期整改通知书，明确整改时限及要求；对限期整改对象加强日常检查，督促餐饮服务业单位加快整改进度；对完成整改的餐饮服务业单位组织验收；集中整治群众反映强烈的餐饮服务业单位，关停取缔严重扰民餐饮单位。年内，全区551家餐饮业整治单位全部完成整治，其中通过整治验收443家，关停108家。

（奚志华）

 小资料

太湖蓝藻治理办法

开展治理工作，困难重重，无锡太湖蓝藻污染程度深、扩散面积大需要时间分段实施：

一、在处理水域外围设置500米的水生植物浮床，并设置多个漂浮式水上围隔，每个围隔长500米。

二、在围隔内投加表面活性物质，通过扩散双电层的作用(核心技术之一)，将蓝藻颗粒聚集成团块。

三、多功能水质净化船开动强大的超微气泡发生器在水面作业或在原地做360°旋转运动，和上下的充气将蓝藻及沉淀在湖底的藻泥团上浮于水面，便于收集(核心技术之二)。

四、摩托艇在水面用围栏绳将聚集蓝藻顺风向赶至一个方位，使其集中。

五、多功能水质净化船打开艏开门，放下翻斗格栅，和离心机抽吸系统，以5公里／小时作业速度收集、打捞蓝藻。

六、装满蓝藻的翻斗格栅，通过液压装置自动将蓝藻水导入机械脱水机。高效率的机械脱水系统，迅速将藻泥和水固液分离(核心技术之三)。

七、脱水后蓝藻用自动刮刀下卸，用输送管装袋。

八、运输船不断将袋装脱水蓝藻上岸处置。

该方案特点及创新点：

1. 多功能环保工作船集充氧曝气与应急电源于一体。

2. 高效的双层电符作用使悬浮于水中的蓝藻快速成团化、集聚化。

3. 船上的超微气泡发生器产生超微气泡使蓝藻浮出水面形成集中收集。

4. 整个蓝藻的聚集、打捞、脱水过程中，多功能环保作业船需要运行三遍：第一遍使水体产生负离子，第二遍使水体产生正离子，第三遍使蓝藻聚集。每次操作都有一定的时间间隔，多功能环保作业船可以在几个围隔中进行交叉作业，大大提高工作效率。

5. 使用上述办法即双层电符＋超微气泡作用使沉积在湖底的死亡蓝藻藻泥集中浮出水面，并通过收集移出水生生态系统之外，彻底解决自来水厂水体腥臭无法去除等严重问题，大大降低水厂夏季制水成本，并大大提高了自来水的内在质量。

6. 固液分离技术及设备使进入装置的藻水迅速分离、脱水形成藻浆装袋，与连续作业的管道相结合，效率大大提高。

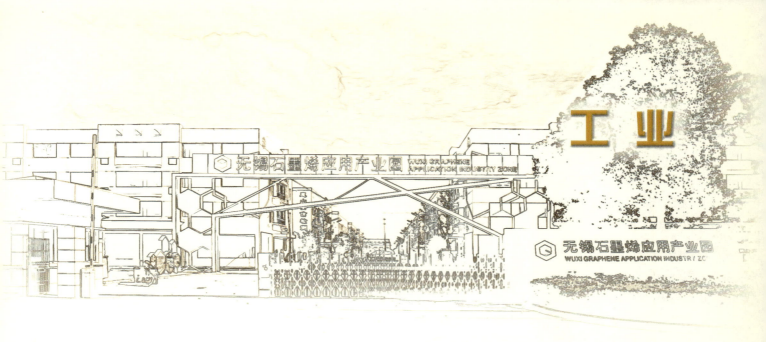

工业

概　况

2016年，惠山区围绕市委、市政府"智能化、绿色化、服务化、高端化"发展战略，统筹推进扩投资，抓项目，谋创新、强服务，调结构，促转型各项重点工作。至2016年年底，全区共有工业企业8199家，其中超20亿元企业12家、超10亿元企业10家、超1亿元企业188家、规模以上企业806家、境内外上市企业44家（含新三板、股权交易市场），省级企业技术中心24家、市级企业技术中心64家。2016年，全区完成工业总产值1507.4亿元，同比增长5.2%；完成开票销售收入1405.3亿元，同比增长9.0%；实现利税总额144.3亿元；完成规模以上工业产值1202.9亿元，同比增长5.1%；完成销售收入1179.0亿元，同比增长5.1；实现利税总额129.0亿元。

（王　兵）

【主要行业】　2016年，惠山区汽车制造业、石油加工及核燃料加工业、通用设备制造业3个行业大类销售收入分别增长24.5%、3.3%、4.4%。机械、冶金、电子、化工、纺织5大主要行业产值分别占规模工业总产值的32.9%、26.6%、14.8%、13.7%、6.2%，累计达94.2%。

（王　兵）

【工业投入】　2016年，惠山区完成工业投资236.9亿，同比增长16.2%。其中，技改完成投资163.5亿元，占比69.1%；列入省级重点项目13项，开工率达100%；区级安排重点工业项目126项，年度计划完成投资131.39亿元，实际完成投资115.9亿元，全区重点工业项目开工率93.7%。

（王　兵）

【节能降耗】　2016年，惠山区万元GDP能耗同比下降4%以上，惠山区被列为省智能用电管理示范区创建单位（全省2个）。惠山区在全区范围内推进电力需求侧管理，依托博耳（无锡）电力技术有限公司优势建设区级电能管理服务公共平台，至年底，接入该平台的工业能耗在线监控企业近50家，每年可节约用电成本3000万元。全年完成清洁生产审核企业18家，建立节能与循环经济项目56个，实施并申报省、市重点节能与循环经济项目36个，重点用能企业节能量达4.6万吨标煤。深入开展5大节能专项行动[注]，年内基本实现燃煤窑炉清洁化改造，淘汰10t/h及以下的燃煤小锅炉146台，燃煤炉窑改用天然气或电等清洁能源72台。

[注]5大节能专项行动：中央空调节能节电141万度，折0.05万吨标准煤；绿色照明应用节电670万度，折0.22万吨标准煤；余热余压利用节约1.76万吨标准煤；电机系统节电385万度，折0.13万吨标

准煤;燃煤窑炉改造节约 1.26 万吨标准煤。

（王　兵）

【产业集群】 2016 年，惠山经济开发区配套区完成工业销售收入 817 亿元，每公顷平均销售收入 3450 万元；完成国、地两税税收总额 34 亿元，每公顷平均税收 153 万元；低效用地整治 103 家，引进重大项目 42 项（其中 1 亿元以上项目 15 项）。年内，全区重点配套区以实际占用全区土地的 9%，集聚全区工业企业的 24.8%，创造全区工业销售收入的 57.9%。通过实施高效土地利用、低效用地盘活、优势产业集聚、重点工程改造等系列措施，全年盘活存量用地 87.9 公顷，退出低效企业 103 家。堰桥、玉祁、洛社 3 个工业配套区完成第一个高效利用土地"三年计划"，高效利用面积分别达到 21.8 公顷、13.6 公顷、31.5 公顷。前洲工业配套区正在进行"三年计划"的收官工作，高效利用面积为 16.9 公顷。

（王　兵）

【资金扶持】 2016 年，惠山区共兑现促进产业转型升级扶持资金 6443 万元，为企业发展提供有力的资金保障。协调转贷应急资金使用，至年底，累计使用转贷资金 38.9 亿元，续贷金额使用 40.4 亿元，两者均位居全市前列。设立惠山区中小企业互助转贷资金，全力破解企业融资难、融资贵困境。

（王　兵）

冶 金 工 业

【概况】 2016 年，惠山区规模以上冶金工业企业 145 家，完成总产值 320.16 亿元，同比增幅 5.0%，占全区规模以上工业产值的 26.61%；实现销售收入 302.45 亿元，同比增幅 4.6%；全年完成利税 28.12 亿元，同比增长 4.7%；全年利润 21.12 亿元，同比增长 2%。冶金主要行业中，黑色金属冶炼及压延工业占 86.9%，有色金属冶炼及压延工业占 13.1%。

（戴良福）

【产业布局】 惠山区冶金企业主要分布于区内的洛社镇、钱桥街道、玉祁街道、前洲街道 4 个板块，以高速公路与运河沿线分布较为集中，其中又以钱桥、玉祁 2 街道最为集中。钱桥街道是全国有名的"焊管之乡""冷轧之都"，拥有中国南方最大的焊管交易市场。玉祁街道是惠山区冶金行业钢板、钢带的生产集聚地。区内钢铁企业与部分带材和钢管生产企业有上下游合作关系，在市场拓展方面，已经建立起以华东地区为主，覆盖全国大部分省市和 20 多个国家与地区的营销网络。

（戴良福）

【无锡中彩集团】 无锡中彩集团是一家集薄板研发、生产、销售为一体的钢铁深加工集团。集团由无锡中彩新材料股份有限公司、无锡银星涂层板有限公司、无锡银荣板业有限公司、无锡中彩科技有限公司、无锡银光镀锡薄板有限公司组建而成。集团总部位于玉祁配套区，占地面积 66.7 公顷，紧邻沪宁高速公路及 312 国道。无锡中彩集团年产酸洗板 60 万吨、冷轧板 60 万吨、镀锌板 15 万吨、镀铝锌板 50 万吨、彩涂板 25 万吨、镀锡板 15 万吨、油漆 1 万吨。有员工 1500 余人，科研人员 100 余人。公司注重技术创新、人才引进和对外合作，具有较完善的薄板生产产业链，是国内知名的钢铁深加工集团。产品遍布上海、浙江、江苏、四川、安徽、湖北、山东、河北、陕西、新疆等地，已成功开辟南美、中亚等海外市场。

（戴良福）

机 电 工 业

【概况】 2016 年，惠山区规模以上机电企业完成工业总产值 574.1 亿元，占全区规模以上工业产值的 47.7%。其中，机械工业完成 395.9 亿元，占全区规模以上工业产值的 32.9%，同比增长 9.6%；电子工业完成 178.2 亿元，占全区规模以上工业产值的 14.8%，同比增长 2.2%。全年机电工业实现销售收入 566.4 亿元，完成利税总额 72.5 亿元，其中利润 47.4 亿元。

（王　兵）

【新产品、新技术】 2016 年，惠山区机电行业新增上能电气股份有限公司、江苏麟龙新材料股份有限公司等 2 家省级企业技术中心，新增无锡透平叶片有限公司、无锡市星亿涂装环保设备有限公司、无锡市鹏达液压机床厂、无锡顺达智能自动化工程股份有限公司等4个省首台套项目。智能制造装备（产品）是我国高端装备制造业重点发展方向之一，惠山区企业通过自主开发设计，研制出一批具有高端智能技术的装备与产品，覆盖智能工业、智能电力、智能交通、智能物流、节能环保、智能医疗、智能家居、商贸流通等领域。天奇自动化工程股份有限公司的汽车智能成套生产线、无锡市星亿涂装环保设备有限公司的智能环保型电镀自动化生产线、博耳电力控股有限公司的智能化高低压配电设备、无锡上能新能源有限公司的新型兆瓦集散式高效逆变器、时代天使生物科技有限公司的激光快速成型3D打印机、无锡传奇科技有限公司的智能全自动软胶囊检测机、江苏智联天地科技有限公司的移动智能终端工业手持机等最具代表性。

（王 兵）

建材工业（新型墙体材料）

【概况】 2016年，面对复杂严峻的经济形势和楼市调控等政策，惠山区墙材行业把握稳中求进，提升质量的基调，按照国家节能降耗宏观政策要求，贯彻执行《江苏省发展新型墙体材料条例》，调整行业产品结构，促进新墙材行业健康有序发展。2016年，惠山区非黏土新型墙体材料产量达到3.72亿标块，占总墙体材料的比例100%；新墙材建筑应用面积139万平方米，比例达87.4%，全行业累计节约土地面积41.6公顷，节约能源2.343万吨标煤，减少SO_2废气排放0.053万吨，综合利用废渣66.9万吨。2016年，惠山区洛社镇"禁粘"乡镇创建通过省级考核验收。

（刘瑛 王兵）

化 工 工 业

【概况】 2016年，惠山区化工行业中规模以上企业有98家，化工工业完成产值164.2亿元，同比增长

2.1%，占全区规模以上企业工业产值的13.7%；实现销售收入161.5亿元，同比增长3.8%。全行业产值、销售同比实现双增长，但利润和税收均有所下降，全年完成利税总额16.4亿元，同比下降2.9%。其中，利润12.73亿元，同比下降5.4%。

（戴良福）

纺织、轻工工业

【概况】 2016年，惠山区规模以上纺织、轻工企业有108家，其中轻工22家、纺织86家。全年完成工业总产值114.1亿元，占全区规模以上企业工业产值的9.5%。其中，纺织工业完成74.9亿元，占全区规模以上企业的6.2%；轻工工业完成39.2亿元，占全区规模以上企业的3.3%。全年实现销售收入111亿元，完成利税总额9.2亿元，其中利润6亿元。

（王 兵）

物联网、软件及信息产业

【概况】 2016年，惠山区信息产业工作主动适应经济发展新常态，大力发展信息产业，改造提升传统产业，推进工业化与信息化深度融合发展。全区软件业务收入完成91.8亿元，信息产业固定资产投入15.5亿元，微电子产业收入10.9亿元，保持年均10%的增长目标。物联网产业完成产值51.2亿元，增幅34%；引进物联网企业19家，实施重大物联网项目7项。

（潘卓 王兵）

【两化融合】 2016年，惠山区一汽无锡柴油机厂入围工信部2016年智能制造试点示范企业；中航卓越锻造（无锡）有限公司、无锡透平叶片有限公司被评为2016年国家工信部两化融合贯标试点企业；无锡透平叶片有限公司、天奇自动化工程股份有限公司被评为2016年省两化融合贯标试点企业；无锡锡能锅炉有限公司被评为2016年江苏省两化深度融合（互联网与工业融合创新）示范工程示范企业；无锡时代天使医疗器械科技有限公司、无锡井上华光汽

车部件有限公司、无锡华光轿车零件有限公司等11家企业被评为2016年无锡市两化融合示范企业。惠山区15家企业信息主管通过市信息化协会培训并获颁发"2016年度无锡市首席信息官(CIO)"聘书。惠成信息技术有限公司的"电梯物联网应用示范项目"被评为2016年无锡市"一事一议"重大物联网应用示范项目;做好2016年世界物联网博览会相关工作,惠山区政府圆满承办"物联网+中国智造2025高峰论坛";江苏慧眼数据科技股份有限公司的"智慧景区客流统计分析系统平台应用示范"、无锡华讯方舟科技有限公司的"基于物联网的城市配送信息平台"、江苏贝孚德通讯科技股份有限公司的"用于物联网与4G多网通信微波器件的研发及产业化"等7家企业物联网项目获评2016年无锡市物联网重点扶持项目,获专项扶持资金。全区已纳入工信部统计体系的重点软件企业100家,新登记软件评估企业5家,其中国家规划布局内重点软件企业1家,省规划布局重点软件企业4家;新登记软件产品55项,涉及企业21家,累计达337项,其中博耳软件有限责任公司的"电力数据采集软件"和无锡中云宏业软控股科技有限公司的"仓库管理系统软件"获2016年度无锡市第七届优秀软件产品"飞凤奖";无锡猎吧网络的猎吧智能电动自行车共享出行平台及无锡神探电子科技有限公司的STLC-S型全网侦测分析系统研发分别获得2016年度无锡市智慧城市建设示范项目,获专项扶持资金。

(潘卓 王兵)

8月15日,无锡久源软件股份有限公司在新三板挂牌上市。
(堰桥街道 供稿)

【智能制造工程】 2016年,根据《惠山区实施智能制造工程三年行动计划(2015—2017)》规划要求,惠山区智能制造工程推进迅速。惠山区联合中国制造与工业4.0研究所、赛迪研究院装备工业研究所,开展全国智能制造创新示范区创建;无锡华光轿车零件有限公司、礼恩派华光汽车部件有限公司、无锡透平叶片有限公司、无锡华顺民生食品有限公司等4家企业,成功申报2016年省级智能示范车间项目;无锡永凯达齿轮有限公司、江苏四达动力机械集团有限公司、江苏毅合捷汽车科技股份有限公司等21家企业的智能制造项目,成功申报2016年惠山区智能制造示范工程项目,获扶持资金。

(潘卓 王兵)

11月26日,惠山玉祁汽车及零部件智能制造产业联合会揭牌。
(玉祁街道 供稿).

【园区建设】 至2016年,惠山区形成以无锡惠山软件园和江苏数字信息产业园为主体的数字化、功能化信息产业集群,发挥各自载体平台功能。清华数字园华清创意园三期1.6万平方米竣工投入使用,华中科技大学无锡研究院研发楼2.4万平方米正式交付使用;恒生科技园一期3.4万平方米已建成并投入使用,智慧园区体验馆平台启用。依托科技园区孵化载体,2016年,先后筹建成"芒种众创空间""紫荆梦享会""惠创空间"等各类众创空间,围绕电子商务、数码互动娱乐、产品设计、"互联网+"、石墨烯新材料、智能制造等特色产业类型,推动创新创业发展;依托高铁、城铁等轨道交通优势,相继建成惠山新经济产业园、恒生科技园、IOT芯谷、惠山电子商务园和惠山大学科技园等一批科技型产业园。

2016 年惠山区百强企业一览

表 20   单位:万元

序号	单位名称	主管单位	现价工业总产值	主营业务收入	利税
1	高佳太阳能股份有限公司	堰桥街道	755260	754431	172363
2	江苏苏嘉集团有限公司	钱桥街道	470795	468013	69602
3	上汽大通汽车有限公司无锡分公司	惠山经济开发区	454533	530779	29719
4	无锡新三洲特钢有限公司	前洲街道	429545	419612	60278
5	无锡中彩新材料股份有限公司	玉祁街道	367927	307969	31217
6	江苏玉龙钢管股份有限公司	玉祁街道	320809	246176	30399
7	无锡市长安高分子材料厂有限公司	堰桥街道	319129	317101	53913
8	无锡荣成环保科技有限公司	洛社镇	231402	231161	36390
9	无锡威孚力达催化净化器有限责任公司	惠山经济开发区	218183	218007	26196
10	路路达润滑油(无锡)有限公司	洛社镇	206979	189357	33121
11	无锡市振达特种钢管制造有限公司	洛社镇	205767	204652	36246
12	江苏锦绣铝业有限公司	玉祁街道	205006	157169	14841
13	江苏麟龙新材料股份有限公司	玉祁街道	176819	167309	4113
14	无锡华光汽车部件集团有限公司	洛社镇	156625	198500	42223
15	博耳(无锡)电力成套有限公司	洛社镇	126392	129219	17161
16	天奇自动化工程股份有限公司	洛社镇	115257	107610	22417
17	大明金属制品无锡有限公司	前洲街道	112530	112531	18829
18	无锡新大中薄板有限公司	玉祁街道	111063	91456	-2026
19	无锡烨隆精密机械有限公司	洛社镇	106267	105282	27161
20	无锡透平叶片有限公司	惠山经济开发区	103030	96309	4006
21	无锡兴澄特种材料有限公司	洛社镇	101823	32780	-2579
22	无锡市龙禧锦纶有限公司	惠山经济开发区	101650	104649	-410
23	无锡欧亚电梯设备有限公司	玉祁街道	97303	84618	6650
24	无锡华源凯马发动机有限公司	阳山镇	89490	93892	16303
25	无锡光旭新材料科技有限公司	洛社镇	84409	78520	13500
26	无锡南方石油添加剂有限公司	洛社镇	84034	86030	14259
27	无锡市广润金属制品有限公司	钱桥街道	79605	78757	10928
28	凯龙高科技股份有限公司	钱桥街道	69602	63854	5456
29	无锡华顺民生食品有限公司	钱桥街道	69254	69194	6868
30	无锡万斯家居用品有限公司	惠山经济开发区	67650	67650	2246
31	无锡殷达尼龙有限公司	玉祁街道	67079	41768	6014
32	无锡联创薄板有限公司	钱桥街道	66286	66248	8039
33	江苏四达动力机械集团有限公司	洛社镇	57515	58579	6405
34	无锡裕通织造有限公司	玉祁街道	57472	63491	4979
35	无锡荣能半导体材料有限公司	玉祁街道	57010	77851	110
36	江苏一汽铸造股份有限公司	惠山经济开发区	55850	60290	2691

续表

序号	单位名称	主管单位	现价工业总产值	主营业务收入	利税
37	上能电气股份有限公司	惠山经济开发区	54814	54810	9202
38	无锡市闽仙汽车电器有限公司	玉祁街道	54186	47807	689
39	无锡美业机械制造有限公司	钱桥街道	52313	53786	6243
40	必达福环境技术(无锡)有限公司	惠山经济开发区	50952	52238	7368
41	无锡出新钢结构工程有限公司	洛社镇	50785	45322	7432
42	无锡华生精密材料股份有限公司	钱桥街道	48794	45927	7681
43	无锡江南高精度冷拔管有限公司	钱桥街道	48236	50400	7214
44	无锡市振达轴承钢管制造有限公司	洛社镇	46985	48427	6822
45	无锡惠联热电有限公司	惠山经济开发区	45209	49233	10480
46	无锡保利化肥有限公司	玉祁街道	44783	48256	2035
47	江苏苏嘉集团新材料有限公司	钱桥街道	43996	43144	7092
48	无锡市昶思塑料制品有限公司	玉祁街道	42187	42187	762
49	无锡申菱电梯配套有限公司	玉祁街道	41895	30716	1562
50	无锡市桥联冶金机械有限公司	洛社镇	40958	40958	2175
51	壳牌统一(无锡)石油制品有限公司	洛社镇	39314	41962	1515
52	无锡市兴亚无缝钢管有限公司	玉祁街道	38922	23346	864
53	江苏六龙钢管有限公司	洛社镇	38664	41602	7449
54	无锡五菱动力机械有限责任公司	洛社镇	38330	40799	7217
55	江苏文汇钢业工程有限公司	洛社镇	37781	37715	6093
56	无锡惠源高级润滑油有限公司	洛社镇	36783	36783	-347
57	无锡腾跃特种钢管有限公司	洛社镇	35929	37256	5293
58	无锡日昌服饰有限公司	惠山经济开发区	35698	39593	189
59	无锡市三友钢材配供有限公司	玉祁街道	34674	24898	2379
60	无锡新宏泰电器科技股份有限公司	堰桥街道	32985	32743	9517
61	无锡天宝电机有限公司	玉祁街道	32827	23537	3671
62	无锡市顺天铁塔器材制造有限公司	洛社镇	32316	32456	2976
63	无锡永腾达电机有限公司	前洲街道	32124	32044	2555
64	无锡中鼎物流设备有限公司	洛社镇	32070	32070	4297
65	无锡翔悦石油制品有限公司	惠山经济开发区	31791	31863	1903
66	无锡双欢重工制造有限公司	洛社镇	30890	29957	4240
67	无锡华精新材股份有限公司	钱桥街道	30262	30128	617
68	无锡锡能锅炉有限公司	惠山经济开发区	29988	30059	4081
69	无锡市联盛印染有限公司	阳山镇	29779	31298	4092
70	杜邦兴达(无锡)单丝有限公司	玉祁街道	29207	28602	5712
71	无锡市太平洋化肥有限公司	玉祁街道	29035	28912	640
72	无锡一汽铸造有限公司	惠山经济开发区	28755	28648	1339

续表

序号	单位名称	主管单位	现价工业总产值	主营业务收入	利税
73	中农新肥科技股份有限公司	玉祁街道	27470	27600	-573
74	江苏华峰合成树脂有限公司	前洲街道	27465	27662	181
75	无锡宝露重工有限公司	前洲街道	27086	32237	4362
76	无锡市正红车厢有限公司	阳山镇	26204	26204	3177
77	嘉科(无锡)密封技术有限公司	惠山经济开发区	25283	23588	4833
78	无锡伟鑫建材有限公司	阳山镇	24767	31097	4862
79	无锡西区燃气热电有限公司	钱桥街道	24256	23465	-293
80	江苏亿龙石化有限公司	洛社镇	24183	24083	-82
81	无锡市华光金属材料科技有限公司	洛社镇	23854	23442	1519
82	无锡佳菱铝业有限公司	玉祁街道	23240	22420	249
83	无锡华琳制冷机械有限公司	玉祁街道	23139	21229	2365
84	江苏铸鸿锻造有限公司	洛社镇	22916	21889	382
85	威埃姆送机械(无锡)有限公司	惠山经济开发区	22356	22103	2686
86	无锡市电力变压器有限公司	洛社镇	22242	24665	2166
87	无锡金信表面处理有限公司	洛社镇	21990	22592	5777
88	无锡市天幕特阔印染有限公司	前洲街道	21861	23111	1975
89	富卓汽车零部件(无锡)有限公司	惠山经济开发区	21735	24328	1839
90	无锡鑫特尔科技有限公司	前洲街道	21706	13341	190
91	无锡市翔泰毛纺有限公司	惠山经济开发区	21684	18488	248
92	无锡尚品太阳能电力科技有限公司	前洲街道	21415	13652	-1192
93	无锡威孚长安有限责任公司	惠山经济开发区	21214	20690	2225
94	无锡华精新材料股份有限公司	钱桥街道	21145	21131	845
95	无锡宏瑞服饰有限公司	堰桥街道	20190	20215	3009
96	诺化仕(无锡)制药有限公司	洛社镇	20090	17646	1969
97	江苏中诚印染股份有限公司	钱桥街道	19998	20003	2686
98	无锡力马化工机械有限公司	惠山经济开发区	19605	21003	2295
99	江苏太湖锅炉股份有限公司	洛社镇	19453	19875	2021
100	无锡市天佳纺织品有限公司	前洲街道	19222	19334	1877

（潘卓　王兵）

农业

概　况

2016 年，惠山区实现农业总产值 30.19 亿元；累计完成农业园区建设面积 5360 公顷；新增高标准农田建设面积 13.3 公顷，新增高效设施农业（渔业）面积 26.7 公顷；新增造林面积 140 公顷，完成省级村庄绿化创建 6 个，全民义务植树 22 万株；深入推进畜禽养殖污染治理，关闭生猪养殖户 35 家，共退出生猪养殖 7322 头，拆除猪舍 1.42 万平方米；采取机械化还田为主，秸秆压块造粒为辅等形式，推广秸秆综合利用，全区秸秆综合利用率 97.7%。成功举办 2016 年水蜜桃品质评比活动；完成蔬菜绿色防控体系建设 5000 多亩；省、市农产品例行抽检合格率 100%，新增"无公害"农产品基地 1 个，新增"三品"产品（无公害农产品、绿色食品、有机食品）18 个，全区"三品"种植面积比重 95.6%，"三品"种植业产量占总产量比例 68.9%；做好重大动物疫病防疫工作，全年共免疫注射各类畜禽 71.37 万头（羽）次，应免密度达 100%；规范产地检疫和屠宰检疫制度，全年生猪产地检疫 12.23 万头，生猪屠宰检疫 10.91 万头，产地检疫和屠宰检疫率均为 100%；全年举办各类培训班 34 期，培训农民 3580 人次，新型职业农民持证率提高 5.97 个百分点；积极推进惠农政策落实专项整治行动，查处在惠农政策落实过程中侵害农民利益的行为。

（赵　刚）

粮 油 作 物

【概况】　2016 年，惠山区粮油生产以粮食绿色生产、农民丰产丰收为目标，以科技为支撑，以技术服务为手段，以水稻和小麦绿色高产高效创建活动为平台，取得一定的成效。全区小麦和水稻良种化率超过 85%，其中推广面积较大的品种有宁麦 13 号、扬麦 16 号、扬麦 20 号、武运粳 23 号、武运粳 31 号、南粳 46 和南粳 5055 等，引进扬麦 23 号和苏香粳 100 等优质高产新品种。2016 年，惠山区小麦收获面积和水稻收获面积分别为 1052.2 公顷和 985.7 公顷。由于天气原因，小麦赤霉病大爆发，水稻灌浆结实期连续阴雨，日照偏少，部分田块发生"穗发芽"现象，千粒重大幅下降，造成小麦和水稻产量下降。2016年，惠山区小麦和水稻平均每公顷实产分别为 4724 公斤和 8582 公斤，平均每公顷分别比上年减产 366公斤和 592 公斤，下降幅度 7.5% 和 6.9%。

（周正权）

【高产增效创建】　2016 年，无锡市惠山区承担江苏省水稻绿色高产增效创建和江苏省小麦万亩示范片项目各 1 个,在前洲、钱桥和玉祁 3 个镇(街道)建立水稻和小麦示范方共 5 个。在粮食作物水稻绿色高产增效创建活动中,推广机插秧、壮秧培育及其高产配套技术、水稻轻型高产栽培技术、秸秆机械化还田和病虫草害绿化防治技术等新农艺、新技术,提高小麦、水稻品种优良率,提高单产和种植效益。在水稻和小麦示范方建设活动中,探索专业化服务形式,开展统一供种、统一播栽、统一病虫害防治、统一肥水管理、统一机械化作业等内容的专业化服务。

(周正权)

【秸秆综合利用】 2016 年,惠山区按照"因地制宜、推广秸秆还田技术;项目带动、推进秸秆能源化利用"的思路,加强秸秆综合利用。通过机械化还田、能源化利用、异地成片覆草等多种途径,秸秆综合利用率为 97.7%。重点实施由无锡市星河生物质燃料有限公司投资建设的秸秆固化成型造粒项目,在稻麦收割后,及时将田间的稻麦秸秆打捆、收储、粉碎、固化造粒,生产生物质燃料。全年共收储利用稻麦秸秆0.3 万吨,覆盖面积 333.3 公顷。

(马晓锋)

【农药减量使用】 惠山区贯彻"预防为主,综合防治"的植保方针,树立"公共植保、绿色植保"理念,实现农药减量使用和农业持续丰收。2016 年,惠山区农林部门通过强化病虫测报,提升病虫监控水平。推广栽培避虫害、抗病农作物品种、推广秧田无纺布(或防虫网)覆盖避害、太阳能杀虫灯诱杀、性信息素诱杀等病虫综合防控措施。建立绿色防控示范区 3个,面积 213.3 公顷。精准施药,推广使用高效、低毒、低残留、低用量新农药和生物农药,全年施用面积 1.89 万公顷,有效控制和减少化学农药用量。

(堵 墨)

蔬 菜 业

【概况】 2016 年, 惠山区蔬菜种植面积 2222.6 公顷,比上年增 5.2%。其中,商品蔬菜种植面积 1649公顷,比 2015 年增 13.2%。全区蔬菜集约化程度进一步提高,蔬菜种植专业户 1904 户,比上年增加 22

户。全区规模商品蔬菜生产基地超过 133 公顷的镇(街道)共 4 个,其中洛社镇 638.9 公顷、堰桥街道363.1 公顷、前洲街道 388.9 公顷、玉祁街道 194.9公顷。全区钢架大棚 980 公顷,连栋温室 16.5 公顷。惠山区进入市区蔬菜批发市场交易的前 15 位的蔬菜品种分别为青菜(包括细菜)、苋菜、生菜、芹菜、毛白菜、雍菜、茼蒿、水芹、豆苗、韭菜、莜麦菜、丝瓜、莴苣、菜薹、菠菜,城郊型叶菜基地特色进一步显现。

(余汉清)

【无锡市蔬菜基地】 惠山区无锡市蔬菜基地有蔬菜种植地 1365 公顷,5 个重点基地惠山精细蔬菜产业园、长安古庄基地、堰桥上舍都市农业园、玉祁礼社基地以及益家康前洲基地, 分别有蔬菜地面积733.3 公顷、44.7 公顷、161.3 公顷、109.1 公顷、90.5 公顷。至 2016 年年末,基地内累计建成高标准明排渠 7.5 万米、各类硬质化道路 33.0 万平方米、8米标准化钢架大棚 207 公顷、6 米钢架大棚 193 公顷、大型防虫网室 8.7 公顷、配套自动化节水灌溉设施 245 公顷、智能化玻璃温室 5600 平方米、现代化连栋温室 2.57 万平方米、泵站 45 座,基地内完成整田平地 4092 公顷,修建桥梁 9 座,建成集约化居住菜农公寓 1.6 万平方米。累计完成投资 1.60 亿元,其中市级核定补助资金 3264 万元,区级配套投入1500 万元。

(余汉清)

洛社镇蔬菜园区连片单体大棚

(卞晓东 摄)

【蔬菜供应】 2016 年,惠山区无锡市蔬菜基地蔬菜保供能力不断提升,基地日均上市量 250 吨,蔬菜上市供应量占无锡市地产蔬菜（叶菜）的55%，种植的蔬菜品种有60余个，年均种植4至5茬。产品进入机关、学校等单位，进入多家需要蔬菜原料的食品企业，蔬菜基地内多家生产企业在市区开设蔬菜平价直销门店，走出蔬菜高端配供新模式。电子商务销售、物联网等新概念不断加入。

（余汉清）

【蔬菜安全】 2016年，惠山区无锡市蔬菜基地蔬菜质量安全不断提高。惠山区主要蔬菜基地全部申报无公害蔬菜基地，基地内无公害产品107个，绿色产品3个，在省及市例行蔬菜农残抽检中，均为合格。

（余汉清）

【蔬菜基地设施】 2016年，惠山区蔬菜产业的各类喷滴灌设施面积达到667公顷，降低蔬菜生产者的劳动强度。惠山区在蔬菜基地建设中推广应用变频恒压喷滴灌系统，节省蔬菜种植管理用工40%以上，单户双劳力家庭菜农蔬菜种植面积扩大一倍，户均达到0.67公顷，户均收入超8万元，户均增收3万元。

（余汉清）

【新品种新技术示范】 2016年，惠山区在蔬菜基地持续开展新品种、新技术示范展示，"变频恒压灌溉技术""设施蔬菜连作障碍防治技术"及"框架式防虫网室"3项技术，在新建大棚全面实施，总面积达到233.3公顷，农民满意度达100%；1333.3公顷蔬菜基地全面实施"蔬菜病虫害生物防治技术"，市属基地企业化经营面积全面实施"有机废弃物生物处理技术"，达到433.3公顷，新增框架式防虫网室面积20公顷。持续推广新品种，新品种种植面积达到1666.7公顷，其中产业化品种主要有：夏雄、夏辉、东方18、南2-702等青菜，光杆茼蒿、806板叶茼蒿，彩蝶1号、彩蝶2号豇豆，功能蔬菜品种发展到20个。

（余汉清）

【蔬菜病虫绿色防控示范区建设】 2016年，惠山区新型农业防治技术为解决化肥超量使用、土壤酸化等问题找到路径，物理防治技术解决大型设施内的病虫防控问题。惠山区对主要蔬菜病虫害进行连片群防群治，实现减药提效。针对影响蔬菜生产最大的斜纹夜蛾、甜菜夜蛾、小菜蛾3种虫害，组装绿色防控技术体系。使用斜纹夜蛾诱捕器最高诱蛾从450头/瓶降至诱蛾仅有35头/瓶，年内少打农药8次，333.3公顷示范区年减少使用农药2吨以上。惠山区对土壤体检修复，实现减肥，针对土壤酸化程度大、连作障碍严重等情况，强化健康土壤维护、问题土壤治理等措施，通过增施有机肥、使用生石灰改良土壤、示范高效生物菌肥料，333.3公顷示范区全年削减化肥使用量20吨（折纯）以上，生态作用明显。

（余汉清）

性信息素诱杀技术——斜纹夜蛾诱杀效果

（卞晓东 摄）

林 业

【概况】 2016年，惠山区各级林业部门，围绕无锡市政府《2016年度绿化目标任务书》要求，推进全区造林绿化工作。全区完成造林绿化面积138.7公顷，其中成片造林73.3公顷；新增各类城镇绿地129万平方米，其中建成区新增绿地53.5万平方米；完成湿地保护和修复面积36.7公顷；创建省级森林生态示范村1个、省级绿化示范村5个；创建市级园林式单位1个、市级园林式居住区2个；建成区级游园1个、新建镇（街道）、村级游园9个。完成省、市下达的各项目标任务。

（郦 杰）

【重点绿化】 2016年，惠山区完成西漳地铁站前湿地公园景观绿化工程，面积 30 万平方米；高标准实施寺头家园三期景观绿化建设，绿化面积 20 万平方米；完成洛社铁路公园绿化面积 5 万平方米；完成 312 国道节点绿化项目，绿化面积 1 万平方米；建成堰桥街道堰玉路口游园，绿化面积 0.3 万平方米。全面完成沪宁城际铁路、京沪高速铁路 2 个铁路景观林带抚育[注]，完成 2015 年省级林业项目（含沪宁城际铁路景观带 133.3 公顷、京沪高速铁路景观带 66.7 公顷），抚育总面积 200 公顷。建立 104 个标准样地、450 个抚育小班控制点，移植各类苗木 9000 余株。全面完成区、镇（街道）级主干道路绿化和改造工程，惠洲大道、北惠路东延、钱洛路、西石路、天丰路等道路绿化，面积 10 万平方米。

[注]景观林带抚育：又称林分抚育，是指从造林起到成熟龄以前的森林培育过程中，为保证幼林成活，促进林木生长，改善林木组成和品质及提高森林生产率所采取的各项措施。包括除草、松土、间作、施肥、灌溉、排水、去藤、修枝、抚育采伐、栽植下木等工作。

（郦 杰）

古庄生态园景观

（区农林局 供稿）

【义务植树】 2016 年，惠山区农林局与无锡市绿化办公室、无锡市文明办公室、市农委办公室、无锡市广电集团合作，组织开展由惠山区级机关干部、无锡市千名志愿者等参加的 4 项大型义务植树活动，参加人数 4000 人，组织开展"园艺进社区、绿化进乡村""共建美好家园 我为无锡播新绿"系列活动。在惠山区阳山镇锡宜高速北侧营建"市民林""车友林""财富林""亲子林"等纪念林 5.3 公顷，种植香

樟、榉树等苗木 7000 株。

（郦 杰）

【林业有害生物防治】 2016 年，惠山区农林局做好林业有害生物防治工作。做好美国白蛾、肿腿蜂、松材线虫等森林病虫害的监测和预报工作，布置防控工作；做好松材线虫病死松树清理工作，组织专业队伍，采挖烧毁阳山、钱桥山区松材线虫病死株，共清理病死松树 273 株；加强检疫管理和日常监管，区农林局向全区范围内的木材流通市场、木制品加工点和木材加工经营企业下发加强检疫管理的告知书，加强日常监管。与相关单位签订承诺书，会同镇（街道）相关部门联合检查检疫管理情况。

（郦 杰）

【森林防火】 2016 年，惠山区农林局贯彻"预防为主、积极消灭"的工作方针，采取扎实有效措施，狠抓森林防火各项工作。开展日常巡查 6 次，建成堰桥、钱桥引水上山工程，更新水泵 2 台，更新灭火弹 1000 只，新建蓄水池 11 只，新增消防水管 400 米。本年度防火期内，惠山区实现森林火灾"零发生"，实现无锡市下达的各项工作目标。

（郦 杰）

果 树 业

【概况】 2016 年，惠山区水蜜桃种植面积 2149.6 公顷，比上年增加 4.5 公顷，增幅 0.2%；葡萄种植面积 503.5 公顷，比上年增加 6.7 公顷，增幅 1.3%；茶叶种植面积 38.5 公顷，与上年持平。水蜜桃产量 25203 吨，比上年减产 3840 吨，减幅 13.22%；葡萄产量 5889 吨，比上年减产 308 吨，减幅 4.97%；茶叶产量 76 吨，与上年持平。

（马晓锋）

【桃农培训】 2016 年，惠山区农林部门组织 4 次桃农培训，培训桃农 1000 人。邀请江苏省农委、江苏省农业科学院、江苏省植物保护站专家授课，内容涵盖桃树高效栽培管理、桃品种选育、桃病虫害防治等，提高桃农种植水平。

（许 梅）

【病虫害防控】 2016 年,惠山区农林部门加强水蜜桃病虫害监测及防控工作。全区设立梨小食心虫监测点 7 个、橘小实蝇监测点 12 个,监测病虫害情况,发布病虫情警报,提出防病治虫措施,指导桃农进行病虫害防控工作。用测报灯、诱捕器、迷向技术等生物防控设备监测水蜜桃虫害,定期汇总上报,及时分析虫情,科学制订防治措施,指导桃农开展病虫害防治工作。2016 年,惠山区水蜜桃病虫害危害控制在较低水平。

(许 梅)

【水蜜桃品质评比会】 2016 年 7 月 14 日,惠山区在阳山镇田园东方举办 2016 年无锡阳山水蜜桃品质评比会。邀请省内外专家组成专家评委,评选出水蜜桃桃王 1 名,一等奖 2 名,二等奖 3 名,三等奖 5 名,优胜奖 10 名。

(马晓锋)

【桃园土壤改良】 2016 年,惠山区农林部门实施桃园土壤改良面积 666.7 公顷,示范推广桃树涂白、施用商品有机肥、生草栽培、补钙补钼补硼及硅钙镁钾肥等技术,有效遏制桃园土壤进一步酸化。

(马晓锋)

【果品质量检查】 2016 年,惠山区农林部门加大农产品质量安全生产工作。加强日常监管,开展果品质量安全集中大检查 4 次,加强对水蜜桃、葡萄等产品质量检测。完成省级抽检水蜜桃 15 批次,区级自检 11 批次,检测合格率 100%。

(许 梅)

养 殖 业

【概况】 2016 年,惠山区通过养殖结构的调整,使传统养殖业向优质高效养殖业发展,规模养殖比重进一步提高。2016 年,生猪、肉禽、蛋禽规模养殖比例分别为 95.52%、95.06%、91.94%。开展畜禽养殖污染防治,关闭产能落后、环境较差的生猪养殖场 35 家,整改提升蛋鸡养殖场 1 家,全区畜牧业进一步趋于规模化、标准化、生态化,畜禽养殖效益进一步增加,生猪养殖头均效益达 500 元,肉禽羽均效益 1

元,蛋鸡年效益 25 元。2016 年,全区畜牧业产值 9100 万元。

(陈 瑜)

【动物防疫工作】 2016 年,惠山区按照《无锡市中长期动物疫病防治规划》,采用日常免疫和突击免疫相结合的方式。镇(街道)畜牧兽医站组建村级防疫,对散养禽在春、夏、秋三季进行拉网式防疫,做到镇不漏村,村不漏户,户不漏禽(畜),确保免疫密度到位。全年共免疫注射生猪口蹄疫 6.25 万头次,禽流感防疫 63.52 万羽次,其中鸡 17.92 羽次、鸭 32.80 万羽次、鹅 0.26 万羽次、其他禽类 12.54 万羽次;猪瘟 6.02 万头次、猪蓝耳病 5.53 万头次、小反刍兽疫 0.26 头次,应免密度均达 100%。做好猪链球菌、鸡新城疫、羊痘等动物疫病的防疫工作。做好养殖场、屠宰场和交易市场等重点场所的消毒工作,全年使用消毒药 9 吨,消毒面积达 180 万平方米。完善动物疫情测报网络建设,做好洛社、钱桥 2 个市级定点监测点建设。全年共采样监测猪血清 560 份、禽血清 1530 份、羊血清 80 份、棉拭子 780 份次、淋巴结 500 份次。全区猪口蹄疫、高致病性禽流感、猪瘟、高致病性蓝耳病、鸡新城疫免疫抗体水平分别为 90%、85%、90%、90%、84%,均达国家、省、市要求。惠山区年内未发生重大动物疫病。

(陈 瑜)

家禽防疫

(区农林局 供稿)

【生猪质量安全】 2016 年,惠山区按不低于 10% 的比例开展"瘦肉精"检测;全年共检测生猪尿样 3.87

万份次（其中养殖环节 1971 份次、销售环节 1275 份次、屠宰环节 3.55 万份次），省、市采送样 44 份次，未发现"瘦肉精"阳性猪；切实开展猪肉旋毛虫检验，按照《生猪屠宰检疫规程》要求，对屠宰生猪进行旋毛虫抽检，保证生猪产品质量安全。探索建立病死猪无害化处理长效监管机制，做好病死猪无害化处理台账记录，做好病死猪无害化处理补贴，督查指导中大规模养殖场无害化处理池使用。全年无害化处理病死猪 2639 头（其中养殖环节 2420 头、屠宰环节 219 头），未发现随意丢弃、贩卖病死猪等违法现象。

（陈 瑜）

【水产品质量安全】 2016 年，惠山区做好水产品质量安全的宣传工作，向全区各镇（街道）水产养殖场（户）发放《水产品生产质量安全告知书》400 余份。做好水产品质量安全监测，全年共完成部级水产品抽检 1 批次，省级水产品抽检 27 批次（其中无公害产地产品抽检 10 批次，产地自定产品抽检 6 批次，农贸市场抽检 4 批次，产地环境抽检 7 批次），市级水产品抽样 6 批次（其中苗种抽检 4 批次、商品鱼 2 批次），市级快速检测异地抽检 15 批次，区级例行检测 48 批次（其中产地规模户抽检 28 批次，农贸市场抽检 20 批次），前洲和洛社 2 个水产品快检室本地自检共完成 100 批次，快检合格率 100%。做好水生动物重大疫病监控，使用全国水产养殖动植物疫情测报系统，设立堰桥、洛社、阳山 3 个测报点，确保疫情监控及时准确，全年无重大疫病发生。

（陈 瑜）

农 业 机 械

【概况】 2016 年，惠山区农机部门落实农机购置补贴政策，增添耕作收割植保等大中型农业机械，享受中央及省财政补贴 45.14 万元。至年末，全区农业综合机械化水平达到 90%。扶持发展农机专业合作社建设，年内，扶持省级农机服务体系机库建设项目 1 个，机库建筑面积增加 1500 平方米。设立专项资金实行以奖代补，用于提升合作社粮食烘干水平，解决全区粮食烘干设备不足问题。开展农机安全专项整治排查各类农业机械 470 台，检查农机销售企业、农机维修网点和农机专业合作社 123 家，完成 74 台大中型拖拉机、19 台联合收割机、156 台上道路拖拉机的年检。

（毛海虹）

【农机购置补贴实施】 2016 年，惠山区完成中央和省农机购置补贴资金申请、结算与发放 45.14 万元，补贴农机具 37 台套，其中水稻插秧机 3 台、轮式拖拉机 1 台、联合收割机 1 台、旋耕机 15 台、开沟机 1 台、抓草机 1 台、小麦播种机 3 台、烘干机 9 台、自走喷杆式喷雾机 3 台。执行"购机补贴信息公开制"，在区政府网站开通农机购置补贴专栏，公示补贴实施方案、补贴额度、推广目录、经销商名单、操作程序、资金规模、购机者清册、投诉举报电话等，确保农机购置补贴公开透明，方便群众查询和监督。

（毛海虹）

【秸秆还田技术推广】 2016 年，惠山区区政府成立秸秆机械化还田工作领导小组，印发《惠山区 2016 年秸秆机械化还田推进工作实施方案》等，明确第三方核查单位及考核办法，制定适宜的作业技术路线和作业标准。全年共投入大中型拖拉机及秸秆还田机 68 台套，组织 4 个合作社及 28 户农机大户参与秸秆机械化还田作业，实施麦、稻秸秆全量机械还田 1324 公顷，完成省下达的目标任务。

（毛海虹）

【农机人员培训】 2016 年，惠山区农机部门开展农机人员培训，提升农机队伍整体水平。全年共培训各类机手 160 人，其中举办上道路拖拉机培训班 3 期，培训小拖拉机驾驶员 7 人、中拖机手 35 人，举办联合收获机培训班，培训机手 31 人；培训其他农机操作人员 83 人。组织人员参加无锡市农机技能竞赛，获 2016 年无锡"洋马杯"第五届农机职业技能竞赛团体第二名。

（毛海虹）

交通运输

概 况

2016 年，惠山区交通运输系统适应发展新常态，坚持稳中求进，统筹推进建设、管理、服务、改革等各项工作，顺利完成年度各项目标任务，实现"十三五"交通工作的良好开局。

基础设施 2016 年，惠山区交通基础设施在建重点工程项目 24 项（其中市级项目 7 项、区级项目 17 项）。累计完成建设投资 7.8 亿元，建成地方干线公路 23 公里。投入 1.22 亿元，完成全区 18 个农村公路提档升级项目 22.61 公里。至 2016 年年底，全区境内公路总里程 1093.40 公里，其中高速公路 44.32 公里、一级公路 124.46 公里、二级公路 172.40 公里、三级公路 276.68 公里、四级公路 474.74 公里（公路密度 334.4 公里/百平方公里）；航道总里程 151.31 公里，其中规划三级航道 35.21 公里、四级航道 22.84 公里、五级航道 4.58 公里、六级航道 17.26 公里、七级航道 13.47 公里、等外级航道 57.95 公里；铁路里程 56.165 公里，车站 10 个（分别为无锡北站、洛社站、藕塘站、前洲站、惠山站及无锡城市轨道交通 5 个站），其中无锡城市轨道交通里程 7.2 公里，车站 5 个（分别为堰桥站、锡北运河站、西漳站、天一站、刘潭站）。惠山港区共有各类码头

93 个，各类泊位 198 个，码头岸线总延长 1.08 万米。2016 年港口货物总吞吐量 675.25 万吨（注：已经取得行政许可的港口企业）。

公共交通 2016 年，惠山区新增公交线路 6 条，优化调整线路 12 条。对接轨道提档加速，辖区与地铁直接接驳线路增至 23 条。完成政和大道公交总站调度用房建设，新建标准化公交候车亭 31 个，修复受损候车亭 6 个。至 2016 年年底，全区共有公交停车场（含回车场）12 个、公交候车亭 402 个，通达或途径的公交线路 71 条 ［抵达市中心城区的线路 37 条，区镇（街道）线路 9 条，镇（街道）村（社区）线路 14 条，跨区线路 11 条，其中夜间线路 13 条］，营运总里程 1247 公里（单程），日总发班次 2948 班。辖区民意调查公交服务满意率超过 99%。

行业管理 2016 年，惠山区交通运输行业建立辖区道路环境综合治理长效机制，实施道路运输车辆动态监督管理和重点区域路段 24 小时全天候监控，道路超限运输率控制在 2% 以内。加强交通基础设施管理养护，全区公路养护干线路况综合指数（MQI）达到 95.3，县道路况综合指数（MQI）92.2，县道优良率 92.3%，乡村道路好路率 87.5%，干线航道通航率 100%。物流行业加速转型，驾驶培训行业推行"预约培训、先培后付"新模式。完成建筑工地、港口码头扬尘整治节能减排等任务。全面落实安全责任制，持续开展隐患

排查专项整治。加强应急值守,完成春运、国庆、"一节两会"(阳山桃花节、人大、政协会议)以及夏季暴雨期间的交通安保工作,保障道路安全畅通。

作风建设 2016年,惠山区交通运输局完善《惠山区交通运输局绩效考核办法》,推行内部资金管理改革,开展"两学一做""敬业担当""四诺"等主题教育活动和基层企业走访活动,组织"惠畅交通""结对共建""公交进社区""送法下乡"、文明协勤等志愿者活动,加强交通运输队伍建设,打造惠山区交通运输行业奋发上进、服务群众,奉献社会的良好形象。

(芮维娜)

铁 路

【**盐泰锡常宜城际铁路**】 盐泰锡常宜城际铁路是长三角城际轨道交通网和江苏快速铁路"四纵四横"骨架路网的重要组成部分,是江苏省策应国家战略、打造长江经济带、实现跨江融合的重点项目。线路分为盐城至泰兴、泰兴至宜兴两个标段。线路全长292公里,纵贯苏北、苏中、苏南,将在靖江与江阴之间采用桥隧或公铁两用长江桥过江,在惠山站实现与沪宁城际铁路的互联互通。惠山区境内将设惠山站和阳山站。惠山站将成为长三角城际铁路网枢纽站点。2016年6月23日,江苏省铁路办组织盐泰锡常宜城际铁路预可行性研究报告和可行性研究报告招投标。

(芮维娜)

【**无锡地铁3号线一期工程**】 无锡地铁3号线路线整体呈西北—东南走向,西北起城际铁路惠山站、东南至长江南路,沿线经洛社、新长铁路无锡西站、藕塘、钱桥、吴桥、青石路美食一条街、无锡火车站、锡沪路装潢一条街、太湖花园、新吴区开发区、新吴区城际站和机场。铁路线路全长42.5公里,其中高架线长10.6公里,地下线长31.1公里,过渡段为0.8公里。全线共设置31座车站,其中高架站6座,地下站25座,平均站间距1.42公里,最小站间距为黄山路站至高浪东路站区间,为785米,最大站间距为惠山站至洛社站区间,为3.07公里。地铁3号线一期

工程在惠山区境内共设置公路处、钱桥、苏庙3个站点,途经苏庙、舜柯等社区,在钱桥设有停车场。2016年3月30日,无锡地铁3号线一期工程正式开工。2016年10月10日,第一台盾构从靖海站首发,标志着地铁3号线一期工程进入关键建设节点,预计2019年实现洞通。

(芮维娜)

地铁西漳站

(交通局 供稿)

【**无锡地铁4号线一期工程**】 无锡地铁4号线一期工程北起惠山区桃园新村,向西在1号线刘潭站附近与1号线十字交叉,串联惠山新城、城北商务区、河埒商务区、蠡湖新城和太湖新城,穿越惠山区、梁溪区、滨湖区。无锡地铁4号线一期工程线路全长24.4公里,全部为地下线,设站18座,线路北端设天河停车场,南端设具区路车辆段,在金匮公园设一座主变电所。2016年,无锡地铁4号线一期工程完成前期工作。2016年11月,地铁4号线一期工程的大部分站点设计方案通过市规划局审批,工程可行性研究报告的审批工作正在推进中,预计2017年一季度将开工建设。

(芮维娜)

公 路

【**重点道路建设**】 2016年,惠山区重点道桥建设竣工项目9个,通车里程约23公里,创历年新高。广石路(惠澄大道—钱皋路)全长3.72公里;天丰路(惠山大道—石东路)全长1.5公里;北惠路东延(惠澄

大道—229 省道）全长 3.48 公里；新锡澄路主线全长 9.2 公里，匝道全长 4.34 公里；钱洛路（洛南大道—342 省道）全长 1.6 公里；陆中路北起阳山陆区西桥，南至规划陆南路，全长 2.21 公里；石新桥全长 0.86 公里；石幢桥全长 1.04 公里；新盛桥全长 0.04 公里。年内在建项目 11 个。分别为江海西路、钱皋路、运河西路、中惠大道西延、惠西大道、惠洲大道、钱胡路延伸、中兴路北延、新锡澄路西石辅道、新锡澄路堰联辅道、新长铁路道口平改立工程。

（卢玉和　芮维娜）

【广石路改扩建工程】　广石路位于无锡市北部城区，是沪宁铁路、内环江海路以北一条重要的东西向城市主干道，是中心城区与惠山区石塘湾地区联系的主要道路，是石塘湾工业园、金山北工业园的重要货运通道。项目为现状广石路改扩建工程，采用现状路线走廊，起点惠澄大道，沿现状老路线位向东，利用沪宁城际高速铁路既有桥孔下穿后，上跨锡宜高速公路，再利用现状桥孔下穿北环路（342 省道），终于钱皋路。道路全长 3.72 公里，道路宽 43.5 米，采用双向 6 车道城市主干道标准建设，设计车速 60 公里／小时。2012 年 9 月正式开工建设，至 2014 年底，除梅泾、五秦段受拆迁影响无法进场施工外，其余段落建成通车。2016 年 1 月 15 日，广石路改扩建工程实现全线通车。

（卢玉和）

【天丰路新建工程】　天丰路西起惠山大道，东至石东路，是惠山区新经济产业园内一条重要东西走向道路，与天一路、天明路等共同构成园区内的骨架路网。道路全长 1.5 公里，红线宽度 30 米，双向 4 车道，采用城市次干道标准设计，设计车速 40 公里／时。2014 年 12 月正式开工建设，至 2015 年 10 月底，除杨氏旧宅段受拆迁影响无法进场施工外，其余段落建成通车。2016 年 5 月底，随着最后剩余的文物保护单位——寺头村杨氏旧宅段 200 米段落施工的完成，天丰路新建工程实现全线通车。

（卢玉和）

【北惠路东延新建工程】　北惠路东延工程西起惠澄大道，接已建成通车的北惠路（东环线—惠澄大道），向东延伸下穿新长铁路，跨越锡澄运河，与在建新锡澄路等相交后，终于 229 省道。路线全长 3.48 公里，红线宽 30 米，绿线宽 40 米，总投资 2.0 亿元。项目采用城市次干路标准（兼具二级公路功能）设计建设。2014 年 4 月北惠路东延开工建设，2016 年 7 月 5 日正式建成通车。

（卢玉和）

【新锡澄路新建工程】　新锡澄路位于锡澄运河东侧，南至市区接兴昌北路，北至江阴青阳接暨南大道，为省政府批复的《（2013—2020）国省干线公路规划》中 229 省道的重要组成部分，是惠山区实施的最大交通单体工程，项目建成后可分流老锡澄路的货运交通，解决惠山新城交通拥堵混乱的现状。本次实施起点 342 省道南匝道，止于北惠路北侧，主线全长 9.26 公里，匝道全长 4.34 公里，全线采用一级公路兼城市主干道标准建设，双向 6 车道，道路宽度 33 至 40 米，工程总投资 11.50 亿元。2014 年 10 月新锡澄路开工建设，2016 年 9 月 30 日正式建成通车。

（卢玉和）

【钱洛路改扩建工程】　钱洛路位于惠山区洛社镇，北起 312 国道，南至 342 省道，全长 3.04 公里。钱洛路为西站物流园区、城铁惠山站等重要客货运交通聚集设施与对外公路连接的一条南北向集疏运通道。2015 年春节，1 标段（312 国道—洛南大道段）1.44 公里顺利完成改造；2015 年 4 月，2 标段正式实施，工程北起洛南大道，南至 342 省道，全长 1.6 公里，道路宽 40 米，总投资 1.31 亿元，按城市主干道标准（兼一级公路功能）设计，双向 6 车道。2016 年 11 月 17 日，钱洛路改扩建工程 2 标段通过相关部门的交工验收，18 日，钱洛路全线正式建成通车。促进藕塘、洛社、前洲、玉祁组团间的沟通，更好地为西站物流园区开发提供服务。

（卢玉和）

【阳山陆中路改建工程】　陆中路北起陆区西桥，南至规划陆南路，为贯通阳山镇区的南北向主要通道，全长 2.21 公里。红线宽 15—33 米，总投资 5300 万元。采用城市次干路（兼具二级公路功能）标准设计，双向 4 车道沥青主车道取代原有的水泥砼板块路面。2015 年 8 月陆中路改建工程开工建设,2016 年 12 月 30 日正式建成通车。

(卢玉和)

【江海西路快速化改造工程】 江海西路(洛社新开河—凤翔立交),全路快速化改造长 8.8 公里,惠山区境内 3 公里。路线走向基本沿现状江海西路,改造后的江海西路由主线快速路和辅路组成,其中主线快速路采用"整体高架 + 部分地面 / 地道"的形式,辅路为城市主干道,双向 4—6 车道,项目总投资概算 29.22 亿元。2016 年 12 月 30 日正式开工建设。

(卢玉和)

【钱皋路工程】 钱皋路(高桥南—广石路),全长 1.5 公里,道路宽 40 米,双向 6 车道,按城市主干道标准设计,含跨京杭运河桥 1 座(新高桥为简支钢桁拱桥,桥长 412 米,主跨 105 米,桥幅总宽 36.16 米)、下穿京沪铁路通道一处,总投资概算 3.03 亿元。2016 年 12 月 30 日正式开工建设。

(卢玉和)

【运河西路工程】 运河西路(钱皋路—规划会丰路)全长 1.7 公里,惠山区段长 300 米,道路宽 35 米。年内,惠山区范围内征地拆迁工作完成。4 月进场施工,年底全线路基基本完成。

【中惠大道西延工程】 中惠大道西延(西环线—武进交界)全长 3 公里,规划红线宽 42 米,绿线宽 60 米,双向 6 车道,10 月底完成施工、监理招标,11 月正式进场开工。

(卢玉和)

【惠西大道工程】 惠西大道(武玉路—惠洲大道)全长 3.88 公里,规划红线宽 30 米,绿线宽 50 米,双向六车道,分两期实施,一期前洲段实施长度 1.33 公里,2016 年 11 月进场施工。二期玉祁段 2.55 公里,年内进行立项、工程可行性报告、初步设计等前期手续。

(卢玉和)

【惠洲大道工程】 惠洲大道(北惠路—惠西大道)全长 1.3 公里,规划红线宽 40 米,绿线宽 60 米,双向 6 车道,10 月完成施工、监理招标,11 月正式开工建设。

(卢玉和)

【钱胡路延伸工程】 钱胡路延伸(钱桥大街—钱姚路)全长 2 公里,规划红线宽 42 米,绿线宽 60 米,双向 6 车道,年内完成前期准备工作,11 月正式开工建设。

(卢玉和)

【中兴路北延工程】 中兴路北延(站北路—锡玉路)全长 1.6 公里,宽 40 米,年内可施工段落 1.1 公里完成沥青下面层摊铺。

(卢玉和)

【新锡澄路西石辅道工程】 新锡澄路西石辅道(新锡澄路—钱石桥)全长 1.48 公里,规划红线宽度 40 米,年内实施路宽 25 米,双向 4 车道,2016 年 2 月进场施工,至年末全线除钱石桥东 160 米北半幅路无法施工外,其余基本建成。

(卢玉和)

【新锡澄路堰联辅道】 新锡澄路堰联辅道(新锡澄路—堰玉东路)全长 1.32 公里,道路宽 20 米,双向 4 车道. 年内,项目前期程序基本到位。

(卢玉和)

【新长铁路道口平改立工程】 新长铁路道口平改立工程,共涉及管工村、伊城村和鸿桥村三处平改立道口。路线全长 1.4 公里,U 槽总长为 635 米,总投资 2850 万元。年内,涉及铁路下穿框架的鸿桥村、管工村两处道口主体工程基本完成,伊城村道口道路部分工程完成施工招标。

(卢玉和)

【农村公路提档升级】 惠山区的农村公路普遍存在着等级低、里程长、通行条件差、安全隐患多等问题,给农村经济发展和群众出行带来一定困难。2016 年年初,惠山区政府出台《惠山区农村公路提档升级工程实施意见》,提出"镇级实施、区级奖补",由乡镇(街道)负责分批改建辖区老路,区财政分类型按比例予以补助的方式开展提档升级工作。4 月 13 日,全区农村公路提档升级工作会议召开,首批确定 19 个项目,计划总投资 1.28 亿元,改造里程 23.4 公里。至 2016 年 12 月,除前洲街道沿河南路项目由于涉及土地利用规划调整事宜需结转至 2017 年实施外,其余 18 个项目均实现当年开工,当年完工,改造里程共计 22.61 公里。

2016 年惠山区农村公路提档升级项目明细

表 21

单位：公里、米、万元

项目名称	道路编号	里程	起点	讫点	技术等级	路基宽度	路面宽度	路面类型	技术等级	路基宽度	路面宽度	路面类型	投资
			公路原状						提档升级后情况				
万寿路	X208	0.800	锡玉路	平湖路	二级	36	32	沥青	二级	36	32	沥青砼	650
石前路	Y302	1.500	堰玉路	万寿河桥	三级	15	14	沥青	三级	15	14	沥青砼	500
沿河南路	Y313	0.765	崇文路	五洲大道	三级	18	15	沥青	三级	18	15	沥青砼	650
北西漳路	Y610	0.500	凤翔路	五七路		8	8	水泥		8	8	沥青砼	320
西尤路	C826	0.500	凤翔路	西漳路		10	10	水泥		10	10	沥青砼	400
林新路	Y612	0.500	凤翔路	岸底里		12	12	水泥		12	12	沥青砼	480
梅秦线	Y245	2.683	秦巷	梅泾		10	7	沥青		12	10	沥青砼	1300
红正线	Y224	1.820	洛杨路	312 国道		13	6—10	沥青		13	10	沥青砼	1200
洛玉路	X305	2.900	前洲交界处	彭丁桥		10	8	水泥		10	8	沥青砼	800
景盛路	Y512	1.622	锡杨线	钱姚线	三级	16	14	水泥		16	14	沥青砼	1500
晓星路	Y502	0.700	安井	江海西路	四级	6	5	水泥		10	8	沥青砼	500
藕枣线	Y510	0.800	麻姑桥	西环线	四级	7	6	水泥		7	6	沥青砼	300
万东路	C410	1.174	大陆岸	洛梅线	四级	14	12	水泥		14	12	沥青砼	1400
润桃路	Y517	0.800	老锡陆路	桃林	四级	5	4	水泥		8	6	沥青砼	250
晓丰路	C404	0.514	胜丰大道	惠澄大道	四级	9	8	水泥		9	8	沥青砼	300
马区路	Y113	1.200	陆东路	S342	四级	7	5	水泥	四级	7	6	沥青砼	370
桃源南路	Y108	1.500	陆中北路	桃源西路	四级	9	8	水泥	四级	9	8	沥青砼	580
惠锦路	Y623	1.000	堰新路	金惠路	四级	6	6	碎石	二级	15	12	沥青砼	800
贝张路	C978	2.100	朱公岸桥	北柳巷	四级	4	3.5	沥青	四级	5	4.5	沥青砼	500
合　计		23.378											12800

（马　青）

【新盛桥新建工程】　新盛桥位于惠山区钱桥街道南西漳工业园区与洛社镇洛社新城交界处，东西两侧分别与现状新盛路连接。桥梁全长 46.04 米，桥面宽度 13 米，设计车速 40 公里／时。上部结构采用 3×13 米三跨先张法预应力砼空心板梁。2016 年 7 月，新盛桥新建工程顺利完工，地方连接路道段施工完成，正式投入使用。

（马　青）

【农村公路桥梁改建】　2016 年，惠山区交通运输部门改建农村公路桥梁 2 座。官渎桥，所属线路玉钱线，行政等级县道，桥梁分类为小桥，在惠山区洛社镇张镇桥村，改建工程总投资 160 万元；万里桥,所属线路华圻线,行政等级是乡道,桥梁分类为大桥,在洛社镇华圻村,改建工程总投资1300万元。

（马　青）

【道桥管养】 2016年,惠山区交通运输局加强道路桥梁日常养护。做好312国道保养工作,制订312国道（惠山段）生命安全防护工程方案,完成312国道胜丰段及洛杨北路、志公路道口3个危险路段的公路安全生命防护工程改造,专项维修312国道涉及的9座大型桥梁和特大型高架桥梁。按计划完成312国道、342省道惠山段大中修和老常锡线、锡杨线等8个县道大中修项目。委托专业检测机构对148座农村公路桥梁定期检查及维修,改造农危桥14座,确保全区农村公路桥梁处于安全运营状态。年内,辖区国省干线公路路况综合指标（MQI）保持95以上,县道优良路率提升至92.3%。无锡市公路养护应急处理中心惠山应急基地完成建设并通过省公路局验收。

（马　青）

1月,惠山区交通运输部门人员在洛社镇东方红大桥上除雪,确保交通畅通。

（交通局 供稿）

【雨雪冰冻天气公路防范】 2016年1月20日晚起,无锡境内出现连续降雪和极寒天气,惠山交通运输局组建以路政、养护人员为主的应急队伍4个、计160人,准备抗雪机械设备29台（套）以及融雪剂、工业盐、草包等应急抢险物资,在辖区26座大型桥梁两侧设置"雨雾冰雪、谨慎慢行"的告知牌

52块。加强公路巡查频次,对易出现道路结冰、险情的弯道、陡坡等路段加强监管。22日22时至23日11时,惠山交通部门对312国道、229省道、342省道、惠山大道、惠澄大道、锡西大道、政和大道、堰玉路、中惠路、洛南大道、洛洲路、惠山大道等区内重要道路积雪路段和桥梁不间断地进行除雪撒盐,共播撒融雪剂41吨,铺设草包1200只。截至25日,共出勤140人次,路政养护应急巡查350车时,消除桥体广告刮落和梧桐树体倾倒安全隐患2起,辖区内28座大型桥梁、250余公里国省干线公路和辖区主干道路,未出现因路滑导致的交通事故及车辆滞留事件。

（马　青　芮维娜）

【深国际·无锡综合物流港】 2016年1月25日,深国际·无锡综合物流港（下称"无锡深国际"）项目开工典礼在惠山区西站物流园举行。惠山区领导吴仲林、李秋峰等出席典礼并为项目奠基。无锡深国际项目为无锡市重点工程项目,选址于惠山区西站物流园内,总投资18亿元,占地面积24.53公顷,总建筑面积27.08万平方米,分两期建设。项目一期开工建筑面积14万平方米,占地14.07公顷,建设内容包括现代仓储中心、集运分拨中心、城市配送中心、甩挂运输中心、多功能中心（电子商务、信息服务等）和配套商务服务中心。10月,项目一期正式投入运营。

（芮维娜）

【西站物流园区】 无锡惠山区西站物流园区（简称西站物流园区）位于无锡市惠山区,核心区面积75.77公顷,四至范围为:东至天汇路,南至天港路,西至藕塘港区,北至洛南大道（四至范围内含规划限制建设区4.01公顷,均为道路、河流用地）。2016年3月,西站物流园区申报的"无锡西站物流枢纽多式联运示范工程"项目,通过江苏省交通运输厅、省发展和改革委员会、省经济和信息化委员会联合进行的现场考核及专家评审,获评为江苏省首批多式联运示范工程项目。2016年3月下旬,省发展改革委员会印发《关于批准无锡西站物流园区等6家物流园区为江苏省省级示范物流园区的批复》,西站物流

园区成为无锡地区首个上榜的园区。

（芮维娜）

西站物流园区港池

（交通局　供稿）

【无锡宝湾智慧物流园】　无锡宝湾智慧物流园是由中国南山开发集团与深圳赤湾石油基地共同打造的高端物流项目。2013年8月，与惠山区风电园签订合作协议，总投资2亿美元，占地20公顷。2016年9月，无锡宝湾智慧物流园开园仪式暨项目招商推介会在惠山经济开发区风电园举行，哈工大智慧物流、汽车零部件分拨、申通物流等6个首批入驻项目正式签约。至2016年年底，总建筑面积12万平方米的汽车零部件集散中心和电子商务分拨中心建成。

（芮维娜）

公 共 交 通

【概况】　2016年，惠山区公交线网布局不断优化。全年新增公交线路6条，优化调整线路12条。与地铁接驳线路增至23条。开通玉祁客运站至地铁堰桥站的夜间公交639路，优化调整惠山新城及西漳片区的公交线路，通过填补盲点、加密班次、精准接驳，强化惠山新城、西漳与地铁一号线的"无缝衔接"，进一步方便当地群众公交＋地铁的低碳出行。完成政和大道公交总站调度用房建设，新建标准化公交候车亭31个，修复受损候车亭6个。提前报废90辆黄标车，更新90辆插电式混合动力新能源客车。公交服务满意率达99%以上。

（杨江锋）

【无锡汽车客运西站（惠山站）启用】　无锡汽车客运西站（惠山站）位于城铁惠山站区从商路与站前路交叉口东南侧，占地面积1.73万平方米，建筑面积8000平方米，总投资8906.92万元，按照国家公路客运二级站的标准规划建设，设计能力为日发送（换乘）旅客0.96万人次。2016年4月26日，无锡汽车客运西站（惠山站）启用，开通江阴班线6趟、安徽明光班线1趟、安徽太和班线1趟、安徽利辛班线1趟与安徽庐江班线1趟，发售无锡汽车客运站各线客票，提供定制巴士等综合交通服务。

（杨江锋）

无锡汽车客运西站

（交通局　供稿）

【新辟公交线路】　2016年，惠山区新辟公交线路6条。公交639路（地铁堰桥站—玉祁），为地铁接驳夜班专线，2016年元旦开通，首末班18:00—22:30；公交79路区间［塘头（依佈制衣）—朝阳广场（南禅寺）］，2016年3月开通，方便西漳天一路、水澄路片区居民出行及换乘地铁；公交632路（阳山—梅园公交总站），2016年4月开通，填补阳山至胡埭、梅园的公交空白，加强惠山区与滨湖区之间的公交联系；2016年9月，惠山新城新辟微循环公交650路、651路、652路，方便区政府、省锡中小学部、堰新苑方向与地铁一号线的衔接，增强惠山新城公交与地铁的互联互通。

2016年惠山区新辟公交线路

表 22

线路名称	线路区间		首班时间	班次间隔（分钟）	日班次（趟）	停靠站点
79区	塘头（依佈制衣）	朝阳广场（南禅寺）	6:00—18:00	14—16	48	塘头（依佈制衣）、公交修理厂、北环路（惠山大道）、凤宾路（天一路）、天一街（惠山交通局）、凤翔路（天一路）、石澄路（天一路）、天一路（桑达沁春园）、342省道（水澄路）、澄朗桥、龙塘家园、旅游商贸学校（水澄路）、广石路小区、北塘疾控中心（广石路）、凤翔路（广石路）、野岸里桥、北滨路（广石路）、东汀桥、民丰里、凤宾桥、吴桥（金太湖国际城）、柯兰公寓、春申路（中山路）、莲蓉桥、胜利门（中山路）、大东方百货（崇安寺）、八佰伴（三凤桥）、二院（中信银行）、南长街（市梁溪公证处）（上行）、永丰路（通扬路）（上行）、朝阳广场（南禅寺）
632	阳山	梅园公交总站	6:30—17:00	班时公示	8	阳山客运站、陆区中学、陆育路（人民路）、桃源路（人民路）、合欢西路（振胡北路）、陆藕路（振胡北路）、胡埭停车场、安泰路（胡山路）、安泰路（商业街）、胡埭路（商业街）、刘闾路（胡杨路）、环太湖公路（胡杨路）、杨湾、华藏、姚湾、太湖锦园、锦园高尔夫、大箕山商业广场（独月路）、环太湖公路（独月路）、梅园公交总站、梅园、水厂、湖滨饭店
639	玉祁	地铁堰桥站	18:00—22:30	班时公示	7	政和大道公交总站、奥林匹克花园、金都花园、惠山区市民广场、吴文化公园、堰新路、堰桥中心医院、堰桥、刘巷、仓桥、中圩、北圩、余浩路、邓巷、前洲医院、前洲（冯其庸学术馆）、前洲交管所、西塘、蒋巷、庄巷桥、汽车城、平湖苑、曙光站、惠丰站、玉洁路（湖西路）、唐平大道（湖西路）、玉祁客运站
650	政和大道公交总站	复地公园城	6:00—18:00	15—50	25	政和大道公交总站、生命圆、长安街道办、亿仁医院、百大春城、吴韵路（文惠路）、时代广场、政和大道（文惠路）（下行）、吴文化公园（上行）、复地公园城
651	政和大道公交总站	省锡中小学	6:00—18:00	8—40	35	政和大道公交总站、汽车文化中心、金惠路、惠山大道（华惠路）、惠绿路（华惠路）、惠山新城卫生服务中心、省锡中小学部
652	政和大道公交总站	堰新苑	6:00—18:00	班时公示	14	政和大道公交总站、百大春城、林业村、长安国土所、堰桥人民医院、堰桥、锡澄路（堰裕路）、堰新苑、堰桥初中（上行）、惠韵家园（上行）、堰新路（高山西路）（上行）

（杨江锋）

【公交线路优化】 2016年，惠山区交通运输部门优化公交线路12条。优化公交602支路[惠山新城公交总站—南长街（市梁溪公证处）]，加强惠山新城与市中心的联系，扩大线路服务范围；优化公交668路（宁海里—时代广场），恢复通行长安石新路、长八线，为沿线居民出行提供便利；优化公交607路（玉祁—无锡汽车站），调整行驶地铁西漳站区，增设停靠4对公交站点，直接沟通玉祁、前洲至地铁西漳站、惠山区政务服务中心，方便寺头家园社区群众出行；优化调整惠山新城公交621、622、630、636、637路，将惠山新城内5条环线公交调整为以政和大道公交总站为中心向外辐射的8条点对点直达公交，重点解决各居民小区、重点商业、工矿企业及政府办公、教育、医疗等部门与地铁的衔接，实现与地铁"无缝衔接"；优化公交29路（牌楼公交总站—人民医院）、79路（牌楼公交总站—曹张新村)、507 路（牌楼公交总站—吟苑公园),增设停靠阳光 100 北区西青路(水澄路)站点,方便阳光 100 北片区群众的公交出行;

优化公交 25 路[堰桥—朝阳广场(南禅寺)],调整行驶地铁西漳站区,方便西漳寺头家园片区居民的公交出行。

2016 年惠山区优化公交线路

表 23

线路名称	线路区间		首班时间	班次间隔(分钟)	日班次(趟)	停靠站点
25	堰桥	南禅寺(朝阳广场)	5:30—20:00	6—20	96	朝阳广场(南禅寺)、二院(中信银行)(下行)、新生路(八佰伴)(下行)、槐古桥、高墩桥(县前街)、无锡汽车站(锡沪西路)、庆丰桥、蔚蓝观邸(锡澄二村)、民丰路(锡澄路)、金桥商贸城、彩印厂、公交修理厂、天一路(惠山大道)(上行)、北环路(惠山大道)(下行)、惠山大道(天丰路)、天昌路(凤鸣路)、凤宾路(天锦路)、五号桥、胡家渡、杨泗坝头、惠山区市民广场、吴韵路(加州洋房)、时代广场、吴文化公园(德宝酒店)、堰新路、堰桥中心医院、堰桥
29	人民医院(疾控中心)	牌楼公交总站	5:15—20:00	8—15	82	牌楼公交总站、牌楼(食为先烤鸭馆)、牌楼社区、西青路(水澄路)、阳光 100(天一城)、342 省道(水澄路)、澄朗桥、龙塘家园、旅游商贸学校(水澄路)、广石路小区、北塘疾控中心(广石路)、凤翔分公司、郑巷、五河新村(黄巷医院)、黄巷、后张巷(丽新康复医院)、吴桥(中山路)、柯兰公寓、春申路(中山路)、莲蓉桥、胜利门(解放西路)、永安桥、五里新村、市交通产业集团、航道处、公路处(梁溪大桥)、仙蠡桥、永乐路(运河东路)、永和路(运河东路)、运河东路(文华路)、锦明路(文华路)、清名桥(辅仁路)、沁园新村(辅仁路)、清扬路(沁园路)(下行)、金城桥(辅仁路)(上行)、五星家园(金城路)(上行)、人民医院(疾控中心)
79	曹张新村(曹张路)	牌楼公交总站	5:30—22:00	5—12	154	牌楼公交总站、牌楼(食为先烤鸭馆)、牌楼社区、西青路(水澄路)、阳光 100(天一城)、342 省道(水澄路)、澄朗桥、龙塘家园、旅游商贸学校(水澄路)、广石路小区、北塘疾控中心(广石路)、凤翔路(广石路)、野岸里桥、北滨路(广石路)、东汀桥、民丰里、凤宾桥、吴桥(中山路)、柯兰公寓、春申路(中山路)、莲蓉桥、胜利门(中山路)、大东方百货(崇安寺)、八佰伴(三凤桥)、二院(中信银行)、朝阳广场(南禅寺)、南长街(市梁溪公证处)、永丰路(清扬路)(下行)、永乐路(清扬路)(下行)、永乐西路(下行)、清扬路(永丰路)(上行)、曹张新村(永丰路)(上行)、扬名中心小学(纳新桥)(上行)、红星桥(上行)、永乐路(运河东路)(上行)、曹张新村(永乐西路)
507	牌楼公交总站	吟苑公园	6:00—18:00	8—15	54	牌楼公交总站、牌楼(食为先烤鸭馆)、牌楼社区、西业路(西漳路)、西青路(水澄路)、阳光 100(天一城)、342 省道(水澄路)、澄朗桥、龙塘家园、旅游商贸学校(水澄路)、广石路小区、北塘疾控中心(广石路)、凤翔分公司、无锡米市场、东汀桥、民丰里、凤宾桥、惠通桥(上行)、龙光路(古华山路)(上行)、通惠西路(盛岸路)(下行)、蓉湖新村(下行)、吟苑公园

续表

线路名称	线路区间		首班时间	班次间隔（分钟）	日班次（趟）	停靠站点
668	时代广场	宁海里	6:00—17:30	班时公示	12	宁海里、尤渡苑、崇安集贸市场（东方汽车二城）、春江桥、华夏南路（学前东路）、春江花园（学前东路）、春合苑、宝城花园、友谊中路、锡州路、锡山区政府、假日花园、蔚蓝广场、乡镇企业博物馆、兴塘大桥、梓旺苑、梓旺新村、大马巷、石新桥、田堵里、惠山区党校、惠明路、上汽商用车公司、汽车文化交流中心、奥林匹克花园、金都花园、惠山区市民广场（下行）、吴文化公园（下行）、吴韵路（加州洋房）（上行）、时代广场
602支	金慧公交总站	南长街（市梁溪公证处）	6:00—18:15	5—25	40	惠山新城公交总站、惠山数字园、长安街道办、百大春城、加州洋房、金都花园、胡家渡（德宝大酒店）、五号桥（好得家广场）、天润园、天一村、锡山口腔医院、林陆巷、市七纺机厂、振达钢管厂、凤翔路（广石路）、野岸里桥、北滨路（广石路）、东汀桥、民丰里、101医院、三院、春申广场、莲蓉桥、吉祥桥、东门、东林书院（光大银行）、槐古桥、南禅寺（朝阳广场）、永丰路（通扬路）（上行）、南长街（梁溪公证处）
607	玉祁	无锡汽车站	5:00—18:10	10—20	56	玉祁客运站、庄巷桥、汽车城、平湖苑、曙光站、惠丰站、蒋巷、西塘、前洲交管所、前洲（冯其庸学术馆）、前洲医院（宏泰电机）、邓巷、余浩路、中圩、北圩、仓桥、刘巷、堰桥、堰桥中心医院、堰新路、吴文化公园、杨泗坝头、胡家渡（德宝大酒店）、五号桥（好得家广场）、凤宾路（天锦路）、天昌路（凤鸣路）、惠山大道（天丰路）、天一路（惠山大道）、公交修理厂、彩印厂、庄前新村、金桥商贸城、民丰路（锡澄路）、蔚蓝观邸（锡澄二村）、庆丰桥、无锡汽车站。
621高峰	政和大道公交站	长乐苑五期	6:00—18:00	15—20	15	政和大道公交总站，艾迪花园酒店，O-park，紫荆公寓，创意社区，惠景路（北惠路），北惠路（惠成路），堰新路（惠成路），新塘里，惠畅路（中惠路），翔泰毛纺，吉星家园，长宁苑五期，长乐苑五期
621平峰	政和大道公交站	长乐苑五期	9:00—15:40		8	政和大道公交总站，艾迪花园酒店，O-park，戴圻村，标准厂房，新塘里，惠畅路（中惠路），翔泰毛纺，吉星家园，长宁苑五期，长乐苑五期
622	政和大道公交总站	金惠苑	6:00—22:30		44	政和大道公交总站，天力广场，华夏清水湾，金都花园，市民广场，复地公园城，省锡中，金惠三期（下行），金惠幼儿园（下行），金惠公交总站（下行），名园（下行），名园（惠育路）（下行），金惠苑
636	政和大道公交总站	石新路（长宁路）	6:00—22:30	班时公示	23	政和大道公交总站，伟泰科技，一汽客车配套区，祥泰毛纺，吉星家园（下行），长宁苑五期（上行），长宁苑七期（上行），春惠路（惠莘路）（上行），石新路（长宁路）
637	政和大道公交总站	石新路（长宁路）	6:00—18:00	15—50	25	政和大道公交总站，生命园，长安街道办，亿仁医院，林业村（下行），堰新路（高山西路）（下行），堰裕路（惠源路）（上行），惠韵家园

（杨江锋）

水 路

【锡澄运河航道整治】 锡澄运河"五改三"（将原有航道五级提级改造升为三级）航道整治工程全长39.22公里，惠山区境内长13.44公里。2016年，惠山区完成整治10.5公里。工程新建护岸和改建石幢桥、杨家圩2座桥梁。至2016年6月底，惠山段护岸工程全部完成（完成一级护岸12公里，二级护岸7.8公里）。7月5日，配套桥梁工程石幢桥建成通车，惠山区2016年锡澄运河"五改三"航道整治工程惠山段工程全面完成。

（沈 燕）

【航道日常养护】 2016年，惠山区交通运输部门加强全区航道管养，保障全区航道畅通。全年累计巡查196天，巡查航道里程6740公里。投资96万元完成锡北线惠山段的护岸修复。完成航道清障扫床172.29公里，干线航道通航保证率100%。

（沈 燕）

【锡澄运河石幢桥通车】 2016年7月，锡澄运河石幢桥通车。石幢桥为北惠路跨锡澄运河桥梁，2014年开工建设，2016年7月建成通车，总投资5212万元，石幢桥全长1.04公里，其中桥长488.36米，主桥为81.9米单跨下承式预应力混凝土系杆拱桥，两侧引桥均为20米跨径的先张法预应力砼空心板，桥面净宽27米，由老桥向南移位460米后改建。

（沈 燕）

【锡北运河石新桥通车】 2016年1月19日，石新桥竣工通车。石新桥位于惠山区与锡山区的分界处，是石新路上的跨河桥梁，横跨锡北运河，按照四级航道标准改建，桥梁通航净宽55米，净高7米，主桥采用变截面预应力混凝土连续桥梁，跨径（50+85+50）米，桥梁分左右两幅，桥面净宽29米，主线全长860米，桥长425米。石新桥由2014年开工建设，2016年1月建成通车，总投资6500万元，

（沈 燕）

1月，锡澄运河石新桥新桥通车。

（交通局 供稿）

【苏南运河洛社服务区建成】 2016年10月17日，苏南运河无锡洛社服务区正式交付使用。苏南运河洛社服务区新建工程位于无锡市惠山区洛社万马村，距锡西大桥300米。服务区占地面积3.5公顷，停泊港地为挖入式，岸线总长170米，可提供20艘左右大型船舶顶靠锚泊。服务区建设有综合服务楼2124平方米，船舶修理车间394平方米，具有航道管理、船用物资补给、船民生活消费、船舶维修等主要服务功能。苏南运河无锡洛社服务区由2015年启动建设，2016年10月完工，正式交付使用。

（沈 燕）

【港口建设】 无锡内河港惠山港区中化石油无锡分销油库码头工程位于无锡市惠山区锡溧漕河东岸，距离京杭运河1公里，码头采用顺岸挖入式布置，采用钢筋混凝土扶壁式结构，拟建设300吨级（设计代表船型400吨）、500吨级油品泊位各1个及相应配套设施（不含陆域库区），码头水工结构均按靠泊1000吨级船舶设计，设计年通过能力35万吨，项目总投资1806.33万元，2016年工程通过设计批复，完成码头工程施工招标，工程通过省交通运输厅港口局开工备案，计划于2017年5月30日完工。无锡港惠山港区前洲作业区中石化码头工程正在开展码头工程招标工作。

（刘 民）

【港口管理】 2016年，惠山区港口管理局开展港口企业经营行为专项督查活动，推进港口岸线资源普

查工作。加强辖区港口码头的行业监管和安全管理，对五级以下航道的港口岸线资源管理，坚持先许可、后使用，严厉打击违法使用岸线的行为。年内制定《惠山区危货码头安全专项整治实施方案》，完成6家危险货物港口企业的安全生产标准化（二级）创建工作。开展各类港口企业安全监督检查，全年未发生港口安全生产责任事故。

（刘 民）

【危险货物码头专项检查】 2016年1月22日，惠山区港口管理局委托江苏省交通运输安全与应急科技研究中心作为第三方机构，对辖区内3家大型港口危险货物企业进行安全专项检查，共发现涉及安全标识标志、消防器材设施、应急设施以及现场管理等方面的隐患和欠规范情况46处。惠山区港口管理局督促3家单位启动隐患整改，制定安全隐患整改方案，在规定限期内全部整改到位。

（刘 民）

交通运输管理

【概况】 2016年，惠山区传统物流加速转型，西站物流园区向综合性物流园区转变，获批的省级多式联运示范工程项目进入投运；无锡禾健物流发展有限公司、无锡传化物流有限公司实施信息化战略，2家信息平台拥有会员15余万人，手机终端用户超16万户；无锡恰途网络科技有限公司入围全省首批"无车承运"试点企业。节能减排深入推进，完成建筑工地、港口码头扬尘整治和大气污染防治任务，淘汰注销营运黄标车744辆，新增清洁能源公交车90辆、低碳环保车型在营运车辆的占比持续提升。驾驶培训行业推行"预约培训、先培后付"新模式，区内2家驾校获得省级信誉等级评定。

（陈锡峰）

【交通法制工作】 2016年，惠山区交通系统规范依法行政，权力事项在线运行率100%，完成交通行政审批中介服务事项清单和公共服务事项清单编制，窗口即办件比例提升至43%。全年审批中心交通窗口累计办理各类业务1.2万余件，按时办结率

100%，保持行政诉讼无败诉、行政复议无撤销的"双零"目标。基层综管所创新开展运输业户年审驻点服务和上门服务，两证年审率和群众满意率均有效提高。推行规范执法、文明执法。完成执法人员全员轮训，年内，参加培训人员145名，合格率100%，优秀率10%。

（殷 洁）

【运输市场秩序】 2016年，惠山区交通系统强化行业监管，以打击非法营运和公路超限治理为重点，路政巡查累计5万公里，检查车辆2027辆，全区普通干线公路超限率控制在2%以内。通过对大客车违章经营专项治理、危险品运输专项整治、汽车维修市场整顿等系列专项整治规范道路运输市场秩序，年内查处各类违章案件600起。航政累计上航巡查196天，巡航里程6740公里；实施水上运输行政许可初审7起，临时许可1起；加强港口安全管理，开展港口企业经营行为和安全监督检查80户次，全年换发港口经营许可证38张，注销经营企业4家。

（殷 洁）

【黄标车专项治理】 2016年，惠山区运管部门为有效控制机动车排气污染，改善空气环境质量，开展黄标车专项整治活动。惠山运管部门成立以运管处长任组长、分管副处长同志任副组长、业务科室和各镇（街道）交通综管所工作人员为成员的工作班子，将淘汰任务细化到人，明确时间节点。在网站及大型停车场宣传黄标车危害，公布黄标车治理淘汰举措及补偿政策。发挥各镇（街道）交通综管所作用，做好辖区黄标车辆的排查摸底和数据分析，通知业户进行车辆报废，全年，全区治理淘汰黄标车744辆，高效完成黄标车治理任务数。

（黄静娟）

【超限超载专项行动督查】 2016年11月30日，江苏省公安厅交警总队副总队长朱幼平率江苏省治理车辆超限超载专项行动第三督查组到惠山区超限检测站，就惠山区开展治理公路货车和超限超载专项行动工作进行督查指导。督查组一行通过听取汇报、抽查台账资料、实地察看超限检测站高速动态车辆衡器及卸货场地，与检测站执法人员和货运司机座

谈交流，了解惠山区超限超载工作和专项行动开展情况，督查组对惠山区开展专项行动的工作给予肯定，并为下一步工作提出意见和建设。

(马　青)

【交通安全监管】　2016 年，惠山区政府出台《关于设立惠山区安全生产专业委员会并明确工作职责的通知》，惠山区交通局与公安、城管、消防等单位建立联动机制，强化各类隐患排查和"打非治违"专项整治行动。全年组织交通安全检查 929 次，排查隐患 188 起，按期整改率 100%；完成 15 个重点交通工程的质量监督管理；做好春运、阳山桃花节和两会期间的安全保障工作。创新开展第三方安全辅助监督检查工作，各项安全管理指标均保持在预控范围内。

(王晓峰)

【公路运输支援保障演练】　2016 年 9 月 20 日，惠山区国防动员委员会交通战备办公室组织公路运输保障中队机动区队，在 312 国道无锡惠山洛社段至常州武进段开展重型装备及物资抢运抢装演练，演练往返里程 40 公里。演练共调用 40 吨大型平板车 3 辆、20 吨货车 2 辆、40 吨吊机 1 辆、抢修车 1 辆、指挥车 2 辆，参演交通专业保障队员 20 名，重点演练公路运输保障的组织指挥、快速集结机动、物资装备抢运抢装等内容。通过演练进一步探索战时如何组织公路输送部队装备物资的基本顺序和方法，为保障部队"能打仗、打胜仗"奠定基础，演练取得圆满成功。

(蒋杏根)

【道路货运行业质量信誉考核】　2016 年，根据无锡市运管处质量信誉考核工作的相关规定，惠山区运管部门用 16 天时间，对辖区内 121 家企业 2015 年度道路货运行业质量信誉进行考核。通过查阅台账、

档案、实地查看停车场地等方式，重点检查企业安全生产管理制度、车辆动态监管、营运车辆管理以及从业人员教育培训等方面的落实情况，最终评定 AAA 级企业 106 家，AA 级及以下企业 15 家。

(黄静娟)

【堰桥交管所便民新举措】　2016 年以来，惠山区交通运输局堰桥交通综合管理所创新推出驻点服务便民新举措。5 月 1 日起，辖区长安、堰桥、西漳地区的道路运输经营业户和驾驶员，办理道路运输证年审、从业资格诚信考核等业务，可以在相应的驻点服务站就近办理。堰桥、西漳 2 个驻点服务站承接从业资格诚信考核服务事项，成为无锡地区首个提供从业资格诚信考核服务的镇(街道)交通综合管理所，促进交通部门服务前移惠民生工作的深入开展。

(芮维娜)

【党建和精神文明建设】　2016 年，惠山区交通运输部门推进为民办实事项目，落实人大建议、政协提案 22 件。及时答复市长信箱和政务服务直通车群众来信来访 278 件、区"社情民意"10 期，回复率 100%。开展"两学一做""敬业担当""四诺"主题教育活动。顺利完成 8 个基层党组织换届选举，港口处方海成获选无锡市第十三届党代会代表。落实区财政国库管理制度改革，11 个下属单位全部实行财政资金国库集中支付制度，内部资金规范管理。开展基层走访活动，走访钱桥街道 30 家企业，出资 10 万元资助钱桥东风村村庄整治，帮扶贫困户 12 户。完成省级文明单位复检，航道处晋升为省级文明单位。开展"惠畅交通"志愿服务，通过爱心助学、关爱民工、植树护绿、志愿汽修、徒步公路、交通宣传等系列活动，树立惠山区交通人"为民、清廉、务实"的良好形象。

(蔡永良　芮维娜)

邮政·电信

邮 政

【概况】惠山区邮政分局是江苏省邮政公司无锡分公司直属部门，下辖洛社、钱桥、藕塘、石塘湾、阳山、陆区、玉祁、前洲、堰桥、西漳、天一、长安、马山、胡埭、石新路 15 个邮政支局，至 2016 年年底共有职工 249 人。2016 年，完成全年业务收入 11131.60 万元，比上年增长 9.7%。其中，邮务类业务完成 2128.93 万元，比上年增长 27.51%；金融类业务完成 9002.67 万元，比上年增长 6.26%。

（顾 梁）

钱桥支局员工为幼儿园小朋友讲解如何寄递明信片

（惠山区邮政分局 顾梁供稿）

【邮政业务】继续推广小包业务，至 2016 年年底，有协议客户 200 家，走件量由上年日均 3000 多件增至 8000 多件；加强苏邮惠民网点的建设，在大型社区、集贸市场附近，新开设苏邮惠民点 101 个，累计达 137 个，可办理代收水费、电费，移动、联通、电信话费，代售移动、电信、电费充值卡，代售长途汽车票、航空电子客票，代办车险业务，代理酒水、茶叶、水蜜桃和春节、端午、中秋等礼仪产品；金融业务在普通绿卡的基础上，增加白金卡、钻石卡、乡情卡、集邮卡等种类，满足不同层次的客户需求；开展元旦"砸金蛋"、春节送对联、情人节送玫瑰、冬至送团子、腊八节送粥等活动。

（顾 梁）

【邮政服务】2016 年年底，惠山区邮政分局完成对惠山区所有网点的转型升级，从功能分区、氛围营造、服务礼仪、6S 管理、岗位联动、客户管理、网点管理、片区开发等方面，提高服务质量，提升邮政形象。配合市公司开展防范通信网络诈骗，通过"三问（一问客户转汇出资金用途，二问是否知晓收款人情况，三问是否了解接受账户信息）、两看（一看前来办理业务的客户神色是否慌张，二看客户是否持续接听电话或看短信）、一核对（核对办理业务的客户所留信息是否真实合理）"，成功堵截 2 起电话诈骗。配合公安、司法等部门，进行安全、普法等宣传，累计宣传人次超过 10 万人；适应小包和快包的业务要求，年内惠山区邮政分局新增汽车 3 辆，持续跟进"助老邮路"帮扶，一对一帮扶小组投递员不定期看望孤老，春节前夕，各支局组织投递班长带着节日礼品上门慰问。

（顾 梁）

电 信

中国电信无锡惠山区局

【概况】 中国电信股份有限公司惠山区电信局是中国电信无锡分公司在惠山区的分支机构（简称中国电信无锡惠山区局），下辖堰桥、长安、钱桥、前洲、玉祁、洛社、石塘湾、西漳、杨市、陆区、藕塘 11 个电信分局。截至 2016 年 12 月 31 日，员工总数 77 名，全区各类业务用户数已逾 50 万户。

（赵琦茗）

【电信服务】 2016 年，中国电信无锡惠山区局优化改进原有的业务，推出适合企业，家庭和个人的各类"大语音，大流量"套餐，给予广大惠山消费者最大限度的优惠和更多的选择。全年共新增门店 100 多家，实现主要商业街有门店，重点小区有社区店。进一步完善 4G 移动网络和无线 WIFI 网络建设和优化，室外充分利用电信 FDLTE 网络技术优势和 800 M 频段优势，年内新增和调整优化基站 200 多个；室内加大 Wi-Fi 覆盖力度，全区政府单位、企业、商务楼宇 Wi-Fi 覆盖热点 2000 多个，实现惠山区全区无线数据高速下载。

（赵琦茗）

【助力智慧城市建设】 2016 年，中国电信无锡惠山区电信局围绕智慧城市互联网＋建设，探索物联网、云计算、翼支付、智慧社区等方面的发展，在惠山区智慧社区建设、智慧企业发展、智慧家庭应用等方面开展合作。在智慧社区建设方面，提升街道办事处通信网络的硬件，实施工作人员日常工作的移动化、智能化，提升办公人员的办公效率。在智慧企业建设方面，企业区域实现无线无缝覆盖，监控无死角，办公实施无纸化模式，企业厂区更安全，办公更便捷。在智慧家庭应用方面，解决公众用户家庭内部无线网络组网难题，用户的家庭布线更美观，享受更快速的上网体验。

（赵琦茗）

中国移动惠山分公司

【概况】 2016 年，中国移动无锡公司惠山分公司（简称中国移动惠山分公司）共有员工 127 人，其中硕士研究生 18 人，大学本科 68 人，本科及以上学历占比 67.7%。员工中有中共党员 30 人，占比 23.6%。中国移动惠山分公司下设综合组、销售服务组、政企客户组、业务支撑组 4 个职能班组，设堰桥营业部、洛社营业部、钱桥营业部、阳山陆区营业部、前洲玉祁营业部、校园营业部共 6 个属地运营单元。2016 年，中国移动惠山分公司获惠山区文明单位、无锡市巾帼文明岗等称号。

（顾卓倩）

【打造 4G+ 优质服务营业厅】 2016 年，中国移动惠山分公司继续推进服务升级、拓展服务触点覆盖。惠山区区域内共建有营业厅 200 家，渠道辐射惠山区的每条街道与公路。年内，惠山中国移动对下辖百家营业厅重新改造门头或厅内装修，进一步提升用户的服务感知，年底，惠山中国移动服务用户超 60 万户，成为惠山区域内最大的网络运营商。

（顾卓倩）

【4G 网络和百兆光宽带建设】 2016 年，中国移动惠山分公司继续推进 TD-LTE（4G）移动通信网络建设，完成 LTE 基站 150 个、室分站 30 个。累计开通 LTE 基站站点 1000 个，室分站点 400 个。针对政府办公楼宇、商务楼宇、企业集团等重点区域，开展 AB 类集团客户的 LTE 室内弱覆盖整治，至年底，惠山区 4G 网络覆盖率达 98.5%。惠山区 LTE 网络全网开通 VOLTE 高清语音业务，提升通话时的语音清晰度；在业务热点地区开展 4G+ 技术升级，大幅提升下载速率，下载速率达到 200 Mbps。年内，惠山中国移动发展有线百兆光宽带业务，开展光纤到楼、光纤到户的

小区改造工作. 全年完成小区光纤改造 200 个, 白兆光宽带覆盖用户数超 34 万户。

（顾卓倩）

【助力智慧城市建设】2016 年, 中国移动惠山分公司与惠山区政府、各镇（街道）、各企事业单位开展信息化项目合作, 助力惠山智慧城市建设。协助惠山职教园区高校进行校园网络的网络信息化改造, 打造无线、有线一体化网管平台；和惠山区公安系统合作, 开通人脸识别项目近 40 个点位、企业平安监控 106 个点位；为惠山区交巡警大队电子警察监控项目提供多条数据电路, 实时掌握道路情况；为惠山区城管局打造垃圾清扫环卫车无线监控系统, 实现垃圾清运车实时监控, 并通过物联网技术, 将视频图像实时传输至城管局指挥中心, 便于管理调度；为惠山区交通局打造重点道路建设工地监控系统, 实时监控和管理道路建设施工；与 200 多家企业开展合作, 提供包括语音、互联网、外勤定位等在内的业务服务, 提升企业信息化水平。

（顾卓倩）

商贸·服务业

概　况

2016 年，全区服务业纳税营业收入 1631.7 亿元，同比增长 8.7%，超额完成全年的目标任务 2 个百分点；服务业入库税金 43.7 亿元，同比增长 8.1%，超额完成全年的目标任务 4 个百分点；限额以上社会消费品零售总额完成 52.6 亿元，增幅 6.7%，列无锡市第四；限额以上社会消费品批发零售总额完成 176.32 亿元，增幅 9.8%，列无锡市第一；规模以上服务业营业收入 20.5 亿元，增幅 15.1%；服务业增加值占 GDP 比重提高 0.5 个百分点；服务业投入完成 419.6 亿元，同比增长 9%。重点服务业项目共 60 个，其中续建项目 39 个、新建项目 21 个，计划总投资 492.6 亿元，年内计划投资 80.8 亿元，实际完成投资 79.2 亿元，投资完成率 98.0%；新建项目开工 18 个，新建项目开工率 85.7%。围绕商贸业与旅游业举行商贸旅游促销活动，以展销博览会的形式，集中汇聚惠山区的汽车 4S 店、房地产企业、老字号以及旅游名优商品、产品，展现惠山区名优商品、产品的风采，带动现场销售，促进商贸流通业发展。全区新建和改造提升农贸市场 18 家，对全区符合条件的 17 家农贸市场开展星级评定，评定五星级农贸市场 4 家、四星级农贸市场 6 家、三星级农贸市场 7 家，共获区级奖励资金 123 万元。

（严小兴）

商贸服务业

【重点服务业项目建设】2016 年，惠山区重点服务项目共 60 个，其中续建项目 39 个，新建项目 21 个，计划总投资 492.6 亿元，年内计划投资 80.8 亿元，实际完成投资 79.2 亿元，完成全年目标任务的 98.0%，新建项目开工 18 个，新建项目开工率为 85.7%。新建项目未开工的 3 个项目：洛社华南城乾龙项目，正在做规划设计方案；城铁站区无锡和盛大酒店项目，相关手续已齐全；地铁站区汽车工业中小企业（无锡）综合服务园区项目，投资方正在编制项目规划设计方案，土地出让前期准备工作正在加紧办理。

（严小兴）

【农贸市场建设和管理】2016 年，惠山区全面推进农贸市场的建设和改造。全区共建设和改造农贸市场 18 家，其中新建 2 家、改造提升 2 家、整治 12 家、完善 2 家。区商务局会同区市场监管局、区卫计局、区城管局等部门组成联合考评组，对全区符合条件的 17 家农贸市场开展星级评定，评出长安堰新农贸市场等 4 家五星级农贸市场，堰桥农贸市场等 6 家四星级农贸市场，长安理想农贸市场等 7 家三星级农贸市场。区政府对获评的星级农贸市场合计颁发奖励资金 123 万元。全面开展农贸市场环境综合整治。在无锡市 105 家农贸市场考评中，惠山区参与考评的 14 家农贸市场的达标率 78.6%，市场良好率 42.9%，均列全市第一。

2016 年惠山区农贸市场建设和管理目标分解表

表 24

板块	新建	改造	整治	完善
惠山经济开发区			理想农贸市场	
			堰新农贸市场	
钱桥街道	藕塘农贸市场		钱桥农贸市场	
堰桥街道	新盛农贸市场	长安农贸市场	堰桥农贸市	西漳农贸市场
			寺头农贸市场	
前洲街道			榭丽花园农贸市场	前洲中心农贸市场
玉祁街道			玉祁农贸市场	
洛社镇		秦巷农贸市场	杨市农贸市场	
			鑫雅农贸市场	
			张镇桥农贸市场	
			亿丰农贸市场	
阳山镇			阳山农贸市场	
合计				

（严小兴）

【商业综合体转型】2016 年，惠山区商务局针对区内商业综合体总量过剩、布点过密、业态雷同、品牌不强、运营吃紧、存在隐患等诸多问题，推进现有综合体与新型业态项目对接，逐步转型。已签约和正在对接洽谈的项目有钱桥青春假日广场、无锡惠山太平洋商业广场、阳山田园东方等。位于无锡职教园区的青春假日广场业态涵盖大型超市、品牌主力店、特色美食、餐饮、创意精品、休闲娱乐等多种特色店铺，将成为一站式购物广场和风情时尚街区。正在建设中的西漳太平洋商业广场，除了传统的酒店、购物中心、餐饮、娱乐设施外，还有相当大比例的体验式商业，比如运动休闲类体验，顾客可以现场体验许多惊险刺激的运动休闲项目，还将引进刘谦授权的魔术馆等。阳山田园东方综合体既是城镇化项目，又是文旅项目，建设大量文化旅游设施。

（严小兴）

【物流产业转型】2016 年，惠山区政府针对物流产业布局不合理、业态雷同以及阻碍交通等突出问题，组织就全区物流产业转型升级开展专项调研，理清解决问题的主要对策与下阶段发展思路。区商务局召集重点镇（街道）有关部门赴成都、重庆等地学习公路运输信息化、"专业市场 + 物流"等先进经验。区商务局积极开拓项目信息源，为重点园区牵线搭桥、招引项目，丰富、提升现有物流业态档次，推动物流产业集群化、园区化、高端化发展。年内在谈在建重点项目有：普洛斯物流项目与西站物流园区的合作，项目将引进医药物流、冷链物流等高端物流业态；在建的深国际物流城市配送公路港项目，主要涵盖蔬菜等生活资料的冷链仓储物流。惠山区在物流业转型发展中,明确以沿高速产业带和沿运河产业带为重点,依托铁路货运、内河和公路优势,加快现有物流资源整合力度,提高空间集聚效率,规划建设城市配送物流集聚区、汽车物流集聚区和冷链物流集聚区等,重点以石塘湾信息物流园、西站物流园、华南城乾龙物流产业园等大型物流园区为基础,发展铁路—水路—公路立体化联运模式。

(严小兴)

【商贸服务业专项整治】 2016 年,惠山区商务局协同区市场监管局、科技局、公安局、文体局、农林局等部门,推进"双打"(打击侵犯知识产权和制售假冒伪劣商品)专项活动,重点开展互联网打击侵权假冒、农村和城乡结合部市场、车用燃油、中国制造海外形象维护"清风"行动等专项整治行动,取得较好成绩。在年度考核中,获得无锡市考核组的好评。

(严小兴)

电 子 商 务

【概况】 2016 年,惠山区电子商务线上交易额 149 亿元,年增幅 35%。全区工业企业上网率 80%以上,规模以上工业企业通过第三方平台或建设独立平台开展电子商务应用超过 50%。商贸流通企业开始应用美团网、大众点评网等平台进行电子商务营销。农业电商发展迅速,阳山镇开设网店超 1000 家,并通过微信平台、智慧无锡 APP、大众点评网、团购网等各种电子商务模式销售产品,每年以 15%的速度增长。无锡新三洲特钢有限公司"换糖客"电商平台、大耀纺织商城、江苏四达集团"车掌柜"商城、"富车网"等专业生产服务平台上线,无锡传化公路港物流有限公司、无锡禾健物流发展有限公司等物流信息平台建成投用。全区 300 余家外贸企业登陆阿里巴巴国际网站平台开展跨境电商 B2B(企业对企业的电子商务,也称批发电子商务)出口。年内,惠山区创建为"江苏省 2016—2017 年度农村电子商务示范县"。

(严小兴)

【电商品牌引领】 2016 年,惠山区电商品牌示范引领产业发展,成功创建为"江苏省 2016—2017 年度

农村电子商务示范县"。阳山镇被评为江苏省农村电子商务示范镇,阳山村被评为江苏省农村电子商务示范村,无锡恒生科技园、无锡云歌电子商务有限公司分别被评为省级电商示范基地及企业。无锡成达物流园被列为无锡市电商示范园区创建单位。惠山万达广场、无锡购物时光电子商务有限公司、无锡伟达五金有限公司等 20 家单位入围"惠山区 2016—2017 年度电子商务综合示范创建单位"。淘宝大学无锡电商人才培训基地落户无锡恒生科技园。

(严小兴)

【电商产业集聚】 2016 年,惠山区拥有无锡惠山电子商务产业园、惠山软件园信息港、位于城铁惠山站区的无锡恒生科技园、天物黑色金属电商产业园等电商产业发展载体。至 2016 年年底,位于地铁西漳站区的无锡惠山电子商务产业园,电商专业楼宇建筑面积 4.6 万平方米,入驻电商企业 52 家,包括商 315 电商平台、无锡莫兰科技有限公司、飞猪网等本土电子商务企业,年内线上交易额超 4 亿元。惠山软件园"芒种空间"、惠山科创中心"惠创众创空间"、江苏数字信息产业园紫荆梦享会、无锡恒生科技园恒客空间及地铁西漳站区大学生创业园等众创空间,为惠山区电商大众创业、万众创新提供新平台。

(严小兴)

【电商促进与培育】 2016 年 10 月 31 日,惠山区商务局组织近 100 家传统物流企业参加在无锡举办的世界物联网无锡峰会,组织农产品企业与农产品供销平台、京东特产馆等电商平台对接。组织各板块电商产业分管干部和相关企业赴杭州、义乌等电商先进地区、园区考察学习交流,参加杭州国际电商博览会、义乌国际电商博览会等展会活动。举办"惠集市"农产品电商集市活动,展示惠山特色品牌农产品,加快农产品网上销售步伐。年内,惠山区汽车及零配件行业电商平台富车网上线,由鹿耘文化运营的京东无锡特产馆上线。区商务局与区人社局、淘宝大学联合办班,组织电商创业专场培训,区内 50 余名大学毕业生参加;组织跨境电商(外贸)专场培训,区内电商企业及外贸企业专业人员 80 余人参加。制订出台全区电子商务综合示范工作方案,启动示范创建工

作。完善统计监测,定期跟踪 44 家电子商务重点企业的发展情况。

(严小兴)

物 流 业

【概况】2016 年,惠山区物流业借助互联网等先进信息技术手段,加快物流模式创新和服务体系完善,全面提升智慧化水平,推进物流业和制造业深度融合,不断扩大有效物流供给。至年底,全区有国家 3A 级物流企业(基地)4 家、省级重点物流企业(基地)3 家、市级重点物流企业(基地)6 家。2016 年,全区纳入统计监测的 7 家省、市两级以上重点物流企业(基地)完成营业收入 4.16 亿元,同比增幅 32.5%,实现利税 624.6 万元,同比增幅 18.7%。

(潘 卓)

无锡西站物流园区办公服务大楼
(西站物流园区 供稿)

【项目建设】2016 年,西站物流园铁专线项目完成综合验收,获上海铁路局线路开通许可和集装箱及其他货运业务开通运营许可,进入试运营阶段。西站物流园区建成各类物流仓储、设施和专业市场近 100 万平方米,物流实际运营面积 200 万平方米,中国五矿集团、天津物产集团和浙江物产集团等一批世界 500 强企业先后在西站物流园区投资设立区域性总部基地。深国际·无锡综合物流港项目占地面积 24.5 公顷,总建筑面积约 27 万平方米,年内,深国际·无锡综合物流港一期项目建设正式投入运营。禾健物流项目建设的"现代物流信息交易中心"立足

建成国内首个运用物联网集成及公共物流配送综合性信息服务平台,至年底,禾健物流累计招商进驻物流企业 350 余家,信息配载中介人员 1000 余人,仓储中心招商入驻物流专线 60 余条,成立专线联盟,范围覆盖全国 28 个省、直辖市,车辆管理中心可同时容纳社会车辆 2000 余辆,日均停车量超过 1500 辆,日均进出车流量超过 2000 辆次,日均普通货物运输吞吐量超过 10 万吨,配套服务中心(司机之家)日均接待驾驶员超过 4000 人次,基地内各项配套设施齐全,形成一个专业的综合性物流园区。

(潘 卓)

旅 游 业

【概况】2016 年,惠山区完成旅游投入 10.3 亿元,同比增长 21%;旅游收入 7.1 亿元,同比增长 11%;接待游客 263 万人次,同比增长 13%。阳山生态休闲度假区在全省 2015 年度 45 家省级度假区考核排名中位列第 3,年内正进行国家级旅游度假区申报工作,已送交申报资料 +15 分钟宣传片。阳山生态休闲度假区被推荐为省旅游系统先进集体。田园东方申报省 5 星级乡村旅游区,年内通过第三方审核,等待省局考评验收;梦想田园、弘文农庄申报省 4 星级乡村旅游区;尚田生态岛、得雨居农场申报省 3 星级乡村旅游区,均通过省旅游局验收。在无锡市向省旅游局推荐 11 个特色小镇中,惠山区占 2 个:惠山阳山蜜桃小镇和尚田养生小镇。经过省、市旅游部门评选,尚田生态岛和桃缘山庄入选无锡"游客最喜爱的休闲农庄"10 强,华美达广场酒店获评"无锡市好口碑休闲度假饭店"10 强,花间堂家圃集入选"江苏精品休闲度假饭店"。

(严小兴)

【丰富旅游业态】2016 年,惠山区旅游业在高端休闲旅游项目的带动下,通过整合乡村旅游资源,旅游业态进一步丰富。年内,阳山镇安阳山、光明、普照 3 个村通过合作整合资源,共同开发"阳光普照"都市农业体验园,8 月向日葵园开园。隐居桃缘酒店、途家思维登度假酒店、花间堂精品温泉酒店正式投入

营业。田园东方的番薯藤 TINA 餐厅、番薯藤好物市集、番薯藤 TINA 咖啡、番薯藤 TINA 台湾小吃一季度正式对外营业。麒麟湾民宿文化村首家民宿鸣珂里、百果园内的特色民宿小筑沐野对外试营业。紫藤园项目启动建设。尚田生态岛的阳光餐厅、香草园、多肉园、火龙果园等项目对外开放，亲子乐园、主题民宿和禅心工坊盆景园等项目有序推进中。江南牡丹·无锡御园的绿化基础工程有序推进；游客中心主体工程建成，正在装修。

（严小兴）

【系列节庆活动】2016 年 3 月 2 日至 4 月 10 日，阳山桃农协会主办的以"大美阳山·幸福桃园"为主题的第二十届阳山桃花节在阳山镇举行。3 月 29 日，在阳山桃文化广场上举行阳山桃花节开幕式，众多草根演员参与大型广场演出。桃花节期间举行商贸恳谈、民俗展示、摄影大赛等特色活动。年内，惠山区举办"乐游惠山"台湾风情美食节暨桃源旅游商品展销会、"骑行桃源、一路顺丰"等系列节庆活动，举办第二届阳山田园国际露营节、2016"乐游惠山"金秋旅游季开幕式暨首届路亚垂钓节、慧心"惠"读儿童伴读分享会、第三届"十佳特色农家菜"评选大赛等活动。系列节庆活动吸引大批游客到惠山区旅游。

（严小兴）

【旅游宣传】2016 年，惠山区加大旅游资源的宣传和推广力度。阳山桃花源景区与江浙沪 10 多家知名旅行社订立合作盟约；在上海开展"休闲度假 GO 无锡"专题推介会。区旅游局在"无锡惠山旅游"微信公众平台，开辟惠印象、惠旅游和惠精彩 3 个微信栏目，呈现惠山区的乐游、乐购、人文、美食和住宿等特色资源。惠山区组织成立阳山桃花源景区、田园东方、尚田生态岛等 3 支旅游志愿者队伍，用实际行动传播文明旅游、维护惠山区旅游环境。

（严小兴）

【旅游行业监管】2016 年，惠山区旅游局狠抓旅游行业安全监管。执行"分级负责、属地管理"原则，与重点单位签订旅游安全生产目标责任书，落实安全责任。在旅游旺季和春节、"五一""十一"重大节假日和活动期间，落实安全值班制度，组织节前联合检查。年内，区旅游局联合安监、消防、市场监督等相关部门开展 27 次旅游安全专项检查。在对菩提仙境、阳山桃花源景区、锦绣翠竹大酒店、天蓝地绿生态农庄等重点旅游点的安全生产检查中，共发现消防安全、食品卫生安全、特种设备及安全应急预案、安全标识标牌等隐患问题 25 个，当场形成检查记录，由检查单位与被检查单位共同签字确认，同时明确整改要求和整改期限，有效遏制重大旅游安全事故发生。区旅游局在旅游企业中开展诚信企业建设、文明旅游宣传、公共服务标准化运行等活动，提高旅游企业的经营管理水平、从业人员的职业道德素质和接待服务水平，树立旅游业的良好社会形象。

（严小兴）

粮 食 购 销

【概况】2016 年，惠山区粮食部门努力践行"为耕者谋利、为食者造福"的宗旨，加强党风、行风等的作风建设，在稳定粮食购销、强化粮食调控、深化改革重组、加强市场监管和强化企业管理等方面取得较好成绩。年内，惠山区粮食局被惠山区委、区政府评为"2011—2015 年惠山区法治宣传教育先进单位"；江南大学与惠山区粮食局下属无锡市苏惠米业有限公司共同承担的"全谷物加工共性关键技术研究重大产品创制"科研项目，通过国家粮食局"2016 年粮食行业急需关键重大科研项目"评审。

（宋正东）

5 月，粮食局工作人员在玉祁进行粮情调研。

（粮食局 供稿）

【粮食收购】2016 年，惠山区粮食部门积极应对全区夏秋两季粮食播种面积减、总产减和粮价购销倒挂等不利因素，周密部署组织夏粮和秋粮收购工作，提前做好粮情调研、粮源衔接、人员培训、仓房腾并、机械添修、资金落实等准备工作，做到见新就收、随到随收，内外并举、敞开收购，依质论价、公平作价、现售现结、不打白条，保护售粮群众和粮食经纪人的利益，确保粮食收购工作的顺利进行和储备粮入库任务的圆满完成。全年收购粮食 4596.9 万公斤，其中夏粮 1107.6 万公斤，秋粮 3489.3 万公斤；促进本地农民增收 168 万元。

（宋正东）

【储备调控】2016 年，惠山区粮食部门按照区级地方储备粮 3300 万公斤规模，及时将储备粮计划分解落实到各收储企业。全区 900 万公斤储备小麦和 2400 万公斤储备粳稻保质保量按时完成。全区完成应急供应成品粮油储备计划 140 万公斤，其中大米 120 万公斤、食油 20 万公斤。从 2016 年四季度起，大米储备计划增加 8 万公斤，总数为 128 万公斤，食油储备计划 20 万公斤不变。按照储备粮推陈储新的管理要求，惠山区粮食部门经区政府批准后，下达储备粮轮换计划。各收储企业分期分批开展轮换销售，顺利完成 3300 万公斤储备粮轮换销售任务，为新粮入库腾出仓房。惠山区粮食收储企业全年销售粮食 4652.1 万公斤，其中小麦 1155.3 万公斤、粳稻 3496.8 万公斤。在惠山区具备粮食购销资格的 5 家粮食企业中，玉祁粮管所和阳山粮管所全年粮食购销总量均超 2000 万公斤、洛社粮管所超 1000 万公斤、前洲粮管所和石塘湾粮管所均超 500 万公斤。

（宋正东）

【粮食管理】2016 年，惠山区粮食部门加强现粮保管和粮情监测检查，做好粮食通风降温、密封、熏蒸等工作，推广低温储粮技术，构建粮食流通监管信息化平台，确保各类粮食储存安全。按时做好全区 7 家粮油收贮企业的粮油仓储备案及 6 家粮油收贮企业的熏蒸备案工作。抓好全区的粮食库存检查工作，全年清查库存粮食 2715 万公斤，其中区储备粳稻 2400 万公斤、托市粳稻 102.5 万公斤，商品粮 212.5

万公斤。4 月，无锡市粮食局抽查惠山区阳山粮管所、石塘湾粮管所粮食库存情况，均顺利通过。

（宋正东）

【粮食购销企业改革】2016 年，惠山区粮食局对粮食购销企业改革重组，出台《关于粮食购销企业改革调整工作实施意见》，对租赁主体调整、租金分担、库存衔接管理、资产交接和财务处理等作出具体规定。改革重组的主要内容为：调整各企业负责人、实行全面轮岗，异地任职；调整粮库资产租赁主体和租赁费用，重新签订租赁合同；调整储备粮分配计划，将全区 3300 万公斤储备粮计划重新分配，分解落实到各收储企业。

（宋正东）

【资产资金管理和安全生产工作】2016 年，惠山区粮食部门加强国有资产管理和专项资金管理，全面清查登记全系统国有资产，评估回购由民营粮油公司部分出资购置的资产，重新登记造册，确保国有资产的保值增值。加强粮食系统资产安全和生产安全。层层签订安全生产工作责任制，全年安全培训 200 人次，安全检查 26 次，排查并及时整改安全隐患 20 起，加强对粮食购销专项资金的管理，专款专用，封闭运行。在惠山区统一组织的专项资金第三方审计中，区粮食局的 2015 年度区级储备粮油专项资金，审计绩效评价综合得分 97 分，在同时参加审计的 8 个区级单位中得分最高。

（宋正东）

【粮食质量安全】2016 年，惠山区粮食部门开展市场粮食质量检查 41 次，其中与工商、食品药品检验等部门联合检查 5 次，一般检查和专项检查 36 次；抽检粮油样品 123 只，粮油质量抽检合格率达 98%。全年开展法制宣传和放心粮油下乡活动各 2 次，发放宣传资料 600 余份，制作法制宣传和粮油科普宣传展板 15 块、横幅 8 条。2016 年，惠山区粮食部门在《现代快报》刊登有关粮食安全内容的宣传专版，提高群众对粮食安全的知晓度。

（宋正东）

财政·税务

财　政

【概况】　2016年，惠山区财政局落实区委、区政府的决策部署，围绕"重振雄风、再创辉煌、赢得未来"发展大局，坚持"以财行政，以政制财"，以提高财政发展质量和效益为中心，全面深化财税改革，落实积极的财政政策，坚持稳中求进，财政收入稳定增长。2016年，全区实现财政总收入147.1亿元，比上年增长10.0%；完成一般公共预算收入81.4亿元，比上年增长6%，增幅列无锡市各区（市）第3名，继续高于全市平均水平。2016年，惠山区财政局被评为"全省财政'六五'普法宣传教育先进集体""2016年度作风建设优胜单位"。

（金林元　贾军）

【收入征管】　2016年，惠山区财政局制定《惠山区2016年财税重点工作目标管理办法》，完善税收征管保障工作机制，落实市政府《关于采取切实有效措施促进财税收入稳定增长的实施意见》，建立重大项目税收跟踪管理制度，支持企业并购和限售股减持，加大对房地产项目的管理，加强政府性税源管控，加强反避税工作，落实市跨区迁移企业财力基数调整政策。全面推开"营改增"改革，率先完成营业税的清理工作，继续支持交通运输业发展，交通运输业税收在高平台上增长超50%。无锡禾健物流发展有限公司、无锡市成达物流有限公司、无锡传化公路港物流有限公司等区重点物流市场入库税收均实现大幅增长。制定出台《建筑业和房地产业项目信息采集和登记管理办法》《建筑业纳税人综合治税实施方案》等文件，创新综合治税管理模式，建立"政府主导、财税主管、信息共享、协同共治"的管理格局，确保建筑业税收属地预征。加强非税收入征管考核，强化不明款项管理，提高收入征管的及时性和准确性。紧抓财政票据源头，做好基础信息的录入、维护和动态管理等工作。细化落实政府非税收入征管的激励机制，提高部门征管的积极性，确保收入应收尽收、及早入库，防止非税收入流失。

（金林元　贾军）

区财政局联合国税部门进行营改增改革试点情况调研

（区财政局　供稿）

【产业扶持】 2016年，惠山区财政局配合区委、区政府做好产业扶持工作。出台《关于加快推进现代产业发展的意见》，精准制定产业扶持微政策，加大对龙头骨干企业、高成长性企业和小微企业的财政支持力度，"十三五"期间累计将安排总额不低于10亿元的现代产业发展资金。年内，区财政拨付工业经济转型升级扶持资金6443万元，受惠企业234家；拨付科技创新及产学研资金6541万元，用以扶持惠山区三大研究院，支持企业科技创新项目57个，奖励专利5842项；拨付服务业发展资金1402万元，惠及服务业企业103家。推进市场化、多元化支持产业发展方式，成立股权投资基金21只，基金总规模达100亿元，促进投资机构和社会资本进入惠山区产业投资领域，推动全区创业创新、产业升级和小微企业快速成长。区财政局与市产业股权投资母基金（太湖股权投资母基金）单位沟通对接，完成1亿元的资本认购，实现市区联动，打造现代产业新高地。全年财政投入1500万元引导资金，成立中小企业转贷平台，为中小企业提供转贷服务，年内为24家企业提供转贷帮助3亿多元。在相关产业中成立信保基金，为出口外贸企业、新三板企业、科技企业提供融资担保，解决相关企业融资难问题。

（金林元　贾军）

【企业服务】 2016年，惠山区财政局积极推进营改增改革，落实国家结构性减税和定向减税等各项优惠政策，为企业减免税负约2亿元。严格执行中央、省、市三级行政事业性收费减免、停征的各项规定，全年累计降低企业成本7000万元。深入开展"访企情、解企难、暖企心"服务企业活动，走访钱桥街道各类企业40多家，加强政企沟通，帮扶企业发展。开展纳税百强企业调研联系活动，重点调研无锡威孚力达催化净化器有限责任公司、高佳太阳能股份有限公司等纳税百强企业。为确保全面推开营改增试点顺利实施，确保所有行业税负只减不增，区财政局联合区国税局选择无锡广盈实业有限公司、无锡市政建设有限公司、无锡凯博物流有限公司、无锡绿野运输有限公司等建筑安装业、生活性服务业和交通运输业典型企业，开展营改增试点情况跟踪分析调研，

指导企业用好用足政策，提高核心竞争力。

（金林元　贾军）

【民生保障】 2016年，惠山区财政局实施水利工程3年规划，规划总投资11.8亿元，年内完成投资4.2亿元。新开工中惠大道西延、惠西大道等8个重点道桥项目，总投资9.1亿元，年内完成投资1.1亿元。支持农村公路提档升级，年内完成投资1.1亿元。拨付区人民医院、全民健身中心工程资金1亿元，累计已拨付资金3.3亿元（总投资3.7亿元）。购买寺头家园经济适用房1000套，完成首批资金拨付1530万元。修缮农村贫困户破损住房，财政投入204.1万元，修缮户数39户。设立农业发展专项资金560万元，建设现代农业示范区。扩大农业保险覆盖面，增强农民抗风险能力。拨付大气污染治理专项资金2100万元，其中拨付785万元，拆除锅炉146台（合计433蒸吨），预计可减排二氧化硫120吨，减排氮氧化合物400吨。筹集安排环境综合整治资金5.5亿元，促进生态环境保护。增加职业教育投入，安排惠山中专建设债务偿还资金6000万元。支持公立医院价格改革，推动"药品零差价"政策实施，区财政补贴1000多万元，解决老百姓"看病贵、看病难"的问题。

（金林元　贾军）

【预（决）算管理改革】 2016年，惠山区财政局继续全面推进预决算信息公开。转发《无锡市预决算信息公开实施办法（试行）》，按要求扩大、细化财政信息公开的范围和内容。健全政府全口径预算体系，扩大国有资本经营预算范围，各镇（街道）参照区本级预算要求编制2017年本级预算，报区财政汇总后报区人大备案。深化专项资金改革和落实专项资金清单管理，进一步清理、整合、规范专项转移支付项目，深化"零基预算"、非税收入跨年度平衡办法，启用专项经费预算编制滚动项目库管理，进一步细化预算编制，增加预算绩效目标和论证功能，实施跨年度项目预算管理。印发《无锡市惠山区本级预算执行进度考核管理办法（试行）》，健全预算执行进度考核机制，实施执行进度通报和监督检查制度。

（金林元　贾军）

【预算绩效评价】 2016 年,惠山区财政局进一步完善预算绩效评价的制度体系。区财政局出台《关于做好2017 年预算绩效管理工作的意见》,进一步明确预算绩效管理和评价具体政策要求。首次对部门项目绩效引入第三方评价,对区委、区政府的重点工作和民生等 8 个专项资金,聘请第三方中介机构进行专项资金绩效评价。2017 年,纳入绩效目标管理的 18 个项目,均已形成明确的绩效目标和完整的指标体系,与 2017 年度预算同步编制申报。建立专项资金管理清单,形成以绩效目标为导向的政府专项资金管理机制。建立惠山区专项项目库,2017 年度专项资金预算编制,绩效目标和目标值同时录入项目库,作为审核、批复绩效目标和进行绩效评价的基础。

(金林元 贾军)

【财政管理】 2016 年,严格"三公"经费使用,推进公车改革,严格会议经费和公务接待经费管理,进一步规范差旅费管理。执行新《财政总预算会计制度》,提高总预算会计核算与管理水平,规范会计档案管理。完善国库集中支付,加快教育、交通等支付分中心建设,推进财政资金安全管理全覆盖。清理规范银行账户,完善银行账户常态化管理机制。加大对部门存量资金的清理,将闲置的资金收归财政统筹,重点支持民生及重点项目建设。完善"管采分离"制度,强化政府采购监管职责,加强采购预算控制,全区共实施政府采购预算 3.43 亿元,实际采购金额 3.12 亿元,节约资金 3131 万元,节约率 9.1%。开展中央八项规定等专项督查,严肃财经纪律,维护财经安全。

(金林元 贾军)

【财政监督】 2016 年,惠山区财政局开展中央八项规定专项督查,根据区纪委的统一部署,对钱桥街道、阳山镇、洛社镇、西站物流园区、城铁惠山站区等 5 个板块 2016 年度春节期间的支出情况进行专项督查。加强专用账户检查,按要求检查公安分局暂扣款账户、检察院暂扣款账户、法院执行款账户、环保局排污费专户和有偿使用专户 2015 年度的资金情况。按计划开展会计监督检查,对区城管局、区机关事务管理局、区商务局、区第二人民医院和无锡金城职业学校等部门 2015 年度的会计信息质量进行检查。依法检查预决算公开情况,督促并指导全区 55 个区级行政事业单位对 2014 年度的决算公开和 2015 年度的预算公开进行整改,指导并督促各区级单位对 2015 年度决算和 2016 年度预算进行公开,确保全区所有区级预算单位在规定时间内进行公开。

(金林元 贾军)

【债务管控】 2016 年,惠山区财政局严格政府债务限额管理,政府债务管理考核位居全市各区(市)第 2 名。全年惠山区争取到地方政府债券资金 53.95 亿元,及时做好债务资金置换工作,减少利息支出 1 亿多元。抓住利息低位运行机遇优化融资结构,以中长期置换短期债务,切实减轻利息负担。试点推广PPP 模式,惠山区长安街道古庄生态园项目进入省级项目库,获市级奖补资金 250 万元。

(金林元 贾军)

【国资管理】 2016 年,惠山区出台《惠山区行政事业单位国有资产动态管理实施办法》,对全区行政事业单位国有资产集中监管。建立区国有企业财务管理平台,区级所属 72 家国有公司账务纳入平台管理。完善国有企业资产年度报告制度,完成全区行政事业单位建区以来首次国有资产全面清查。

(金林元 贾军)

【财政队伍建设】 2016 年,惠山区财政局党总支实施"周五学习日"制度。开展基层党组织书记"四诺"履职活动,通过"定诺、亮诺、践诺、评诺"四个环节,为基层群众办实事解难题。以"四诺"主题实践活动为载体,开展"敬业•担当"主题教育活动。全面落实"两个责任"(党委负主体责任,纪委负监督责任),对照《惠山区财政局党风廉政建设责任清单》,落实党风廉政建设责任制,教育党员干部严格遵守《中国共产党廉洁自律准则》《中国共产党纪律处分条例》《关于新形势下党内政治生活的若干准则》和《中国共产党党内监督条例》等党内法规,增强党员干部的政治敏锐性和政治鉴别力,提高执行党的纪律的自觉性和坚定性。组织全区财政工作人员观看《尺度》《永远在路上》等专题教育片,党组书记上廉政党课。2016 年，惠山区财政局获"全省财政'六五'普法宣传教育先进集体""2016 年度作风建设优胜单位"等称号。

（金林元　贾军）

国 家 税 务

【概况】 2016 年，惠山区国家税务局（简称惠山区国税局）稳中求进履行"为国聚财，为民收税"天职，坚持组织收入原则不动摇，全年组织税收收入 69.46 亿元，同比增长 16.09%；完成一般公共预算收入 29.35 亿元，同比增长 60.39%；对地方财政的贡献度同比提高 11.26 个百分点。2016 年，惠山区国税局大双轨测试面、测通率均达 100%，金税三期优化版成功上线、运行平稳，征管核心系统顺利升级。

（徐丽芳）

【税收政策落实】 2016 年，惠山区国税局主动对接供给侧结构性改革，落实各项税收优惠。全年共兑现各类税收优惠 30.71 亿元，同比增长 13.2%，占同期税收收入比重的 44%。其中，办理出口退（免）税 19.9 亿元，固定资产加速折旧优惠 1207.49 万元，减免高新技术企业所得税 1.41 亿元，减免小微企业所得税 6163.78 万元。

（徐丽芳）

区国税局干部向纳税人宣传解读税收政策
（区国税局　供稿）

【税收服务改革】 2016 年，惠山区国税局开展"便民办税春风行动"，探索"互联网＋税务"新模式，全面应用电子税务软件，微信公众号绑定纳税人 1.2 万余户；整合线上线下服务资源，添置自助办税终端，完善延时服务、预约服务、免填单服务、全省通办等便民举措，减少纳税人上门办税次数，提高办税效率；切实抓好"五证合一"（营业执照、组织机构代码证、税务登记证、社会保险登记证和统计登记证"五证合一"登记制度）"两证整合"（将原有个体工商户登记时依次申请营业执照和税务登记证，改为一次申请，由工商行政管理部门核发一个营业执照，具有原营业执照和税务登记证的功能）、商事制度改革衔接，存量企业"三证合一"（将企业依次申请的工商营业执照、组织机构代码证和税务登记证三证合为一证，提高市场准入效率）换证面达 70% 以上；推广实名制办税，采集率 90% 以上；与中国银行联合打造出口退税服务平台，为企业代垫出口退税款 2.54 亿元。

（徐丽芳）

【营改增试点】 2016 年，惠山区国税局围绕服务供给侧改革、促进经济转型发展的目标，打好营改增扩大试点的"开好票、报好税、分析好、改进好"四大关键战役，业务运转顺畅，社会反响良好。年内，5062 户纳税人实现平稳交接，至 2016 年年底，全区营改增纳税人达到 1.28 万户。

（徐丽芳）

【税务征管体制改革】 2016 年，惠山区国税局以省局深改工作"50 个到位"为目标，在全市率先推出国地税共建联合办税服务厅，国地税合作实施"三个联合、三个一"（即联合设立办税窗口、联合加强税户管理、联合开展纳税宣传；办税一个厅、服务一个尺、征管一个度）。落实总局征管规范，优化职能配置，进一步完善流程、简化事项，纳税服务一体化格局持续优化；科学高效应用模板进行指引，制订 7 个配套工作制度，组建风险应对支持、风险应对分析、风险应对实施及欠税追征等专门团队，重大风险机关实体应对，通过团队化、实体化运作，风险管理机制更加高效，全年风险应对总成效 9012 万元。

（徐丽芳）

【法治税务建设】 2016 年，惠山区国税局高标准、严要求建设全国法治税务示范基地。围绕5大类17个分类46项指标,建立、完善创建台账,充实信息资料,报送13个创新项目,创建工作以高分通过国家税务总局评审,被命名为"全国税务系统法治税务示范基地"。持续推进依法治税,落实行政审批制度改革,严格执行税收职责清单,确保行政审批"零超时"。充分发挥税务稽查职能作用,深化税警合作,成立公安派驻国税联络机制办公室,建立税收"黑名单"制度,实施联合惩戒,全面落实"双打"(指打击虚开增值税发票、打击出口骗税)工作,严厉打击涉税违法行为。全年查处各类涉税违法案件68件,查补入库税收2908万元。2016年,惠山区国税局被评为2016年度法治惠山建设先进单位。

(徐丽芳)

【党风廉政建设】 2016年,惠山区国税局组织全系统干部、群众深入学习贯彻中共十八届六中全会精神和《关于新形势下党内政治生活的若干准则》《中国共产党党内监督条例》,强化责任担当,落实责任清单,扎实开展"两学一做"学习教育,创新"4+1"系列党课活动[注],开展支部书记抓基层党建述职会,深入实施"党旗领航先锋行""周五学习日""基层党组织统一活动日""四诺"主题实践等活动,将全面从严治党不断推向深入。 加强党风廉政建设"两个责任",运用信息化手段,深化以"四道防线"为核心的内控机制建设,举办党风廉政专题讲座和新版《关于新形势下党内政治生活的若干准则》《中国共产党党内监督条例》专题解读,开展警示教育活动,筑牢思想防线,强化源头防范。加大执纪问责力度,对在营改增督查中发现的问题,依法依规对相关领导和直接责任人分别作出相应处理,达到问责一个,警醒一片的效果。严格执行中央八项规定,对省局巡视中指出的问题全部从严从实按时整改到位。

[注]"4+1"系列党课活动:是无锡市国税局为深入推进"学党章党规、学系列讲话,做合格党员"学习教育,进一步创新党员学习载体,加强党员的理论教育和思想教育,提高基层党组织党课质量而推出的系列党课活动,主要内容有:领导干部讲精品党课、专家教授讲专题党课、普通党员讲小微党课、个性化定

制线上党课。

(徐丽芳)

【国税队伍建设】 2016年,惠山区国税局全面推行绩效管理形成创先争优氛围。深入开展岗位大练兵、业务大比武活动,年内,惠山区国税局有5人获得市局岗位能手称号。持续开展"阳光国税2+2"[注]活动。建立"惠爱·国税"红十字助困帮扶基金,与江苏省锡山高级中学结对共建,开展社会公益活动,全年捐款30.4万元。惠山区国税局及二分局、四分局被命名为"2013—2015年度江苏省文明单位",徐伟栋被评为无锡好人。

[注]"阳光国税2+2":是惠山国税文化建设品牌,主要内容是:对内着力打造"阳光团队",增强凝聚力,力促"阳光效能",增强执行力;对外推行"阳光执法",增强公信力,开展"阳光服务",增强亲和力。

(徐丽芳)

区国税局办税服务大厅

(区国税局 供稿)

地 方 税 务

【概况】 2016年,无锡市惠山地方税务局(简称惠山地税局)加快税收现代化步伐,创新税收服务模式,严格依法收税,落实税收优惠政策,加强地税文化建设。2016年,惠山区地税局组织各项收入均比上年有较大幅度增长。惠山地税局获江苏省先进基层党组织、江苏省文明单位、江苏省三八红旗集体等荣誉称号,并成为江苏地税系统首家全国税务系统法治基地,"阿福"税收服务区项目在全市法治惠

民实事工程评比中获一等奖;张云龙获"江苏省先进工作者"邹莉敏获"惠山区十大优秀青年"称号。

(沈艳琳)

【地税收入】 2016 年, 惠山地税局组织各类收入 82.24 亿元,同口径统计比上年增长 5.53%。其中,地方税收收入 46.59 亿元,同口径统计比上年增长 8.14%;公共财政预算收入 38.82 亿元,同口径统计比上年增长8.75%;入库社保费30.88 亿元,比上年增长 5.12%;入库其他非税收入 4.77 亿元。

(沈艳琳)

【税收优惠】 2016 年,惠山地税局落实小微企业所得税优惠、固定资产加速折旧、研发费加计扣除、困难企业房产税和城镇土地使用税优惠、防洪保安基金减免等税收优惠政策, 全年共办理各类税收优惠业务 2742 笔,累计减免税金额 3.11 亿元,其中办理高新技术企业优惠、研发费用加计扣除、节能减排优惠等税收优惠 135 户次, 累计减免税款 1.57 亿元;累计为小微企业办理减免税 1025 万元;贯彻落实省市关于基金(费)减免政策,累计办理基金(费)减免 7900 万元,惠及小微企业 3304 户。

(沈艳琳)

【税收共治】 2016 年, 惠山地税局完善社保费、工会经费、残保金等征管流程,推进基金费"税式管理",与社保、工会、残联、法院、银行等部门联动,深化基金费征缴协作机制。加强司法与税收执法协作机制建设,联合法院开展社保费执行会战,完善欠税管理强制执行机制,社保费征缴率超过 99%。与财政局合作推进税源分析联动,与国土局、不动产登记中心合作,推进"以地控税、以税节地"工作。联合公安等部门依法打击税收违法犯罪,对欠税、欠费企业法人依法采取限制出境等举措。

(沈艳琳)

【国、地税合作】 2016 年,惠山地税局与惠山区国税局联合制定《惠山区税务服务 SIC 中心建设方案》《惠山区国地税合作联席会议工作制度》《惠山区国地税 2016 年重点合作事项表》《惠山区国地税"营改增"合作事项安排》,合力打造税务服务 SIC 中心,搭建信息共享平台,汇集征管服务功能,创新推进"前台一家受理、后台分别处理、限时办结反馈"的税收服务模式。推出国、地税联合叫号系统、注销系统,开展联合导税,缩短业务办理时间。整合办税资源,共建咨询窗口,实现国、地税窗口人员互派、联合宣传、联合对外公告等,提高办税效率。利用第三方数据,与国税联合开展纳税信用等级管理,对 60 余户企业 2015 年度的纳税信用进行调整。推进精准稽查和双随机抽查,实现国税、地税联合进户、联合检查、各税统查。开启国、地税联合培训新模式,合作编写《大众创业、万众创新"税收优惠政策汇编》《新办企业办税指南》 等培训教材, 联合召开创新创业政策分享会、基金征缴政策变化解读等专题培训 6 场次。制定《惠山区国地税互派挂职交流方案》,完善双向挂职交流机制,共同推动纳税服务提质增效。

(沈艳琳)

【督审品牌"安全管家"】 2016 年,惠山地税局在全市地税系统创新提出"安全管家"督察内审新模式。惠山地税局推进内控机制规范化建设,明确安全"边界",规范部门职责 21 项,岗位设置 75 个,岗位职责 555 项;规范安全"路径",优化工作流程 98 个(行政管理 30 个、税收业务 68 个);排查安全"盲区",列示 75 个执法风险点。研发"税收执法风险监控分析平台",设定动态风险指标 23 个,按月实时预警执法风险;推送预警类指标 717 条,推送过错类指标 62 条,落实反馈 62 条,全部启动实时处置流程;实行处置过程自动跟踪、监控执法人员的处置过程,完善考核评议、执法责任追究等制度。

(沈艳琳)

【"营改增"试点】 2016 年,惠山地税局贯彻落实《财政部国家税务总局关于全面推开营业税改征增值税试点的通知》及有关文件精神,全面推进"营改增"试点工作。编印《营改增相关涉税公告》《营改增信息核实确认相关资料》,依托"纳税人学堂"开展"营改增" 政策辅导宣传会, 依托协税护税平台对 2400 余户服务行业个体工商户开展"营改增"税收宣传。制定国、地税征管衔接合作实施方案,联合开展政策培训、税企交流,税款代征和增值税发票代开等工作。全年,惠山地税局共开出增值税发票 21574

份,代征增值税 4515.2 万元。

(沈艳琳)

【金税三期工程】 2016 年,惠山地税局推进金税三期[注]上线工作。年内,制定《惠山地税局金税三期上线实施方案》,向企业发放《个人所得税扣缴软件操作说明》,开展金税三期个税客户端专题培训。对税务登记、非正常户认定、纳税申报、代开发票、行政处罚等多个板块实施多项工作测试。与惠山区国税局联合设置金税三期上线宣传栏,及时发布通知公告、重点提醒,做好上线期间的纳税服务工作。10 月 8 日,金税三期系统成功上线。

[注]金税三期:金税工程是经国务院批准的国家级电子政务工程,是国家电子政务"十二金"工程之一,是税收管理信息系统工程的总称,自 1994 年开始,历经金税一期、金税二期、金税三期工程建设,江苏省国税系统、地税系统于 2016 年 10 月 8 日起上线金税三期优化版。

(沈艳琳)

金税三期工程上线

(区地税局 供稿)

【法治税务】 2016 年,惠山地税局创建法治税务示范基地指标体系,体系包含健全税收法治组织保障、增强全社会税收法治观念、健全依法科学民主决策机制、严格规范公正文明执法、强化行政权力制约和监督、依法有效化解涉税矛盾纠纷等 6 大内容,设立 17 个二级指标、46 个三级指标。惠山区地税局首创"执法满意度调查与提升"专业化模式,实现执法满意度社会调查标准与国际领先行业管理标准接轨。全程监测执法行为,引入"全通道式"沟通、"链式"整改和"环式"评测等现代先进管理方式,对 3 大类 12 项重要执法环节进行客观公正的检测评价。2016 年,惠山地税局成为省局法治税务首批推荐样板单位,被评为"六五"普法先进集体、无锡市规范执法示范点、无锡市法治文化建设示范点。

(沈艳琳)

【"互联网＋税务"】 2016 年,惠山地税局推行"互联网＋税务"税收服务模式,丰富现代化办税途径。推出办税事项"二维码"一次性告知服务,包含全国统一的 110 项涉税业务的政策依据、办理时限、受理部门、报送资料等相关事宜,实现个性化服务。预约办税服务软件成功上线,纳税人通过省局网站"在线咨询"模块、网上办税服务厅、"江苏地税掌上办税"手机 APP、12366 电话咨询 4 种方式发起预约服务申请,实现"一键预约、轻松办税"。引导纳税人关注并使用"智慧地税"APP 和"惠山地税纳税人学堂"微信平台,自主获取涉税资讯,进行在线咨询。

(沈艳琳)

【"智慧人资"管理】 2016 年,惠山地税局按照总局"数字人事"要求,围绕改进能力评价系统和实施干部职业生涯管理,实施"3+1""智慧人资"管理模式,模式由绩效管理、品行管理、能力评价 3 个系统组成的关联式基础数据库和由干部职业生涯管理构成的 1 个开放式职业发展环境组成。以 40 周岁以下青年干部为主体,实施青年干部职业生涯管理,组织职业锚测试,制定"个人发展计划(IDP)",实现职业发展数据的智能分析、过程的互动沟通、路径的全程记录、档案的电子化保存。通过成立评估委员会、聘请职业导师等措施,推动职业评估科学公正、管理顺畅有序。2016 年,惠山地税局 1 名干部纳入省局"素质提升'115'工程——专业骨干项目",3 名干部纳入省局"岗位能手项目",1 名干部获省局行政综合类比武第一名,并代表省局参加总局比武。2016 年 1 月,惠山区地税局获评全省地税系统绩效管理先进单位。

(沈艳琳)

【"两学一做"学习教育】 2016 年,惠山地税局结合税收工作实际,启动"两学一做"学习教育。组织分层学、对照学、引导学,开展"寻找最美党员""党员微访谈""党员心语"征集、新老党员结对学习交流等活动,拍摄"两学一做"微电影。构建党员立体监督网络,与辖区工业园区签订"两学一做"承诺书。在全市系统率先启动党员"税收服务区"建设,开通党员"宅急送"专线,落实党员责任包干,打通纳税服务"最后一公里"。与结对镇(街道)村(社区)共建"两学一做"学习教育基地,开展"挂镇包村帮企联户""党员一日帮扶"等活动。11月,市级机关"两学一做"学习教育现场推进会在惠山地税局召开,惠山地税局在会上作交流发言。惠山地税局"两学一做"党员教育模式在《无锡日报》头版专题报道。2016年,惠山地税局"税收服务区"建设被评为无锡市优质服务品牌。

(沈艳琳)

【地税文化建设】 2016年,惠山地税局开展"幸福家园?美丽分局"建设,以局"职工书屋"为平台,开展"税检书友沙龙""玫瑰有约·共沐书香""经典品读""幸福税月·因为有你"等系列文化活动,打造职工文化基地,营造浓厚机关文化氛围。在区内牵头成立"惠天使"爱心妈妈服务站,合力开展爱心助学、扶贫帮困、青少年情感关怀、心理辅导等公益志愿服务。12月,惠山地税局举行"不忘初心 惠爱同行"一周薪金献爱心活动,募集爱心善款8万余元,全部作为"惠天使"爱心基金,帮扶青少年。2016年,惠山地税局职工书屋获"全国职工书屋"称号、无锡市"扶残助残先进集体"荣誉。

(沈艳琳)

【基层党组织建设】 2016年,惠山地税局围绕"服务型"党组织建设,开展打造智慧党建、效能党建、文化党建和民心党建系列活动。开展警醒式、督查式、提醒式、文化式等综合教育活动,开展好家风好家训征集,创作演出话剧《祝福你》,拍摄专题视频《心语寄言》,用政治生日贺卡传递党组织政治关怀。2016

年,惠山地税局获省、市"先进基层党组织""2015—2016年度无锡地税系统三型五强班子""惠山区先进党组织""作风建设优胜单位""党建创新工作先进单位""作风效能社会评议优胜单位"等称号。

(沈艳琳)

【机关作风评比"十三联冠"】 2016年,惠山地税局首次引入作风创先评优机制,出台《无锡市惠山地方税务局关于建立健全作风建设长效机制的意见》。联合惠山区检察院设立预防职务犯罪专家咨询平台,首次开通咨询专线。制订《无锡市惠山地方税务局作风效能责任追究办法》,保障作风建设责任全覆盖。开启"家规家训"廉政教育新模式,结合挖掘无锡本土优秀传统家风家训典型事例,开展廉洁教育活动。推进"廉润惠山、修谱传家"精品工程建设,开展"晒家风 扬家训 倡廉洁"公益广告大赛,将家风家训全面融入作风建设。将作风建设纳入绩效管理,合理设置考核指标,全方位全过程考核作风责任履行情况。加强对干部个人重大事项报告、述职述廉、婚丧喜庆事项报告等制度执行情况的管理与监督。聘请新一届税风税纪特邀监察员,自觉接受党组织和群众的监督。在惠山区机关作风效能评比中连续13年获得第一名。

(沈艳琳)

"廉润惠山,修谱传家"活动

(区地税局 供稿)

金 融

概　况

2016年年底，惠山区金融机构存款余额686.2亿元，比年初增加76.7亿元，同比增长12.58%。其中，企事业单位存款余额309.4亿元，比年初增加59.7亿元，同比增长23.92%；居民储蓄存款余额364亿元，比年初增加12.2亿元，同比增长3.48%。贷款余额534.6亿元，比年初增加69.3亿元，同比增长14.91%。其中，短期贷款余额160.7亿元，比年初减少50.6亿元，同比减少23.97%；中长期贷款余额167.1亿元，比年初增加29.3亿元，同比增长21.22%。不良贷款余额0.36亿元，比年初减少0.81亿元，同比减少69.47%。

（邬　斌）

【区中小企业互助转贷】　2016年，洛社镇、玉祁街道和惠山经济开发区陆续成立镇级转贷平台，帮助中小微企业缓解资金压力。截至2016年年末，洛社镇共发放6笔贷款，总额3400万元；玉祁街道发放17笔贷款，总额2.545亿元；惠山经济开发区发放1笔贷款，总额1500万元。3个转贷平台累计发放转贷资金达到3.035亿元。

（邬　斌）

【"外贸通"实施】　为扶持外贸企业，2016年惠山区与江苏省信用再担保有限公司、大公国际评级公司以及中国银行惠山支行、宁波银行惠山支行、华夏银行惠山支行等3家银行签署"外贸通"四方合作协议。产品首期规模10亿元，由区政府设立3000万元信保基金，与金融机构共担风险，帮助企业增信。截至2016年年底，5家企业通过"外贸通"成功获得外贸订单融资。

（邬　斌）

银　行

【工行无锡惠山支行概况】　2016年，中国工商银行无锡惠山支行（简称工行无锡惠山支行）下设3个部室、8个网点，有员工97人。至2016年年末，本外币存款余额47.01亿元，比年初增加0.52亿元；各项贷款余额47.37亿元，比年初增加1.28亿元。与江苏省政府财政厅合作推出的"小微创业贷"，至2016年已投放9830万元。与地方政府、保险公司、担保公司等合力开展小微金融扶贫，推广扶贫专项产品"创业贷"，精准扶贫。组合运用"银政通""纳税信用贷""微型客户小额担保贷款""小微企业固定资产购建贷款"等产品，加大对区域制造业金融支持力度，自2014年起每年以不低于30%的贷款增长速度，支持制造业企业加快提升市场竞争力。年内，工行无锡惠山支行获工商银行无锡分行先进单位称号；支行营业部、洛社支行获中国银行协会"五星级"网点称号。

（邹新义）

【工行无锡惠山支行服务水蜜桃产业】 2016年，工行无锡惠山支行把握水蜜桃产业对金融的现实需求，从水蜜桃产业的供给端，通过"互联网＋商业＋金融"模式，创新小微创业贷、网贷通、逸贷等适合水蜜桃产业小微企业季节性、周期性的融资需要，为水蜜桃产业小微企业提供现金管理、财务顾问、银企互联、电子银行、银行卡和结售汇等金融增值服务。从水蜜桃产品的需求端，构建"互联网＋消费＋金融"模式，依托"融e购、融e联和融e行"三大互联网金融平台，帮助水蜜桃产品上线工行"融e购"，凭借支付、融资、投资理财三大产品线优势，为桃农提供农产品产、供、销全产业链的综合金融服务，拓宽水蜜桃产品的销售渠道，扩大阳山水蜜桃产品的知名度。

（邹新义）

【农行无锡惠山支行】 2016年，农行无锡惠山支行下辖12个网点、1个营业部，共有在职员工222人。至12月底，农行无锡惠山支行本外币各项存款余额142.2亿元，比上年增加10.2亿元；本外币贷款余额83.71亿元，比上年增加10.24亿元。2016年，农行无锡惠山支行的存贷款总量、增量均列惠山区同业第一。农行无锡惠山支行创新运用"金农贷""锡微贷"等特色产品，支持区域内农户及小微企业发展，至12月末，农户贷款余额达1.42亿元，小微企业贷款累计投放2.4亿元。年内，农行无锡惠山支行先后与惠山区团委合作，先后开展学雷锋、3.15宣传、金融知识送下乡等公益活动，被惠山区政府评为"惠山区文明单位""惠山区三八红旗集体"等。

（刘 帅）

【中行无锡惠山支行】 2016年年末，中国银行无锡惠山支行（简称中行惠山支行）本外币存款余额167.9亿元，比年初新增45.4亿元；各项贷款余额达96.1亿元，比年初新增17.3亿元。完成江南影视学院校园卡系统、大润传感科技的交通行业投标保函系统、惠山区建设局的大修理基金集中收付汇缴系统、惠山区商务局的出口企业退税专户垫付系统、惠山法院"案款通"

系统的合作开发。与惠山区政府合作推出"税捷通"产品，破解外贸企业"退税慢"难题。拓展6个政府购买服务类项目，累计投放23.65亿元，投放非标理财项目3个共计17.93亿元，合计牵头银团项目4个共计14.5亿元。全行的经营规模和盈利水平迈上新的高度，年内，获中国银行江苏省分行"四强"党组织和"中国银行优秀集体"称号，连续两年获惠山经济开发区"服务业突出贡献奖"。

（石奕洁）

【建行惠山支行概况】 2016年，建行惠山支行下设洛社、钱桥、长安等10个分支机构，有员工140人，至2016年年末，建行惠山支行一般性存款余额77.55亿元，较年初新增3.33亿元；对公存款余额28.63亿元，较年初增加3.04亿元；个人存款余额48.94亿元，较年初增加0.29亿元。本外币各项贷款余额40.34亿元，较年初增加7.63亿元。其中，公司贷款余额24.75亿元，较年初增加0.18亿元；个人贷款余额15.59亿元，较年初增加7.45亿元。8月，建行惠山支行通过省银监局"三星级文明规范服务示范单位"复查验收。

（殷贝贝）

【建行惠山支行支持惠山新城城镇化项目】 2016年，建行惠山支行支持惠山新城城镇化项目。为无锡市惠山经济发展总公司申请10亿元股权收益权类理财产品，用于锡北园区一期工程项目的建设，至年底，已投放5亿元；为无锡惠开投资管理有限公司办理8亿元银团贷款，用于小利市新型城镇化项目建设；为无锡惠山经济开发区建设总公司申请5亿元的流动资金贷款额度，用于企业日常经营的周转。

（殷贝贝）

【无锡农商行惠山区各支行概况】 2016年，无锡农村商业银行（简称无锡农商行）在惠山区共设有独立考核的支行11家，分别是惠山区支行、洛社支行、玉祁支行、前洲支行、钱桥支行、阳山支行、西漳支行、石塘湾支行、藕塘支行、长安支行、杨市支行。另设有7家分理处，分别是堰桥分理处、双庙分理处、平湖分理处、北七房分理处、新渎分理处、梅泾分理处、恒源祥分理处。至2016年年末，无锡农商行惠山区全部网点共有职工 214 人,总存款余额为 198.1 亿元,比年初增加 8.9 亿元,总贷款余额(不含贴现)为 114.9 亿元,比年初增加 4.5 亿元。

(无锡农村商业银行监事会办公室)

【交行惠山支行】 2016 年年末,交通银行无锡惠山支行(简称交行惠山支行)本外币存款余额 82.20 亿元,本外币贷款余额 65.92 亿元。交行惠山支行是惠山区唯一一家"中国银行业文明规范服务五星级网点""总行级会计工作示范行"。年内,交行惠山支行成功为江苏京玉信息技术有限公司投放贷款 2000 万元。2016 年,交行惠山支行协同惠山经济开发区无锡市中小联合企业担保股份有限公司,创立惠山区先进"智造"基金,解决实体小微企业融资难的问题,完成授信客户 15 户,发放贷款 1.47 亿元。2016 年,交行惠山支行被无锡市公安局评为 2015—2016 年度单位内部治安保卫工作先进集体;被惠山经济开发区管委会授予 2016 年度"服务业突出贡献奖"。

(倪惠红)

【江苏银行惠山支行】 江苏银行股份有限公司无锡惠山支行(简称江苏银行惠山支行)辖下共 5 个网点,分别为惠山支行营业部、洛社支行、职教园支行、前洲支行、玉祁支行。2016 年,江苏银行惠山支行人民币存款余额 37.71 亿元,比上年增 17%;各项贷款余额 33.68 亿元,比上年增 2.5%。年内,江苏银行惠山支行推进网点转型,巩固特色业务优势,发展"税 e 融"及系列银税互动金融产品,持续做强做优小微金融;加速推进"金 e 融""房 e 融""e 融卡"等"e 融"系列网贷产品,开拓消费金融领域;依托"人才贷"等科技金融产品,推进科技金融发展。2016 年,江苏银行惠山支行获江苏银行无锡分行先进集体称号。

(管 栩)

【江苏惠山民泰村镇银行】 江苏惠山民泰村镇银行继续践行"服务三农,支持小微"的发展宗旨,至 2016 年 12 月 31 日,各项存款余额 9.2 亿元,各项贷款余额 6.9 亿元,贷款户数 831 户。户均贷款余额 77.61 万元。农户和小微企业贷款完成数合计 6.7 亿元,占比 97.53%;小微企业贷款余额 6.7 亿元,占比 97.20%;小微申贷获得率 88.85%。2016 年上半年,以惠山区成为农村承包土地经营权抵押贷款国家级试点地区为契机,制订出台《农户租赁土地经营贷款管理办法》,与农户、农业公司签订三方协议,创新推出农户租赁土地经营贷款,缓解农户贷款担保难、融资难问题;至 2016 年 12 月末,向 14 户农户发放 15 笔土地租赁经营贷款,金额合计 134.9 万元。其中 5 月 11 日向农户李娇发放的农户租赁土地经营贷款 20 万元,为江苏省内首笔发放的农户租赁土地经营贷款,受到中国银监会的关注,被其官方网站"银行金融机构动态"栏目报道。江苏惠山民泰村镇银行获"2016 年度无锡市银行业金融机构小微企业金融服务工作先进单位"的称号。

(陈元雪)

保 险

【人保无锡惠山支公司】 中国人民财产保险股份有限公司无锡市惠山支公司(简称人保无锡惠山支公司)是唯一一家注册在惠山的国有金融保险企业,在惠山区各街道、镇设立 12 个服务机构。2016 年,人保无锡惠山支公司推进政策性农险和高效农业保险,全区有参加保险农户 1 万余户;配合惠山区政府开展"慈福民生"系列保险,为全区 70.66 万人口提供自然灾害公众责任保险,为 102 家养老机构提供居民养老综合责任险,1.8 万户家庭参加和谐家园保险;努力拓展环境污染责任保险,为 2000 余家企业提供保险;创新开办科技型中小企业的贷款保证保险,解决企业融资困难。2016 年,人保财险惠山支公司完成保费收入 1.1 亿元,较上年同期增长 11%。

(朱 君)

【人寿无锡惠山支公司】 2016 年,中国人寿保险股份有限公司无锡市惠山支公司(简称人寿无锡惠山支公司)从业人员 1260 人,比上年增加 309 人。人寿无锡惠山支公司全年实现保费收入 5.3 亿元,同比增长 22.77%。其中,寿险长险新单首年保费收入 1.92 亿元,同比增长 21.41%;寿险首年期交保费达到 1.34 亿元,同比增长 57.14%;10 年期及以上首年期交保费收入 7248 万元,同比增长 70%;短期险保费收入 3883.93 万元,同比下降 1.29%。2016 年,人寿无锡惠山支公司支付保险理赔款 2274 万元,同比增长 6%。其中,意外险赔款 896 万元、健康险赔款 1378 万元,同比分别增长 8.34%、4.5%。2016 年,人寿无锡惠山支公司获得"全国实力百强县支公司"称号。

(葛丽娜)

 小资料

中国梦的本质是国家富强、民族振兴、人民幸福

中国梦视野宽广、内涵丰富、意蕴深远。习近平总书记指出,"中国梦的本质是国家富强、民族振兴、人民幸福"。这个梦想,把国家的追求、民族的向往、人民的期盼融为一体,体现了中华民族和中国人民的整体利益,表达了每一个中华儿女的共同愿景。正因为如此,它具有了广泛的包容性,成为回荡在十三亿人心中的高昂旋律。

人间万事出艰辛。实现中华民族伟大复兴,是一项光荣而艰巨的事业,需要每一个人付出艰苦努力,用实干托起中国梦。二〇一二年十二月,习近平总书记在广东考察工作时强调:"面向未来,全面建成小康社会要靠实干,基本实现现代化要靠实干,实现中华民族伟大复兴要靠实干。"

中国梦是追求和平的梦。中国梦需要和平,只有和平才能实现梦想。中华民族历来就是爱好和平的民族。天下太平、共享大同是中华民族绵延数千年的理想,中国历史上曾经长期是世界上最强大的国家之一,但没有留下殖民和侵略他国的记录。近代以来一百多年间,中国内部战乱和外敌入侵循环发生,中国人民对战争带来的苦难有着刻骨铭心的记忆,对和平有着孜孜不倦的追求,十分珍惜和平安定的生活。中国人民怕的就是动荡,求的就是稳定,盼的就是天下太平。

我们将坚定不移走和平发展道路,既努力争取和平的国际环境发展自己,又以自身的发展促进世界和平。中国不认同"国强必霸"的陈旧逻辑,决不会称霸,决不搞扩张,中国越发展,对世界和平与发展就越有利。二〇一四年三月二十七日,习近平总书记在中法建交五十周年纪念大会上的讲话中指出:"中国这头狮子已经醒了,但这是一只和平的、可亲的、文明的狮子。"

——摘自《习近平总书记系列重要讲话读本》

(来源:新华网)

发 展 与 改 革

【概况】 2016年,惠山区发展和改革局编制《无锡市惠山区发展战略规划(2015—2030)》。规划确立四大发展战略:"北拓西联,融入锡常泰"的区域发展战略,"内生为基,差异引导"的产业发展战略,"功能整合,精明增长"的空间发展战略,"和谐活力,幸福民生"的社会发展战略。做好稳增长、调结构、扩投资、降成本、强服务各项工作,较好地完成既定的各项目标任务。2016年,全区实现地区生产总值722.4亿元,比上年增长7.7%;完成一般公共预算收入81.4亿元,比上年增长6%;完成固定资产投资656.5亿元,比上年增长11.5%,为实现"十三五"开局奠定坚实的基础,被江苏省发展和改革委员会评为全省发展改革系统2016年度综合先进单位。惠山区钱桥街道、阳山生态休闲旅游度假区列入市级服务业综合改革试点。2016年,惠山区申报深国际无锡现代综合物流港一期项目和传化智能公路港项目为现代物流专项备选项目;西站物流园被认定为省级示范物流园区。

(丁俊杰)

【投资管理】 2016年,惠山区全年审批政府性投资项目143项,总投资44.9亿元。其中,道桥水利等基建项目79项,计划投资24.0亿元;文教卫生项目21项,计划投资7.2亿元;其他政府性投资项目43项,计划投资13.8亿元。体现惠山区新兴产业和产业转型水平的19项项目列入省、市两级重大项目投资计划。其中,工业项目13项,年内完成投资61.3亿元;服务业项目5项,年内完成投资17.9亿元;基建项目1项,年内完成投资4.9亿元。

(吴潇纬)

【省服务业"十百千"行动计划】 2016年,惠山区入选省"十百千"服务业重点项目4项,无锡西站物流枢纽项目,完成投资2.49亿元,铁路专用线运营综合楼、配套用房完成主体浇筑,园区二期规划景观河道竣工验收,深国际项目一期2座库房投入试运营,天奇物流天津物产集团项目整体完工,设备调试,试运营。无锡阳山东方田园高效农业暨都市休闲旅游综合体项目完成投资0.84亿元,一期田园东方生活示范区改造提升完成,二期文旅小镇签约完成。恒生科技园项目,完成投资0.52亿元,一期二标段1.5万平方米11栋科技服务载体建成启动对外招商。梦享城O2O服务平台项目,完成投资3亿元,梦享城商业广场基本建成,其中服务平台部分完工并投入试运营。无锡西站物流园区、无锡市惠山经济开发区高科技服务业集聚区2家入选省级服务业集聚区;天奇自动化工程股份有限公司、无锡西站物流中心投资开发有限公司、无锡中太数据通信有限公司、建业恒安工程股份有限公司4家企业列入省服务业"十百千"行动计划重点培育企业库。

（冉　磊）

【服务业奖励资金】　2016年，惠山区全年共争取省级、市级服务业引导资金共计130万元。其中，中恒大耀纺织科技有限公司申报江苏省互联网平台经济"百千万"工程[注]培育企业，成功入选，获奖励资金100万元；博耳软件科技有限公司入选无锡市服务业企业净增税收收入排名前30位企业，获税收奖励资金30万元。

[注]："百千万"工程：在"十三五"期间实施"百千万"工程，即全省着力培育壮大100家互联网重点平台企业，实现千亿元利税收入水平，形成万亿元级产业发展规模。

（冉　磊）

【对口支援与南北挂钩】　2016年，惠山区参加2016丝绸之路国际博览会暨第20届中国东西部合作与投资贸易洽谈会，签约1个投资合作项目、2个贸易成交项目、1个苏陕扶贫协作项目。签约对口支援延安甘泉县扶贫项目5个，落实资金50万元，云阳县扶贫资金30万元。

（冉　磊）

【去产能工作】　2016年，惠山区根据国家重点淘汰钢铁、煤炭落后产能的工作要求，配合国家、省、市发改委等相关部门对新三洲特钢有限公司开展落后产能的清查工作，并部署安排淘汰计划。同时，配合区委、区政府完成对惠山区疑是"地条钢"生产企业的清查整顿工作。对全区100多家中频炉企业进行3次排查。

（李惠兴）

【申报工作】　2016年，惠山区发改局组织无锡威孚力达股份有限公司申报国家环保领域创新能力建设专项；组织凯龙高科技股份有限公司、无锡上能新能源有限公司申报省级战略性新兴产业专项资金，其中无锡上能新能源有限公司争取到省级资金1000万元；推进大用户直购电工作，全区参与直购电企业新增39家，新增交易电量3.21亿千瓦时，优惠企业

电费640万元。组织申瑞生物制品申报省级工程中心；组织石墨烯产业基地申报省级战略性新兴产业区域集聚发展试点。

（李惠兴）

【节能减排工作】　2016年，惠山区组织全区重点能耗企业相关人员进行碳排放清单报告能力建设的培训。全年组织参加市级培训的企业10家（第三批）、省级培训12家。惠山区的无锡惠联热电有限公司、无锡荣成纸业有限公司、无锡新三洲特钢有限公司等12家重点能耗企业纳入全国碳交易的试点企业。推进惠山区光伏新能源的推广和示范应用，全年全区备案的分布式光伏发电项目12个，总容量为20.88兆瓦，总投资1.7亿元。

（李惠兴）

【企业挂牌上市】　2016年，惠山区新增主板上市企业1家，新三板挂牌企业13家，江苏股权交易中心挂牌企业3家。至年底，全区已有主板上市企业8家，新三板挂牌企业26家，加上场外市场挂牌企业，总计数量45家。区内有上市后备企业60家，15家正在股改中，7家完成股改。

（邬　斌）

7月，新宏泰上市。

（区市场监督局　供稿）

【推进惠山区农村金融改革】　2016年，惠山区推进农村金融改革，实现镇级农村产权流转交易服务中心全覆盖，构建统一联网、上下联动、功能完备、高效实用的流转交易信息服务平台，实现农村产权流转交易的快速、便捷、高效，依托交易平台开展农村土地经营权抵押贷款试点，为农村土地经营权抵押贷款提供支撑。至年底，惠山区共获得抵押贷款10笔，

金额共计 8350 万元。

（邬　斌）

统　计

【概况】　2016 年，惠山区统计局贯彻落实中央、省、市文件精神，围绕区委、区政府年度重点工作和市统计局提出的工作要点，组织区内各镇（街道）统计站参加江苏省统计局组织开展的《乡镇（街道）统计规范化建设"百佳单位"创建》活动。2016 年，惠山区统计局被《中国信息报》评为全国统计先进单位，钱桥街道统计站被省统计局评为省乡镇（街道）统计规范化建设"百佳单位"。

（吕　斌）

【第三次农业普查工作】　2016 年，惠山区统计局认真开展第三次农业普查工作。根据国务院《关于开展第三次全国农业普查的通知》和省、市、区政府的相关文件要求，2016 年 2 月，惠山区政府发文成立农业普查领导小组，副区长耿国平为组长，区统计局局长薛晓春、区农林局局长黄晓伟、区政府办公室副主任严红兴、区发改局副局长徐睿、区财政局副局长奚晓敏为副组长，区统计局、区农林局、区发改局、区财政局、区民政局、区水农局、区文体局、区国土分局等 8 个单位为领导小组成员。第三次农业普查的标准时点为 2016 年 12 月 31 日，时期资料为 2016 年度资料。惠山区农业普查工作的宣传发动、业务培训、清查摸底、入户登记、数据汇总等工作完成到位。据初步汇总，至 2016 年 12 月 31 日，惠山区共有普通农户 28142 户，规模农业经营户 838 户，农业经营单位 431 家。

（吕　斌）

【统计教育基地】　江苏省统计局和无锡市统计局先后将薛暮桥故居和孙冶方纪念馆命名为"江苏省教育基地"和"无锡市统计教育基地"。薛暮桥曾经担任新中国第一任国家统计局局长，孙冶方曾担任过国家统计局副局长。2016 年 9 月 20 日，国家统计局党组书记、局长宁吉喆一行在惠山区区长李秋峰的陪同下，专程前往惠山区玉祁街道礼社村，参观薛暮桥故居、孙冶方纪念馆，充分肯定薛暮桥故居和孙冶方纪念馆的建设和作为统计教育基地的意义。

（吕　斌）

【"补短板"专项活动】　2016 年，惠山区统计局开展统计基础"补短板"专项活动。惠山区统计局对照省统计规范化示范标准，排找选定本地区统计工作中最为薄弱的环节和最为薄弱的板块，科学制定整改方案，明确"补短板"的方法措施、时间节点以及计划达到的工作成效。在无锡市补短板项目评比中惠山区统计局分别获补短板板块和补短板环节一、二等奖。

（吕　斌）

【统计队伍建设】　2016 年，惠山区统计局加强统计队伍建设。深入开展"两学一做"专题教育，开展"庆七一书记讲党课"等系列活动。强化岗位练兵，对统计人员进行业务培训，开展统计专业人员专项技能测评。组织开展统计人员职业道德建设讲座和 PPT 制作培训，提升对职业道德内涵、特征、现状，公务员职业道德构成要素的认识，提高 PPT 业务制作水平。组织统计人员参加无锡市工业统计业务技能大赛，获得集体二等奖。

（吕　斌）

审　计

【概况】　2016 年，惠山区审计机关依法履行审计职责，加大审计力度，创新审计方式，提高审计效率，积极推进公共资金、国有资产、国有资源和领导干部经济责任审计、绩效审计和计算机审计。全年完成年初

3 月，区审计局举行审计开放日活动。

（区审计局　供稿）

计划的审计项目 17 个,共查出问题金额 8.23 亿元,其中,上缴财政 164 万元,归还原渠道资金 14 万元,管理不规范资金 8.21 亿元;审计后挽回(避免)损失 221 万元;查出非金额计量问题 42 个,提出审计建议 38 条。向纪委和相关部门移送审计线索 4 起。另完成基建简易项目审计 359 个。区审计局配合上级审计机关对中央、省、市重大政策落实情况审计,先后参加由省审计厅牵头的保障性安居工程项目审计和降成本政策措施跟踪审计等。撰写调研文章 20 篇,上报信息 45 篇,被相关部门录用 108 篇次。区审计局局长汝江被评为 2012—2015 年度江苏省先进工作者。

(韩世宏)

【财政同级审】 2016 年,惠山区审计局突出"三个关注",关注预算执行效果,关注财政安全与资金绩效,关注财政存量资金,深化本级财政预算审计。围绕中央八项规定精神和国务院"约法三章"要求,加强"三公"经费、会议费使用等审计,促进厉行节约和规范管理,重点关注公款出国(境)、公务接待、会议费用、公务员津补贴制度执行情况及项目资金使用情况。完成惠山区 2015 年度财政预算执行和其他财政收支情况的审计,并向区人大作专题汇报,并获全票通过。审计中发现,财政预算管理方面,存在未按全口径预算编制要求编制预算、预算资金绩效跟踪不到位、部分收入未纳入预算等问题;财政收支方面,存在存量资金拨款手续不规范、存量资金没有对应的支出计划、存量资金清理未全部到位、土地出让金未及时征收到位、大量社保资金以活期存款存放、财政资金存放在股份制村镇银行等问题,这些问题涉及区财政局、交通局、国土局等 13 家政府部门及惠山资产投资控股有限公司等 4 家企事业单位。

(韩世宏)

【经济责任审计】 2016 年,惠山区审计局按照"党政同责、同责同审"要求,加大"同步审计"力度。重点对乡镇板块、重点园区领导干部的经济责任审计,对领导干部廉洁自律、中央八项规定落实情况等方面的审计,关注中央第十二巡视组发现的问题及整改情况。年内,完成堰桥街道、堰桥配套区、堰桥街道党工委、区城市管理局等 10 个项目审计,查处违规资金 181 万元,查出非金额计量问题 52 个。提出审计建议 38 条,全部被上级部门采纳。

(韩世宏)

【政府投资审计】 2016 年,惠山区审计局开展惠山区 2013—2015 年老城镇改造整治项目跟踪审计、惠山区安居房后阶段管理专项审计调查和惠山区新经济创业中心一期工程竣工决算审计 3 个重点民生项目的审计。年内共完成各类政府投资项目审计 359 个,审核投资总额 17.71 亿元,核减工程款 3.15 亿元,核减率 17.8%,有效控制工程建设中高估冒算、偷工减料、损失浪费等现象,为政府节约财政资金 3.2 亿元。

(韩世宏)

【专项资金审计】 2016 年,惠山区审计局完成惠山区 2013—2015 年度慈善基金的审计、惠山区 2015 年度产业转型升级优秀企业奖励资金等专项审计调查,针对审计中发现的问题督促有关单位整改,促进完善制度、规范管理、提高效益。完成对惠山区慈善会的审计,发现一街道慈善会以 13 个社区的名义向区慈善会捐款,开具的 13 份"公益事业捐赠统一票据"发票联遗失,镇(街道)慈善会在慈善资金中列支星级社区创建奖和殡葬管理费等;区级慈善基金未按规定保值增值,2014—2015 年慈善会账面平均每月的银行存款余额都在 5000 万元以上,大额资金都沉淀在单位银行活期账户。 完成对区和镇(街道)实施产业转型升级优秀企业奖励资金政策的审计,发现因计算错误、无发票申报等原因多计设备投资额 1021.19 万元,按 5%计算多付奖励资金 51.06 万元;节能项目扶持资金申报不规范;部分中介机构出具的第三方审计报告业务操作不严谨;大部分镇(街道)未按规定发放配套的奖励资金;等等。完成对惠山民政部门的审计,在落实低保政策方面,部分社区(村委)未按规定办理低保对象的审批和待遇核定,随意开具虚假收入证明、违规出具收入证明。截至 2015 年 8 月,全区共有 135 户低保家庭虚报瞒报家庭财产状况获取低保待遇。完成对惠山区重度残疾人托养中心的审计,发现在托养资源利用、财务资金管理以及内控执行等方面存在一些不足。

(韩世宏)

国土资源管理

【概况】 2016 年，惠山区全区土地面积 32512 公顷，其中耕地 9409.42 公顷，园地 1427.08 公顷，林地 291.72 公顷，城镇工矿用地 13676.08 公顷，交通运输用地 3239.18 公顷，水域及水利设施用地 4233.70 公顷，其他用地 234.55 公顷。2016 年，无锡市国土资源局惠山分局(简称惠山分局)坚守耕地保护红线，建立完善区、镇、村三级基本农田保护网络，确保耕地保护措施层层落实，全面完成市政府下达惠山区的 12.58 万亩耕地和 6.72 万亩基本农田保护任务，划定 7.97 万亩永久基本农田并通过江苏省国土资源厅审核。完成全区"十三五"土地整治规划初步编制，实施土地整治 20.1 公顷。开展土地利用总体规划调整工作，通过对上争取分别核减耕地和基本农田保护任务 5.02 万亩和 3.78 万亩。全年共供地 148 宗 692.8 公顷，同比增长 384%；合同出让金 20.58 亿元，同比增长 506%。其中，出让经营性用地 7 宗 14.5 公顷，同比增长 1959.5%；合同出让金 96560 万元，同比增长 3515%。工业用地 59 宗 120.5 公顷，同比增长 317%；合同出让金 109261 万元，同比增长 249%。交通水利用地 26 宗 415.1 公顷。拆迁安置房用地 18 宗 39.4 公顷。公共管理与公共服务用地 38 宗 103.3 公顷。

(王圣舟)

【土地督察】 2016 年，惠山区顺利通过国家土地督察南京局驻点督察，督察组最终认定惠山区例行督察发现问题整改数量、发现问题面积整改、发现问题金额整改到位率分别为 79.6%、96.6%、100%，综合整改到位率全市靠前。惠山区区长李秋峰代表区政府在全市土地例行督察推进会上作经验交流发言。

(王圣舟)

【不动产统一登记工作】 惠山区作为全市首批不动产统一登记试点单位，2016 年办理完成各类不动产登记业务 8.6 万件，其中发放不动产证书 5.6 万本。在全市率先建成不动产登记"四全"(全流程优化管理、全区域便民服务、全业务网上办理、全节点效能监管)服务窗口，累计建成 A 类窗口 1 个和 B 类窗口 8 个。

(王圣舟)

【土地承包经营权发证工作】 2016 年，惠山区国土资源分局联合区委农办大力推进农村土地承包经营权的调查、建库、登记、发证和验收工作，对惠山区玉祁、阳山和洛社 3 个镇(街道)的 26 个村进行调查摸底，建库统一登记发证，共发放农村土地承包经营权证 10888 本，工作进度全市领先。

(王圣舟)

【建设占用耕地耕作层剥离和再利用试点工作】 2016 年，惠山区政府出台《建设占用耕地耕作层剥离和再利用实施办法(试行)》，率先在全市范围内开展建设占用耕地耕作层剥离和再利用试点工作，剥离耕作层面积 36 公顷，其中 13 公顷实施再利用的复垦土地土壤质量得到有效改良。惠山分局表土剥离与再利用研究获得江苏省优秀土地学术研究成果二等奖，无锡市建设占用耕地耕作层剥离和再利用工作现场会 7 月在惠山区召开，耕作层循环利用做法经验在全市推广。

(王圣舟)

【服务重大项目建设】 2016 年，惠山分局积极争取和落实各项用地指标，全年取得农转用指标 353.7 公顷，竞拍购得占补平衡指标 210.8 公顷。全年完成用地报批 420.8 公顷，报批面积占全市总量(含江阴、宜兴)的 32%。19 个市级重点项目全部完成供地，用地面积 202.1 公顷。积极运用工业用地最低保护价供地政策，保障项目招商和优质资源引进，共完成北京京运通科技股份有限公司、江苏无锡欧派集成家居有限公司二期、戴卡轮毂制造有限公司、铠龙东方新能源汽车有限公司、新开博发展(无锡)有限公司等项目供地，供地面积 98.1 公顷，为企业节约用地成本超 2 亿元。御捷新能源汽车无锡项目(48.2 公顷)、无锡传化物流基地有限公司三期项目(9.3 公顷)、深国际无锡综合物流港二期项目(8.4 公顷)、上汽零部件配套区项目(6.4 公顷)、

340省道(29.9公顷)、中惠大道西延(8.1公顷)、江南影视学院(4.5公顷)、城铁惠山站区学校(4.7公顷)等一批市、区重大项目顺利落地、及时开工。

(王圣舟)

【首次获评全省国土资源节约集约利用模范区】2016年,惠山分局全面贯彻落实省委省政府节约集约"双提升"(提升节地水平、提升产出效益)计划和市委市政府"1236"节地战略,建设用地地均GDP增长超6%,盘活存量建设用地工作全市领先,全年盘活存量土地704.3公顷,盘活总面积和任务完成率均为全市第一。2016年,惠山区首次获评全省国土资源节约集约利用模范区,获得省国土资源厅33.3公顷用地指标奖励。

(王圣舟)

【整顿用地秩序】2016年,惠山分局深入开展创建省"土地执法模范区"和市"土地执法模范镇(街道)"工作,加强动态巡查督查,全年组织开展土地动态巡查、督察670余次,巡查、督查新(在)建项目119宗,面积933.3公顷,依托全区国土资源综合视频监控系统,构建"全天候、全方位、全覆盖"监管格局,全年发现新增违法用地3宗。 作为全省土地变更抽检区接受国家级核查,年内上报的15个临时用地、11个设施农用地全部一次性通过核查,验收通过率居全省第一,获得国土资源部检查组、南京督查局和省厅领导的一致认可。

(王圣舟)

市场监督管理

【概况】2016年,惠山区市场监督管理局以加快队伍融合为核心,谋划经济发展蓝图,构筑民生保障体系,履行市场监管职能,推进社会共治格局,构建服务发展、监管执法、保障民生、依法行政"四新体系",推动市场监管事业稳定向好发展。2016年,惠山市场监管局和洛社分局均获"2013—2015年度江苏省文明单位",局机关第二党支部被评为"2013—2015年度惠山区先进基层党组织",局行政服务科获得"2015年无锡市工人先锋号"和"惠山区2015年度

示范窗口"称号。

(束孙燕婷)

5月20日,惠山区市场监管局开展"世界计量日"现场咨询活动。

(区市场监管局办公室 供稿)

【机构人员调整】2016年3月,无锡市惠山区市场监督管理局根据区政府的部署要求,做好原卫计部门餐饮职能和监管人员的划转工作,从区卫生局卫生监督所划转事业人员5名,从各镇(街道)社区卫生服务中心借调从事餐饮服务监管人员7名,实现餐饮监管职能的平稳交接。组建惠山区市场监督管理局堰桥分局,实现市场监管分局全覆盖。成立区市场监督管理局工会、区市场监督管理局妇女委员会等群团组织。归并调整局下属事业单位,分别设立"无锡市惠山质量技术监督稽查大队"(参照公务员法管理的事业单位)、"无锡市惠山区食品安全监测中心"(全额拨款性质的事业单位)、"无锡市惠山区市场管理服务中心"(自收自支性质的事业单位)。重新调整党支部设置,成立区市场监督管理局党总支1个,下设党支部4个,9月完成党组织换届工作。依据"三定"方案核定中层职数,对原区工商行政管理局、区质量技术监督局、区食品药品监督管理局3局的中层干部交叉任职,提拔正股职干部7名和副股职干部17名,16名干部职工下沉到基层一线岗位。

(束孙燕婷)

【深化商事登记制度改革】2016年,惠山区市场监督管理局深入巩固"三证合一"[注1]、一照一码"[注2]改革成果,落实"五证合一"[注3]改革举措,深入乡镇(街道)集中开展换照工作,扩大"一照一码"营业执

照覆盖面。至 2016 年年底,全区取得"一照一码"营业执照企业 18000 余家,占全区企业总数 75%。配合税务部门开展"营改增"企业换照,坚持做到"特事特办、延时帮办"。全面推进名称登记便利化,简化经营场所登记,落实外商投资企业备案制,加快推进全程电子化登记步伐,委托下放 200 万以下有限公司初审代理服务。年内,全区新登记国集控股企业 249 家,注册资本 40.33 亿元;私营企业 3395 家,注册资本 126.22 亿元;个体工商户 5178 家,资金数额 5.21 亿元;新登记外商投资企业 46 家,注册资本 4.08 亿美元,其中法人 29 家、分支机构 17 家。

[注 1]三证合一:将工商营业执照、组织机构代码证和税务登记证三证合为一证。

[注 2]一照一码:"一照"指营业执照,"一码"指统一社会信用代码。

[注 3]五证合一:在实施工商营业执照、组织机构代码证、税务登记证"三证合一"登记制度改革的基础上,再增加社会保险登记证和统计登记证。

(束孙燕婷)

【品牌商标强区战略】 2016 年,惠山区市场监督管理局把品牌建设作为实施创新驱动发展战略、促进质量效益提升和惠山经济转型发展的重要载体,把创牌意识强、产业基础好、发展前景好的企业纳入辖区重点行业、重点企业品牌培育储备库。探索"阳山水蜜桃"双商标管理模式,保护商标专用权。全年新申报各类商标 846 件,新认定省著名商标 13 件,新认定市知名商标 18 件、省名牌产品 16 件。

(束孙燕婷)

【标准化战略引领】 2016 年,惠山区市场监督管理局对新申报、在建、建成的国家、省、市三级标准化试点项目进行"一对一"专项行政指导,健全试点标准化体系,完善标准内容,督促执行标准化管理要求。全年共办理企业标准备案 145 个,办理标准执行证书 156 张。制定出台区级标准化奖励政策,帮助无锡蓝海船舶舾装设备有限公司等 9 家企业 12 个项目获批省、市两级技术标准资助,落实 2015 年市级技术标准资助 79.2 万元,落实 2016 年省、市两级技术标准资助 220 万元。

(束孙燕婷)

【食品安全保障】 2016 年,惠山区市场监督管理局按照"地方政府负总责、监管部门各负其责、企业是第一责任人"的原则,调整完善区食品安全委员会,指导乡镇(街道)成立食品安全委员会及其办公室,建立行政村(社区)食品安全工作站,层层签订《无锡市惠山区 2016 年度食品安全工作目标管理责任书》,强化区、镇(街道)、村(社区)三级食品安全监管网络和监管责任。探索食品安全监管新模式,启用食品安全抽检监测信息系统食用农产品直报模块,成立惠山区食品快速检验检测中心,逐步建立全区检验检测数据库。组织辖区食品生产企业开展履职报告会、签订承诺书、企业约谈等活动,完善企业信用档案,新增 7 家食品生产企业完成电子追溯系统建设,在阳山分局试点建立无锡市食品生产电子监管系统,在全区新建 15 家食品安全经营示范店。

(束孙燕婷)

【食品安全应急保障】 2016 年,惠山区市场监督管理局加强食品安全应急保障工作。制定出台食品生产环节、流通环节、餐饮环节等食品安全突发事件应急处置预案,完善食品安全事故信息报告网络和应急机制,抓好大型餐饮单位、学校食堂等餐饮单位的食物中毒应急防控工作,确保全区不发生Ⅲ级以上食品安全突发事件。

(束孙燕婷)

【食品安全监督】 2016 年,惠山区市场监督管理局加强食品生产环节、流通环节、餐饮环节重点区域、重点产品、重点行业、重点时段的监督抽检及专项整治,开展食品安全抽查检验和小作坊小餐饮排查。全年开展食品生产环节监督检查企业 132 家次;开展区级监督抽检 600 批次,合格率 98.3%;开展农村节日食品、食品添加剂等专项检查 12 次。开展销售环节检查食品经营户及食品单位 1450 户次,检验台账 2533 册次;开展区级监督抽检 173 批次,合格率 99%;开展乳制品、儿童食品、肉及肉制品等重点食品专项检查 20 余次;开展保健食品抽样 22 批次,合格率 100%;开展市场农产品快速检测 86984 批次,合格率99.9%,检测完成率127.52%,为全市前列。开展餐饮环节监督检查3451家次,出动执法人员2005人次;开展区级监督抽检食品476批次,合格率99.4%。

(束孙燕婷)

【特种设备使用安全保障】 2016年,惠山区市场监督管理局完善区、镇、村三级特种设备监管网络,推进日常安全监察、隐患自查自纠、分级分类监管、人员培训教育等工作,通过联席会议、联合检查、联动执法、发布安全警示等形式,逐步健全特种设备监管联动机制。与辖区重点行业企业分别签订《安全生产责任书》《安全生产责任告知书》《安全生产承诺书》,推行特种设备安全生产标准化管理,开展叉车、电梯、气瓶等特种设备安全专项整治、重点监控特种设备的使用安全。组织开展辖区气瓶充装单位、电梯使用单位的应急救援演练。全年共检查特种设备使用单位326家,检查发现各类隐患195处,开出指令书37份,均完成整改。

(束孙燕婷)

【药械安全监管】 2016年,惠山区市场监督管理局以药品经营远程监管系统为依托,对辖区药品经营企业施行进、销、存数据远程监控。全区医疗机械实施药房升级提质,各级医疗机构配置必要的冷库或冷柜、阴凉库、常温库,添置调温调湿自动监测设备。对全区符合条件的173家药品零售企业、14家医疗机构开展信用等级评定,落实分级管理,加强对C级(轻微失信)企业的监管力度。跟踪检查全区2015年前取得新版《药品经营质量管理规范》认证证书(GSP)的27家药品零售企业。加大药品不良反应(ADR)、医疗器械不良反应(MDR)监测力度,规范严重不良反应的现场调查、分析、研判、处置、报告及信息发布流程,全年共上报ADR报表619份,其中新的严重的167份,占27.0%;MDR报表675份,其中严重的54份,占8.0%。专项整治疫苗、非法制售和使用注射用透明质酸钠、医疗器械流通领域的违法经营。

(束孙燕婷)

【消费者合法权益保护】 2016年,惠山区市场监督管理局为维护消费者合法权益,全面整合"12315"

"12331""12365""12345"4条热线,新增乡镇(街道)消协分会1处,消费维权投诉站1个,以"3·15""绿色消费进社区"等活动为载体,开展消费维权"进学校""进企业""进商场""进社区"等活动。确立惠山万达广场为放心消费重点商圈,健全经营商户基础档案信息库,签订《放心消费 诚信承诺行规民约》,建立先行赔付制度,督促市场主体自觉做到信息透明、公平交易。全年共受理消费侵权投诉1303件、举报461件、咨询30起,诉转案22起,为消费者挽回经济损失27.22万元,维权满意率为98%。

(束孙燕婷)

6月21日,市场监督管理局开展天天"3·15"活动。
(区市场监督管理局 供稿)

【完善照证监管机制】 2016年,惠山区市场监督管理局完善"先照后证"推送告知机制,明确163项前置审批改为后置审批,保留48项前置审批,为创业者提供"双告知"政策简讯、服务指南、业务咨询服务。按照"谁审批、谁监管,谁主管、谁监管"的原则,出台《关于进一步推进照证监管工作的实施意见》,明晰部门监管职责,构建上下贯通、左右衔接的照证监管机制,确保照证监管不缺位、不越位、不错位。

(束孙燕婷)

【扶持小微企业】 2016年,惠山区市场监督管理局深入小微企业开展"面对面"帮扶工作,对小微企业创业初期的登记注册开展指导和帮扶,建立完善小微企业重点扶持名录,及时掌握小微企业发展动态和发展需求,搭建股权出质、动产抵押、商标权出质3个融资平台,促进企业和金融机构有效对接,帮助企业解决融资难题。全年共办理动产抵押登记79件,主债权33.14亿元。

(束孙燕婷)

【企业年报工作】 2016年,惠山区市场监督管理局开展"法律进企业""法律进园区"等企业年报公示宣传活动,及时完成企业年报分析报告。全年有市场主体40188户申报年报,年报率82.7%。其中,个体工商户年报20499户,年报率77.8%;企业年报19444户,年报率达88.7%,名列全市第二。推进企业随机抽查监管,落实《企业公示信息抽查指引》、年报公示信息核查、企业即时公示信息核查要求,确保检查任务完成率、核查数据录入率达100%。

(束孙燕婷)

【企业诚信体系建设】 2016年,惠山区市场监督管理局建立信用约束惩戒数据库,落实经营异常名录、严重违法企业黑名单等制度。对未按期进行2015年度年报申报的3008家企业、59家专业合作社列入经营异常名录管理并公示,对6595户个体工商户进行经营异常状态标注;批准履行相关义务的634家企业、600户个体工商移出经营异常名录,去除经营异常标注。开展"重守"企业申报评定工作,建立重合同守信用企业培育库,成功培育重合同守信用1A企业11家,3A企业7家。推荐玉龙钢管股份有限公司和无锡大金高精度冷拔钢管有限公司参加"无锡市守信示范企业"评选。

(束孙燕婷)

【打击查处违法案件】 2016年,惠山区市场监督管理局以主干道、高速公路出入口、集贸市场等为重点整治范围,全面加强户外广告监管;开展非法集资专项排查,检查投资咨询、理财、P2P(点对点网络借款)等机构605户;集中开展垄断性行业格式合同规范专项整治;联合区公安部门对19处涉嫌传销窝点进行执法检查,调查驱散80余人;开展计量器具、成品油、保健品、化妆品等监督抽查,保障流通领域产品质量安全;专项查处涉及假冒伪劣、无照经营等违法违规行为。全年共立案查处各类违法案件240件,办结182件。办结案件中反法类14件、质量类36件、商标类19件、食品类47件、药械

类12件、特种设备22件、广告类6件、许可类12件、登记类16件。

(束孙燕婷)

【网络监管建设】 2016年,惠山区市场监督管理局全面推广江苏省网络监管"一中心一平台"(江苏省网络交易监测中心、电子商务企业信用信息公示服务平台)建设,全区网站数据维护检查4195次,督促企业网站亮标申请1568件,年度完成率124.4%;完成企业网站亮标1041户,年度完成率114.7%,均位列无锡市区第一。

(束孙燕婷)

【农贸市场规范化建设】 2016年,惠山区市场监督管理局牵头成立由商务局、城管局、公安局、卫计局等部门组成的惠山区农贸市场内部综合整治工作领导小组。以农贸市场交易秩序、环境卫生、食品安全、消防安全、活禽售卖等为重点整治对象,对全区农贸市场开展内部综合整治考评,对硬件缺失的农贸市场投入资金改造建设。洛社镇鑫雅农贸市场由常州邻里之家市场管理公司投入1000多万元改造;藕塘农贸市场由南京果色花香农贸市场管理服务公司投入建设并管理;杨市农贸市场和前洲农贸市场,由地方政府投入,并对亮照设置、活禽售卖设施、消防设施进行改造。区市场监督管理局会同有关部门加强对市场的指导、督查、考评及提示、督促、帮助等,告诫经营者自觉落实22项市场管理制度。2016年,无锡市市区农贸市场内部综合整治领导小组考评惠山区14家市场,其中6家为良好,良好率42.9%,一次达标率78.6%,居全市各板块第一。

(束孙燕婷)

【完善行政执法办案机制】 2016年,惠山区市场监督管理局编印《行政执法常用强制措施运用法律法规一览表》《常用涉罪移送情形一览表》,明确委托案件办理权限和内部流程审批规定,力争把一些基础性问题解决在行政执法前沿,克服行政执法盲目性、随意性。统一规范案件编号制度,按照申请顺序下发案件文书编号,完善立案、结案台账登记,实现案件动态化管理。重点监管立案、强制措施、取证、当事人陈述申辩等环节,在处罚主体、执法主体、适用

法律、定性标准等方面严格把关。定期开展"质量回头看"案卷评查，帮助一线执法干部熟悉执法流程，补齐业务"短板"，缩短适岗时间，规避履职风险。

（束孙燕婷）

【宣传工作】 2016年，惠山区市场监督管理局通过网络、微信、微博、报纸、内刊等媒介，宣传惠山区市场监管在服务发展、高效执法、扶贫帮困等方面的先进典型和做法。全年，在《现代快报》《江苏经济报》《江南晚报》等报纸发表宣传报道30余条，在新华报业网、现代快报网、中国惠山等网站媒体发表宣传报道300余条，在《江南工商》《江南工商研究》等内部刊物发表调研文章12篇，制作报纸宣传专版2期。以阳山桃花节、"食品安全宣传周"为契机，开展"食品安全利剑行动""食品安全进校园"等"尚德守法、共享共治食品安全"主题宣传活动7次，发放宣传资料10000余份。在全区33所中小学开展"食品药品安全知识竞答"、回收过期药品、"食品药品安全校园行"等系列活动，聘请38名食品药品安全监管"小卫士"，发放宣传册、海报等宣传材料22000份。

（束孙燕婷）

4月16日，惠山区市场监督管理局开展食品药品安全进校园活动。

（区市场监督管理局　供稿）

【业务培训】 2016年，惠山区市场监督管理局组织干部业务培训。采取"理论学习与现场操作""岗位培训与重点培训"相结合的方式，举办新任中层副职干部、"慧创学堂""年轻干部能力培训"及各类业务技能培训30余场，参训人员达400余人次。

（束孙燕婷）

【"两学一做"学习活动】 2016年，惠山区市场监督管理局召开专题会议6次、基层调研指导12次，推进落实"两学一做"学习活动。全年共开展中心组集中学习12次，各党支部组织各类学习活动共20余次，撰写心得体会300余篇。开展机关党建品牌创建活动，结合各支部特色，打造"敏锐前哨、高效中枢、坚强后盾""舌尖上的利剑""电梯安全你我他"3个党建活动品牌，引导广大党员干部把学习教育贯穿市场监管各项工作全过程。开展党员"亮身份，树形象"系列活动，组织局机关党员进社区开展志愿服务活动。认真对照《中国共产党章程》《中国共产党廉洁自律准则》《中国共产党纪律处分条例》要求，紧扣"四讲四有"[注1]标准，围绕"五查摆五强化"[注2]"七查摆七强化"[注3]，各党支部组织专题讨论4次，找准自身的问题，明确措施，列出时限，确保整改成效。

[注1]"四讲四有"：讲政治、有信念，讲规矩、有纪律，讲道德、有品行，讲奉献、有作为。

[注2]"五查摆五强化"：查摆信仰信念是否动摇，强化政治定力；查摆纪律规矩是否松弛，强化党的意识；查摆宗旨意识是否淡薄，强化群众观念；查摆精神状态是否懈怠，强化担当精神；查摆德行表现是否缺失，强化道德修养。

[注3]"七查摆七强化"：在"五查摆五强化"的基础上，增加查摆新发展理念是否树立和落实，强化践行新发展理念；查摆落实管党治党责任是否不力不严，强化全面从严治党责任。

（束孙燕婷）

价 格 管 理

【概况】 2016年，惠山区物价局按照无锡市物价局《全市价格系统2016年绩效考核评价工作实施方案》，促进价格工作开拓创新，不断提高价格工作效能和水平，圆满完成全年价格工作各项任务。2016年，惠山区物价局开展阳山水蜜桃、洛社蔬菜和玉祁礼社花菜的农业成本调查。区内2家单位获得"无锡市市级价格诚信单位"称号。

（许澄清）

【收费监管】 2016 年，惠山区物价局根据无锡市物价局《关于开展 2016 年度收费情况报告及收费统计工作的通知》，4 月 1 日起，在全区范围内开展 2015 年度收费统计工作，统计、分析全区行政事业性收费情况。2015 年，惠山区涉及行政事业性收费共有 20 个部门、103 家单位，收费项目 86 个。收费总额为 3.80 亿元，其中行政性收费为 1.17 亿元、事业性收费为 2.63 亿元，涉企收费 2.59 亿元、涉农收费 63 万元、涉农和涉企收费 530 万元、其他收费 1.16 亿元。

（许澄清）

【价格监测】 2016 年，惠山区物价局开展城镇居民零售价格监测工作，每月分 3 次上报 7 大类 62 个品种的主副食品零售价格监测情况；开展惠山区民生商品"价比三家"工作，全年在《惠山新闻》报上刊登"价比三家"36 期；开展蔬菜价格日报工作；开展生猪、乳鸽和草菇 3 个特色农产品销售价格监测工作；监测总结、分析和预测惠山区物价形势，全年上报监测信息 40 余篇。

（许澄清）

【定价、调价工作】 2016 年，惠山区物价局做好权限内的各类定、调价及其备案工作。全年备案民办幼儿园收费标准 4 家（其中幼儿园保育教育费 1 家）、幼儿园暑假班 4 家；备案 9 个住宅小区的前期物业服务收费标准；备案 2 个景区门票价格；对 6 家停车场收费标准备案和统一发放监制号。对 6 个商品房物业小区前期物业服务的物业收费、1 个景点门票收费标准和 1 所小学收费标准定价。

（许澄清）

【平价商店】 2016 年，惠山区物价局对辖区内的 4 家平价商店暗访督查 12 次，发现 1 家平价商店超市直销区和 1 家平价直销商店的经营不符合平价商店要求，被勒令退出平价商店行列。全年，辖区内的 11 家平价商店共销售平价蔬菜 330.6 万公斤，平均价格低于市场价 35.75%；销售平价粮、油、肉、蛋共 54.6 万公斤，平均价格低于市场价 16.68%。2 项共为市民节支 630 万余元。

（许澄清）

【价格监督】 2016 年，惠山区物价检查所加强对元旦、春节、清明、"五一"、端午、中秋、"十一"等节日的市场价格巡查，及时查处价格举报案件。全年，"12358"价格举报投诉平台受理价格咨询 20 件、价格举报 46 件，办结和回复率 100%。解决"12345"市长热线派工单中问题 81 件。

（戴 星）

【价格认证】 2016 年，惠山区价格认证中心共完成各类价格认定案件 219 件，标的额 278.70 万元。其中，刑事案件 218 件，标的额 266.80 万元；服务政府价格认定 1 件，标的额 11.90 万元。全年刑事价格认定案件零复核。

（张丽红）

【公立医院医药价格改革】 2016 年，惠山区物价局开展公立医院医药价格综合改革效果评估。惠山区 2 家公立医院共有医疗收费项目 4487 项，其中价格提高的医疗服务项目 2872 项，价格降低的医疗服务项目 255 项，取消收费项目 4 项，价格不变的医疗服务项目 1360 项。2016 年比上年医疗价格所有项目加权平均增幅为 5.10%，医药价格实际降价幅度为 14.40%。

（许澄清）

【商品房价格】 2016 年，惠山区物价局落实市政府商品房调控政策，维护房地产市场价格秩序。2016 年 10 月起，开展商品房一房一价的备案，推行商品房明码标价销售，确保商品房的备案价格、公示价格和房管网上备案信息价格的"三价统一"。至年末，惠山区商品房备案户数为 4006 户，建筑总面积 53.33 万平方米。其中，高层住宅 2300 户、24.71 万平方米，备案均价为 8245.3 元／平方米；小高层住宅 478 户、6.77 万平方，备案均价为 8775.6 元／平方米；多层住宅 799 户、11.42 万平方米，备案均价为 8124.57 元／平方米；低层住宅 413 户、10.04 万平方米，备案均价为 11438.3 元／平方米；别墅住宅 16 户、1940.44 平方米，备案均价为 18648 元／平方米。

（许澄清）

安 全 生 产

【概况】 2016年，惠山区安全生产工作以"安全第一、预防为主、综合治理"工作方针为指导，以强化企业安全生产主体责任落实为重点，组织开展安全生产专项整治、安全生产大检查、打非治违等各项活动，较好地控制各类安全生产事故的发生，全区安全生产形势总体稳定。年内，全区未发生较大以上安全事故。惠山区政府获无锡市政府2016年安全生产考核优秀等次。

（施新海）

【企业主体责任落实】 2016年，惠山区安全生产监督管理局（简称区安监局）以互联惠山为平台，定期向各生产经营单位传送安全生产警示、提示等信息，传达相关要求。年内，区安监局先后对物流企业、液化气站、餐饮企业、商贸企业等企业负责人进行宣传发动，要求企业认真落实安全生产主体责任。巩固安全标准化创建成果，加强班组安全培训，健全安全隐患排查长效机制，进一步完善安全生产规章制度，减少杜绝各类生产事故的发生。区安监局以约谈、处罚为手段，督促企业强化责任意识。

（施新海）

区长李秋峰带队检查安全生产工作

（施新海 供稿）

【专项整治】 2016年，惠山区安监局开展工贸行业较大风险作业暨涉氨制冷（使用）企业专项整治。全区共有涉氨制冷（使用）企业75家、有限空间作业74家、煤气企业16家、高温液态金属运输作业企业

3家、涉及粉尘爆炸相关企业11家，除其中的2家涉氨企业外，其余均按相关标准完成整治。开展危化品领域专项整治。全区共有7家涉及氰化钠企业在专家检查指导下进一步完善剧毒化学品安全管理的各项规定，另有1家化工装置未经专业单位正规设计，经督查后完成安全设计诊断和隐患整改。全区共有41家安全阀使用企业，全部建立健全安全阀及阀前截止阀点检维护管理制度，明确安全阀及阀前截止阀管理责任人，建立日常巡检台账，完善警示标识、铅封锁定等管理措施。开展化工企业专项整治，全区共锁定整治企业158家，排查隐患721条。其中，4家"红表"企业[注]完成关闭和转产；22家"黄表"企业[注]完成整改15家，停产整顿6家，1家正在整改；125家"蓝表"企业[注]完成整改120家，5家正在整改。开展职业病危害专项整治。全区共有80家陶瓷生产、耐火材料制造及铸造冶炼企业，均按照职业卫生管理人员配备、职业病危害告知、职业卫生培训、职业健康检查、定期检测、配备个人防护用品、职业卫生警示标识、申报和变更申报等基础性的要求完成专项治理。

[注]"红表""黄表""蓝表"企业："红表"就是红牌罚下，必须取缔、关闭、转产或搬迁；"黄表"就是黄牌警告，要责令企业停产停业整顿，政府挂牌督办，经复查合格后方可复产；"蓝表"企业要责令限期整改。

（施新海）

【执法监管】 2016年，区安监局对全区1290家工贸企业进行日常监督检查，发现安全隐患4238条，整改4031条，隐患整改率95%。全年实施行政处罚16起（危化类2起，冶金类1起，职业危害类3起，其他行业10起），处罚金52.1万元，其中5万元以上的较大行政处罚5起，案件查处结案率100%。核查举报24起，其中查处9起，核查率100%，查处结案率100%。

（施新海）

【宣传培训】 2016年，区安监局以宣传安全生产法律法规为主要内容，以媒体宣传、专题讲座、文艺演出、发放资料、张贴标语等为主要手段，以"安全生产月"活动为主要平台，开展各种安全生产宣传教育活动。年内共组织宣传咨询和主题宣教活动 8 场次,专题讲座 2 次,开展安全文艺演出 15 场次,安全教育课 162 场次,展出宣传图板 1600 余块次,播放宣传教育片 176 场次,散发宣传资料 20 万余份,发送短信 3 万余条,营造安全生产氛围,提高广大人民群众的安全意识。全年,全区共举办安全管理人员安全培训 83 期;区、镇(街道)先后组织气体泄漏应急救援演练、校园快速疏散应急演练和消防逃生应急救援演练。

(施新海)

【安全隐患整改】 2016 年,惠山区共有市级挂牌督办安全隐患项目 10 个,其中交通安全隐患 3 个,生产安全隐患 5 个,消防安全隐患 2 个。区级共挂牌督办安全隐患项目 36 个,其中 5 个项目转为市级挂牌督办,3 家企业停产整治。年内所有挂牌督办安全隐患项目均按要求完成整改。

(施新海)

无线电管理

【概况】 2016 年,惠山区无线电管理工作围绕惠山区委、区政府的中心工作,把服务作为首要任务,在服务无线产业发展、推进技术应用、重大项目保障、保障无线安全等方面,不断拓展深度和广度,服务保障能力显著增强。结合《江苏省无线电管理条例》颁布,惠山区经信局组织开展以"贯彻无线电管理条例 依法维护电磁环境"为主题的宣传月活动,在校园、社区及中心广场等场所宣传无线电管理法律法规知识,展示无线电服务经济社会发展取得的主要成果。2016 年,惠山区为满足通信、广电、铁路、交通、航空、公安、气象、农业等各个行业和部门重点工程中的无线电业务发展需求,加强与部门间的沟通与协调。八一建军节前,在无锡市军分区和惠山区人武部的支持,走访调研无锡电子对抗旅,进一步厘清军民融合创新发展新思路,更好满足国防服务经济社会发展要求。开展物联网及无线产业频率需求情况调研,主动做好服务工作,深入企业和相关园区开展频率需求调研,制定重点扶持物联网和现代无线通信发展频率保障措施。配合世界物联网大会顺利召开,惠山区加强与三大运营商(中国电信、中国移动、中国联通)合作,组织开展以惠山区政府主管部门牵头,民间无线电爱好者为主体,代号"联合 2016"的无线电抗干扰演练,适时对重点地域频率使用的保护性监测监听,从源头上消除可能产生的无线电干扰,严查非法干扰,达到预期效果。

(潘 卓)

小资料

继续把中国特色社会主义这篇大文章写下去

责任重于泰山,事业任重道远。中国特色社会主义是不断发展、不断前进的,需要一代又一代中国共产党人带领人民接续奋斗。习近平总书记指出:"坚持和发展中国特色社会主义是一篇大文章,邓小平同志为它确定了基本思路和基本原则,以江泽民同志为核心的党的第三代中央领导集体、以胡锦涛同志为总书记的党中央在这篇大文章上都写下了精彩的篇章。现在,我们这一代共产党人的任务,就是继续把这篇大文章写下去。"

——摘自《习近平总书记系列重要讲话读本》
(来源:新华网)

人力资源与社会保障

概　况

　　2016 年，惠山区人力资源和社会保障局（简称惠山区人社局）坚持"民生为本，人才优先"工作主线，紧紧围绕"两库两网两点"的工作主题，突出帮扶就业创业，优化人才发展环境，健全人事管理体系，完善社会保障，发展和谐稳定劳动关系，顺利完成年度各项目标任务。全区实现城镇新增就业 2.19 万人，城镇失业人员再就业 4959 人，就业困难人员再就业 2733 人；重点扶持自主创业 1694 人，实现带动就业和再就业 8706 人。全年引进各类人才 8365 人，引进高校毕业生 4102 名。区劳动就业管理中心被团省委授予"青年文明号"称号，区人力资源市场被省人社厅认定为"五星级人力资源市场"，区劳动就业管理中心党支部被市委授予"先进基层党组织"。

（石鹏群）

劳 动 就 业

　　【人才招聘服务】　2016 年，惠山区人社局共组织举办"2016 春风行动""走进校园专场招聘""送岗进社区、招聘下乡镇"等各类招聘活动 68 场，2 万家（次）企业进场招聘，提供 3.7 万个（次）就业岗位，达成就业意向 8500 人次。组织区内有关单位赴武汉、怀化、湘潭、吉林、德州、红河等地进行人才对接；与安徽省阜阳市、安徽省颍上县、河北省邯郸市、河北省邢台市、云南省红河县、湖北工业大学、湖南工程学院、怀化工业中等专业学校、新晃职业技术学校等多个地区和单位，在人才合作、基地培育等方面达成合作协议和意向。

（刘　鲁）

　　【大学生就业】　2016 年，惠山区人社局为 2018 名惠山区籍应届大学生（其中 32 名为困难家庭大学生）建立高校毕业生实名制调查数据库，免费发放《大学生"阳光就业"服务手册》2100 份。6 月 4 日—17 日，惠山区人社局组织 352 家（次）企业走进江苏省无锡交通高等职业技术学校、无锡商业职业技术学院、江苏省惠山中等专业学校，举办"走进校园"大学生专场招聘会，吸引 4000 人次参会，2000 人次初步达成就业意向。2016 年，惠山区籍大学生一次就业率达 97%，32 名困难家庭大学生实现 100% 就业。

（刘　鲁）

　　【困难人员就业】　2016 年，惠山区人社局挖掘政府公益性岗位存量，促进就业困难人员上岗再就业，上报保安、保洁、保绿等公益性岗位 99 个，完成年度目标任务的 110%，发挥镇（街道）人社所和社区劳动保障平台的主动性，跟踪社区"零就业"家庭，实现连续 10 年清零。

（刘 鲁）

【减负惠民政策】 2016 年，惠山区人社局审核发放 2015 年度失业保险支持企业稳定岗位补贴 3823.70 万元，覆盖 7051 家企业；为 7197 家（次）企业审核办理社保补贴 4484.69 万元；惠及 18633 人次，审核办理灵活就业人员社保补贴 4617.46 万元；惠及 38152 人次，社保补贴累计审核发放金额达 9101.68 万元；累计领取失业保险金 81127 人次，发放各项失业保险金 8978.25 万元；审核办理 146 名被征地农民补助手续，发放被征地农民基本生活保障金 175.47 万元。全年累计发放落实企业减负和就业帮扶资金 2.19 亿元.

（刘 鲁）

【职业技能培训】 2016 年，惠山区人社局申报洛社镇无锡华光汽车部件集团有限公司管志刚（钳工技师）、无锡永凯达齿轮有限公司糜建鸿（钳工技师）、无锡欧瑞京机电有限公司的王磊（加工中心技师）3 人参加无锡市企业首席技师评审。无锡永凯达齿轮有限公司黄新和（钳工技师），被省人社厅评定为省首席技师。阳山镇无锡欧瑞京机电有限公司王磊（加工中心技师）、钱桥街道无锡永凯达齿轮有限公司许其伟（钳工技师）、江苏省惠山中等专业学校徐志云（数控车高级技师）等 3 人获"无锡市技术能手"称号。组织指导钱桥街道无锡市新一代电力电气有限公司、洛社镇的无锡腾跃特种钢管有限公司、堰桥街道的天绣纺织品有限公司等 3 家单位进行企业技能人才自主评价工作，分别开展电器设备安装工、涂装工、金属挤压工、服装制作工等 4 个工种共 577 人次的培训评价，培训评定中级工 471 人、高级工 103 人。

（刘 鲁）

【创业环境优化】 2016 年，惠山区人社局注重惠山区创业环境改善，年内注销玉祁科技创业基地、特易购商业（江苏）有限公司无锡政和分公司、无锡市惠山区洛社镇科技创业服务中心和惠山区堰桥街道集体资产管理办公室等 4 处场所，新增 1 个省级大学生创业园（无锡商业职业技术学院）、1 个省级创业示范基地（无锡惠山软件园）、2 个市级创业孵化基地（前洲街道恒生科技园、惠山经济开发区生命科技园）。构建涵盖省、市、区的创业孵化载体。全年全区共有 583 人享受一次性开业补贴、租金补贴、小额担保贷款等创业扶持资金 202.96 万元。

（刘 鲁）

公 务 员 管 理

【录用与调配】 2016 年，惠山区政府机关（含参照管理单位）公开招录公务员 18 人、公开招录事业单位工作人员（不含教育、卫生系统）34 人。惠山区人社局为 78 名干部办理调动手续，其中 16 人调往区外，36 人区外调入，26 人区内调动。办理政府任免文件 20 件、公务员调任 13 人、公务员（参公）登记手续 85 人、公务员（参公）职级晋升 308 人。安置营职及以下军转干部 16 名，其中 13 名安置到行政机关，3 名安置到事业单位。安置现役军官家属 2 名。安置西藏籍高校毕业生 1 名。

（高志荣）

【年度考核】 2016 年，惠山区人社局对全区机关事业单位 9441 名工作人员（含卫计系统人事代理人员）实施年度考核，其中，评定为优秀等次 1424 人、称职（合格）等次 7699 人、不称职（不合格）等次 2 人，参加考核未定等次 316 人。全区 290 名机关事业单位工作人员受到区政府奖励，其中，授予记三等功（记功）奖励 91 人、嘉奖奖励 199 人。

（高志荣）

【公务员培训】 2016 年，惠山区开办主旨为"慧聚惠山、创新创业"的"慧创学堂"，对区级机关中层正（副）职及一般工作人员进行培训，实际参训 975 人，到课率 98%。组织 34 名科职（级）干部参加任职培训，组织 18 名新录用公务员参加初任培训、组织 48 名科级非领导职务公务员参加能力提升培训，组织 18 名军转干部参加无锡市及条线部门的军队转业干部培训班。组织全区 1309 名科级及以下公务员完成网上选学的学习和考试。

(林天山)

人才服务

【企业招聘服务】 2016年,惠山区人社局组织区内企业举办"春风行动"大型招聘会、大学生专场招聘会,组织企业参加无锡市人才市场举办的2016年无锡市毕业生双选交流会、市春季大型人才交流会、高端人才招聘会、2016届高校毕业生校园巡回招聘会、"百千万"就业创业政策宣传推介会。"惠山人才网"免费发布企业招聘信息,截至2016年年末,"惠山人才网"有注册企业832家,比上年增加29家,个人会员8091名,比上年增加268名。

(强芳芳 黄方圆)

【实习基地建设】 2016年,惠山区新增见习实训基地13家,全区见习实训基地总数29家。全年开展高校毕业生见习实训活动4期,见习实训学员125名。

(强芳芳 黄方圆)

钱桥街道2016春风行动招聘会 (区人社局 供稿)

【高层次人才队伍】 2016年,惠山区华中科技大学无锡研究院教授托马斯入选国家"外专千人计划",江苏智联天地科技有限公司钱志明入选国家"万人计划",实现两个项目零的突破。江苏奥天利新材料有限公司姜波、江苏丰华联合科技有限公司钟汇才、天奇自动化工程股份有限公司李国威、无锡爱邦辐射技术有限公司张宇蔚、无锡时代天使医疗器械科技有限公司黄雷等5人,入选江苏省"6大人才高

峰"第13批高层次人才选拔C类培养对象。

(强芳芳 黄方圆)

【人才引进】 2016年,惠山区人社局在全区开展留学回国人员、海外人才和合作项目需求信息调研。组织区内有关单位参加第十四届中国国际人才交流大会(深圳)、中国海外学子创业周活动(大连海创周)、中国物联网博览会、江苏省博士行活动、广州海交会、无锡市太湖人才推介会、无锡市高端人才招聘会,实施省"十大领域海内外引才行动计划""百企千才高校行"专场招聘活动。申报2016年度"引进国外技术、管理人才项目计划"11项,其中3项列入省级引智项目,8项列入市级引智项目。对引智专家中在华时间超过30天的人员,申报市"柔性引智"计划,入选2项。全年共引进各类人才8565人,其中高层次人才385名,海归人才90名。接受高校毕业生4012名。

(强芳芳 黄方圆)

社 会 保 障

【居民养老保险】 2016年,惠山区参加居民养老保险参保缴费8493人,适龄居民参保覆盖率达99%。7月1日起,居民养老保险基础养老金由上年每月355元调整为370元,增长4.25%;征地补偿金由上年每月245元、355元分别调整为每月290元、400元,分别增长18.37%和12.68%。全区享受居民养老保险基础养老金18346人,享受征地补偿金53779人,享受老农保养老金6620人,年支付各类居民养老金5.84亿元。2016年,居民养老保险个人缴费标准调整为8个档次,个人缴费标准分别为每人每年500元、700元、900元、1100元、1300元、1500元、2000元、2500元。政府对参保人员个人缴费的补贴标准对应档次分别为每人每年补贴90元、110元、130元、150元、170元、190元、210元、230元。

(沈 宇)

【居民医疗保险】 2016年,居民医疗保险个人缴费标准调整为:在校学生和18周岁(含)以下少儿每人年缴费150元,财政补助370元;老年居民(男年满

60 周岁、女年满 55 周岁)每人年缴费 350 元,财政补助 470 元;其他居民每人年缴费 420 元, 财政补助 450 元。全区参加居民医疗保险人数 223310 人,其中在校学生参保 97383 人,其他居民 125927 人,参保率达 99%。医疗保险费收入 5814 万元。

（沈 宇）

【大龄失地农民参保补贴】 截至 2016 年 12 月,惠山区对符合条件的以自由职业身份参加社会保险的 3244 名大龄低收入失地农民予以补贴,发放总额 674.51 万元。

（沈 宇）

【退休人员服务】 2016 年,惠山区企业退休人员社会化管理服务中心接收企业退休人员档案 5784 份,管理退休人员 60323 人。协助退休人员补缴医保 1759 人次,办理退休人员调档、阅档、借档 1300 人次,接待来电、来信、来访 1500 人次。完成 1445 名其他省市异地退休人员的生存认证。组织"2016 年惠山区春节特困退休人员送温暖活动""2016 年度夏送凉"2 项慰问,慰问人数 2666 人,发放慰问资金共 78 万元。全年走访特困、生病住院退休人员 3205 名,发放补助金额 32.56 亿元。完成全区 54916 名退休人员的医疗互助参保工作。完成惠山区企业退休人员第 5 轮第 1 批 25000 多名退休人员健康体检。组织长安街道和钱桥街道共 189 名退休人员参加"看无锡、看周边城市发展景象"一日游活动。5 月,在钱桥街道春来广场组织举行无锡市惠山区"夕阳红"广场舞大赛。10 月,组织钱桥街道和堰桥街道部分退休人员参加第十三届无锡市社区退休人员钓鱼比赛。

（徐君代）

劳 资 关 系

【劳动保障监察】 2016 年,惠山区劳动保障监察大队开展"农民工工资支付情况专项检查""清理整顿人力资源市场秩序专项行动""2015 年度全区用工企业书面审查""诚信企业培育"等一系列劳动保障专项执法检查,共接待群众来电来访 2300 人次,受理各类举报、投诉案件 428 件,立案 317 件。立案案件中, 要求补缴社保的投诉和举报不缴纳社保的 139 件,涉及拖欠工资、加班工资、未签合同要求双倍工资的 114 件,违反工作时间规定和未实行带薪年休假的 14 件,违反禁止使用童工规定 3 件,违反劳动合同相关规定 46 件,其他方面 1 件。发出限期改正指令书 153 件,责令参保 489 人,作出行政处理决定 3 件,作出行政处罚决定 4 件。办理恶意欠薪案件 3 起,涉及职工 172 人,涉及拖欠工资 480 余万元,按照程序移送公安部门处理,申请法院强制执行 3 件。主动监察用人单位 537 户,涉及劳动者人数 1.4 万余人。为 401 名农民工追讨工资 450.66 万元。全区共 9519 家用人单位参加 2015 年度劳动用工书面审查,涉及职工 22 余万人,完成书面审查编号 9302 家, 完成网上预申报 7825 家,审核通过 7825 家。

（朱晓华）

【劳动人事争议仲裁】 2016 年,惠山区劳动人事争议仲裁委员会共受理、处理劳动人事争议案件 1371 起(其中立案处理 1262 起,案外调解 109 起),不予受理案件 171 起,立案数与上年相比下降 9%。全年审结劳动人事争议案件 1337 件,结案率 97%,涉案金额 4398 万元。阳山巡回仲裁庭兼职仲裁员审结件 6 起,钱桥巡回仲裁庭兼职仲裁员审结案件 50 起。仲裁院派员洛社巡回仲裁庭驻点办案 412 起,洛社巡回仲裁庭被评为"江苏省示范巡回庭"。全年举办公开庭审 6 次,参加庭审观摩 100 人次。全年委托基层调解中心调解案件 798 件,调解成功 361 件,调解成功率 45%。

（奚静娟）

【工伤认定】 2016 年,惠山区工伤认定中心共接受工伤申请 3110 件(含死亡 30 件)。其中,参保的 2589 件,占案件数的 83.2%;未参保的 521 件,占案件数的 16.8%。经审核,受理 3103 件,不予受理 7 件,作出决定 3010 件(其中认定 2949 件、不予认定 8 件、终止 46 件、不予受理 7 件),结案率为 97.1%。

（荣建芳）

【信访调解】 2016 年,惠山区人社局信访工作重心由事后处理转移到事前防范、排查和化解,对集访、上访案件启动应急处理机制,依据法律法规,及时平息多项严峻事态,有效防止矛盾激化。全年接待劳动者上访 933 批次 1226 人次, 其中政策咨询类事项 542 批次 648 人次,有具体请求事项的 391 批次 578 人次,集体上访 46 批次 302 人次。调解成功率 90% 以上。

（邓 晓）

【网上运行】 2016 年,惠山区人社局通过省"政风热线""无锡市 12345 政府公共服务热线"和"惠山区政务服务直通车",向群众提供快捷、高效、互动的政务服务,为劳动者解决劳动保障方面问题。全年受理网上咨询、投诉 83 起。2016 年,惠山区人社局实行权力网上运行 65746 件。其中,企业实行不定时工时制和综合计算工时制度审批 54 件, 行政处罚 4 件,失业保险待遇核定支付（初审）59900 件,就业（失业）登记证发放 5788 件。

（陈迅洲）

【和谐劳资关系创建】 2016 年,惠山区人社局加强各项劳动关系法律法规的政策宣传,发放"2015 劳动法律法政策汇编""无锡市惠山区企业规章制度参考文本"等资料,帮助企业加强劳动用工规章制度建设。惠山区对用人单位、企业职工、劳资协理员进行劳动法规政策、案例等的培训,利用镇（街道）、村（社区）等平台举办培训 3 次,培训 350 人。利用各镇（街道）"春风行动大型招聘会"设立咨询点,接受企业和职工劳动法规政策咨询 1350 人次。走访企业 105 家,发放法律法规政策汇篇 180 册。完成

全区 2015 年度劳务派遣企业的年检工作,年审通过企业 8 家、未通过企业 2 家。全区规模以上企业劳动合同签订率达 99%, 劳动合同备案人数达 19.58 万人。

（杨 胜）

【企业特殊工时审批】 2016 年,惠山区人社局根据《关于加强对企业实行综合计算工时工作制和不定时工作制管理的通知》,对企业申报的材料进行认真审核,依据市局对特殊工时审批工作的新要求,及时更新网上的办事指南,指导企业按新的要求提供申请材料, 减少因企业不了解新要求而来回奔波的次数,提高企业申请特殊工时工作制的办事效率。截至 2016 年年底,全区有 112 家企业实行特殊工时制。

（杨 胜）

【企业工资集体协商】 2016 年,惠山区人社局贯彻实施《无锡市企业工资集体协商条例》,完善企业工资集体协商,扩大协商覆盖率。3 月,会同惠山区总会、区工商联等部门,集中开展"要约行动",以"三商三保"[注]为重点,稳固并逐步扩大工资集体协商覆盖面。组织 200 人参加全区工资协商指导员培训班。2016 年, 全区企业工资集体协商建制率达 99.3%,5892 家企业签订集体合同和工资集体协商协议,签订工资集体协商合同达 5902 份,覆盖职工 17.5 万人。

[注]"三商三保": 一商企业最低工资标准、保职工合理收入;二商工时定额标准,保职工休息权;三商工资增长幅度,保职工增加收入。

（杨 胜）

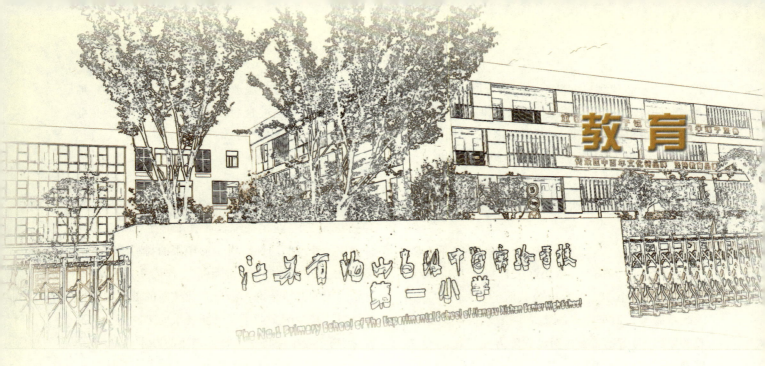

概　况

2016 年，惠山区教育工作以办人民满意教育为宗旨，以"均衡普惠、优质特色、人民满意"为总体工作目标，加大优质教育资源供给，促进教育转型发展，深化教育综合改革，教育现代化建设加快推进，教育教学质量稳步提升，教师队伍综合素质持续优化，惠山教育的特色更加明显。党建工作紧扣教育事业发展大局，以"两学一做"学习教育活动为抓手，不断提升党员干部工作作风和机关整体形象，加强干部队伍建设和党风廉政建设，教育满意度进一步提升。2016 年，惠山区教育现代化水平在省级监测评估中处于领先水平，创建为"江苏省中小学校责任督学挂牌督导创新县（市、区）"，惠山区教育局被江苏省教育厅授予"江苏省促进义务教育均衡发展先进集体"称号，区教育局局长范良被授予省先进个人称号。

（郑　华）

【修编教育事业"十三五"规划】　2016 年，惠山区教育局结合区域实际和城市化发展需要，按照"科学、合理、必需"的原则，动态调整并修编全区"十三五"教育事业发展规划和"十三五"教育布局发展规划。《无锡市惠山区教育事业发展"十三五"规划》明确"推进学前教育优质普惠发展、义务教育优质均衡发展、普通高中教育特色多样发展、职业教育创新发展、继续教育快速发展"的具体思路，总体发展目标是到 2020 年，基本形成富有鲜明特色的惠山教育发展模式；建成教育强区和人力资源强区，全面实现教育现代化，基本实现教育国际化；教育发展主要指标达到同期中等发达国家水平。根据规划，5 年内全区计划新建中小学、幼儿园 21 所，改扩建 19 所，撤并办班点、村级幼儿园 10 所。

（郑　华）

【创新责任督学挂牌督导】　2016 年，惠山区责任督学挂牌督导工作有序推进。责任督学每月开展随机督导，深入课堂听课，进行有效的课堂教学评价，指导学校规范发展、特色发展。责任督学撰写的《微创新，让快乐看得见》《玉祁高中：走在"更具特色"的行知路上》2 篇文章，在《无锡日报》教育周刊刊登。区政府教育督导室组织责任督学前往江阴市、重庆市南岸区和巴南区考察学习。11 月，惠山区挂牌督导创新县（市、区）建设接受市级复核、省级验收。12 月，惠山区获"省中小学校责任督学挂牌督导创新县（市、区）"称号。

（殷海良　强军伟）

【省教育现代化建设监测新成果】　2016 年是江苏省教育现代化建设监测评估实施的第三年，惠山区成立以区委副书记、区长李秋峰为组长，区委常委、副区长计佳萍为副组长,教育、编办、发改、科技、财政、人社、国土、规划、统计等部门主要领导为成员的工作领导小组,建立以教育局局长为组长,各中小学校长、幼儿园园长、教育局相关科室负责人为组员的监测工作小组,做好监测工作。监测结果:惠山区教育现代化建设2015年度综合得分90.47分,总体高于2014年度监测数据;教育普及度实现程度为99.83%,达成目标值,教育普及程度超过中高收入国家平均水平,终身教育体系不断完善;教育公平度实现程度为93.41%,义务教育均衡发展成效显著,义务教育均衡取得突破性进展,特殊群体平等受教育权利得到较好保障;教育质量度实现程度为89.81%,学生综合素质指标达成新高;教育开放度实现程度为99.17%,教育国际合作与交流取得新进展;教育保障度实现程度为94.11%,师资水平指标有较高达成度;教育统筹度实现程度为71.68%,教育布局与规模不断优化,中小学校布局与规模指标持续提高;教育贡献度实现程度为96.72%,全民劳动力素质有效提升;教育满意度实现程度为83.6%,办人民满意教育取得新成效。

(钱志惠)

9月9日,吴仲林、李秋峰等区领导慰问惠山区教育工作者。

(区教育局 供稿)

【**高考新成绩**】 2016年,惠山区高考再次取得突破性成果,呈现"低进高出、高进优出"的局面。全区2228人参加高考,1635人进入本科线,进线率达73.38%,比上年提高4.28%。其中,661人进入普通类本一线,进线率29.67%;1524人进入普通类本二线,进线率68.4%。艺体类111人进入本科线,比上

年增加7人。江苏省锡山高级中学本一、本二进线率分别达69.38%、97.97%,本一进线率在无锡大市居于领先地位,本二进线率位居无锡大市第一;江苏省锡山高级中学学生朱屹林以420分获无锡大市文科总分第一名。2016年,惠山区高考创建区以来最好成绩。

(胡杰明)

基 础 教 育

【**概况**】 2016年,惠山区有普通高中4所,九年一贯制学校2所(其中民办1所),初级中学12所(其中民办1所),中心小学11所,民办小学5所,特殊教育学校1所。全区有普通高中学生7674人,初中学生18634人,小学学生45877人,特殊教育学校学生105人。小学入学率、巩固率和毕业率为100%;初中入学率、巩固率100%,毕业率99.9%;高中阶段入学率99.5%。全区幼儿园52所(其中民办18所),入园幼儿22942人,入园率99.9%。

(杨国庆)

【**启动"春之健·食品药品安全校园行"活动**】 2016年4月12日,惠山区委宣传部、区市场监督管理局、区教育局、团区委联合在堰桥初级中学举行2016年"春之健·食品药品安全校园行"活动启动仪式,全区中小学分管校长、堰桥初中师生代表、主办单位有关负责人员等近150人参加。"春之健·食品药品安全校园行"活动覆盖全区33所学校,7万余名师生,结合孩子们的日常生活体验,组织开展食品药品安全进校园、食品药品安全知识竞答、争当"食品药品安全小卫士""食品药品安全我倡导·我参与·我行动""食品安全你我同行""用药安全从我做起"、食品药品安全专题讲座等系列主题活动,使孩子们能够快速树立起食品药品安全防范意识,提高自我防护能力,达到"教育一个孩子,带动一个家庭,影响整个社会"的效果。

(杨国庆)

【**区家庭教育工作研讨会**】 2016年5月16日,由惠山区妇儿工委组织的"惠山区家庭教育工作研讨

会"在无锡市藕塘中心小学举行。惠山区文明办、教育局、财政局、民政局、卫计局、妇联、团委、关工委等8个部门的领导参加本次会议。会议围绕《关于加强惠山区家庭教育工作的意见》展开学习与讨论。藕塘中心小学介绍学校推进家庭教育建设的思考和行动。研讨会有效推动惠山区家庭教育的发展，提升惠山区家庭教育的品质。

（杨国庆）

【全国体验式国防教育研讨班在惠山区举办】 2016年11月7日到11日，2016年体验式国防教育研讨班在无锡惠山区举办。研讨班由中国少先队事业发展中心、市少工委、区教育局、区人武部共同举办。全国近百所学校和教育局的少先队辅导员、学校校长、团队干部和专家近300人参加研讨班。会议学习《团中央、全国少工委关于加强青少年国防教育的工作要求和部署》的报告。著名国防教育专家，海军信息化专家咨询委员会主任，少将尹卓作《当前国防形势与青少年国防教育》讲座。《辅导员》杂志社原总编、社长柯英与大家分享《"少年军校"活动与中国梦、社会主义核心价值观》。与会人员观摩无锡市藕塘中心小学、无锡市堰桥实验小学的少年军校体验式国防教育活动。

（杨国庆）

【市普通高中课程基地建设现场推进研讨会】 2016年11月15日，无锡市普通高中课程基地建设现场推进研讨会在江苏省锡山高级中学举行。省教育厅、市教育局、市教科院领导和无锡市各高中校长、分管校长、课程基地项目负责老师80多人出席。江苏省锡山高级中学拥有人文、巅峰体育、想象·创造、云学习、胡氏三杰自然科学实验中心五大课程基地，在全省率先实现对学习领域和学科的全覆盖，实现对学习方式的全覆盖，是无锡市四所省级课程基地学科联盟牵头学校之一，是无锡市五所获得省级课程基地年度视导优秀等第的学校之一。与会代表实地考察省锡中五大课程基地，观摩课程基地的精彩课程、多样的学习行为及丰硕的学习成果。江苏省锡山高级中学校长唐江澎作题为《建设课程基地，促进育人模式转型》的专题报告，省教育厅基础教育处处长马斌作题为《课程基地赢得课改未来》的学术报告。马斌指出，江苏省锡山高级中学的课程基地设计感强、技术感强、学科感强、体验感强，能面向全体学生提供丰富的课程群，以环境的改变促进学习方式的转变，是全省课程基地建设得最好的学校之一。

（杨国庆）

【区首届"科普之光"青少年科技活动成果展】 2016年11月28日，惠山区"科普之光"青少年科技活动成果展在省锡中实验学校开展，区委副书记计佳萍出席活动并致辞。全区28所中小学开设展示台，展示各自的科技教育和实践成果，内容有科技发明项目、科学实验演示、科技创意作品、手工制作展示等，作品涉及数学、物理、化学、环境科学、生物、计算机等多个学科。空中盘旋的酷炫无人机、会玩魔方的机器人、3D打印出来的动植物模型、结构精巧的航模作品、精致可爱的手工编织作品、现场烹饪的诱人美食……为广大师生带来一场创新科技盛宴，以全新的方式展现全区科普教育的丰硕成果。年内，全区组织学生1.5万人次参加各级各类科技比赛，获得全国一等奖1项，全国二等奖2项，江苏省一等奖9项、二等奖17项、三等奖25项，获得国家发明专利20多项；江苏省锡山高级中学等10所学校被评为区科技活动先进学校。

（杨国庆）

【"一校一品"德育品牌展示活动】 2016年12月19日，惠山区中小学"一校一品"德育品牌展示活动在江苏省锡山高级中学实验学校第一小学举行，无锡市教育工委副书记王珍珍出席活动并致辞。活动播放惠山德育工作巡礼片《走在德育创新路上》，10所中小学分别通过PPT演示（幻灯片）、情景剧等多种形式展示本校的德育品牌建设成果。钱桥中心小学执着三十年追寻的"理想教育"、江苏省锡山高级中学"选己所长、立足社会，选己所爱、获取幸福"的生涯教育实践课程、钱桥中学依托民俗文化发展起来的"有根德育"、惠山中专的公益社团、阳山中学的"书院文化"、玉祁初级中学的"润泽德育"以及洛社中心小学的"小龙人成长计划"等均得到区德育品牌展示活动专家评委组的一致好评。

（钱志惠）

职 业 教 育

【概况】 至 2016 年 12 月,惠山区有职业学校 1 所,即江苏省惠山中等专业学校（简称省惠山中专）,在籍学生 4833 名,其中中等职业教育学生 2463 名,五年制高职学生 2370 名。年内,省惠山中专被江苏省教育厅认定为江苏省高水平现代化职业学校。同时,省惠山中专成立美国 Solid Works 认证助理工程师证书考试[注]中心,将有效推进职业教育课程标准与国际通用职业资格证书对接。

[注]:美国 Solid Works 认证助理工程师证书考试:是美国 Solid Works 公司对全球各类学校学生的官方认证考试,其考题由计算机自动随机生成,每位考生都不一样,考试在互联网上进行,考试时间 120 分钟,自动评卷打分,当场获知考试结果。其资格全球认可。

（尤孺英）

【技能训练成果】 2016 年,省惠山中专应届毕业生除取得毕业证书外,同时还获得相应的中级技能等级证书和计算机国家一级等级证书,毕业生双证获取率达 100 %。在 2016 年省、市两级技能大赛中,省惠山中专取得省级金牌 6 块、银牌 5 块、铜牌 4 块,无锡市一等奖 9 个、二等奖 17 个的优异成绩。机电工程系学生刘梓斌在全国职业院校技能大赛中获得"车加工技术"(中职组)金牌。

（尤孺英）

【对口升学】 2016 年,省惠山中专加强和省"单招联合体"的合作。参加江苏省对口升学考试学生 264 人,本科录取 141 人,本科录取率 53.4%;大专录取 123 人,大专录取率 46.6%,总录取率为 100%,位列无锡市第一。年内,省惠山中专被评为南京理工大学自考助学优秀校外教学点,省惠山中专 2 位教师被评为南京理工大学优秀教育工作者和优秀教师。2016 年,省惠山中专在该教学点就读本科生 249 人,专科生 171 人;本科毕业 29 人(其中 26 人取得学士学位),专科毕业生 90 人。

（尤孺英）

【合作与交流】 2016 年 ,省惠山中专与阳山桃源旅游文化发展有限公司的"校企合作共育人,助推阳山旅游产业大发展"合作项目被评为"2016 年无锡市职业教育校企合作示范组合项目";与无锡旭阳动画公司、无锡万域数码科技公司合作试点的"计算机动漫与游戏制作"专业被确立为 2016 年无锡市现代学徒制重点项目。省惠山中专与台湾树人家事商业职业学校年内成功互访,并在师生交流、项目共建、教材共享等方面开展交流合作。

（尤孺英）

社 区 教 育

【概况】 惠山区加强社区教育基地建设,终身教育体系进一步完善,形成较为完整的全民教育体系。至 2016 年末,惠山区有社区培训学院 1 所,镇(街道)社区教育中心校 7 所。年内,全区农村劳动力接受各类教育培训 2.7 万人次。7 所社区教育分中心开展青少年校外培训,全年完成培训 1.93 万人次。钱桥成教中心校投入 700 万元建成无锡市无纸化考试中心,全面提升学校社会化培训服务的综合竞争力。2016 年,洛社镇被评为"全国社区教育示范乡镇",洛社镇成教中心校被推荐参评"江苏省社会教育百强单位"。

惠山区社区教育中心现状

表25

单位	用地面积（平方米）	建筑面积（平方米）	教职工人数（人）	2016 年培训情况（人）			
				各级各类职工培训	其他（注册、学历教育等）	老年人教育	青少年校外培训
长安	8670	2300	7	2300	210	100	1200
堰桥	850	850	8	84	5	70	5654
前洲	2610	3140	9	2969	135	98	2311
玉祁	1500	5200	16	2000	101	118	2557
洛社	16665	10000	19	13127	103	1200	4065
钱桥	10900	6900	20	656	5804	286	2465
阳山	2000	2800	4	6200	30	120	1100
合计	43195	31190	83	27336	6388	1992	19352

（虞忠华）

【各类培训】 2016 年，惠山区各社区教育中心采取"校政合作、校农合作、校企合作、校校合作、校外合作"5 种模式开展培训，服务地方经济和社会发展。洛社成教中心校开展数控车工、钳工、焊工、机械 CAD、家政服务等近 20 个工种的实操训练，全年实训人数超过 1 万人次；阳山成教中心校聘请南京农业大学、扬州大学农学院、途家网公司等的教师授课，开展各项培训 6300 多人次；玉祁成教中心校配合街道各部门，开展新市民素质培训班、"玫瑰新家庭"女性素养培训班、新提任镇管干部拓展延伸培训班、机关党员干部培训班、精英领航高级企业经营管理研修班等，共培训 2000 多人次。

（虞忠华）

老 年 教 育

【概况】 至 2016 年年底，惠山区有镇（街道）老年大学 6 所，社区（村）老年教育点 67 个，老年学习团队 60 个，开设时政、法制、电脑、科技、书法、绘画、音乐、养生、舞蹈等老年教育专业课程 10 个，在校学员近 2000 人，老年教育志愿者教师 85 人。全区乡镇（街道）老年教育校舍面积总计 21500 平方米，经常开设老年教育讲座的社区（村）90 个，全区老年人学习活动参与率为 31%。

（虞忠华）

【锡惠老年大学】 2016 年，无锡市锡惠老年大学根据国务院颁布的《老年教育发展规划（2016—2020 年）》精神，确立"'十三五'期间成为全国示范老年大学"的办学新目标。2016 年 3 月，锡惠老年大学举行三届四次董事会，回顾总结办学经验及成果，谋划学校新的发展。年内锡惠老年大学广瑞路校区新建教学用房 3500 平方米，增设计算机专用教室、多功能综合教室、器乐专用教室等，实现全校无线网络和多媒体教育全覆盖。2016 年，锡惠老年大学广瑞路校区在校学生 1858 人，报名选课 2390 余人次，开设老年课程 32 门，开办班级 34 个；锡惠老年大学惠山分校（惠山区文化馆内）在校学生 350 人，开设太极拳、声乐、健排舞、国标舞、书画等老年课程,开办班级 8 个。学校参加无锡市首次老年大学校园文化艺术节,获金奖 1 个、银奖 6 个、铜奖 8 个、优秀奖 13 个。至年底,学校有 4 名教师被评为"江苏省老年教育百佳老师",2 名师生被评为"江苏省首批文化老人"。

(吴立人)

【锡惠老年大学建校二十五周年活动】 2016 年是锡惠老年大学建校二十五周年。学校精心组织建校二十五周年系列活动。表彰优秀教师 11 名和优秀学员 122 名,出版建校二十五周年纪念史册和师生书画摄影作品专集,邀请省老年教育领导专家到校作"新形势下老年教育改革和发展"专题报告会,举办锡惠老年大学建校二十五周年大型书画摄影专题展,举行建党 95 周年暨建校二十五周年师生教学成果展示庆祝大会。

(吴立人)

教 师 队 伍

【概况】 至 2016 年年底,惠山区公办中小学幼儿园共有教师 6154 人,其中在编教职工 4958 人。在编教职工中专任教师 4704 人,其中幼儿园 229 人、小学 1936 人、初中 1450 人、高中 707 人、中职 382 人。全区有省"333 工程"培养对象 10 人,省人民教育家培养工程培养对象 2 人,省特级教师 17 人(年内新增 3 人),省名教师 2 人(均年内获评),无锡市教育名家 3 人,无锡市名校长、名教师 15 人。取得正高级教师职务的 9 人,高级教师职务的 959 人(年内新增 55 人),中级教师职务的 2349 人(年内新增 95 人)。全区有无锡市级骨干教师 421 人,区级骨干教师 1183 人。

(沈 东)

【新教师招聘】 2016 年,惠山区根据《省教育厅、省人力资源和社会保障厅关于进一步做好全省中小学新进教师公开招聘工作的意见》(苏教规〔2016〕1 号),严格执行教师资格准入制度和教师公开招聘制度。上半年公开招聘录用新教师 178

人(其中硕士研究生 55 人)。下半年赴东北师范大学、南京师范大学与 2017 届优秀硕士研究生 33 人签约。

(陈 叶)

【支教与轮岗】 根据无锡市统一安排,2016 年,江苏省锡山高级中学语文教师寇永生、玉祁高级中学语文教师张旭先后赴延安支教 1 学年;前洲中心学音乐教师张磊、洛社初级中学语文教师丁君先后赴新疆阿合奇支教 1 学年。根据惠山区教师轮岗交流实施方案要求,2016 年下半年秋学期起有专任教师 219 人、骨干教师 49 人参加轮岗,另有区教学能手以上骨干教师 24 人跨校(辅导区)支教。

(陈 叶)

【干部人事档案专项审核】 2016 年,惠山区教育局人事部门对全区教育系统 29 个管档单位的人事档案进行详细核对、分类整理、查漏补缺,共审核干部人事档案 4442 份,占全区干部档案的 52%。

(李 艳)

【教师资格首次注册】 2016 年 9 月份,惠山区启动中小学教师资格首次注册工作,按照动员摸底、区级培训、材料初审、集中公示、复核终审、认定注册等顺序,完成全区 4530 名教师的首次注册初审工作。

(李 艳)

【教学管理者培训】 2016 年 7 月 3 日—6 日,惠山区中小学分管教学的校长和教研室、教师培训中心全体成员共 49 人,由区督导室副主任、区教育局副局长沈建清带队,赴青岛大学进行暑期培训。学习学校的精细化管理和教师队伍建设策略,开阔教育视野,打开互联网时代的大教育思维,为全区各校贯彻落实"十三五"规划奠定实践和理论基础。

(牟 琪)

【人事干部培训】 2016 年 12 月,惠山区举办全区教育系统人事干部培训班,系统学习人事制度改革、工资福利等相关政策。会上表彰陆素萍等 15 名"2015—2016 年度区教育系统优秀人事干部"。

2016 年惠山区中小学在编专任教师学历统计

表 26 单位:人

学校类别	教师总数	研究生		本科		专科		中专		高中	
		人数	比例	人数	比例	人数	比例	人数	比例	人数	比例
幼儿园	229			176	76.86%	53	23.14%				
小学	1936	36	1.86%	1466	75.72%	380	19.63%	53	2.74%	1	0.05%
初中	1450	64	4.41%	1337	92.21%	42	2.90%	2	0.14%	5	0.34%
高中	707	175	24.75%	529	74.82%	3	0.42%	0	0.00%	0	
中职	382	12	3.14%	361	94.50%	8	2.09%	1	0.26%	0	
合计	4704	287	6.41%	3869	82.25%	486	10.33%	56	1.25%	6	0.13%

注:本表与下表数据统计时间为 12 月 31 日。

2016 年在编教师职称情况统计

表 27 单位:人

学校类别	教师总数	高级			中级		助级		其他	
		正高	副高	占比	人数	占比	人数	占比	人数	占比
幼儿园	229		32	13.97%	99	43.23%	50	21.83%	48	20.96%
小学	1936		108	5.58%	1189	61.42%	468	24.17%	171	8.83%
初中	1450	1	449	31.03%	617	42.55%	311	21.45%	72	4.97%
高中	707	7	247	35.93%	276	39.04%	132	18.67%	45	6.36%
中职	382		123	32.20%	168	43.98%	44	11.52%	47	12.30%
合计	4704	8	959	20.56%	2349	49.94%	1005	21.36%	383	8.14%

注:江苏省锡山高级中学校长唐江澎是第一批正高高级教师,因属于行政编制,未统计在内。

(沈 东)

教 育 督 导

【概况】 2016 年,惠山教育督导以保障惠山教育改革和发展为中心,以规范办学行为、深化素质教育、进一步提升办学水平和教育质量为重点,服务基层学校,坚持督政与督学、监督与指导并重,为减轻学生过重的课业负担、全面提高教育质量提供强有力保障。

（殷海良）

【区教育督导委员会成立】 2016年3月4日，惠山区人民政府教育督导委员会成立。由惠山区委常委、副区长计佳萍任主任，区委组织部、区教育局主要领导任副主任，区发改、科技、人社、财政、监察等相关部门分管负责人任委员。工作内容包括研究制定全区教育督导的政策意见、审议教育督导有关规划和重大事项、指导全区教育督导工作、聘任责任督学、发布全区教育督导报告等。区政府教育督导委员会的成立，为惠山区进一步规范学校办学行为、营造良好的教育发展环境、率先实现教育现代化起到积极的推动作用。日常的教育督导工作仍有区政府教育督导室负责实施。

（殷海良 强军伟）

【县级政府教育工作省级考核监测】 2016年4月10日，惠山区政府教育督导室根据苏教督团〔2013〕2号《关于开展新一轮县级政府教育工作督导考核省级抽查的通知》精神，对照《江苏省县级人民政府教育工作督导考核标准》的26项指标内容，协同基教科、计财科、人事科等科室做好2015年区人民政府教育工作省级监测相关内容和数据的填报工作，确保上报内容、数据的真实与有效。

（殷海良 强军伟）

【市学前教育五年行动计划督导调研】 2016年9月19日，惠山区接受无锡市政府教育督导室、无锡市教育局联合对惠山区实施第二期学前教育五年行动计划情况的期初督导，调研惠山区第一期学前教育五年行动计划的完成情况、第二期五年行动计划的政策措施落实情况以及学前教育发展中存在的困难。

（金雅敏）

【省义务教育学校标准化建设监测】 2016年10月27日，惠山区义务教育学校标准化建设监测工作会议在堰桥初中召开，正式启动江苏省义务教育学校标准化建设监测工作。监测内容包括学校设置、校园建设、教育装备、教师队伍、教育教学、学校管理、质量评价、经费保障等8个一级指标。11月底，惠山区所有义务教育学校完成监测工作，监测准确反映惠山区义务教育学校标准化建设的相关指标数据，为推进惠山区义务教育优质均衡发展提供数据支撑。

（强军伟 冯斌斌）

【专项督导】 2016年，惠山区政府教育督导室重点对中小学开学工作、教辅用书征订使用、中小学作息时间、中小学课程实施、校园欺凌等情况进行专项督导，对第一轮素质教育综合督导的中小学回访督导，并对幼儿园创建无锡市优质园情况督导评估。惠山区南西漳幼儿园、惠山区蓝天幼儿园通过无锡市优质园评估验收。

（强军伟 金雅敏）

【镇（街道）政府（办事处）教育工作考核】 2016年年初，惠山区委组织部、区教育局、区财政局和区政府教育督导室制订《2016年镇人民政府、街道办事处教育工作百分考核方案》和《2016年学前教育专项督导评估方案》。12月30日，区委组织部、区教育局、区财政局和区政府教育督导室组成督导组对镇（街道）政府2016年度教育工作和学前教育工作集中考核。洛社等5个镇（街道）政府教育工作百分考核达到优秀级，阳山等2个街道达到良好级；长安等2个镇（街道）学前教育专项督导考核达到优秀级，堰桥等5个镇（街道）达到良好级。

（强军伟）

【学校办学水平和校长任期目标考核】 2016年，区教育局和区政府教育督导室修订包括幼儿园、小学、初中、普高、中等职业学校在内的全系列年度办学（园）水平和校（园）长任期目标考核方案。经考核组考核评定，江苏省锡山高级中学等12所学校（幼儿园）获嘉奖；省惠山中专等38所学校（幼儿园）为优秀。

（强军伟 金雅敏）

教 学 研 究

【概况】 2016年，惠山区教研工作围绕"提高教学质量"主题,强化"教研为教学服务,为教师专业成长服务,为教学管理决策服务"意识,认真履行研究、指导、管理、服务的职能,在"课改、科研、常规、质量"四个方面取得显著成效。围绕提高中小学教育教学质量这一中心,确保教学管理继续在高位良性循环。为教育决策服务,为基层教师教学服务。总结推广课堂观察、学案精品化编制、学校特色的课堂教学模式锻造等惠山教改经验。继续组织多层次的外出交流学习、定期开展研讨、专题总结等活动。以课堂教学改革为重点,以深化校本教研为重点,提高教研效率,促进教师专业成长。提升教研活动水平、课程实施水平、教师专业化水平和自身生存和发展水平,打造一支观念新、业务强、能吃苦、讲奉献、重合作的教研队伍。惠山区教育局教研室聘任新一届惠山区中小学学科中心组人员,学科中心组成员为各学科骨干教师。

(胡杰明)

【全国及省、市两级科技创新大赛】 2016年,惠山区各学校组织中小学师生参加第二十七届全国及江苏省青少年科技创新大赛。洛社新开河实验学校教师虞朝晖的"校园及周边地区蜜蜂养殖研究方案"获全国二等奖;江苏省锡山高级中学学生陶崟杰"汽车行进方向预判装置"等5个项目获省级一等奖;惠山区学生还获省级二等奖5项,省级三等奖7项,市级特等奖5项,市级一等奖4项,市级二等奖10项,市级三等奖17项。

(尤红伟)

【省"金钥匙"科技知识竞赛】 2016年,惠山区组织中小学学生参加江苏省第二十八届"金钥匙"科技知识竞赛,参与人数超过1.7万人,参与率居省、市两级前列。在决赛中获团体二等奖,获个人特等奖、一、二等奖学生共154人。

(尤红伟)

【实施省重点课题实验幼儿园项目】 2016年,江苏省教育科学研究院启动实施"幼儿园发展规划""幼儿园教育质量评估与提升"研究项目。无锡市惠山区实验幼儿园成为全省首批20所重点课程实验幼儿园项目园之一。

(吕 颖)

2016年,全区新增省级优质幼儿园3所,省、市两级优质率提升至85%。　　　　　（区教育局　供稿）

【天馨合唱团获全国一等奖】 2016年4月12日,在青岛举办的全国第五届中小学生艺术展演活动中,江苏省锡山高级中学天馨合唱团的合唱节目《旗正飘飘》《自由探戈》获一等奖。这是学校艺术教育最高级别的奖项,是惠山区艺术教育历年来的最高荣誉。

(徐 芸)

【首届全区艺术教师书画作品展】 2016年12月,惠山区教育局、惠山区文体局联合主办以"丹青敷彩歌盛事,翰墨流霞颂和谐"为主题的全区艺术教师书画作品展。书画展在惠山区文化馆展出,共有国画、油画、版画、书法、剪纸、刺绣等多种题材作品70余幅,均出自惠山区中小学教学一线的艺术教师。惠山区中小学美术教师、惠山区各文化艺术协会会员200余人参加开幕式活动。

(徐 芸)

【中小学语数英教师基本功比赛】 2016年12月,惠山区教育局教研室组织全区中小学语数英教师基本功比赛。参赛对象在从事教学工作3年及以上(至2016年9月),年龄在40周岁以下(1976年12月31日以后出生)的在编在岗教师中随机抽签产生。全区共符合参赛条件教师1072人,抽签确定参赛教师290人。在2周时间内,通过笔试、即兴演讲、课件制作和模拟上课,共评出个人一等奖62名、二等奖91名。杨市中心小学、藕塘中心小学、天一实验小学、玉祁中心小学、洛社初中、西漳中学、钱桥中学、江苏省锡山高级中学、堰桥高中等学校获得优秀组织奖。

（叶亚美）

教 育 科 研

【概况】 2016年，惠山区教科研工作以申报省、市两级教育科学"十三五"规划课题为核心目标，突出学校课程建设和学生发展核心素养两大重点研究主题，全面优化区域科研管理。惠山区教育局组织专家对区域内中小学幼儿园制定的"十三五"发展规划进行集体论证，形成论证意见，并在此基础上编辑《惠山区学校"十三五"发展规划汇编》。

（殷亚清）

【年度省、市规划课题申报】 2016年，惠山区学校如期完成教育科学"十三五"发展规划课题的申报。各直属学校，各镇（街道）中学、中心（实验）小学、中心（实验）幼儿园全都参与课题申报，申报内容突出学校课程建设和学生发展核心素养两大重点研究主题。全区学校共申报省级课题63项、市级课题73项。

（殷亚清）

【省教育科学优秀成果】 2016年6月，江苏省第四届教育科学优秀成果评比揭晓，惠山区获三等奖4项。分别为：江苏省锡山高级中学实验学校许帮正等的研究项目《构建以"探究行为"为核心学习行为的初中物理课堂》，江苏省锡山高级中学实验学校孙学东等的研究项目《优化与导学案匹配的初中数学课堂教学结构》，无锡市洛社中心小学黄荣德等的研究项目《让每一个儿童成为主动学习者》，无锡市洛社中心小学李勤的研究项目《建构生命表达的语文课堂》。其中，《优化与导学案匹配的初中数学课堂教学结构》获江苏省教育研究成果三等奖。

（殷亚清）

招 生 考 试

【概况】 2016年，惠山区招生考试办公室组织完成普通高考、高中学业水平测试、中职学业水平测试、成人高考、中考、义务教育阶段学生学业质量测试（抽测）、高等教育自学考试、各类证书考试等一系列国家、省、市级考试，共18次，涉及各级各类考生48909人次，均做到安全、平稳、规范，没有发生重大责任事故和违纪舞弊事件，实现零差错、零投诉。2016年惠山区各类考试平稳顺利，证书考试中书法水平等级考试规模继续领先无锡市。惠山区继续组织成人高考报名考试，报名2575人，比2015年减少56人。考点设在江苏省惠山中等专业学校。按考务要求，考点组织严密，工作到位，整个考试过程顺利、平安。年内，惠山区中等专业学校共有814名学生参加无锡市职业类学校学业水平测试，测试结果尚未公布。10月，惠山区共有16所小学、6所初中的1560名学生及相关学校的校长、部分教师，参加江苏省教育考试院组织的两年一次的全省义务教育阶段学生学业质量测试。

（于亚斌 顾正良）

【高考高招】 2016年，惠山区共报名参加全国普通高校招生考试2325人，报考人数比2015年增加133人。除85人提前录取（高职）、12人出国等其他原因缺考外，实际参加全国统一文化考试共2228人。考点设在江苏省锡山高级中学。经全国统考，惠山区被各类高校录取2174人，录取比例为97.58%，比2015年增长0.69%。其中，本一录取741人，录取率为33.26%；本二以上录取1619人，录取率72.67%，均在大市名列前茅。2016年，惠山区共有2469人参加高中学业水平必修科目测试，2459人参加高中信息技术水平考试。

（于亚斌 顾正良）

【中考中招】 2016年，惠山区报名参加中考5594人，比2015年增加285人。实际参加考试5565人，被各类学校录取4624人，录取率98.2%。其中，录取普通高中2500人、五年制高职1010人、省中专173人、市中专855人。

（于亚斌 顾正良）

【自学考试】 2016年，惠山区报名参加高等教育自学考试累计3656人次、6976课次，比上年增长368人次，指标完成率保持无锡大市第一。2016年，惠山区新增自考毕业生 72 人。

（于亚斌　顾正良）

【证书考试】　2016 年，惠山区参加各类证书考试 13944 人，比上年增长 1685 人。其中，报考全国计算机等级考试 1609 人，报考书法等级考试的有 12335 人。考试规模继续在无锡市内领先。

（于亚斌　顾正良）

教育信息化

【概况】　2016 年，惠山区教育信息化工作注重教育技术装备的建设、配备、管理和使用，强化日常工作管理，着力提高教育信息化水平，开展信息技术与学科的整合研究，致力于以教育信息化带动教育教学水平的全面提升。全区中小学规范使用江苏省资产与装备管理软件进行实验室实验仪器设备的登记管理，完成率达 100%。

（徐建明　林　一）

【数字化校园建设】　2016 年，惠山区新增学生电脑 1157 台，平均生机比为 9.4∶1；新增教师电脑 870 台，平均师机比为 0.72∶1；更换、新增多媒体 347 套，实现"班班通"目标。按照信息技术设备完好率需达到 100%的要求，淘汰大量旧电脑。全区累计拥有学生电脑 9572 台，教师电脑 6727 台，多媒体 2295 套。

（徐建明　林　一）

【图书仪器配备双达标】　2016 年，惠山区教育部门按"图书正版化、精品化"要求，新增图书 325.88 万册，生均新增 2.28 册。全区学校总藏书量 230.65 万册，生均 32.38 册。围绕课改，不断调整理科仪器配备目录，使之与教材更加适应。把好仪器质量关，确保进入校园的仪器质量安全。图书仪器配备均达到省颁标准。

（徐建明　林　一）

【"惠山教育云"平台启用】　2016 年 9 月，在原惠山教育 OA（办公自动化）基础上开发升级的"惠山教育云"平台正式启用。预计到 2017 年 1 月将完成惠山教育 OA 系统全面转换升级工作，并启用惠山教育 APP（应用程序），实现公文流转在电脑和手机上同步进行，便于家校师生沟通。

（徐建明　林　一）

2016 年惠山区教育事业概况

表 28

学校类别	学校数（所）	班数（个）	毕业生数（人）	招生数（人）	在校学生数（人）	毕业班学生数（人）	教职工数（人）	其中：专任教师
中等专业学校	1	137	1448	1272	4082	1395	412	359
普通中学	18	565	8100	9491	26273	8177	2470	2125
其中：高中	4	161	2465	2665	7672	2465	758	688
初中	14	404	5635	6826	18601	5712	1712	1437
小学	16	1004	6378	8479	45702	6733	2289	2218
特殊教育学校	1	10	—	39	119	15	15	13
幼儿园	52	696	7072	8665	22930	7463	2601	1331

注：表中数据统计时间为 9 月 1 日，其中中等专业学校在校学生数不包括五年制高职四、五年级大专班的学生，幼儿园包括民办幼儿园。

2016 年惠山区教育经费情况

表 29

单位:万元

项　目	金　额	占全区教育经费的比例(%)
教育经费总收入	172363	100
其中:财政拨款	128862	74.76
教育费附加	17143	9.95
事业收入	19319	11.21
其中:学杂费收入	16495	9.57
其他收入	7039	4.08
其中:捐赠收入	0	0

（徐建明　林　一）

小资料

习近平的教育观:让每个人都有人生出彩机会

高考,牵着千家万户;高考改革,牵一发动全身。

虽然现行高考模式为我国经济与社会发展遴选输送了大批人才,但应试教育、学生负担过重、择校等问题也屡被诟病。

2014 年 8 月 18 日,中央全面深化改革领导小组第四次会议审议了《关于深化考试招生制度改革的实施意见》,明确了考试招生制度改革的总体要求、主要任务和措施,正式拉开了高考招生制度改革的序幕。上海市和浙江省高考招生制度综合改革方案随之出台,试点工作正式启动。在中国教育学会会长钟秉林看来,这次高考招生制度改革是自 1977 年恢复高考以来最全面最深入的一次改革。

如果说考试招生制度改革是改变了"一考定终身"的话,那么,一年之后,中央深改小组第十五次会议审议通过的《统筹推进世界一流大学和一流学科建设总体方案》,则吹响了中国大学积蓄力量,冲刺国际前沿的"冲锋号"。

《方案》提出,到 2020 年,中国若干所大学和一批学科进入世界一流行列,若干学科进入世界一流学科前列;到 2030 年,更多的大学和学科进入世界一流行列,若干所大学进入世界一流大学前列,一批学科进入世界一流学科前列,高等教育整体实力显著提升;到本世纪中叶,一流大学和一流学科的数量和实力进入世界前列,基本建成高等教育强国。

对于中国众多名校校长来说,如此清晰明确的目标给他们带来了压力,也带来了动力。《方案》第一次提出大学、学科要在一定的时间内进入世界一流前列这样一个宏伟的目标。

相对于义务教育和高等教育,职业教育一直是我国教育领域的软肋。2014 年 6 月,全国职业教育工作会议召开。习近平总书记专门就加快职业教育发展作出重要指示,要求营造人人皆可成才、人人尽展其才的良好环境,努力培养数以亿计的高素质劳动者和技术技能人才。他特别强调,要加大对农村地区、民族地区、贫困地区职业教育支持力度,努力让每个人都有人生出彩的机会。

让全民共享改革与发展的成果,让每个公民都能够平等享有医疗、教育、就业等各领域资源,让每个人都有人生出彩的机会,而这,也正符合十八届五中全会提出的五大发展理念。

（来源:人民网－教育频道）

概　况

2016年，惠山区科技工作围绕传统产业高新化和高新技术产业化双轮驱动发展战略，加快完善以企业为主体、市场为导向、政产学研金相结合的科技创新创业体系建设，为全区经济平稳较快发展提供强有力的科技支撑。全年，惠山区84个科技创新创业项目获市级以上科技计划立项，其中71个项目获资金支持，共获得市级以上扶持资金9062.192万元，同比增长91%。全区高新技术产业产值占规模以上工业产值比重的40.5%，全社会研发投入占GDP比重的3.08%。举办政产学研合作洽谈会，成立首都高校科学技术信息联盟理事会惠山联络站、清华大学先进制造同学会惠山创新基地。全年新增政产学研合作项目92项，产学研合作经费支出3055万元，同比增长236%。年内，南京航空航天大学无锡研究院大楼正式启用。惠山区江苏数字信息产业研究院、中国科学院电工研究所无锡分所、华中科技大学无锡研究院、哈尔滨工业大学无锡新材料研究院、东北大学无锡研究院、南京航空航天大学无锡研究院等6大产业研究院，分别牵头成立能源与电气、服务型制造、机器人应用、保护膜、电子信息、冶金新材料、精密制造7个产业联盟。2016年，6大产业研究院共引进或孵化企业84家，销售收入34.5亿元，申请或转移发明专利91件，获得地方政府补助以外的收入7665万元。2016年，惠山区共引进国家"千人计划""万人计划"人才4人，省"双创"计划人才15人、省"产业教授"5人。区科技局组织开展惠山区科技创新创业大赛，评选出获奖项目16个。全区领军型人才创办企业销售额破20亿元、利税超3亿元，其中销售额超1亿元企业3家。2016年，惠山区新增省级以上科技载体7家，其中国家级众创空间1家、省级众创空间2家、省级科技企业加速器2家、省级科技创业孵化链条试点单位1家、省级科技企业孵化器1家。2016年，全区开展打击专利侵权和假冒专利专项行动4次，对辖区内多家大型超市开展专项执法检查行动，立案72件，均按执法流程结案。无锡惠山高新技术创业服务中心和无锡（惠山）生命科技产业园在2015年度国家级科技企业孵化器考核中获评优秀。

（赵继省　陈　杰）

科技计划实施

【省重点研发计划项目】　2016年，惠山区列入江苏省重点研发计划项目 6 项。

2016 年惠山区列入江苏省重点研发计划项目

表 30

序号	项目名称	承担单位	类别	所属地区
1	满足国五及以上排放标准的柴油机后处理关键技术与系统匹配应用	凯龙高科技股份有限公司	重点项目(产业前瞻与共性关键技术)	钱桥街道
2	基于制造物联的汽车总装输送装备智能化技术及系统	天奇自动化工程股份有限公司	重点项目(产业前瞻与共性关键技术)	洛社镇
3	高光束质量万瓦级光纤激光器及工业应用关键技术研发	华中科技大学无锡研究院	重点项目(产业前瞻与共性关键技术)	惠山经济开发区
4	高端数控机床智能化关键技术研究	无锡易通精密机械股份有限公司	竞争项目(产业前瞻与共性关键技术)	堰桥街道
5	重大疾病个性化用药指导基因检测试剂的产业化	无锡市申瑞生物制品有限公司	社会发展和农业	惠山经济开发区
6	基于老面酵头菌相多样性的面制品品质控制技术及新产品开发	无锡华顺民生食品有限公司	社会发展和农业	钱桥街道

(张征宇)

【省创新能力建设计划项目】 2016 年,江苏出入境检验检疫局机电产品及车辆检测中心、无锡惠山软件产业发展有限公司,列入江苏省科技服务骨干机构能力提升项目;天奇自动化工程股份有限公司、无锡新宏泰电器科技股份有限公司,列入江苏省重点企业研发机构能力提升项目。

(吴振兴)

【省科技企业创业孵育计划】 2016 年,无锡力合科技孵化器科技企业创业孵育体系建设项目,列入江苏省科技企业创业孵育计划项目,其中 11 个分项目获得计划支持。(见表 32)

【省重大科技成果转化专项资金项目】 2016 年,惠山经济开发区无锡透平叶片有限公司的大涵道比涡扇航空发动机大叶片研发及产业化项目、上能电气

2016 年惠山区列入江苏省科技企业创业孵育计划支持项目

表 31

序号	项目名称	承担单位
1	低电压石墨烯透明发热膜的制备及应用	无锡烯旺新材料科技有限公司
2	基于开放式云端大数据平台的超小型可穿戴心音心电同步采集系统	无锡闻心电子科技有限责任公司
3	SMT 智能物料仓储机器人装备研发及产业化	无锡仰盛智能科技有限公司
4	三维视觉伺服的工业机器人柔性上下料系统	无锡睿途自控科技有限公司
5	高强高性能环保型免压蒸混凝土掺合料的研发	无锡金木土科技有限公司
6	智能化便携式全折叠电动自行车	无锡科乐威尔智能科技有限公司

续表

序号	项目名称	承担单位
7	智慧城市社区个性定制 O2O2P 消费项目	无锡微炫客信息技术有限公司
8	新型环保纳米光催化复合材料的制备及其应用	无锡绿莓新材料科技有限公司
9	半导体集成电路制程管线及泵阀输送加热保温系统	无锡新辉龙科技有限公司
10	应用于纯电动车转矩脉动抑制的电机驱动系统	无锡富乐力科技有限公司
11	半导体封装中温软化液的研发	盛益腾电子科技无锡有限公司

（张征宇）

股份有限公司的基于大数据协同控制的高效智能集散式光伏逆变成套系统的研发及产业化项目、位于玉祁街道无锡市中惠橡胶科技有限公司的联合收获机械用高性能传动带关键技术研发及产业化项目等3个项目，列入江苏省重大科技成果转化专项资金项目。

（马　飞）

【市科技成果产业化贷款贴息项目】　2016年,惠山区列入无锡市科技成果产业化贴息资金项目7项。

2016 年惠山区列入无锡市科技发展（产业前瞻性与共性技术）项目

表 32

序号	项目名称	承担单位	所属区域
1	联合收获机械用高性能传动带关键技术研究及产业化	无锡市中惠橡胶科技有限公司	玉祁街道
2	汽车轻量化用抗高温耐冲压超高强韧扩散型热浸复合钢板	无锡银荣板业有限公司	玉祁街道
3	大流量国Ⅳ冷却水泵的研发与产业化	无锡惠山泵业有限公司	玉祁街道
4	1.0MeV 以下自屏蔽型低能电子加速器的研发与产业化	无锡爱邦辐射技术有限公司	钱桥街道
5	大比面积的多孔活性涂层的汽车尾气排放系统的研发及产业化	无锡美业机械制造有限公司	钱桥街道
6	应用于复杂金属异形曲面的高速成形机的研发与产业化	无锡金球机械有限公司	钱桥街道
7	轻型化高强度铝合金轮毂低压铸造的研发与产业化	无锡戴卡轮毂制造有限公司	惠山工业转型集聚区

（马　飞）

【市科技发展项目】　2016年,惠山区列入无锡市科技发展（产业前瞻性与共性技术）项目6项。

2016年惠山区列入无锡市科技发展（产业前瞻性与共性技术）项目

表33

序号	项目名称	承担单位	所属区域
1	基于物联技术的汽车总装智能化输送装备研制	天奇自动化工程股份有限公司	洛社镇
2	节能高速智能化立体仓储系统关键技术研发	无锡中鼎物流设备有限公司	洛社镇
3	新型高精连续多用的反向单双动兼正向单动挤压装备研发项目	无锡市威特机械有限公司	前洲街道
4	智能光控数控车床故障诊断与预警关键技术研究	无锡易通精密机械股份有限公司	堰桥街道
5	满足国五及以上排放标准的柴油机后处理关键技术与系统匹配应用	凯龙高科技股份有限公司	钱桥街道
6	新型涂层 Ti-AL 合金涡轮增压器的研发和制造	江苏毅合捷汽车科技股份有限公司	堰桥街道

（张征宇）

【市农业、社发、生物医药类计划项目】 2016年，惠
山区列入无锡市农业、社会发展、生物医药类计划
项目7项。

2016年惠山区列入无锡市农业、社会发展、生物医药项目

表34

序号	项目名称	承担单位	所属区域
1	人乳头瘤病毒(HPV)核酸检测试剂盒(PCR 荧光法)的研发及产业化	无锡市申瑞生物制品有限公司	惠山经济开发区
2	农村科技服务超市建设	无锡市阳山镇大路头水蜜桃专业合作社	阳山镇
3	利用农作物秸秆等废弃物制备环境友好型有机肥的工艺研究及应用	无锡市路华肥料科技有限公司	前洲街道
4	以色列小番茄生态高效设施化种植关键技术研发	无锡益家康生态农业有限公司	前洲街道
5	小型多功能园艺高效作业装备研发	无锡华源凯马发动机有限公司	阳山镇
6	血浆心房利钠肽在机械通气患者撤机前后的变化及其临床意义	无锡市惠山区人民医院	洛社镇
7	普通话言语测听在评估突发性耳聋疗效中的作用	无锡市惠山区人民医院	洛社镇

（张征宇）

【市科技型中小企业创新资金项目】 2016年，惠山
区列入无锡市科技型中小企业创新资金项目7项。

2016年惠山区列入无锡市科技型中小企业创新资金项目

表35

序号	项目名称	承担单位	区域
1	智能化高压并联无功补偿装置	无锡市锡容电力电器有限公司	洛社镇
2	低应力多工位自动焊接机器人	无锡市陆生机械设备有限公司	阳山镇
3	0.6米便携式碳纤维通信卫星天线	无锡华信雷达工程有限责任公司	钱桥街道

续表

序号	项目名称	承担单位	区域
4	基于真实交易的银行投产仿真验证自动化平台的研发	江苏京玉信息技术有限公司	惠山经济开发区
5	转轮式自清洗全热交换器的研发	罗特新风科技无锡有限公司	钱桥街道
6	用于高能绿色电池的高精压延超薄铜箔的研发及产业化	无锡丰元新材料科技有限公司	前洲街道
7	国Ⅴ电控柴油系统标定平台	无锡伟博汽车科技有限公司	惠山经济开发区

（张征宇）

高新技术产业

家高新技术企业79家。

【新增国家高新技术企业】 2016年，惠山区新增国

2016年惠山区新增国家高新技术企业

表36

序号	企业名称	所属区域
1	无锡赛晶电力电容器有限公司	惠山经济开发区
2	无锡航天飞邻测控技术有限公司	惠山经济开发区
3	无锡传奇科技有限公司	惠山经济开发区
4	无锡沃尔福汽车技术有限公司	惠山经济开发区
5	无锡鑫常钢管有限责任公司	惠山经济开发区
6	无锡中德伯尔生物技术有限公司	惠山经济开发区
7	江苏恒铭达航空设备有限公司	惠山经济开发区
8	无锡伟博汽车科技有限公司	惠山经济开发区
9	无锡市小天鹅建筑机械有限公司	惠山经济开发区
10	无锡京北方信息技术有限公司	惠山经济开发区
11	无锡盛力达科技股份有限公司	惠山经济开发区
12	无锡市正先自动化设备有限公司	惠山经济开发区
13	无锡飞达纺织印染机械有限公司	惠山经济开发区
14	无锡博伊特科技股份有限公司	惠山经济开发区
15	无锡神探电子科技有限公司	惠山经济开发区
16	无锡欧枫科技有限公司	惠山经济开发区
17	无锡天奇信息技术有限公司	惠山经济开发区
18	无锡锡能锅炉有限公司	惠山经济开发区
19	无锡乐可视智能科技有限公司	惠山经济开发区

续表

序号	企业名称	所属区域
20	无锡耐博机器人科技有限公司	惠山经济开发区
21	无锡嘉加科技有限公司	惠山经济开发区
22	江苏朗禾农光聚合科技有限公司	惠山经济开发区
23	无锡市华天物流设备有限公司	惠山经济开发区
24	精利模塑科技（无锡）有限公司	惠山经济开发区
25	无锡格菲电子薄膜科技有限公司	惠山经济开发区
26	无锡光旭新材料科技有限公司	洛社镇
27	江苏文汇钢业工程有限公司	洛社镇
28	无锡市聚英机械制造有限公司	洛社镇
29	无锡韩光电器股份有限公司	洛社镇
30	无锡强工机械工业有限公司	洛社镇
31	无锡裕力机械有限公司	洛社镇
32	无锡中鼎物流设备有限公司	洛社镇
33	无锡烨隆精密机械有限公司	洛社镇
34	无锡鼎亚电子材料有限公司	洛社镇
35	无锡天杨电子有限公司	洛社镇
36	无锡威豪体育器材有限公司	洛社镇
37	无锡市金沙田科技有限公司	前洲街道
38	无锡市沈能节能锅炉股份有限公司	前洲街道
39	江苏奥天利新材料有限公司	前洲街道
40	嘉友联精密机械工程（无锡）有限公司	前洲街道
41	江苏天章医用卫生新材料股份有限公司	前洲街道
42	无锡市信文机械制造有限公司	前洲街道
43	无锡宝露重工有限公司	前洲街道
44	无锡前洲兴华机械有限公司	前洲街道
45	无锡大金高精度冷拔钢管有限公司	钱桥街道
46	无锡金球机械有限公司	钱桥街道
47	江苏龙源催化剂有限公司	钱桥街道
48	无锡乐普金属科技有限公司	钱桥街道
49	无锡苏嘉法斯特汽车零部件有限公司	钱桥街道
50	无锡美业机械制造有限公司	钱桥街道

续表

序号	企业名称	所属区域
51	无锡市昌亿机床制造有限公司	钱桥街道
52	无锡凯伦纳弹簧有限公司	钱桥街道
53	无锡市华泰医药包装有限公司	钱桥街道
54	无锡环宇精密铸造有限公司	堰桥街道
55	无锡江南奕帆电力传动科技股份有限公司	堰桥街道
56	高佳太阳能股份有限公司	堰桥街道
57	无锡市苏立成汽车空调压缩机有限公司	堰桥街道
58	无锡市兰翔胶业有限公司	堰桥街道
59	无锡双马钻探工具有限公司	堰桥街道
60	无锡益联机械有限公司	堰桥街道
61	无锡新宏泰电器科技股份有限公司	堰桥街道
62	无锡市凯立电器有限公司	堰桥街道
63	无锡市协兴港口机械有限公司	阳山镇
64	无锡欧瑞京机电有限公司	阳山镇
65	江苏合筑建筑设计股份有限公司	阳山镇
66	无锡好力泵业有限公司	阳山镇
67	江苏贯海重工科技有限公司	阳山镇
68	江苏新合益机械有限公司	阳山镇
69	江苏聚业机械装备股份有限公司	阳山镇
70	杜邦兴达（无锡）单丝有限公司	玉祁街道
71	无锡市锦绣装饰工程有限公司	玉祁街道
72	无锡荣坚五金工具有限公司	玉祁街道
73	中航卓越锻造（无锡）有限公司	玉祁街道
74	无锡市曙光高强度紧固件有限公司	玉祁街道
75	无锡戴卡轮毂制造有限公司	玉祁街道
76	无锡威易发精密机械有限公司	玉祁街道
77	无锡市中亚减震器有限公司	玉祁街道
78	无锡市格林人造草坪有限公司	玉祁街道
79	无锡三帝特种高分子材料有限公司	玉祁街道

（张征宇）

【新增省高新技术产品】 2016 年，惠山区新增江苏　省高新技术产品 108 个。

2016 年惠山区新增江苏省高新技术产品

表 37

序号	产品名称	企业名称	所属区域
1	多功能新型电控柴油系统标定平台	无锡伟博汽车科技有限公司	惠山经济开发区
2	06Cr17Ni12Mo2Ti 奥氏体不锈钢管	无锡鑫常钢管有限责任公司	惠山经济开发区
3	0Cr18Ni9 小直径无缝毛细不锈钢管	无锡鑫常钢管有限责任公司	惠山经济开发区
4	0Cr18Ni10Ti 小直径无缝毛细不锈钢管	无锡鑫常钢管有限责任公司	惠山经济开发区
5	基于大数据协同控制的高效智能集散式光伏逆变成套系统	上能电气股份有限公司	惠山经济开发区
6	石墨烯加热膜	无锡格菲电子薄膜科技有限公司	惠山经济开发区
7	汽车轮胎硫化安装环	无锡隆迪精密锻件有限公司	惠山经济开发区
8	FM5475 新型双传动拉幅定形机	无锡飞达纺织印染机械有限公司	惠山经济开发区
9	大型先进压水堆核电半速饱和蒸汽轮机长叶片	无锡透平叶片有限公司	惠山经济开发区
10	WNS 型高效节能燃油燃气热水锅炉	无锡锡能锅炉有限公司	惠山经济开发区
11	YLW 型高效燃生物质有机热载体炉	无锡锡能锅炉有限公司	惠山经济开发区
12	多芯数 100 Gbps 组合式光缆	无锡光云通信科技有限公司	惠山经济开发区
13	高速传输的智能手环数据线	无锡光云通信科技有限公司	惠山经济开发区
14	无氟拒水防污整理剂	无锡嘉加科技有限公司	惠山经济开发区
15	YL71K-20 000 kN 以上全伺服液压机	无锡市蓝力机床有限公司	惠山经济开发区
16	新型高效丙烯聚合釜	无锡力马化工机械有限公司	惠山经济开发区
17	YZR 高负载电机	无锡新大力电机有限公司	惠山经济开发区
18	YFB3 粉尘防爆型三相异步电动机	江苏锡安达防爆股份有限公司	惠山经济开发区
19	全自动空心胶囊检测机	无锡传奇科技有限公司	惠山经济开发区
20	高频微波覆铜板 FSD-NX	江苏富仕德科技发展有限公司	惠山经济开发区
21	中太 LTE 系统管理软件	无锡中太数据通信股份有限公司	惠山经济开发区
22	全液压式旋挖钻机	江苏泰信机械科技有限公司	惠山经济开发区
23	控制器 DCU	无锡韩光电器股份有限公司	洛社镇
24	环保节能型 SH15 型非晶合金变压器	无锡市电力变压器有限公司	洛社镇
25	环保低损耗 SCB 型干式变压器	无锡市电力变压器有限公司	洛社镇
26	高效防静电低压同步发电机	无锡法拉第电机有限公司	洛社镇
27	T 型自动转换开关	无锡韩光电器股份有限公司	洛社镇

续表

序号	产品名称	企业名称	所属区域
28	WHK-BQ16/L 电气火灾监控系统	无锡韩光电器股份有限公司	洛社镇
29	WHKQ8-100L 自动转换开关	无锡韩光电器股份有限公司	洛社镇
30	智能 SVC 电气成套设备	无锡虹业自动化工程有限公司	洛社镇
31	新型高速节能造纸设备	无锡裕力机械有限公司	洛社镇
32	双头摇摆式蓝宝石晶圆开方机	无锡斯达新能源科技股份有限公司	洛社镇
33	环保型石化机械润滑冷却装置	无锡市伊利亚特机械制造有限公司	洛社镇
34	新型结构 TS 控制柜	无锡康贝电子设备有限公司	洛社镇
35	DP2000 底盘装配输送系统	天奇自动化工程股份有限公司	洛社镇
36	4DW3D 柴油机	江苏四达动力机械集团有限公司	洛社镇
37	UV 高拉伸高韧性聚氨酯丙烯酸酯	无锡博强高分子材料科技有限公司	洛社镇
38	智能化高压并联无功补偿装置	无锡市锡容电力电器有限公司	洛社镇
39	全数字粉体称重计量及机器人包装码垛系统	无锡市开维物流装备有限责任公司	洛社镇
40	BSKYTM 压载水处理装置	无锡蓝天电子股份有限公司	洛社镇
41	低风阻大功率低压发电机	无锡法拉第电机有限公司	洛社镇
42	长行程多吨位铝型材挤压机	无锡市威特机械有限公司	前洲街道
43	稀有同位素直线加速器	无锡市创新化工设备有限公司	前洲街道
44	反向单双动兼正向单动铝合金挤压机	无锡市威特机械有限公司	前洲街道
45	MG728 型高性能电牵引采煤机	无锡巨通矿山机械有限公司	前洲街道
46	环保型有机热载体锅炉	无锡市沈能节能锅炉股份有限公司	前洲街道
47	环保型燃用生物质成型燃料锅炉	无锡市沈能节能锅炉股份有限公司	前洲街道
48	圆形高负压自吸灰袋式除尘系统	无锡市曜通环保机械有限公司	前洲街道
49	TH-OQ 型 高温喷气液染机	无锡同华染整机械有限公司	前洲街道
50	高效复合微生物发酵有机肥	无锡市路华肥料科技有限公司	前洲街道
51	液流高温高压染色机	无锡市华洋染整机械有限公司	前洲街道
52	TY-9000 型全谱直读光谱仪	无锡市金义博仪器科技有限公司	钱桥街道
53	三段式耐低温冰箱重载滑轨	无锡海达尔精密滑轨股份有限公司	钱桥街道
54	高性能不溶性硫磺 7020	无锡华盛橡胶新材料科技股份有限公司	钱桥街道
55	高性能的 32m 全回转拖船	无锡红旗船厂有限公司	钱桥街道
56	节能环保数控折弯机	无锡金球机械有限公司	钱桥街道
57	异形曲面快速成型机	无锡金球机械有限公司	钱桥街道
58	汽车扭力梁用焊接钢管	无锡苏嘉法斯特汽车零配件有限公司	钱桥街道

续表

序号	产品名称	企业名称	所属区域
59	高速、高负载龙门行走式收排线机	无锡南方电工机械有限公司	钱桥街道
60	高比重钨合金板材	无锡乐普金属科技有限公司	钱桥街道
61	高安全性的高原小型运输船	无锡红旗船厂有限公司	钱桥街道
62	高稳定性的 300 吨自航驳	无锡红旗船厂有限公司	钱桥街道
63	不同碳含量的复合镁碳砖	江苏苏嘉集团新材料有限公司	钱桥街道
64	添加糠醛废液的镁碳砖	江苏苏嘉集团新材料有限公司	钱桥街道
65	高精度冷轧光亮扁钢	无锡天驰新材料科技股份有限公司	钱桥街道
66	深孔数控内圆磨床 MS-3	无锡市昌亿机床制造有限公司	钱桥街道
67	多功能数控复合磨床	无锡市昌亿机床制造有限公司	钱桥街道
68	数控刨槽机	无锡金球机械有限公司	钱桥街道
69	用于新能源汽车线缆的 125℃辐照交联低烟无卤阻燃聚烯烃弹性体电缆料	无锡杰科塑业有限公司	堰桥街道
70	带储油槽的长寿涡轮增压器机芯	江苏毅合捷汽车科技股份有限公司	堰桥街道
71	耐高压高密封不锈钢刀型闸阀阀体精密铸件	无锡环宇精密铸造有限公司	堰桥街道
72	耐腐蚀双相不锈钢泵体精密铸件	无锡环宇精密铸造有限公司	堰桥街道
73	可测转速的涡轮增压器中间体	江苏毅合捷汽车科技股份有限公司	堰桥街道
74	HTS-63 塑料外壳式断路器	无锡新宏泰电器科技股份有限公司	堰桥街道
75	拓宽压气机涡轮增压器	无锡科博增压器有限公司	堰桥街道
76	分体式涡壳增压器	无锡科博增压器有限公司	堰桥街道
77	节能型双向柱塞式汽车空调压缩机	无锡市苏立成汽车空调压缩机有限公司	堰桥街道
78	具有多级行星减速结构的永磁直流电动机	无锡江南奕帆电力传动科技股份有限公司	堰桥街道
79	带有双向离合器的智能永磁直流电动机	无锡江南奕帆电力传动科技股份有限公司	堰桥街道
80	智能果蔬物料膨化加工设备	江苏楷益智能科技有限公司	堰桥街道
81	智能型光伏并网断路器	无锡智卓电气有限公司	堰桥街道
82	六工位单线自动化钢丝圈生产线	无锡益联机械有限公司	堰桥街道
83	轮胎自动切换检测输送线	无锡益联机械有限公司	堰桥街道
84	高精度实时纠偏帘布裁断机	无锡益联机械有限公司	堰桥街道
85	防腐平头精轧钢管	江苏承中和高精度钢管制造有限公司	堰桥街道
86	具有高耐热涡壳的涡壳增压器（GT17）	无锡科博增压器有限公司	堰桥街道
87	H 型钢组焊矫工作站	无锡市阳通机械设备有限公司	阳山镇
88	智能型低噪音风机	无锡佳谊林电气有限公司	阳山镇

续表

序号	产品名称	企业名称	所属区域
89	高效率电柜专用除湿器	无锡佳谊林电气有限公司	阳山镇
90	高效率高可靠性GQ30-32门座式起重机	无锡市凯龙港口机械有限公司	阳山镇
91	QS型切割机	无锡市阳通机械设备有限公司	阳山镇
92	分离型铝合金单缸风冷柴油发动机	无锡华源凯马发动机有限公司	阳山镇
93	装卸桥XC型600 t/h	无锡市协兴港口机械有限公司	阳山镇
94	H型钢矫正机	无锡市阳通机械设备有限公司	阳山镇
95	新型超高效水冷三相异步电动机	无锡欧瑞京机电有限公司	阳山镇
96	JFM型环保智能型新能源汽车生产线	无锡顺达智能自动化工程股份有限公司	阳山镇
97	联合收获机械用高性能传动带	无锡市中惠橡胶科技有限公司	玉祁街道
98	耐擦型高效热印色带	无锡朗盛线缆材料有限公司	玉祁街道
99	YTPD132TVF1A-4-6.4 kW 轻量型电梯用三相异步电动机	无锡天宝电机有限公司	玉祁街道
100	YFDE2-180S2-6B-8 kW 节能型扶梯用三相异步电动机	无锡天宝电机有限公司	玉祁街道
101	新型环保人造草坪	无锡市格林人造草坪有限公司	玉祁街道
102	玩具行业用SPCC精密冷轧极薄钢带	永鑫精密材料(无锡)有限公司	玉祁街道
103	隔热铝合金节能门窗	无锡市锦绣装饰工程有限公司	玉祁街道
104	带有新型吊杆组件转角的耐固易装型铝合金玻璃幕墙	无锡市锦绣装饰工程有限公司	玉祁街道
105	高洁齿多种截面612刷丝	杜邦兴达（无锡）单丝有限公司	玉祁街道
106	水性（SX）中兰烘漆	无锡市旭日涂料有限公司	玉祁街道
107	环保型超薄保护膜	无锡市三力胶带有限公司	玉祁街道
108	特大型阀体钛合金高筒内外异形环件	中航卓越锻造（无锡）有限公司	玉祁街道

（张征宇）

【新增省科技企业上市培育入库企业】 2016年,惠山区新增江苏省科技企业上市培育入库企业7家,分别为无锡蓝天电子股份有限公司(洛社镇)、无锡海达尔精密滑轨股份有限公司、无锡时代天使医疗器械科技有限公司、江苏慧眼数据科技股份有限公司(惠山经济开发区)、无锡中星新材料科技股份有限公司(玉祁街道)、无锡星亿智能环保装备有限公司(钱桥街道)、无锡易通精密机械股份有限公司(堰桥街道)。

（张征宇）

【新增省百强创新型企业】 2016年,惠山经济开发区无锡透平叶片有限公司、洛社镇天奇自动化工程股份有限公司2家企业,列入江苏省百强创新型企业。

（张征宇）

【新增省科技型中小企业】 2016年度，惠山区新增　江苏省科技型中小企业49家。

2016年惠山区新增江苏省科技型中小企业

表38

序号	企业名称	所属区域
1	无锡市惠诚石墨烯技术应用有限公司	惠山经济开发区
2	无锡光云通信科技有限公司	惠山经济开发区
3	无锡安真通科技有限公司	惠山经济开发区
4	无锡弘宜智能科技有限公司	惠山经济开发区
5	无锡泰舜科技有限公司	惠山经济开发区
6	无锡锡能锅炉有限公司	惠山经济开发区
7	无锡智晟物联科技发展有限公司	惠山经济开发区
8	江苏恒铭达航空设备有限公司	惠山经济开发区
9	无锡金一诺电气有限公司	惠山经济开发区
10	无锡泰仑达化机设备有限公司	惠山经济开发区
11	无锡灵鸽机械科技股份有限公司	洛社镇
12	无锡韩光电器股份有限公司	洛社镇
13	无锡威豪体育器材有限公司	洛社镇
14	无锡市明盛强力风机有限公司	洛社镇
15	无锡市联达电器有限公司	洛社镇
16	无锡市伊利亚特机械制造有限公司	洛社镇
17	无锡桥阳机械制造有限公司	洛社镇
18	无锡市腾翔机械有限公司	洛社镇
19	无锡明盛纺织机械有限公司	洛社镇
20	无锡法拉第电机有限公司	洛社镇
21	无锡海升高压泵有限公司	前洲街道
22	无锡市曜通环保机械有限公司	前洲街道
23	无锡前洲兴华机械有限公司	前洲街道
24	无锡宝露重工有限公司	前洲街道
25	无锡市众伟染整设备有限公司	前洲街道
26	无锡市惠泽通用机械有限公司	前洲街道
27	无锡同华染整机械有限公司	前洲街道
28	无锡锡洲封头制造有限公司	前洲街道
29	江苏天章医用卫生新材料有限公司	前洲街道

续表

序号	企业名称	所属区域
30	江苏奥天利新材料有限公司	前洲街道
31	无锡国松环保机械有限公司	前洲街道
32	无锡市嘉邦电力管道厂	前洲街道
33	无锡市中合科技有限公司	前洲街道
34	无锡市第二标准件制造有限公司	钱桥街道
35	无锡华工薄板有限公司	钱桥街道
36	无锡恒力标准件制造有限公司	钱桥街道
37	无锡市昌亿机床制造有限公司	钱桥街道
38	无锡市启明星保护膜有限公司	钱桥街道
39	无锡东大汉森冶金实业有限公司	钱桥街道
40	江苏中诚印染股份有限公司	钱桥街道
41	无锡大洋高科热能装备有限公司	钱桥街道
42	无锡同济新型材料有限公司	钱桥街道
43	无锡新弘田环保技术有限公司	堰桥街道
44	无锡易通精密机械股份有限公司	堰桥街道
45	无锡市泰瑞电子设备制造有限公司	阳山镇
46	无锡市蜂鸣屏蔽设备科技有限公司	阳山镇
47	无锡市中亚减震器有限公司	玉祁街道
48	无锡锐克电动工具有限公司	玉祁街道
49	无锡三帝特种高分子材料有限公司	玉祁街道

（张征宇）

科 技 管 理

新增江苏省工程技术研究中心 4 家，新增无锡市工程技术研究中心 9 家。

【新增省、市工程技术研究中心】 2016 年，惠山区

2016 年惠山区新增省、市工程技术研究中心

表 39

序号	级别	项目名称	承担单位
1	省	江苏省高效型光伏逆变器工程技术研究中心	上能电气股份有限公司
2	省	江苏省高磁感取向硅钢工程技术研究中心	无锡华精新材股份有限公司
3	省	江苏省新型纺织橡胶器材工程技术研究中心	无锡市兰翔胶业有限公司

续表

序号	级别	项目名称	承担单位
4	省	江苏省数控蓝宝石切割机床工程技术研究中心	无锡斯达新能源科技股份有限公司
5	市	无锡市绿色连续电镀工程技术研究中心	无锡鼎亚电子材料有限公司
6	市	无锡市汽车发动机水泵机油泵工程技术研究中心	无锡惠山泵业有限公司
7	市	柔性三维网络均质开孔磨具工程技术研究中心	无锡旺绿鸿纺织品有限公司
8	市	无锡市高效节能汽车起动电机工程技术研究中心	无锡金阳电机有限公司
9	市	无锡（朴业）车用新型环保材料工程技术研究中心	无锡朴业橡塑有限公司
10	市	无锡（宝露）特种锻件工程技术研究中心	无锡宝露重工有限公司
11	市	无锡市（联创）薄板镀锌工程技术研究中心	无锡联创薄板有限公司
12	市	无锡市绿色印染工程技术研究中心	无锡嘉加科技有限公司
13	市	无锡市特殊钢ERW焊接技术工程技术研究中心	无锡苏嘉法斯特汽车零配件有限公司

（张征宇）

【新增省企业研究生工作站】 2016年，惠山区无锡瑞吉德有限公司新增为江苏省企业研究生工作站。

（吴振兴）

【新增省级以上科技载体】 2016年，惠山区新增省级以上科技载体7家，其中国家级众创空间1家、省级众创空间2家、省级科技企业加速器2家、省级科技创业孵化链条试点单位1家、省级科技企业孵化器1家。

2016年惠山区新增市级以上科技载体

表40

序号	类别	名称	运营主体
1	国家级众创空间	惠创众创空间	无锡惠创科技创业发展有限公司
2	省级科技企业加速器	江苏无锡（惠山）生命科技企业加速器	无锡惠山新城生命科技产业发展有限公司
3	省级科技企业加速器	无锡惠山高新技术创业服务中心科技企业加速器	无锡惠创科技创业发展有限公司
4	省级科技创业孵化链条	江苏无锡（惠山）生命科技创业孵化链条	无锡惠山新城生命科技产业发展有限公司
5	省级科技企业孵化器	无锡恒生科技园	无锡恒生科技园有限公司
6	省级众创空间	芒种众创空间	无锡芒种众创空间管理服务有限公司
7	省级众创空间	紫荆梦享会	无锡力合科技孵化器有限公司

（张征宇）

科 技 服 务

【高新技术企业认定培训】 2016 年 7 月 9 日,惠山区科技局与惠山区高新技术企业协会在洛社镇举办惠山区高新技术企业认定工作培训。全区 100 余家科技型企业的科技主管、财务人员及各镇(街道)科技助理参加培训。

（张征宇）

【知识产权培训】 2016 年 10 月 17 日,惠山区知识产权局举办"知识产权进园区——惠山经济开发区专场"培训活动,80 家企业的相关人员 80 余人参加。

（李 岩）

【省"40 条政策"宣讲培训】 2016 年 10 月 27 日,惠山区科技局组织举办省"40 条政策"宣讲暨惠山区计划项目管理培训,宣讲和解读省政府出台的《关于加快推进产业科技创新中心和创新型省份建设若干政策措施的通知》(省"40 条政策")及其实施细则。全区大中型企业及高新技术企业的相关人员 200 余人参加培训。

（张征宇）

科 技 活 动

【政产学研活动】 2016 年,惠山区科技局先后组织 120 余家企业,赴大连、上海、杭州、沈阳、深圳、广州、珠海等地开展有针对性的政产学研专题对接活动 10 余次,组织 500 余家(次)企业与区内 6 大产业研究院进行专题对接。

（马 飞）

【区高新技术企业协会第四次会员大会】 2016 年 4 月 18 日,惠山区高新技术企业协会召开第四次会员大会,换届选举产生新一届会长戴祖军任、副会长丁永铭等 9 人、理事丁黎靖等 24 人,增补惠山区 6 大产业研究院为理事单位,吸纳 52 家新的高新技术企业为协会会员。

（张征宇）

【赴中电 58 所开展交流活动】 2016 年 8 月 9 日,

惠山区科技局围绕"加快协同创新,推进军民科技需求对接、资源共享、融合发展"的主题,组织江苏锦绣铝业有限公司、无锡华精新材股份有限公司等相关企业的有关人员 10 余人,赴中国科学院电工 58 所开展交流对接活动,参观产品与技术展示中心,实地考察生产基地。

（张征宇）

【考察学习智能制造经验】 2016 年 8 月 23 日—25 日,惠山区科技局围绕"了解智能制造发展趋势"主题,组织区内机械、自动化等行业的 10 余家企业,赴武汉考察学习美的、中船重工 461 厂、华中数控等企业,学习智能制造、机器人技术及应用、智能化工厂建设等方面的先进经验。

（张征宇）

【新能源汽车与零部件产业对接活动】 2016 年 9 月 1 日,惠山区科技局与惠山区高新技术企业协会组织新能源汽车与零部件产业对接活动,御捷集团与区内 20 多家从事汽车零部件研发及生产的高新技术企业参加。

（张征宇）

10 月 12 日,南京航空航天大学无锡研究院大楼正式启用。
（区科技局 供稿）

【参加中国国际高新技术成果交易会】 2016 年 11 月 16 日—18 日,惠山区科技局组织 12 家高新技术企业,赴深圳参加第十八届"中国国际高新技术成果交易会",参观中兴通讯股份有限公司、深圳易尚展示股份有限公司、深圳力合微电子股份有限公司、深圳清华大学研究院等单位。

（张征宇）

【政产学研合作洽谈会】 2016年11月9日—11日，惠山区召开2016无锡惠山政产学研合作洽谈会。邀请中国科学院电工所、华中科技大学、哈尔滨工业大学、东北大学、南京航天航空大学等院校专家40余人，在各产业技术研究院举办专题对接活动6次，签订产学研合作项目40项，成立首都高校科技信息联盟理事会惠山联络站、清华大学先进制造同学会惠山创新基地。

（马 飞）

科 技 成 果

【省级技术成果】 2016年，惠山区无锡市申瑞生物制品有限公司参与完成的系列传染病基因工程抗原、诊断试剂及检测技术的研制和应用项目，获江苏省科学技术奖一等奖。惠山区无锡透平叶片有限公司的1000MW等级汽轮机末级长叶片产业化关键制造技术研究及应用项目，获江苏省科技进步奖三等奖。

（马 飞）

【市科技进步奖】 2016年，无锡力马化工机械有限公司的智能高速机器人全自动包装码垛生产线项目，获无锡市科技进步二等奖；无锡杰科塑业有限公司的汽车薄壁电线用125℃辐照交联阻燃聚烯烃电缆料项目、无锡灵鸽机械科技股份有限公司的龙门式切粒机项目、无锡时代天使医疗器械科技有限公司的EABII型无托槽隐形牙颌矫治器的研发及产业化项目，获无锡市科技进步三等奖。

（马 飞）

【新增和复审通过省民营科技企业78家】 2016年，惠山区新增江苏省民营科技企业52家，复审通过江苏省民营科技企业26家。

2016年惠山区新增江苏省民营科技企业

表41

企业名称	企业名称
无锡伟博汽车科技有限公司	无锡市第二标准件制造有限公司
无锡市创视新科技有限公司	无锡华工薄板有限公司
无锡市惠诚石墨烯技术应用有限公司	无锡双马钻探工具有限公司
无锡市伊利亚特机械制造有限公司	无锡顺达智能自动化工程股份有限公司
无锡新维特精密机械有限公司	无锡市中亚减震器有限公司
无锡丰元新材料科技有限公司	江苏大中新材料科技有限公司
无锡海升高压泵有限公司	永鑫精密材料（无锡）有限公司
无锡市骏科机械科技有限公司	无锡锐克电动工具有限公司
无锡宝露重工有限公司	无锡伟博汽车科技有限公司
江苏天章医用卫生新材料有限公司	无锡华盛重工科技有限公司
无锡市创新化工设备有限公司	无锡华讯方舟科技有限公司
无锡市曜通环保机械有限公司	无锡市湖昌机械制造有限公司
无锡国松环保机械有限公司	无锡市腾翔机械有限公司
无锡前洲兴华机械有限公司	江苏富仕德科技发展有限公司
江苏奥天利新材料有限公司	江苏恒铭达航空设备有限公司
无锡锡洲封头制造有限公司	无锡智晟物联科技发展有限公司
无锡恒力标准件制造有限公司	无锡嘉加科技有限公司
无锡希姆勒包装设备有限公司	江苏启阳生物科技有限公司

续表

企业名称	企业名称
江苏丰华联合科技有限公司	无锡市三六九钢管有限公司
无锡益联机械有限公司	无锡松邦科技有限公司
无锡市明骥智能机械有限公司	无锡市德昶精密铸造有限公司
无锡安真通科技有限公司	无锡创能动力科技有限公司
无锡聚新科技有限公司	无锡市昌亿机床制造有限公司
江苏中诚印染股份有限公司	无锡市昊昊钢管有限公司
无锡中联橡胶科技有限公司	无锡天驰新材料科技股份有限公司
江苏毅合捷汽车科技股份有限公司	无锡利凯儿童用品有限公司

2016 年惠山区复审通过江苏省民营科技企业

表 42

企业名称	企业名称
无锡新宏泰电器科技股份有限公司	江苏玉龙钢管股份有限公司
无锡市兰翔胶业有限公司	江苏文汇钢业工程有限公司
无锡市海昌机械设备有限公司	无锡虹业自动化工程有限公司
无锡新光粉体科技有限公司	无锡欧瑞京机电有限公司
无锡市威特机械有限公司	无锡港盛重型装备有限公司
无锡金阳电机有限公司	无锡佳谊林电气有限公司
无锡荣能半导体材料有限公司	无锡市阳通机械设备有限公司
无锡三鑫压铸有限公司	无锡市金沙田科技有限公司
无锡市惠山泵业有限公司	无锡蓝天电子股份有限公司
无锡一名精密铜带有限公司	无锡锡能锅炉有限公司
无锡申菱电梯配套有限公司	无锡市兴华复合肥研究所
无锡三帝特种高分子材料有限公司	无锡天鸿机械制造有限公司
无锡戴卡轮毂制造有限公司	无锡好力泵业有限公司

（马　飞）

知识产权

【国家专利运营试点企业】　2016 年，惠山区无锡品源知识产权运营有限公司获批国家专利运营试点企业。

（李　岩）

【知识产权项目】　2016 年，惠山区天奇自动化工程股份有限公司，列入江苏省高价值专利培育计划项目；惠山区无锡市凯旋电机有限公司、凯龙高科技股份有限公司，列入江苏省知识产权战略推进计划项目；惠山区无锡蓝天电子股份有限公司，列入江苏省知识产权维权援助项目。惠山区博耳（无锡）电力成套有限公司、无锡市威特机械有限公司、无锡顺达智能自动化工程股份有限公司等3家企业,列入无锡市知识产权管理规范计划项目。

（李 岩）

【江苏省企业知识产权管理标准化示范创建单位】
2016年,惠山区江苏迈健生物科技发展股份有限公司、江苏贝孚德通讯科技股份有限公司、无锡蓝天电子股份有限公司、无锡市协清机械制造有限公司、无锡嘉加科技有限公司、无锡顺达智能自动化工程股份有限公司、无锡昌华机电制造有限公司、无锡市开维物流装备有限责任公司、无锡格菲电子薄膜科技有限公司、江苏毅合捷汽车科技股份有限公司、无锡伟博汽车科技有限公司、无锡宝露重工有限公司、江苏利锡拉链股份有限公司等13家企业获批2016年度江苏省企业知识产权管理标准化示范创建单位。

（李 岩）

【江苏省企业知识产权管理标准化合格单位】 2016年,惠山区无锡中鼎物流设备有限公司、无锡透平叶片有限公司、无锡江南奕帆电力传动科技股份有限公司等3家企业获批江苏省企业知识产权管理标准化合格单位。

（李 岩）

【专利奖】 2016年,惠山区江苏龙源催化剂有限公司的"适用于高含尘烟气条件的SCR脱硝催化剂及其制备方法"专利获第十八届中国专利优秀奖。惠山区无锡市中惠橡胶科技有限公司的"一种传动带底胶及其制备方法"、无锡华能表面处理有限公司的"滚涂机"2件专利,获江苏省百件优质发明专利奖。惠山区无锡透平叶片有限公司的"一种采用激光熔覆防水蚀的汽轮机叶片的加工工艺"专利,获无锡市专利金奖,无锡华源凯马发动机有限公司的"阶梯式分离型发动机机体"专利,获无锡市专利优秀奖。

（李 岩）

【专利申请与授权】 2016年,惠山区共申请专利12447件,其中发明专利4893件;专利授权5614件,其中发明专利授权511件。惠山区万人发明专利拥有量为27.1件/万人。

2016年惠山区各镇（街道）专利情况

表43 单位:件

区 域	专利申请总量	发明专利申请量	专利授权总量	发明专利授权量
惠山经济开发区	2567	1038	851	171
堰桥街道	1627	635	967	95
钱桥街道	1900	885	793	56
前洲街道	1769	487	875	31
玉祁街道	1426	676	834	32
洛社镇	1878	745	728	98
阳山镇	1232	392	550	21
惠山工业转型集聚区	48	35	16	7
合计	12447	4893	5614	511

（李 岩）

文 化

概　况

2016 年，惠山区文体系统全面贯彻落实中共十八届六中全会精神，以健全公共文化体系为抓手，以传统节日和重要节庆日为切入口，举办群众文艺创作汇演，广泛开展形式多样的群众性文化活动。继续实施文化惠民"四送工程"，推进农家书屋建设，全区公共文化服务体系建设、社会文化、文化艺术、文化产业、文化市场管理、文物保护等工作都取得新进展。2016 年，惠山区获省农家书屋提升工程示范区。

（包锦华）

社 会 文 化

【群众文化】 2016 年，惠山区文体系统依托传统节日和重要节庆日，开展各类群众文化活动。举办第二十届中国·阳山桃花节开幕式、市文艺家志愿者文化惠民演出（惠山专场）、百姓大舞台全区巡演（巡演25 场次）、"崇德倡廉、清风正气"全区廉政公益广告征集大赛、第四届"玉祁戏码头"名家流派演唱会等。打造"一镇一品"文化工程，惠山经济开发区的"惠风秀长安　幸福乐万家"、洛社镇的"携手太极　共建和

谐"和"百姓歌会"、前洲街道的"锦绣中华节　青城文明风"、堰桥街道的"'吴韵西高山'民俗风情节"、阳山镇的"桃缘大舞台"、玉祁街道的"'三月三'民俗文化艺术节"、钱桥街道的"欢乐大舞台"广场文艺等文化品牌持续惠民，把惠山区本地、传统和现代文化的各类元素搬上舞台，将社会文化活动办成由群众自编、自创、自演，政府引导、社会各界支持、市民积极参与的群众性惠民活动。

（包锦华）

【公共文化服务】 2016 年，惠山区按照国家公共文化服务体系建设标准，实现全区公共文化服务标准化全覆盖，各类文化场馆实现全年无休免费开放，区文体局、"两馆"（文化馆、图书馆）公众号有效运行，订阅人数超过 5000 人。区文化馆、区图书馆被文化部评定为全国一级馆。实施文化惠民"四送工程"，全年在全区范围内送电影 1200 多场次，送戏 300 多场次，举办各类文艺演出 130 多场次，举办文体专管员、文艺爱好者等培训班 100 多场次。

（包锦华）

【全民阅读】 2016 年，惠山区图书馆完成智能化改造，添置图书、残障视听和数字化等设备，统一转换编著在架图书 30 多万册，加强数字资源服务功能，免费提供 Wi-Fi、数字资源和触摸屏资料查询。镇（街道）图书馆、村（社区）农家书屋实现统管通用、

通借通还。"全民阅读·书香惠山"阅读活动覆盖全区 107 个村(社区),惠及全区各个社会阶层,全区综合阅读率居全市第三位。惠山区文体局获评 2015 年度江苏省全民阅读工作先进集体;洛社镇杨市社区农家书屋获"第六届全国服务农民、服务基层文化建设先进集体"称号,为全市唯一获此荣誉的农家书屋;钱桥、长安等 5 个街道、社区在市级书香系列评比活动中脱颖而出,参加省级评选,参评单位数量居无锡大市第一。

(包锦华)

文 化 艺 术

【现代锡剧《好人俞亦斌》】 2016 年,惠山区大型原创现代锡剧《好人俞亦斌》作为"两学一做"学习教育活动的重要内容在全区公演 47 场次,在无锡市人民大会堂上演 2 场,受到广大党员干部、市民群众的一致赞誉和广泛好评。该剧以"中国好人"、江苏省优秀共产党员、惠山区堰桥中学退休教师俞斌为原型,根据惠山区作家协会主席符志刚创作的报告文学《用爱托起希望的太阳》改编。由当地锡剧演员钱伟、倪晓芳等主演。

(包锦华)

6 月 30 日,大型现代锡剧《好人俞亦斌》在玉祁影剧院首演。

(区文体局 供稿)

【群众文艺创作】 2016 年,惠山区文体系统组织举办惠山区第七届群众文艺创作会演,共创作音乐、舞蹈、小戏小品、曲艺、广场舞蹈等五大门类作品 23 件,优选舞台类作品 20 件参加市第三届"群芳奖"评奖活动,获 4 金、6 银、4 铜,在无锡大市中名列第二。洛社镇原创舞蹈作品《桃花红》获江苏省"五星工程奖"舞蹈类决赛金奖,为无锡市唯一的舞蹈节目入围省"五星工程奖"决赛作品。

(包锦华)

【第五届政府文学艺术奖】 2016 年,惠山区第五届政府文学艺术奖设文学(小说、诗歌、散文、戏剧)、艺术(舞台类,包括音乐、舞蹈、小品、戏剧、曲艺,书法美术摄影类)两类。4 个月征集,共收到来自全区 7 个镇(街道)各类作品 88 件(其中文学类 36 件、舞台类 17 件、书法美术摄影类 35 件),共评出突出成果奖 1 件、优秀成果奖 7 件、成果奖 12 件、入围奖 14 件。

(包锦华)

文 化 产 业

【产业扶持】 2016 年,惠山区文体局根据国家和省市有关促进文体产业发展的政策精神及惠山区文体产业发展实际,草拟文体产业发展扶持政策 7 条,列入 2016 年区委 1 号文件。区文体局制定相关文体产业发展实施细则,进一步明确区级文体产业发展引导资金的扶持对象、申报程序、材料要求以及监督管理等内容。鼓励文体企业做大做强。 区文体局组织人员到各镇、街道和相关企业调研,掌握一批符合申报条件的企业和重大项目,为申报省、市级文体产业引导资金做好储备工作。2016 年兑现 2015 年区级文体产业扶持资金 324 万元。

(包锦华)

【文化产业发展】 2016 年,惠山区完成文化产业投入 10.08 亿元,产出 32.7 亿元,分别同比增长 7.3% 和 4.8%,新增年总营业收入在 2000 万元以上的规模企业 12 家,新增认缴资本超 500 万元企业 9 家,投资额超 5000 万元项目 3 个,超亿元项目 7 个。排查全区重点文体产业项目和骨干文体企业,进行项目跟踪与服务。年内,无锡广通传媒股份有限公司、无锡市久源软件科技有限公司等 2 家企业上市。指导企业申报上级各类产业引导资金，组织申报国家级项目 2 个、省级文化产业引导资金项目 2 个，扶持区内文化产业发展。

（包锦华）

5 月 7 日，惠山经济开发区管委会和长安街道办事处联合举办的第五届惠山新城"生命园"杯春季徒步马拉松活动，在无锡（惠山）生命科技产业园广场拉开帷幕。

（惠山经济开发区　供稿）

文化市场管理

【"扫黄打非"】　2016 年，惠山区贯彻落实中央、省、市《2016 年"扫黄打非"工作方案》，建立"扫黄打非"城乡社区网格化管理制度。开展"护苗 2016""净网 2016""清源 2016""秋风 2016"等"扫黄打非"专项行动，在全国"两会"期间和开学前后均开展出版物市场监督检查、"4·26"打击侵权盗版行动、印刷企业专项检查工作、高校及周边复印店专项治理等工作，严厉查处网吧接纳未成年人等违规经营行为，全年检查各类经营单位 607 家次，依法查处违法经营行为 7 起，查缴各类非法出版物（音像制品）850 件。

（包锦华）

【文化市场安全监管】　2016 年，惠山区文体局加强对文体公众聚集场所的安全检查，重点检查歌舞娱乐场所证照、曲库、营业日志和从业人员名册及场所消防安全等。重新制定"歌舞娱乐场所安全守则"和安全警示标牌，排查整治消防安全隐患，结合年报年检、文明城市创建等工作，召开全区 145 家文体公共聚集场所安全会议，签订《安全生产责任书》，落实安全生产工作网络责任制和责任人，对 300 余经营业主进行安全管理培训。

（包锦华）

【依法行政】　2016 年，惠山区文体局完成企业年度核验换证工作，全年核验换证 144 件，确保企业正常开展经营活动。完善投诉和举报工作台账，安排执法人员专门负责"12345""政务直通车""12318"等各类服务平台，执行 24 小时来电、来信等举报案件的接件处理、回复工作制度。全年受理群众举报 11 起，全部依法处理。受理各类行政许可事项 34 件，全部准予许可，并按时办结。

（包锦华）

文 物 保 护

【文物安全保障】　2016 年，惠山区文体局联合无锡市气象局、惠山区消防大队等部门开展文物安全季度检查，共出动检查人员 168 人次，检查单位 53 个，发现安全隐患 36 处。听取专家对文物安全管理工作的意见和建议，全面清查文物安全隐患，建立文物安全管理台账，对存在的问题要求文保单位限时整改到位。

（包锦华）

【文物保护工作】　2016 年，惠山区文体局加大对上争取扶持资金力度，就周忱祠迁移保护工程、李金镛故居日常维修和环境整治工程、省级文物保护单位保护规划编制等 3 项工作，共争取到省、市级扶持资金 355 万元。年内，李金镛故居维修和环境整治工作完工。文昌阁、蓉湖吴氏宗祠、钱桥顾氏宗祠修缮工程竣工，通过市文物局验收。区文体局组织专家实地查勘文物点，对市级文物保护单位划定保护范围和建设控制地带。

（包锦华）

【文化遗产挖掘】　2016 年，惠山区文体局向社会各界征集文化遗产线索，通过各镇（街道）文体站推荐、传承人自荐、媒体报道等方式，挖掘文化遗产资源。经过区文体局实地踏勘和资料初审，玉祁"三月三"庙会、玉祁酒厂铜缸铜坛技艺、"三十六长凳"技艺、脚踏年糕制作技艺等 15 个项目预申报市级非物质文化遗产。新增洛社镇鹅子岸赵氏祖墓新发现点 1 个。

（包锦华）

【文化遗产宣传】 2016 年 6 月 11 日第十一个全国文化遗产日前夕，惠山区文体局在《惠山新闻》专版、区政府电子屏幕介绍区文化遗产状况，扩大区文化遗产的影响力。以非物质文化遗产为题材创作《吴地百叶香》《太湖飞翠》《桃花红》等一批歌舞作品，丰富文化遗产的保护形式和内涵。协同区政协编写《惠山遗存》文化遗产保护篇，内容涉及各级文物保护单位、文物遗迹控制保护单位、具有代表性的不可移动文物、各级非物质文化代表性项目以及优秀传统文化项目。

（包锦华）

 小资料

惠山区历史名人　李伯敏

李伯敏（1909—1942 年），又名李祯祥，清宣统元年（1909 年）生于无锡玉祁李家巷。社会活动家，烈士。民国 13 年（1924 年）夏毕业于无锡县第五高等小学，即考入江苏省立第三师范分校（今江苏省洛社师范）。后因家贫辍学，进上海立基洋行当抄写员。民国 18 年（1929 年）起，在丹阳童家桥小学、无锡东北塘茅梓桥小学、北门外蔡氏小学任教。曾与杭苇、陆静山等发行《小宝宝》和《儿童新闻》（周报）。积极参加无锡小学教师为反对扣薪、要求改善待遇的斗争。民国 24 年（1935 年）夏，和钱秋苇等进步教师发起组织无锡抗日缉私同盟。"一二·九"运动后，发动各界群众往无锡火车站慰问上海学生赴南京团，声援学生的爱国斗争。民国 25 年（1936 年）3 月，和陆静山、周秋野等发起组织无锡新文化研究会；6 月又成立无锡世界语协会；8 月 23 日，与陈佩三、周秋野等发起组织的无锡学社成立，李伯敏担任学社理事会主席。学社成立后举办形势报告会，组织宣传队，在《人报》副刊开辟"时事认识"专栏，宣传抗日救亡运动；11 月 1 日又组织无锡各界群众 500 余人，在锡师附小召开追悼鲁迅先生大会。民国 26 年（1937 年）1 月 28 日，李伯敏等被国民党当局逮捕；2 月间移押镇江。他们坚持认为爱国无罪，与国民党当局进行针锋相对地斗争。李伯敏在 6 月被释放后继续从事抗日救亡运动。"七七"事变后，他赴沪参加全国各界救国联合会举办的救亡干部训练班。7 月下旬返锡，参与组织无锡各界青年抗敌后援会，被选为常务理事，负责宣传、募捐、救护等工作。同年 11 月下旬，李伯敏担任无锡青年抗敌服务团第二队队长，率队到达新四军南昌办事处。民国 27 年（1938 年）初，他参加新四军政训班学习，后派至九江地区工作，当年三四月间加入中国共产党。不久，担任江西青年服务团战地工作队第二队党支部书记。民国 28 年（1939 年）初，中共江西新干县成立前方委员会。李伯敏任书记，领导新干、丰城等 7 县的抗日救亡运动。当年夏化名李白文，在浙江云和县以战时儿童保育会浙江分会第二保育院教导主任的身份为掩护，开展秘密工作。民国 30 年（1941 年）上半年，李伯敏被国民党江西宪警逮捕，关押在上饶集中营。民国 31 年（1942 年）6 月，集中营转移至福建建阳。李伯敏患痼疾，得不到医治，于下半年病逝。

卫生与计划生育

无锡市惠山区中医医院
WUXI HUISHAN TRADITIONAL CHINESE MEDICINE HOSPITAL

概　况

截至 2016 年年末，惠山区有医疗卫生机构223 家，其中公立综合性医院 2 家，中医医院 1 家，民营专科医院 2 家，社区卫生服务中心（医院、卫生院）15 家，社区卫生服务站 83 家；开放床位 1986张；执业（助理）医师 1341 人，乡村医生 150 人，卫生技术人员 3184 人。卫生技术人员中具有初级职称的 1287 人，具有中级职称的 681 人，具有高级职称的 216 人，其他未评定职称。公立医疗机构全年完成诊疗 407 万人次，与上年基本持平。全年政府对医疗卫生机构的财政补助 2.3 亿元，较上年增长67.89%。全区住院床日数为 49.08 万床日，较上年

1 月 6 日，惠山区分级诊疗动员会暨区医疗健康服务联合体成立仪式在惠山区人民医院举行。　　（区卫计局　供稿）

增长 8.5%。惠山区卫生与计划生育局（简称区卫计局）继续推进卫生计生机构改革，9 月，区妇幼保健所和区计划生育指导站合并，成立区妇幼保健计划生育服务中心。

（刘华毅）

医　政　管　理

【概况】　2016 年，成立以惠山区人民医院为核心单位，7 家社区卫生服务中心为成员单位的区域医疗联合体，加入无锡市的康复、精神病、中医专科医联体。成立全省首家区域急救分中心，新建钱桥和西漳网络分站，共 7 个网络分站在全市首先实现了区内急救网络全覆盖，打造"惠山 7 分钟急救圈"。10 月，惠山区第二人民医院搬迁至新址，医院新大楼总建筑面积 3.5 万平方米，住院床位 340 张。年内，全区完成义务献血 3202 人次。区人民医院"脑室型颅内压探头调控下精准规范治疗双额叶脑挫裂伤的探讨"、前洲街道社区卫生服务中心的"基于互联网＋的肺康复全程精准管理系统的构建和应用"等课题获无锡市卫计委科研项目立项；区人民医院 5 项科研项目获市科技局等单位立项。

（刘华毅）

【中医工作】　2016 年 10 月，惠山区中医医院建成启

用,设置床位 298 张,建筑面积 2.3 万平方米。堰桥街道社区卫生服务中心、石塘湾卫生院共投入 44 万余元完成中医馆建设。全区选派 25 名有中医基础的人员参加无锡市卫计委、市中医药学会组织的中医经方培训班。区人民医院和区第二人民医院 2 家综合医院共有中医床位 15 张,1 家卫生院、2 家社区卫生服务中心建成中医综合诊疗区,全区所有村卫生室和社区卫生服务站均开展 4 项以上的中医服务。

(刘华毅)

社 区 卫 生

【概况】 2016 年,惠山区家庭医生责任制工程进展顺利,家庭医生工作室试行工作有序开展,累计家庭医生上门医疗 1445 人次,特需医疗服务 276 人次。推进健康爱心一键通项目,累计安装"爱心一键通"电话机 1042 台。实施国家基本药物制度,全区采购基本药物 1.65 亿元。规范医用设备招标采购,全年采购医用设备 156 台,采购投标报价 3592.5 万元,实际招标成交价 3072.1 万元,节省采购资金 520.4 万元。年内,钱桥街道藕塘社区卫生服务中心新大楼建成投用。堰桥街道社区卫生服务中心被全国社区卫生协会命名为"全国百强社区卫生服务中心"。洛社镇杨市卫生院创成全国"群众满意乡镇卫生院"。钱桥街道社区卫生服务中心精神科、区康复医院康复医学科等 10 个专科被评为市级特色科室。组织开展遴选基层卫生骨干人才活动,经市卫计局审定,惠山区 61 名卫计人员被确定为无锡市基层卫生骨干人才,其中 22 名为江苏省基层卫生骨干人才。在省卫计委对全省 13 市 26 个县市区 2015 年基本公共卫生服务项目考核中,惠山区名列全省第一。在无锡市社区卫生服务第三方综合满意度评价中,惠山区连续 3 年名列第一。

(刘华毅)

【基本公共卫生服务】 2016 年,惠山区全面实施国家 12 类 46 项基本公共卫生服务项目。65 岁以上老年人健康档案建档率 98.5%,65 岁以上老年人体检完成率 72.44%,中医药健康管理服务率 45.3%。0-3 岁儿童中医药健康管理 29655 人,管理率为 97.1%。全年累计管理高血压和糖尿病病人分别为 68108 例和 29130 例,健康管理率分别达 43.81%和 36.71%,规范管理率分别达到 80.22%和 78.93%。重性精神疾病患者检出率 4.19‰,患者管理率 92.18%。

(刘华毅)

疾病预防与控制

【概况】 2016 年,惠山区报告甲、乙类传染病 11 种 812 例,报告发病率 92.37/10 万;报告丙类传染病 4 种 2889 例,报告发病率 328.64/10 万;传染病报告率 100%。人均期望寿命 81.34 岁。春季查螺 3274 条块,面积 417.7614 万平方米;钱桥街道东风社区发现螺点,按规范完成春秋两季灭螺。全年筛查可疑肺结核病人 2702 例,管理活动性肺结核病人 218 例。预防接种单位规范达标率 100%,以镇(街道)为单位现代化预防接种门诊建设率 100%,免疫规划疫苗接种率均达 95%。国家级慢性非传染性疾病综合防控示范区创建成果进一步巩固。PCR 中心实验室建成投入使用,有效提高了对突发公共卫生事件的快速响应和应急处置能力。

(刘华毅)

【卫生应急】 2016 年,惠山区完成区级卫生应急培训 7 次,演练 2 次。区卫计局加强突发公共卫生事件监测预警和风险评估,突发公共卫生事件及相关信息报告率、报告及时率和规范处置率均达 100%。惠山区被命名为"省级卫生应急工作规范区"。

(刘华毅)

综 合 监 督

【概况】 2016 年,惠山区卫计局设立综合监督科,整合公共卫生、医疗服务和计划生育监督执法职能,完成将餐饮食品安全监管职能移交区市场监督管理局。区镇两级共出动卫生执法人数 3036 人次,检查各类餐饮、公共场所等单位 3500 余家次,进行重大活动、重要节日期间食品安全保障检查 5 次,查处各类违法案件 28 起,罚没款 22.7945 万元,其中申请法院强制执行 10 起。查处案件中,医疗卫生 21 起,罚没款 20.2545 万元;消毒产品 3 起,罚款 0.9 万元;公共场所 4 起,罚款 1.64 万元。共受理投诉举报 40 起,均及时答复处理。

(刘华毅)

【医疗服务监督】 2016 年,惠山区卫计局开展传染病防治监督深化年活动。完成医疗机构依法执业专项监督检查、医疗机构基本标准和医疗技术大排查,对全区 210 家医疗机构分类监督综合评价,共评出优秀单位 18 家、合格单位 164 家。区卫计局积极与区司法部门配合,强化医疗服务监督哨点工作,继续严厉打击非法行医。实施卫生监督技术创新,通过互联网 + 技术,对全区 14 家一级以上医疗机构全面实行医疗废物及医院污水处置远程监控。

(刘华毅)

【公共卫生监督】 2016 年,惠山区卫计局对全区 696 家公共场所单位实施公共卫生量化分级,评出 B 级以上单位 91 家。对全区 111 家学校开展传染病防控和饮用水专项监督检查。开展爱国卫生监督行动年活动,通过执法检查,进一步提升各镇(街道)爱国卫生组织发动、重点场所控烟、病媒生物防治等工作水平。年内,惠山区建立公共卫生档案的单位 250 家,其中样板单位 41 家。区卫计局监督抽检 60 家单位,采集公共用品用具样品 293 件,合格率 98.63%;采集空气质量样品 128 件,合格率 99.22%。

(刘华毅)

【计划生育执法监督】 2016 年,惠山区卫计局向超计划生育家庭依法征收社会抚养费,共立案 15 件,结案 11 件,征收社会抚养费 46.28 万元;依法妥善处理 2016 年前尚未征收到位的案例,对 2 起拒不履行的案件申请法院强制执行。严厉打击"两非"(非医学需要开展胎儿性别鉴定和选择性别的人工终止妊娠手术行为)案件,查处未按规定开展引产手术的案件 1 起。

(刘华毅)

妇 幼 卫 生

【概况】 2016 年,惠山区卫计部门实现妇幼保健与计划生育技术服务资源的初步整合。规范实施妇幼基本公共卫生项目,孕产妇系统管理率为 98.8%,3 岁以下儿童系统管理率 98.68%。加强妇幼重大公共卫生项目管理,妇幼保健各项任务全面落实。年内,孕妇服用叶酸人数 7499 人;孕产妇住院分娩补助 3556 例,完成任务数的 165.39%;妇女乳腺癌筛查 16775 例,完成年度任务的 110.36%;妇女宫颈癌筛查 16691 例,完成年度任务的 109.8%;接受艾滋病、梅毒、乙肝检测的孕妇数 5512 人,检测率 100%;为新生儿免费接种乙肝免疫球蛋白 99 支,注射率 100%。做好免费婚检和孕前优生检测,提升出生人口素质。婴儿死亡率、5 岁以下儿童死亡率连续多年分别控制在 4‰、5‰ 以下。全年完成婚检 1824 对,婚检率 96.46%,疾病检出率 16.37%。

(刘华毅)

计 划 生 育

【概况】 2016 年,惠山区卫计部门加强计划生育基础工作,做好 2016 年人口出生定位和专项核查。全区户籍人口出生 4426 人,计划生育政策符合率 99.92%,出生信息上报准确率 99.63%,全员人口数据库信息管理准确率 95% 以上。全区药具发放率 95.36%,应用率 100%,有效率 99.03%,可及率 90.28%。开展计划生育一票否决制审核,涉及 600 余人,未出现审错及漏审现象。启动"十三五"江苏省人口协调发展先进县(区)争创工作,举办基层计生工作人员培训 2 期。全区全年生育登记受理 6352 例,其中一孩登记受理 3635 例、二孩登记受理 2717 例,通过再生育一孩审批 125 例。进一步加大综合治理出生人口性别比偏高的工作力度和打击"两非"案件力度,全区全年出生人口性别男女比为 107∶100。

(刘华毅)

【流动人口计划生育管理】 2016 年,惠山区流动人口计划生育服务管理率为 95.2%。全年平台录入流动人口 301688 人，已婚育龄妇女 115984 人，完整率准确率均超过 95%。继续开展流动人口社会融合试点活动，分别在阳山镇卫生院、钱桥、玉祁社区卫生服务中心建成 3 个流动人口卫生计生"一站式"服务平台，不断提高基本公共卫生、计划生育均等服务覆盖面。

（刘华毅）

【奖励扶助计划生育家庭】　2016 年，惠山区卫计部门落实计划生育利益导向和社会保障机制，奖励扶助农村部分计划生育家庭 10575 人，发放奖励扶助金 989.904 万元；计划生育家庭特别扶助 665 人，发放特别扶助金 466.8 万元；获计划生育公益金的家庭 292 户，受益金额 135 万元；登记审核 2015 年度企业退休职工中独生子女一次性奖励的人员和金额，由政府财政支付退休职工 1428 人，奖励金额 514.08 万元。开展计划生育特殊家庭精准帮扶工作，建立计生工作志愿者队伍，结对计生特需扶助家庭，从物质和精神上给予帮助和慰藉。

（刘华毅）

【人口文化建设】　2016 年，惠山区继续推进人口文化建设，实现全区各镇（街道）人口文化书屋、青春期教育中心以及人口文化园"三个全覆盖"。开展健康家庭建设，全区累计创建人口文化中心户 155 户，村（社区）人口文化中心户创建率达 100%。

（刘华毅）

爱 国 卫 生

【概况】　2016 年，惠山区推进新一轮城乡环境整洁行动，开展以环境清理为主的病媒生物防制活动，清除卫生死角 365 多处，清理垃圾 438 余吨，清理绿化带 5000 多平方米，灭鼠活动期间投放溴鼠灵 3600 公斤。全年开展 3 次病媒生物防治专项消杀活动，完成 15 个社区（村）的毒鼠站规范化建设，建成的毒鼠站投药情况抽检达标率 100%。完成玉祁、阳山 PCO（有害生物控制和服务）社区试点。推广以生态湿地和集中式粪水处理为主的生态卫生户厕，全

区完成农村生态改厕 150 座，生活饮用水监测覆盖率、合格率均为 100%。开展首批江苏省健康社区（村）创建工作，4 个社区（村）通过省健康社区（村）创建验收。

（刘华毅）

【健康教育】　2016 年，惠山区继续推进健康场所建设，建成占地近 2 万平方米的长安街道长乐健康主题公园，建设钱桥街道晓丰社区、前洲街道新洲社区 2 条健康步道。开展健康素养促进行动，下发宣传资料 67.33 余万份，入户率 100%。开设健康知识讲座 668 场，直接受众 3.42 万人，其中区级讲师团成员宣讲 46 场次，直接受众 3298 人。控制烟草烟雾危害，开设主题讲座 14 场，直接受众 2366 人，开展公众咨询活动 10 场，发放宣传材料 5 种、1.6 万份。推进其他公共场所控烟，在公共场所张贴控烟宣传画 500 张，年内完成无烟单位建设 7 个。在无锡市两轮控烟工作"第三方暗访"中，惠山区均排名第一，所有医疗卫生机构 100% 达标。

（刘华毅）

医 德 医 风

【概况】　2016 年，惠山区卫计局执行区委有关党风廉政建设和反腐败工作的部署和要求，落实党风廉政建设主体责任及监督责任。实行一把手约谈制度及局领导联系制度，进一步加强对各下属单位的监管及沟通。组织各下属单位签订党风廉政建设责任书和承诺书，深入治理医药购销领域商业贿赂行为。全面开展"两学一做"学习教育，举办党纪党规、中共中央总书记习近平系列重要讲话、职业道德等学习教育、实践活动近 20 次，做到学习和实践的有机统一。开展纪委书记党风廉政建设基层巡回讲课活动。严格执行医疗卫生行风建设"九不准"[注] 规定，坚决纠正医疗卫生行业不正之风。积极开展"名医社区行"活动，建立惠山"名医堂"，评选出全科名医 9 人，专科名医 17 人。区卫计局被评为江苏省 2013—2015 年度文明单位。

[注]　医疗卫生行风建设"九不准"：2013 年 12 月，

国家卫生计生委、国家中医药管理局制定了《加强医疗卫生行风建设"九不准"》,"九不准"包括:一、不准将医疗卫生人员个人收入与药品和医学检查收入挂钩;二、不准开单提成;三、不准违规收费;四、不准违规接受社会捐赠资助;五、不准参与推销活动和违规发布医疗广告;六、不准为商业目的统方;七、不准违规私自采购使用医药产品;八、不准收受回扣;九、不准收受患者"红包"。

(刘华毅)

小资料

关于健康

健康是指一个人在身体、精神和社会等方面都处于良好的状态。健康包括两个方面的内容:一是主要脏器无疾病,身体形态发育良好,体形均匀,人体各系统具有良好的生理功能,有较强的身体活动能力和劳动能力,这是对健康最基本的要求;二是对疾病的抵抗能力较强,能够适应环境变化,各种生理刺激以及致病因素对身体的作用。传统的健康观是"无病即健康",现代人的健康观是整体健康,世界卫生组织提出"健康不仅是躯体没有疾病,还要具备心理健康、社会适应良好和有道德"。

现代健康的含义是多元的、广泛的,包括生理、心理和社会适应性三个方面,其中社会适应性归结底取决于生理和心理的素质状况。心理健康是身体健康的精神支柱,身体健康又是心理健康的物质基础。良好的情绪状态可以使生理功能处于最佳状态,反之则会降低或破坏某种功能而引起疾病。身体状况的改变可能带来相应的心理问题,生理上的缺陷、疾病,特别是痼疾,往往会使人产生烦恼、焦躁、忧虑、抑郁等不良情绪,导致各种不正常的心理状态。作为身心统一体的人,身体和心理是紧密依存的两个方面。维护健康四大基石:平衡饮食、适量运动、戒烟限酒、心理健康。

性格塑造疾病:当我们心理失调时,特定的器官也会不正常,从而导致某种疾病。要想痊愈,除了遵医嘱治疗外,还要调整好自己的情绪。从这个意义上来说,健康在我们自己的掌握之中。我们的健康与外部环境有关,与生活习惯有关。但鲜有人知的是性格也是造成疾病的一个因素,能够影响人的大脑的一切东西都可以影响到人的身体。不满、委屈、气愤、自责、有过错感等——这些负面情感会把我们带到病床上。要想避免这些,必须立刻终止那些让我们痛苦和不安的东西。人体的每个器官都有其特定的功能,与我们的意识和心理有存在着严格的特定联系。性格是健康的一个保证,所以有个良好的性格,才能拥有健康的体魄。

全世界公认的关于健康的 13 个标志:生气勃勃,富有进取心;性格开朗,充满活力;正常身高与体重;保持正常的体温、脉搏和呼吸(体温 37℃;脉搏 72 次/min;呼吸婴儿 45 次/min,6 岁 25 次/min,15—25 岁 18 次/min,年龄稍大会增加);食欲旺盛;明亮的眼睛和粉红的眼膜;不易得病,对流行病有足够的耐受力;正常的大小便;淡红色舌头,无厚的舌苔;健康的牙龈和口腔黏膜;光滑的皮肤柔韧而富有弹性,肤色健康;光滑带光泽的头发;指甲坚固而带微红色。

体 育

概　况

　　2016年，惠山区文体局围绕《全民健身条例》，以满足人民群众日益增长的体育需求，加大投入，打造品牌，不断完善基本公共体育服务体系。组织各类省、市、区社会体育指导员培训，在晨晚练点、健身场所等地科学辅导群众锻炼，为群众提供个性化健身指导服务，构建多元化全民健身服务体系。利用体育健身组织网络普及健身知识，宣传健身效果，弘扬健康新理念。免费为广大群众提供体质测定和运动能力评定，完成国民体质监测市级样本量400名，区级样本量5000名。

（包锦华）

社 会 体 育

【体育赛事】　2016年，惠山区举办全民健身运动会、中小学生田径运动会、五项球类比赛、小学生游泳比赛、广场舞比赛、老年人门球赛等赛事。依托社会组织及相关体育协会，承办第37届世界业余围棋锦标赛、全国企业家围棋邀请赛、全国职业围棋锦标赛、700网晚报杯全国业余围棋公开赛总决赛、第十二届中国围棋棋王争霸赛等国际级赛事1项、国家级赛事4项以及全国击剑俱乐部联赛、区级篮球邀请赛等品牌赛事。组队参加无锡市职工体育公益擂台赛，获10个比赛项目中的5项冠军，总分居全市第一。

（包锦华）

【"体教结合"】　2016年，惠山区文体局加强体教结合力度，初步建成天一乒乓球俱乐部、省锡中击剑俱乐部、洛社初中足球俱乐部等一批有特色有发展潜力的学校健身俱乐部。天一实验小学运动员石洵瑶入选国家乒乓球队；天一实验小学乒乓球代表队在全国青少年乒乓球锦标赛中获4枚金牌，在省青少年乒乓球锦标赛中获1枚金牌。2016年，洛社初中挂牌"江苏省青少年足球训练基地"。

（包锦华）

老 年 人 体 育

【概况】　2016年，惠山区老年人体育协会加强自身组织建设，抓好老年体育信息宣传和老年文体特色团队示范村建设，开展老年体育培训和文体展示活动。年内，全区参加各类文体活动的老年人有6.13万人，占老年人口的73.5%。2016年，惠山区老年人体育协会获　"江苏省老年体协信息工作先进单位""无锡市老年体协信息工作先进单位"称号，过伟忠获"江苏省老年体协优秀通讯员"称号；过伟忠、陈谋勇、陈凤鸣、张伯洪、俞云清、余剑英、强永刚、李立人等 8 人获"无锡市老年体协优秀通讯员"称号。无锡市老年人体育协会授予惠山区广场舞队、太极拳队为 2016 年"大型特色团队""特色项目之乡"。堰桥街道金色朝阳健身站点、玉祁街道芙蓉村健身站点、钱桥街道钱桥社区玉泉公园健身站点、长安街道长乐睦邻中心健身站点、阳山镇夕阳美健身站点、前洲街道柘塘浜社区健身站点、洛社镇张镇桥村太极拳健身站点被评为"无锡市文明健身站点"。

（过伟忠）

无锡市惠山区堰桥街道林陆巷创建老年人特色团队示范社区

（堰桥街道　供稿）

【第四届会员代表大会召开】 2016 年 9 月 2 日，惠山区老年人体育协会召开第四届会员代表大会，回顾总结区老年人体育协会第三届会员代表大会以来的工作情况，修改通过《惠山区老年人体育协会章程》（修正草案），选举新一届老年人体育协会组织机构。区老年人体育协会第四届委员会由 12 名委员组成，戴祖军任惠山区老年人体育协会主席，符志刚、毛德祥、陆伟良任副主席，符志刚兼任秘书长。根据新修订的协会章程，区老年人体育协会设日常事务管理工作组，全面负责区老年人体育协会工作。

（过伟忠）

【信息宣传工作】 2016 年，惠山区被江苏省"乐天夕阳红网站"录用稿件 467 篇、图片 1155 幅，被无锡市"乐天无锡网站"录用稿件 607 篇、图片 895 幅，

在江苏省《乐天简报》刊登文章 15 篇、无锡市《太湖乐天简报》刊登文章 68 篇。年内，《惠山乐天》简报发行 6 期，刊登各类稿件 150 篇、图片 115 幅，共发行 7200 份。通讯员余剑英、李立人、陈谋勇、宋子伟等人的多篇文章在《东方体育日报老年体育》《江南保健报（老年生活）》《江南晚报》等报纸杂志上刊登。年内，区老年人体育协会举办通讯报道工作会议暨通讯员培训班 2 期。

（过伟忠）

【老年文体培训】 2016 年，惠山区老年人体育协会举办老年文体活动培训班 2 期。2 月，在前洲街道、洛社镇举办太极拳培训班，集中学习八段锦、陈式 24 式、游龙拳等，全区各镇（街道）、村（社区）太极拳爱好者、文体特色团队骨干等 400 多人参加培训。3 月，在区文化馆和洛社镇举办文艺骨干培训班，辅导培训广场舞《青春飞舞》《和你一起看夕阳》，110 人参加，2016 年，全区各镇（街道）、村（社区）累计培训文体骨干 118 项（次）2895 人。

（过伟忠）

【特色团队建设】 2016 年，惠山区老年人体育协会继续坚持以项目建设为中心，注重文体特色团队建设。年末，全区参加"佳木斯健身操"锻炼人数 10920 多人、各式太极拳锻炼超过 5000 人。镇（街道）级特色团队 63 个，参加人数 20175 人；村（社区）级特色团队 373 个，参加人数 33560 人。11 月 10 日，江苏省老年人体育协会主席王湛、常务副主席华洪兴一行到无锡调研老年人体育工作，召开项目建设调研座谈会，惠山区在座谈会上作题为"以项目建设为中心、以团队建设为抓手、全面推动老年人体育工作转型发展"的交流汇报。

（过伟忠）

【特色团队示范村（社区）创建】 2016 年，惠山区开展老年文体特色团队示范村（社区）创建，全区 12 个创建村（社区）涉及总人口 58611 人，其中 60 岁以上老人 15795 人，实际参加团队展示的 2500 多人，每村（社区）均建有 5 个以上规模团队。经过考核，申报的 12 个村（社区）全部通过验收。

（过伟忠）

【文体比赛展示】 2016 年 3 月 12 日，在阳山镇阳山中心小学乒乓球馆举行惠山区老年人乒乓球比赛；4 月 13 日，在长安街道长乐社区举行棋类比赛；4 月 19 日，江苏省老年人体育节惠山区分会场启动仪式暨门球比赛在洛社镇举行；5 月 15 日，在玉祁中心小学排球馆举行惠山区老年人气排球比赛；10 月 9 日，在洛社高级中学举行"江苏省老年人体育节 2016 无锡市老年人快乐健身系列活动太极拳（剑）展示暨惠山区大型特色团队精品项目展示"活动，惠山区 500 位老年人展示大型广场舞《青春飞舞》《和你一起看夕阳》，500 位太极拳爱好者展示八段锦、太乙游龙拳，江苏省老年人体育协会副主席、秘书长孙海连一行到现场观看。10 月 18 日，2016 年无锡市"敬老月"文化艺术周惠山区分会场文艺专场演出活动在省锡中剧场举行，市、区有关领导、各镇（街道）老年人代表共 400 人观看演出。年内，惠山区在无锡市"快乐健身系列活动"体育项目展示中，洛社镇男子排球代表队、堰桥街道女子排球代表队、阳山镇男女乒乓球代表队、前洲街道和堰桥街道太极拳（剑）代表队均获优胜奖，洛社镇柔力球获优秀奖。洛社镇门球队在首届市（县）区行业协会门球交流比赛中获第二名，玉祁街道、洛社镇、长安街道长乐社区、长宁社区 4 支门球队被市老年人体育协会命名为甲级队。钱桥街道老年棋手张锡元在全国象棋业余棋王赛江苏省无锡站的象棋比赛中获老年组冠军，荣获棋王称号；在市文艺项目活动展示中，堰桥街道代表队获健身球操优胜奖，钱桥街道舞蹈代表队在市"全民健身日"体育项目展示、"敬老月"活动仪式、全国健步走大联动暨广场舞展示活动中均获优胜奖。

（过伟忠）

学 校 体 育

【学生阳光体育运动】 2016 年 4 月—7 月，惠山区举办 2016 年"视立佳杯"中小学生阳光体育运动会，分小学、初中、高中 3 个组别。小学组设足球、篮球、排球、乒乓、羽毛球、围棋、中国象棋、国际象棋、健美操、击剑等 10 个单项；初中组设足球、篮球、排球、乒乓、羽毛球、围棋、中国象棋、国际象棋、健美操、击剑等 10 个单项；高中组设足球、篮球、排球、乒乓、羽毛球、健美操等 6 个单项。参赛学生 5000 余人次。10 月 20 日—22 日，在阳山中心小学举行"惠山区第十三届中小学生田径运动会"。全区 29 所学校的 1000 余名运动员参加 85 个单项的比赛，17 人次刷新 8 项区中小学生田径运动会记录，11 人次达国家二级运动员标准，128 人次达三级运动员标准，322 人次达少年级运动员标准。杨市中心小学、省锡中实验学校、阳山中心小学分别进行足球、击剑、羽毛球等学校体育特色的展演，参加学生 1200 余人。洛社中心小学、玉祁中心小学、堰桥实验小学、杨市中心小学获得小学组前四名，洛社初中、省锡中实验学校、玉祁初中、钱桥中学获得初中组前四名，洛社高中、惠山中专、省锡中、堰桥高中获得高中组前四名。

（奚敏其）

【市级以上比赛获佳绩】 2016 年 10 月 15 日至 16 日，惠山区教育部门组织参加无锡市中小学生健美操比赛，获初中组、高中组所有单项冠军；堰桥高中、江苏省锡山高级中学实验学校、堰桥初中还分别代表无锡市参加全国肯德基青少年啦啦操锦标赛，分别获全国高中组街舞啦啦操、初中组花球啦啦操锦标赛一等奖。10 月 26 日—29 日，惠山区组织参加无锡市乒乓球传统学校比赛，囊括幼儿组、初中组、高中组 3 个组别的冠军；天一实验小学王卿伊代表江苏省参加全国 11 岁年龄组乒乓球比赛，获全国 11 岁年龄组单打第二名；惠均李慧芬俱乐部石洵瑶代表中国出征南非世界乒乓球青年锦标赛，获女子单打冠军。

（奚敏其）

【校园足球工作】 2016 年春学期开始，惠山区有洛社初中、洛社中心小学、杨市中心小学、江苏省锡山高级中学实验学校、钱桥中心小学、匡村实验学校、前洲中心小学、西漳中心小学、藕塘中心小学、阳山中心小学、石塘湾中心小学等 10 余所学校依托足球俱乐部，落实每班每周 1 节足球课的校园足球推进要求。2016年6月,聘请荷兰籍足球教练在杨市中心小学为全区中小学体育教师进行足球教学与训练的培训。2016年10月至12月,举行惠山区高中足球联赛。2016年11月,江苏省锡山高级中学实验学校、钱桥中心小学被评为全国校园足球特色学校。

（奚敏其）

体 育 产 业

【体育产业发展】 2016年,惠山区文体局深入重点体育企业走访调研,了解企业生产运行情况、企业面临的困难及需政府协调解决的突出问题等,帮助企业解决发展过程中的困难。组织申报省级体育产业引导资金项目2个,共获得省体育产业引导资金100万元。2016年,体育总局全国体育产业专项调查,惠山区体育产业入库49家。

（包锦华）

【体育彩票业】 2016年,惠山区完成体育彩票销售2.33亿元,在全省65个县(市、区)中排名第11位。为全区体育设施建设和全民健身活动开展提供资金保障。

（包锦华）

体育设施及管理

【全民健身中心建设】 2013年,惠山区启动全民健身中心建设,该中心位于惠山新城区,占地5万平方米,建筑面积3.15万平方米(其中综合馆占地1.65万平方米)。设施设备涵盖游泳、篮球、乒乓球、羽毛球、网球、足球等多个体育项目。2016年,区全民健身中心完成项目主体建设,进入外观亮化和内部装饰阶段,预计于2017年投入使用。截至2016年年底,全民健身中心累计投资2.3亿元。

（包锦华）

【公共体育设施管理】 2016年,惠山区文体局根据《惠山区体育设施管理办法》,考核各有关单位的公共体育设施管理、维护等。全区建立户外健身设施管理维护巡检制度,各镇(街道)建立健身设施巡检员队伍。构建智能化物联网维保平台,完善健身设施电子档案。2016年,惠山区文体局继续推进灯光标准篮球场、中小型足球场、健身路径、健身步道等设施建设,并向自然村延伸。新建居住区、社区按室内人均建筑面积不低于0.1平方米或室外人均用地不低于0.3平方米标准配建全民健身设施,健身路径与住宅区主体工程同步设计、同步施工、同步验收、同步投入使用,不得挪用或侵占。老社区与已建成居住区无全民健身场地设施或现有场地设施未达到规定建设指标要求的,因地制宜配建全民健身场地设施。年内,全区4464件室外器材和167副篮球架安装二维码,定期巡检维保。全年更新、新建健身路径60套、篮球架20副、健康步道5条。

（包锦华）

民 生

民 政

【概况】 2016 年,惠山区民政工作围绕"三优三宜"新惠山的战略部署,积极开展创建现代民政示范区工作,完善社会救助、社区治理、优抚安置和社会事务服务体系,致力于社会组织发展和社会化养老,推进社区、社团、社工和志愿者"三社联动、四位一体",深化幸福民政、服务民政、廉洁民政和文化民政建设。

（卢伟良）

烈士公祭日活动

（区民政局　供稿）

【最低生活保障水平提高】 2016 年,惠山区民政局提高低保工作规范性管理水平,依托市级收入核对平台,实现对申请救助家庭社保、车辆、住房等信息的实时核对,对符合条件的困难家庭实行动态管理下的应保尽保,提升低保保障对象的精准性。区民政局出台《惠山区关于调整城乡居民最低生活保障标准的通知》,自 7 月 1 日起,城乡低保标准由每人每月 700 元提高到每人每月 760 元。1—12 月份全区低保脱贫 405 户 885 人,其中新增 97 户 194 人。截至 12 月底,全区城乡居民低保共计 1060 户、1955 人,全年发放低保金 995.38 万元。

（卢伟良）

【社会救助】 2016 年,惠山区进一步提升社会救助工作水平。临时救助范围由户籍居民扩大到常住居民,对生活必需支出救助范围由低保家庭扩大到全区居民,并加大对因病、因灾和突发困难家庭的救助力度。年内,区级审批社会临时救助对象 367 户次,发放救助金 80 万元;镇（街道）审批社会临时救助对象 3637 户次,区、镇（街道）两级发放救助金 469.91 万元;申请市级临时救助对象 117 人次,发放救助金 58.5 万元。区民政部门实施困难群众深度救助,全年实施重病困难对象深度救助 166 户次,区、镇（街道）两级发放救助金 159.35 万元,有效发挥社会救助"救急救难"功能,全面保障困难群众的基本生活需要。

（卢伟良）

【保险实事工程】 2016 年,惠山区实施涵盖全区居民的"慈福民生保险"[注 1],城乡居民住房财产险由户籍居民扩面到常住居民,全区共投保 29.81 万户,区级出资 89.43 万元。同时实施"和谐家园"保险实事工程,动员城乡居民参加"和谐家园"综合险[注2],全区共有 18396 户投保,投保资金 275.94 万元。全区城乡低保、低保边缘户、农村(散养)五保对象、重点优抚对象等特定困难家庭共计 2798 户,由区财政出资投保"和谐家园"保险,共资助投保资金 41.97 万元。年内,惠山区"慈福民生系列保险"中的城乡居民住房财产险涉案赔付 2800 户,赔付资金总额 313.3 万元。惠山区"和谐家园"综合险涉案赔付 580 户,赔付资金总额 224 万元。两项保险充分发挥在社会救助中的补充辅助作用。

[注1]"慈福民生保险":2013 年,无锡市民政局创新推出"慈福民生系列保险",其中包括自然灾难公众责任险、低保老人和低保家庭意外伤害险、养老机构综合责任险、"安康关爱行动"老人意外伤害险、城乡户籍居民住房财产险等 5 种险种。政府列支福利彩票公益金和福利基金投保,按户籍 1 元 /(人·年)投保,最高给予 19 万元保险赔付,为全体市民打造涵盖责任险、财产险、意外险的立体保障体系。

[注2]"和谐家园"综合险:2014 年,无锡人保财险分公司推出"和谐家园"综合险,为政府倡导的"慈福民生系列保险"的配套险种,由民政部门对保险服务实施跟踪监督,做好相关事宜的协调工作。保障范围涵盖家庭财产损失、人生意外伤害、第三者责任和其他多项保障。每户限投保 1 份,每份保费 150 元,承保限额为 30 万元,一人投保,全家受益,体现民生保险的实质内涵。

(卢伟良)

【慈善捐助】 2016 年,惠山区完成无锡市慈善会"六个一"慈善助学工作,全区 12 名学生被列为帮扶结对对象,79 名学生申请一次性助学金,享受助学金总额 26.6 万元。做好区级贫困助学,对全区 488 名贫困学生按标准足额及时发放助学金,区、镇(街道)两级发放助学金总计 197.04 万元,确保贫困学生无人辍学。做好慈善捐赠资金管理工作,年底,区、镇(街道)两级慈善资金账面总收入 841.3 万元,总支出 1187.8 万元,账面累计结余 10417.6 万元。

(卢伟良)

【社会组织管理】 2016 年,惠山区新成立社会团体 15 家、民办非企业单位 24 家。截至年底,全区有核准登记的社会组织 1513 家(其中注册社会团体 210 家,注册民办非企业单位 217 家,基金会 1 家,备案 1085 家)。其中 181 家社会团体和 193 家民办非企业单位通过年度检查,年检通过率 95%;18 家单位按照法定的程序变更法定代表人,361 家社会组织完成三证合一的换证工作。惠山区积极打造区、街道、社区三级社会组织孵化平台,年内区级和钱桥、长安、洛社 3 个镇(街道)的孵化基地投入使用。前洲、玉祁、堰桥 3 个街道的孵化基地正在筹建中。

(卢伟良)

【公益创投】 2016 年 9 月,惠山区第三届公益创投项目开始征集项目,全区共申报 73 个项目。区民政局经过项目征集、内容审核、项目单位确认、项目初审、终审,优化复选等环节,选出 30 个区级入围项目。另有 12 个项目申报市级公益创投项目。年内,惠山区癌症协会、玉祁街道凤埠义工团队获得江苏省公益创投资金 25 万元。

(卢伟良)

【区划地名管理】 2016 年,惠山区民政部门命名小区 4 个、广场 1 个、道路 11 条,重新确认起止点道路 5 条。区民政部门与梁溪、锡山、滨湖等区相关部门协作,全面完成梁惠线、锡惠线、滨惠线等边界的联检工作,促进边界地区的社会稳定和经济发展。年内,全国第二次地名普查第一轮工作基本完成,共采集陆域地名 2789 条、地名标志 525 条、历史地名 617 条,拍摄照片 1639 幅。

(卢伟良)

【社工人才队伍建设】 2016 年,惠山区社会工作协会首次举办社区工作人员在职培训,全区 236 名持证社区工作人员参加。鼓励社区工作人员参加全国社会工作职业水平考试,举办社工证考前培训。3—4 月,全区 224 名人员报名,并通过考试资格审核。6 月 18 日—19 日,全国社会工作职业水平考试开考,全区共考取助理社工师 114 名,社会工作师 26 名,通过率为 62.5%。

(卢伟良)

【基层政权和社区建设】 2016年11月30日，惠山区第十一届村委会暨第六届居委会换届选举工作圆满完成。全区110个村(居)委会产生出新一届村(居)委成员班子，一次性成功率100%。全区共选举产生村(居)委会班子成员584人、村(居)委主任110人。区民政局筹划新一轮星级社区创建工作，修订完善《惠山区星级社区创建标准及责任目标分解表》，由区委组织部、区民政局牵头，15个成员单位参与，对91个申报单位集中考评，评选出五星级社区29个、四星级社区36个、三星级社区26个。区民政局举办村(居)委主任培训班，培训人数110人；组织各镇(街道)分管领导和民政助理20人赴成都市社会组织学院培训；组织全区民政助理参加新一届村(居)委会换届选举培训工作，培训人数130人。

(卢伟良)

【优抚安置】 2016年，惠山区共接收退役士兵161人（包括夏季退役士兵134人、冬季退役士兵27人），发放自谋职业一次性经济补助金957.06万元；补充安置符合政府安排工作条件的往年退役士兵3人，分别进入长安街道、堰桥街道和钱桥街道机关工作。区民政局在藕塘职教园区召开2015年度、2016年夏季退役士兵表彰暨自主创业培训动员大会，109名退役士兵报名参加自主创业培训。落实对义务兵家庭的优待政策，为2013年、2014年夏季入伍的义务兵，发放优待金547.41万元。区级财政投入380万元整合改造无锡锡西革命烈士陵园。完善重点优抚对象医疗保障制度，对农村籍无城镇医疗保障的重点优抚对象每人每年发放门诊医疗补助金500元，对重点优抚对象上年度患病住院费用按比例分3次结报。2016年11月，区民政局获无锡市委、市政府、军分区表彰的"双拥先进单位"称号。

(卢伟良)

【居家养老服务】 2016年，惠山区通过第三方平台开展对特定老年人家庭的调研，根据调研结果及时调整居家养老服务方案，增设深度保洁、健康管理、特色维修等服务事项，全面提升居家援助服务品质。年内，全区享受居家养老援助服务的对象3000户，区民政局下拨援助服务补贴151.68万元(含市级补贴)。推进居家养老市场化运作进程，通过政府购买服务、志愿者、社工参与的多种方式，全面推动居家养老服务实现新突破。截至年末，全区有37家社区服务站先后开展居家养老社会化运作，社会化运作社区覆盖率达到33%。

(卢伟良)

区长李秋峰(左)慰问特困对象

(区民政局 供稿)

【养老机构管理】 2016年，惠山区民政局6次联合消防部门、各镇(街道)民政办公室对全区养老机构进行安全大检查，提高养老机构的整体消防安全防范意识和火灾防控能力，惠山区养老机构全年安全无事故。加强养老机构的基础建设，玉祁敬老院新建护理大楼，建筑面积4300平方米，新增床位138张，预计投入资金1200万元，年内已完成主体工程，进入装潢阶段。阳山颐养院规划新建护理大楼，建筑面积1800平方米，新增床位80张，预计投入资金700万元，年内完成招标。

(卢伟良)

【老龄工作】 2016年，惠山区共有享受尊老金的老年人12861人，发放尊老金392万元(两项数字均不含100周岁及以上老年人)。其中，80—89周岁10966人，发放291万元；90—99周岁1895人，发放101万元。100周岁以上(含100周岁)35人(年初50人左右)发放8.58万元。在全区开展"敬老文明号"单位创建工作。年内，评出区级敬老文明号单位8家，市级敬老文明号单位3家。

(卢伟良)

【民政事务】 2016年，惠山区民政部门共办理结婚登记3159对、离婚登记1320对、补领结婚证510

件、补领离婚证 59 件,办理婚姻登记记录证明 1 件;完成 1991—2004 年的婚姻信息补录 46965 条。2 月 1 日起,根据无锡市民政局要求,区民政局婚姻登记处全面执行国家民政部下发的《婚姻登记工作规范》(民发〔2015〕230 号)。

(卢伟良)

残 疾 人 工 作

【概况】 2016 年,惠山区残疾人联合会(简称区残联)以实施"区残联机关工作规范化活动年"为抓手,以全区残疾人工作转型发展为导向,普及残疾人基本公共服务,提高专业服务水平,创新社会服务手段,全面完成年度残疾人工作目标任务。

(陆冬云)

【工作规范化建设】 2016 年,惠山区残联进一步加强制度建设,初步理顺区残联机关的运行秩序。制定出台《惠山区残联工作规范化活动年实施意见》,重点围绕工作制度规范、工作流程规范、作风纪律规范、内部监督规范、办公秩序规范、资金管理规范等 6 个方面,制定印发涉及区残联党的建设、思想作风、日常管理、廉政建设、业务流程、财务管理等 19 项制度和规定,完善和规范决策程序、工作机制、过程监管、绩效评价、督查问责等管理措施。特别是对机关运行和业务工作两个方面,作细化规定,做到事事有依据、件件有程序,确保各项扶残助残项目精准透明,提升工作质量,促进工作效率的提高和工作作风的转变,营造"心齐、气顺、风正、劲足"的氛围。10 月,区残联机关 3 名科长交换轮岗,增添机关工作的活力。年内,区残联机关制定《办公用品管理制度》,严格按照规定采购、领用物品。区残联核查登记固定资产,做到账、物相符,严防资产流失,并通过区级审计。

(陆冬云)

【质量跟踪调查】 2016 年 6 月至 9 月,惠山区残联由分管理事长带队,走村入户,对 2014—2015 年全区 9 项惠残政策落实情况,进行质量跟踪调查,调查结果为全区惠残政策落实情况良好。10 月底,区残联抓住惠残政策实施对象精准、项目安排精准、资金使用精准、措施到户精准四个方面问题,向各镇(街道)征求反馈意见和整改建议。区残联规范和加强区残疾人救助补贴专项资金的管理,提高资金的使用效率,为第三方绩效评估做好准备。

(陆冬云)

【绩效评估】 2016 年 9 月,惠山区残联接受无锡宝信会计师事务所的第三方绩效评估。会计师事务所通过前期调研、查阅相关文件资料、实地观察、询问调查、审阅专项资金经费支出相关凭证等方法,从资金支出的合理性、使用程序的规范性、经济有效性等方面对 2014—2015 年区惠残工作进行综合评价。绩效评估结果为合格。

(陆冬云)

【残疾人社会保障】 2016 年,惠山区稳步推进居家养残工作,完成"医疗康复、生活照料、心理支持"等三大类 25 项个性化服务菜单的订制,开展有针对性的专业队伍培训,进一步提高居家养残服务队伍的专业化水平。12 月,区残联制定惠山区居家养残服务质量服务考核评估体系,建立评估机制。区残联进一步完善区重度残疾人托养中心的制度建设,建立对托养中心的管理考核机制。全面落实重残补贴金政策,全年,为 89 名智力和精神残疾人、222 名无业重残、832 名无固定收入重残,298 名一户多残、孤残、老养残和无劳动能力的重度残疾人发放生活救助金 296 万余元。

(陆冬云)

【残疾人康复工作】 2016 年,惠山区残疾人康复中心定期对全区各康复站(室)和康复医生进行业务指导、督查和培训,以"条块结合,团队结合,就近服务"的形式,组织区康复中心专家下基层作现场指导,制定个性化康复训练计划。全区各康复站(室)定期为有需求的重点康复对象开展上门康复训练与指导,开展适合家庭使用的康复器材租借工作。全区 12 家残疾人康复站、73 家残疾人康复室开展残疾筛查诊断、社区康复训练和康复知识普及工作,配合白内障手术项目开展前期筛查、术前准备、术后服务等基础性工作。全年全区 57 名精神病人接受住院治疗,70 名视力残疾人接受盲人定向行走训练,246 名白内障患者得到手术救助。区残联为全区残疾人建立规范的康复服务档案 9342 份、肢体训练档案 3719 份、智力残疾训练档案 1275 份、精神残疾训练档案 2573 份。5 月,区残联开展对精神病防治工作的专题调查,撰写专文《惠山区精神残疾人管理现状分析与建议》,在区级《领导参阅》与《惠山通讯》上刊登。

（陆冬云）

【青少年脊柱侧凸残疾预防】 2016 年,惠山区残联开展中小学生脊柱健康的防治宣传,推进青少年脊柱侧凸残疾预防和康复干预项目,完成全区 30843 名小学五、六年级、初中学生的脊柱侧凸残疾筛查工作,为区康复中心的康复矫正工作提供依据。

（陆冬云）

【残疾人教育】 2016 年,惠山区进一步完善残疾人教育体系,形成"以随班就读为主体,以特教学校为依托,以送教上门为补充"的特殊教育格局,全区 147 名九年义务教育阶段适合接受教育的残疾人入学率达 100%。玉祁街道残联的为残疾人送教上门试点经验在全区推开。年内,依托区特殊教育学校,全区为 5 名生活不能自理的残疾儿童提供送教上门服务。

（陆冬云）

【残疾人就业】 2016 年,惠山区残联将发展残疾人辅助性就业与政府购买残疾人服务、残疾人托养、日间照料、职业康复等工作有机结合起来,开展智力、精神和重度肢体残疾人就业需求的调查摸底,建成残疾人辅助性就业点 7 家,开发、提供残疾人辅助性就业劳动生产项目 8 个。开展残疾人辅助性就业示范点培育。钱桥街道残疾人创业就业孵化中心申报成为市级残疾人辅助性就业示范点,阳山桃文化创业示范基地、长安街道残疾人创业就业孵化基地等创建为区级示范点。年内,实现辅助性就业辐射服务不少于 100 名残疾人的目标。年内,区镇二级残联组织残疾人参加 8 场就业招聘会,100 多家企业提供的 300 多个岗位为 160 余名有就业再就业愿望的残疾人提供双向选择,50 多名残疾人达成用工意

向。区残联开展就业调查、职业技能培训、就业咨询、职业介绍等就业服务工作。将培训职能延伸至镇(街道),变固定课程为定岗培训、订单培训。全年,以镇(街道)残联为主体,举办培训班 7 期,培训残疾人 86 名。在 2016 年无锡市残疾人职业技能部分项目选拔赛中,惠山区有 4 名选手分别获 CAD 制图第二名、文本处理第二名和第七名、海报设计第三名。

（陆冬云）

【残疾人日间照料平台建设】 建设残疾人日间照料平台(包括工疗站、农疗站、日间照料所、庇护工场等)是惠山区政府 2016 年重点专项工作之一。年内,全区 7 个镇(街道)相继建成功能多样化、服务接地气的残疾人日间照料平台,辐射服务智力、精神残疾人 80 名,完成日间照料平台全覆盖的目标。日间照料站成为残疾人生产生活一体化的新天地。

（陆冬云）

【残疾人保障金征缴】 2016 年,惠山区残联以残疾人就业保障金零欠缴为目标,做好残疾人就业保障金的前期宣传和准备工作。区残联与区地税部门协调,借助地税平台对全区 1697 家福利企业和接受残疾人用工的企业开展保障金政策宣传和催缴通知发布等工作。据 9 月底统计,残疾人保障金基本实现应缴尽缴。

（陆冬云）

【残疾人读书活动】 2016 年 5 月 15 日,惠山区残联举行"居家阅读,携手助残"读书活动启动仪式。活动依托"无锡市残疾人电子图书馆"的网络平台、以惠山区图书馆、各镇(街道)图书室、农村书屋等阅读平台为辅助,最大限度满足残疾读者的阅读需求。区残联延伸"残疾人数字图书馆"服务领域,拓宽为残疾人文化服务的空间,将全区 8193 名残疾人纳入图书馆公共文化服务范围。

（陆冬云）

【残疾人文体活动】 2016 年,惠山区残联按照文体工作"一手抓竞技,一手抓普及"的思路,积极开展残疾人社区文体活动,鼓励残疾人因地制宜参加群众性体育运动。开展残疾儿童文体苗子的挖掘工作,选拔、培养和推荐一批残疾人参加各类残疾人文体比

赛和集训。7月,惠山区18名残疾人的4个节目参加无锡市第三届残疾人文艺汇演,获得一、二、三等奖各1个,优秀奖1个。

(陆冬云)

惠山区残疾人联合会创作、编排的聋人舞蹈《水之灵》,获无锡市第三届残疾人文艺汇演一等奖。

(区残联　供稿)

【**残疾人信息管理**】　2016年,惠山区残联进一步加强残疾人信息管理工作,举办全区信息管理系统业务培训,开展全区残疾人基础信息管理质量检查核对和季度检查通报。全面完成全国残疾人基本服务状况和需求信息数据动态更新工作。至年末,全区社区持证残疾人各类需求建档率100%,基础数据动态维护准确率100%。年内,区残联向上级部门报送信息100余篇,其中被省残联录用68篇、市残联录用50篇、区政府录用99篇(部分篇目为各级重复录用)。《钱桥街道为残疾人就业搭建跳板》新闻稿获评2015年度"江苏省残疾人事业好新闻奖"二等奖、"无锡市残疾人事业好新闻奖"一等奖。惠山区残联获无锡市政府残疾人工作委员会颁发的"残疾人事业好新闻"活动组织奖。

(陆冬云)

【**残疾人维权**】　2016年,惠山区残联完善"一公里残疾人法律救助服务圈",实现残疾人法律救助"全覆盖、进家门、零距离"三项承诺,为残疾人提供优质、高效、快捷的维权服务。全年区残联接待残疾人来访396人次,其中56名残疾人接受法律援助和司法服务,全年没发生一起残疾人集体越级上访或其他恶性事件。区残联做好残疾人机动轮椅车管理工作,对66名已上牌登记注册的残疾车主做好宣传、引导工作,对20余名未登记注册的持有机动轮椅车搞营运的残疾车主了解情况,及时化解矛盾,依法规范管理。

(陆冬云)

【**助残日系列活动**】　2016年5月15日是全国助残日,主题为"关爱孤残儿童,让爱洒满人间"。活动期间,惠山区政府主要领导调研残疾人工作,区残疾人工作委员会成员单位走进涉残服务机构体验残疾人生活,启动智障智能关爱行动项目,举办全区超比例安置残疾人就业企业、涉残服务机构、自主创业残疾人、村(社区)书记主任、镇(街道)残疾人专职干部、助残社会组织代表座谈会,开展读书关爱、媒体关爱等活动。各镇(街道)、村(社区)组织残疾人开展无锡一日游、趣味运动会和文艺演出等各类助残活动14场次,营造全社会扶残助残的氛围。

(陆冬云)

【**社会组织公益助残**】　2016年,惠山区加快培育涉残社会组织,推进涉残公益创投。3月31日,惠山区举办首届助残社会组织建设学习培训班,江南大学法学院教授给全区一线残疾人工作者普及助残社会组织和项目管理知识。全区各级残联引导社会力量参与残疾人基本公共服务领域,通过政府购买服务的形式,扩大和细化公共服务。4月,江苏省残联副理事长杜晓镇带领各市县区残联负责人考察参观钱桥街道公益街区,将其经验向全省推广。年内,全区7个镇(街道)新增与社会组织开展助残合作项目10个,正在培育的合作项目4个。

(陆冬云)

关心下一代工作

【**概况**】　2016年,惠山区各级关工委围绕区委、区政府"坚定信心、勇于担当"的工作总要求,以培育和践行社会主义核心价值观为根本任务,大力弘扬"忠诚敬业、关爱后代、务实创新、无私奉献"的"五老"(老干部、老战士、老专家、老教师、老劳模)精神,进一步深化主题教育活动,强化基层组织和队伍建设,巩固未成年人零犯罪村(社区)创建活动成果,提升校外教育辅导质量,全区关心下一代工作取得新成绩。

(高大庆)

【主题教育】 2016年,惠山区关工委主题教育活动的重点是党史国史教育。全区各级关工委依托校外教育辅导站、爱国主义教育基地等各类青少年校外活动阵地,开展读、讲、看、咏、赛、写、唱等形式多样、喜闻乐见的主题教育活动,引导广大青少年坚定理想信念,自觉树立和践行社会主义核心价值观。全年,全区共组织编撰有关主题教育宣讲材料192篇,组织宣讲报告396场次,组织图片展览、文艺演出135场次,组织参观及社会实践活动189次,举办演讲、诗文朗诵等各类才艺展示482场次,参与主题活动的青少年11.5万人次。

(高大庆)

【"未成年人零犯罪村(社区)"创建活动】 2016年,惠山区各级关工委继续开展未成年人零犯罪村(社区)创建活动(以下简称"创零")。建立辖区内常住、寄住和外来未成年人成长信息库,动态管理未成年人的个人、家庭和经济状况等信息。2016年,全区青少年总数为13.75万人,其中未成年人87352人(包括非本地籍未成年人23221人),弱势群体青少年915人,需要重点关注的未成年人76人;健全完善帮教工作网络,区各级关工委共成立帮教小组173个,组织"五老"635人帮教青少年167人,组织"五老"175人帮教未成年人76人;构建扶贫帮困平台,组织"五老"972人帮助贫困家庭学生631人,组织"五老"116人帮助青年就业42人,共发放捐资助学220多万元。惠山区连续3年实现本籍未成年人无一例违法犯罪,全区未成年人零犯罪村(社区)创建率达100%。省关工委常务副主任李明朝高度肯定惠山区"创零"工作的做法和成效。

(高大庆)

【校外教育辅导站】 2016年,惠山区基层村(社区)关工委围绕推进"校社(区)共建"、校站结合的目标,进一步加强校外辅导站内涵建设,整合社会教育资源,发动社会各界力量加入志愿者队伍。暑假期间,全区共建立各类校外辅导站219个,同比增长18.5%。参与辅导站志愿者1514人,同比增长18.7%。其中,退休教师及其他"五老"共788人,现职教师387人,骨干人员比重进一步增加,达77.6%。年内,各辅导站共举办各类培训班2117期。全面推进"学党史、学国史,听党话、跟党走"主题教育活动,全区校外教育辅导站活动取得较好的成效。

(高大庆)

【基层关工委组织建设】 2016年,惠山区关工委继续抓好基层关工委组织建设、领导班子建设和"五老"骨干队伍建设。全年全区共选聘配齐镇(街道)一级关工委常务副主任、办公室专职工作人员5人,调整年龄偏大的村(社区)关工委常务副主任42人,吸收大学生村干部、社区年轻干部进入村(社区)关工委领导班子。至年底,全区共建立各级基层关工委组织451个,其中镇(街道)关工委7个、村(社区)关工委110个、教育系统关工委25个、区级机关关工委12个、政法系统关工委及农口系统关工委各1个、民营企业关工委295个。全区"五老"志愿者人数达3127人,其中担任领导的471人、骨干778人、参与群体1878人。2016年,惠山区关工委开展"五有五好"创建活动,"五好"村(社区)达标54个,通过率84.3%。全年培训区级通讯报道员42人,宣传全区先进"五老"典型、基层关工委工作的成功经验和做法,刊发工作简讯5期,向省、市两级各类新闻媒体报送信息320多条,加强与上级及全国50多个县市关工委的沟通联系,扩大惠山区关工委工作的社会影响力。

(高大庆)

民族与宗教工作

【概况】 2016年,惠山区民族宗教工作以中央、省、市民族宗教工作会议精神和总书记习近平重要讲话为指导,严格贯彻落实党和政府的民族宗教工作方针政策,抓安全、促规范、保稳定,着力推动9个宗教场所星级认定工作和全面开展民族团结促进日活动，不断提升宗教场所的规范化建设水平和内在质量，为"三优三宜"新惠山建设发挥了积极的作用。

（闫守清）

【民族宗教领域维稳】 2016 年，惠山区民族宗教局督促全区 7 个镇（街道）与 32 处宗教场所签订 2016 年度安全责任书；定期开展民族宗教领域"四项排查"（安全事故隐患排查、风险预警排查、信访问题排查、薄弱环节排查）和专项检查，指导场所落实人防、技防等安全措施，整改安全隐患（硬件）17 处，惠山区民族宗教局和公安部门联合处置西漳地区某大酒店内基督教境外人员非法传教活动，帮扶开展阳山朝阳禅寺露天观音开光、洛社基督教堂圣诞活动等 7 起较大型宗教活动。全年完成社会稳定风险评估项目 6 个。

（闫守清）

【星级场所认定】 惠山区民族宗教局根据各镇（街道）实际情况，制订 2016 年度宗教星级场所认定工作计划，明确长安基督教堂等认定单位 9 个。3 月 30 日，召开全区星级场所认定工作动员会，统一思想认识；7 月，在玉祁凤阜寺召开星级场所认定现场观摩会，重点学习档案室建设、"爱国爱教等八个方面"评分细则、"十个一"文化工程[注]等规范化管理等内容，推动创建认定工作不断深入。11 月，9 个宗教场所被区档案局认定为两星级档案室，8 个场所被无锡市民族宗教局评为"三星级宗教活动场所"。

[注]"十个一"文化工程：宗教场所制作一批反映本场所历史内涵及现状前景等内容的宣传折页或宣传册；开展一系列有影响的讲经论道活动及制作一批讲经说法宣传读本；制作一部场所宣传短片；建成一个场所文化展示室；开发一系列有特色的文化纪念品；制作一套规范的场所参观路线和讲解词；建成一个规范档案室；建成一个数字化管理平台；建立一个宗教学院实习基地或宗教文化研究中心；培育一个慈善公益活动品牌。

（闫守清）

【干部队伍建设】 2016 年，惠山区调整完善区民族宗教领导小组成员，由区委副书记、区委统战部部长担任组长，区政府分管副区长担任副组长，增加社保、城管等 4 个部门为成员单位。2016 年 4 月，开展为期 3 天的民族宗教学习培训和参观活动，街道统战助理 10 人参加，提升基层民族宗教干部业务能力和水平；4 月 15 日，指导区佛教协会依照章程做好换届工作，3 名年轻宗教人士充实到区宗教团体领导岗位，提升班子成员综合管理能力；深化道风建设，将道风建设与日常工作、宗教文化、服务社会相结合，教育引导宗教教职人员与党和政府同心同德，同愿同行。

（闫守清）

【推进民族团结进步】 2016 年，惠山区开展"民族融合促进月"、民族知识"五进"（进机关、进企事业单位、进学校、进社区、进场所）活动，宣传民族政策、法律法规以及民族团结基础知识，发放宣传资料 5000 余份。长安街道组织辖区居民开展"民俗寻记展"和"民族融合·同心筑梦"民族大舞台文艺汇演；钱桥街道组织外来穆斯林代表 30 多名及社区基层民族宗教干部，举办"学法律、明权力、重义务"为主题的教育活动，营造"健康向上、民族团结、文明和谐"的社会新风尚。针对新的清真食品补贴方法和民族成分新的更改程序，区、镇（民族宗教）干部深入村（社区）走访、宣讲，发放资料，为清真食品补贴的精准发放打好基础。协调市伊斯兰教协会化解前洲街道 2 家清真拉面店业主因经营纠纷可能引发的恶斗，把不稳定因素消除在萌芽状态。开展扶贫帮困活动，开展"民族情·爱心行"活动；走访慰问区内 40 余户少数民族困难家庭，送上党和政府及社会各界的关心和温暖。

（闫守清）

红十字会工作

【概况】 2016 年，惠山区红十字会发挥党委、政府人道领域的助手作用，积极开展备灾救灾、人道救助、救护培训、志愿服务等工作，启动"惠爱"系列红十字助困帮扶基金项目，省级"博爱家园"项目落户惠山。年内，区红十字会建成全省首家区级红十字服务中心和全省首个区级红十字微信公众平台，区红十字会获中国红十字会总会报刊宣传先进集体二等奖。

（徐　竞）

【召开第三届理事会第四次会议】 2016年4月8日，惠山区红十字会召开第三届理事会第四次会议。会议听取《关于惠山区红十字会备灾救助金2015年度财务收支情况报告》；审议通过《2015年度工作报告和2016年工作要点》；下发《2016年度镇（街道）红十字工作目标任务书》。区红十字会会长吴燕，常务副会长花茂波，副会长张盘荣、朱正威等出席会议。

（徐　竞）

【组织建设】 2016年，惠山区新建村（社区）红十字会31个，企业红十字会21个。区各镇、街道均建有独立的红十字会，学校、医院建红十字会实现全覆盖，村、社区建会率超过80%。年内，全区累计登记红十字志愿者4000余人，红十字注册志愿者425人，红十字会会员34743人。

（徐　竞）

【救护培训】 2016年，惠山区将救护培训工作列入区委区政府重点工作之一。6月，在全区各镇、街道相继启动。年内，开展普及性应急救护培训26场次，培训人数超过4000人；初级救护员培训20场次，培训人数495人，超额完成年初目标任务。

（徐　竞）

【帮扶救助】 2016年，惠山区红十字会深入开展"博爱送万家""人道应急救助"等传统救助项目，向困难群众发放毛毯等救助物资1000余件，发放救助金53万元，救助困难群众380余人。创新思路，拓宽救助渠道，先后推出"省锡中优秀学生帮困助学""关怀计划生育特殊困难家庭""白内障复明""心脏病救助"等特色救助项目，为惠山区特殊困难群体提供红十字特色救助。开展"送温暖进工地、进蔬菜基地、进贫困地区"等衣物捐赠活动，向惠山区部分建筑工地、蔬菜种植基地发放冬衣100箱，共计6000件，向大别山、云南、新疆等地区发送捐赠衣物239箱，共计4万余件。

（徐　竞）

【救灾备灾】 2016年，惠山区红十字会完善灾害应急预案，参与制定《无锡市惠山区自然灾害等突发公共事件应急预案》，明确区红十字会在自然灾害等突发事件中的职责和义务，逐步强化应急救援体系，组织应急救援队伍，依托新建的区红十字服务中心，加强红十字备灾救灾仓库建设。12月，区红十字会服务中心购备灾救灾家庭箱50只。

（徐　竞）

【捐献工作】 2016年，惠山区有4位捐献志愿者成功进入造血干细胞高配阶段，玉祁中学老师蒋中伟与云南患儿成功配对。9月19日成功捐献造血干细胞，实现无锡市成功捐献造血干细胞2016年零的突破。12月15日，无锡蓝天电子股份有限公司检验员封声为救治2岁重病患儿，推迟备孕计划赴宁献髓。至年末，全区造血干细胞成功捐献志愿者累计5人，位列全市前列。年内，完成普及无偿献血知识8500人次。新增遗体捐献志愿者3人，累计遗体捐献登记61人，成功捐献遗体3人，角膜捐献1人。

（徐　竞）

【助困帮扶基金项目】 2016年，惠山区红十字会加强救助能力建设，发挥红十字的人道助手作用，启动打造"惠爱"系列红十字助困帮扶基金项目，并将其纳入各镇（街道）红十字会的年度工作考核。先后设立"惠爱·瑞贝""惠爱·钱桥"等8个冠名基金，共计筹集社会资金1500多万元。

（徐　竞）

【创新工作】 2016年，惠山区红十字会加大工作创新力度，着力打造具有惠山特色的红十字工作品牌。8月，江苏省红十字会首批"红十字博爱家园"项目之一落户惠山区钱桥街道晴山蓝城社区。11月，全省首家区级红十字服务中心启用，被列为全省应急救护培训示范基地。11月11日，全省首个区级红十字微信公众平台"博爱惠山"启动，为群众提供方便快捷的线上红十字服务。11月7日，省红十字会会长何权一行调研惠山区红十字会工作，高度评价区红十字会创新工作。

（徐　竞）

堰 桥 街 道

【概况】 堰桥街道位于无锡市北部，地处惠山新城中心。辖区分为南北两部：南部东与锡山区东北塘街道相接，南与北塘区黄巷街道相邻，西与洛社镇为界，北与长安街道相连；北部东、南皆与长安街道接壤，西与前洲街道相接，北与江阴市青阳镇相邻。境内沪宁、锡澄、锡宜等高速公路纵横贯通，锡澄、锡北运河穿境而过，无锡地铁1号线在辖区内设有3个站点。街道辖区面积43.72平方公里，下辖17个社区居委会，户籍人口84812万人，总户数25789户。农民人均可支配收入25339元 。新建片林33.3公顷，新建省绿化示范村1个。

2016年，堰桥街道全年完成纳税营业收入130亿元。税收7亿元，同比增长9.5%。堰桥街道全年完成工农业总产值207亿元。其中，工业总产值204.4亿元，同比增长4.2%(其中规模工业产值150.4亿元，同比增长5.3%)；工业销售收入201.9亿元，同比增长4.8%；全社会固定资产投资完成80.6亿元，同比增长6.7%(其中工业20.9亿元，同比增长15.8%；服务业59.6亿元，同比增长3.7%)；实现财政收入16.3亿元，同比增长8.6%；公共财政预算收入9.7亿元，同比增长7.4%；完成进出口总额3.5亿美元，同比增长4.6%。

农业 2016年，堰桥街道农业生产总产值2.6亿元。蔬菜面积6064亩(其中商品蔬菜5009亩)，涉及农户434户，建有钢架大棚3531亩，竹棚78亩，防虫网100亩，遮阳网1832亩，建有一个市属蔬菜基地，在基地推进1200亩绿色防控工程和500亩健康土壤工程建设。水产面积1180亩，全部通过"江苏省无公害农产品产地"认证，出产的鲫鱼、草鱼2种水产品通过"无公害农产品认证"，新增2个水产养殖家庭农场。1045亩小麦平均亩产317公斤，716亩水稻平均亩产565.24公斤。

工业 2016年，堰桥街道80家规模企业完成产值150.4亿元，同比增长5.3%。其中，高佳太阳能股份有限公司增幅超过10%以上，无锡宏瑞服饰有限公司、无锡江南奕帆电力传动科技股份有限公司、江苏贝孚德通讯科技股份有限公司、无锡杰科塑业有限公司、无锡市兰翔胶业有限公司等亿元企业增幅超过20%。无锡双马钻探工具有限公司、无锡金峰园弹簧制造有限公司增幅翻番。江苏惠瑞净化空调工程有限公司、无锡新中北电机制造有限公司、无锡易通精密机械股份有限公司3家企业成为1亿元企业。项目建设有序推进。江苏毅合捷汽车科技股份有限公司续建项目8月投产；无锡市荣允瓶盖有限公司化妆品瓶盖制造年内完工。总投资7.72亿元的8

项新建项目中，益盛汽车发电机、汽车配件制造项目，海利宏机械科技净化空调设备、罐装饮料净化设备制造项目和无锡通洋物流搬运机械 3 项项目，年内完工；志宏机械汽车增压器项目开工建设，预计 2017 年上半年完工；和荣科技二期扩能项目年内挂牌开工；惠瑞净化拟投资建办新能源汽车电池组件项目年内挂牌；无锡小尾羊食品加工项目进入试生产；英富太阳能电池组件制造项目投产。总投资 2.16 亿元的高佳太阳能股份有限公司硅片生产线智能化改造、无锡新宏泰电器科技股份有限公司智能断路器生产线技术改造、无锡泰源机器制造有限公司技改和无锡双马钻探工具有限公司生产线技术改造 4 项技改项目已完工投产。无锡新宏泰电器科技股份有限公司登陆 A 股，无锡久源软件有限公司、无锡易通精密机械股份有限公司在新三板上市。全年盘活闲置土地 5.7 公顷（厂房面积约 5.17 万平方米）。整治无锡市美景医用设备有限公司、无锡盛泰新能源发展有限公司、无锡兰腾木业有限公司等低效用地企业 18 家，引进项目 21 项，总投资 2.58 亿元，新增产出 5.5 亿元。

科技创新 2016 年，堰桥街道申报国家高新技术企业 10 家、省"双创"人才项目 5 项、省高新技术产品 27 项、省民营科技企业 6 家。新增省工程技术研究中心 1 家、市工程技术研究中心 1 家。申报省市各类项目 13 项。完成专利申请 844 件，其中发明专利 500 件。引进各类人才 952 名，其中新增"双高"人才 32 名，海归人才 10 名。高层次人才创办的企业中，年销售超 1000 万元的 7 家，其中超 1 亿元企业 2 家（江苏贝孚德通讯科技有限公司、无锡易通精密机械有限公司）。重点项目牡丹园初具规模，计划 2017 年 4 月开园；阳光里街区交付开业，引入的创投孵化基地项目"凤凰工社"开业。房产业发展良好。全年累计完成投入 11.08 亿元，实现销售额 23 亿元，同比增长 55.6%；新盛百邻广场开业，新盛农贸市场投入使用。全年新增服务业企业 276 家，新增注册资金 6.84 亿元。全年入驻企业 50 多家，其中江苏大件无忧物流科技、江苏无锡尚上电子商务、金蜘蛛电子商务、江苏马可波罗国际旅行社和江苏健力体

育文化传媒有限公司注册资金均超过 1000 万元，尚上电子商务"芝麻开门"电子交易平台上线。堰桥街道与安徽国购投资集团达成总投资 30 亿元的"国购名都城"投资框架协议；九里河湿地公园投资建设初步达成意向。

社会事业 2016 年，堰桥街道城管分局指挥中心正式运行，指挥辖区监控探头 352 个，结办案件 393 起。制止乱摆乱设摊点 745 起；拆违建 75 处 7471 平方米（历史遗留违建 2 处）；查处违停 2104 起，整治残的 130 多辆；查处偷倒、乱倒建筑垃圾 32 起；开展户外广告整治 10 次，拆除旗牌、撑牌 300 块，拆除大型违规路标 5 块。完成村庄农村环境综合整治 3 个和村庄环境整治提档升级 5 个。安置房堰新苑四期 5—13# 交付安置；新翔苑家园和堰新苑四期 1—4# 安置房交付安置，面积 20 万平方米，供房 1424 套。妥善做好无房户的安置工作，街道投入 1000 多万元，安置 88 户无房户过渡。

2016 年，堰桥街道新建、改建排涝站 6 座，加固堤防 4.2 公里，投入 6000 万元。组织开展覆盖拉网式农村环境综合整治，对天祥、大弄口、后头村、陆巷浜 4 个自然村进行生活污水接管；封堵堰桥、西漳片区 42 个河道排污口；新建污水泵站 2 座、维修 1 座，新建污水管网 2500 米，实现生活污水直排河道零排放。全年新增成片林 33.3 公顷，街道绿化覆盖率增加 0.8 个百分点。创建省级绿化示范村 1 个。推进实施 1200 亩蔬菜绿色防控工程和 500 亩健康土壤工程。在全区率先完成"煤改气"工程和挥发性有机污染物整治工作，全面完成餐饮服务业油烟整治。加大环境执法力度，全年抽查企业 900 家，处理信访事件 400 件，限期整改 74 家。强化对 13 条河长制河道及 20 条村级河道的监管与考核，全年打捞河道漂浮物 3000 多吨，清理垃圾 300 多吨，全面改善水环境质量。7 条主干河道完成整治方案；投入 1300 万元全面整治 9 条黑臭河道，全年完成排污口验收 34 个，按照"三个一批"要求整治企业 42 家。投入资金 530 多万元，完成长安东庄工业园环境整治。2016 年，堰桥街道投入 1.7 亿元改造长安老集镇，投资 3000 万元新建长安农贸市场。年内，惠山区第二人民医院、堰桥文体中心

揭牌投用。天一实验小学阳光 100 校区二期建成,西漳中学改扩建工程一期综合楼主体封顶。改造原县属企业家舍,完成对塘头小桃园、奶粉厂 3 幢 1.05 万平方米家舍的改造并通过验收。修缮 22 户贫困户近 3000 平方米的住房。强化集体资产管理。10 个社区已结束集体资产量化工作,堰桥、长安、寺头 3 个社区年内完成。集体租金应收尽收,全年完成 520 万元。便民服务中心业务服务能力持续提升,全年受件 11 万件,100%办结。顺利完成征兵任务。超额完成公民义务献血任务。全年实现新增就业 4206 人,扶持自主创业 242 人,再就业 1881 人,社保净增 997 人。全年支出 1250 万元,有 3910 人次享受各类补贴。发放低保金、各类救助金、抚恤及慰问金计 677.62 万元。开展精准扶贫,帮助 36 户低保户脱贫。完成 38 名重残人员入托,帮助 31 人实施白内障复明。天阳等 13 个社区的星级社区创建完成验收。完成新一届村(居)委会换届选举工作。全年新增备案社会组织 16 家,承接市级公益创投项目 1 项、区级公益创投项目 5 项,开展各类公益活动 100 多次。社区文体用房创建达标实现全覆盖。开展文化惠民活动,全年放映电影 500 余场、演出戏剧 80 余场、新增图书 3400 册,开展展览(讲座)5 次,举办各类文艺演出 12 场。以"中国好人"俞斌事迹为原型的锡剧《好人俞亦斌》在全区巡演。"吴韵西高山"民俗风情节被评为市级优秀公益文化活动项目。新增注册资本 1000 万元以上文化企业 2 家,新增年收入 2000 万元以上文化企业 1 家。开展平安创建活动,实施"平安慧眼"技防工程,辖区社区治安防控体系科技化、智能化水平不断提升。推进社会稳定风险评估"全覆盖"工作,完成稳评项目 28 个。调处各类矛盾纠纷 77 起,成功率 100%,接待群众来访 51 批 256 人次,办结群众来信来访 1624 件。持续推进"吴韵少年·平安行动"项目建设,开展各类活动 130 多次,参与学生 7000 人次;成功举办"最美吴韵家庭"评选及文艺颁奖活动。建成长馨家园法治文化广场;堰桥社区省级民主法治示范社区创建通过验收;寺头家园法治文化广场评为市级法治文化示范点。全年开展法治宣传 52 场次,解答咨询 450 人次,发放各类宣传资料 6 万份。启动全国安全社区创建工作,辖区内所有社

区、企业均签订安全生产责任书,全年开展安全培训 7 期、培训 1320 人次,扎实开展食品安全检查,加强对餐饮、食品行业的执法力度,全年取缔黑作坊 6 家。

(邓新海)

【新宏泰股份上市】 2016 年 7 月 1 日,无锡新宏泰电器科技股份有限公司在上海证券交易所正式上市,发行股票 3705 万股,股票代码 603016,发行价为 8.49 元 / 股,共募集资金 3.14 亿元。市、区领导黄钦、吴仲林、杨建平等出席上市仪式。无锡新宏泰电器科技股份有限公司主营业务为断路器关键部件、低压断路器及刀熔开关的研发、生产与销售,是国家断路器行业中关键部件配套制造能力领先的企业之一,是 ABB、富士、阿尔斯通、三菱、东芝、伊顿、施耐德等世界著名跨国电气制造企业断路器配套电机及电操的国内主要供应商。

(邓新海)

【商事服务协调委员会成立】 2016 年 10 月 26 日,堰桥街道商会成立"商事服务协调委员会",进一步促进政企携手共赢,提升堰桥商会服务会员企业的综合能力,扩大商会的社会影响力和组织吸引力。"商事服务协调委员会"将通过对会员企业进行业务培训、政策咨询、维权指导和召开座谈会等多种形式,为企业进行服务。同时,针对会员企业在生产经营中遇到的问题与发生的困难,需要政府相关部门帮助、协调与解决的,由其牵头联系、会同解决,全力打造亲商、重商、爱商、护商的发展环境。

(邓新海)

10 月 26 日,堰桥商会"商事服务协调委员会"成立。

(堰桥街道 供稿)

【惠山区第二人民医院正式揭牌】 2016 年 10 月 27 日，投资 2 亿元易地新建、建筑面积 4 万平方米的惠山区第二人民医院正式揭牌。该院是以"二甲"标准建设的现代化综合性医院，将为全区居民提供优质、便捷、高效的医疗卫生服务。区领导吴仲林、吴燕等到场祝贺。

（邓新海）

11 月 25 日，最美吴韵家庭表彰大会在堰桥影剧院举行。
（堰桥街道 供稿）

【最美吴韵家庭】 2016 年 11 月 25 日，堰桥街道对横街社区毛伯安、堰桥社区陆祖洪、天一实验小学杨婷婷等 8 户"最美吴韵家庭"进行表彰。进一步加强家庭文明建设、弘扬家庭美德。

（邓新海）

【百年酱园】 杨龙聚酱园始建于 1837 年，主要酿造黄酒、糟烧、酱油、双套酒，制作老式酱瓜、大头菜、酱菜等，监制甜面酱、槽坊乳腐、椒花、玫瑰香醋等。酱品采用传统手工酿制法，以优质黄豆、蚕豆、小麦等为原料，利用竹匾制曲，经过长达半年的自然晒露发酵酿制而成。所生产的"龙山""老母油"品牌酱油深受当地百姓喜爱，成为陆稿荐、三凤桥所用酱油，是当时无锡北门外规模最大的酱坊。杨氏旧宅则为明代宅第民居，是酱园主人的旧宅。按照文物保护的要求，修缮中原料全部采用原有的旧青砖、旧青瓦和旧木料，线条细腻的木刻浮雕、青砖墙上端的"云头"屋脊、镌刻岁月风雨的门楼花窗，嵌在门头墙壁上的"兰桂芬芳"四个隶体字、门头精美的雕花砖等也被完好保存下来。杨龙聚酱园和杨氏老宅六开间六进，1360 多平方米。市重点文物保护单位。

（邓新海）

2016 年堰桥街道各社区基本情况

表 44　　　　　　　　　　　　　　　　　　　　　　　　　　单位：户、人、万元

社　区	户　数	户籍人口	书　记	主　任	工农业总产值	其中：工业总产值	工业主营业务
堰桥社区	2367	7619	尤志敏	尤文良	98288	93167	89657
堰北社区	1421	4878	邱加茂	吕　奇	51815	47282	46334
刘仓社区	1340	4723	吴燕杰	吴燕杰	72180	70921	70938
塘头社区	862	2955	杨曙光	潘永锋	25487	25336	24389
林陆巷社区	721	2484	陆　杰	林立强	12877	12812	12722
新街社区	1002	3543	蒯自力	虞健锋	30606	29872	27743
寺头社区	1629	5716	刘晓强	邹　宏	8896	6608	5912
天一社区	1491	5318	陆松耆	任贯新	21072	21039	20140
横街社区	878	3018	尤宪良	蔡世伟	12880	11682	9894
尤旺社区	1278	4402	殷锡清	吴浩军	72461	70972	71058
牌楼社区	907	3243	周梅艳	尤忠健	42617	42205	42340
长安社区	2453	8510	张国清	高娟红	136689	125296	114360
姑里社区	1061	3609	邵　裁	邵　裁	16445	7842	7944
长馨社区	1057	3618	沈建伟	方建裕	345669	340964	339186

续表

单位：户、人、万元

社　区	户　数	户籍人口	书　记	主　任	工农业总产值		工业主营业务
						其中：工业总产值	
陈家桥社区	2312	6975	金晓东	刘　澄	—	—	—
天阳社区	2089	5972	李君君	周璃明	—	—	—
天翔社区	2337	7139	吴　斌	高　超	25175	83722	947982

（邓新海）

长 安 街 道

【概况】　长安街道地处无锡市北部，东、南与堰桥街道相邻，北与江阴青阳镇接壤，西是前洲街道。境内交通便捷，沪宁高速、锡澄高速、锡宜高速穿境而过；京杭、锡澄、锡北运河境内交汇；京沪铁路、新长铁路和京沪高铁贯穿全境。2006 年 4 月长安街道成立。2008 年 6 月起，惠山经济开发区管委会和长安街道合署办公。2016 年，辖区面积 32.93 平方公里，下辖新惠社区、堰新社区、金惠社区、长宁社区、长乐社区、惠城社区、惠南社区 7 个社区居委会，户籍人口 73945 人，总户数 24915 户。

（叶晓雯）

【民生实事】　2016 年，长安街道涵盖教育设施提升、卫生资源优化、社区管理服务、公共交通便民等 10 大项为民办实事工程进展顺利。省锡中实验学校第一小学 9 月启用，开通校车顺利运行；完成长安第二中心幼儿园扩班改造工程；完成辖区所有中小学教育技术装备提升，全面达到省定标准。11 月，启动长安中学体育馆建设，启动省锡中实验学校第二小学建设规划；2016 年中考中，省锡中实验学校、长安中学成绩全区领先，惠山区前 10 名中省锡中实验学校占 6 人，长安中学被江苏省锡山高级中学录取 23 人，在全区同等普通学校中名列第一。10 月，占地面积 3 万多平方米的惠山区中医院一期工程交付使用。推进惠南社区服务中心、金惠社区活动中心建设。完成新惠社区、金惠社区的智能道闸安装，更换金惠社区、长宁社区路灯共 280 只，更换长宁苑小区

80 幢防盗电控门，完成长宁社区、堰新社区一期停车位改造工程，共增设停车位 4000 平方米，完成新惠苑小区充电桩安装 499 个。完成长乐社区的健康公园创建，辖区所有社区的病媒生物防治全覆盖。2016 年，长安街道引进人才 1318 人，其中引进高层次人才 144 人，新培养高技能人才 23 人；城镇新增就业 2645 人，城镇失业人员再就业 703 人，就业困难人员再就业人数 283 人，重点扶持自主创业 171 人，实现带动就业再就业人数 930 人，完成创业培训 63 人。社会保险扩面净增 3300 人，做到"应保尽保"，不断提高参保率和续保率，到龄居民养老金发放覆盖率 100%，适龄居民养老金参保率超过 99%，居民医疗保险覆盖率超过 99%，超额完成全年目标任务。搭建就业创业平台，开展系列特色招聘会。组织开发区辖区内 107 家大中型企业参加"春风行动"招聘会，为求职者提供 1700 多个岗位，862 名应聘者与企业达成初步就业意向。举办毕业生专场招聘会，开展高校毕业生实名制登记调查，准确掌握高校毕业生的状况和就业人才服务需求，对实名登记的所有就业困难人员做好就业援助跟踪服务，提供就业登记、就业指导、推荐岗位、免费培训等系列服务。开设 SYB 创业培训班，推进创业促就业。走访慰问企业退休转业干部、困难失业职工和困难退休职工共 190 人，安排 2178 人退休工人体检。办理企业退休待遇申领 207 人，办理自由职业者及暂停缴费人员退休待遇申领 74 人。全年新办理村民进入被征地农民和双置换保障体系 16 人，投入保障资金 70 万元。长乐苑五期、惠韵家园一期共 30.5 万平方米安置房实现交付。

（叶晓雯）

9月，省锡中实验学校第一小学启用。

（长安街道　供稿）

【城镇建设】　2016年，长安街道完成总体规划、广告规划、慢行系统规划的深化调整，启动公共艺术规划设计。完成张村湿地公园及北惠路绿化改造，总长4.9公里的华惠路、兴长路、双兴路等6条道路竣工通车，完成造林绿化33.3公顷，超额完成区政府26.7公顷的目标任务。年内累计完成民房拆迁签约606户，面积12.52万平方米；完成非住宅拆迁签约18户，面积1.25万平方米。实施"平安慧眼"工程，在3个老村和古庄高铁沿线增加监控设施。

（叶晓雯）

【社区管理】　2016年，长安街道结合"智慧长安"综合管理信息系统，进一步统筹救助资源，规范救助流程，完善救助信息；创新居家养老养残服务模式，在2015年试点政府购买养老服务的基础上，通过服务外包形式在金惠、长乐、惠南3个社区推行社会组织承接社区居家养老养残服务工作模式，每个社区平均每月开展各类活动近15场次，拓展服务覆盖面。强化"三资"信息管理系统和农村产权交易平台，提高2个农民专业合作社（安益、后村绿园）村级集体资产管理水平。惠南社区实施"街区一体化"工作，开通社区微信公众平台，完成300余户沿街商家的登记采集，借力换届选举增加平台关注度，增强平台实效。开展"零上访"社区创建活动。全年受理涉及开发区（街道）的各类信访1269件，成功化解信访积案5起，稳控一批信访老户，区级走访人数同比下降70.54%，无进京非访人员；以新惠社区、堰新社区为试点，开展"社情民意绿色通道"项目，提升调解服务

能力；在商业综合体（好得家、长安哥伦布广场、惠山万达广场）搭建调解工作平台，实现综治调解网络全覆盖，成功化解涉及工商、物业、商户与顾客之间的矛盾48件；完成各社区司法行政工作服务站建设。2016年，长安街道调解委员会被评为"江苏省人民调解委员会建设示范点"，长安街道司法所被评为全省普法工作先进单位，长乐社区获评为省级文明社区。

（叶晓雯）

【公益项目】　2016年，长安街道加强与社会组织对接，确定居家养老养残服务、孤独症儿童康复、"种文化"、青少年暑期活动、"雏鹰飞翔"——外来务工子女融入社区5个街道级公益项目，由专业社会组织进行运作实施。居家养老养残服务项目共开展168场次，受益人群2520人。孤独症儿童康复项目开展心理援助65次，心理测试42次，康复训练6次。文体"种文化"项目3次获区级、市级荣誉。开展青少年暑期活动11次。运用社会工作专业方法服务外来务工人员子女，使他们融入社区生活，"雏鹰飞翔"项目入围2017年度市级创投项目。规范创新社会救助，结合"智慧长安"综合管理信息系统，制定并实施《长安街道关于进一步加强社会救助规范化建设的意见》。

（叶晓雯）

【干部队伍建设】　2016年，长安街道坚持领导率先垂范，不断推进党风廉政建设责任制落实，切实把作风建设引向深入。强化内部制约监督，坚持从严从紧审计监督，促进内部管理系统化、标准化、规范化。全年开设"智慧大讲堂"11期，组织11名机关年轻干部到社区、园区一线轮岗锻炼，11名社区、园区年轻干部到机关部门轮岗学习。完成基层党组织、区人大代表、社区居委会的换届选举和政协委员的协商推荐；长安街道党工委及62个基层党组织有序开展"两学一做"学习教育活动，各基层党组织开展中共十八届六中全会、"四个全面"等宣讲活动，开展青年干部纪念建党95周年"两学一做"主题演讲比赛，组织2300多名党员参加党史知识竞赛，集中轮训机关事业单位、企业单位党员1100余人。

（叶晓雯）

【文化建设】 2016 年，长安街道辖区内社区法治文化阵地、社区文化楼道建设实现全覆盖。开展"书香社区"系列活动，推进"书香街道"和"书香社区"创建工作，树立全民阅读新风尚。加强文化产业发展，新增注册 500 万元以上文体企业 1 家；新增注册 2000 万元以上规模文体企业 2 家。围绕"惠风秀长安、幸福万家乐"主题，明确"和美长安、活力长安、善学长安、美德长安"4 个篇章，共举行"好声音巡演走进长安哥伦布"、"民族融合、同心筑梦"民族大舞台等文体活动 100 余场次，丰富群众文化生活。1 月 9 日，在惠山经济开发区软件园举办第三届"清华力合杯"好声音大奖赛决赛。促进园区、企业、社区之间交流、沟通。4 月 9 日，举办"民族融合·同心筑梦"民族大舞台文艺汇演，数千名居民群众观看演出，形成"健康向上、民族团结、文明和谐"的社会风尚。4 月，启动贯穿全年的第二届"全民阅读·书香长安"系列活动。

(叶晓雯)

【"乐行长安 感知新城"徒步活动】 2016 年 5 月 7 日，长安街道在无锡惠山生命科技产业园广场举行第五届惠山新城"生命园"杯春季徒步活动，旨在倡导广大职工锻炼身体，在行走中愉悦身心，感受惠山新城日新月异的发展变化。辖区 39 个企事业单位的 1800 多名职工、居民参加，全程 5.5 公里。

(叶晓雯)

【省锡中实验学校第一小学启用】 2016 年 9 月，省锡中实验学校第一小学正式启用。学校位于惠山经济开发区(长安街道)张村路与兴长路交叉口东北侧，投资 1.8 亿元，占地面积 54100 平方米，建筑面积为 37102 平方米，包括实验楼、图书馆、体育馆、风雨操场、行政楼、教学楼、食堂、教工宿舍等主要设施，拥有 60 个班级，可容纳学生数 3000 人，切实解决"入学难"问题，为人才培养提供优质的教育环境。

(叶晓雯)

【全市首个"安全体验教室"】 2016 年，省锡中实验学校建成全市首个"安全体验教室"。通过开展有趣的"情景式＋体验式"安全课堂，向中小学生普及面对地震、洪水灾害、消防安全、交通安全、公共卫生、社会治安等各种突发事件的防范自救意识，提升学生在危险来临时的避险自救能力。

(叶晓雯)

【惠山区中医院一期启用】 2016 年 10 月，惠山区中医院一期工程交付使用。医院位于惠山经济开发区白屈港东原张村地块，距地铁一号线锡北运河站 1000 米，总占地面积 3 万多平方米，总建筑面积 3.15 万平方米（其中一期工程建筑面积 2.18 万平方米），住院床位 190 张。

(叶晓雯)

2016 年长安街道各社区情况

表 45

单位：户、人、万元

社 区	户 数	户籍人口	书 记	主 任	工农业总产值	其中：工业总产值	工业主营业务
新惠社区	4014	7107	吴建勋	方 伟	1936	1800	1803
金惠社区	5166	9039	王文照	王文照	2639	1782	2240
长宁社区	4012	10189	唐晓南	唐晓南	60480	53426	59662
惠城社区	5027	12567	徐焕文	徐焕文	—	—	—
堰新社区	4054	11503	吴可伟	吴可伟	27736	23352	26667
长乐社区	3144	8805	胡明旭	尤建武	85630	85142	84850
惠南社区	11567	35324	胡晓春	胡晓春	—	—	—

(叶晓雯)

无锡职教园（钱桥街道）

无锡职教园（钱桥街道）地处京杭运河南岸，惠山和舜柯山北麓，东邻北塘区，西与阳山镇接连，南和滨湖区相接，北与洛社镇接壤。312国道、342省道、锡宜高速公路贯穿全境，交通四通八达。无锡职教园与钱桥街道实行"街园合一"的行政管理体制。总面积为46.21平方公里，下辖15个社区，户籍人口71693人，总户数23271户，入驻院校师生近8万人。无锡职教园校区建成范围6平方公里，拥有各类中高职院校8所和1个公共实训基地，教育和各类实训设施建设面积155万平方米。

2016年，无锡职教园（钱桥街道）完成地区生产总值132.42亿元，同比增长7.9%；完成财政总收入14.17亿元，同比增长13.47%，其中一般公共财政预算收入完成8.44亿元；完成全社会固定资产投入89.27亿元，同比增长13.47%；社会消费品零售总额44.9亿元，同比增长12.2%；完成全社会开票销售收入545.24亿元，同比增长4.67%；农民人均可支配收入30896元，同比增长8.1%。

2016年，无锡职教园（钱桥街道）被无锡市委、市政府评为无锡市"六五"普法先进集体，被无锡市委评为"无锡市先进基层党组织"，钱桥街道红十字会被江苏省红十字会评为"2010—2015年度全省红十字会基层组织工作先进集体"。

农业 2016年，无锡职教园（钱桥街道）农业总产值4.23亿元，粮食总产量145.2吨，蔬菜产量9321吨，家禽出栏12600羽，水产品总产量11吨。有大中型拖拉机1台，配套农具5台。农业耕地面积291公顷，农作物播种面积423.4公顷，其中蔬菜播种面积404公顷，粮食作物播种面积19.4公顷。全年实现片林建设7.07公顷，建成沿山河岸景观绿化2.67公顷、洋溪河芦朱巷景观绿化1公顷。玛亚多肉观赏花卉园艺植物基地新建智能温室大棚0.53公顷，开发品种达4000多种，成为江苏省内规模最大、影响最广的多肉植物基地之一，2016年代表惠山区参加江苏省农博会展出。钱桥街道在盛峰社区

上舍头等村民小组建成水蜜桃新技术推广示范种植基地200亩，推广使用生物农药，建立水蜜桃病虫害系统调查点。规划李家湾花卉种植展示基地面积392亩，完成前期整理。西漳农场的6.67公顷稻麦丰产方亩产1700斤。

工业 2016年，无锡职教园（钱桥街道）工业固定资产投资完成额23.45亿元，其中技改投入16.1亿元。有工业企业单位1185个（其中规模以上企业160家），工业总产值213.95亿元，主营业务收入215.3亿元，开票销售收入174.42亿元，利税总额21.49亿元，利润总额12.23亿元。全年完成自营出口总额1.75亿美元，协议注册外资1142万美元，到位注册外资1234万美元。年内引进江苏先能光伏科技有限公司的CIGS薄膜太阳能电池项目、忠天晖新能源（无锡）有限公司的太阳能光伏发电项目、无锡鑫沁源能源发展有限公司的太阳能分布式发电及微电网运行项目、无锡奇盛物流自动化技术有限公司的智能物流装备项目、无锡杰能锅炉有限公司的锅炉生产线建设项目、无锡市威华机械有限公司的自动化精密机械设备生产项目等9个。无锡海达尔精密滑轨股份有限公司、无锡天驰新材料科技股份有限公司在全国中小企业股份转让系统正式挂牌，无锡华盛橡胶新材料股份有限公司上市材料已上报全国中小企业股份转让系统，无锡星亿智能环保装备股份有限公司完成股改，上市公司苏州天沃科技股份有限公司收购无锡红旗船厂60%的股份实现兼并重组。街道有效盘活存量资产，利用江苏苏嘉集团有限公司麾下法斯特钢管公司的闲置厂房打造无锡东大新材料产业园；利用无锡中科研创新孵化基地打造众创空间，已入驻各类企业20余家。推动楼宇经济发展，引进无锡五金人网络科技有限公司、江苏梦工场科技发展有限公司等10余家单位入驻天物大厦。年内获批国家级专利优秀奖1个、国家高新技术企业9家，新增省级科技型中小企业和民营科技型企业共11家，批准省级以上科技创新、转型升级专项资金项目10项，全年累计对上争取各类扶持资金超5000万元。获批省级高新技术产品17个、省级工程中心和科技研发机构3个、省六大人才高峰高

层次人才 2 名、"双创"人才 3 名,引进"海归"人才 9 名、"双高"人才 48 名。获批市科技专项资金项目 7 项、市科技进步奖 1 个。全年申请各类专利 1900 件,其中发明专利 885 件,签约产学研合作项目 19 个。全年采用国际标准 4 家、行业标准发布 10 项,新增省名牌产品 2 项、市名牌产品 10 项。无锡爱邦辐射技术有限公司张祥华成为首位被国际辐射联合会授予 IMRP 劳伦斯奖的中国企业家。江苏丰华联合科技有限公司的"视频结构化搜索核心引擎产业"研发项目在第四届中国江苏创新创业大赛海智创新创业分赛中获得优胜奖,是无锡在第二届"i 创杯"互联网创新创业大赛中唯一获得企业组一等奖的单位,并在世界物联网博览会"年度物联网解决方案"评选中被评为"最具投资价值物联网企业"称号。无锡华顺民生食品有限公司的采用物联技术的智能化立体冷库 WCS 系统的应用示范,被江苏省经信委认定为 2016 年第一批智能车间项目。钱桥街道经济贸易服务中心被无锡市节能监察中心评为 2016 年度节能低碳技术推广应用示范单位。

服务业 2016 年,无锡职教园(钱桥街道)服务业固定资产投资完成 65.82 亿元,服务业纳税营业收入 365.93 亿元,入库服务业税金 5.96 亿元,限额以上社会消费品零售总额 20.25 亿元,服务业增加值占 GDP 比重的 40.6%。西溪碧桂园项目入驻洋溪公园城,年内启动建设;百乐商业广场 A 地块、翡翠庄园项目迅速推进;青春假日风情时尚街区部分开业;总投资 1.5 亿元的大型汽车超市——长三角汽车城正在内部装修;汽车检测线项目进入开业筹备阶段;果色花香农贸市场正式投用。惠山黑色金属交易集聚区实现线上线下交易额超 130 亿元,纳税总额达 684 万元,其中区域总部企业无锡本钢钢铁有限公司实现纳税营业收入 8.3 亿元。锡西汽车城初具规模,有宝马、奥迪、沃尔沃等中高档品牌 4S 店 13 家,全年销售超 18 亿元。

社会事业 2016 年,无锡职教园(钱桥街道)完成市区重点项目(含地铁三号线非住宅、钱桥大道、地铁三号线线外住宅)拆迁 146 户 3.71 万平方米,其中地铁三号线非住宅项目已全部完成;完成街道拆迁清零项目 23 户。加快保障性住房建设,交付安置房 1311 套 19.75 万平方米,分配安置房 927 套,安置拆迁户 442 户。全街道 12 个安置房小区全部完成初始登记证办理,完成安置房不动产证办理 46 本。投入 4000 多万元,完成万东路、景盛路、桃花山路等 7 条农村公路提档升级。推进老城镇改造,实施钱桥西街城市功能整体提升工程,完成藕塘新街改造;完成"城中村"改造 1 个、"提升村"达标 2 个、"优秀社区"达标 2 个;投入 714.61 万元,完成对杨树岸新村、锡兴一村等 21 幢原县属企业家舍约 4.86 万平方米的改造;完成 2 个社区 3 个自然村的点源治理。全年防洪工程投入 7000 万元,新建、改建排涝站 9 座、控制涵闸 6 座,区域防洪标准达到 50 年一遇;堤防加高加固 12 处,总长 4.27 公里;整治河道 24 条,总长 17.32 公里,清淤河道 16.86 公里,建设内部河道护岸 3.42 公里。开展污染企业整治与餐饮行业油烟专项整治,完成 VOCs(挥发性有机物)专项整治 9 家;完成工业窑炉改造 41 台套,位居全区第一。综合整治京杭运河、洋溪河等 7 条流域性河道,将全街道 76 条村级河道全部纳入镇级"河长制"管理,全面提升辖区水环境质量。全年城镇新增就业、再就业、自主创业 7218 人,新增高技能人才 2820 人,完成社保扩面净增 1992 人,公积金扩面 2574 人。全年发放低保金、慰问金、救助金和助学金 585.6 万元。在全区试点开展智障智能关爱项目,为 323 名特定残疾人实现沟通、联系、寻找无障碍。依托社会组织孵化中心、惠家居家养老惠和居家养残综合服务平台、慈善爱心超市、残疾人创业就业孵化中心、精神病康复庇护站、残疾人辅助器具暨康复指导中心和红十字衣物捐赠站等 7 个公益平台,打造钱桥街道扶贫助残公益一条街。投入 300 万元改造提升学校教学配套设施设备和扶持各校特色课程建设。钱桥中学改扩建一期工程竣工投用;藕塘中学食堂完成改扩建;成教中心无纸化考场建设完工;藕塘社区卫生服务中心新建综合大楼建成启用;溪南社区卫生服务站完成易地新建;钱桥社区卫生服务中心(惠山区精神疾病康复中心)与无锡市精神卫生中心签约,成为"无锡市精神卫生中心医联体"成员单位；无锡市 120 急救网络钱桥分站正式投用；省级"红十字博爱家园"试点项目在晴山蓝城社区申报成功并启动实施。全年街道、社区开展各类文体活动 400 余场次，声乐《悲鸿曲》、广场舞《太湖飞翠》获无锡市群芳奖金奖；文化产业投入 1.11 亿元，产出 3.8 亿元，新增年销售 2000 万元以上骨干文化企业 1 家，新增注册资金 500 万以上文化企业 1 家，招商引资落户超亿元文化项目 1 个。"平安慧眼"技防工程在 15 个社区实现全覆盖；溪南社区与晓丰社区完成社区法治文化阵地的提档升级，晓丰法治园被评为无锡市法治文化示范点。

（章惠昉）

【首届无锡职教园师生旅游文化节开幕】 为加强政校企深度融合，推动无锡特色旅游名城建设，2016 年 4 月 13 日，无锡市旅游局、无锡市教育局、无锡职教园管委会主办，无锡城市职业技术学院、万达旅业无锡中国国际旅行社有限公司承办的首届无锡职教园师生旅游文化节，在无锡城市职业技术学院开幕。市长汪泉，副市长刘霞，市委秘书长叶勤良，惠山区委书记、无锡职教园党工委书记吴仲林，无锡市旅游局、教育局等领导出席开幕式，无锡旅游业、酒店业代表，多家知名企业，职教园各高校师生代表 2000 余人参加。

（章惠昉）

【智障智能关爱行动项目试点】 2016 年，钱桥街道启动惠山区"智障智能关爱行动项目"试点，为辖区 18 周岁以上持证精神、智力残疾人 323 人，每人发放一台智能定位传感器，残疾人通过该设备可实现电话、求助定位、电子围栏等功能，监护人通过手机接收定位数据，实现与残疾人沟通、联系、寻找无障碍。

（章惠昉）

【企业上市】 2016 年，无锡海达尔精密滑轨股份有限公司、无锡天驰新材料科技股份有限公司 2 家企业，在全国中小企业股份转让系统挂牌上市。上市公司苏州天沃科技股份有限公司（天沃科技）收购无锡红旗船厂 60% 的股份实现兼并重组；无锡星亿智能环保装备股份有限公司被上市企业北京威卡威汽车零部件股份有限公司（京威股份）收购部分股权并顺利完成股改。

（章惠昉）

【碧桂园签约入驻锡西新城】 2016 年 9 月 19 日，"锡西新城·碧桂园"项目签约仪式在无锡职教园校区展示接待中心举行，全国十强房地产企业碧桂园正式签约入驻钱桥。"锡西新城·碧桂园"项目为 2016 年无锡职教园招商引资引进的重点投资项目，项目正式命名为"西溪碧桂园"，占地面积 13.53 公顷，项目将于 2019 年交付。

（章惠昉）

9 月，全国十强房企碧桂园正式签约入驻锡西新城。

（钱桥街道 供稿）

【冶金新材料产业技术联盟成立】 2016 年 11 月 9 日，惠山区冶金新材料产业技术联盟成立暨冶金新材料成果发布会在无锡职教园召开。惠山区冶金新材料产业技术联盟由无锡职教园与东北大学合作建立的东北大学无锡研究院牵头成立，主要从事与冶金新材料及材料加工相关的技术和产品的研究、开发、生产、应用，通过集聚生产企业、技术应用企业、产业园区、高校科研院所、第三方服务机构和协会联盟等资源，搭建信息发布、技术交流、资源共享、合作共赢的多功能平台。

（章惠昉）

【张祥华获 IMRP 劳伦斯奖】 2016 年 11 月 11 日，在加拿大温哥华市举行的第十八届国际辐射加工大会（IMRP 2016）上，无锡爱邦辐射技术有限公司董事长兼总经理张祥华被国际辐射联合会（iia）授予 IMRP 劳伦斯奖（Laureate Award）。劳伦斯奖是国际辐射加工领域的最高荣誉，张祥华是首位在辐射加工装备制造领域获得该奖项的中国企业家。

（章惠昉）

【藕塘商会成立】 2016 年 12 月 3 日，藕塘商会第一届会员代表大会召开，标志着藕塘商会正式成立。区委书记吴仲林为商会揭牌，为商会成员发放证书。区委副书记计佳萍，区政协副主席、工商联主席陈晓松，钱桥街道党工委书记何国清，街道办事处主任戴

震乾等参加会议。藕塘商会共有会员企业 90 多家，商会成立后，将帮助企业协调、解决经营中遇到的实际困难和问题，引导会员企业加快产业结构调整，优化产业结构和产品结构，提升产品附加值和产业综合竞争力，带动会员企业更好地服务于地方经济社会发展，鼓励企业家积极参与社会公益活动。

（章惠昉）

2016 年钱桥街道各社区基本情况

表 46　　　　　　　　　　　　　　　　　　　　　　　　　　　　　　　　单位：户、人、万元

社　区	户　数	户籍人口	书　记	主　任	工农业总产值		工业主营业务
						其中：工业总产值	
钱桥社区	2677	7618	唐　杰	唐　杰	104989	104989	102758
华新社区	2227	6610	张正阳	张正阳	83017	79219	81312
苏庙社区	2724	7993	杜仲伟	钱晓伟	102362	100444	104398
溪南社区	847	2922	朱根华	吴志杰	195208	195208	223899
舜柯社区	856	3026	缪正明	陈　鹏	185637	169796	170492
洋溪社区	1105	3537	吴伟兴	吴伟兴	100236	95059	87249
晓丰社区	1096	3730	周建秋	张钰良	107605	104384	102253
西漳社区	839	2609	钱坤生	石基石	124990	121473	121873
晴山蓝城社区	3484	10117	邓　超	聂志威	—	—	—
藕塘社区	800	2396	吴毅强	吴毅强	34896	34896	36627
东风社区	1226	3805	金国洪	金国洪	47501	46734	45061
南塘社区	825	2959	倪　军	钱晓海	169253	168514	161210
盛峰社区	801	2825	王　征	王　征	35915	34562	34862
稍塘社区	602	2194	徐建明	徐建明	43766	38377	37170
藕乐苑社区	2334	8039	丁有为	丁有为	55761	55181	55802

（章惠昉）

前 洲 街 道

【概况】 前洲街道地处无锡市西北部，沪宁高速公路横贯东西，新长铁路纵贯南北，沪宁城际铁路惠山站位于境内。辖区面积 46.42 平方公里，设 18 个社区居民委员会。户籍人口 54510 人。2016 年，街道完成地

区生产总值 76.2 亿元；完成全社会销售收入 432.3 亿元，其中工业销售收入 162 亿元，服务业销售收入 135.9 亿元；实现财政收入 10.5 亿元；一般预算收入 6.77 亿元；完成固定资产投入 97.25 亿元，其中工业投入 40.60 元，服务业投入 56.65 亿元；实现工业总产值 163.2 亿元，其中规模工业总产值 119.1 亿元；工业用电量 10.76 亿千瓦时；农民人均年纯收入

29132元。2016年前洲街道被评为国家卫生镇、江苏省和谐社区示范街道和无锡市"六五"普法先进集体。

农业 2016年,前洲街道整合农业优势资源,以园区为核心,联结一批农业基地和农业公司,发展现代高效农业、休闲农业,以一产带动三产,提升农业的发展水平,促进农民增收。年内,申报和完成市区级农业项目4个,分别为:无锡市惠山区开心乐家庭农场黄石街基地高标准农田建设项目,总投资60万元,主要建设内容为平整水稻田土地120亩,新建混凝土道路2650平方米,新建水泥明排沟渠900米;惠山区前洲街道黄石街村高标准农田建设项目,总投资89万元,建设区内农田总面积250亩,新建田间水泥道路3590平方米(长718米,宽5米,混凝土厚20厘米),新建水泥明排沟渠1436米;启动无锡惠洲生态瓜果园区形象提升工程以及无锡益家康农业生态有限公司酸化土壤改良综合技术的研究。实施蔬菜绿色防控面积1000亩,其中杨家圩村600亩,北幢村、友联村各200亩,完成发放及更换性诱杀技术灭虫设备9000套、诱芯24000个。

工业 2016年,前洲街道全年完成工业总产值163.2亿元,其中完成规模以上工业总产值119.1亿元。机械行业完成销售44.5亿元,同比增9.1%,部分重点企业保持强劲的上升趋势,永腾达电机有限公司成功转型,销售净增2.5亿元,同比增幅超800%;大明金属制品公司、鑫福铸锻有限公司、创新低温环模设备科技有限公司、无锡新天诚印染设备厂等4家企业增幅均超40%;无锡东宝机械制造有限公司、华洋染整有限公司、无锡明诚部件有限公司等3家企业同比增幅超30%。印染纺织行业完成销售15.3亿元,同比增8.5%,无锡东晖纺织科技有限公司、前洲化纺印染厂、天天润纱线有限公司同比增幅均超35%;无锡市裕华染织有限公司、无锡市恒利印染有限公司、无锡宽扬印花纺织制品有限公司等企业同比增幅超15%。冶金行业完成销售46.5亿元,同比增97.7%,其中无锡新三洲特钢有限公司完成销售45亿元,同比增104.2%。化工行业完成销售8.5亿元,同比增11.2%。其中,江苏华峰合成树脂有限公司,江苏奥天利新材料有限公司同比增70%。

服务业 2016年,前洲街道完成服务业投入56.65亿元,实现服务业开票销售收入135.9亿元。无锡禾健物流发展有限公司的"诚信速配"信息平台,成为全省最大的物流信息共享平台;建发钢贸有限公司完善各项基础设施,更名为"新立交"物流信息交易市场;浙双物资发展有限公司投入3000万元启动建设硅钢精密切割加工项目;江苏大耀纺织有限公司销售总公司进驻恒生科技园;五洲国际广场引进占地5000平方米的三友家具城、4500平方米的汉庭连锁酒店、2000平方米的"开心玩国"儿童主题乐园和500多平方米的"成人电玩"等项目。

科技创新 2016年,前洲街道完成高新技术产业产值22亿元。组织申报省级各类科技计划项目5项,其中省成果转化项目1项、重点研发计划(产业前瞻与共性关键技术)1项、省科技进步奖项目1项、省工程技术研究中心项目1项、省研究生工作站项目1项;新认定市级各类科技计划项目7项,其中重点研发计划(产业前瞻与共性关键技术)1项、创新基金项目1项、现代农业技术研发项目2项、工程技术研究中心项目1项、知识产权战略示范企业1家、创新能力项目1项。涉及先进智能制造、电子信息、高档纺织面料与机械、新材料、环保装备等领域。新申报国家级高新技术企业12家,新认定省高新技术产品11项,新获批省民营科技企业称号14家,确认为省中小型科技企业13家企业。至年底全街道共拥有国家级高新技术企业16家、省民营科技型企业57家,省中小型科技企业52家。2016年4月,国家染整工程技术研究中心无锡分中心落户前洲,新引进各类人才850名,新增高层次人才28名,新增海外留学人才6名。江苏智联天地科技有限公司总经理钱志明入选第二批国家"万人计划"科技创业领军人才,杜克环保科技有限公司李一、无锡市威特机械有限公司刘克明入选"省双创人才",江苏奥天利新材料有限公司姜波入选省"六大人才高峰"。

生态环境 2016年,前洲街道建立村(社区)环保网络监管员机制,推进"三个一批"(登记一批、整改一批、关停一批)企业整治,完成整治冶金酸洗企业20家、餐饮行业76家,完成燃煤窑炉煤改气44

台套；不断改善水环境质量，严格落实河长制，加快推进控源截污、河岸整治、清淤疏滩、调水引流、水系疏通、生态修复等各项工作，完成西塘河、谢印河、大联于中心河、公路陪河等河流的河道综合整治，完成整治黑臭河道10条。加快推进点源治理，完成铁路桥村彭湾里、万里村葑庄、张皋庄村李巷、新印桥村张东张西等共4个行政村12个自然村生活污水点源治理，有效整改河道排污口29个。

社会事业 2016年，前洲街道全面启动浮舟村整村拆迁，累计完成住宅签约411户，拆迁比例79.5%；推进清零地块拆迁，完成无锡戴卡轮毂制造有限公司、北京京运通科技有限公司、中国御捷新能源汽车有限公司等3个重点产业项目地块的拆迁，完成新沟河工程、中惠大道西延等重点建设项目的清零工作。安置房建设有序推进，惠丰二期、新洲六期C地块顺利交付。完成前石路、蒋巷路等2条农村道路提档升级，实施平湖路东延段和崇文路东停车场建设；完成惠丰二期、新洲六期店招店牌出新工程。完成镇北、黄沧浜、高家尖等6座闸站的新建、改建，完成锡澄运河、石渎河、印桥港、万寿河等4条河道混凝土堤岸建设工程，并经受住了汛期防洪大考验。启动实施环卫市场化运作，镇区及周边3个村市容市貌不断改善；塘村村、柘塘浜社区争创区级优秀村，万里葑庄创建成省美丽乡村；蒋巷西蒋巷、塘村北郁巷等村巷环境得到提升。全年，发放各类低保、救助金300多万元，"双置换"人员的政府保养金由710元提高到770元；前洲幼儿园新建教学楼投入使用，前洲中心小学更换安全性能更高的校车，中小学配备保健室和有资质的保健教师；惠山区康复医院完成内部装修，为7162名65周岁以上的老人免费体检；冯其庸学术馆成功承办"国学与丝绸之路历史文化研究国际学术研讨会"，文史苑建成将开放。健全社会稳定风险评估和矛盾纠纷排查调处机制，完成稳评项目28只，调解各类矛盾纠纷102起，办结信访35起，2016年未发生一起"民转刑"案件、群体性事件和集体越级上访事件。 2016年1月，惠山区人大代表、前洲裕华染织有限公司董事长李伟民捐赠30万元，在前洲中心小学设立裕华奖学金，

在前洲中学设立奖学金，每年拿出3万元奖励品学兼优的学生。2016年1月，惠山区康复医院获无锡市卫计委批准成立，康复项目涉及神经康复科、骨与关节康复科、儿童康复科、老年病康复科、综合内科、外科、预防保健科等，实施"医护养一体化"新模式，满足不同层次人群的康复需求。

（蒋国洪）

【**党的建设**】 2016年，前洲街道党工委扎实推进"两学一做"学习教育活动。制订印发学习教育"1+6"实施方案，组织落实专题党课、专题研讨、专题学习等活动，开展纪念党员政治生日"四集中""立家规、正家风"、机关党员"四诺"、失联党员"归巢行动"等主题活动，全年累计下发各类学习资料近4000册，组织专题党课92次、参加党员9000人次。稳妥有序推进机构改革。中层职位数从原107个降至89个，减少18.6%；整合机关、园区部门职能，撤并单位13个，新建部门2个；优化领导分工，推行AB岗位配角制度，党工委委员适度参与行政工作。举办街道党建凝聚力工程启动仪式和前洲街道"两学一做"主题党日活动暨"七一"表彰大会，完成区人大代表、区政协委员、基层党组织和村（居）委换届选举工作，举办第一期青春励志成长班，开通和推广"锦绣前洲"微信公众号。强化执纪监督，推行"三定三常"(定节点、常提醒，定规矩、常督查，定周期、常警示)机制，全年约谈105人，明察暗访40余次，教育谈话21人。

（蒋国洪）

【**《沈桂祥临证经验实录》出版**】 2016年3月30日，《沈桂祥临证经验实录》首发式在冯其庸学术馆举行。沈桂祥玉祁街道人，1962年毕业于无锡县卫生学校中医班，后又就读于南京中医学院、北京中医学院等院校，长期供职于前洲街道卫生院。《沈桂祥临证经验实录》一书选录他从诊生涯中150则医案，凝聚他行医50余年的临证心得，体现中医辨证辨病思想。副区长吴燕和市卫计委、南京中医药大学的领导和专家到场祝贺。

（蒋国洪）

【**国家染整工程技术研究中心无锡分中心落户**】
2016年4月11日，前洲街道、城铁惠山站区与东华

大学举行合作签约仪式,在恒生科技园合作建立"国家染整工程技术研究中心无锡分中心",合力打造政产学研合作创新载体,推动前洲纺织印染产业转型升级,填补前洲政学研的合作空白。

（蒋国洪）

【无锡汽车客运西站(惠山站)启用】 2016 年 4 月 26 日,无锡汽车客运西站(惠山站)正式启用。每日开通江阴班线 6 趟、安徽明光班线 1 趟、安徽太和班线 1 趟、安徽利辛班线 1 趟与安徽庐江班线 1 趟,同时发售无锡汽车客运站各线客票,并提供定制巴士等综合交通服务。

（蒋国洪）

【"凝聚力工程"启动仪式】 2016 年 4 月 29 日,前洲街道举行基层党建"凝聚力工程"启动仪式,开展"提高基层党建工作水平"主题宣讲。举行党建"凝聚力工程"LOGO 揭牌仪式,向"党建+"五助服务队授旗,为"一颗党心温暖七彩民愿"党员志愿者代表颁发活动相册。

（蒋国洪）

【彩民中奖】 2016 年 5 月 7 日,体彩大乐透第 16052 期全国开出 3 注头奖,其中 2 注花落前洲街道。幸运彩民投注 2 注大乐透追加花费 6 元共揽获奖金 4776 万元,比平时多出 1600 万元,成为无锡体彩历史上的最高奖金获得者。

（蒋国洪）

【无锡好人陆浩兴】 2016 年 6 月,无锡市一季度"无锡好人·善行义举榜"榜单公布,前洲街道陆浩兴上榜。80 岁的陆浩兴是前洲街道张皋庄村村民,用 10 年时间独立编纂记载张皋庄 1000 多年人文历史演变的《张皋庄村志》《张皋庄村落志》两部村志,共 108 万字和大量图片。

（蒋国洪）

【国学与丝绸之路历史文化研究国际学术讨论会】 2016 年?8 月 25 日,国学与丝绸之路历史文化研究国际学术讨论会在冯其庸学术馆举办,讨论会旨在传承和弘扬季羡林、冯其庸率先倡导的"大国学"理念。中国人民大学原副校长、国学院院长杨慧林,日本国学士院院士河内良弘,蒙古科学院历史与考古研究所教授楚伦,中国人民大学西域历史语言研究所所长沈卫荣、北京大学教授荣新江等国内外专家学者参加开幕式。冯其庸特意发电祝贺。来自美国、日本、蒙古等国家和中国台湾地区,以及中国人民大学、北京大学、清华大学、复旦大学、南京大学、浙江大学等十余所中国国内著名高校及科研机构的 120 余位专家学者,围绕新出土西域文献与丝绸之路历史文化研究、蒙古历史文化研究、多语种佛教文献与汉藏佛学比较研究、满文文献研究、国学与宋代文学研究 5 个学术专题的最新成果,进行为期 3 天的交流和讨论。开幕式上,冯其庸学术馆被定为中国人民大学国学院教学科研永久实习基地。

（蒋国洪）

【设立廉正保特色基金】 2016 年 11 月 2 日,以前洲街道乡贤廉正保名字命名的"廉正保特色基金"正式在前洲中心小学设立。廉正保亲自出席基金会成立仪式,并向学校赠送了自己的书画作品。廉正保是无锡前洲街道新印桥村人,曾在外交部、中国驻纽约总领事馆工作,现任外交部外交笔会副会长、北京市速记协会理事长。廉正保关心家乡学校发展,将自己多年积攒的钱用来设立特色基金,旨在鼓励孩子们努力学习,促进家乡尊师重教与助学兴学之风。此前,前洲中心小学已有华大昌捐资设立的"华大昌奖学金",也有前洲青商会各企业出资设立的"海燕文学社""新光民乐团""鹏达书画社"等学生社团组织。

（蒋国洪）

【项目集中签约】 2016 年 12 月 23 日,前洲街道举行"聚力创新,合作共赢"创新创业推介会暨重点项目集中签约仪式。集中签约重点工业项目 12 个、政产学研项目 5 个、企业上市项目 5 个和外资外贸项目 6 个,项目总投资达 21.277 亿元,其中超亿元的项目 9 个;国家染整工程技术研究中心无锡分中心、前洲创智工坊和无锡中惠创业投资有限公司同时揭牌。区委副书记计佳萍,东华大学化学化工与生物工程学院副院长、国家染整工程技术研究中心主任阎克路等领导和嘉宾参加签约仪式。

（蒋国洪）

2016 年前洲街道各村、社区基本情况

表 47

单位：户、人、万元

社 区	户 数	户籍人口	书 记	主 任	工农业总产值	其中：工业总产值	工业主营业务
杨家圩村	1122	4222	郑锡中	唐武军	27540	23164	25409
北幢村	1236	4570	季小军	季小军	75426	70005	77722
北七房村	529	1854	华 燕	高云洁	44932	43437	43117
友联村	902	3294	张建伟	冯武平	38749	35199	35073
黄石街村	947	3392	华 国	华 国	36334	33879	35442
邓巷社区	842	3080	崔叶青	华建兴	98585	97708	99057
柘塘浜社区	533	1820	陈宇峰	朱伟江	47635	47222	46589
前洲社区	1755	5405	孙卫红	朱 超	91158	89785	90227
塘村村	720	2398	张建军	毛国金	48421	47756	52277
浮舟村	1097	4060	徐焕胜	徐焕胜	13381	11288	11432
蒋巷社区	485	1865	张红星	孙红星	56086	54616	55353
新印桥社区	909	3404	石洪熙	周裕刚	166207	165126	164367
西塘村	771	2853	唐群亮	唐明兴	110787	106714	105339
谢村社区	445	1789	郁国其	郁文源	78263	78083	79111
铁路桥村	1064	3724	许红深	陆晓骏	30662	27146	26757
张皋庄村	1037	3873	刘志伟	吴继峰	10394	5424	5328
万里村	738	2881	刘 炫	盛卫明	27310	24692	24601
新洲社区	—	—	邓 宏	唐艳燕	—	—	—

（蒋国洪）

玉 祁 街 道

【概况】 玉祁街道位于无锡市西北部，东与前洲街道相邻、东北毗邻江阴市青阳镇，南与洛社镇相连，西北与常州市武进区横林镇、横山桥镇接壤。京杭运河、京沪铁路、沪宁城际铁路横贯全境，沪宁高速公路在玉祁设有互通立交，交通十分便捷。街道辖区总面积 36.30 平方公里，2016 年下辖 14 个社区居民委员会。至 2016 年年底，街道户籍人口 43257 人，总户数 12636 户。年内，玉祁街道完成地区生产总值 101.9 亿元，同比增长 7.4%。完成财政总收入 11.05 亿元，同比增长 3.4%。其中，一般预算收入 5.78 亿元，同比增长 1%。完成全社会固定资产投入 70.82 亿元，其中工业投入 33.03 亿元，服务业投入 37.79 亿元；完成社会消费品零售总额 14.7 亿元。农民人均可支配收入 28023 元，同比增长 8.1%。2016 年，玉祁街道被江苏省司法厅评为"江苏省人民调解委员会规范化建设示范点"，被无锡市委、市政府评为"2011—2015 年全市法治宣传教育先进集体"，被无锡市政府评为"安全生产先进单位"。年内新增江苏好人 1 名。

农业 2016 年，玉祁街道农业总产值 16874.43 万元，粮食总产量 12998.8 吨，蔬菜产量 28791 吨，水

产品总产量 1842 吨,水稻种植 8759.53 亩,农业园区面积 6819 亩。完成片林建设 106.3 亩,新增公共绿地 10 万平方米;完成上级各类农产品快速抽检 362 批次,组织农民参加各类培训 300 人次;实施水稻绿色防控 2500 亩,蔬菜绿色防控 800 亩,有效改良土壤 300 亩;通过玉蓉、芙蓉、南联 3 村的粮田基础设施改扩建,新增高标准农田 680 亩,农业园区新建产后服务中心 3 个,添置烘干机 10 台、碾米机 1 台;投资 300 多万元,在蓉东村打造标准大棚蔬菜基地 100 亩。全面完成秸秆还田任务,2016 年共投入大中型拖拉机 36 台、配套秸秆还田机 36 台、旋耕机 20 台,实施麦秸秆机械化全量还田,共完成麦秸秆机械化全量还田 8000 多亩。组织做好农机购置补贴工作,累计享受国家补贴资金 34.5 万元。水利工程建设顺利推进,2016 年完成总投资约 6000 万元的防汛重点工程,翻修扩建排涝站 8 座,加高加固堤防 2.5 公里,新建钢筋混凝土防洪墙 3.99 公里,整治疏浚河道 15 条 5.7 公里,实现汛期全域无溃点、无内涝、无隐患。

工业 2016 年,玉祁街道完成全社会工业总产值 268.88 亿元,同比增长 4.2%;完成规模工业产值 232.79 亿元,同比增长 3.5%;完成工业销售收入 241.14 亿元,同比增长 1.5%;完成规模工业销售收入 205.69 亿元;完成进出口金额 52217 万美元,其中出口金额 49217 万美元、进口金额 3000 万美元;完成工业投入 33.03 亿元,同比增长 4.5%。全年共 92 个工业项目开工建设,新开工项目中投入超 1 千万元项目有 82 个,包括 1 亿元以上投入项目 1 个、5 千万以上投入项目 8 个,竣工投产项目 67 个。2016 年,玉祁街道成功获批省著名商标 2 个,市知名商标 4 个。无锡中星新材料科技股份有限公司成功挂牌"新三板"。中惠橡胶科技有限公司获省重大成果转化项目和省百件优质发明专利奖项目,无锡鸿孚硅业科技有限公司张磊获评省双创人才,无锡福镁轻合金科技有限公司丁汉林博士入选"333"工程第三层次培养对象,无锡新大中薄板有限公司获得国家火炬计划项目立项,哈工大研究院获中央引导地方科技发展专项资金 80 万元。全街道获得科技资金支持共计 1500 余万元,截至 2016 年年底,街道有 26 家企业获批国家高新技术企业。

服务业 2016 年,玉祁街道共完成社会消费品零售总额 14.7 亿元,其中限额以上社会消费品零售总额 1.48 亿元;完成服务业投入 37.79 亿元;完成纳税营业收入 115.95 亿元;完成规模以上服务业营业收入 1.43 亿元;完成入库税金 2.72 亿元;完成限额以上批发贸易业销售总额 20.08 亿元。三产在建项目中,总投资 7 亿元的江苏环球港汽车城进完成主体建设,行幕墙施工和机电安装等,总投资 8 亿元的明湖苑住宅项目进行水、电、气、市政绿化等配套工程施工。总投资 4.5 亿元的天物湖景住宅区开始主体施工,年内部分实现封顶;总投资 5 亿元的裔睿惠山熟年颐居项目,完成项目展示中心、样板房及医养中心的部分装潢建设。

社会事业 2016 年,玉祁街道社会事业得到进一步发展。安居房平湖苑 17#、18# 基本完工。完善路桥网络建设,翻修新建玉祁老街、祁胜路西段、曙光路南段等道路 3 公里,改扩建新沟河桥梁 7 座,其中城镇化延伸改造项目全年累计投入 1205 万元。铺设、改造园区雨水管道超 3.5 公里,玉祁老街建筑立面、店招店牌等街景改造完工。物业管理主要围绕松涛苑、汇秀苑、平湖苑、文湖苑、溪秀苑和润秀苑等安置小区展开,建设总面积 94.87 万平方米、6501 套,老小区入住率超过 95%,新小区入住率达到 68%,其中溪秀苑被评为无锡市"平安示范"小区。农村环境整治,年内完成垃圾中转站 10 个,遮雨遮阳棚 694 处,分布曙光村、玉蓉村等 13 个行政村,完成曙光村槽坊、龚巷、排舍,蓉湖村十房村、祠堂村、六房村、楼下村等 17 个自然村的污水点源及接管建设。推进村级环卫市场化运营,黄泥坝村和民主村已实行市场化运作,南联村、玉蓉村和芙蓉村与养护单位达成协议,开始市场化运作。玉祁社区连续 3 次创建为五星级社区,南联村获评"2016 年全国综合减灾示范社区"。总投资 600 万元的玉蓉沈家村重点村整治建设基本完工。开展对集镇农贸市场、玉祁老街等重点区域、重点路段集中环境整治,清理"三乱"(乱涂写、乱张贴、乱刻画)930 处,整治店外经营 623 起,整治商户餐饮油烟 43 家,拆除违法建筑 1.24 万平方米,审批新建便民停车场 6 处,新增停车位 330 个。完成社区管理服务、镇村技防入户等 8 项政府实事工程,2016 年城乡居民养老保险参保新增 1042 人,新增就业 3049 人,培训本地农村劳动力 918 人,重点扶持自主创业 165 人,"零就业"家庭基本实现动态清零。城乡低保标准提高至每人每月 760 元,全年累计发放低保金 169.15 万元,临时救助、深度救助 44.47 万元,各项残疾人救助 71.94 万元。开展化工及危险化学品专项整治行动,完成街道重点责任企业核查 22 家,检查各类生产经营单位 218 家次,发现并整改隐患 673 处,玉祁街道连续 8 年获"无锡市安全生产先进单位",连续 2 年实现生产安全"零死亡"。推进"平安慧眼"建设,新增技防探头 371 个。做好基层维稳工作、各类群众信访调处工作,大唐平湖天地、明湖苑等不稳定因素得到有效稳控。

生态文明 2016 年,玉祁街道新增片林 106.3 亩,造林绿地面积 10 万平方米,关闭生猪养殖户 6 户,新增高标准农田 680 亩,新建标准大棚蔬菜基地 100 亩;新建排水达标区 9 个,完成复查 32 个;整治淘汰黄标车 147 辆。5 家重点用能企业制定节能改造针对性方案;2 家企业实施清洁生产并通过审核验收,开展专项定点培训。申报并实施重点节能与循环经济的项目 4 个,获得市、区扶持资金 160 万元,实施合同能源管理项目 2 个,节能执法监督监察企业 2 家。深化"河长制"管理,对玉祁街道境内所有河道现状及周边生产、生活污水排放情况进行全面筛查,制定全域河道整治整体规划。推进 6 条镇级黑臭河道整治工程,总投资 3200 万元;清淤河道 8 条,总投资 600 万元;推进横港河、五牧河、太平港 3 个区级河道综合整治项目,总投资 2.04 亿元,年内投资 1.4 亿元。全年开展各类环境执法检查 883 次,全年共办结环境信访 164 件,2016 年环境信访数量同比降幅达 21%。建立覆盖到村(社区)的三级网格环境监管体系。重点贯彻推进区大气污染整治工作的整体部署,全面推进燃煤工业炉窑清洁化能源改造,超额完成炉窑煤改清洁能源指标,提前 1 年实现街道所有工业炉窑的清洁化能源改造。

(顾 玲)

【**重点工业项目签约**】 2016 年 11 月 26 日,玉祁街道工业项目集中签约活动在玉祁街道祁龙大酒店祁龙厅举行。玉祁街道办事处分别与国联证券股份有限公司无锡分公司、无锡市联合中小企业担保有限责任公司签订金融服务战略合作框架协议,总投资近 20 亿的 13 个重点工业项目集中签约,同时成立惠山?玉祁汽车及零部件智能制造产业联合会。惠山区区委书记吴仲林、副区长曹文彬及相关部委办局领导参加活动。

(顾 玲)

【**廉润玉祁教育会**】 2016 年 5 月 28 日,玉祁街道党员干部"廉润玉祁"教育大会在玉祁配套园区会议中心召开。会上,街道党工委书记徐立峰上廉政党课,邀请市纪委副书记赵建聪作《廉洁自律准则》和《纪律处分条例》专题学习辅导,街道中层副职以上党员干部 190 余人参加会议,接受教育。

(顾 玲)

【**95 周年主题活动**】 2016 年 6 月 27 日,玉祁街道纪念中国共产党成立 95 周年主题活动在玉祁影剧院举行。惠山区委书记吴仲林、区委常委组织部部长方瑛、区委常委宣传部部长陆益等应邀参加,街道全体党政领导、各村(社区、场)书记主任、企事业单位的党员干部及党员代表等出席活动。玉祁街道党工委书记徐立峰致辞并带领党员代表重温入党誓词,区委书记吴仲林为"党性教育基地"揭牌。

(顾 玲)

玉祁街道建党 95 周年活动

(玉祁街道 供稿)

【**玉祁·安亭合作恳谈会**】 2016 年 7 月 20 日,作为

2016 惠山"品桃惠友"系列经贸活动之一，无锡玉祁·上海安亭合作恳谈会暨汽车零部件产业推介会在玉祁街道祁龙花园大酒店举行，惠山区领导曹文彬、许海祥及玉祁街道、安亭镇党政代表、商会代表参加此次恳谈会。双方签订商会战略合作协议、企业项目意向协议，并缔结为友好乡镇。

（顾 玲）

玉祁街道与上海安亭缔结为友好乡镇

（玉祁街道 供稿）

【玉祁中学九十周年校庆】 2016 年 10 月 15 日，玉祁中学建校 90 周年庆祝大会召开，同时设立"立达"教育基金，同期举行校友方明塑像揭牌（幕）仪式。无锡市副市长华博雅、惠山区区委书记吴仲林、副书记计佳萍、副区长吴燕等市区领导和街道全体党政领导出席活动。

（顾 玲）

【中星新材上市】 2016 年 11 月 8 日，无锡中星新材料科技股份有限公司在全国中小企业股份转让系统正式挂牌，证券代码 839389，证券简称为中星新材。无锡中星新材料科技股份有限公司董事长顾明、玉祁街道办事处主任黄华晟、玉祁工业配套区管委会主任秦羽参加挂牌敲钟仪式。无锡中星新材料科技股份有限公司是一家专业从事中高端功能性薄膜研制和销售的国家高新技术公司。主营离型膜、汽车内饰膜、保护膜、扩散膜等功能性薄膜，产品可广泛应用于光电行业与汽车内饰领域。

2016 年玉祁街道各村、社区、场基本情况

表 48

单位：户、人、万元

社 区	户 数	户籍人口	书 记	主 任	工农业总产值	其中：工业总产值	工业主营业务
五牧村	412	1498	韩文虎	冯国平	31008	28938	28609
黄泥坝村	535	2080	刘岗	刘岗	161221	158570	140127
礼社村	1013	3409	吕世民	吕军	18572	14853	15087
民主村	817	2862	刘洪	刘贤	30936	29424	28898
曙光村	805	2820	薛瑞清	许忠平	150759	149688	152856
玉东村	915	3296	邬玉新	陈亚明	154952	154880	141143
蓉东村	372	1185	冯立新	龚清宝	241776	239999	215722
蓉湖村	458	1641	吴进祺	陈刚	20679	18912	19920
南联村	942	3373	沈海蓉	陶洪汕	103168	99484	95018
芙蓉村	1102	3946	丁茂德	孙祖良	75126	70021	68045
玉蓉村	898	3204	秦林峰	陆有伟	42309	38542	37102
玉鑫社区	546	1661	丁黎清	刘伟	48995	48976	47594
玉西社区	761	2772	朱旭昶	魏智良	120301	119004	94361
玉祁社区	3001	9256	张小强	张小强	—	—	—
水产场	58	199	王卫国	王卫国	2515	2240	2197

（顾 玲）

洛 社 镇

【概况】 洛社镇位于惠山区西部,东临堰桥街道、北塘区山北镇,西与常州市横林镇、常州市洛阳镇接壤,南连钱桥街道、阳山镇,北接前洲街道、玉祁街道。京杭运河、312国道、京沪高铁、沪宁城铁横穿全镇,新长铁路纵贯南北,沪宁、锡澄、锡宜3条高速公路在境内或邻镇设有道口,水陆交通十分便利。2016年,全镇总面积77.42平方公里,总户数31062户,户籍人口98863人,总人口约18万人。全镇辖19个行政村、6个社区居委。全镇全年实现地区生产总值176.4亿元,同比增长8.4%。财政收入23.71亿元,同比增长6.8%。其中,一般公共财政预算收入13.04亿元,同比增长7.9%。全社会固定资产投资总额111.19亿元,同比增长7%。其中,工业投入63.76亿元、同比增长12.1%。服务业投入63.76亿元、同比增长3.17%。外贸进出口总额6.2亿美元,同比增长2.9%。其中,出口总额4.8亿美元,同比增长14%。工业总产值361.4亿元,同比增长4.8%。服务业纳税营业收入238亿元,同比增长10.3%。社会消费品零售总额36.07亿元。农民人均可支配收入28597元,同比增长8%。2016年,洛社镇再次被住建部等7部委评为"全国重点镇",在全国百强镇中排名第63位,是全市唯一同时拥有"全国重点镇"和"全国百强镇"称号的乡镇。全区综合考评洛社镇位列第一。

农业 2016年,洛社镇农业总产值5.13亿元,粮食总产量909吨,蔬菜产量44732吨,水产品总产量1266吨。有大中型拖拉机7台,其他配套农具18台套,联合收获机2台。洛社镇着眼于探索苏南发达地区现代农业转型发展之路,按照"六次产业"[注1]园区规划确定的"一带""两区""三基地"[注2]建设目标,高标准完成总体规划编制和功能板块优化设计。以一二三产融合发展为导向,加快推进六次产业园区建设,年内新建湖畔生态护岸2.7公里,新建家庭农场5个,启动建设总建筑面积1.2万平方米高端民宿,预计2017年下半年六次产业园区正式对外开放。全面提升精细蔬菜产业园区建设,加快

与南京农业大学合作的"叶菜产业链创新与集成应用"项目建设。依托与省农科院合作的功能蔬菜基地,引进、推广功能菜品种10个。推进1500亩绿色防控体系建设,达到核心蔬菜园区全覆盖。加快农村环境整治力度,全年完成造林绿化20公顷,建成江苏省绿化示范村1个。成立镇级土地股份合作联社,完成农用土地流转130公顷。

工业 2016年,洛社镇工业固定资产投资完成额63.76亿元,同比增长33.67%;工业总产值361.42亿元,其中规模以上工业总产值295.7亿元;全镇企业单位1809个,工业主营业务收入335.2亿元。工业开票销售收入323.69亿元;利税总额41.02亿元,利润总额28.78亿元。工业纳税营业收入322.9亿元。全年完成自营出口总额4.76亿美元,协议注册外资4743万美元,到位注册外资4300万美元。完成"新三板"上市企业4家、股改9家,被上市公司并购3家。全年实施重点工业项目42项,总投资82.8亿元,至年底,19个续建项目完工率达79%;23个新建项目开工率达74%,建成投产5个项目。成功引进总投资15亿元的无锡兴澄特种钢铁有限公司项目、总投资12亿元的无锡威卡威汽车零部件有限公司京威股份汽车零部件南方基地项目。获评省级"两化融合"(信息化和工业化高层次的深度结合)示范企业1家。企业实施"互联网+"战略,全镇规模以上企业应用信息技术、应用电子商务比例为75%,高于全区平均水平。完成南京航空航天大学无锡研究院建设,10月正式启用。利用研究院平台开展产学研活动4场。博耳电力控股有限公司二期、无锡烨隆精密机械有限公司、无锡振华开祥科技有限公司等6个重点项目已部分建成或建成试生产,北京威卡威汽车零部件股份有限公司、无锡兴澄特种材料有限公司等30个市、区级重点工业项目稳步推进。

服务业 2016年,完成服务业纳税营业收入368.89亿元,同比增长10.3%;实现服务业税收收入6.89亿元,同比增长7.02%;完成服务业投入63.7亿元,同比增长3.17%;完成限上社会消费品零售总额6.4亿元,同比增长0.9%;完成规模以上服务业

营业收入6亿元。全年总投资59.3亿元的10个重点服务业项目顺利推进。石塘湾信息物流园区全年新增物流运输开票企业106家，累计物流运输企业606家，全年实现交通运输销售44.46亿元，同比增长89%，完成纳税2.48亿元，同比增长116.7%；石塘湾园区通过环境整治和物流运输企业整合，信息物流产业的集聚能力提高。占地4.2公顷的传化二期智能仓储项目建成运行；总投资5亿元的华南城无锡乾龙电商物流信息产业园项目完成土地挂牌拍卖，开始办理建设手续。

社会事业 2016年，洛社镇实现城镇新增就业3603人，带动就业和再就业990人，重点扶持自主创业362人。全年净增社保参保671人，办理被征地农民社保5260人。全年全镇发放低保金227.64万元，发放困难家庭临时救灾救济款107.16万元、慈善助学金42.8万元，开展各类慰问活动，发放慰问金93.61万元、尊老金220万元。加快安置房建设，建成交付安置房31.6万平方米，在建安置房23.3万平方米。为贫困家庭修缮房屋8户，改造县属企业家舍7.3万平方米。加强城镇环境建设，洛城公园、镇中公园改造完成，312国道洛城、张镇村、正明村3个节点整治提升。全年新建道路4.4公里，改造提升道路23公里，其中总长3.4公里、总投资1.4亿元的镇级主干道园中路即将通车。加大水利建设投入，全年总投资9000万元，建成规模以上排涝站5座，加高加固圩堤4.4公里。拆除违法建设1.9万平方米。推进生活垃圾机械化收集全覆盖，建成村级垃圾转运点7个。加大农村环境整治力度，完成10个自然村的提档升级工作。全年开展土地巡查60次260人次，巡查新建、在建项目及核定基本农田地块21宗，巡查面积约2500亩，巡查中发现违法用地6起，整改并拆除5宗。整治小锅炉51台套，完成石塘湾污水厂一期和杨市污水厂技术改造工程，建成排水达标区10个，新建污水管网7.7公里。开展文化服务"四送"（送演出、送电影、送图书、送展览）工程，全年举办"百姓歌会"等送戏下乡活动160场。开展"平安慧眼"技防建设，全镇新装监控探头526个。健全社会稳定风险评估和矛盾纠纷排查调处机制，完成

社会稳定风险评估项目46项，化解各类矛盾纠纷408起，创建省级民主法治示范村2个（新开河村和钱巷社区）。完成洛社中心幼儿园和张镇幼儿园易地新建，洛社便民服务中心和石塘湾社区服务中心基本建成。创新社区管理，建立"户籍随房走、股权跟人走、管理归属地"的社区管理新机制，注重发挥志愿服务在社会综合治理中的作用，全面构建和谐洛社新局面。

[注1]六次产业：指新型的现代农业，与我国一直提倡的让农业"接二连三"内涵一致，即鼓励农户搞多种经营，延长产业链条，不仅种植农作物（第一产业），而且从事农产品加工（第二产业）与流通、销售农产品及其加工产品（第三产业），从而为农业和农村的可持续发展、农民的增收开辟光明前景。这种新型的现代农业突破了传统农业作为第一产业的局限性，实现了一二三产业融合，被称为"六次产业"。即如果第一产业以"1"代表，第二产业以"2"代表，第三产业以"3"代表，"1+2+3"等于6，"1×2×3"也等于6。

[注2]"一带""两区""三基地"建设："一带"，以环白塘慢行系统来链接各个建设主题，形成一、二、三产融合发展的格局。"两区"，是指核心区与养生区，养生区位于西环线西侧。"三基地"，是指果蔬基地、葡萄基地和水稻基地。

（唐　成）

洛社镇中心 （2017年5月摄）

（洛社镇　供稿）

【"两学一做"教育活动】 2016年，洛社镇党委深入开展"两学一做"学习教育活动，做到领导班子带头

学、党员干部精细学、普通党员广泛学。通过巡回党课大轮训发动、书记讲党课带动、固定学习日观摩联动、身边人身边事现身说法感动、"幸福微党课"特色推动等途径，利用"先锋农场"党性教育实践基地，分层次、分对象开展学习，学习教育面覆盖全镇 103 个基层党组织和 6500 多名党员。

（唐　成）

【召开党委（扩大）会议】　2016 年 12 月 16 日—17 日，洛社镇党委召开党委（扩大）会议。12 月 16 日，镇全体党政、人大领导和各村（社区）书记参加调研活动；12 月 17 日，在镇政府大楼三楼大会议室召开

会议，镇全体党政、人大领导，调研员，工业园区、机关各部门（科室）、镇属事业单位负责人，各村（社区）书记、主任，各"两新"党组织书记等 250 人出席会议。会议由镇长查海宏主持，惠山区委常委、镇党委书记俞刚作工作报告。会议分析 2016 年经济发展形势，总结 2016 年工作，明确 2017 年工作思路、举措和要求，引导全镇党员干部扎实推进"3221"战略工程[注]实施，为建设"五优五好"（经济优质效益好、环境优美管理好、民生优裕服务好、文化优秀风气好、党建优化作风好）新洛社而团结奋斗。

（唐　成）

2016 年洛社镇各村、社区基本情况

表 49

单位：户、人、万元

社　区	户　数	户籍人口	书　记	主　任	工农业总产值	其中：工业总产值	工业主营业务
绿化村	774	2483	周志军	强　峰	18597	15633	15439
双庙村	1020	3194	张建益	朱鸣刚	34497	33370	33177
华圻村	1192	3844	丁伟安	张　旭	50565	47865	47978
花苑村	1264	3890	葛明伟	吴　寅	69089	68422	70378
正明村	739	2502	张建伟	卫　国	41410	39195	39427
红明村	828	3006	祁建平	周永刚	50844	48178	46780
张镇桥村	1372	4464	张　吉	费　涛	75295	73210	79325
新开河村	823	2731	秦学泓	韦建松	54150	53729	55417
万马村	1035	3571	李中红	赵志诚	64411	62572	58502
雅西社区	1862	5841	顾　舸	黄　磊	87258	86275	85676
钱巷社区	1817	5458	刘成义	沈　钢	49383	48545	48645
徐贵桥社区	1639	4836	贾伟理	杭晓东	47018	46545	47328
六龙社区	2386	6536	赵志勤	赵志勤	142628	142387	140731
梅泾村	1188	3991	蒋志红	钱卫东	99241	97703	113713
陡门村	798	2727	张建刚	张　伟	41995	39438	36496
天授村	753	2677	肖　忠	薛　跃	67240	64478	62819
秦巷村	1209	4325	孙晓刚	孙立宇	54403	52664	54299
杨西园村	854	4325	缪新忠	张敏均	20273	16339	16052
五秦村	848	2807	肖敏立	肖敏立	44036	42713	42794

续表

单位：户、人、万元

社　区	户　数	户籍人口	书　记	主　任	工农业总产值	其中：工业总产值	工业主营业务
石塘湾社区	1834	5344	蔡炳兴	吴　杰	62135	61791	61461
润杨村	1220	3745	匡仲贤	戈春江	82247	78756	79601
福山村	863	2687	徐明杰	王洪云	108948	106212	112548
保健村	1383	4637	强　敏	吴庭玉	50192	43952	43668
镇北村	1251	3964	奚海荣	杨　清	97416	92321	95278
杨市社区	1129	3344	强　峰	蔡群伟	71719	71400	65055

[注]"3221"战略工程：内容包括"打造工业园区、石塘湾信息物流园区、六次产业园区三大园区，深化城镇建设、民生建设两大建设，强化城市管理、社会治理两大管理，紧扣党的建设这一核心"。

（唐　成）

阳 山 镇

【概况】　阳山镇位于惠山区西南部，东临钱桥街道，西接常州市武进区戴溪镇，南与滨湖区胡埭镇接壤，北与洛社镇毗邻。沪宜高速公路在境内设有道口，新长铁路、342省道纵贯全境，水路交通十分便利。境内有狮子山、长腰山、大阳山、小阳山，4座原貌青山，生态环境绝佳。阳山拥有儒家书院文化、佛教禅宗文化、桃源农耕文化、地质科普文化等独特的自然和人文资源，是无锡特色农业和特色旅游的一大亮点。辖区总面积42.12平方公里，下辖10个行政村、4个社区居委会。2016年年末，户籍人口41262人，总人口6万人，总户数13637户。

2016年，阳山镇实现地区生产总值44.84亿元，同比增长7.5%；财政总收入4.46亿元，其中一般预算收入2.65亿元；全社会固定资产投资54亿元，同比增长7.4%；社会消费品零售总额13.08亿元，同比增长5.3%；全社会开票销售收入81.69亿元，同比增长13.7%；农民人均可支配收入29835元，同比增长8.19%。2016年，阳山镇获评江苏省文明镇，阳山镇获评江苏省农村电子商务示范镇，阳山镇通过省级服务业标准化试点示范项目考核评估。阳山生态休闲旅游度假区通过省级服务业标准化试

点示范项目考核评估。田园东方完成省五星级乡村旅游区初评。2016年，阳山镇获评"江苏好人"2人，获评无锡市"最美人物"3人。

农业　2016年，阳山镇农业总产值6.09亿元。全面启动水蜜桃产业提升五年计划。开展土壤改良工程，推广腐熟有机肥或商品有机肥3000亩；成立水蜜桃研究所，进入实质性运行；新增玻璃温室3000平方米；实施水蜜桃病虫害防控防治工作，开展桃园统防统治3.2万亩；完成国家重大农技推广服务项目工作，在农技推广服务新机制、新模式等方面被国家农业部评为优秀；完成住基村鱼稻共养50亩。

工业　2016年，阳山镇完成工业纳税营业收入63.7亿元，同比增长5%。工业总投入19亿元，同比增长15.2%。其中，技改投入13.01亿元，同比增长18.3%。实现工业总产值82.46亿元，同比增长3.9%。其中，规模以上工业产值50.93亿元，同比增长5.3%。进出口总额1.09亿美元。新增国家高新技术企业4家、省级民营科技企业6家、企业技术项目研发投入超过8600万元。新增国家重点研发计划1个、省级高新技术产品5个，完成政产学研合作5个；申报发明专利401件。凯马多缸柴油机智能装配生产线项目建成投产，无锡鼎宇机械科技有限公司、江苏聚业机械装备股份有限公司、江苏合筑建筑设计股份有限公司3家企业新三板成功上市；新开博

(无锡)有限公司的无锡阳山—新开博生物制药产业项目、无锡欧瑞京机电有限公司的节能大电机项目完成征地和土地挂牌。

服务业 2016年,阳山镇完成服务业纳税营业收入45.22亿元,同比增长6.5%。服务业投入35亿元,同比增长3.6%。阳山景区全年接待游客超180万人次。举办"蜜桃小镇·相约阳山"2016乡村活化微论坛暨生活性服务业项目集中签约仪式,千里走单骑阳山项目等19个项目签约,签约金额超10亿元。田园东方一期引入直升机体验、番薯藤·TINA等新项目,完成房车露营基地建设;隐居桃源馆藏酒店正式营业;花间堂温泉酒店完成土建工程,已进场装修;阳山紫藤园完成土地挂牌;新增鸣珂里、小筑沐野2家精品民宿;新增桃花泉等温泉2家。成功举办中国·无锡第二十届阳山(国际)桃花节、第二届田园国际露营音乐节。

社会事业 2016年,阳山镇社会事业取得新进展。单位GDP能耗下降4%,新增清洁生产企业1家。完成对工厂的监察587次,对企业违法案件立案4起。开展光明河和直湖港沿岸4个工业集中区生活污水整治,启动综合污水处理厂中控系统建设,完成污水管网排查36.85公里。分类统计已录入省环保大检查管理系统的539家企业,分类处理企业388家。完成企业燃改气2家、企业煤改生物质工程7家,淘汰工业窑炉2座。对11家餐饮企业进行油烟专项整治。开展园区道路保洁1.16万平方米,绿化养护8.12万平方米。拆除违章建筑面积2500平方米,拆除违章户外广告50块。完成6个自然村包装提升。开展"最美村庄""最美村道""最美河道"等先进典型评比活动。完成阳山村旸庄,桃园村冯巷、前头巷、姚巷省级美丽乡村建设示范创建工作。创建区级五星级社区5个、四星级社区4个、三星级社区5个。推进"河长制"长效管理机制,出台8条河道的"一河一策"综合整治方案。投入400万元,完成小流域综合治理工程。全年清淤河道41.33公里,封堵排污口20个,打捞河道漂浮物4725吨。关闭陆区生猪屠宰场,关闭禽养殖场2个。全年新增造林绿化118亩,建成绿化示范村2个。2016年,阳山镇获评全国美丽宜居小镇、入选省级"水美乡镇",阳山中心幼儿园成功创建省绿色学校。全年完成住宅搬迁45户,非住宅搬迁11户。安置房竣工4.2万平方米,9月底全部交付,实现零过渡户。陆中路改造主体工程基本完工,前进路、桃源南路、陆振路、马区路等农村道路改造继续推进。启动公交场站外迁工程和消防站建设。完成阳山村、冬青村垃圾中转站选址,12个村(社区)实现环境卫生保洁市场化运作。投入1400万元改善水利设施,新建排涝站11座、明排渠13.47公里。开展土地确权归档工作,下发土地承包经营权证4348本。开展村企合作,住基村参股的江苏聚业机械装备股份有限公司在新三板上市,桃源村与浙江隐居集团有限公司合作开发的桃源·乡宿项目开工建设;通过资产划拨、土地托管等方式,村村合作,鸿桥与冬青,尹城与陆区,安阳山、光明和普照,合作发展集体农场。全年新增家庭农场5家,创建省级示范农场1家。实施"慈福"民生保险工程,实现城乡户籍居民住房财产保险全覆盖。2016年,阳山镇居民最低生活保障金标准从700元提高至760元。低保脱贫60户,全年为166户低保户发放低保金158万元,向390户群众发放临时社会救济金32万元,对104名符合条件的无固定收入重残人员发放救助金85万元。2016年阳山镇研究制定《阳山镇关于加强安置房小区物业管理工作的实施意见》《阳山镇物业管理考核办法实施意见》和《阳山镇安置房

阳山镇得雨居

(阳山镇党政办 供稿)

维修管理办法》,进一步规范安置房社区的物业管理。全年受理调处各类纠纷97起,调处成功率100%。根据区"平安慧眼"技防建设要求,新增高清探头66个,确定安装点位266个。

(阳山镇党政办)

【中国·无锡第二十届阳山(国际)桃花节】3月26日—4月10日,2016中国无锡阳山桃花节在阳山镇举办。3月29日,在阳山桃文化广场举行开幕式,主题为"大美阳山 幸福桃源"的2016中国无锡阳山桃花节广场文艺汇演开演。桃花节期间,举办全国重大农技推广服务项目现场观摩会、"观江南 汇阳山"中国八大美院艺术家作品展出、乐游惠山台湾风情美食节暨桃源旅游商品展示会、"骑行桃源 一路顺丰"自行车体验活动、"今日惠山"摄影大赛暨"光影惠山"网络大V惠山行、"春暖花开 徒步田园"户外徒步活动等15项系列活动。

(阳山镇党政办)

【"大美同盟·阳光党建"工作启动】2016年6月30日,阳山镇举行"大美同盟·阳光党建"工作启动仪式暨"逸人"工作室揭牌活动。按照"两学一做"学习教育活动要求,结合阳山镇实际,提出"大美同盟·阳光党建"新思路,将党的建设与经济社会发展相融合,将党员教育、干部培养与全民素质提升相融合。围绕"一村一特色、一社区一品牌、一产业一主题",深入推进"八大工程"("唱响四季"工程、最美人物评选工程、人才强基工程、创新创业工程、美丽乡村建设工程、村级经济壮大工程、城镇管理水平提升工程、志愿服务工程),形成独具本村特色的党建子品牌;以"五团五会"(建指导团、优秀人才团、志愿服务团、文联推介团、专家顾问团,桃农协会、电商协会、合作社协会、文旅协会、特产协会)为主要架构,把党支部建到行业协会。"逸人"工作室由高级农艺师赵逸人、年轻专业技术员、新型农民以及农业劳模种桃能手组成,作为"大美同盟·阳光党建"志愿服务团的特色品牌,为全镇桃农提供技术支持和服务。

(阳山镇党政办)

【第二届阳山田园国际露营节】2016年9月24日—25日,无锡市旅游局、惠山区人民政府、阳山生态休闲旅游度假区主办,无锡美丽乡村、无锡田园东方承办的第二届阳山田园国际露营节在阳山镇田园东方举行。江苏省旅游局综合法规处处长陈劲松、无锡市旅游局局长蒋蕴洁、惠山区副区长吴燕参加活动。活动期间,举办露营、篝火晚会、音乐盛典、台湾美食节、创意市集、趣味徒步等活动,游客超1万人。

(阳山镇党政办)

阳山镇梦想田园

(阳山镇党政办 供稿)

【市民农庄暨田园文旅小镇项目签约】2016年11月28日,无锡阳山市民农庄暨田园文旅小镇项目正式签约,中国首个田园文旅小镇正式落户阳山。阳山镇、国开金融有限公司、田园东方投资有限公司三方投资28亿元,共同建设田园文旅小镇项目,田园文旅小镇将打造1个小镇中心、2个田园社区、3个农业基地、4个度假产品、5个主题游乐,2017年动工建设,项目整体建成后将形成年100万人次的客流接待能力。无锡市委常委、无锡市常务副市长黄钦,无锡市人民政府副秘书长钮素芬、国开金融有限责任公司副总裁左坤、田园东方投资有限公司创始人兼董事长张诚,惠山区委书记吴仲林、区长李秋峰等参加签约仪式。

(阳山镇党政办)

【乡村活化微论坛暨生活性服务业项目集中签约】2016年12月5日,阳山镇举行"蜜桃小镇 相约阳山"2016乡村活化微论坛暨生活性服务业项目集中签约仪式,全域旅游、千里走单骑、墅家等19个生活性服务项目签约,签约总投资超10亿元。无锡市旅游局局长蒋蕴洁，区委书记吴仲林，区委副书记、区长李秋峰，区委常委、阳山镇党委书记吴立刚，阳山镇镇长杨丹，以及田园东方董事长张诚，花间堂创始人张蓓、总裁何少波，千里走单骑阳山项目董事长李一兵、总裁宋楠等参加签约仪式。

（阳山镇党政办）

【中央农办主任唐仁健调研阳山】　2016 年 9 月 8 日，中央农村工作领导小组副组长、中央农村工作办公室主任、中央财经领导小组办公室副主任唐仁健率队到惠山，就"三农"工作进行调研，实地考察阳山镇隐居桃源酒店、太湖阳山水蜜桃基地、阳山牛郎山合作社、残疾人创业基地和田园东方。唐仁健对惠山区"三农"工作给予高度评价。

（阳山镇党政办）

【意大利佛罗伦萨美术学院副院长考察阳山】　2016 年 9 月 26 日—9 月 28 日，意大利佛罗伦萨美术学院副院长、终身教授克劳迪奥·洛卡及夫人一行到阳山镇考察调研，参观桃花岛、葫芦谷残疾人基地、田园东方等景点，双方就合作办学深入交流。意大利佛罗伦萨美术学院是世界三大美术学院之一。

（阳山镇党政办）

【国家旅游局领导调研阳山】　2016 年 10 月 14 日，国家旅游局副局长杜江、国家旅游局国际司副司长封立涛、国家旅游局国际司副调研员崔可、国家旅游局秘书张俊一行 4 人到阳山调研旅游产业发展情况，参观阳山隐居桃源、田园东方等景区和旅游配套设施。杜江表示，无锡地处太湖之畔，自古人杰地灵，自然与历史人文底蕴深厚，发展旅游产业区位优势明显。阳山现有旅游资源禀赋良好，还需进一步开发创新旅游项目，打造一批高端旅游产品。无锡市副市长刘霞陪同调研。

（阳山镇党政办）

2016 年阳山镇各村、社区基本情况

表 50　　　　　　　　　　　　　　　　　　　　　　　　　　单位：户、人、万元

社　区	户　数	户籍人口	书　记	主　任	工农业总产值	其中：工业总产值	工业主营业务
安阳山村	1875	3409	徐秋南	杨国光	41765	38970	37782
冬青村	550	3731	姚维新	姚维新	129367	125714	117051
高潮村	1062	1672	刘建平	胡汉芳	43098	42092	46395
光明村	682	2499	俞志贤	周建波	48031	44788	38103
鸿桥社区	1010	2231	许易峰	尤晓伟	12586	10178	9820
火炬村	670	3835	俞洪杰	郑　斌	18092	13512	13313
陆区社区	625	4501	陈　骅	盛　扬	31727	31174	31620
普照村	450	1948	强建春	吴　刚	125039	123817	126630
桃园村	1235	4523	周建峰	王延俊	28429	22900	21333
桃源村	646	2813	张　谷	朱小伟	20685	12788	11782
新渎社区	761	2585	丁建南	盛中益	23643	21497	20526
尹城村	1053	3100	陈大梁	臧夫良	51855	50217	47687
住基村	1287	3314	杨晓霞	吴叶清	50897	48631	46998
阳山村	932	2611	钱惠菊	姚　剑	46444	42086	37638

（阳山镇党政办）

○ 科创园 ○

○惠山夜景○

○ 鸟瞰洛城 ○

惠山年鉴

○城铁惠山站○

○ 恒生科技园 ○

○ 冯其庸学术馆近景 ○

惠山年鉴

○ 玉祁平湖城 ○

○ 玉祁平湖城鸟瞰 ○

○ 玉祁唐平湖 ○

惠山年鉴

○阳山得雨居○

○阳山东方田园○

○阳山桃源农家乐○

○ 春到寺头家园 ○

○ 桃园春色 ○

○ 阳山镇普照村向日葵园 ○

惠山年鉴

○ 榭丽花园 ○

2016 年度惠山区市级以上先进个人

姓名	单位	荣誉称号	授奖单位
赵志刚	惠山区市场监督管理局	商事制度改革以来成绩突出的企业登记窗口工作人员	国家工商总局
莫 巍	惠山区环保局	全国排污申报核定与排污费征收工作汇审环保部先进个人	中华人民共和国环境保护部
徐 竟	惠山区红十字会	2016 年度中国红十字会总工会报刊宣传先进个人	中国红十字会总会
匡逸强	九三学社惠山区基层委员会	"大涵道比涡扇航空发动机大叶片关键制造技术研究与应用"获得中国机械工业科技进步二等奖（排名第三）	中国机械工业联合会、中国机械工程学会
汪定用	九三学社惠山区基层委员会	全国化学评优课一等奖	中国化学教学委员会
张云龙	惠山区地税局	江苏省先进工作者	中共江苏省委、江苏省人民政府
汝 江	惠山区审计局	2012—2015 年度江苏省先进工作者	中共江苏省委、江苏省人民政府
汝 江	惠山区审计局	江苏省劳动模范	江苏省人民政府
张云龙	惠山区地税局	江苏省劳动模范	江苏省人民政府
尹国贤	江苏麟龙新材料股份有限公司	江苏省劳动模范	江苏省人民政府
任益新	中航卓越锻造(无锡)有限公	江苏省劳动模范	江苏省人民政府
陆志林	无锡锡山特种风机有限公司	江苏省劳动模范	江苏省人民政府
宋琴飞	无锡锡能锅炉有限公司	江苏省劳动模范	江苏省人民政府
李锋宝	天奇自动化工程股份有限公	江苏省劳动模范	江苏省人民政府
余汉清	惠山区农林局	江苏省文明职工	江苏省人民政府

续表

姓名	单位	荣誉称号	授奖单位
匡逸强	九三学社惠山区基层委员会	"1000 MW 等级汽轮机末级长叶片产业化关键制造技术研究与应用"获江苏省科技进步三等奖(排名第三)	江苏省人民政府
朱彩亚	惠山区统战部	中国统一战线选传工作先进个人	中共中央统战部宣传办、中国统一战线杂志社
唐晓宇	惠山区检察院	优秀通讯员	最高人民检察院京日报社
唐晓宇	惠山区检察院	优秀征文奖	最高人民检察院理论研究所
李 娜	钱桥街道	双拥先进个人	中共无锡市委、无锡市人民政府、
杨国庆	教育局	无锡市"六五"普法先进个人	中共无锡市委、无锡市人民政府
殷圆圆	惠山区城管局	2011—2015 年度无锡市城市建设突出贡献个人嘉奖	中共无锡市委、无锡市人民政府
曹大伟	惠山区城管局	2011—2015 年度无锡市城市建设突出贡献个人嘉奖	中共无锡市委、无锡市人民政府
院 倩	钱桥街道	无锡市"六五"普法先进个人	中共无锡市委、无锡市人民政府
张玫安	钱桥街道	无锡市"六五"普法先进个人	中共无锡市委、无锡市人民政府
姚国庆	前洲街道	无锡市"六五"普法先进个人	中共无锡市委、无锡市人民政府
唐秋明	前洲街道	无锡市"六五"普法先进个人	中共无锡市委、无锡市人民政府
陈 晓	前洲街道	无锡市"六五"普法先进个人	中共无锡市委、无锡市人民政府
蔡玉虎	洛社镇	无锡市"六五"普法先进个人	中共无锡市委、无锡市人民政府
徐智能	洛社镇	无锡市"六五"普法先进个人	中共无锡市委、无锡市人民政府
孙存超	阳山镇	2011—2015 年全市法制宣传教育先进个人	中共无锡市委、无锡市人民政府
华 庆	惠山区卫计局	2014—2016 年度无锡市优秀共产党员	中共无锡市委
葛 君	玉祁街道	无锡市"六五"普法先进个人	中共无锡市委
殷圆圆	惠山区城管局	无锡市"六五"普法先进个人	无锡市人民政府
贾志刚	堰桥配套区	2016 年度无锡市安全生产个人	无锡市人民政府
张哲丰	惠山区政务服务中心	2016 年度无锡市政务服务工作先进个人	无锡市人民政府
史永选	惠山区政务服务中心	2016 年度无锡市政务服务工作先进个人	无锡市人民政府
张 谷	阳山镇	江苏好人	江苏省文明办
钱慧菊	阳山镇	江苏好人	江苏省文明办
葛剑南	惠山区委宣传部	2011—2015 年全省普法工作先进个人	江苏省委宣传部、省法制办、省司法厅
陈锦华	惠山区公安分局	全省公安机关突出问题专项治理工作成绩突出个人	江苏省公安厅
范艳枫	惠山区公安分局	全省公安机关打击侵财犯罪质效提升活动成绩突出个人	江苏省公安厅
支炎东	惠山区公安分局	2015 年度全省公安调研工作成绩突出个人	江苏省公安厅
周 英	惠山区公安分局	全省公安机关警务保障工作成绩突出个人	江苏省公安厅
单 华	惠山区公安分局	个人二等功	江苏省公安厅

续表

姓名	单位	荣誉称号	授奖单位
秦 丰	惠山区公安分局	全省公安机关 G20 峰会安保工作成绩突出个人	江苏省公安厅
李乐斐	惠山区检察院	党建优秀成果三等奖	江苏省检察院
徐 军	惠山区法院	省院推进司改先进个人	江苏省高级人民法院
顾华明	惠山区法院	省法院执行标兵	江苏省高级人民法院
郭 斌	惠山区法院	全省法院优秀党务工作者	江苏省高级人民法院
袁 斌	惠山区司法局	2011—2015 年度全省普法工作先进个人	江苏省司法厅
单亚锋	惠山区司法局	全省司法行政办公室先进个人	江苏省司法厅
张 昊	惠山区无党派人士联谊会	江苏省优秀律师	江苏省司法厅、江苏省律师协会
周望远	惠山区环保局	全省排污申报核定与排污费征收汇审工作省级先进个人	江苏省环境保护厅
周望远	惠山区环保局	全省排污申报核定与排污费征收汇审工作省级先进个人	江苏省环境保护厅
高淑贤	惠山区国土资源局	2014—2015 年度江苏省国土资源信访工作先进个人	江苏省国土资源厅
毛灵燕	钱桥街道	2015 年江苏省 1%人口抽样调查先进个人	江苏省统计局
李炳琴	钱桥街道	2015 年江苏省 1%人口抽样调查先进个人	江苏省统计局
潘元旦	惠山区卫计局	全省结核病临床技能竞赛 个人优胜一等奖	江苏省卫计委
吕晓静	惠山区卫计局	江苏省免疫计划(预防接种)工作先进个人	江苏省卫计委
钱 军	惠山区卫计局	江苏省免疫计划(预防接种)工作先进个人	江苏省卫计委
冯敏之	惠山区总工会	江苏省 2016 年度"安康杯"竞赛组织工作优秀个人	江苏省总工会
张 荣	惠山区公安分局	2016 江苏好青年百人榜	共青团江苏省委、省文明办、省青年联合会
蒋建琪	阳山镇	全省关心下一代工作先进个人	江苏省关心下一代工作委员会、江苏省精神文明办
吴俊义	玉祁街道	全省关心下一代工作先进个人	江苏省关心下一代工作委员会
过伟忠	惠山区老年人体育协会	优秀通讯员	江苏省老年体协
曹 敏	民盟惠山区基层委员会	纪念民盟江苏省委成立 60 周年先进个人	民盟江苏省委
王卉青	民盟惠山区基层委员会	纪念民盟江苏省委成立 60 周年先进个人	民盟江苏省委
丁建锋	民盟惠山区基层委员会	纪念民盟江苏省委成立 60 周年先进个人	民盟江苏省委
王 渊	民盟惠山区基层委员会	纪念民盟江苏省委成立 60 周年先进个人	民盟江苏省委
汪定用	九三学社惠山区基层委员	江苏省第五期"333"培养对象	江苏省人才工作领导小组办公室
匡逸强	九三学社惠山区基层委员	江苏省第五期"333"高层人才培养对象	江苏省人才工作领导小组办公室
诸 江	洛社镇	江苏省第五期"333 工程"第三层次培养对象	江苏省人才工作领导小组办公室
繆淑芳	洛社镇	2015 年江苏省 1%人口抽样调查先进个人	江苏省人口抽样调查领导小组办公室

惠山区国民经济和社会主要指标

指标	单位	2016 年	2015 年
年末户籍人口	万人	46.83	45.68
年末常住人口	万人	70.95	70.66
年末从业人员	万人	40.00	39.99
＃第一产业	万人	1.45	1.48
第二产业	万人	25.79	25.80
第三产业	万人	12.76	12.71
城市化率	%	70.95	69.84
地区生产总值	万元	7224032	6691596
＃第一产业	万元	167741	169129
第二产业	万元	4271805	3979064
第三产业	万元	2784486	2543403
规模以上工业总产值	万元	12028787	11670515
规模以上工业主营业务收入	万元	11790248	11323358
全社会用电量	万千瓦时	659831	637748
＃工业用电	万千瓦时	586023	572961
居民生活用电	万千瓦时	57728	49692
全社会固定资产投资完成额	万元	6565343	5888774

续表

指标	单位	2016 年	2015 年
＃工业投入	万元	2369286	2039070
社会消费品零售总额	万元	1763227	1605761
进出口总值	万美元	271863	259554
＃出口总值	万美元	234071	223596
到位注册外资	万美元	30266	28122
财政收入	万元	1470508	1337175
＃一般公共预算收入	万元	814110	767903
预算内财政支出	万元	947007	798548
金融机构人民币存款余额	万元	6862141	6095248
＃居民储蓄存款	万元	3640079	3517733
金融机构人民币贷款余额	万元	5346198	4652587
各类学校数	所	69	87
各类在校学生数	万人	99523	93536
医疗床位数	张	1986	1648
卫生技术人员数	人	1986	2763
城镇居民人均可支配收入	元	47190	43756
农村居民人均可支配收入	元	26333	24414

惠山区国民经济主要指标占全市比重

指标	单位	惠山区	无锡市	惠山区占无锡市的%
地区生产总值	万元	7224032	92100200	7.9
＃第三产业增加值	万元	2784486	47280500	5.9
全社会固定资产投资完成额	万元	6565343	47952497	13.7
进出口总额	万美元	271863	6980480	3.9
＃出口额	万美元	234071	4290999	5.5
到位注册外资	万美元	30266	341273	8.9
一般公共预算收入	万元	814109	8750005	9.3

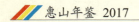

惠山区户数和人口数(户籍)

指标	单位	2016 年	2015 年
总户数	户	146442	141975
总人口	人	468342	456791
(1)堰桥	人	84812	82694
长安	人	73945	66062
前洲	人	54510	54483
玉祁	人	43257	43155
洛社	人	98863	98367
钱桥	人	71693	70927
阳山	人	41262	41103
(2)男性	人	231474	225941
女性	人	236868	230850
出生人数	人	4575	3381
死亡人数	人	2481	2889
出生率	‰	9.76	7.47
死亡率	‰	5.29	6.38

惠山区从业人员和居民收入

指标	单位	2016 年	2015 年
从业人员	万人	40.00	39.99
#第一产业	万人	1.45	1.48
第二产业	万人	25.79	25.80
第三产业	万人	12.76	12.71
城镇居民人均可支配收入	元	47190	43756
农村居民人均可支配收入	元	26333	24414

惠山区地区生产总值及构成

指标	单位	2016 年	比上年增长%(可比价)
地区生产总值	万元	7224032	7.7
#第一产业	万元	167741	0.0
第二产业	万元	4271805	6.8
#工 业	万元	3922871	7.0
建筑业	万元	348934	4.5
第三产业	万元	2784486	9.6
#交通运输、仓储及邮政业	万元	51125	4.5
批发和零售业	万元	1197907	7.3
住宿和餐饮业	万元	228291	4.8
金融业	万元	345062	18.5
房地产业	万元	346471	17.8
其他服务业	万元	590428	8.2
地区生产总值构成	%		
#第一产业	%	2.3	下降0.2个百分点
第二产业	%	59.2	下降0.3个百分点
#工 业	%	54.3	提高0.1个百分点
建筑业	%	4.8	下降0.5个百分点
第三产业	%	38.5	提高0.5个百分点

惠山区耕地面积及农产品产量

指标	单位	2016 年	2015 年
年末耕地面积	公顷	9286	9636
#水田	公顷	3773	3948
农作物播种面积	公顷	14198	14231
#粮食	公顷	2128	2285
夏粮	公顷	1052	1083
秋粮	公顷	1076	1202
粮食产量	吨	13679	16078

续表

指标	单位	2016 年	2015 年
＃夏粮	吨	4971	5510
秋粮	吨	8708	10568
粮食单产	公斤／公顷	6428	7035
＃夏粮	公斤／公顷	4725	5085
秋粮	公斤／公顷	8093	8790
油菜籽产量	吨	0	18
蔬菜产量	吨	220779	228130
茶叶产量	吨	76	75
水果产量	吨	31351	35514
造林面积	公顷	110	141
猪年末存栏	万头	2.26	2.30
猪年内出栏	万头	3.18	3.00
猪肉产量	吨	3048	2900
家禽年末存栏	万羽	18.76	16.35
家禽年内出栏	万羽	54.17	45.96
禽蛋产量	吨	1655	1356
水产品产量	吨	6241	6988

惠山区工业主要经济指标

指标	单位	2016 年	2015 年
全部工业单位数	个	8199	8265
全部工业总产值	万元	15074238	14645672
主营业务收入	万元	15074238	14242222
利税总额	万元	1443437	1346856
税金总额	万元	520430	491158
利润总额	万元	923007	855698
应收账款	万元	3660270	3555167
产成品	万元	906674	933310
资产总计	万元	15532805	14856752
负债合计	万元	9506557	9122709
所有者权益	万元	6026248	5734043
平均用工人数	人	196595	201941

惠山区规模工业主要产品产量

指标	单位	2016 年	2015 年
纱	吨	6086	7316
布	万米	4115	4555
＃棉混纺布	万米	805	734
化学纤维短纤布	万米	3310	3514
绒线（毛线）	吨	210	195
服装	万件	3425	3427
＃梭织服装	万件	1166	1139
针织服装	万件	2260	2288
机制纸及纸板（外购原纸加工除外）	吨	960259	943857
合成纤维聚合物	吨	163550	155983
印染布	万米	22875	19831
化学纤维	吨	10940	9659
＃锦纶纤维	吨	5006	4193
涤纶纤维	吨	5934	5466
塑料制品	吨	30115	28539
水泥	吨	380559	530906
商品混凝土	立方米	789826	698242
生铁	吨	1554265	1456677
粗钢	吨	1542057	1457832
钢材	吨	4465719	4567612
铝材	吨	71259	58432
工业锅炉	蒸发量吨	2156	1858
发动机	千瓦	4685200	4102006
起重机	吨	3291	3119
风 机	台	133143	137329
改装汽车	辆	1219	1489
两轮脚踏自行车	辆	1722	9847
电动自行车	辆	329	14600
电动机	千瓦	1630303	1602707
发电量	万千瓦小时	153630	106210

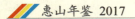

惠山区规模以上工业经济效益

指 标	单位	2016 年	2015 年
企业单位数	个	806	806
主营业务收入	万元	11790248	11216264
利税总额	万元	1290240	1260332
税金总额	万元	403230	372626
利润总额	万元	887010	887706
资产总计	万元	11254293	10803965
负债总计	万元	6727882	6432116
应收账款	万元	2366594	2317920
产成品	万元	746967	741744
工业总产值	万元	12028787	11444813
平均用工人数	人	114065	111986

惠山区固定资产投资

指 标	单位	2016 年	2015 年
施工项目个数	个	1539	1349
全社会固定资产投资额	万元	6565343	5888774
一、按国民经济行业分			
第一产业	万元	0	0
第二产业	万元	2369286	2039070
＃工业投入	万元	2369286	2039070
第三产业	万元	4196057	3849704
二、按登记注册类型分			
国有投资	万元	2443136	2268017
外商投资及中国港澳台资	万元	482707	436721
其他投资	万元	3639500	3184036
三、按项目计划总投资分			
1 亿元及以上	万元	2486447	1469311
5000 万—10000 万元	万元	352399	2075383

惠山区运输与供电

指标	单位	2016 年	2015 年
一、运输			
货运量	万吨	1549	812
#公路	万吨	874	812
客运量	万人次	190	3412
#公路	万人次	190	1043
客运汽车	辆	344	408
二、供电			
1.全社会用电量	万千瓦时	659831	637748
2.工业用电量	万千瓦时	586023	572961

惠山区财政收支

指 标	单位	2016 年	2015 年
一、地方财政收入	万元	984121	848916
1.一般公共预算收入	万元	814110	767903
#增值税	万元	249947	143217
营业税	万元	144302	222424
企业所得税	万元	59777	61618
个人所得税	万元	32421	25214
城市维护建设税	万元	54769	52363
房产税	万元	49531	32731
2.基金预算收入	万元	170011	81013
二、地方财政支出	万元	947007	798548
1.一般预算支出	万元	771275	710261
2.基金预算支出	万元	175732	88287

惠山区金融

指标	单位	2016 年	2015 年
一、各项存款余额	万元	686214	6095248
企业存款	万元	3093682	2496543
#居民储蓄存款	万元	3640079	3517733

续表

指标	单位	2016 年	2015 年
其他存款	万元	128380	80971
二、各项贷款余额	万元	5346198	4652587
短期贷款	万元	1606676	2113094
中长期贷款	万元	1670799	1378350
票据贴现	万元	381608	438574
消费贷款	万元	863013	625846

惠山区开放型经济

指标	单位	2016 年	2015 年
一、三资企业投资总额	万美元	106117	23158
历年累计	万美元	1065028	958911
二、自营出口总额	万美元	234071	223596
其中：流通企业	万美元	22530	20247
自营出口生产	万美元	121243	108001
三资企业	万美元	90298	95348
三、新批三资企业	家	31	27
历年累计	家	786	755
四、协议注册外资	万美元	44454	14461
五、到位注册外资	万美元	30266	28122

惠山区社会消费品零售总额

指标	单位	2016 年	2015 年
社会消费品零售总额	万元	1763227	1605761
按行业分组：			
（一）批发业	万元	187974	98633
社会消费品零售总额	万元	1763227	1605761
按行业分组：			
（一）批发业	万元	187974	98633
1.限额以上	万元	45117	57022
2.限额以下	万元	142857	41611
（二）零售业	万元	1170178	1140674

续表

指标	单位	2016 年	2015 年
1.限额以上	万元	443094	611608
2.限额以下	万元	727084	529066
(三)住宿业	万元	4081	4013
1.限额以上	万元	19	18
2.限额以下	万元	4062	3995
(四)餐饮业	万元	400994	362441
1.限额以上	万元	37457	34286
2.限额以下	万元	363537	328155

惠山区农村住户基本情况

指标	单位	2016 年	2015 年
调查户数	户	30	29
常住人口	人	96	94
平均每人年末住房面积	平方米	52	54

惠山区农村住户年末耐用消费品每百户拥有量

指标	单位	2016 年	2015 年
家用汽车	辆	50	45
移动电话	部	247	245
洗衣机	台	110	110
电冰箱	台	103	107
摩托车	辆	50	58
热水器	台	100	96
电视机	台	153	174
其中:彩色电视机	台	153	174
家用计算机	台	87	83
空调器	台	177	175

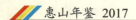
惠山区各类教育事业

指标	单位	2016 年	2015 年
学校数	所	69	87
1.中等学校	所	19	18
中等专业学校	所	1	1
普通中学	所	18	17
2.小学	所	16	17
3.幼儿园	所	33	51
4.特殊教育学校	所	1	1
在校学生数	人	99523	93536
1.中等学校	人	30620	29569
中等专业学校	人	4312	4058
普通中学	人	26308	25311
2.小学	人	45877	42954
3.幼儿园	人	22942	20936
4.特殊教育学校	人	84	77

惠山区科技、文化、卫生情况

指标	单位	2016 年	2015 年
一、科技			
各类专业技术人员	人	30096	29194
＃高级职称人员	人	2189	2087
中级职称人员	人	8760	8390
二、文化			
文化馆	个	1	1
文体站	个	7	7
图书馆	个	8	8

续表

指标	单位	2016 年	2015 年
三、卫生			
机构数	个	223	203
社区卫生服务中心(医院、卫生院)	个	15	13
卫生监督所	个	1	1
疾病控制中心	个	1	1
妇幼保健所	个	1	1
卫生进修学校	个	1	1
社区卫生服务站(村卫生室)	个	83	81
其他	个	121	105
床位数	张	1986	1648
医生数	人	1341	1195
社区卫生服务中心(医院、卫生院)	人	996	835
卫生监督所	人	10	14
疾病控制中心	人	18	16
妇幼保健所	人	7	7
卫生进修学校	人	1	1
社区卫生服务站(村卫生室)	人	150	178
其他	人	159	144

索 引

本索引采用主题内容分析索引法,按目录主题词首字汉语拼音字母顺序排列;主题词首字拼音相同的,以第二个字汉语拼音字母顺序排列,以此类推。索引后面的数字表示页码;有几个数字的,表示同一主题内容页码不同。

条 目 索 引

H

N

Q

O

P

R

S

X

表 格 索 引

图 片 索 引

Contents

Education

Science Technology

Culture

Health

Sports

People's Livelihood

Survey of Block & Towns

Personages

Statistics

Index